施工方追索建设工程款裁判规则与实务指引

SHIGONGFANG ZHUISUO
JIANSHE GONGCHENGKUAN
CAIPAN GUIZE YU SHIWU ZHIYIN

梅 俊——著

法律出版社 LAW PRESS · CHINA
——北京——

图书在版编目(CIP)数据

施工方追索建设工程款裁判规则与实务指引 / 梅俊著. -- 北京 : 法律出版社, 2023(2024.3 重印)
ISBN 978 - 7 - 5197 - 7958 - 0

Ⅰ. ①施… Ⅱ. ①梅… Ⅲ. ①建筑造价管理 - 建筑法 - 审判 - 中国 Ⅳ. ①D922.297

中国国家版本馆 CIP 数据核字(2023)第 091911 号

施工方追索建设工程款裁判规则与实务指引
SHIGONGFANG ZHUISUO JIANSHE GONGCHENGKUAN CAIPAN GUIZE YU SHIWU ZHIYIN

梅 俊 著

策划编辑 李 军
责任编辑 李 军
装帧设计 汪奇峰 鲍龙卉

出版发行 法律出版社
编辑统筹 法律应用出版分社
责任校对 王晓萍
责任印制 刘晓伟
经 销 新华书店
开本 710 毫米×1000 毫米 1/16
印张 41.75 **字数** 700 千
版本 2023 年 8 月第 1 版
印次 2024 年 3 月第 3 次印刷
印刷 三河市兴达印务有限公司

地址:北京市丰台区莲花池西里 7 号(100073)
网址:www.lawpress.com.cn
投稿邮箱:info@lawpress.com.cn
举报盗版邮箱:jbwq@lawpress.com.cn
销售电话:010 - 83938349
客服电话:010 - 83938350
咨询电话:010 - 63939796

书号:ISBN 978 - 7 - 5197 - 7958 - 0
定价:158.00 元
凡购买本社图书,如有印装错误,我社负责退换。电话:010 - 83938349

前　言

架起一座桥梁

写作的初心,源于对建设工程施工合同理解上的困惑,尤其是对建设工程施工合同中工程价款理解上的困惑。也许这种困惑是许多律师曾经经历过的或正在经历的。

从事律师职业之初,笔者偶然接触过建设工程施工合同纠纷方面的法律事务。然而,由于自己建设工程领域专业知识储备不够,甚至可以说知识匮乏,笔者对施工合同中的许多问题把握不准,尤其对施工合同中最重要的计价类、结算类条文无法准确理解。笔者不得不向其他律师请教。在其他律师的热情解答下,笔者的疑惑虽能消除一二,但是疑惑仍在,其他律师的解答未能完全解开“心结”。这也带来了执业的不自信。比如,笔者曾经在一份施工合同中看到双方作如此约定:无论以后材料涨价及跌价,本工程价款按照所在地定额一类取费结算,总价下浮10%。在这一条约定后,合同下一条又约定:材料差价调差,按照南昌市同期造价信息进行调整。对此,笔者疑惑:合同中既然已约定了定额取费结算标准,为何又要考虑价差调整的问题?初看,笔者觉得这应是一个矛盾的约定。这种约定之下出现材料价差,工程款是调整还是不调整、如何调整,笔者心里真是没底。回想当时,笔者并不了解定额计价及定额计价与材料款的关系,怎么可能对这种约定作出准确理解。另外,对于《建设工程施工合同(示范文本)》中出现的“工程试车”“甩项竣工”等专业词汇,笔者也感觉茫然。

这些困惑让笔者重新思考工程与法律的关系,看似不应有太多联系的两个领域到底存在怎样的关系?经一番苦思,笔者认为,两者之间至少存在以下两方面的关系:

一方面,两者彼此独立又相互作用。彼此独立是指在学科门类划分中两者彼此独立。工程属于工科,法律属于社会学科,两者是相互独立的学科门类。然而,两者相互独立并不排斥两者相互作用。工程类事务为法律体系建立的基石之一。民事纠纷现象繁多。《民法典》合同编共涉及十九章典型合同,建设工程合同为《民法典》中的重要合同类型之一,其中第十八章"建设工程合同"为建设工程领域合同法律问题的总体性规定。如果没有这一部分的规定,《民法典》是有重大缺憾的。建设工程领域所涉的法律问题构成《民法典》的重要内容,是夯实《民法典》的重要基石。

建设工程领域工程发包、承包需要法律规范;工程招标、投标需要法律规制;工程司法鉴定需要法律指引;工程领域违法问题需要法律查处。对工程领域来说,法律维护着工程管理秩序、工程施工秩序、工程竞争秩序等多个方面,起到保驾护航的作用。

另一方面,两者彼此专业又相互延伸。建设工程作为一个大门类,可以细分为工程施工、工程设计、工程勘察、工程监理、工程造价等分支门类。每个领域均为专业技术领域,每个领域均与法律、法规、规章息息相关。每个专业领域已经有或应当有相应的配套法律、法规、规章,比如,在工程施工领域,配套法律有《建筑法》《建设工程质量管理条例》等。建设工程事务需要法律规范,建设工程领域出现纠纷需要法律止息纷争。建设工程的专业性需要转化为法律的普遍认知性,法律的普及性中又需要体现建设工程的特定专业性。两者延伸之中,无论是建设工程领域的专业人员,还是法律领域的专业人员,如仅固守自己的熟悉领域显然不合时宜,裹足不前不是应取之道。作为法律领域的专业人员,如果不了解工程领域的一点专业知识,一个专业术语可能就让自己懵圈,比如,"裙楼""女儿墙"等概念。

彼此陌生的两个领域又以相互融合的姿态出现。甚至有人提出应当将"工程"与"法学"合并为一个单独的"工程法学",可见两者有结合的必要。

将工程与法学完全合并非一日之功可以做到,将两者合并也远超笔者的能力范围。另外,笔者认为,律师确实没有必要做到像一个工程专业人员一样了解工程的专业程度到达了解法律的专业程度,毕竟“术业有专攻”,让法律专业人员像了解法律一样去了解工程专业知识确实强人所难。不过,对工程专业作一般性的了解之余是不是可以找到一个切入点,把工程或工程专业中的某一分支与法律紧密结合起来呢?试图找到这个结合点,是笔者尝试与努力的方向。

工程造价专业领域的核心问题是什么?价款。

工程法律领域的核心问题又是什么?质量与价款。

建设工程施工合同是发承包双方联系的纽带,质量与价款是建设工程施工合同中的核心内容。发包人的终极目标是获得质量合格的工程或符合合同约定质量标准的工程,支付工程价款是发包人获得工程的代价。承包人更加关注的是工程价款问题。工程质量合格或符合合同约定的标准是其获得工程价款的前提,工程质量为工程价款服务。工程价款为工程造价专业与工程法律专业的一个结合点。笔者认为,如欲将工程与法律结合起来,首先应围绕工程价款问题展开。

至今,笔者未看到专门就建设工程款问题展开论述的法律书籍,更未看到以施工方追索建设工程款角度展开论述的法律书籍。多数建设工程方面的法律书籍或围绕建设工程施工合同的内容展开,或围绕作者自行随机选取的建设工程领域的若干前沿问题展开,或围绕建设工程施工合同司法解释条文的适用展开。这些法律书籍的特点是多点并进,而多点之间无内在主旨的联系。本书内容紧紧围绕施工方追索建设工程款问题展开,以工程款为核心,探讨建设工程领域的工程造价在法律层面应如何认识的问题,并以此为基础分析施工方的工程款应怎么算、工程款已付多少、应付多少、工程款由谁来付等问题。同时,对实践中各类型工程款的法律问题进行系统梳理。

本书共二十六章,分为四部分:

第一部分,工程计价理论的法律解读。工程造价专业与法律专业为两个不同领域。要成为建设工程领域的法律专业人员，需要对工程造价知识深入了解。第三章“工程款计价方法”中涉及对清单计价、定额计价两种计价方法的介绍及对计价方法的法律认识。第四章“工程款计价争议”中涉及对工程造价领域建标[2013]44号中工程款构成的认识与法律解读。第六章“工程款计价调整”以《清单计价规范》中的十二类因素为基础探讨工程款调整原因、调整机制等问题。

第二部分，工程款支付条件、收付认定、追索对象等实体及程序问题。这一部分内容主要涉及施工方追索工程款时应主张多少工程款、追索对象是谁、付款方拒付工程款有无法律依据等一些核心问题。第十一章“工程款追索对象”解决在复杂的法律关系中，施工方应向谁要求支付工程款的问题。第十二章“工程款支付条件”考察付款方拒付工程款是否合法的问题。第十三章“工程款收付认定”、第十四章“工程款司法鉴定”、第十五章“工程款索赔计算”解决付款方欠多少工程款、施工方如何得出工程款数额、如何确认索赔数额的问题。

第三部分，类型不一的工程款争议问题的系统整理。这一部分主要对实践中出现的未完工程下的工程款、无效合同下的工程款、实际施工人的工程款等众多类型不一的工程款争议问题的系统整理。第十六章至第二十一章均是此部分内容：第十六章“未完工程下的工程款”、第十七章“不予计取下的工程款”、第十八章“约定不明时的工程款”、第十九章“合同无效下的工程款”、第二十章“低于成本价时的工程款”、第二十一章“实际施工人的工程款”。每一类型下的工程款争议问题各有不同的特点。

第四部分，工程款追索问题其他法律思考。第二十三章“公平原则的适用”是关于建设工程施工合同显失公平的认定问题及显失公平被认定后工程款应如何调整的思考。第二十四章“工程款追索时效”是关于工程款时效起算问题的法律思考。第二十五章“可诉(裁)性分析”是关于施工方通过诉讼(仲裁)程序追索工程款时必要性与风险性的专业分析。第二十六章“诉裁中细节处理”是对追索工程款案件中，施工方及施工方律师应做好的细节工作的归纳。

笔者认为，本书有如下特色：

特色一：选题单一，论点集中，具有独创性。建设工程类的法律书籍多数不具有一个清晰的内在主旨，这些书籍中讨论的点是散状式地铺开的，无内在主旨上的联系。本书的内容可以全部归拢于一个主旨之下。本书的全部内容均为主旨服务，即施工方如何在诉裁程序中顺利主张自己应得的工程款。

特色二：工程造价理论与建设工程法律认识融合。笔者试图对工程造价理论的专业知识进行法律解读。书中关于计价方法的法律意义、计价争议的法律认识、计价调整的法律认识均体现笔者对工程造价专业知识的法律解读。本书将工程造价理论与工程款的法律认识两者结合起来。

特色三：以案例总结规则，依法理推演裁判。为完成本书，笔者搜寻了大量的真实案例。为突出裁判规则的争议性，笔者又从案例中筛选出大量背景相同但裁判结果冲突的对立案例。笔者试图对相互冲突的裁判规则进行法律分析，希望从法理层面解除困惑。从案例中总结裁判规则，同时依照法理推演裁判结果，是笔者希望达到的直接目的。

特色四：类型化的工程款问题得到系统梳理。工程款类型多样，比如，未完工程下的工程款、不予计取下的工程款、约定不明时的工程款、合同无效下的工程款、低于成本价时的工程款、实际施工人的工程款。单一类型工程款的法律问题多有学者单独论述，但笔者未曾发现各类型工程款的法律问题在一本书中进行集中系统梳理。虽然各类型工程款名义上均为工程款，但是每一类型的工程款法律问题的争议点是不一样的。本书单列六章对此展开探讨，这是之前的法律书籍中没有涉及的。

特色五：以表格形式较好呈现结论性成果。建设工程领域法律关系多样，法理较深。除引用其他书籍的部分表格外，笔者将分析得出的结论以若干表格的形式呈现给读者。读者对这些结论性成果会有立体与直观的感受。读者可以根据表格找到相对应结论。比如，第五章“工程款计价约定”中制作六类计价约定下工程款计价结果表，第六章“工程款计价调整”中制作《清单计价规范》中工程价款调整原因、调整机制等特点梳理表，第二十四章“工程款追索时效”中制作工程款追索诉讼时效起算表,第二十五章“可诉(裁)性分析”中制作工程质量问题与工程款应否支付对照表等。

在法律、法规、规章、司法解释中,建设工程施工主体的名称表述不一,称为承包人、施工人、实际施工人、施工单位等情况均存在。为突出施工承包人、施工人、实际施工人、施工单位等施工主体作为权利主体一方向对方主张权利的身份,本书标题中使用“施工方”名称。“施工方”为施工承包人、施工人、实际施工人、施工单位等施工主体的统称。

综上,本书是一部将法学理论与实务案例相结合的书籍。书中虽有理论观点的引用、争鸣与探讨,但笔者更倾向于本书是一部实务类书籍。笔者真诚希望,本书可以帮助施工方掌握建设工程领域法律知识、提升法律技能;也真诚希望,本书能在施工方追索建设工程款时起到法律指引作用。

梅　俊

2023年4月9日

缩略语表

全　　称	简　　称
《中华人民共和国民法典》	《民法典》
《中华人民共和国民法总则》(已失效)	《民法总则》
《中华人民共和国合同法》(已失效)	《合同法》
《中华人民共和国建筑法》	《建筑法》
《中华人民共和国招标投标法》	《招标投标法》
《中华人民共和国立法法》	《立法法》
《中华人民共和国审计法》	《审计法》
《中华人民共和国环境保护税法》	《环境保护税法》
《中华人民共和国社会保险法》	《社会保险法》
《中华人民共和国民事诉讼法》	《民事诉讼法》
《中华人民共和国标准化法》	《标准化法》
《全国人民代表大会常务委员会关于司法鉴定管理问题的决定》	《司法鉴定管理问题的决定》
《中华人民共和国环境保护税法实施条例》	《环境保护税法实施条例》
《排污费征收使用管理条例》(已失效)	《排污费管理条例》
《住房公积金管理条例》	《公积金管理条例》
《保障中小企业款项支付条例》	《款项支付条例》
《房屋建筑和市政基础设施工程施工分包管理办法》	《工程施工分包管理办法》
《建筑工程施工发包与承包违法行为认定查处管理办法》	《违法行为查处管理办法》

续表

全　称	简　称
《工程建设项目施工招标投标办法》	《施工招标投标办法》
《工程造价咨询企业管理办法》	《咨询企业管理办法》
《工程建设国家标准管理办法》	《国家标准管理办法》
《建筑业企业资质管理规定》	《建筑业企业资质规定》
《建筑业企业资质标准》	《企业资质标准》
《建筑业劳务分包企业资质标准》	《劳务分包企业资质标准》
《建筑工程施工发包与承包计价管理办法》[1]	《计价管理办法》
《建设工程价款结算暂行办法》	《结算暂行办法》
《房屋建筑工程质量保修办法》	《建筑工程保修办法》
《建筑工程施工质量验收统一标准》(GB 50300—2013)	《质量验收统一标准》
《建设工程分类标准》(GB/T 50841—2013)	《建设工程分类标准》
《工程造价术语标准》(GB/T 50875—2013)	《工程造价术语标准》
《建筑安装工程费用项目组成》(建标[2013]44 号)	建标[2013]44 号
《建筑安装工程费用项目组成》(建标[2003]206 号)(已失效)	建标[2003]206 号
《建设工程工程量清单计价规范》(GB 50500—2013)	《清单计价规范》
《建设工程造价鉴定规范》(GB/T 51262—2017)	《造价鉴定规范》
《建设工程造价鉴定规程》	《造价鉴定规程》
《司法鉴定机构登记管理办法》	《鉴定机构管理办法》
《最高人民法院关于审理建设工程施工合同纠纷案件适用法律问题的解释》(法释[2004]14 号)(已失效)	《2004 年建设工程合同解释》
《最高人民法院关于审理建设工程施工合同纠纷案件适用法律问题的解释(二)》(法释[2018]20 号)(已失效)	《2018 年建设工程合同解释》

续表

全　　称	简　　称
《最高人民法院关于审理建设工程施工合同纠纷案件适用法律问题的解释(一)》(法释[2020]25号)	《2020年建设工程合同解释》
《最高人民法院关于适用〈中华人民共和国民事诉讼法〉的解释》	《民事诉讼法解释》
《最高人民法院关于适用〈中华人民共和国合同法〉若干问题的解释(一)》(已失效)	《合同法解释一》
《最高人民法院关于适用〈中华人民共和国合同法〉若干问题的解释(二)》(已失效)	《合同法解释二》
《最高人民法院关于审理民事案件适用诉讼时效制度若干问题的规定》	《诉讼时效规定》
《最高人民法院关于民事诉讼证据的若干规定》	《民事诉讼证据规定》
《民事案件案由规定》	《案由规定》
《人民法院对外委托司法鉴定管理规定》	《委托鉴定管理规定》
《最高人民法院关于建设工程价款优先受偿权问题的批复》(已失效)	《优先受偿权问题的批复》
《最高人民法院统一法律适用工作实施办法》	《统一法律适用实施办法》
《北京市高级人民法院关于审理建设工程施工合同纠纷案件若干疑难问题的解答》(2012年8月6日)	《北京高院解答》
《江苏省高级人民法院关于审理建设工程施工合同纠纷案件若干问题的解答》(2018年6月26日)	《江苏高院解答》
《江苏省高级人民法院建设工程施工合同案件审理指南》(2010年1月1日)	《江苏高院审理指南》
《江苏省高级人民法院审判工作座谈会纪要》(2009年)	《江苏高院座谈会纪要》
《江苏省高级人民法院关于审理建设工程施工合同纠纷案件若干问题的意见》(2008年12月17日)	《江苏高院意见》
《四川省高级人民法院民事审判第一庭关于审理建设工程施工若干疑难问题的解答》(2015年3月16日)	《四川高院民一庭解答》

续表

全　称	简　称
《山东省高级人民法院关于印发全省民事审判工作会议纪要的通知》(2011 年 12 月 2 日)	《山东高院工作会议纪要》
《山东省高级人民法院关于印发〈全省民事审判工作座谈会纪要〉的通知》(2005 年 11 月 23 日)	《山东高院座谈会纪要》
《山东省高级人民法院民一庭关于审理建设工程施工合同纠纷案件若干问题的解答》(2020 年 8 月 15 日)	《山东高院民一庭解答》
《广东省高级人民法院全省民事审判工作会议纪要》(2012 年 6 月 26 日)	《广东高院工作会议纪要》
《广东省高级人民法院关于审理建设工程施工合同纠纷案件若干问题的指导意见》(2011 年 7 月 26 日)	《广东高院指导意见》
《广东省高级人民法院关于在审判工作中如何适用〈合同法〉第 286 条的指导意见》(2004 年 1 月 17 日)	《广东高院优先权指导意见》
《广东省高级人民法院关于审理建设工程合同纠纷案件的暂行规定》(2000 年 7 月 28 日)	《广东高院暂行规定》
《重庆市高级人民法院关于建设工程造价鉴定若干问题的解答》(2016 年 11 月 9 日)	《重庆高院鉴定解答》
《重庆市高级人民法院关于当前民事审判若干法律问题的指导意见》(2007 年 11 月 22 日)	《重庆高院指导意见》
《河北省高级人民法院建设工程施工合同案件审理指南》(2018 年 6 月 13 日)	《河北高院审理指南》
《浙江省高级人民法院民事审判第一庭关于审理建设工程施工合同纠纷案件若干疑难问题的解答》(2012 年 4 月 5 日)	《浙江高院解答》
《福建省高院关于审理建设工程施工合同纠纷案件疑难问题的解答》(2007 年 11 月 22 日)	《福建高院解答》

续表

全　称	简　称
《安徽省高级人民法院关于审理建设工程施工合同纠纷案件适用法律问题的指导意见(二)》(2013年12月23日)	《安徽高院指导意见(二)》
《安徽省高级人民法院关于审理建设工程施工合同纠纷案件适用法律问题的指导意见》(2009年5月4日)	《安徽高院指导意见》
《天津市高级人民法院关于审理建设工程施工合同纠纷案件相关问题的审判委员会纪要》(2020年12月9日)	《天津高院审判纪要》
《上海市中级人民法院建设工程施工合同纠纷审判实务相关疑难问题解答》(2015年)	《上海中院解答》
《沈阳市中级人民法院建设工程施工合同纠纷审判实务相关疑难问题解答》(2015年10月22日)	《沈阳中院解答》
《深圳市中级人民法院关于建设工程合同若干问题的指导意见》(2010年3月9日)	《深圳中院指导意见》
《宣城市中级人民法院关于审理建设工程施工合同纠纷案件若干问题的指导意见(试行)》(2013年3月11日)	《宣城中院指导意见》

注:1. 表格中《北京高院解答》及《北京高院解答》文件之下的地方法院司法文件在本书中均有引用。地方法院司法文件名称旁的日期为司法文件的颁布日期,其中有两个地方法院司法文件无法确定具体颁布日期,故笔者只标注了这两个司法文件的颁布年份。

2. 相关信息显示,本书中引用的地方法院部分司法文件在写作时已经失效,笔者未在表格中作特别标注。虽然部分司法文件已经失效,但是至少代表曾经出现过笔者引用的司法观点,同时,部分司法文件失效并不代表本书中引用的该地方法院司法观点就一定不予适用。失效的地方法院司法文件中的观点是否仍适用具体个案仍需要作具体分析。

〔1〕《建筑工程施工发包与承包计价管理办法》是指2001年11月5日原建设部颁布的建设部令第107号文件。

目　录

001 第一章

工程款与追索困境

·导　读·

建设工程施工合同纠纷案件中经常会出现工程款（工程价款）、工程造价两种表述。这两种表述或出现在法院裁判文书中，或出现在仲裁裁决文书中，或出现在起诉书中，或出现在仲裁申请书中，或出现在工程款鉴定报告中。虽然工程款、工程造价两种表述经常混合使用，一般不会刻意区分，但仔细斟酌这两种表述，二者还是存在一定区别的，只是平时使用者不太注意而已。本章即尝试探讨工程款、工程造价之间的联系与区别。另外，值得注意的是，工程款与工程款优先受偿权之间并不能画等号，读者需要跳出只要是工程款就有工程款优先受偿权的认识误区。

工程款纠纷案件中，为什么会出现追索工程款难的局面？笔者认为，一方面与客观原因有关，即发包人、转包人、违法分包人等付款方确实出现资金问题，他们经济状况不佳，导致无能力支付工程款，由此产生法律争端。另一方面与法律因素有关。法律因素包括以下四个方面。

第一，建设工程中的法律关系过于复杂，工程款的追索对象不清晰。第二，发承包双方对工程款无法作出一致认定，在计价标准及工程量等问题上出现重大分歧。第三，建设行政主管部门政策出台，如何适用新政策产生困扰。第四，司法裁判规则不统一，同案却不同判。

笔者将对以上法律因素逐一分析。客观原因造成的追索困境，笔者不作评判与分析，法律层面的困境却可以通过专业学习，尽可能得到化解。

第一节 工 程 款

一、工程款内涵

笔者尚未发现有专门的法律书籍对建设工程合同价款进行界定。笔者认为,建设工程合同价款可以简称为工程款或工程价款,故工程款与工程价款在本书中作为同一意义使用。根据合同订立后两个阶段——施工阶段与结算阶段的区分,相应地,工程款就有两种理解:第一种理解,工程款是指发包人与承包人在建设工程施工合同中约定的完成建设工程施工工程内容及施工中增加、变更施工工程内容时发包人应支付给承包人的工程施工价款;第二种理解,工程款是指发包人与承包人依据建设工程施工合同约定对已竣工工程或未竣工工程进行结算的工程结算价款。

实际上,二者还是有一些区别的。

比如,在建设工程施工合同中,对工程价款进行专门约定,这个约定可能与建设行政主管部门规定的工程款构成项目相同。同时,施工合同也可能单独另行约定与建设行政主管部门规定的工程款构成项目不同的款项,比如,双方单独约定赶工费用、优质工程奖、提前竣工奖等。此时,工程价款就不应包括赶工费用、优质工程奖、提前竣工奖。当然,施工合同也可以将赶工费用、优质工程奖、提前竣工奖等费用列入合同的工程价款之中,让这些费用成为工程价款的一部分。笔者认为,工程价款具有"议定性"的特点,双方可以将某些款项以议定方式计入工程款。然而,当工程竣工结算或未竣工但结算时,即使赶工费用、优质工程奖、提前竣工奖等为施工合同工程款之外单独约定的款项,此时也会与合同中约定的工程款一并结算。此时结算的工程款应包括这些曾单独列出的不在施工阶段的工程价款范围内的款项。

二、工程款与工程造价比较

依据《工程造价术语标准》,工程造价指工程项目在建设期预计或实际支出的建设费用。显然,建设期比建设工程的合同期长,建设期可以包括工程建设前期、工程交易期、工程实施期三个阶段。因此,从项目初期至项目结算,工程造价在不同的阶段有不同的表现形式。笔者认为,工程造价的实质与核心在于它是工程项目的建设费用。因此,在工程结算前,工程造价不应包括施工合同中约定的与建设项目无关的款项及工程款的利息和违约金。

(一)工程款与工程造价的联系

工程款与工程造价联系紧密。上文中,笔者提到工程款实际上有两种情况,即施工阶段的工程款与结算阶段的工程款。有学者归纳,在项目建议书阶段,工程造价的形式为投资匡算;在可行性研究阶段,工程造价的形式为投资估算;在初步设计阶段,工程造价的形式为设计概算;在施工图设计阶段,工程造价的形式为施工图预算;在招标阶段,工程造价的形式为招标控制价;在投标阶段,工程造价的形式为招标报价;在合同管理阶段,工程造价的形式为工程合同价款;在竣工验收阶段,工程造价的形式为竣工结算及竣工决算。[①]

因此,从项目初期至项目结算,工程造价在不同的阶段有不同的表现形式。工程造价的表现形式多样,施工合同的工程价款只是工程造价在特定阶段的特定表现,其是工程造价的众多表现形式之一。

(二)工程款与工程造价(施工阶段之前)的区别

工程款为工程造价的一种表现,因此,谈及两者的区别时,应将施工阶段及结算阶段的工程款与其他表现形式的工程造价进行区分,也就是将施工阶段及结算阶段的工程款与施工阶段之前的工程造价进行区分。因为,两者完全统一时不存在区分的问题。

第一,工程款(施工阶段及结算阶段)与工程造价(施工阶段之前)的计价依据不完全相同。

在不同的阶段,工程造价有不同的计价依据。比如,投资估算时的工程造价,计价依据为估算指标、概算指标、概算定额;设计概算时的工程造价,计价依据为概算定额、预算定额、造价部门发布的有关价格信息;施工图预算阶段时的

① 参见严玲、尹贻林主编:《工程计价实务》,科学出版社2010年版,第9页。

工程造价，计价依据为预算定额、造价部门发布的有关价格信息。[①] 而工程价款的计价依据与之不同，施工阶段的工程造价，计价依据为工程施工合同、标价工程量清单、各种价格调整依据；竣工阶段竣工结算时的工程造价，计价依据为工程施工合同、中期支付证书、各价款调整文件、索赔及签证。[②]

因此，工程款计价依据与合同有关，而工程造价（施工阶段之前）与合同无关。预算定额、概算定额、概算指标、估算指标都是计价性定额，主要用于建设项目在施工合同订立之前的不同阶段作为确定和计算工程造价的依据。与施工定额一样，其他定额及指标均为相关部门制定的计价依据。

第二，工程款（施工阶段及结算阶段）与工程造价（施工阶段之前）的包含范围可能不完全相同。

计算工程款主要依据双方签订的施工合同。合同本身是双方议定、商谈的结果。工程款具有议定性。因此，施工合同中的工程款可以出现非建设行政主管部门在工程定额中未出现的其他款项。这些款项可以在施工合同中被议定为工程款，或者在最终工程款结算时一并结算。比如，施工阶段，施工合同中将优质工程奖、提前竣工奖列入工程价款中。这些价款本身并不属于工程造价（施工阶段之前）的范围，但是却可能被列入合同工程价款范围。又如，工程造价（施工阶段之前）不会把索赔款项列入其范围，但是如果施工中确实产生违约事件，则违约事件导致的索赔费用在结算时会一并列入结算的工程款中，此时索赔款项又成为工程价款的一部分。

第三，工程款（施工阶段及结算阶段）与工程造价（施工阶段之前）的作用不完全相同。

施工合同中的工程款为实现双方各自的目的服务。发包人通过支付工程款获得质量合格或符合双方约定的质量标准的建设工程；承包人通过提供物化成果获取工程款实现自己的经济利益。一方应支付多少款项、另一方应收取多少款项，必须通过工程价款确认下来，承包人应获取的经济利益集中于工程款中。

施工阶段之前工程造价的作用有许多，多有学者进行论述。笔者认为，工

---

① 参见严玲、尹贻林主编：《工程计价实务》，科学出版社 2010 年版，第 9 页。

② 参见严玲、尹贻林主编：《工程计价实务》，科学出版社 2010 年版，第 9 页。

程造价的主要作用是完成预测，为投资者决策及成本控制提供参照。在施工阶段之前，每一环节的预测均为下一环节的预测提供参考。预测的投资费用为投资者是否进行项目投资提供重要的决策依据。比如，施工图预算之后的阶段是招标阶段，投资方在考虑其招标控制价时，应会参考其施工图预算来考虑招标标底价格。

三、跳出一个误区

虽然工程款有议定性的特点，但是工程款的议定性特点不能改变工程款优先受偿权范围的法定性。要求享有工程款优先受偿权是施工方追索工程款纠纷案件中的一个常规特点。虽然该权利被冠以工程款优先受偿权之名，然而并不是施工合同中约定的工程款全部可以实现优先受偿权。因为工程款优先受偿权与双方将不符合建设行政主管部门规定的工程款构成项目之外的无关款项议入工程款中无关，同时，工程款优先受偿权与双方将无关款项作为工程款进行结算也没有关系。

《2020 年建设工程合同解释》第四十条①是关于工程款优先受偿权范围的条文。依据该条文，一方面肯定利息、违约金、损害赔偿金等不包括在工程款优先受偿权的范围之内，另一方面认定工程款优先受偿权需要符合建设行政主管部门关于建设工程价款范围的规定。从目前国务院建设行政主管部门的文件规定来看，建设工程价款优先受偿权的范围包括人工费、材料费、施工机具使用费、企业管理费、利润、规费、税金。因此，当建设行政主管部门的文件并没有规定某些计费项目，而双方在施工合同中又约定文件中未规定的计费项目作为工程款时，这些费用是不能包含在工程款优先受偿权范围内的。对于这些非规定的计费项目，即使双方将其列入施工合同的工程款中或者列入结算的工程款中，也不能享有优先受偿权。因此，施工方在申请经济纠纷仲裁或准备提起诉讼时，应当对工程款优先受偿权的范围作一个客观预估。

---

① 《2020 年建设工程合同解释》第四十条："承包人建设工程价款优先受偿的范围依照国务院有关行政主管部门关于建设工程价款范围的规定确定。承包人就逾期支付建设工程价款的利息、违约金、损害赔偿金等主张优先受偿的，人民法院不予支持。"

第二节 追索困境

与其他类型的诉讼、仲裁案件相比,追索工程款案件的法律困境更多。

一、法律关系复杂

首先,法律关系结构复杂。不少工程类案件会出现两层甚至多层法律关系。第一层法律关系,即发包人与承包人之间建立的建设工程发承包法律关系。在承包人承包工程之后可能会衍生出第二层法律关系,比如,承包人与其他人员或单位之间可能形成转包法律关系、分包法律关系、挂靠法律关系、内部承包关系等。而理论上转包工程的承包人、分包工程的承包人、挂靠人与其他人员或单位之间存在重复上述部分法律关系的可能性,即形成层层转包、多次分包、挂靠后再次转包或者分包等第三层次、第四层次等更多层次的法律关系。在最终进行项目施工时,施工方可能自己也不知道经历多少前手才拿到工程。建设工程施工中转包、分包等的连续性犹如汇票背书一样,法律关系层次多,关联对象混乱。

其次,法律关系类型复杂。法律关系类型是指双方之间具体的法律关系种类。在建设工程领域中,关联人之间法律关系的类型多样,比如,可能为转包关系、专业工程分包关系、挂靠关系、内部承包关系,又可能是劳务关系、建设工程劳务分包关系①等。多数情况下法律关系的具体类型决定着法律关系的价值判断,即双方建立的法律关系的合法与非法问题。在建设工程实务中,以合法之名掩盖非法之实的情况不在少数。比如,名为建设工程劳务分包实为建设工程转包即为典型情况。在具体案件中,有时要对关联人之间法律关系的类型作出准确认定并不容易,二审法院改变一审法院对于双方法律关系的认定的案例也并不少见。即使在同一法律关系类型之下,也可能存在合法与非法的问题。比

① 笔者认为,劳务关系并非建设工程施工合同法律关系,建设工程劳务分包关系属于建设工程施工合同法律关系。劳务关系与建设工程劳务分包关系存在较难区分的情况。笔者会在本书第十章"工程款类似款项"中阐述劳务关系之下的劳务款如何认定的问题,也就是如何将劳务关系与建设工程劳务分包关系作出区分的问题。

如，分包关系就存在合法分包与违法分包问题。

因为法律关系复杂，所以在诉讼或仲裁中容易出现错列对象、遗漏主体、错列请求等情况，而这会影响诉讼或仲裁案件的结果。

二、工程价款难以统一

部分工程款纠纷案件中，双方关注的核心问题——价款问题往往难以作出统一认识。比如结算，同一份施工合同，一方单独进行结算另一方往往不认可；双方委托造价咨询公司进行工程造价咨询时，对己不利的一方不认可造价咨询意见也为常态。又如工程量，一方不予认可增加或签证的工程的情形也不在少数。再如计价方法，对于未完工程下如何计算已完工程价款，双方认识不一。固定总价之下，材料费、人工费发生变化，双方对工程款是否调整、如何调整会产生认识上的不同。材料费、人工费发生较大变化时，是否构成情势变更及如何调整工程款均会成为双方争议的焦点问题。工程价款难以统一，无疑增加了案件处理的难度，法院为此也伤透了脑筋。故多地法院出台指导性文件，尝试对有关价款认定规则进行统一。

三、政策因素增加困扰

由于施工周期较长，在施工过程中建设行政主管部门可能发布新的计价政策。有时政策变化会增加对工程款认定的困惑。有时新的计价政策并没有解决双方争议的问题，没有起到一锤定音的功效。

比如，针对人工费、材料费价格上涨，履行原合同可能对一方不公平，对于发包人与承包人是否应调整工程价款问题，各地建设行政主管部门出台若干政策。政策本身是希望解决涨价导致的不公问题，但是，政策层面要求由双方协商解决，倡导协商解决对纠纷的处理没有起到实质性的帮助。例如，《陕西省住房和城乡建设厅关于调整房屋建筑和市政基础设施工程工程量清单计价综合人工单价的通知》（陕建发［2013］181 号）中规定："本《通知》从 2013 年 8 月 1 日起执行。截至 2013 年 7 月 31 日未办理竣工结算的工程，合同约定执行国家调价政策的，2013 年 8 月 1 日以后完成的工作量，执行调整后标准；合同未约定或约定不明确的，是否调整及调整幅度由合同双方商定。"这一政策并没有解决双方约定不明时人工单价发生变化后是否调整工程款的问题。这一政策会让施工方主张调整或不调整工程款处于一个非常为难的境地，即施工方想调整工程款但底气不足；如不调整工程款却心有不甘。

四、裁判规则无所适从

即使在相同事实背景之下、相同法律关系背景之下，对同一个法律问题也会有不同的裁判观点。搜索中国裁判文书网，笔者发现，多个法律问题不仅未能形成全国性统一裁判规则，还未能在省级形成统一裁判规则，甚至在同一法院也会出现不同裁判规则。

比如，挂靠关系之下，挂靠人是否承担责任问题，不同的法院给出不同的答案，甚至最高人民法院也给出不同的答案。又如，合同无效情形之下，哪些条款可以作为工程价款折价补偿的“参照”，认识并不统一。下浮的约定应否遵守、支付时间的约定应否遵守等均存在认识不统一的问题。笔者不再一一列举。裁判规则的不统一与建设工程施工合同要素不易驾驭有关。依据《民法典》第四百七十条第一款①的规定，一般合同内容有八个要素。然而，建设工程施工合同要素之广远远超出其他普通合同。多个要素均可能形成若干个次要素，若干次要素又可以单独作为一个法律课题进行研究。

因此，裁判规则不统一是一个现实难题。这种不统一会让人无所适从，也损害了法律的权威性。

上述问题的产生均在一定程度上对追索工程款不利，会形成追索工程款的法律困境。一方面，我们承认困境客观存在，另一方面，我们也欣慰地看到消除困境的因素也在逐步累积。国家层面正在努力解决或消除困境。比如，最高人民法院要求同案同判，这有力地减少了同案不同判的不公平现象的发生；又如，建设行政主管部门要求工程价款实现同期结算。同期结算的实行，在一定程度上缓解了双方工程款结算分歧问题。笔者相信，在以后的建设工程领域追索工程款案件中，法律关系会更加清晰，计价分歧会逐步减少，政策会得到越来越多的贯彻，裁判规则会逐步统一，案件的公正处理终将实现。

---

① 《民法典》第四百七十条第一款：“合同的内容由当事人约定，一般包括下列条款：(一)当事人的姓名或者名称和住所；(二)标的；(三)数量；(四)质量；(五)价款或者报酬；(六)履行期限、地点和方式；(七)违约责任；(八)解决争议的方法。”

002 第二章

工程款计价依据

·导　读·

工程款条款为建设工程施工合同的核心条款之一，在建设工程施工合同诸要素中居于首要要素。工程款不是凭空得出的。工程款的计算需要依据一些基本材料，这些基本材料就是本章探讨的计价依据。笔者所称的计价依据与《工程造价术语标准》中规定的计价依据存在不同。[①]《工程造价术语标准》中将计价标准、计价定额、造价信息等作为计价依据。而本章中的计价依据是指诉讼或仲裁程序中施工方计算工程价款所需要的客观材料。从某个角度上讲，计价依据就是施工方主张工程款时提交给裁判人员得出工程价款所需要的客观证据材料。计价标准、计价定额、造价信息确实也是计算工程款所依托的材料，但与笔者探讨的计价依据不完全相同。《工程造价术语标准》中的计价标准、计价定额、造价信息离开具体个案仍是客观存在的。而本章探讨的计价依据是施工方追索工程款时在每个案件中确认工程款数额所需的证据材料。因此，计价标准、计价定额、造价信息不作为本章探讨的计价依据。

从与工程款计价的关联程度上划分，计价依据可细分为关键依据、重要依据、辅助依据三个方面。工程款计价依据可以帮助施工方明确追索工程款时，在诉讼或仲裁中搜集案件材料的整体方向。同时，本章试图对这些计价依据在法律层面进行整体考察。

本章探讨的计价依据是指依据哪些材料可通过计算得出工程款，并没有将结算书作为计价依据。结算书是一方或双方通过计价依据得出的工程价款材料，与本章探讨的主旨内容不一样。双方认可的结算书当然是诉裁程序中最为关键的认定工程价款的材料。由于结算书是工程款的计价表现形式，因而笔者没有将结算书作为本章探讨的计价依据。

---

① 《工程造价术语标准》第 2.1.4 条："工程计价依据 Basis for Estimate of Project Cost 与计价内容、计价方法和价格标准相关的工程计量计价标准，工程计价定额及工程造价信息等。"

第一节 计价依据的类别

一、关键依据

(一)建设工程施工合同

建设工程施工合同,即发包人与承包人就工程建设达成的有关施工范围、施工质量、施工进度、工程价款、违约责任承担等的协议。施工合同内容丰富,要素复杂。实践中,建设工程施工合同以书面合同形式存在,极少数以口头合同形式存在。一般而言,工程建设项目标的额大,故书面合同为常态,但是会存在双方口头订立合同的情况。

无书面合同时,裁判人员通过其他证据一般也能认定双方存在建设工程施工合同关系,然而,书面建设工程施工合同的存在确实非常必要。如果双方没有书面合同,发包人与承包人的权利义务往往处于不确定状态,或者说处于争议状态。虽然在无书面建设工程施工合同时,个别案例的判决结果对施工方并无不利,但是,就总体而言偏向对施工方不利的案例较多。试看以下两则无书面建设工程施工合同时的真实案例。

案 例 一

苏某峰与嘉源公司诉讼案[①]

当 事 人

上诉人(原审原告):苏某峰

被上诉人(原审被告):嘉源公司

被上诉人(原审被告):东宏公司

案例介绍

苏某峰提出请求,要求判令嘉源公司、东宏公司共同支付工程款2,480,537.64

① 参见江苏省无锡市中级人民法院民事判决书,(2019)苏02民终5289号。

元等。一审法院认定的部分相关事实及各方关系如下:锡山区重点办将案涉工程发包给东宏公司,东宏公司将工程转包给了嘉源公司,嘉源公司又将其中的部分分包给了苏某峰实际施工,双方未签订书面合同,现吼山北路工程已经竣工验收。重点办与东宏公司竣工结算审定价为24,492,372元。一审诉讼中,苏某峰与嘉源公司对于苏某峰所做工程量及工程单价存在较大争议。法院根据苏某峰的申请,委托智汇锡建公司对工程造价进行司法鉴定,2019年9月17日,智汇锡建公司出具锡智建审(2019)第392号工程造价鉴定意见书,根据苏某峰主张的工程量以及结算审定报告单价,工程造价为5,318,889.14元(含施工便道),根据苏某峰主张的工程量以及分包单价,工程造价为3,547,514.29元(含施工便道),根据嘉源公司认可的工程量以及结算审定报告单价,工程造价为3,179,354.43元(不含施工便道),根据嘉源公司认可的工程量以及分包单价,工程造价为2,051,899.53元(不含施工便道)。上述的分包单价系参考施工当期的市场同类工程分包单价确定。

一审法院认为:苏某峰与嘉源公司签订的分包合同无效,但应当据实结算工程价款。对于工程价款,苏某峰应当对工程量及工程单价进行举证,苏某峰仅提供了与其有利害关系的施工工人的证言以及部分照片作为证据,不能证明实际工程量的范围,苏某峰要求按照东宏公司与重点办之间的结算单价作为其与嘉源公司之间的结算单价也没有事实和法律依据,故苏某峰要求根据合同未签订的过错来酌情确定工程量的意见法院不予采纳。法院委托鉴定机构出具的方案中,因为苏某峰举证不能,而根据嘉源公司认可的工程量,结合参考施工当期的市场同类工程分包单价确定的分包单价,鉴定得出的工程价款为2,051,899.53元,低于苏某峰认可的已收到的工程价款,故苏某峰要求嘉源公司继续支付工程价款并承担利息的诉讼请求没有事实及法律依据,法院不予支持。

一审法院作出判决后,苏某峰提出上诉。二审法院认为:一审中,嘉源公司与苏某峰分别对工程单价提出了主张,法院认为,鉴于双方对争议的产生均有过错,因此,以双方主张单价的平均价进行结算较为合理,也符合公平原则。关于苏某峰完成工程的工程量,法院认为,苏某峰作为分包工程的实际施工人,其对完成的工程量应当承担举证责任,其提供的现场照片与证人证言等证据未得到嘉源公司确认,其也未能提供嘉源公司确认的工程量清单等有效证据,因此,法院采纳嘉源公司对工程量的意见。法院认为，苏某峰完成的涉案工程结算价应当取鉴定报告中计价方式（三）与计价方式（四）的平均价，经核算为2,615,626.98元[（3,179,354.43元+2,051,899.53元）÷2]，扣除嘉源公司已付工程款1,859,800元、苏某峰认可嘉源公司支付的材料款527,065元，嘉源公司尚欠工程款228,761.98元。

案例评析

这是一则实际施工人与违法分包人没有签订书面施工合同，实际施工人苏某峰向转包人东宏公司、违法分包人嘉源公司主张工程款，一审法院未能认可实际施工人主张的工程量，一审法院按照违法分包人认可的工程量及市场同类工程分包单价，认定实际施工人应得的工程价款，二审法院依据违法分包人认可的工程量，同时对依据结算审定报告单价确定的工程造价及依据市场同类工程分包单价确定的工程造价进行折中，认定该案工程价款的案例。

结算审定报告单价是建设单位重点办与承包人东宏公司之间约定的结算标准。对施工方而言，案例中法院对工程款的认定存在一个有利之处，也存在一个不利之处对苏某峰有利之处在于工程价款的折中处理；对苏某峰不利之处在于，法院没有采纳苏某峰主张的工程量，而是采纳了嘉源公司的意见。二审法院没有采信苏某峰主张的以重点办与东宏公司的结算审定报告单价作为苏某峰与违法分包人之间的结算价格，而是采取两个造价（依据重点办与东宏公司的结算审定报告单价确定的工程造价、依据市场同类工程分包单价确定的工程造价）折中处理的方式。抛开工程量而言，笔者认为，折中的结算价格（结算标准）实际上是对施工方不利的。苏某峰一审诉讼请求金额为2,480,537.64元。二审判决违法分包人给付苏某峰工程款的金额为228,761.98元。案例中，法院判决支持的金额不及苏某峰请求金额的十分之一。诉讼结果距离苏某峰诉讼目标相差较远，未能达到苏某峰的诉讼预期。

案例二

中防佳缘公司与黄瓦台青海分公司等诉讼案①

当事人

上诉人(原审原告):中防佳缘公司

上诉人(原审被告):黄瓦台青海分公司

上诉人(原审被告):黄瓦台公司

案例介绍

中防佳缘公司提出请求,要求二被告向原告支付拖欠的工程款9,857,420.17元等。一审法院查明部分事实如下:2012年7月14日,中防佳缘公司与黄瓦台青海分公司签订供货合同书。后双方约定由中防佳缘公司对黄瓦台青海分公司承包的西宁新华联广场2号地1~6号楼负一层外墙防水、地下车库顶板防水工程及西宁新华联广场3号地的全部防水工程进行施工,但双方未签订书面合同,未约定工程价款。2013年12月4日,西宁新华联广场2号地防水工程竣工验收。2014年12月30日,西宁新华联广场3号地防水工程竣工验收。双方对于3号地工程施工内容无争议。对于2号地防水施工内容存在争议。中防佳缘公司认为其对2号地全部防水工程进行了施工。黄瓦台公司认为中防佳缘公司没有对2号地防水工程施工。中防佳缘公司提供黄瓦台公司员工的证言证明其对2号地的防水施工内容。

一审法院认为:根据已查明的案件事实,西宁新华联广场2号地防水工程共分为三块,分别为:(1)1~6号楼生活阳台及卫生间;(2)2号地商铺、幼儿园及1~6号楼住宅楼(有黄瓦台公司代表签字);(3)2号地商铺、幼儿园及1~6号楼住宅楼(无黄瓦台公司代表签字)。中防佳缘公司出示的证据为黄瓦台公司员工金某寿出具的证明,拟证实中防佳缘公司对2号地进行了全部施工。一审法院经核实相关证据后最终认定:西宁新华联广场2号地1~6号楼负一层外墙防水、地下车库顶板防水工程由中防佳缘公司施工。

对一审法院认定的施工范围,中防佳缘公司提出上诉,部分理由如下:上诉

① 参见青海省高级人民法院民事判决书,(2018)青民终161号。

人施工建设的“新华联广场防水工程中2号地1~6号楼住宅生活阳台及卫生间、2号地商铺和幼儿园及1~6号楼住宅楼的防水工程”一审法院没有认定错误。黄瓦台公司及其青海分公司同时提起上诉，部分上诉理由如下：上诉人将新华联2号地防水工程分包给龙鑫公司施工，并与其签订了分包合同，其与中防佳缘公司之间不存在建设施工合同关系。

二审法院为查明案件基本事实，依法对龙鑫公司及相关人员进行了调查。综合证据证明内容，二审法院认为：中防佳缘公司认为与黄瓦台公司未签订书面分包合同，为口头协议，而黄瓦台公司又坚决否认与中防佳缘公司存在合同关系，否认将2号地防水工程全部分包给了中防佳缘公司。故在此种情况下，应严格分析各方提交的证据，主张权利的一方的证据应达到较高的证明标准，对于黄瓦台公司与中防佳缘公司是否存在合同关系，如存在，则分包工程范围应依据证据规则准确认定。中防佳缘公司与黄瓦台公司未签订2号地防水工程分包合同，也无充足的证据证明2号地防水工程由其全部施工或为其主张的施工的范围，更无证据证明其与黄瓦台公司就2号地防水工程建立了合同关系，其有关2号地全部防水工程由其施工的主张不能成立。因黄瓦台青海分公司认可2号地幼儿园防水工程全部由中防佳缘公司施工，法院对此予以确认。

案例评析

这是一则双方未签订书面建设工程施工合同，工程范围约定不明产生的典型纠纷案例。该案争议的是2号地的防水施工范围。2号地防水施工范围的分歧：中防佳缘公司要求认定2号地施工范围内全部防水工程由其施工，而黄瓦台公司认为2号地全部防水工程由其他单位施工。一审法院认定2号地1~6号楼负一层外墙防水、地下车库顶板防水工程由中防佳缘公司施工。二审法院认定2号地幼儿园防水工程由中防佳缘公司施工，并且二审法院是在通过对相关人员作出调查的基础上得出上述结论的。

中防佳缘公司试图通过证人证言达到证明施工范围的目的，这显然不够。一审法院认定2号地的施工范围后，双方均对该认定范围不服并提出上诉。二审法院通过对案外人进行调查，制作询问笔录的方式了解相关情况。经二审法院调查了解，施工方主张的2号地防水工程全部由其施工的事实与二审法院调查的相关事实存在冲突。虽然中防佳缘公司的上诉请求部分成立，但是二审法院判决结果与中防佳缘公司上诉要求增加认定的施工范围相距仍较大。可见，在没有书面建设工程施工合同的情况下，认定2号地防水工程施工范围相当艰辛。这是一则部分施工内容未被法院认定的诉讼案例，也是一则没有达到施工方期望的诉讼案例。在追索工程款纠纷案件中，书面施工合同的存在至少可以解决部分工程范围争端的问题。

该案还涉及诚信诉讼的问题。在一审诉讼中，黄瓦台公司认为，中防佳缘公司对2号地没有进行防水施工。但根据二审法院裁判文书中法院认为部分的内容，二审中黄瓦台公司认可2号地幼儿园为中防佳缘公司施工。这与黄瓦台公司一审诉讼中及上诉理由中全盘否定中防佳缘公司对2号地进行防水施工的说法是矛盾的。黄瓦台公司改变说法的理由究竟是因为其当初确实不清楚2号地的防水施工情况，还是因为在二审法院调查之下已无法掩盖事实真相，难以下定论。黄瓦台公司上诉理由中提到工程转包给其他人施工。如果黄瓦台公司确实不清楚2号地的防水施工情况，在一审、二审诉讼中，其对于事实情况的说辞出现反复也无可指责。如果为逃避法律责任而故意采取掩盖事实真相、违背诚信诉讼义务的说辞则不可取。

（二）签证单

签证单，又被称为现场签证单。《清单计价规范》中有对"现场签证"的解释。① 笔者认为，签证单应分为两种情况：一种是工程量签证单，也是常见形态的签证单；另一种是工程款签证单，这种签证单直接反映签证双方对签证工程价格的确认。签证单是发包人或其授权代表（工程监理人、工程造价咨询人）与承包人或其授权代表就施工过程中涉及的合同外的施工内容、非承包人责任事件所做工作及有关价款方面的签认证明。

对于签证单，实践中容易产生的纠纷主要有：工程监理人员对工程款的签证效力及有权签证人员签证的证据效力问题。

第一个问题：工程监理人员对工程款的签证效力。

如上所述，签证单可能出现两种情况。如果是工程监理人员签发的，如何

---

① 《清单计价规范》第2.0.24条："现场鉴证 发包人现场代表（或其授权的监理人、工程造价咨询人）与承包人现场代表就施工过程中涉及的责任事件所作的签认证明。"

认定签证效力？笔者认为，发包人的监理人员对工程量的签字确认为监理人员履行职务行为，具有签证效力。而通常情形下，监理人员不具有对于工程款的确认权利。监理人员的工程款签证效力问题应从三个方面进行考察。

第一，合同中有无特别授权。如果合同中有对监理人员特别授权的明确约定，监理人员行使合同赋予的权利并无不可。合同应是指建设工程施工合同、建设工程委托监理合同或建设工程监理合同。笔者注意到《建设工程委托监理合同（示范文本）》（2000 年版）第二部分标准条件第十七条第十款①中监理人权利及《建设工程监理合同（示范文本）》（2012 年版）第二部分通用条件第 2.1.2 条第 13 款②中监理人工作内容。这些条款中的表述并未赋予监理人员对工程款的签证确认权利。因此，如果合同中没有特别约定监理人员具有工程款的签证权利，则监理人员不能进行工程款签证。

第二，工程监理人员的法定职务特点。监理人员对工程负责监理，监理的内容是什么？《建筑法》中提到监理人员对施工质量、建设工期和建筑资金使用等方面实施监督。另外，笔者注意到《工程建设监理规定》第十四条③及第二十五条第一款④的规定。这两处规定均未赋予监理人员经济签证权利。

第三，从监理人员的工作惯例上进行分析。如果出现监理人员对于工程价款的多份签证，而这些经济签证中的多数确实被发包人认可，则可以认定监理人员的签证行为构成表见代理。

上述观点在部分地方法院的司法文件中可以得到印证。

例如，《北京高院解答》中规定："工程监理人员在签证文件上签字确认的效

---

① 《建设工程委托监理合同（示范文本）》（2000 年版）第二部分标准条件第十七条第十款："监理人在委托人委托的工程范围内，享有以下权利：……（10）在工程施工合同约定的工程价格范围内，工程款支付的审核和签认权，以及工程结算的复核确认权与否决权。未经总监理工程师签字确认，委托人不支付工程款。"

② 《建设工程监理合同（示范文本）（2012 年版）第二部分通用条件第 2.1.2 条第 13 款："除专用条件另有约定外，监理工作内容包括：……（13）审核施工承包人提交的工程款支付申请，签发或出具工程款支付证书，并报委托人审核、批准……"

③ 《工程建设监理规定》第十四条："工程建设监理一般应按下列程序进行：（一）编制工程建设监理规划；（二）按工程建设进度、分专业编制工程建设监理细则；（三）按照建设监理细则进行监理；（四）参与工程竣工预验收，签署建设监理意见；（五）建设监理业务完成后，向项目法人提交工程建设监理档案资料。"

④ 《工程建设监理规定》第二十五条第一款："总监理工程师在授权范围内发布有关指令，签认所监理的工程项目有关款项的支付凭证。"

力如何认定？工程监理人员在监理过程中签字确认的签证文件，涉及工程量、工期及工程质量等事实的，原则上对发包人具有约束力，涉及工程价款洽商变更等经济决策的，原则上对发包人不具有约束力，但施工合同对监理人员的授权另有约定的除外。”

又如，《上海中院解答》中规定：“工程监理人员在签证文件上的签字确认的是否对发包人发生效力？解答：工程监理人员在监理过程中签字确认的签证文件，涉及工程量、工期及工程质量等事实的，原则上对发包人具有约束力；涉及工程价款洽商变更等经济决策的，原则上对发包人不具有约束力，但施工合同对监理人员的授权另有约定的除外。理由：有约定的从约定，无约定的根据监理人员的工作性质，监理人员只负责对工程质量、进度等问题的监督，对于工程价款，因涉及承发包双方的核心利益，不宜赋予监理确认权限。”

第二个问题：有权签证人员签证的证据效力问题。

笔者探讨该问题时设置了一个前提条件：“有权签证人员签证”。在这一前提条件下，无经济签证权的监理人员的经济签证，显然不属于该问题讨论的范围。签证的证据效力问题，是指有权人员签字的签证单是否可以直接认定相关签证事实发生的问题。签证是否可以成为认定工程量变化或者工程增减价款的直接依据，这个问题存在争议。

签证单在法律上的重要性不言而喻。签证的法律效力的直接依据是《2004年建设工程合同解释》第十九条。[①]《2020年建设工程合同解释》第二十条[②]作出完全相同的规定。

就工程量的签证单而言，有观点认为，签证可以直接作为工程量的认定依据。该观点作出如下具体分析：“因为工程签证从性质上讲，是工程承发包双方在施工过程中按合同约定对支付各种费用、顺延工期、赔偿损失所达成的双方意思表示一致的补充协议。同时，《关于审理建设工程施工合同纠纷案件适用

---

① 《2004年建设工程合同解释》第十九条：“当事人对工程量有争议的，按照施工过程中形成的签证等书面文件确认。承包人能够证明发包人同意其施工，但未能提供签证文件证明工程量发生的，可以按照当事人提供的其他证据确认实际发生的工程量。”

② 《2020年建设工程合同解释》第二十条：“当事人对工程量有争议的，按照施工过程中形成的签证等书面文件确认。承包人能够证明发包人同意其施工，但未能提供签证文件证明工程量发生的，可以按照当事人提供的其他证据确认实际发生的工程量。”

法律问题的解释》第十九条也规定'当事人对工程量有争议的,按照施工过程中形成的签证等书面文件确认。承包人能够证明发包人同意其施工,但未能提供签证文件证明工程量发生的,可以按照当事人提供的其他证据确认实际发生的工程量。'所以,无论从签证性质和司法解释的规定看,互相书面确认的签证即成为工程结算或最终结算增减工程造价的凭据,不依赖于证据。"①

有人对此提出反对观点。反对观点所持理由如下:"这种观点其实对司法解释理解有误:司法解释第十九条实质在于'实事求是'四个字,也就是说,发包人同意施工,工程量实际发生的,没有签证也确认。工程量实际没有发生的,有签证也不能作为工程量认定依据。而不是说,签证可以直接作为工程量认定的依据。"②并且,该观点进一步将签证分为事前签证及事后签证,并又作如下分析:"事前签证,由于签证内容承包人还没有履行,所以承包人承担举证责任,即承包人如不能举证证明签证内容实际发生,该签证就不能作为工程量认定依据;而事后签证,由于签证证明承包人已经履行义务,所以发包人承担举证责任,即如发包人不能举证证明签证内容虚假,则签证作为工程量认定依据。"③

笔者不同意第二种观点,尤其是该观点提到的签证效力问题应作事前签证与事后签证的区分。笔者认为,这种区分在实践中不具有可操作性。试想,一旦发生签证事项纠纷,在发包人不认可签证事实的情形下,其会认可某一签证是事后签证吗?显然不可能。施工方需要对签证作出事前签证及事后签证的区分及证明,多数情形下其难度本身就不低于证明签证事实是否发生。因此,实践中要证明签证具有效力就必须证明签证是事后签证,而这不具有可行性。

笔者不同意第二种观点的理由,更在于签证就是双方对于工程施工过程中需要变更、增加的责任事件的确认。如果确实未发生签证事件,发包人应当怎

---

① 《签证的效力是否依赖于证据》,载原创力文档网,https://max.book118.com/html/2021/0914/5142221030004004.shtm。

② 《签证的效力是否依赖于证据》,载原创力文档网,https://max.book118.com/html/2021/0914/5142221030004004.shtm。

③ 《签证的效力是否依赖于证据》,载原创力文档网,https://max.book118.com/html/2021/0914/5142221030004004.shtm。

么做？发生签证之后，如果确实没有进行签证的施工内容，发包人应以另外一种形式进行补救，比如，发包人应收回签证单或者双方对未发生的签证事实进行确认。笔者认为，签证具有高度的证明效力，应作为直接证据证明签证事实发生，除非另一方能提供足以反驳的相反证据。

分享一则关于签证效力的案例。

案例三

吴某堂与江某鹏、油田公司、中太公司等诉讼案[①]

当事人

上诉人（一审原告）：吴某堂

上诉人（一审被告）：江某鹏

上诉人（一审被告）：房开公司

被上诉人（一审被告）：中太公司

被上诉人（一审被告）：管理局

案例介绍

吴某堂提出诉讼，要求中太公司与江某鹏共同支付拖欠工程款53,916,236.25元等。一审法院查明的部分事实如下：吴某堂在施工过程中形成多份现场经济签证单，签证单记载施工楼号、签证部位、签证原因、投资增减额，签证单中共有监理单位、建设单位分公司、建设单位技术管理中心、建设单位主管生产代表领导、投资技术管理小组、油田公司基建管理中心、油田公司主管领导七项需要签字盖章的项目。签证单注明："本签证一式六份，施工单位两份，建设单位分公司一份，建设单位工程造价管理中心一份，投资控制组一份。本签证按规定程序履行完成后生效。"吴某堂以中太公司名义逐级向上提交签证单，中太公司、监理单位项目部加盖公章。签证单中有72份已载明投资增减额，数额总计为2,531,410元，其余签证单中投资增减额一项空白。吴某堂依据定额标准自行计算全部签证单对应价款为12,047,300元。吴某堂未将签证

① 参见最高人民法院民事判决书，（2020）最高法民终78号。

单提供给江某鹏,导致江某鹏在779号案件[①]中未能提供相应签证单。江某鹏、房开公司、管理局对签证单所载数额不认可。

对于吴某堂提供的签证,一审法院认为:一审法院对779号案件中已涉及的费用,不予审理。吴某堂未将施工产生的经济签证单提供给江某鹏,导致江某鹏在779号案件中未能提供相应签证单,但现场经济签证单对应价款均属三标段工程价款,与江某鹏在779号案件主张的款项性质相同、所属标的相同,从本质上说,属江某鹏主张工程价款的遗漏,应在779号案件一并主张权利,才能保证所涉标的与工程价款的统一性。现场经济签证单形式要件与河北省高级人民法院采信的其他施工人证据形式要件基本相符,但吴某堂自行以签证单套取定额规定、计取相应取费,按其单方计算数额12,047,300元主张该部分价款,依据不充分,一审法院对该数额不予确认。吴某堂完成初步举证责任,签证单中的72份已载明投资增减额,经监理公司确认数额总计为2,531,410元,而当事人未进行结算,现场经济签证单中的价款存在不精确的可能性,江某鹏、房开公司、管理局对现场经济签证单证据与数额虽不认可,但并未提供相反证据予以否定,应由江某鹏、房开公司、管理局承担举证不能的不利后果。鉴于现场经济签证单部分未作为779号案件的证据,也未包含在江某鹏起诉的数额内,故一审法院将72份现场经济签证单对应价款2,531,410元计入该案工程价款。

吴某堂对一审法院仅认定72份签证等内容不服,其上诉理由部分如下:另96份现场经济签证单上均有中太公司和监理单位项目部加盖公章,应计入工程造价,吴某堂依据定额计算出该部分工程造价应为9,443,814.26元。

对于72份签证单,二审法院认为:该部分签证单有房开公司和监理单位相关人员的签字确认,显示的数额为投资增减额,但房开公司并未举证证明该数额与实际不符,也未证明双方在此之后又对签证单费用进行了最终结算并变更签证单上载明的数额,一审法院根据签证单上的数额认定对应的工程价款,并

---

① 779号案件为江某鹏作为原告,中太公司、房开公司、管理局作为被告,江某鹏向河北省廊坊市中级人民法院提起诉讼,要求中太公司、房开公司、管理局给付工程款319,713,581.05元,后经河北省高级人民法院判决的二审诉讼案件。779号案件中,法院认定江某鹏的工程款中包括吴某堂施工部分的工程款,共39,461,045.3元(暂扣减2%的质保金826,810.69元、2.54636%养老保险费用1,052,678.85元)。参见河北省高级人民法院民事判决书,(2016)冀民终779号。779号案件认定的吴某堂的工程款与(2020)最高法民终78号民事判决书审理的吴某堂主张的工程款有相当一部分重叠。

无不当。吴某堂在该案一审中提供的现场经济签证单中载明的数额合计2,531,410元。对于另96份签证单,二审法院认为,该部分现场经济签证单上未载明投资增减额,表明签证单对应的工程造价未经房开公司确认,如吴某堂有证据证明该部分工程量确实发生及对应的工程造价数额,可另行主张权利。

案例评析

笔者对该案的处理结果有不同看法。从案例中可以看出,法院对于吴某堂提供的签证单作出两种不同的认定。对于明确记载增减金额的72份签证单,法院直接认定其证据效力;对于未明确记载增减金额的96份签证单,法院没有认定其证据效力。对记载金额的签证单,法院直接认定其证据效力,笔者可以理解。但是,对未明确记载增减金额的签证单,法院不予认定,笔者不能理解。未明确记载增减金额的签证单与明确记载增减金额的签证单上的盖章主体身份是一致的。根据判决文书的内容,签证单上均有中太公司、监理公司的盖章,只是部分签证单记载了增减投资额,另一部分签证单没有明确记载增减投资额。96份经济签证与72份经济签证,在法律层面并无本质区别。96份经济签证的签证单上对于工程量确实是有记载的,虽然不能直接得出签证金额,但该部分款项是可以通过鉴定得出的。法院可以不认可吴某堂自己计算的签证单上的工程款数额,但是不能否定上述签证工程的存在,除非房开公司有足以推翻此工程的证据。

案例中法院的处理结果不排除是受(2016)冀民终779号民事判决书的影响。因为(2016)冀民终779号民事判决书对吴某堂施工的工程款已作出认定。(2020)最高法民终78号诉讼案例中明确提到吴某堂在(2016)冀民终779号案件中未将上述签证单交给江某鹏。尽管如此,笔者仍认为,(2016)冀民终779号民事案件不应影响该案中认定96份签证部分的工程量。多数情况下,签证单本身不是对签证金额的确认,而是对工程量多少的确认。何况在(2016)冀民终779号案件中,吴某堂不仅没有提交未记载增减金额的96份签证单,也没有提交记载增减金额的72份签证单。

(三)价格确认单

价格确认单是指根据合同约定或发包人在合同之外另行委托承包人采购

设备或材料时,经发包人确认的设备或材料的价格和数量的单据。

从该定义中可以看出,价格确认单虽然不能直接证明施工方购买了相关设备与材料,但是可以直接确认拟购买的设备或材料的价格与数量。价格确认单与签证单不一样,笔者认为,签证单是对已经发生或将要发生的责任事件的确认,具有高度的证明力。而价格确认单只是对价格与数量的确认,但是该费用不一定会发生。如果需要证明确实发生了价格确认单中的费用,还应辅以其他证据材料,共同证明费用的真实存在。价格确认单是对价格与数量的认可,辅之以其他证据可以锁定施工方实际发生的费用。价格确认单是工程款认定中关于设备与材料的价格与数量确认的关键一环。

(四)设计变更文件

设计变更是指工程项目自合同签订之日起至通过竣工验收正式交付使用之日止,对已批准的初步设计文件、技术设计文件或施工图设计文件所进行的修改、完善、优化等活动。

设计变更文件是工程量变化的重要依据。在几乎所有的施工合同中,设计变更均是合同价款调整的因素之一。如果施工方拿出设计变更文件,就可以确认工程发生变化的事实,由此指向工程量发生变化,最终也必将影响工程款的认定。因此,通过对设计变更文件与变更之前的设计文件的对比,可以锁定工程量发生变化的事实。计算出工程量的增减变化后,依据合同约定或清单计价得出相应的增减工程价款,或者调整综合单价、增加新的综合单价,重新计算得出最后的工程价款。

二、重要依据

(一)联系单

联系单,实践中可能又称为工作联系单、技术联系单,也可能称为工程确认单,名称不一。工程联系单是用于发包人与承包人双方日常工作联系的单据。

联系单,一般多见于施工方出具联系单给建设单位或设计单位,建设单位也常常向设计单位出具联系单。收件单位在收到联系单后应依据具体情况予以答复。然而,实践中不予回复的情况不在少数。联系单一般不直接涉及工程款及工程量的问题。联系单多是关于工程技术手段处理的事项,比如,施工工艺、各工种、工序具体问题的完善,或是关于工程质量问题的处理,或是施工过程中对具体事项的协商。部分联系单是包括设计变更等内容在内的函件。联系单的内容涵盖面广,不一而论。如果联系单中出现对于合同外工程量的确认内容等事实,那么这种联系单具有签证的性质。

看一则联系单在诉讼中发挥具体作用的案例。

案 例 四

奇信公司与庆业公司诉讼案①

当 事 人

上诉人(原审本诉原告、反诉被告):奇信公司

上诉人(原审本诉被告、反诉原告):庆业公司

案例介绍

庆业公司提出案涉《工作联系单据》、《技术联系单》或《工程确认单》均不构成合同约定的工期延误事由。

二审法院认为:案涉合同约定于2011年12月13日开工,2012年3月9日竣工。从查明事实看,2011年12月23日的2011－12－23A号《工作联系单》和2011年12月28日的2011－12－28A号《工作联系单》,体现部分空调、消防、弱电及土建的施工未完工。2011年12月28日的2011－12－28C号《技术联系单》体现缺部分施工图,且部分设计不符要求,需更改设计方案。2012年3月14日的2012－3－14B号《工程确认单》、2012年3月13日的2012－3－13A号《工程确认单》、2012年3月26日的2012－3－26A号《工程确认单》,均体现设计变更及调整。2012年3月5日的2012－3－5A号《工程确认单》和2012年3月12日的2012－3－12A号《工程确认单》体现非承包人原因停电。一审法院认定工期相应顺延,奇信公司不承担工期顺延责任,并无不当。庆业公司主张,奇信公司未举证证明工期顺延期限,法院认为,《工作联系单》《技术联系单》有庆业公司签字盖章确认,内容符合合同关于工期顺延的约定,且奇信公司

① 参见贵州省高级人民法院民事判决书,(2020)黔民终22号。

出示的证据已载明工期顺延的原因属非承包人造成,结合合同约定,该案工期顺延原因消除的举证责任应由庆业公司负担,故庆业公司关于奇信公司未举证证明工期顺延的期限的主张,缺乏依据,不能成立。同理,庆业公司关于不存在逾期付款、不应支付逾期付款利息的主张,不能成立。据此,庆业公司关于返还工程款及其利息、支付违约金及律师费、不应支付赶工费及人工费的主张,缺乏充分依据,不能成立。

案例评析

这是一则通过《工作联系单》、《技术联系单》或《工程确认单》确定工程延期事实成立的案例。该案中的联系单并没有直接指向工程款问题,而是用以解决施工环节时间超期施工方是否应承担责任的问题。联系单客观反映出奇信公司主张的停电、部分工程未完工、设计更改导致的工程延误的事实成立。因此,二审法院认定工期延误的责任不应由奇信公司承担。

(二)竣工图、施工图

竣工图指在建设工程竣工时,由施工方按照施工的实际情况制作的图纸。施工过程中难免对施工图进行修改,为了让发包人能比较清晰地了解土建工程、房屋建筑工程、电气安装工程、给排水工程中管道的实际走向和其他设备的实际安装情况,在工程竣工之后施工方应当提交竣工图。竣工图也是重要的结算资料。

施工图是表示建设工程项目总体布局,建筑物、构筑物的外部形状、内部布置、结构构造、内外装修、材料作法以及设备、施工等要求的图样。施工图是工程施工的依据。在实际施工过程中,由于技术问题或设计变更问题等,可能会导致施工图发生局部变化与调整。

竣工图与施工图在建设工程价款纠纷中作用明显。两者的作用主要表现在:

施工图作为施工最初的图纸,是施工方的施工依据。在没有发生设计变更、增加或减少工程量等情形下,可以根据施工图确认施工方施工的工程量。

竣工图是体现施工方实际工程成果的重要资料。它可以作为认定工程量是否存在偏差的重要依据。查清竣工图与施工图之间的偏差,就可以计算出工程量的变化大小或增减范围,并可为施工方最后确认工程价款提供依据。

当竣工图与施工图不一致时,以何者为准?最高人民法院司法案例确认应以竣工图作为确认工程量的依据。

案例五

四建公司与汇丰祥公司、宝丰公司、宝丰地产公司诉讼案①

当事人

上诉人(原审原告):四建公司

上诉人(原审被告):汇丰祥公司

被上诉人(原审被告):宝丰公司

被上诉人(原审被告):宝丰地产公司

案例介绍

四建公司申请一审法院对其完成的案涉工程造价进行司法鉴定。鉴定机构出具鉴定意见,其中就涉及按施工图还是按竣工图计算工程款的问题。鉴定意见的部分内容如下:3号楼墙面抹灰工程造价是按照竣工图纸予以计取2,237,271元还是按照施工图纸予以计取1,757,446元,3号楼天棚装饰造价是按照竣工图纸予以计取613,188元还是按照施工图纸予以计取136,106元作为计价争议内容。

一审法院认为:3号楼墙面抹灰、天棚装饰造价是按照竣工图纸予以计取(2,237,271元+613,188元)还是按照施工图纸予以计取(1,757,446元+136,106元)。因施工图纸是在工程开工前形成的,施工过程中可能存在设计变更、工程增加或减少等情形,如按图施工,没有变动,可以在原施工图上加盖"竣工图"标志。但案涉施工图纸上并没有加盖"竣工图"标志,而案涉竣工图纸上加盖有"竣工图"标志,且有施工单位和监理单位相关人员签字,竣工图纸可以反映工程的实际,故对四建公司的质证意见予以采信,3号楼墙面抹灰、天棚装饰造价按照竣工图纸予以计取,应为2,850,459元(2,237,271元+613,188元)。

① 参见最高人民法院民事判决书,(2020)最高法民终1145号。

就该认定,汇丰祥公司提出上诉,部分上诉理由如下:3号楼墙面抹灰、天棚装饰造价应按照施工图计取费用。原审法院认定该项造价按照竣工图计取费用的依据是竣工图有施工单位和监理单位人员的签字,可以反映工程实际,但该案中竣工图与施工图的载明做法存在明显差别,并且竣工图系施工单位单方制作的,没有任何设计变更和工程变更,也未得到汇丰祥公司的确认,且竣工图与汇丰祥公司委托第三方检测机构检测的结果不一致。

二审法院认为:案涉竣工图纸经监理单位和施工单位相关人员签字确认,竣工图纸可以反映该部分工程的实际工程量,原审法院依据竣工图纸计取该部分工程价款并无不当,汇丰祥公司该项主张依据不足,不能成立。

案例评析

从该案中可以看出,在认定施工的实际工程量上,竣工图比施工图明显具有优势。从时间上说,竣工图的出现比施工图更晚,因而更能体现施工方的最终成果;从形式上说,竣工图有监理单位人员的签名,因而更具有可信度。

(三)施工方案

施工方案即一个施工项目制定的实施方案,指由承包人编制并经发包人、监理批准的用以指导建筑工程项目施工的具体方法和程序要求。

施工过程中,由于特殊因素的出现,可能会导致施工方案发生变化,这种变化是工程施工细节的变化。施工方案的变化会造成施工投入的变化,因此,会引起工程相应部分款项的变化。如施工方案发生变化,在发包人不认可的情况下,施工方要找到施工方案变化的合理依据。比如,地质条件和以往检测不一样导致施工方案作出调整,或者因设计方案变更导致施工方案作出调整等。

案 例 六

祺越公司与中建一局等诉讼案①

当 事 人

上诉人(一审被告、反诉原告):中建一局

被上诉人(一审原告、反诉被告):祺越公司

一审被告:大东建设

案例介绍

一审法院委托志诚公司对案涉工程进行造价鉴定。其中部分鉴定事项存在争议,如现场白灰土配比。

关于是按照设计文件1:9的要求还是按照施工方案1:8的要求认定石灰土②的比例问题,一审法院分析认为:关于石灰土的比例为1:8还是1:9的问题,按照设计文件要求,石灰土的比例应为1:9,对此各方无争议。但正式入场施工后,根据提取的现场的土样分析认为现场预留素土含水量较大,如按1:9施工将不能保证工程质量。中建一局于2013年10月20日批准并向祺越公司提供了《宝马新工厂建设工程白灰土拌合、换填施工方案》,该施工方案中明确载明该工程设计石灰土比例为1:9,但由于素土含水量较大,现场拌合比例调整为1:8,并具体要求拌合场地采用原地拌合,即在预留土表面拌合,将成品熟石灰运输至预留土区域。铲车与挖掘机挖斗容量为3:1,因此挖掘24铲车素土配一铲车熟石灰拌合,此时灰土比例为1:8。中建一局认为施工方案签字人均非其公司人员,不承认其真实性。但中建一局并未提供现场工作人员名单,也未派现场工作人员出庭说明情况。祺越公司称刚进场施工时,大东建设派驻现场人员岳某发现素土含水量较大,在与中国建筑东北设计研究院有限公司总工程师张某吉及中建一局人员商议后,由中建一局出具施工方案。并且,该施工方案系工程备案的重要文件,施工方案报审表有监理公司盖章,有中建一局项

① 参见最高人民法院民事判决书,(2020)最高法民终106号。

② 判决文书中出现白灰土与石灰土交替表述的情况,为与判决书一致,笔者对该部分文字未作调整。下同,笔者不再赘述。

目部章及李某江签字和李某江一级注册建造师执业印章,施工组织设计文件评审记录表亦有李某江签字,且没有充分证据能否认其真实性,故认定该施工方案真实,石灰土的比例应为1:8。

一审法院判决后,中建一局上诉认为:现场白灰土配比应按1:9计算,一审法院按配比1:8计算错误。二审法院认为:祺越公司一审陈述的施工方案系工程备案的重要文件,施工方案报审表有监理公司盖章、中建一局项目部公章及李某江签字和李某江一级注册建造师执业印章,施工组织设计文件评审记录表亦有李某江签字,现无充分证据能否认其真实性,故一审法院认定该施工方案真实,较为客观。该案土方工程属于基础及回填工程,工程完成后,又有静压桩、道路及排水、临时道路、边坡翻建等工程,客观上难以全部回溯检测,相关竣工验收记录内容亦较为笼统,未体现实时验收过程,特别是未对施工方案中已明确要求白灰土配比1:8比例予以回应。祺越公司二审中亦作出了双方产生纠纷后,监理单位因未得到大东建设指令而未予修改相关材料的说明,该情况下,一审法院采信中建一局现场人员确认的施工方案确定的白灰土1:8配比比例,有所依据,并无明显不当。

案例评析

该案例中,工程已施工完成客观上无法回溯检测。当认定工程款时,施工方案起到重要作用。虽然中建一局否认祺越公司提出的施工方案,但是祺越公司施工方案明确记载设计文件的原始要求、调整原因,并且该方案报审表有中建一局项目部印章及监理公司盖章。结合祺越公司对进场施工情况的描述,综合整体证据情况,法院认定祺越公司陈述具有较强的可信度。

三、辅助依据

(一)招标书

建设工程招标书,又称招标通告、招标启事、招标广告,它是发包人或委托招标代理机构将招标主要事项和要求公告于世,从而让意向投资者前来投标的法律文书。在整个招标过程中,建设工程招标书属于首次使用的公开性文件。

(二)投标书

建设工程投标书是投标单位按照招标书的条件和要求,向招标单位提交报价并填具标单的文书。因投标书要求密封后邮寄或派专人送到招标单位,故又称为标函。

(三)中标通知书

中标通知书是招标人在确定中标人后向中标人发出通知,通知其中标的书面凭证。在法律层面,一般把招标、投标、发出中标通知三个程序理解为要约邀请、要约、承诺。

也许有人会产生疑问,招标人发出中标通知书之后双方签订建设工程施工合同,招标书、投标书、中标通知书的内容已经被双方签订的建设工程施工合同覆盖,招标书、投标书、中标通知书在工程款纠纷中还有何意义?笔者认为,上述三份材料仍有一定的法律意义,其法律意义体现在:

第一,中标通知书及投标书可以起到补充解释的作用。一般而言,建设工程施工合同中会有合同文件解释顺序的规定。[①]《建设工程施工合同(示范文本)》(2017 年版)包括三部分:合同协议书、通用合同条款、专用合同条款。根据《建设工程施工合同(示范文本)》(2017 年版)中的解释顺序,中标通知书及投标函解释顺位在前,专用合同条款、通用合同条款解释顺位在后。即使建设工程施工合同中设置其他的解释顺序,如中标通知书及投标函解释顺位后于专用合同条款、通用合同条款,当建设工程施工合同存在约定不明情况时,中标通知书及投标书也能起到辅助解释建设工程施工合同内容的作用。

第二,建设工程施工合同与招投标文件内容不一致时,招投标文件应作为工程价款的结算依据。

---

① 比如,《建设工程施工合同(示范文本)》(2017 年版)第二部分通用合同条款第 1.5 条:“合同文件的优先顺序。组成合同的各项文件应互相解释,互为说明。除专用合同条款另有约定外,解释合同文件的优先顺序如下:(1)合同协议书;(2)中标通知书(如果有);(3)投标函及其附录(如果有);(4)专用合同条款及其附件;(5)通用合同条款;(6)技术标准和要求;(7)图纸;(8)已标价工程量清单或预算书;(9)其他合同文件。”

这需要关注《2004 年建设工程合同解释》第二十一条①及《2018 年建设工程合同解释》第九条②、第十条③的规定。《2020 年建设工程合同解释》第二十二条④、第二十三条⑤规定与《2018 年建设工程合同解释》第九条、第十条的规定完全一致。

笔者认为,《2004 年建设工程合同解释》到《2018 年建设工程合同解释》相关条文的变化体现了法律理念的变化。《2004 年建设工程合同解释》只是将招投标情形下的备案合同与非备案合同进行比较,而对于是否须严格区分强制招标情形与非强制招标情形并不清晰。非强制招标情形下,工程备案合同与非备案合同是否同样适用《2004 年建设工程合同解释》第二十一条的规定并不明确。有的地方法院司法文件对此作出区分的理解。

比如,《江苏高院解答》中规定:“非强制招投标的建设工程,经过招投标或备案的,当事人在招投标或备案之外,另行签订的建设工程施工合同与经过备案的合同实质性内容不一致的,以双方当事人实际履行的合同作为结算工程价款的依据。”该观点即区分强制招标与非强制招标两种情形,非强制招标情形下并不一定以备案的中标合同作为结算工程价款的依据。

《2018 年建设工程合同解释》则不区分强制招标情形与非强制招标情形。只要经过招投标程序,无论强制招标情形与非强制招标情形,双方签订了背离中标合同的建设工程施工合同,此时工程款的结算均应适用《2018 年建设工程

---

① 《2004 年建设工程合同解释》第二十一条:“当事人就同一建设工程另行订立的建设工程施工合同与经过备案的中标合同实质性内容不一致的,应当以备案的中标合同作为结算工程价款的根据。”

② 《2018 年建设工程合同解释》第九条:“发包人将依法不属于必须招标的建设工程进行招标后,与承包人另行订立的建设工程施工合同背离中标合同的实质性内容,当事人请求以中标合同作为结算建设工程价款依据的,人民法院应予支持,但发包人与承包人因客观情况发生了在招标投标时难以预见的变化而另行订立建设工程施工合同的除外。”

③ 《2018 年建设工程合同解释》第十条:“当事人签订的建设工程施工合同与招标文件、投标文件、中标通知书载明的工程范围、建设工期、工程质量、工程价款不一致,一方当事人请求将招标文件、投标文件、中标通知书作为结算工程价款的依据的,人民法院应予支持。”

④ 《2020 年建设工程合同解释》第二十二条:“当事人签订的建设工程施工合同与招标文件、投标文件、中标通知书载明的工程范围、建设工期、工程质量、工程价款不一致,一方当事人请求将招标文件、投标文件、中标通知书作为结算工程价款的依据的,人民法院应予支持。”

⑤ 《2020 年建设工程合同解释》第二十三条:“发包人将依法不属于必须招标的建设工程进行招标后,与承包人另行订立的建设工程合同背离中标合同的实质性内容,当事人请求以中标合同作为结算建设工程价款依据的,人民法院应予支持,但发包人与承包人因客观情况发生了在招标投标时难以预见的变化而另行订立建设工程施工合同的除外。”

合同解释》第九条的规定。笔者认为,无论是强制招标项目还是非强制招标项目,一旦市场交易主体选择了招投标程序,就必须严格遵守招投标程序的既定程序规则,严格维护招投标及中标订约程序的严肃性、规范性。无论是强制招标情形下签订的合同还是非强制招标情形下签订的合同,均不能背离中标合同的实质性内容。《2020 年建设工程合同解释》也坚持这一法律理念。

第三,在部分建设工程施工合同无效的情况下,投标书对于工程价款的认定起到重要甚至关键作用。

分享一则案例。

案 例 七

飞龙公司与豪威公司诉讼案①

当 事 人

再审申请人(一审原告、二审上诉人):飞龙公司

被申请人(一审被告、二审被上诉人):豪威公司

被申请人(一审被告):郑某

案例介绍

飞龙公司称:其与豪威酒店签订的施工合同第六条价格条款如果对招投标时的价格条款进行了变更,该变更属于实质变更,依据有关法律规定,该条款变更不产生法律效力。《招标投标法》第四十六条第一款规定:"招标人和中标人应当自中标通知书发出之日起三十日内,按照招标文件和中标人的投标文件订立书面合同。招标人和中标人不得再行订立背离合同实质性内容的其他协议。"该案工程虽然不是我国《招标投标法》规定的必须招投标项目,但豪威酒店既然选择了公开招投标,就应当遵守《招标投标法》的有关规定。《2004 年建设工程合同解释》第二十一条规定:"当事人就同一建设工程另行订立的建设工程施工合同与经过备案的中标合同实质性内容不一致的,应当以备案的中标合同作为结算工程价款的根据。"该案工程不应按照固定单价结算工程款,而应按照招投标的固定总价结算工程款。鉴定机构按固定单价审计显然错误,其审计结

① 参见最高人民法院民事裁定书,(2019)最高法民申 1438 号。

论不正确,亦不应被采信。

最高人民法院认为:关于案涉工程款结算依据问题,案涉工程招标文件中约定:所有费用按固定总价包干,不因任何原因而调整。除因经批准的涉及变更和招标人提出的改变,或者招标文件与承包合同另有说明外,不因分部分项工程的项目变化及其他原因而调整。该条款是对工程款调整的规定,招标文件同时规定,投标人应按照施工图中的说明,填报工程量清单中各项的单价和总价。合同综合单价为固定包干价,在任何情况下综合单价都不调整。投标人应按施工图,自行清算工程量,核算报价。投标人在投标截止时间前修改投标总报价时,应同时修改涉及的各单项报价和说明、对工程量清单中各项目报价的修改办法和理由。招标文件后附案涉工程清单编制说明,对于该工程清单计价依据、取费标准作出了明确规定。

因此,招投标文件及中标通知书确定的中标价格是基于工程量清单计价形成的,招标文件明确将招标文件与承包合同另有说明作为工程价款调整的因素。双方的施工合同中约定工程款结算方式为固定单价,且飞龙公司一审举示的工程扣除总价汇总认可其未按合同约定完成标内工程量,因此,鉴定单位按照其实际完成的工程量,乘以合同价款对应的投标预算书的各清单项目单价,计算出飞龙公司已完工程造价,既符合双方当事人在施工合同中的约定,也不违背双方招投标文件对工程价款计算方式的规定。一审、二审法院依据鉴定结论确定飞龙公司施工工程价款并无不当。

案例评析

笔者未能在中国裁判文书网上查询到这起纠纷的二审判决书。笔者获取的信息量比较有限,这增加了梳理的不确定因素。总体上,这是一则未完工程下法院认定可按完工工程量乘以投标文件清单项目单价计算已完工工程造价的案例。最高人民法院肯定鉴定机构按照施工方实际完成的工程量乘以合同价款对应的投标预算书的各清单项目单价计算出已完工程造价的做法。飞龙公司要求按照固定总价结算工程款,法院及鉴定机构对此均不予认可。依据再审裁定书信息,双方签订的施工合同应是未将投标清单单价列入建设工程施工合同的内容当中。该案例显示,投标书在工程价款认定中起到重要作用。

（四）会议纪要

在施工过程中，发包人与承包人有时以会议纪要的形式对某些问题进行记录与确认。笔者认为，会议纪要总体上应区分为两种情况：

第一种情况，会议纪要是具有结算性质的文件。此时，会议纪要包含设定当事人权利义务关系的内容，是各方当事人的一致意思表示。如果会议纪要对于工程款的结算作出记录，并且经有权人员签字确认，此时的会议纪要就成为结算性质的文件。笔者认为，如果会议纪要中各方达成的意思表示的内容具体明确，具有可执行性，则其具备了民事合同的要件，可以构成一份法律上认可的合同。一方不履行会议纪要，另一方可以要求对方履行。有人曾经搜索网上公布的涉及会议纪要文件的裁判文书，并对依据会议纪要作出裁判的案件作出归拢。其搜索的案件中，部分涉及建设工程施工合同纠纷。确有部分法院将会议纪要认定为有效结算文件。

第二种情况，会议纪要是双方就具体问题进行协商、处理、谈判的记录文件。以会议纪要形式形成的结算文件毕竟是少数，多数情况下，会议纪要是记载施工过程中双方具体协商事宜的记录。这种会议纪要可能涉及停工复工问题、施工方案处理问题、进度款的支付问题等方面内容。这种会议纪要往往存在如下法律争议：第一，会议纪要只是笼统性、原则性的记录某些问题，因而内容不够具体，不具有实践上的可操作性。第二，参与人员或签字人员不一定具有授权身份。发包人虽委派人员参与会议并签字，但是接受委派的人员往往只是发包人协商事情的代表，不具有发包人的最终授权，会议纪要最终仍需要以发包人的确认为准。

会议纪要有时会成为诉讼、仲裁案件中对施工方有利的材料，比如，因进度款未支付导致施工方停工时，施工方要求支付工程进度款协商谈判的会议纪要可以证明工程延期不是施工方责任。除结算性质的会议纪要外，其他形式的会议纪要对于施工方要求支付工程款的主张均能起到一定的辅助作用。

第二节 计价依据的特点

一、计价依据具有层次性

就追索工程款案件整体而言,可以把计价依据作一个整体性的层次区分,即分为关键依据、重要依据、辅助依据三个层次。区分层次性有利于把握具体诉讼案件或仲裁案件中施工方搜集材料的努力方向。计价依据的三个层次,是依据材料的重要性程度而定的。笔者认为,关键性材料为根,重要性材料为枝,辅助性材料为叶。

二、计价依据具有整体性

计价依据之间本身不是孤立的,它们之间相互关联,更多情况下,它们相互作为一个整体来证明某个事件的发生或某个工程价款的认定。比如,在(2020)黔民终22号民事判决书中,法院就是把联系单与合同联系起来作出判断,判决施工方不承担延期责任。再如,在(2019)最高法民申1438号民事裁定书中,法院是将招投标文件、中标通知书与建设工程施工合同联系起来作出对工程价款的认定。

笔者虽强调计价依据具有层次性,但不能完全割裂它们之间的联系。比如,施工合同是非常重要的材料,但是多数情况下,施工合同需要与竣工图相互结合认定施工范围及工程款;签证类材料虽然重要,但在对方提出足够的反驳证据时,施工方可能又需要提出其他材料作为证据。

三、计价依据具有动态性

计价依据层次上的区分是从整体上进行的考虑,不排除在个案中,某个关键事实的证明需要通过重要材料或者辅助材料来完成。此时,将不同层次的计价依据的作用理解为具有动态性特点更为恰当。比如,在(2020)黔民终22号案例中,对于是否存在工程延期的关键事实,多份联系单均起到关键证明作用。又如,多数情况下,投标文件没有多大作用,但是一旦当建设工程施工合同内容与招投标文件不一致时，此时投标文件、中标通知书的作用就变得极大，投标文件及中标通知书会成为确定工程价款的重要法律依据。因此，层次性的计价依据本身也会有作用转化的可能。

四、计价依据有别于证据

在个案中，计价依据不等同于案件中的全部证据材料。从民事诉讼证据的角度上讲，计价依据只是证据种类中的一类证据——书证，显然不能涵盖民事诉讼其他种类的证据。

其他种类证据材料也会出现在诉讼或仲裁案件当中。比如，鉴定报告、双方之间的微信、短信等电子信息，甚至一方可能就某个事实申请证人出庭。工程款鉴定报告是认定工程款重要的证据材料，但是由于工程款鉴定报告是计价依据得出的结论，因而不属于本章讨论的范围。其他证据材料在某些案件中确实也会成为案件某一事实的证明。但是相比较而言，在诉讼或仲裁案件中，其他证据材料对于工程款本身而言证明力非常弱。比如，通过证人证言证明工程价款是完全不可能的，但是，有可能通过某个证人证明发包人怠于结算等事实。

同时，并不是每个案件中均出现上述全部计价依据。每个案件的情况不一样，因此还是需要从个案角度出发，考察案件本身的特点，选择有利于查明案件事实及有利于己方诉裁要求的证据材料。总之，应让这些计价依据相互补充，共同构成一张计算工程款的“拼图”。

003 第三章

工程款计价方法

·导　读·

计算建设工程价款需要通过特定计价运算才可得出。工程款的计算方法多样。清单计价与定额计价是目前并行适用的两种主要计价方法。这两种计价方法下的计价运算各有特点。《2020年建设工程合同解释》第十九条第一款规定:"当事人对建设工程的计价标准或者计价方法有约定的,按照约定结算工程价款。"何为计价方法,司法解释本身并不明确。除清单计价与定额计价之外,法律并不禁止双方约定其他的计价方法。

清单计价与定额计价两种计价方法,不同的学者对其有不同的称谓。有人称其为计价方法,[①]有人称其为计价模式,[②]也有人称其为计价方式。[③] 因《2020年建设工程合同解释》条文中以"计价方法"表述,因此,笔者选择以"计价方法"作为工程款计价运算的称谓。清单计价与定额计价两种计价方法为简略称谓。清单计价,完整称谓应为工程量清单计价方法。定额计价,完整称谓应为工程定额计价方法。实践中,发包人、承包人双方选择的计价方法不一。如果理解了清单计价与定额计价两种主要的计价方法,对于当事人约定的不同于这两种计价方法的其他计价方法,则也可以轻松理解。因为可以通过对清单计价与定额计价内容的解读做到对其他计价方法的融会贯通。本章对清单计价与定额计价两种主要计价方法展开论述,理顺两种计价方法下工程款的计价规则。同时,笔者会对计价方法的法律意义作出归纳。

---

① 参见陶学明、熊伟主编:《建设工程计价基础与定额原理》,机械工业出版社2016年版,第163页。

② 参见严玲、尹贻林主编:《工程计价实务》,科学出版社2010年版,第25页。

③ 参见栗宜民编著:《清单计价——〈建设工程工程量清单计价规范〉应用指南》,机械工业出版社2006年版,第19页。

第一节 计价方法的特点

一、多样化

工程款计价方法本身并没有限制与约束,但因为平时接触比较多的计价方法只有两种,因此可能会造成一种误解,即将工程款计价方法与清单计价或定额计价直接画等号。实际上,工程款计价方法可以多样化,当事人之间可以约定个性化的计价方法。

清单计价与定额计价为发承包双方经常采用的两种计价方法,但是不能排除双方约定其他计价方法的可能。计价方法可以简单,比如,约定建设工程单价,以面积乘以单价计算得出工程价款;计价方法也可以非常复杂,如笔者曾经看过一份发包人与承包人草拟的建设工程施工合同,双方对工程造价作如下约定:

工程造价:

1. 工程总价款=建筑工程总造价+装饰工程总造价+安装工程总造价+机械开挖大型土石方总造价+市场估价工程总造价;

2. 计价方式:

A 建筑工程总造价=(直接工程费+技术措施费)×(1+建筑工程综合包干费率12%)+(材料价差+人工价差)×(1+建筑税金费率6%)+其他签证费-(按本合同已计取所有费用后的垂直运输费和高层增加费)×25%;

其中:

1. 直接工程费=工程量×消耗量定额基价;技术措施费=工程量×消耗量定额基价;

2. 建筑工程综合包干费是以工料机费为计费基础;

3. 对于本工程中的垂直运输费、高层增加费,乙方均同意向甲方建筑税后让利25%;

B 装饰工程总造价=[(直接工程费+技术措施费)+(直接工程费中人工费+技术措施费中人工费)×45%(45%为装饰工程综合包干费率)+(人工价

差＋材料价差)]×(1＋建筑税金费率6%)＋其他签证费－(按本合同已计取所有费用后的垂直运输费和高层增加费)×25%;

其中:

1. 直接工程费＝工程量×消耗量定额基价;技术措施费＝工程量×消耗量定额基价;

2. 建筑工程综合包干费是以人工费为计费基础;

3. 对于本工程中的垂直运输费、高层增加费,乙方均同意向甲方建筑税后让利25%;

C 安装工程总造价＝[(直接工程费＋技术措施费)＋(直接工程费中人工费＋技术措施费中人工费)×70%(70%为安装工程综合包干费率)＋(人工价差＋材料价差)]×(1＋建筑税金费率6%)＋其他签证费;

其中:

1. 直接工程费＝工程量×消耗量定额基价;技术措施费＝工程量×消耗量定额基价;

2. 安装工程综合包干费是以人工费为计费基础;

D 机械开挖大型土石方总造价＝直接工程费×(1＋机械开挖大型土石方工程综合包干费率12%)＋其他签证费;

其中:

1. 直接工程费＝工程量×消耗量定额基价;技术措施费＝工程量×消耗量定额基价;

2. 机械开挖大型土石方工程综合包干费以工料机费为计费基础;

E 市场估价工程总造价＝市场估价工程实际发生工程量×双方所定包干单价。

市场估价工程指降水、边坡维护、铁艺栏杆或不锈钢栏杆、烟道、止逆阀、风帽、卷闸门、入户门、GRC构件、楼梯小扶手、小构架等。

上述实例中的计价方法相当特殊。双方将工程定额计价的特点嵌入工程造价的约定当中,又作出与定额计价不一样的约定。实例中的计价方法看似复杂,但是如果对定额计价了解的话,则对上述双方约定的计价方法进行理解也并不难。

二、主流化

虽然计价方法呈现多样化,但是实践中又是以清单计价与定额计价两种计价方法为主,这两种计价方法是工程款计价方法的常态。

2003 年 7 月 1 日,我国开始推行《建设工程工程量清单计价规范》(GB 50500—2003)。从推行至现在已经近二十年。目前,我国形成以清单计价为主,定额计价为辅的计价方法。清单计价与定额计价是并行适用的两种主要的计价方法。

第二节 计价方法介绍

本节将围绕清单计价与定额计价两种主要计价方法展开论述,进而从中领悟两种计价方法下工程款的计算规则。

一、清单计价

(一)概念

清单计价采用综合单价的方法计算工程价款。清单计价之下,单位工程造价由分部分项工程费、措施项目费、其他项目费、规费和税金五个部分组成,即在建设工程招投标工作中,招标人按照《清单计价规范》的要求提供工程数量,由投标人依据工程量清单并结合拟建工程实际情况进行自主报价。在清单计价中,综合单价为清单计价的核心内容与基础,在清单计价围绕综合单价展开计算。

(二)计算规则

我们需要知道清单计价是如何通过具体计算得出工程价款的。由于计税方法的不同,清单计价可以分为:一般计税方法下的清单计价及简易计税方法下的清单计价。这两种计税方法之下,清单计价规则有些不同。同时,工程量清单计价在各省区之间可能也存在一些区别。以笔者所在地江西省为例,结合一般计税方法,笔者将介绍江西省新建、扩建和改建房屋建筑与装饰工程、通用安装工程、市政工程清单计价下工程款的计算规则。不考虑风险因素及投标人的自主报价,笔者依倒推法介绍清单计价的规则。

单项工程由单位工程构成,多个单位工程组成一个单项工程。一个单位工程又是由若干分部分项工程构成。先看表 1。[①]

表 1　单位工程工程费用计算程序(一般计税方法)

<table>
<tr><th>序号</th><th colspan="2">费用项目</th><th>计算方法</th></tr>
<tr><td rowspan="3">一</td><td colspan="2">分部分项工程量清单计价合计</td><td>∑(分部分项清单工程量×综合单价)</td></tr>
<tr><td rowspan="2">其中</td><td>1. 定额人工费</td><td>∑(工日消耗量×定额人工单价)</td></tr>
<tr><td>2. 定额机械费</td><td>∑(机械消耗量×定额机械台班单价)</td></tr>
<tr><td rowspan="3">二</td><td colspan="2">单价措施项目清单计价合计</td><td>∑(单价措施项目清单工程量×综合单价)</td></tr>
<tr><td rowspan="2">其中</td><td>3. 定额人工费</td><td>∑(工日消耗量×定额人工单价)</td></tr>
<tr><td>4. 定额机械费</td><td>∑(机械消耗量×定额机械台班单价)</td></tr>
<tr><td>三</td><td colspan="2">总价措施项目清单计价合计</td><td>∑总价措施项目费</td></tr>
<tr><td>四</td><td colspan="2">其他项目清单计价合计</td><td>∑其他项目费</td></tr>
<tr><td rowspan="3">五</td><td rowspan="3">规费</td><td>5. 社会保险费</td><td rowspan="3">[(1)+(2)+(3)+(4)]×相应费率</td></tr>
<tr><td>6. 住房公积金</td></tr>
<tr><td>7. 工程排污费用</td></tr>
<tr><td>六</td><td colspan="2">税金</td><td>[(一)+(二)+(三)+(四)+(五)]×税率</td></tr>
<tr><td>七</td><td colspan="2">工程总造价</td><td>(一)+(二)+(三)+(四)+(五)+(六)</td></tr>
</table>

注:1. 计取各项费用基数的“定额人工费”不含施工机具使用费中的人工费。
2. 表中的材料费、机械费、总价措施费和企业管理费中不包括可抵扣的进项税额。
3. 机械费包括《各专业工程消耗量定额及统一基价表》中以“元”表示的其他机械费用。

读懂表 1 需要解决五大疑问:

第一个疑问,表中的“综合单价”是如何得出的。

第二个疑问,表中的“定额人工费”“定额机械费”“工日消耗量”“定额人工单价”“机械消耗量”“定额机械台班单价”是如何确定的。

① 参见江西省建设工程造价管理局主编:《江西省建筑与装饰、通用安装、市政工程费用定额(试行)》,湖南科学技术出版社 2017 年版,第 22 页。

第三个疑问，为什么表中与“总价措施项目清单计价合计”对应的“计算方法”栏中没有类似于表中与“分部分项工程量清单计价合计”“单价措施项目清单计价合计”对应的“计算方法”栏中的“综合单价”这一数字。

第四个疑问，为什么表中没有体现“企业管理费”“利润”两项内容。“企业管理费”“利润”去哪了？

第五个疑问，表中“相应费率”“税率”是如何确定的。

对于上述疑问，笔者作如下解释：

第一个疑问，“综合单价”如何得出需要结合本节表2、表6及本节“一、多样化”中“（三）综合单价”的相关内容，才能作出完整解答。

第二个疑问，“工日消耗量”“定额人工单价”“机械消耗量”“定额机械台班单价”由江西省建设工程造价管理局在《江西省房屋建筑与装饰工程消耗量定额及统一基价表》（2017版）、《江西省通用安装工程消耗量定额及统一基价表》（2017版）、《江西省市政工程消耗量定额及统一基价表》（2017版）（以下简称《各专业工程消耗量定额及统一基价表》）等文件中予以规定。“定额人工费”“定额机械费”是由定额中规定的相应消耗量与相应单价相乘后再全部相加计算得出。除江西省外，全国其他地区也应有类似的造价管理机构及类似的消耗量定额和基价文件。

第三个疑问，笔者将在介绍本节内容表3时进行解释。

第四个疑问，因为清单计价中的“综合单价”已经包含“企业管理费”“利润”在内，故“企业管理费”“利润”两项没有体现在表1的单位工程工程费用计算程序之内。

第五个疑问，“相应费率”“税率”在《江西省建筑与装饰、通用安装、市政工程费用定额（试行）》（2017版）中进行了规定。《江西省建筑与装饰、通用安装、市政工程费用定额（试行）》（2017版）应与《各专业工程消耗量定额及统一基价表》等文件配套执行。

由于清单计价下的重要概念为“综合单价”，因此需要知道“综合单价”如何计算。试看表2。①

---

① 参见江西省建设工程造价管理局主编：《江西省建筑与装饰、通用安装、市政工程费用定额（试行）》，湖南科学技术出版社2017年版，第18页。

表 2　分部分项工程量清单综合单价及单价措施项目计算程序(一般计税方法)

序号	费用项目＼计费基础		人工费	人工费 + 机械费
一	人工费		∑(工日消耗量 × 人工单价)	∑(工日消耗量 × 人工单价)
	其中	1. 定额人工费	∑(工日消耗量 × 定额人工单价)	∑(工日消耗量 × 定额人工单价)
二	材料费		∑(材料消耗量 × 材料单价)	∑(材料消耗量 × 材料单价)
三	施工机具使用费		∑(机械消耗量 × 机械台班单价)	∑(机械消耗量 × 机械台班单价)
	其中	2. 定额机械费	∑(机械消耗量 × 定额机械台班单价)	∑(机械消耗量 × 定额机械台班单价)
四	企业管理费		(1) × 相应费率	[(1) + (2)] × 相应费率
五	利润		(1) × 相应费率	[(1) + (2)] × 相应费率
六	综合单价		(一) + (二) + (三) + (四) + (五)	(一) + (二) + (三) + (四) + (五)

注:1. 计取各项费用基数的“定额人工费”不含施工机具使用费中的人工费。

2. 采用“一般计税方法”:企业管理费中须包括附加税,其相应费率 = 企业管理费率 + 附加税费率。

3. 表中的材料费、机械费和企业管理费中不包括可抵扣的进项税额。

4. 机械费包括《各专业工程消耗量定额及统一基价表》中以“元”表示的其他机械费用。

从表2可以看出,分部分项工程量清单及单价措施项目清单中的综合单价的计算过程。分部分项工程量清单或单价措施项目清单中的“综合单价”已经包含“人工费”“材料费”“施工机具使用费”“企业管理费”“利润”五项内容。因此,在前述表1所列的“费用项目”栏中看不到“企业管理费”“利润”两项。

因为分部分项工程量清单、单价措施项目清单存在综合单价,总价措施项目清单不存在综合单价,与前述表1相对照,在表1中“分部分项工程量计价合计”及“单价措施清单计价合计”对应的“计算方法”栏中需要用清单工程量×综合单价,而在“总价措施项目清单计价合计”对应的“计算方法”栏中不存在工程量×综合单价。

这张表带来的疑问与表1中的疑问有相同之处:

第一个疑问,“定额人工费”“定额机械费”“工日消耗量”“定额人工单价”“机械消耗量”“定额机械台班单价”是如何确定的。

第二个疑问,“相应费率”是如何确定的。

因第一个疑问、第二个疑问的解释与对表1中的解释一致,故在此不赘述。

要计算单位工程价款,除了需要计算分部分项工程费及单价措施项目费外,还需要计算总价措施项目费,因此,需要有计算总价措施项目费的程序。试看表3[①]、表4、表5。

① 参见江西省建设工程造价管理局主编:《江西省建筑与装饰、通用安装、市政工程费用定额(试行)》,湖南科学技术出版社2017年版,第20页。

表 3　总价措施项目费计算程序(一般计税方法)

序号	费用项目 \ 计费基础		人工费	人工费＋机械费
一	分部分项工程量清单计价合计		$\sum$(清单工程量×综合单价)	$\sum$(清单工程量×综合单价)
	其中	1. 定额人工费	$\sum$(工日消耗量×定额人工单价)	$\sum$(工日消耗量×定额人工单价)
		2. 定额机械费	$\sum$(机械消耗量×定额机械台班单价)	$\sum$(机械消耗量×定额机械台班单价)
二	单价措施项目清单计价合计		$\sum$施工单价项目措施费	$\sum$施工单价项目措施费
	其中	3. 定额人工费	$\sum$(工日消耗量×定额人工单价)	$\sum$(工日消耗量×定额人工单价)
		4. 定额机械费	$\sum$(机械消耗量×定额机械台班单价)	$\sum$(机械消耗量×定额机械台班单价)
三	总价措施项目费		[(1)＋(3)]×相应费率	[(1)＋(2)＋(3)＋(4)]×相应费率

注:1. 计取各项费用基数的“定额人工费”不含施工机具使用费中的人工费。
2. 表中的材料费、机械费、总价措施费中不包括可抵扣的进项税额。
3. 机械费包括《各专业工程消耗量定额及统一基价表》中以“元”表示的其他机械费用。

表 3 中，总价措施项目费通过分部分项工程量清单计价合计与单价措施项目清单计价合计之下的定额人工费 × 相应费率计算得出，或者（定额人工费 + 定额机械费）× 相应费率计算得出。总价措施项目费与单价措施项目费的计算不一样，它不是通过清单工程量 × 综合单价计算得出的。在总价措施项目费之下，不存在综合单价的概念。这张表中的“相应费率”，仍然是在《江西省建筑与装饰、通用安装、市政工程费用定额（试行）》（2017 版）中进行规定。

总价措施项目费包括安全文明施工措施费及其他总价措施费，而安全文明施工措施费及其他总价措施费，在江西省定额中由不同的两张表计算。因此，想要得出表 3 中的数据，则又需要找出该表格中的相应费率。依据以下两张表格，即表 4①、表 5② 可以找到相对应的费率。

表 4　安全文明施工措施费［包括安全文明环保费（环境保护、文明施工、安全施工费）和临时设施费］计取标准

单位：%

费用名称 专业工程	计费基础	费用名称及费率	
		安全文明环保费	临时设施费
建筑工程	定额人工费	9.43	4.04
装饰工程		8.26	3.54
安装工程		8.62	3.69
市政建筑工程		6.73	2.89
市政安装工程		4.36	1.87
金属构件制安工程		5.22	2.24
桩基工程		5.94	2.54
建筑工程大型机械土石方及单独土石方工程	定额人工费 + 定额机械费	4.70	2.00
市政工程大型机械土石方及单独土石方工程		2.02	0.87

表 4 可以解除表 3 中总价措施项目费中的“安全文明施工措施费”如何计算的疑惑。安全文明施工措施费相应费率依据此表得出。

① 参见江西省建设工程造价管理局主编：《江西省建筑与装饰、通用安装、市政工程费用定额（试行）》，湖南科学技术出版社 2017 年版，第 11 页。

② 参见江西省建设工程造价管理局主编：《江西省建筑与装饰、通用安装、市政工程费用定额（试行）》，湖南科学技术出版社 2017 年版，第 12 页。

表5 其他总价措施费计取标准

单位:%

费用名称 / 专业工程	计费基础	费率
建筑工程	定额人工费	4.16
装饰工程		2.38
安装工程		3.02
市政建筑工程		6.88
市政安装工程		5.44
金属构件制安工程		4.35
桩基工程		4.28
建筑工程大型机械土石方及单独土石方工程	定额人工费+定额机械费	2.07
市政工程大型机械土石方及单独土石方工程		2.06

表5可以解除表3中总价措施项目费中的“其他总价措施费”如何计算的疑惑。其他总价措施费相应费率依据此表得出。

除了分部分项工程费、单价措施项目费、总价措施项目费之外,清单计价之下还有企业管理费及利润的计算问题,试看表6。[①] 另外,还存在规费及税金的计算问题,试看表7、表8。

① 参见江西省建设工程造价管理局主编:《江西省建筑与装饰、通用安装、市政工程费用定额(试行)》,湖南科学技术出版社2017年版,第13页。

表 6　企业管理费、利润计取标准

单位：%

<table>
<tr><td rowspan="3">费用名称
专业工程</td><td rowspan="3">计费基础</td><td colspan="5">费用名称及费率</td></tr>
<tr><td rowspan="2">企业管理费</td><td colspan="3">附加税</td><td rowspan="2">利润</td></tr>
<tr><td>在市区</td><td>在县城、镇</td><td>不在市区、县城、镇</td></tr>
<tr><td>建筑工程</td><td rowspan="7">定额人工费</td><td>23.29</td><td>1.84</td><td>1.53</td><td>0.92</td><td>15.99</td></tr>
<tr><td>装饰工程</td><td>10.05</td><td>0.83</td><td>0.69</td><td>0.42</td><td>7.41</td></tr>
<tr><td>安装工程</td><td>13.12</td><td>1.85</td><td>1.54</td><td>0.93</td><td>11.13</td></tr>
<tr><td>市政建筑工程</td><td>25.35</td><td>2.84</td><td>2.36</td><td>1.42</td><td>23.81</td></tr>
<tr><td>市政安装工程</td><td>19.77</td><td>2.18</td><td>1.81</td><td>1.09</td><td>16.01</td></tr>
<tr><td>金属构件制安工程</td><td>14.08</td><td>1.11</td><td>0.92</td><td>0.56</td><td>13.95</td></tr>
<tr><td>桩基工程</td><td>18.29</td><td>1.43</td><td>1.19</td><td>0.72</td><td>18.35</td></tr>
<tr><td>建筑工程大型机械土石方及单独土石方工程</td><td rowspan="2">定额人工费
+
定额机械费</td><td>11.61</td><td>0.92</td><td>0.76</td><td>0.46</td><td>7.98</td></tr>
<tr><td>市政工程大型机械土石方及单独土石方工程</td><td>7.61</td><td>0.85</td><td>0.71</td><td>0.43</td><td>7.15</td></tr>
</table>

表2“综合单价”中包含的“企业管理费”及“利润”的“相应费率”依据表6得出。

表 7　规费计取标准

单位：%

专业工程＼费用名称	计费基础	费用名称及费率		
		社会保险费	住房公积金	工程排污费
建筑工程	定额人工费 + 定额机械费	13. 11	3. 32	0. 17
装饰工程		8. 95	2. 27	0. 11
安装工程		12. 50	3. 16	0. 16
市政建筑工程		12. 32	3. 12	0. 16
市政安装工程		8. 97	2. 27	0. 11
金属构件制安工程		14. 23	3. 60	0. 18
桩基工程		4. 25	1. 08	0. 05
建筑工程大型机械土石方工及单独土石方工程		8. 24	2. 08	0. 1
市政工程大型机械土石方工及单独土石方工程		5. 33	1. 35	0. 07

表 8　税金计取标准(一般计税方法)

税金名称	计费基础	税金税率(%)
增值税	不含进项税税前工程总造价	11

表 7[①]、表 8[②] 共同解释表 1 中的疑问，即表 1 中的“规费”对应的“相应费率”、“税金”对应的“税率”的确定问题。

可以看出：通过上述表格中数据的环环相扣，最终得出单位工程的工程款。当然，工程款的计算还需要配合《各专业工程消耗量定额及统一基价表》等文件，因为有些数据需要从中引用。

至此，清单计价的核心问题还剩下“综合单价”如何计算的问题及企业管理费、利润如何体现在“综合单价”中的问题。

---

① 参见江西省建设工程造价管理局主编：《江西省建筑与装饰、通用安装、市政工程费用定额(试行)》，湖南科学技术出版社 2017 年版，第 14 页。

② 参见江西省建设工程造价管理局主编：《江西省建筑与装饰、通用安装、市政工程费用定额(试行)》，湖南科学技术出版社 2017 年版，第 15 页。

(三)综合单价

综合单价是指完成工程量清单中一个规定计量单位项目所需要的人工费、材料费、机械费、管理费和利润,并考虑风险因素。综合单价不但适用于分部分项工程量清单,也适用于单价措施项目清单。要领会清单计价,需要读懂综合单价分析表。

笔者曾经看到建设工程计价专业书籍中的一道习题,①与读者一起分享。

某项目有10个长方体箱式广告牌,宽、高、厚(mm)如图所示,500mm × 800mm为正立面,附着于地面安装。基层采用钢结构,面层为铝塑板。已知装饰工程管理费费率为10.88%(包括企业管理费和附加税),利润率为7.41%。试计算广告牌清单工程量,并进行综合单价分析,②完成综合单价分析表③并填入编制分部分项工程和单价措施项目清单与计价表。

广告牌轮廓示意图如下:

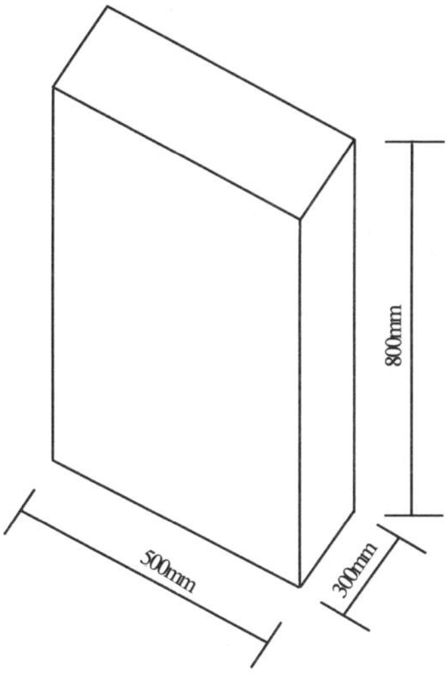

① 参见江西省建设行业"全国二级造价工程师职业资格考式培训教材"编审委员会编:《建设工程计量与计价实务(土木建筑工程)习题集》,江西科学技术出版社2020年版,第249页。

② 参见江西省建设行业"全国二级造价工程师职业资格考式培训教材"编审委员会编:《建设工程计量与计价实务(土木建筑工程)习题集》,江西科学技术出版社2020年版,第250页。

③ 参见江西省建设行业"全国二级造价工程师职业资格考式培训教材"编审委员会编:《建设工程计量与计价实务(土木建筑工程)习题集》,江西科学技术出版社2020年版,第253页。表中"〔注1〕""〔注2〕"等为笔者添加内容。

综合单价分析表

<table>
<tr><td colspan="2">项目编码</td><td colspan="2">011507001001</td><td colspan="2">项目名称</td><td colspan="2">箱式广告牌</td><td>计量单位</td><td>m^2</td><td>工程量</td><td></td></tr>
<tr><td colspan="8">清单综合单价组成明细</td><td colspan="4">清单综合单价组成明细</td></tr>
<tr><td rowspan="2">定额编号</td><td rowspan="2">定额项目名称</td><td rowspan="2">定额单位</td><td rowspan="2">数量</td><td colspan="4">单价</td><td colspan="4">合价</td></tr>
<tr><td>人工费/元</td><td>材料费/元</td><td>机械费/元</td><td>管理费和利润/元</td><td>人工费/元</td><td>材料费/元</td><td>机械费/元</td><td>管理费和利润/元</td></tr>
<tr><td>15－152</td><td>箱(竖)式广告牌基层钢结构(厚)≤500mm</td><td>$10m^3$</td><td></td><td>2920.7</td><td>2988.85</td><td>83.47</td><td></td><td></td><td></td><td></td><td></td></tr>
<tr><td>15－161</td><td>烤箱、广告牌面层铝塑板</td><td>$10m^2$</td><td></td><td>119.71</td><td>755.29</td><td>—</td><td></td><td></td><td></td><td>—</td><td></td></tr>
<tr><td colspan="2">人工单价</td><td colspan="6">小计</td><td></td><td></td><td></td><td></td></tr>
<tr><td colspan="2">综合工日96元/工日</td><td colspan="6">未计价材料费</td><td colspan="4"></td></tr>
<tr><td colspan="8">清单项目综合单价</td><td colspan="4"></td></tr>
</table>

完成后的综合单价分析表

项目编码		011507001001		项目名称		箱式广告牌		计量单位	m^2	工程量	4[注1]
清单综合单价组成明细								清单综合单价组成明细			
定额编号	定额项目名称	定额单位	数量	单价				合价			
				人工费/元	材料费/元	机械费/元	管理费和利润/元	人工费/元	材料费/元	机械费/元	管理费和利润/元
15－152	箱(竖)式广告牌基层钢结构(厚)≤500mm[注2]	$10m^3$ [注3]	0.03 [注4]	2920.7 [注6]	2988.85 [注6]	83.47 [注6]	534.20 [注7]	87.62 [注8]	89.67 [注8]	2.50 [注8]	16.03 [注9]
15－161	烤箱、广告牌面层铝塑板[注2]	$10m^2$ [注3]	0.358 [注5]	119.71 [注6]	755.29 [注6]	—	21.89 [注7]	42.86 [注8]	270.39 [注8]	—	7.84 [注9]
人工单价		小计						130.48	360.06	2.5	23.87
综合工日96元/工日[注10]		未计价材料费									
清单项目综合单价								516.91[注11]			

习题的答案为：

广告牌清单工程量：$0.5\times0.8\times10=4m^2$

计价工程量：

广告牌基层：$0.5\times0.8\times0.3\times10=1.2m^3$

广告牌面层：$(0.5\times0.8\times2+0.3\times0.8\times2+0.5\times0.3)\times10=14.3m^2$

完成后的综合单价分析表是依据习题要求进行的综合单价分析，该表有十一个关键点需要注意：

注1：工程量“4”为工程项目宽、高、个数相乘计算所得的清单工程量。

注2：依据该工程项目特征确定的定额项目名称。

注3：“定额单位”可以在《各专业工程消耗量定额及统一基价表》中寻找，但需要注意定额单位与清单计价单位的区别，如果二者单位不一致时则存在换算问题。

注4：“数量0.03”为项目计价工程量在综合单价分析表上的体现。广告牌基层计价工程量为$1.2m^3$，而这是对应整个清单工程量$4m^2$而言的，因此需要换算成每单位工程量。同时，由于定额单位是以$10m^3$为计算单位，所以相应的数量：$1.2m^3\div4\div10m^3=0.03$。

注5：同注4分析类似，$14.3m^2\div4\div10m^2=0.358$。

注6：单价中“人工费”“材料费”“机械费”是指在每定额单位情况下的消耗价格。该价格可以同于定额中的单价，也可以实现自主报价，即与定额单价不一样。

注7：“管理费和利润”为每定额单位下的管理费和利润。每个企业可以根据自己企业的状况，对管理费与利润自主报价。

注8：合价中的“人工费”“材料费”“机械费”是由单价中的“人工费”“材料费”“机械费”分别乘以“数量”得出的价格。

注9：与注8相同，即由单价中的“管理费和利润”乘以数量得出合价中的“管理费和利润”。

注10：一般为定额中规定的或政府调价的政策文件中规定的人工单价，每个企业可以自主报价。

注11：“清单项目综合单价”由“合价”中的“人工费”+“材料费”+“机械费”+“管理费和利润”得出，即“130.48”+“360.06”+“2.5”+“23.87”=“516.91”。

通过以上分析,读者对于综合单价的得出应有了一个比较直观的认识。

当然,笔者认为也可不按例题中的算法算出综合单价。先算出总价,再算出单价,这种计算方法则比较简单。笔者可以采用以下方法计算:

对箱(竖)式广告牌基层钢结构基层来说:

人工费总价:2920.7 元 ÷ 10 立方米 × 1.2 立方米 = 350.484 元

材料费总价:2988.85 元 ÷ 10 立方米 × 1.2 立方米 = 358.662 元

机械费总价:83.47 元 ÷ 10 立方米 × 1.2 立方米 = 10.0164 元

管理费和利润总价:534.20 元 ÷ 10 立方米 × 1.2 立方米 = 64.104 元

对烤箱、广告牌面层铝塑板面层来说:

人工费总价:119.71 元 ÷ 10 平方米 × 14.3 平方米 = 171.1853 元

材料费总价:755.29 元 ÷ 10 平方米 × 14.3 平方米 = 1080.0647 元

管理费和利润总价:21.89 元 ÷ 10 平方米 × 14.3 平方米 = 31.3027 元

将上述各项相加得到总价为 2065.8191 元,总价除以工程量 4 平方米就可得到综合单价,数值为 516.45。这个数值与答案"516.91"略有差别,这应是四舍五入的缘故。

此外,数据换算的时候必须保证清单工程量单位与定额中的单位一致。比如,案例中的清单工程量以每平方米为计算单位,但是,定额中以每 10 平方米为计算单位,因此应进行相应数据的换算。

综合单价包括人工费、材料费、机械费、管理费和利润,是用完成清单项目所需的全部人工费、材料费、机械费、管理费和利润除以工程量得到的一个数值。读者应紧扣这一概念去理解综合单价的意义。

二、定额计价

(一)概念

定额计价是采用定额单价法(工料单价法)或实物量法,按统一基价表或单位估价表、人材机(工料机)消耗量定额、费用定额及有关文件规定、取费程序计算人材机(工料机)费用、企业管理费、利润、规费、税金的计价办法计算单位工程造价。

有学者对定额单价法及实物量法计算工程款分别作出具体阐述。

"定额单价法,又称预算单价法,就是利用各地区造价主管部门颁发的预算定额,并根据预算定额的分部分项工程量计算规则,按照施工图计算出分部分项工程量,乘以相应项目的定额单价(或称定额基价),汇总后就得出了工、料、机的定额直接费,再以定额直接费(或其中定额人工费)为计费基础,按照规定的费用项目及计费标准综合计算并汇总形成了单位工程的工程预算。"[①]这种方法不考虑施工期间人材机实际价格的变化。

"实物量法首先仍是根据预算定额的分部分项工程量计算规则及施工图计算出分部分项工程量,然后套用相应人工、材料、机械台班的定额消耗量,再分别乘以工程所在地当时的人工、材料、机械台班的实际单价,求出单位工程的人工费、材料费和施工机械使用费,并汇总求和,进而求得直接工程费,最后按规定计取其他各项费用,汇总就可得出单位工程预算造价。"[②]这种算法与定额单价法最大的区别在于人工、材料、机械台班的单价以实际为准,即取符合市场的价格。

不过笔者认为,定额计价之下还存在另一种计算工程价款的方法。此种计算工程价款的方法是在定额单价法之外,对于施工期间人工、材料、机械台班的实际单价与定额中的定额单价(或称为定额基价)之间的价差单独列项计算。此种计算工程价款的方法与实物量法的计算方法有区别,即它不是将施工期间人工、材料、机械台班的实际单价套在定额计价公式当中。笔者将此种计算工程价款的方法称为价差调整法。

因此,笔者认为,定额计价实际上应有三种方法:定额单价法(工料单价法)、实物量法、价差调整法。

定额计价下的工程款,需要借助三种数据:第一,统一基价表或单位估价表中的数据。此数据解决的是价格问题,用定额单价法、价差调整法计算工程款时,需要用到此数据。第二,人材机消耗量定额表中的数据。此数据解决的是工程消耗量标准的问题。第三,费用定额。费用定额解决的是取费标准的问题。

(二)计算规则

定额计价存在一般计税方法与简易计税方法之别。同样以笔者所在地江西省定额为例,介绍一般计税方法下定额计价的规则。试看表9。[③]

---

① 陶学明、熊伟主编:《建设工程计价基础与定额原理》,机械工业出版社2016年版,第169页。

② 陶学明、熊伟主编:《建设工程计价基础与定额原理》,机械工业出版社2016年版,第169页。

③ 参见江西省建设工程造价管理局主编:《江西省建筑与装饰、通用安装、市政工程费用定额(试行)》,湖南科学技术出版社2017年版,第25~26页。

表 9　定额计价法计价程序(一般计税方法)

序号	费用项目		计算方法 (计费基础:人工费)	计算方法 (计费基础:人工费+机械费)
一	分部分项工程费		$\sum$(工程量×消耗量定额基价)	$\sum$(工程量×消耗量定额基价)
	其中	1. 定额人工费	$\sum$(工日消耗量×定额人工单价)	$\sum$(工日消耗量×定额人工单价)
		2. 定额机械费	$\sum$(机械消耗量×定额机械台班单价)	$\sum$(机械消耗量×定额机械台班单价)
二	单价措施费		$\sum$(工程量×消耗量定额基价)	$\sum$(工程量×消耗量定额基价)
	其中	3. 定额人工费	$\sum$(工日消耗量×定额人工单价)	$\sum$(工日消耗量×定额人工单价)
		4. 定额机械费	$\sum$(机械消耗量×定额机械台班单价)	$\sum$(机械消耗量×定额机械台班单价)
三	其他项目费		$\sum$其他项目费	$\sum$其他项目费
四	总价措施费		[(1)+(3)]×相应费率	[(1)+(2)+(3)+(4)]×相应费率

续表

序号	费用项目		计算方法 （计费基础：人工费）	计算方法 （计费基础：人工费 + 机械费）
五	企业管理费		[（1）+（3）]×相应费率	[（1）+（2）+（3）+（4）]×相应费率
六	利润		[（1）+（3）]×相应费率	[（1）+（2）+（3）+（4）]×相应费率
七	人材机价差		∑（数量×价差）	∑（数量×价差）
八	规费	5. 社会保险费	[（1）+（2）+（3）+（4）]×相应费率	
		6. 住房公积金		
		7. 工程排污费		
九	税金		[（一）+（二）+（三）+（四）+（五）+（六）+（七）+（八）]×税率	
十	工程总造价		（一）+（二）+（三）+（四）+（五）+（六）+（七）+（八）+（九）	

注：1. 计取各项费用基数的“定额人工费”不含施工机具使用费中的人工费。

2. 采用“一般计税方法”：企业管理费中须包括附加税，其相应费率 = 企业管理费率 + 附加税费率。

3. 表中的材料费、机械费、总价措施费和企业管理费中不包括可抵扣的进项税额。

4. 机械费包括《各专业工程消耗量定额及统一基价表》中以“元”表示的其他机械费用。

其中,表9中相应费率参照《江西省建筑与装饰、通用安装、市政工程费用定额(试行)》(2017版)执行。同时,在定额计价之下,多了一个人材机价差调整项目。根据江西定额的规定,价差只计取税金,不作为其他计费的依据。

因此,江西省定额计价用一个字形容就是“套”,即套定额。工程造价从业人员根据工程图纸内容计算出工程量,然后套定额单价(定额基价)求得分部分项工程费、单价措施费、其他项目费,然后依据相应的计费基础乘以相应费率,计算出总价措施费、企业管理费、利润、税金,并考虑人材机价差问题,最后得出工程总造价,即套定额单价(人工单价、材料单价、机械台班单价)、消耗量、定额费率,计算得出最后的工程造价。江西省定额计价方法采用的是价差调整法。定额单价法不考虑人材机价格调差问题,实物量法中套人材机价格是套“当时的人工、材料、机械台班的实际单价”,而江西省定额计价则是把人材机价差单独列出作为一个费用项目。

第三节 计价方法比较

工程造价专业领域多有学者将清单计价与定额计价进行比较,从不同的角度分别得出不同的结论。比如,有学者从项目设置,定价原则,计价价款构成,单价构成,价差调整,计价过程,人工、材料、机械消耗量,工程量计算规则,计价方法,价格表现形式,适用范围,工程风险的角度将清单计价与定额计价进行区分。① 另有学者从计价模式、计价方法、工程量计算规则、项目划分、单位工程造价构成、风险分担的角度进行区分。② 参照并结合以上学者的观点,笔者认为,这两种计价方法既有相同之处,也有不同之处。

---

① 参见刘德运编著:《工程造价咨询与审计》,山东人民出版社2006年版,第175~177页。

② 参见严晓东、尹珺、孟春编著:《建设工程定额与清单计价》,中国水利水电出版社2021年版,第4页。

一、相同之处

(一)两种计价方法均与定额单价、消耗量定额、费用定额有重大关系

定额计价方法以定额单价、消耗量定额、费用定额为依托。在定额计价之下,直接套用定额单价(定额单价法、价差调整法)、消耗量定额(定额单价法、实物量法、价差调整法)、费用定额(定额单价法、实物量法、价差调整法)计算得出定额工程价款。因此,如果没有定额单价(定额单价法、价差调整法)、消耗量定额、费用定额,则根本无从得出定额计价之下的费用。

在清单计价之下,虽不是直接套用定额单价、消耗量定额、费用定额,但是定额单价、消耗量定额、费用定额可作为竞争企业取费标准的参照依据。对这种定额标准,竞争企业可能进行调整,也可能直接适用,即竞争企业并不完全排除定额单价、消耗量定额、费用定额的适用。因此,定额单价、消耗量定额、费用定额并不是与清单计价没有关系。虽然清单计价之下投标人的报价体现出了企业的竞争性,但是不排除全部适用或部分适用定额单价、消耗量定额、费用定额的可能。

(二)两种计价方法均体现工程价款背后的构成要素费用

以江西省为例。清单计价之下,工程价款=分部分项工程量清单计价合计+单价措施项目清单计价合计+总价措施项目清单计价合计+其他项目清单计价合计+规费+税金。定额计价之下,工程价款=分部分项工程费+单价措施费+其他项目费+总价措施费+企业管理费+利润+人材机价差+规费+税金。其中,清单计价之下的综合单价已包含人材机费用、企业管理费、利润,定额计价之下的分部分项工程费、单价措施费、总价措施费、其他项目费也包含人材机费用。因此,两种工程计价均体现建设工程中人材机费用、企业管理费、利润、规费、税金构成要素的费用。

(三)两种计价方法不影响投标人报价的竞争性

传统定额计价是以国家定额为基础,按社会平均水平确定工程价款,因而有观点认为,定额计价不能体现企业的竞争性。这种观点本身没有错误,但是,

其没有考虑投标人以定额报价,同时报价予以下浮的问题。因为在定额计价之下,也可能存在利润及人材机价格下浮等约定,因此,定额计价与投标人以定额计价方法报价是两个不同层面的问题。显然,在定额报价之下,也可以体现出报价的竞争性,清单计价之下的竞争性更是不言而喻。因此,两种计价方法均可以体现投标人报价的竞争性。

二、不同之处

(一)同一个工程项目依据两种计价方法计算确实会得出不同数额的工程款

笔者认为,这主要存在以下几点原因。

首先,工程量计算规则不同。清单计价之下,工程量计算规则是根据《清单计价规范》中的工程量计算规则确定的。定额计价之下,工程量计算规则是根据各地区定额中的工程量计算规则确定的,一般各地区的定额中会有定额工程量计算规则。可以发现,清单计价与定额计价之下,两者的工程量计算规则多数是一样的,但是确实也存在不一样的地方。① 具体而言,比如,关于计算方法的改变,有学者论述:“计算方法的改变主要表现在清单项目工程量均以工程实体的净值为准,这不同予以往预算定额工程量计算规则要求对工程量按净值加规定预留及裕量来计算。这个规定预留及裕量随施工方法、措施的不同也在变化。这种规定限制了竞争的范围,与市场机制是背离的,它是计划体制下的计算规则。例如,清单计算规则中‘挖土方’是以‘按设计图示尺寸以体积计算’,只计算净量体积,不包括放坡及操作面的工程量。而预算定额计算规则是根据不同土质和开挖深度按定额计算规定的放坡系数和操作面来计算实际开挖的土方量。”②

其次,两者计价运算方法本身不同。从两者的计算规则可以看出,两者运

① 比如,有学者认为,清单工程量计算规则与预算工程量计算规则的区别是:对预算计算规则中不适用于清单工程量计算以及不能满足工程量清单项目设置要求的部分进行了修改和调整。其主要表现在三个方面:计量单位的变动;计算口径及综合内容的变动;计算方法的改变。参见栗宜民编著:《清单计价——〈建设工程工程量清单计价规范〉应用指南》,机械工业出版社 2006 年版,第 70 ~ 71 页。

② 栗宜民编著:《清单计价——〈建设工程工程量清单计价规范〉应用指南》,机械工业出版社 2006 年版,第 71 页。

算方法是不同的。虽然清单计价反映的是企业的个别水平，但是即使清单计价完全采用定额单价、消耗量定额、费用定额数据，即在两者采用同样标准的定额数据的情况下，不考虑企业自主确定人材机价格、利润、企业管理费标准，同样会产生不一样的计算结果。因为相同的参数放入两个不同的运算公式去运算，结果自然不会是相同的。

（二）两种计价方法导致投标报价策略不一样

传统定额计价方式以国家定额为基础，按社会平均水平确定价格。而工程量清单计价方式是以企业自身定额为基础，按企业个别成本通过市场竞争形成价格。因此，定额计价下，投标报价的策略是对定额计价之下的项目作出下浮的承诺，以体现竞争优势；清单计价下，投标人可以结合自身水平，确定人材机价格、企业管理费、利润以影响综合单价，在综合单价的高低上已体现出企业报价的竞争性。因此，两者的投标报价策略不一样。

（三）是否存在价差调整问题的不同

定额计价中，投标人一般只承担工程量计算风险，不承担人材机价格风险。一般而言，人材机价格波动会导致工程款的变化，工程款如何变化存在两种调整方法，即实物量法及价差调整法。若依实物量法计算工程价款，则直接适用“当时的人工、材料、机械台班的实际单价”计算工程的直接费；若依价差调整法，计算工程价款时会单独计算人材机价差费用，以此加减到工程的总价款中。清单计价中，投标人的投标报价本身就应考虑价格风险。

两种计价方法下的价差调整规则可作如下理解：定额计价之下无特别约定时，人材机价格波动出现则需要调整工程款；清单计价之下对风险无特别约定时，人工费出现波动则需要调整工程款，材料费、机械费出现波动未超出一定范围则不需要调整工程款。材料费、机械费波动超出一定范围才需要调整工程款。清单计价之下人材机价格波动如何调整工程款，笔者在本书第六章“工程款计价调整”中作进一步分析。

当然，人材机价格波动是否调整工程款问题的区分并不是绝对的。如果定额计价中双方约定人材机价格出现波动不调整工程款时，则出现人材机价格波动也不会调整工程款。如果清单计价中约定人材机价格波动不调整工程款时，也可以依据合同的约定不调整工程款，只不过此时此种约定与清单计价的本意相违背。

（四）单位工程造价的构成体系不同

仍以江西省为例。清单计价之下，工程造价 = 分部分项工程量清单计价合计 + 单价措施项目清单计价合计 + 总价措施项目清单计价合计 + 其他项目清单计价合计 + 规费 + 税金；定额计价之下，工程造价 = 分部分项工程费用 + 单价措施费 + 其他项目费 + 总价措施费 + 企业管理费 + 人材机价差 + 规费 + 利润 + 税金。清单计价之下，企业管理费及利润已经包含在分部分项工程量清单计价费用之内，或者包含在单价措施项目清单计价费用之内，并非独立的两个项目；而定额计价之下，企业管理费及利润为分别独立的两个项目，应单独核算。因此，两种计价方法之下，工程造价构成体系存在一定区别。

第四节　计价方法的意义

一、挈领工程计价的精髓

工程计价的精髓在于计价方法。

清单计价与定额计价要素繁多，看似杂乱无章，无规律可循。这两种计价方法就是将这些计价要素以某种规律的方式呈现出来，使工程价款的计算遵循固定的数学运算公式。与工程定额计价方法套定额计算相似，清单计价之下也是一个套清单计价公式的问题。因此，计价方法将复杂化的问题简单化。从某种意义上说，掌握计价方法就是掌握了工程计价的精髓。虽然本章主要介绍的是清单计价与定额计价两种计价方法，但是实践中存在的其他更加复杂的计价方法均只是这两种计价方法下的延伸与展开。只要理解了清单计价与定额计价这两种主要的计价方法，对于其他个性化的计价方法就不会存在认知上的障碍。

二、弥合专业相异的鸿沟

工程造价专业与法律专业毕竟是两个不同的专业领域。因此,两个专业之间的鸿沟客观存在。工程款追索的案件中,工程款司法鉴定往往成为诉裁程序中的一个重要环节,而工程款的计算依赖计价方法的运用。通过对相对固定化的计价运算方法的掌握可以弥合非工程造价专业人员对工程计价认识的鸿沟。

在工程款追索领域,律师应提升对工程造价的理解能力,争取具备与造价专业人员沟通、探讨工程价款计算的能力,尤其在发承包双方对工程款的计算出现重大分歧时更应理解与掌握计价方法。虽然在计算工程款时,造价工程师会出具专业的鉴定结论,但是,这些结论不一定就无任何争议或可疑之处、就如律师在诉讼中未必能保证自己的每一个法律观点均正确一样。造价鉴定本身也是一项技术丰富的活动,鉴定人员也可能会发生疏忽、错误。如果对计价方法不了解,律师对鉴定出的工程款则难以提出异议或难以提出实质性的异议,这显然对己方当事人不利。当了解计价方法之后,与鉴定人员沟通计价专业问题时,律师可以从法律的角度提出自己的专业意见,从而作为鉴定人员认定工程款的一个重要参考。

笔者认为,律师可以不具备出具工程款鉴定报告的能力,但是应具备发现工程款鉴定报告存在疑点的能力。

004 第四章

工程款计价争议

·导　读·

工程款计价争议，即探讨工程价款一般会产生哪些类型的计价纠纷。结合住房和城乡建设部、财政部印发的建标[2013]44 号文，依据不同的标准划分，工程款会有不同的计价构成内容。结合建标[2013]44 号文，笔者将工程款计价争议分为四种类型：整体计价争议、要素计价争议、形成计价争议、其他计价争议。在建设工程施工合同纠纷案件中，起诉方或仲裁申请方要求对方支付工程款的申请文书，不会将工程款的每项构成进行单独的计价罗列。然而，在鉴定机构出具的工程款鉴定报告中，鉴定机构或响应诉裁机关要求或根据鉴定的职业要求，往往会将工程款的构成款项进行单独罗列，尤其会单列争议款项。

计价争议，实质上就是一方提出自己的工程款主张，另一方提出抗辩理由。抗辩理由可能合法，也可能不合法；可能是依据事实与法律的据理力争，也可能是没有依据的胡搅蛮缠。笔者试图对这些或是或非的抗辩理由作一个总体罗列。在本章中，笔者不对异议方的抗辩理由作出有无法律依据的倾向认定。在以后的各章节中可能会涉及本章罗列的计价争议的裁判规则与认定问题。

计价争议的实质可以概括为三个方面：事实之争、技术之争、法律之争。同时，笔者未将施工方是否享有工程款优先受偿权争议及工程款优先受偿权范围争议放入本章。因为本章探讨的是工程款计价争议，而是否享有工程款优先受偿权争议及工程款优先受偿权范围争议不属于工程款计价争议，即不符合本章主旨，故本章不作讨论。

第一节 整体计价争议

整体计价争议是指施工方追索工程款要求发包人及其他付款主体支付工程款,而发包人或其他付款主体对工程款提出整体质疑,认为不应当支付工程款或者认为不应当支付全部工程款,仅应支付部分工程款而产生的法律争端。工程款整体计价争议不区分工程款构成要素项目及造价形成项目。

一、下浮约定是否成立导致的整体计价争议

在一份建设工程施工合同中,尤其是定额计价之下的工程施工合同中,发包人与承包人往往对工程款进行下浮约定。在合同有效情形下,下浮约定是否成立的争议不会产生。但是,在合同无效情形下,下浮约定是否成立则争议不小。而争议的关键点在于,合同无效情形下,双方约定的下浮条款是不是《民法典》第七百九十三条第一款①中的“参照”范围。

二、施工范围不明产生的整体计价争议

此种情形下产生的整体计价争议具体又分为以下两种类型:

第一种类型,无书面合同导致的施工范围不明产生的计价争议。在本书第二章“工程款计价依据”中,笔者已经提到在无书面合同情形下,有时审判人员对施工范围无法查明,因此这种情形下容易产生整体计价争议。由于双方对施工范围往往各执一词,施工过程中可能还存在转包、分包甚至多层转包、违法分包的情况,因此裁判人员需要查明施工方主张的施工范围并不如施工方想象中那么容易。如果施工方不能提出有利的证据,其可能将承担举证不利的后果。

第二种类型,签证不规范导致的施工范围不明产生的计价争议。在施工过

① 《民法典》第七百九十三条第一款:“建设工程施工合同无效,但是建设工程经验收合格的,可以参照合同关于工程价款的约定折价补偿承包人。”

程中对施工范围进行调整,或者在合同之外另行增加部分工程、减少部分工程也属正常。一般而言,合同之外的施工工程需要进行签证。在监理人员进行签证确认的情况之下,双方对签证的施工内容无太大争议。但是,有时签证是由发包人的其他人员进行,而此人并无发包人的授权。此时,发包人会认为签证人员无权进行签证,由此引起签证部分工程款的计价争议。另外,发包人有时也会认为虽然经过签证,但是签证后施工方并没有实际施工,由此引起此类计价争议。

三、计价方法不同导致的整体计价争议

此种情形下产生的整体计价争议具体可以分为以下三种类型:

第一种类型,合同未明确约定计价标准时产生的计价争议。此类纠纷源于双方未有书面合同,各方对于计价标准各执一词。此种情况下,施工方往往要求按照定额计价方法中的实物量法、价差调整法,或者按照转包人、违法分包人与发包人之间的计价标准认定自己与转包人、违法分包人的工程款,而转包人、违法分包人则要求按照定额计价方法中的定额单价法计算工程款,甚至有时还要求扣除利润及规费等费用。

第二种类型,合同无效情形下,依据何种标准计算工程款产生的计价争议。从现有案例看,合同无效情形下,有时施工方提出工程款应据实结算,①而不应按照约定结算。施工方的理由在于合同无效则工程款约定无效,发包人则主张双方工程款仍应按合同约定进行结算,即发包人会提出合同无效但结算条款仍为有效的观点。

第三种类型,未完工程情形下,依据何种标准结算工程款产生的计价争议。工程未完工情况时,固定总价合同及固定单价合同下均可能产生此类计价争议。

固定总价合同下,未完工程下的工程款的认定至少存在六种结算规则:工程量标准比例法、工程定额标准比例法、同一标准比例法、定额下浮法、定额法、工程量乘以投标预算书清单单价法。这些结算规则的具体情况,笔者在本书第十六章“未完工程下的工程款”中作出较详细介绍。

---

① 笔者在本书第八章“工程款据实结算”中对“据实结算”问题作出解读。

固定单价合同下,未完工程下的工程款的认定至少存在两种结算规则。一般而言,固定单价合同下部分工程完工,工程款的计算方法为“量价相乘”法,极少数情况下以定额下浮法结算工程款。

四、低于成本价导致的整体计价争议

此种情形下产生的整体计价争议具体可以分为以下两种类型:

第一种类型,低于成本价导致合同无效,要求重新结算工程款争议。这主要针对经过招投标程序签订的建设工程施工合同下的工程款。如果工程经过招投标程序,施工方低于成本价中标,此时合同效力问题存在争议。部分观点认为此时合同无效。如果此类合同被认定无效,如何结算工程款?多数观点认为,即使合同无效,仍应依据合同约定的价款确定工程款。对该问题,笔者在本书第二十章“低于成本价时的工程款”中作出分析。

第二种类型,低于成本价要求撤销合同产生的工程款争议。这主要针对未经过招投标程序签订的建设工程施工合同下的工程款。此时的合同可能面临重大误解及显失公平的认定问题。实践中以重大误解或显失公平的理由要求撤销建设工程施工合同的案例非常少,能成功撤销的案例更少。而一旦撤销建设工程施工合同,是应按照定额计价结算工程款,还是按照定额计价与合同价折中结算工程款,抑或按成本价结算工程款未有一个明确的定论。

第二节 要素计价争议

依据建标[2013]44 号文,按照构成要素划分,建筑安装工程费由人工费、材料费、施工机具使用费、企业管理费、利润、规费、税金七部分组成。要素计价争议为“构成要素项目计价争议”之简称。对于施工方提出的工程款追索的请求,发包人在总体抗辩之外,有时也会对其中具体的构成要素进行个别单独抗辩。

一、人工费争议

人工费是指支付给从事建筑安装工程施工的生产工人及附属生产单位工

人的各项费用，其具体内容包括：计时工资或计件工资、奖金、津贴补贴、加班加点工资以及因病、工伤、产假、计划生育假、婚丧假、事假、探亲假、定期休假、停工学习、执行国家或社会义务等原因按计时工资标准或按计时工资标准的一定比例支付的工资五项内容。这一工资构成与《国家统计局关于工资总额组成的规定》相同。笔者认为，此处的人工费不包括管理人员工资，管理人员的工资归属于企业管理费中。建设工程价值中包括劳动力成本，劳动力成本物化到工程造价当中的价值就为人工费。

工程款计价方法多样。在定额计价之下，人工费为分部分项工程费、单价措施费、其他项目费、总价措施费、企业管理费、利润、规费、税金的计费基础。因此，在定额计价之下，容易产生如何计算人工费或计算多少人工费的争议。在诉裁机关委托鉴定机构依据定额计价方法计算工程款时，鉴定报告有时会将人工费单独列出，甚至将其作为争议事项。在清单计价之下，人工费与材料费、施工机具使用费、企业管理费、利润共同形成综合单价。在出现人工费波动的情况下，人工费的调差款有时作为争议事项列出。

人工费问题上，一般容易产生的计价争议有三类：

第一类：人工费标准适用争议。此类案件主要是因为建设工程合同期内人工费发生调整，而建设工程施工合同对人工费是否调整约定不明而产生的人工费标准适用争议，或者人工费波动过大，施工方认为执行原施工合同构成显失公平，或者依据情势变更原则要求进行人工费的调整以弥补自身损失而产生的争议。

第二类：超出建设工程施工合同工期人工费上涨是否调差争议。此类案件主要是指因客观原因（非承包人原因）导致合同工期比计划施工工期长，而在超出计划的延长时间内，新的人工费调价文件应否适用而导致人工费适用争议。对于因何原因导致施工工期延长，双方往往各执一词。

第三类：索赔事件产生的人工费争议。此类案件主要指停工、窝工、发包人指令工程加速、工程中断索赔事件发生的情形下，施工方因人工费增加而要求发包人承担施工方额外支出的人工费。比如，在工程中断情形下，会产生留守人员的工资问题；在工程加速情形下，会产生多投入劳动力成本问题及因不当使用劳动力产生的生产效率降低而导致人工费损失的问题；停工、窝工情形下也会产生因生产效率降低、不合理使用劳动力、劳动力闲置而导致的人工费损失问题。

二、材料费争议

材料费是指施工过程中耗费的原材料、辅助材料、构配件、零件、半成品或成品、工程设备的费用,具体内容包括:材料原价、运杂费、运输损耗费、采购费及保管费。在建设工程施工中,材料一般由施工方进行采购,但是不排除少部分建设工程项目发包人提供部分材料,即包工不包料工程。如何计算包工不包料情形下的工程价款,各地区的定额计价政策会存在不一致。计算包工不包料情形下的工程价款应注意了解当地的计价政策。①

材料费争议与人工费争议有较多相似之处。一般容易产生的争议案件有四类:

第一类:材料费标准适用争议。此类案件主要是因为建设工程合同期内材料费信息价发生变化,而建设工程施工合同中对材料费是否调整约定不明而产生的材料费标准适用争议,或者材料费市场价格波动过大,施工方认为执行原施工合同构成显失公平或者要求依据情势变更原则进行材料费的调整,以弥补自身损失而产生的争议。

第二类:超出建设工程的施工合同工期材料费上涨是否调差争议。此类案件主要是指客观原因(非承包人原因)导致合同工期比计划施工工期长,而在超出计划延长的时间内材料费信息价调整,应否适用新的材料费信息价而产生材料费争议。对于因何原因导致施工工期延长,双方往往各执一词。

第三类:索赔事件产生的材料费争议。此类案件主要指停工、窝工、发包人指令工程加速索赔事件发生的情形下,施工方因额外支出材料费而产生材料费损失争议。

第四类:材料变更、设计变更或其他不可抗力因素导致材料费支出增加而产生的材料费争议。

---

① 比如,江西省曾规定:包工不包料工程按定额人工费乘以 1.50 系数加上人工费价差计算,除计取工程定额测定费和税金外不计取其他费用。参见江西省建设工程造价管理站编:《江西省建筑安装工程费用定额》,湖南科学技术出版社 2005 年版,第 6 页。

三、施工机具使用费争议

施工机具使用费是指施工作业所发生的施工机械、仪器仪表使用费或其租赁费,包括施工机械使用费、仪器仪表使用费。在建设工程项目中,施工方均应提供施工机具。如果其不提供施工机具,此时施工项目的现场人员只是劳动力的提供者,而不是建设工程的施工方。

施工机具使用费问题上,一般容易产生的争议案件有两类:第一类是施工期内台班费用增加而产生的要求增加施工机具使用费的争议;第二类是停工、窝工、发包人指令工程加速、工程中断索赔事件发生情形下而产生的施工机具使用费的争议。具体情形又包括:

施工机具如果是施工方租赁的,此时的争议表现为机械设备租赁费损失争议。

施工延期而产生的施工机具使用费索赔争议。

停工导致施工机具闲置索赔争议。

发包人指令工程加速,导致不经济的使用施工机具产生的索赔争议。

四、企业管理费争议

企业管理费,有时在施工合同中又被称为总部管理费,是指建筑施工企业组织施工生产和经营管理所需的费用,具体内容包括:管理人员工资、办公费、差旅交通费、固定资产使用费、工具用具使用费、劳动保险和职工福利费、劳动保护费、检验试验费、工会经费、职工教育经费、财产保险费、财务费用、税金及其他。此处的税金指房产税、车船使用税、土地使用税、印花税等,不同于本节第七项“税金争议”之税金。

企业管理费问题上,一般容易产生的争议案件有两类:

第一类:作为自然人的实际施工人是否应取得企业管理费争议。此类案件主要指作为自然人的实际施工人进行工程施工,此时的自然人向发包人主张工程款,发包人认为其不是企业不具有取费资格并以此作为抗辩理由,即认为自然人不能取得企业管理费。

第二类:停工、窝工、发包人指令工程加速、工程中断索赔事件发生情形下产生的企业管理费争议。索赔事件出现后施工工期延长,施工企业超出合同约定时间对工程项目进行管理会产生额外费用支出，而双方对如何计算该费用未能形成相对统一的规则。

五、利润争议

利润是指施工企业完成所承包工程而获得的盈利。

利润问题上，一般容易产生的争议案件有四类：

第一类：建设工程施工合同无效情形下，施工方利润是否应计取的争议。

第二类：作为自然人的实际施工人有无权利获取利润的争议。此时的发包人认为实际施工人为自然人，其无权获取利润。

第三类：未完工程下的工程款利润是否应计取及计取标准争议。

第四类：低于成本价的施工合同是否可以取得利润的争议。此类案件中，施工方以低于成本价进行施工，而后要求按照包括利润在内的定额计价方法结算，发包人往往以合同有效为由拒绝支付包括利润在内的超出成本价的工程价款。

六、规费争议

规费是指按国家法律、法规规定，由省级政府和省级有关权力部门规定必须缴纳或计取的费用。具体包括：社会保险费（养老保险费、失业保险费、医疗保险费、生育保险费、工伤保险费）、住房公积金、工程排污费。规费一般为不可竞争费用。2020 年 7 月 24 日，住房和城乡建设部办公厅印发了《工程造价改革工作方案》（建标办[2020]38 号），该文件要求对工程造价进行改革。依据该文件精神，部分地区已取消或拟取消规费作为不可竞争费用的规定。

规费问题上，一般容易产生的争议案件有两类：

第一类：作为自然人的实际施工人有无权利获得规费争议。此类案件中，作为自然人的实际施工人提出要求支付工程款的主张，发包人以自然人不具有取得规费的资格作为理由，认为不应支付规费。

第二类：不予计取规费、规费下浮约定是否有效而产生的规费争议。此类案件又可以分为两种情况。第一种情况，双方就规费单独进行约定，双方约定规费不予计取或约定规费下浮，承包人以约定无效作为理由要求支付规费，而发包人认为约定有效而不应支付规费。第二种情况，在约定工程造价整体下浮的案件中,规费下浮是否有效引起的计价争议。

七、税金争议

税金是指国家税法规定的应计入建筑安装工程造价内的营业税、城市维护建设税、教育费附加及地方教育附加。建设单位和施工企业均应按照省、自治区、直辖市或行业建设行政主管部门发布的标准计算税金,税金不得作为竞争性费用。2016 年 2 月 19 日,住房和城乡建设部办公厅发布《关于做好建筑业营改增建设工程计价依据调整准备工作的通知》(建办标[2016]4 号)。依据该文件,工程造价可按以下公式计算:工程造价 = 税前工程造价 ×(1 + 11%)。之后,根据营改增的需要,将营业税、城市维护建设税、教育费附加及地方教育附加合并为增值税。此税金与企业管理费中的税金不同,企业管理费中的税金指企业按规定缴纳的房产税、车船使用税、土地使用税、印花税等。

税金问题上产生的争议纠纷相对不多。虽然税金与规费、安全文明施工费相同,三者均为不可竞争费用,但是税金问题上没有产生与其他两类纠纷一样的约定不予计取或下浮的问题。税金争议往往不是税率适用本身产生的争议,这源于国家税法的严格管控。

实践中会出现发包人以施工方未开具发票而提出不符合合同约定的付款条件的争议问题,另外,还会出现施工方不开具正式票据的问题。这两个问题本身不属于计价争议问题。发包人能否以施工方未开具发票来对抗施工方的付款请求权问题,笔者将在本书第十二章“工程款支付条件”中进行分析。

第三节　形成计价争议

根据建标[2013]44 号文,依据造价形成划分,建筑安装工程费由分部分项工程费、措施项目费、其他项目费、规费、税金五部分组成。本节的形成计价争议即指依此划分的计价争议。形成计价争议为“造价形成项目计价争议”之简称。造价形成项目的划分与本书第三章“工程款计价方法”表 1 中所列“费用项目”是一致的,即清单计价之下单位工程工程费用计算程序表也是将上述造价形成项目组合起来得出工程款。

比较构成要素项目及造价形成项目,可以发现部分项目名称一样,即规费与税金名称相同。另外,虽然两者部分项目名称不同,但项目间仍有内在的对应关系,并不是截然分开的。造价形成项目侧重以建设工程外在形态的形式表现工程价款,构成要素项目侧重以建设工程内在隐藏价值的形式表现工程价款。虽然两者的表现形式不一样,但是,两者又是相互契合的。构成要素项目下的人工费、材料费、施工机具使用费、企业管理费、利润,这些内在隐藏价值最终均组合在造价形成项目下分部分项工程费、措施项目费、其他项目费当中。

一、分部分项工程费争议

分部分项工程费是指各专业工程的分部分项工程应予列支的各项费用。专业工程可以分为房屋建筑与装饰工程、仿古建筑工程、通用安装工程、市政工程、园林绿化工程、矿山工程、构筑物工程、城市轨道交通工程、爆破工程等。在房屋建筑与装饰工程中,分部工程可以分为地基与基础、主体结构等。分部工程又可以细分为子分部工程。分部工程(子分部工程)又由分项工程构成。

笔者在本书第三章"工程款计价方法"中提出,在定额计价与清单计价之下,分部分项工程费的计算规则是不一样的。定额计价之下,分部分项工程费=工程量×消耗量定额基价;清单计价之下,先计算出综合单价,然后通过分部分项清单工程量×综合单价得出分部分项工程价款。而综合单价又是通过人工费、材料费、机械费、企业管理费、利润五个费用项目得出的价格。因此,"量"的因素为两种计价方法下争议的共同因素,"综合单价"的因素为清单计价下独有,"定额单价(定额基价)"的因素为定额计价下独有。分部分项工程费的争议,因定额计价及清单计价而有不同。

定额计价之下,容易形成的计价争议如下:

第一类:多算、少算、漏算分部分项工程的工程量而产生的计价争议。

第二类:签证及合同之外工程量的确认而产生的计价争议。这主要是因为这部分工程量不在合同之内,属于合同之外。对于合同之外的签证及合同之外的工程量会产生认定争议进而导致计价争议。

第三类：人材机价格变化导致是否调整定额单价（定额基价）及如何调整工程价款的争议。

清单计价之下，容易形成的计价争议如下：

第一类：工程量认定产生的争议。这与定额计价之下的争议一样。

第二类：设计变更、项目特征不符、工程量偏差、工程量清单缺项导致综合单价如何调整及新的综合单价如何计算产生的计价争议。

第三类：人材机价格变化导致是否调整及如何调整工程价款的争议。

二、措施项目费争议

措施项目费是指为完成建设工程施工，发生于该工程施工前和施工过程中的技术、生活、安全、环境保护等方面的费用。措施项目费包括单价措施费及总价措施费，具体内容又包括：安全文明施工费（环境保护费、文明施工费、安全施工费、临时设施费）、夜间施工增加费、二次搬运费、冬雨季施工增加费、已完工程及设备保护费、工程定位复测费、特殊地区施工增加费、大型机械设备进出场及安拆费、脚手架工程费等。

措施项目费的争议应区分定额计价及清单计价两种情况。

定额计价之下，容易产生的计价争议如下：

第一类：工程量计算导致的计价争议。以江西省为例。定额计价之下，依一般计税方法计算单价措施费及总价措施费，分别为：

单价措施费 = $\sum$（工程量 × 消耗量定额基价）①

总价措施费 =（分部分项工程费中定额人工费 + 单价措施费中定额人工费）× 相应费率②

总价措施费 =（分部分项工程费中定额人工费 + 分部分项工程费中定额机械费 + 单价措施费中定额人工费 + 单价措施费中定额机械费）× 相应费率③

---

① 参见江西省建设工程造价管理局主编：《江西省建筑与装饰、通用安装、市政工程费用定额（试行）》，湖南科学技术出版社2017年版，第25页。

② 参见江西省建设工程造价管理局主编：《江西省建筑与装饰、通用安装、市政工程费用定额（试行）》，湖南科学技术出版社2017年版，第25页。

③ 参见江西省建设工程造价管理局主编：《江西省建筑与装饰、通用安装、市政工程费用定额（试行）》，湖南科学技术出版社2017年版，第25页。

依简易计税方法计算单价措施费及总价措施费,分别为:

单价措施费 = ∑(工程量 × 消耗量定额基价)[①]

总价措施费 =(分部分项工程费中定额人工费 + 单价措施费中定额人工费)× 相应费率 ×1.06[②]

总价措施费 =(分部分项工程费中定额人工费 + 分部分项工程费中定额机械费 + 单价措施费中定额人工费 + 单价措施费中定额机械费)× 相应费率 ×1.06[③]

上述公式中"定额人工费""定额机械费"均由工程量决定。因此,无论是单价措施费,还是总价措施费,二者的计算均与工程量有关,工程量的争议会引起措施项目费的计价争议。

第二类:安全文明施工费约定不予计取或约定下浮产生的计价争议。安全文明施工费为不可竞争费用,是一类较为特殊的费用。但何为不可竞争费用,并没有一个专门文件对此进行解释。笔者认为,不可竞争费用是指定额费率不可调低。[④] 虽然建设行政主管部门的政策规定其为不可竞争费用,但是当双方合同中作出与此不同的约定时,依旧会产生是以合同约定为准,还是以政策规定为准的计价争议。

第三类:安全文明施工费计取条件是否满足而产生的计价争议。安全文明施工费为工程施工中必须发生的费用。几乎每个省建设行政主管部门都有针对安全文明施工费的相关规定。有的地区规定安全文明施工费包括基本费及现场评价费两部分;有的地区规定安全文明施工费包括基本费、现场考评费和奖励费三部分。各地区文件中关于安全文明施工费计取的比例和计取条件也不尽相同。例如,黑龙江省规定经现场测评打分后计取安全文明施工费;[⑤]四川

① 参见江西省建设工程造价管理局主编:《江西省建筑与装饰、通用安装、市政工程费用定额(试行)》,湖南科学技术出版社 2017 年版,第 27 页。

② 参见江西省建设工程造价管理局主编:《江西省建筑与装饰、通用安装、市政工程费用定额(试行)》,湖南科学技术出版社 2017 年版,第 27 页。

③ 参见江西省建设工程造价管理局主编:《江西省建筑与装饰、通用安装、市政工程费用定额(试行)》,湖南科学技术出版社 2017 年版,第 27 页。

④ 笔者将在本书第十七章"不予计取下的工程款"中对不可竞争费用阐述自己的理解。

⑤ 《黑龙江省建设工程安全文明施工费使用管理办法》(黑建发[2010]11 号)第三条:"本办法中安全文明施工费分为基本费和现场评价费两部分。基本费是施工单位在施工过程中按有关安全生产规定、规范及标准,用于安全生产的基本保障费用。现场评价费是施工单位达到有关安全生产规定、规范及标准,并且经建设主管部门负有监管职责的机构组织实施安全生产现场评价而获取的安全文明施工费用。"第七条第二款:"未经现场评价的建设工程项目不得计取安全文明施工费。"

省规定承包人不能出具《四川省建设工程安全文明施工措施评价及费率测定表》的，承包人不得收取安全文明施工费；①江苏省规定未经考评不得计取考评费用。②

因此，在工程未完工之下安全文明施工费中基本费、考评费、奖励费是否计取，如何计取存在计价争议。

清单计价之下，容易产生的计价争议如下：

第一类：工程量认定产生的争议。以江西地区为例。清单计价之下依一般计税方法计算单价措施费及总价措施费，分别为：

单价措施费 = ∑（单价措施项目清单工程量 × 综合单价）③

总价措施费 =（分部分项工程量清单中定额人工费 + 单价措施项目清单中定额人工费）× 相应费率④

总价措施费 =（分部分项工程量清单中定额人工费 + 分部分项工程量清单中定额机械费 + 单价措施项目清单中定额人工费 + 单价措施项目清单中定额机械费）× 相应费率⑤

依简易计税方法计算单价措施费及总价措施费，分别为：

单价措施费 = ∑（单价措施项目清单工程量 × 综合单价）⑥

---

① 《四川省建设工程安全文明施工措施费计价管理办法》（川建发［2006］107 号）第五条："安全文明施工措施费分基本费、现场评价费两部分计取。基本费为承包人在施工过程中发生的安全文明措施的基本保障费用，现场评价费是指承包人执行有关安全文明施工规定，经建设行政主管部门建筑安全监督管理机构组织现场检查和动态评价获取的安全文明措施增加费。……未经现场评价的工程，一律不得计取安全文明施工措施费。"第九条第二款："未经现场评价或承包人不能出具《安全文明施工措施评价及费率测定表》的，承包人不得收取安全文明施工措施费。"

② 《江苏省建设工程现场安全文明施工措施费计价管理办法》（苏建价［2005］349 号）第三条第二款："我省现场安全文明施工措施费分为基本费、现场考评费和奖励费三部分。"第七条第一款："现场考评一般在单项工程完成工程量约 70% 后，依据施工单位的申请由造价管理机构、建筑安全监督机构、监理等单位组成考评组织，现场核查打分。各市建设行政主管部门也可根据本地区工程建设实际情况确定具体考评方案和考评组织。"第七条第三款："未经考评不得计取现场考评费。"

③ 参见江西省建设工程造价管理局主编：《江西省建筑与装饰、通用安装、市政工程费用定额（试行）》，湖南科学技术出版社 2017 年版，第 22 页。

④ 参见江西省建设工程造价管理局主编：《江西省建筑与装饰、通用安装、市政工程费用定额（试行）》，湖南科学技术出版社 2017 年版，第 20 页。

⑤ 参见江西省建设工程造价管理局主编：《江西省建筑与装饰、通用安装、市政工程费用定额（试行）》，湖南科学技术出版社 2017 年版，第 20 页。

⑥ 参见江西省建设工程造价管理局主编：《江西省建筑与装饰、通用安装、市政工程费用定额（试行）》，湖南科学技术出版社 2017 年版，第 23 页。

总价措施费 =(分部分项工程量清单中定额人工费 + 单价措施项目清单中定额人工费)× 相应费率 ×1.06①

总价措施费 =(分部分项工程量清单中定额人工费 + 分部分项工程量清单中定额机械费 + 单价措施项目清单中定额人工费 + 单价措施项目清单中定额机械费)× 相应费率 ×1.06②

上述公式中“定额人工费”“定额机械费”均由工程量决定。因此,措施项目费与工程量有关,工程量的争议会引起措施项目费的计价争议。

第二类:设计变更、项目特征不符、工程量偏差、工程量清单缺项导致综合单价如何调整及新的综合单价如何计算产生的争议。

第三类:人材机价格变化导致是否调整及如何调整工程价款的争议。

另外,还有一个问题值得探讨:清单计价之下,会产生安全文明施工费的计价争议吗?笔者认为,与定额计价不同,清单计价之下,不会产生安全文明施工费争议。笔者至今没有看到清单计价之下,安全文明施工费作为一个单独争议事项的案例。清单计价之下,竞标人报价的竞争性是通过对人材机价格、利润、企业管理费进行充分调节予以体现,竞标人无须对安全文明施工费的费率进行调节(调低)。因此,清单计价之下,不会直接产生安全文明施工费的争议。

三、其他项目费争议

其他项目费是指除分部分项工程费和措施项目费之外的其他工程费用,具体包括:暂列金额、计日工、总承包服务费。

暂列金额是指建设单位在工程量清单中暂定并包括在工程合同价款中的一笔款项。暂列金额所涉费用用于施工合同签订时尚未确定或者不可预见的所需材料、工程设备、服务的采购,施工中可能发生的工程变更、合同约定调整因素出现时工程价款调整以及发生的索赔、现场签证等。笔者认为,暂列金额最终还是会体现在分部分项工程实体性消耗、措施费中的技术性消耗等实际费用支出方面。实践中不会对暂列金额本身产生争议。

---

① 参见江西省建设工程造价管理局主编:《江西省建筑与装饰、通用安装、市政工程费用定额(试行)》,湖南科学技术出版社 2017 年版,第 21 页。

② 参见江西省建设工程造价管理局主编:《江西省建筑与装饰、通用安装、市政工程费用定额(试行)》,湖南科学技术出版社 2017 年版,第 21 页。

计日工是指在施工过程中，施工企业完成建设单位提出的施工图纸以外的零星项目或工作所需的费用。由于该费用较少，同时该费用一般有双方签字，因此，计日工费用产生的争议不多。

总承包服务费是指总承包人为配合、协调建设单位进行的专业工程发包，对建设单位自行采购的材料、工程设备等进行保管以及施工现场管理、竣工资料汇总整理等服务所需的费用。《工程造价术语标准》第 2. 1. 15 条①对总承包服务费进行了定义，这一定义与建标[2013]44 号表述几乎一致。“总承包服务费是为了解决发包人在法律、法规允许的条件下进行专业工程分包以及自行采购供应材料、设备时，要求总承包人对发包人分包的专业工程提供协商和配合服务(如分包人使用总包人的脚手架、水电接驳等)；对供应的材料、设备提供收、发和保管服务以及对施工现场进行统一管理；对竣工结算资料进行统一汇总整理等发生并向总承包人支付的费用。”②

收取总承包服务费是总承包人才有的权利。笔者认为，总承包服务费主要包含两部分费用：

一部分是因建设单位自行采购材料、工程设备等总承包人为此进行保管而发生的额外费用。

另一部分是因建设单位进行专业工程发包(分包)，总承包人进行协调、配合而产生的额外费用。实践中，这部分费用在建设工程施工合同中往往又被称为分包配合费或总包配合费。当发包人采取总包加平行发包(分包)模式时，也就是由发包人直接指定发包专业工程项目，其直接指定的施工方的施工条件往往需要总承包人配合才能满足。此时，发包人与总承包人会就总承包人提供的配合工作对双方的权利和义务作出约定。发包人就总承包人提供约定的配合工作会向总承包人支付一定的费用，这笔费用就是分包配合费。比如，在直接发包专业工程项目时，分包项目承包人在实际施工过程中会用到总承包人设备，如垂直运输机械、临时设施、施工水电等。

总承包人不得收取总承包服务费的三种情况：

---

① 《工程造价术语标准》第 2. 1. 15 条：“总承包服务费 Main Contractor’s Attendance 总承包人为配合协调发包人进行专业工程分包，对发包人自行采购的工程设备、材料等进行保管以及施工现场管理、竣工资料汇总整理等服务所需的费用。”

② 陶学明、熊伟主编：《建设工程计价基础与定额原理》，机械工业出版社 2016 年版，第 106 页。

第一种情况,分包工程不与总承包工程同时施工。此种情况下,总承包人实际不用提供相应服务。

第二种情况,分包工程与总承包工程虽在同一现场同时施工,但是总承包人确实未向分包人提供服务。此种情况下,总承包人实际未提供相应服务。

第三种情况,总承包人将其承包的工程分包给其他施工单位。此种情况下,并不是建设单位进行专业工程发包(分包)。

一般而言,总承包人与发包人约定依分包工程价款取一定比例收取总承包服务费,即总承包服务费的收取依托于分包工程价款本身。因此,总承包服务费的典型争议为分包工程价款多少的争议导致总承包服务费的计取争议。

四、规费争议

规费争议内容与本章第二节所述内容一致。

五、税金争议

税金争议内容与本章第二节所述内容一致。

第四节 其他计价争议

关于本章第二节、第三节的论述,笔者均是在建标[2013]44 号文的基础上考虑费用的计价争议。建标[2013]44 号文为最新的计算工程款的文件,这一文件对建标[2003]206 号文进行修订。比较两个文件,可以发现费用名称上多数是一致的。当然,两个文件也存在一些区别。少数名称发生了变化,比如,建标[2003]206 号文将人工费、材料费、施工机械使用费称为直接工程费,而建标[2013]44 号文没有直接工程费的概念。另外,建标[2013]44 号文进行了某些费用的增减。

在部分工程款纠纷案例中,笔者发现一些在建标[2013]44 号文及建标[2003]206 号文中均没有出现的费用争议。笔者认为,如果在建设工程施工合同中双方未将某些费用明确列入工程款当中,则这些费用不应作为工程款理解。如果结算时双方又将其列入工程结算款中,则可以理解为双方将本不作为工程款的费用议入工程款中,此时可以将这些费用作为工程款理解。读者应避免将本节所列争议款项理所当然地认为是工程款的误解。

一、现场管理费争议

现场管理费,笔者查询这一概念最早出现在建设部、中国人民建设银行印发的《关于调整建筑安装工程费用项目组成的若干规定》(建标[1993]894号)[①]文件中。根据建标[1993]894号文,现场管理费主要包括:(1)现场管理人员的基本工资、工资性补贴、职工福利费、劳动保护费等。(2)现场管理办公费等费用。

建标[2013]44号文及建标[2003]206号文中均没有此项名目。根据建标[2003]206号文,原现场管理费、企业管理费、财务费和其他费用被合并为间接费。因此,从2003年开始,工程定额中不应再存在现场管理费概念。现场管理费与本章第二节中提到的企业管理费为并列的两笔费用,两者之间没有重叠。

现场管理费,在建设工程施工合同中可能又被称为工地管理费、项目管理费,其名称不一,是指在施工现场进行工地管理而产生的费用。容易产生的争议类型有:停工、窝工工期延长情形下索赔事件发生时现场管理费多少的争议;在工期延长情形下,施工方需要对工地进行管理会产生额外费用支出,该额外费用的损失双方难以统一而导致计价争议。

二、风险包干费争议

风险包干费不是一个专门的法律名词或专业用语。笔者认为,风险包干费是指双方在建设工程施工合同中约定的工程价款之外,发包人额外支付给承包人的款项。该款项是对合同实施过程中可能发生的所有风险或部分风险承担责任的保障,即合同履行期间即使发生了合同约定的对承包人不利的风险事

---

① 《关于调整建筑安装工程费用项目组成的若干规定》(建标[1993]894号)第二条:"为确切地反映建筑安装工程费用性质及内容,将凡属生产工人开支范围的费用项目统归入人工费在内;将原间接费中的施工管理费,按照项目法施工的要求,分解为现场管理费和企业管理费两部分,现场管理费与临时设施费合并为现场经费,列入直接工程费项下;企业管理费、财务费和其他费用合并为间接费。"

项,发包人也不再另行调整或另行支付工程款。风险包干费中的“风险”可以指工程量变化风险,也可以指价格波动风险。风险包干费的关注点在于包干的项目及范围。

风险包干费往往按照工程价款的固定比例收取,或者按照固定金额收取,或者按照工程面积乘以每单位面积固定金额收取。实践中不容易单独产生一个风险包干费法律争议事项。如果按照工程价款的固定比例或者按照工程面积乘以每单位面积固定金额收取,则工程价款本身的争议或者面积多少的争议会对风险包干费的计算产生影响。

三、奖励费争议

奖励费是指发包人与承包人在建设工程合同中约定,如果工程验收达到合同约定的优良工程标准,由发包人向承包人另行支付的额外费用。该费用并不是安全文明施工费中的奖励费。奖励费计取标准、数额由双方在施工合同中明确。

容易产生的争议类型如下:

第一类:合同无效时奖励费是否应予支付(计取)的争议。

第二类:合同中对优质工程理解不一造成的是否适用奖励条款而产生的争议。

第三类:合同解除但工程未完成时奖励费是否应予支付(计取)的争议。

四、提前竣工奖争议

提前竣工奖是指发包人与承包人在建设工程施工合同中约定的竣工时间点之前完成建设工程而获得的额外费用。提前竣工奖与赶工措施费不一样,提前竣工奖属于奖励性质的费用,而赶工措施费是实际投入的补偿费用。

提前竣工奖一般依工程款的固定比例计取或固定数额计取,此种约定一般较为清晰。但是,在建设工程施工合同无效情形下,则因合同效力问题产生提前竣工奖是否应予支付(计取)的争议。

五、赶工措施费争议

赶工措施费是指当发包人要求的工期少于合理工期或者工程项目由于自

然、地质、外部环境、人为因素的影响导致工期延误,承包人为满足发包人对工期的特殊要求,通过采取相应的施工措施所发生的,应由发包人负担的费用,这些费用包括为赶工额外增加的人工费、材料费、机械费及承包人产生的损失等费用。

一般而言,赶工工期比国家或省定额工期提前20%~40%,提前的时间不能更多。因为施工需要遵循客观物理规律,无限制赶工会造成建设工程质量隐患。赶工措施,意味着承包人投入更多的成本及人力,故增加工程款在所难免。

容易产生的争议类型如下:

第一类:赶工措施费约定不明,在出现赶工措施的情况下,因认定承包人实际投入的赶工费用不一而产生的争议。

第二类:多种工序下的工期是否应叠加计算导致是否存在赶工措施的认定争议。比如,主体工程与装修工程为一体的建设工程施工合同,是否应将主体工程的施工工期与装修工程的施工工期叠加计算,以确定工程实际施工工期是否存在赶工的争议。两个工期叠加计算对施工方有利,而发包人认为装修工程工期与主体工程工期可以交叉施工,两个工期之间并不存在完全的先后问题,并以此抗辩施工方提出存在赶工措施的主张。

六、管理费争议

管理费虽与之前的企业管理费、现场管理费名称相似却没有关系。该处的管理费是指转包人、违法分包人、被挂靠人与实际施工人之间合同中约定的,转包人、违法分包人、被挂靠人按固定比例或一定数额向实际施工人收取的费用。对于被挂靠人与挂靠人之间约定的管理费,有观点认为,这笔费用实质上是被挂靠人出借资质的租赁费用。

管理费典型争议如下:

转包人、违法分包人、被挂靠人是否应取得或者实际施工人是否应向转包人、违法分包人、被挂靠人支付管理费的争议。这种纠纷案件中,实际施工人向发包人主张工程款,转包人、违法分包人、被挂靠人作为被告或者第三人,其以管理费作为抗辩,认为实际施工人诉裁程序中要求发包人支付的工程款中应扣除自己应得的管理费,该部分费用应由发包人直接支付给自己,或者其认为付给实际施工人的工程款中应扣除实际施工人向自己支付的管理费。

第五节 计价争议的实质

对前述所列的工程款计价争议作一个总体归纳，可以概括为以下三个方面的认识。

一、因证据采信与否导致的事实之争

在施工方提出的诉讼或仲裁案件中，部分案件存在因施工方证据不充分导致无法作出对施工方有利认定的情况。对于此类案件，裁判人员的重点在于查明案件事实。施工方的请求被裁判人员支持的程度、案件的胜负走向多依赖裁判人员查明事实的程度。比如，施工方认为案涉工程为自己施工，发包方对此不认可，认为施工方将不是自己施工的工程当作自己施工的工程。这就要求施工方提供充分证据证明自己主张的事实。一部分案件中，发包人提出的施工范围的抗辩是源于案件的真实情况提出事实上的抗辩。当然，不排除少部分案件中，发包人明知是施工方进行的施工但因施工方提供的证据不充分，发包人认为有空可钻，为了利益而违背诚信诉讼义务，混淆事实。

分部分项工程费和措施项目费中涉及工程量多少的争议，多算、少算、漏算工程量，施工范围、签证的认定，索赔导致工程款计价争议等情况均可以归入此类争议当中。

二、因方法选择不同导致的技术之争

工程未完工时工程款的整体计价争议就属于此类。鉴定工程价款可能有多种方法，而不同的鉴定方法得出的鉴定结论是不一样的。既然存在多样化的选择，也就存在不按照自己选择的方法进行鉴定的可能，或者鉴定机构选择有利于对方的方法进行鉴定的可能。选择何种方式进行造价鉴定对双方权利的影响极大。鉴定方法的选择是纯技术选择，对于这种技术选择，多地法院有自己的观点与主张，鉴定机构也可能提供自己的专业建议。但无论选择何种工程款计算方法，最终目的都是一样的，即达到工程款认定的公正。又如，人材机价

格变化如何调整工程价款、工程量变化如何调整工程价款均属于此类争议。

总体而言,此类争议就是双方发生工程款争议时均要求采取对自己有利的计算方法,并极力否定对方主张的计算方法而产生的计价技术争议。

三、因内涵理解不一导致的法律之争

内涵理解不一,具体又可以分为:

费用项目内涵理解不一。比如,安全文明施工费、规费同为不可竞争费用。不可竞争费用是不是意味着双方对于安全文明施工费费率、规费费率的计取约定不能低于定额费率?对不可竞争费用的理解不一会得出两个不同的结论。

法律条文内涵理解不一。比如,《民法典》第七百九十三条第一款合同无效情形下"参照"的范围理解问题。合同无效时,工程款下浮约定是否成立、是否可以计取奖励费、提前竣工奖等费用的争议,均可列入法律条文内涵理解不一的范畴。又如,低于工程成本价的合同导致的计价争议涉及法律条文中无效条款、可撤销条款的理解问题。对这些法律条文的内涵,不仅合同双方难以把握,甚至裁判人员也会存在不同的认识。

笔者在本章第一节、第二节、第三节、第四节中列出的争议事项基本可以被归入上述三点认识中。

005 第五章

工程款计价约定

·导 读·

计价方法是一种运算规则,其本身不能直接得出每一个工程款纠纷案件中施工方应获得的工程款数额。工程款数额的得出还需要通过双方对工程款进行计价约定才能实现。

计价约定可以体现在书面合同或口头协议当中。不同的法律文件对于工程款计价约定作出不同的分类。《结算暂行办法》中将工程价款分为固定总价、固定单价、可调价格三类。《计价管理办法》中将合同价分为固定价、可调价、成本加酬金三类。《清单计价规范》将合同类型表述为单价合同、总价合同、成本加酬金合同三类,并相对应的分别以"以工程量清单及其综合单价"计算工程价款、"以施工图及其预算和有关条件"计算工程价款、"以施工工程成本再加合同约定酬金"计算工程价款。这些分类不能涵盖现实生活中计价约定的全部类型。首先,风险类型的计价约定未作单独一类罗列,忽略此类计价约定单独具有的特点。其次,清单计价及定额计价既是计价方法,同时又可以作为计价约定。清单计价及定额计价不应成为与固定总价、固定单价相混淆的计价约定类型。

工程款计价约定总体上应分为固定总价型、固定单价型、风险计价型、清单计价型、定额计价型、成本加酬金型六种类型。同时,每一计价类型下还可以作出进一步区分。固定总价型可区分为完全固定总价、相对固定总价;固定单价型可区分为完全固定单价、相对固定单价;成本加酬金型可区分为酬金系数型及固定酬金型。清单计价及定额计价在本书第三章"工程款计价方法"中已作出介绍,本章中笔者对这两类计价约定只作简单归纳。在此基础上,本章探讨每类计价约定的特点、计价约定的主要问题、计价约定的意义。

第一节 计价约定的类型

工程款计价约定主要有六种类型:固定总价型、固定单价型、风险计价型、清单计价型、定额计价型、成本加酬金型。

一、固定总价型

固定总价型,即发承包双方在建设工程施工合同中总体上约定建设工程施工的总价。固定总价型可分为两类:完全固定总价与相对固定总价。

(一)完全固定总价

1. 概念

完全固定总价是指合同双方以图纸和工程说明为依据,依照约定的总价进行承包,在合同履行过程中,除发包人变更原定的设计施工内容或者实际施工过程中发包人在施工图之外增加工程量,发包人、承包人均不得要求变更总价。这种工程款计价类型通常适用于工程量事先能够准确计算,且实施期间极少变更的项目。完全固定总价一般又称为“包死价”“包干价”。“包死价”“包干价”为这一计价约定的民间表达。这种计价约定一般在工程规模不大、工程量可以预估的情况下采用。

完全固定总价情况下,招标人提供的工程量清单仅供投标人参考,投标人自行计算核定工程量。

完全固定总价,虽然名为“包死价”“包干价”,但是工程价款也有变动的空间。这种计价约定之下,隐两个变化因素:

第一个变化因素来自发包人的变更设计。发包人变更设计导致工程量与最初的工程量不一致,工程量增加的,此时工程款应当进行调整。

第二个变化因素来自工程施工过程中发包人不断增加工程量。完全固定总价之下,一般由发包人提供图纸,图纸范围内的工程量如果与设想的不一致,此时责任应由承包人自负。但是在图纸之外增加工程量,此时的责任在于发包人,发包方需要在施工图之外向承包人增加支付工程款。

完全固定总价的计价约定中有时也会出现固定单价的约定。此时,合同中的工程量是清楚的,合同中固定单价的约定不具有实质意义,此种计价约定仍应视为完全固定总价的计价约定。

2. 纠纷类型

此类计价约定之下,容易出现的纠纷如下:

工程施工范围不明、设计变更不明或者增加的工程量未能进行有效签证导致双方对施工的工程量产生争议。此种情况下,一旦超出实际施工成本或者没有达到施工方预期的利润水平,施工方可能会暂停施工,要求发包人增加支付工程款,另一方则认为,双方约定的工程款为包干价,不同意增加支付工程款。

还有一种纠纷是工程量计算偏差导致的纠纷。施工方以较低的价格签订施工合同,但是在实际施工过程中发现工程量计算偏差较大,工程款不足以覆盖其施工成本,施工方以重大误解、显失公平为理由要求撤销施工合同,重新结算工程款。

(二)相对固定总价

1. 概念

相对固定总价是指发承包双方约定了一个合同暂定总价,同时特别约定,如果出现工程量偏差或者工程量偏差达到一定幅度,工程款可以进行相应调整。当然,这一类固定总价下,发承包双方也可能约定人工费、材料费、机械费发生变化时工程价款是否作出调整、如果需要调整如何进行调整等内容。

相对固定总价下,合同中的常态表述为:建筑面积或工程量以大约的方式表述,合同总造价明确为暂定价款。对于人材机价格出现波动工程款是否进行调整可能作出约定或者不作出约定。这类计价约定之下,最终工程价款几乎不会等同于合同中的暂定价款。之所以把这一类价款类型归为相对固定总价,是因为出现工程量偏差及人材机价格的变化是一个大概率事件,所以合同中出现的固定总价只具有象征意义,只是一个暂时的价格。另外,这类计价约定之下,设计变更及工程量增减导致工程款发生变化,为此种计价类型之下工程价款调整本身应有之义。

2. 纠纷类型

此类计价约定之下，容易出现的纠纷如下：

因工程量的确认产生的纠纷。合同中约定的面积只是暂定面积，有时双方对实际施工面积会存在认识分歧，即发包人不认可承包人提出的已经施工的工程量导致纠纷产生。

因人材机价格发生变化是否调整工程价款产生的纠纷。在人材机价格调整方面，如合同中明确约定人材机价格变化时调整工程款，则不容易产生纠纷。但是如合同中未进行明确约定，则容易产生因人材机价格发生变化是否调整工程价款的争议。

二、固定单价型

固定单价型，即发包人提供工程量清单，承包人填报单价。固定单价型可分为两类：完全固定单价与相对固定单价。

（一）完全固定单价

1. 概念

完全固定单价是指发包人与承包人在合同中约定一个固定单价，同时约定此固定单价不作任何调整，工程款依量结算。完全固定单价的特点在于增加工程量则相应增加工程款，剔除工程量则相应减少工程款。完全固定单价约定下，有时也会出现总价，但该总价不具有实质意义，总价依量而定。完全固定单价计价类型下，工程量变化风险由发包人承担，单价风险由承包人承担。完全固定单价计价约定下，设计变更导致工程量变化时也应相应增加、减少工程价款。

完全固定单价中的“单价”与定额计价型中的“单价”不一样。完全固定单价中“单价”包括了企业管理费、规费、利润等全部费用在内，不存在固定单价与工程数量相乘得出的价款之上再计算企业管理费、规费、利润的问题。笔者曾看过一份桩基础旋挖钻成孔施工合同，合同对单价作出如下约定：单价包含但不限于：人工费，旋挖成孔设备及使用费，材料费，辅助材料费，员工进、退场费，夜间施工、必要的赶工费，个人所得税费，职工社保费，管理费，利润。该份合同就是按照完全固定单价计算工程款。定额计价型中的“单价”是不包括管理费和利润的。定额计价之下，工程量与单价相乘后还需要另行计算企业管理费、规费、利润,最后得出工程价款。

完全固定单价中的“单价”与清单计价型中的“综合单价”也不一样。虽然清单计价型中的“综合单价”包括企业管理费与利润,但清单计价型下的“综合单价”的得出有特殊的计算规则,而完全固定单价中的“单价”完全不具有这个特点。同时,清单计价下,计算出分部分项工程费、单价措施费、总价措施费、其他项目费后仍要计算规费。完全固定单价计价约定下,不存在另行计算规费的问题。因此,清单计价方法与完全固定单价的计价方法有巨大差别。

完全固定单价计价约定,一般是在设计单位未提交施工详图,或者虽有施工图但由于某些特殊原因不能准确计算工程量时才被采用。发包人的招标文件一般只向投标者给出工程的工作项目一览表、工程范围等,但并不提供准确的工程量。投标人需要结合自身情况给出工作项目一览表中工作项目的单价,最终的工程款按实际工程量计算。完全固定单价计价约定下,总价只是作为参考。完全固定单价计价约定不等同于完全固定总价计价约定。完全固定单价计价约定下,工程量据实结算,合同中的面积只有象征意义。

2. 纠纷类型

此类计价约定下,容易出现的纠纷如下:

工程量计算产生的争议。这主要因为在完全固定单价计价约定下,工程总量决定工程价款。因而实践中可能出现因对工程量计算规则理解不一、签证不规范等导致工程量计算的认定争议。

固定单价是否调整产生的争议。一般而言,完全固定单价计价约定下,单价不作调整。但人材机价格变化过大单价偏低时会出现施工方反悔的情况。施工方会以重大误解、显失公平为由要求撤销合同或者以情势变更为由要求变更、解除合同,重新结算单价。

(二)相对固定单价

1. 概念

相对固定单价是指发承包双方约定了暂定单价,同时约定当发生人工费、材料费、机械费变化时工程单价进行相应调整,工程总价由实际施工的工程量乘以变更后的固定单价计算得出。

相对固定单价下合同中的常态表述为:合同中的单价明确为暂定价款;同时,约定单价随人材机信息价进行调整或者依政府政策文件进行调整。

2. 纠纷类型

此类计价约定下,容易出现的纠纷有:

约定不明时固定单价是否调整、如何调整的争议。一般而言,发承包双方会约定单价调整的具体因素及调整的原则,但有时调整因素约定不明,于是产生是否调整固定单价、如何调整固定单价的争议。

三、风险计价型

(一)概念

风险计价型是指发承包双方约定工程价款风险范围的承担原则,风险范围内工程款变动风险由承包人承担,风险范围外的工程款变动风险由发包人承担。风险范围可以分为工程量的风险范围、价格的风险范围。工程价款作出风险包干的约定时,发包人向承包人另行支付一笔风险包干费,约定在一定范围内发生的工程量变化及人材机价格变化不引起工程款变动,超出风险包干范围的费用则另行计算。如果约定风险包干的范围是无限风险,这种无限风险包干计价更类似于完全固定总价。

笔者认为,风险计价型约定与相对固定总价型计价约定及相对固定单价型计价约定有不同特点。相对固定总价型计价约定及相对固定单价型计价约定下,只要发生了变动因素工程款就应发生变动。而风险计价型约定下,工程量变化及人材机价格变化均在约定幅度内的,则工程款不发生变化,超出约定幅度的变化才引起工程款变化。

风险计价型约定下有风险保障金的约定,而固定总价型计价约定及固定单价型计价约定中不存在风险保障金。风险计价型约定与固定总价型计价约定及固定单价型计价约定有相似的一面,可以将风险计价型约定作为由固定总价型计价约定及固定单价型计价约定衍生的一种计价类型。同时,因各自仍有不同的特点,笔者认为,不宜将风险计价型认定为固定总价型或者固定单价型中的一类。

(二)纠纷类型

此类计价约定下,容易出现的纠纷如下:

风险包干范围约定不明产生的争议。比如,实践中出现对风险包干费中包干范围的理解不同而产生的争议。

四、清单计价型

（一）概念

笔者在本书第三章“工程款计价方法”中已对清单计价的规则作出较详细的介绍。清单计价作为一种计价方法，发承包双方可以将其作为工程款的计价约定。清单计价型就是发承包双方在建设工程施工合同中约定以清单计价的方法计算建设项目的工程款。清单计价型约定下，需要总体上遵循清单计价方法下工程量的计算规则、综合单价的计算规则、调整因素出现时工程款的调整规则。当然，就有关合同具体内容而言，并不意味着合同内容需要与《清单计价规范》完全一致，即并不意味着不能作出任何个性化约定。但是，总体上双方应当遵循《清单计价规范》的要求。

清单计价型约定下，施工合同中往往也会出现工程总价或列出多个单价（综合单价），合同中的工程总价是按照清单计价方法计算得出的价格，而且一般也为参考数值，很可能最终的工程款并不是合同中出现的工程总价。单价（综合单价）是按照清单计价方法计算得出的价格，并且单价（综合单价）如何调整、是否产生新的综合单价也是依据《清单计价规范》或合同执行。因此，清单计价型约定下，工程总价款的计算、单价（综合单价）的计算与固定总价型计价约定、固定单价型计价约定不同。

清单计价型与风险计价型有相同的一面，比如，两种计价均可能约定材料价格未超出某一变化幅度时，工程款不作调整，但是两者还是存在明显区别的。风险计价型约定下有一笔风险保障金，而在清单计价型约定下不存在风险保障金。风险计价型约定下可能对工程量作出风险约定，而清单计价型约定下工程量会据实调整。最重要的是，清单计价型约定下，会依据《清单计价规范》或合同计算综合单价及计算最后工程价款，风险计价型约定下不存在这种情况。

综上，笔者认为，清单计价型应作为不同于固定总价型、固定单价型、风险计价型的另一类工程款计价类型。

（二）纠纷类型

此类计价约定下，容易出现的纠纷有：

综合单价如何调整的纠纷。综合单价是影响工程价款的重要因素。清单计价型约定下综合单价的调整问题比较复杂。当工程变更、工程量偏差、项目特征不符等情况发生时,存在如何调整综合单价的问题。

五、定额计价型

(一)概念

笔者在本书第三章“工程款计价方法”中已对定额计价作出较翔实的介绍。定额计价型就是发承包双方在建设工程施工合同中约定以定额计价的方法计算建设项目的工程款。定额计价约定下,需要总体上遵循定额计价方法下工程量的计算规则、工程款的计算规则。就有关合同具体内容而言,在这一计价方法下可能又存在个性化的计价约定。比如,双方可以约定工程款依定额计价,同时约定税前造价除安全文明施工费、规费外进行整体下浮。当出现人材机价差时,可以约定是否调差、如何调差等。

定额计价型约定下,消耗量定额、费用定额是计算工程款的基础。定额单价(定额基价)是定额计价方法中定额单价法、价差调整法计算工程款的基础。而在其他计价类型下不存在上述所称的计价基础。因此,无论合同中有无总价出现、单价出现或者风险约定出现,定额计价型与固定总价型、固定单价型、风险计价型均存在重大不同。因此,定额计价型也应作为一类单独的计价类型。

(二)纠纷类型

此类计价约定下,容易出现的纠纷如下:

人材机价差调整约定不明时是否调整工程款的纠纷。双方在合同中约定一个固定价,价差出现时会产生是否调整工程款的争议。

人材机价差出现时如何调整工程款的争议。实践中,有时在原工程价款所列的费用项目上单独列出人材机价差项目以此计入工程款;有时将实际的人材机价格代入分项分部工程费、单价措施费、总价措施费、其他项目费中计算工程款。

六、成本加酬金型

(一)概念

成本加酬金型,也称为成本补偿型,是指工程价款按照工程的实际成本再加上一定的酬金进行计算。成本加酬金型可以具体分为:成本加固定系数型与成本加固定酬金型。

成本加酬金型计价约定下,施工合同签订时工程实际成本往往不能确定,只能确定酬金的取值比例或者计算原则。采用此类工程价款约定时,承包人不承担任何价格变化或工程量变化的风险,这些风险由发包人承担。因而,此类计价约定对发包人有不利的一面。以成本作为酬金计算的基础往往导致承包人在成本的控制上缺少积极性。为提高自己的经济利益,承包人不仅不愿意控制成本,甚至还期望抬高成本。如果承包人存有不良动机,则不排除损害工程整体利益的情况发生。

一般而言,此类计价约定下,工程项目具有工程技术和施工方案不能预先确定,或者虽然可以确定工程技术和施工方案,但是不适合进行竞争性的招标活动并以总价合同或单价合同的形式确定承包人等特点,或者工程时间特别紧迫来不及进行详细计划和商谈等特点,比如,抢险、救灾工程。

(二)纠纷类型

此类计价约定下,容易出现的纠纷如下:

工程成本如何确定的纠纷。工程款争议往往源自成本价格的确定。正如上文所述,此类计价约定可能被承包人利用而产生虚高工程成本的情况。如何合理确定工程成本会成为双方争议的焦点。

上述六类计价约定中,第一类固定总价型、第二类固定单价型、第四类清单计价型、第五类定额计价型较为常见,第三类风险计价型、第六类成本加酬金型相对较少。实践中,同一份合同中的计价约定可能会兼具两种计价约定的特点,或者说具有交叉型的特点。比如,定额计价型约定下也可能对人材机价格变化作出风险承担的约定。此时,此类计价约定具有定额计价型与风险计价型的特点,难以准确地将其划入哪一计价约定类型。另外,有时双方还会做出一些离奇的约定。比如,约定工程款依清单计价得出,然后又约定合同中综合单价及固定总价不作任何调整。笔者认为,此时工程款不作任何调整的约定违反“量价分离,风险分担”的原则,这会让工程量清单招标失去原本意义。因此,不宜提倡在清单计价下采用完全固定总价及完全固定单价的约定。同时,难以对此计价约定作出是哪一类型的认定。

结合笔者所作的工程款计价约定的类型分析，笔者制作出一张与上述计价约定相匹配的工程款计价结果（见表10），以反映不同计价约定下工程款的一些特点。

表10　六类计价约定下工程款计价结果

序号	计价类型		计价结果	特点
1	固定总价型	完全固定总价	合同价格	1. 无设计变更或设计变更减少工程量[1] 2. 无图纸外新增工程量或发包人要求减少工程量[2] 3. 图纸范围内的工程量误差不调整工程款 4. 人材机价格变化不调整工程款
			合同价格 + 设计变更增加部分的工程款	设计变更导致增加工程量
			合同价格 + 新增工程的工程款	图纸外新增工程量
		相对固定总价	合同价格	1. 无设计变更或无增减工程量 2. 无工程量偏差或工程量偏差范围在约定范围之内 3. 无人材机价格变化
			合同价格 ± 设计变更部分工程款	约定设计变更调整工程价款
			合同价格 ± 工程量变化部分的工程款	约定增减工程量调整工程价款
			合同价格 ± 工程量偏差部分的工程款	约定工程量偏差调整工程价款
			合同价格 ± 工程量偏差范围之外的工程款	约定超出工程量偏差范围调整工程价款
			合同价格 ± 人材机价格变化调整的款项	约定人材机价格变化调整工程价款
2	固定单价型	完全固定单价	$\sum$（固定单价 × 工程数量）	1. 无设计变更 2. 无增减工程量 3. 人材机价格变化不调整工程价款
			$\sum$［固定单价 ×（工程数量 ± 设计变更部分的工程量）］	1. 有设计变更 2. 人材机价格变化不调整工程价款
			$\sum$［固定单价 ×（工程数量 ± 变化部分的工程量）］	1. 有增减工程量 2. 人材机价格变化不调整工程价款

续表

序号	计价类型		计价结果	特点
2	固定单价型	相对固定单价	$\sum$（固定单价×工程数量）	1. 无设计变更 2. 无增减工程量
			$\sum$［固定单价×（工程数量±设计变更部分的工程量）］	有设计变更
			$\sum$［固定单价×（工程数量±变化部分的工程量）］	有增减工程量
			$\sum$（调整后的固定单价×工程数量）	约定人材机价格变化调整固定单价
3	风险计价型		合同价格+风险包干费	未超出风险包干范围
			合同价格+风险包干费+工程量风险包干范围之外工程量部分的工程款	超出风险包干范围
			合同价格+风险包干费+人材机价格风险包干范围之外人材机价格变化调整的工程款	
4	清单计价型		分部分项工程量清单计价合计+单价措施项目清单计价合计+总价措施项目清单计价合计+其他项目清单计价合计+规费+税金	1. 工程量据实调整 2. 综合单价依《清单计价规范》或合同约定进行相应调整 3. 工程量变化会影响综合单价及工程价款[3]
5	定额计价型		分部分项工程费+单价措施费+其他项目费+总价措施费+企业管理费+利润+规费+税金	1. 依定额单价法计算工程款 2. 存在人材机价差时，依实物量法计算工程款
			分部分项工程费+单价措施费+其他项目费+总价措施费+企业管理费+利润+人材机价差+规费+税金	存在人材机价差时，依价差调整法计算工程款
			（分部分项工程费+单价措施费+其他项目费+除安全文明施工费外的总价措施费+企业管理费+利润）×（1－下浮比例）+安全文明施工费+规费+税金[4]	约定定额计价下浮

续表

序号	计价类型		计价结果	特点
6	成本加酬金型	酬金系数	实际成本×(1+酬金系数)	—
		固定酬金	实际成本+固定酬金	—

〔1〕完全固定总价型计价约定下,因发包人的设计变更导致工程量减少的,发包人对减少的工程量负责,因此,工程款不应发生变化。

〔2〕完全固定总价型计价约定下,发包人的原因导致工程量减少的,发包人对减少的工程量负责,因此,工程款不应发生变化。

〔3〕工程量变化如何影响综合单价及工程价款,笔者在本书第六章“工程款计价调整”有进一步分析。

〔4〕笔者认为,安全文明施工费、规费为不可竞争费,因此,定额计价下浮不应包括安全文明施工费下浮、规费下浮。

第二节　计价约定的问题

一、约定自相矛盾

约定自相矛盾是指在施工合同的计价内容上产生了相互冲突的约定,两种矛盾的约定并立导致难以适用的情况。实践中这种情况并不少。比如,华西公司与铭欣公司诉讼案就充分反映出这个问题。

案　例　一

华西公司与铭欣公司诉讼案①

当事人

上诉人(原审原告):华西公司

上诉人(原审被告):铭欣公司

① 参见最高人民法院民事判决书,(2020)最高法民终8号。

案例介绍

2010年7月15日华西公司与铭欣公司签订《协议书》，约定由华西公司承包铭欣公司赣州铭欣华府小区建设工程项目。《协议书》主要内容为：合同价款及调整（工程结算）。（1）本工程结算方式：按实做实收，执行2004年《江西省建筑工程消耗量定额及统一基价表》、《江西省装修、装饰工程消耗量定额及统一基价表》、《江西省安装工程消耗量定额及单位估价表》、《江西省建筑安装工程费用定额》（2004年版本）。（2）工程结算计价方式：①a. 建筑工程以（直接工程费+技术措施费）为计算基础，综合费率按21%包干计取（如果单位工程获得市优工程，发包人按获得市优工程的单位工程价款奖励承包人综合费率1%）。b. 装修装饰工程以定额人工费为计算基础，综合费率按80%包干计取。c. 安装工程以定额人工费为计算基础，综合费率按99%包干计取。②价差调整：除主材价格和本合同约定的可调整范围外，其他任何因素不作调整（人工价差按赣建价[2009]19号文件规定调整）。价差取费只计取税金……（6）文件（计价文件）生效：工程量签证、价格确认单、工期签证、工程设计变更、发包人工程变更通知等均必须由发包人加盖公司公章后生效。（7）工程结算的有效依据：①2004年《江西省建筑工程消耗量定额及统一基价表》、《江西省装修、装饰工程消耗量定额及统一基价表》、《江西省安装工程消耗量定额及单位估价表》、《江西省建筑安装工程费用定额》（2004年版本），赣建价[2009]19号文件。②赣州市建设工程造价站公布的对应于本工程施工期间的《赣州市建设工程材料月信息价格》。③经发包人签字盖章确认的承包人完成的工程量进度月报表。④经发包人确认的建筑、结构、水电施工图纸和图审意见。⑤经发包人签字盖章确认的《图纸会审纪要》。⑥经发包人签字盖章确认的设计变更通知和工程变更通知。⑦工程施工过程中实际发生并经发包人签字盖章确认的工程量签证单……《协议书》第十三条第九项约定：发包人、承包人双方未约定详尽处，参照《建设工程施工合同（示范文本）》（GF-1999-0201）通用条款执行。该通用条款第23.3条规定：可调价格合同中合同价款的调整因素包括：（1）法律、行政法规和国家有关政策变化影响合同价款；（2）工程造价管理部门公布的价格调整……

案例评析

该案中双方约定人工费是否调差就存在矛盾之处。一方面,根据《协议书》第九条第二款第二项规定:价差调整:除主材价格和本合同约定的可调整范围外,其他任何因素不作调整(人工价差按赣建价[2009]19号文件规定调整)。依该项内容,人工费价差调整的条件非常明确。另一方面,《协议书》第十三条第九项约定:发包人、承包人双方未约定详尽处,参照《建设工程施工合同(示范文本)》(GF-1999-0201)通用条款执行。查阅《建设工程施工合同(示范文本)》(GF-1999-0201),该施工合同的通用条款第23.3条规定:可调价格合同中合同价款的调整因素包括:(1)法律、行政法规和国家有关政策变化影响合同价款;(2)工程造价管理部门公布的价格调整……

在项目建设施工过程中,当地建设行政主管部门陆续出台赣建价[2011]8号文(此文件中对应的人工费为土建47元/日、装饰57元/日)、赣建价[2013]5号文(此文件中对应的人工费为土建60元/日、装饰73元/日)。因此,案件中产生了人工费适用冲突的情况,人工费是按赣建价[2009]19号文件执行,还是按赣建价[2011]8号文件调整,抑或按赣建价[2013]5号文进行调整?双方在协议中的约定就是一个矛盾的约定。这则案例中,法院最后按照赣建价[2011]8号文进行人工费调差,对工程价款做了一个折中处理。

二、约定无限风险

无限风险约定是指发承包双方在合同中作出所有计价风险均由承包人承担的约定。《清单计价规范》第3.4.1条[①]明确规定发包人、承包人不得作出无限风险的约定。在施工周期内,建筑材料市场价格波动可能会比较大,一旦出现较大波动就会对建设工程价款造成较大影响。所以多省市发文明确双方在合同条款中不得采用无限风险、全部风险约定材料价格风险。若合同已约定不调整主要材料价格或约定承包人承担无限材料价格风险,当主要材料的涨跌幅度过大时,发承包双方应本着实事求是和公平公正的原则协商签订主要材料价

① 《清单计价规范》第3.4.1条:"建设工程发承包,必须在招标文件、合同中明确计价的风险内容及其范围,不得采用无限风险、所有风险或类似语句规定计价中的风险内容及范围。"

格调整的补充协议。

无限风险的约定涉及的法律问题主要有两个方面：

第一，法律效力问题。在法律层面要认定无限风险的约定无法律效力仍存在一些障碍。《清单计价规范》及各地建设行政主管部门的政策文件还不足以产生否定合同效力的力量。但是，实践中确实存在部分法院以公平原则作为依据，改变合同中双方无限风险计价约定的案例。

第二，情势变更问题。情势变更是指合同有效成立后，因不可归责于当事人的原因发生情势变化，致合同之基础动摇或丧失，若继续维持合同原有效力显失公平，允许变更合同内容或者解除合同。《民法典》第五百三十三条第一款①对情势变更原则作出明确规定。情势变更应区别于一般商业风险，其涉及的“重大变化”明显超出一般商业风险的范畴。但实践中如何区分“重大变化”与“一般商业风险”还未形成一个明确清晰的认识。

显然，无限风险的计价约定下，客观情况发生重大变化时就可能存在被认定为情势变更的法律问题。材料价格发生重大波动时无限风险计价约定的继续履行确实会造成双方利益的明显失衡。情势变更原则的意义就在于通过司法权力的干预，改变合同中已经确定的条款或解除合同，在合同当事人意志之外重新分配各方在交易中应获得的利益。为避免法律争议的出现，合同当事人不应做无限风险的计价约定。

三、约定违背政策要求

虽然建设行政主管部门会出台文件对建设工程计价进行规范与指导，但是，发承包双方仍可能作出与建设行政主管部门不一致的约定，比如，规费、安全文明施工费。这两项费用本为不可竞争费用，然而，发承包双方在合同中往往对这两项费用作出下浮甚至不予计取的约定。这种约定的出现容易产生法律纠纷，当双方约定规费、安全文明施工费下浮或者不予计取时，施工方是否无

---

① 《民法典》第五百三十三条第一款：“合同成立后，合同的基础条件发生了当事人在订立合同时无法预见的、不属于商业风险的重大变化，继续履行合同对于当事人一方明显不公平的，受不利影响的当事人可以与对方重新协商；在合理期限内协商不成的，当事人可以请求人民法院或者仲裁机构变更或者解除合同。”

权计取,实践中曾出现裁判结果不一致的案例。

上述三个主要问题均是约定不当的问题。矛盾的约定导致裁判人员无法适用合同约定时,裁判人员极可能以公平原则处理案件。无限风险的约定及违背政策的约定让裁判人员在意思自治与政策两个选项之间难以做出取舍。因此,为减少此类纠纷的发生,双方应尽量考察合同内容上下文的协调性,同时,不作无限风险的约定、不作与建设行政主管部门政策相违背的约定。

第三节 计价约定的意义

一、计价约定是落实工程款的重要环节

计价约定与计价方法是什么关系?计价方法解决工程款计算的运算规则问题。计价方法本身并不能得出工程款,工程款如何得出必须由双方在施工合同中进行约定。约定是对双方意思表示的固定。有约定,计算工程款才有章可循。大多数情形下,计价约定也是减少工程款扯皮事件的过滤器,双方的约定会成为工程款计算的依据。

对于已经竣工的建设工程而言,依据双方的计价约定计算工程款争议不大。但是对于未完工程,此时的工程款计算存在非依约定计算的可能。笔者在本书第十六章“未完工程下的工程款”中会提到,特殊情形的存在可能会改变双方的计价约定。

二、计价约定是衡量鉴定必要性的重要参考

不同的计价约定下,工程款司法鉴定的必要性是不同的。

鉴定是一个需要花费时间、金钱、人力的过程。在完全固定总价约定及完全固定单价约定下,如果工程已全部施工完毕,此时一方提出鉴定申请,则应对鉴定必要性进行考察。正如中国建设工程论坛编著的《建设工程施工合同纠纷鉴定指引》中所述:“10.(鉴定必要性的释明)经审查发现具有下列情形之一的,建议裁判者就鉴定的必要性向申请人释明:……(4)合同为固定总价合同,

在合同履行过程中原承包范围(指工程项量、质量标准等)未发生变化,或者变化未超出法律规定或合同约定的承包人应承担的风险范围的……”也就是说,在这种情形鉴定将不被允许,因为鉴定无任何法律意义。

另外,笔者认为,在固定单价约定下,如果工程量依据现有材料能够确定,或者双方对工程量无争议,裁判人员可以依据工程量与单价相乘的方式得出工程价款时,此时也无须作出鉴定。

当然,在鉴定非必须的场合下,需要裁判人员做好充分说明,以免申请司法鉴定的一方对于法律的公正性产生怀疑。

006 第六章

工程款计价调整

·导　读·

发包人与承包人签订建设工程施工合同之后,可能因为各种因素的出现导致对合同中约定的工程款进行调整。本章在《清单计价规范》框架下谈工程款的计价调整问题。《清单计价规范》将合同价款的调整因素细分为十四类。工程款调整因素与合同价款调整因素存在区别。笔者未将《清单计价规范》中的第八类暂估价、第十四类暂列金额列入工程款调整因素当中。因为第八类暂估价、第十四类暂列金额本身就是一个不确定的金额,同时这两个款项最终还是要体现在工程的消耗及费用支出当中。因此,笔者未将第八类暂估价、第十四类暂列金额作为工程款调整因素看待。剔除第八类暂估价、第十四类暂列金额,笔者将《清单计价规范》中剩余的十二类因素作为工程款调整因素,并且依据十二类工程款的调整因素的特点将其区分为内部因素与外部因素。

虽然《清单计价规范》中对工程款调整因素有较详细的记载,但是每个调整因素的特点未作清晰展现。同时,笔者注意到《清单计价规范》中的部分调整因素与合同的关系似乎非常微妙。笔者将探讨调整因素的特点,并试图用一张表呈现各调整因素的调整原因、调整机制及调整因素与合同的关系等特点。

本章中,笔者还将考察其他因素是否可以阻断调整因素对工程款的调整作用及从法律层面对调整因素作出一个总体认识。

第一节 调整因素

笔者把《清单计价规范》中的十二类因素作为工程款调整因素，并将这十二类因素分为外部因素与内部因素两部分。而外部因素与内部因素又可以分别包含若干子因素。

一、外部因素

外部因素是指与建设工程的工程量计算、工程施工中增加工程量或减少工程量等工程本身无关的外部原因导致工程款调整的客观因素，即与工程本身无关的客观因素。具体可以包括以下三类因素。

（一）法律法规变化

法律法规变化主要是指法律、法规、规章和政策变化的调整，省级或行业建设主管部门发布的人工费调整，政府定价或政府指导价管理的原材料等价格的调整等。

在《清单计价规范》第9.2条中，这一调整因素的名称为“法律法规变化”，但这一调整因素实际上应包括规章及政策在内的变化。法律法规变化不仅会导致人材机在内的价格变化，也会导致包括费率、计价构成项目的增减等的变化。法律法规变化与物价变化可能会发生事件上的重合。

1. 调整依据

《清单计价规范》第9.2条法律法规变化

9.2.1 招标工程以投标截止日前28天、非招标工程以合同签订前28天为基准日，其后因国家的法律、法规、规章和政策发生变化引起工程造价增减变化的，发承包双方应按照省级或行业建设主管部门或其授权的工程造价管理机构据此发布的规定调整合同价款。

《清单计价规范》中引入“基准日”的概念。基准日为工程造价调整的分界坐标点。对于实行招标的建设工程，一般以施工招标文件中规定的提交投标文件截止时间前28日作为基准日。对于不实行招标的建设工程，一般以建设工程施工合同签订前28日作为基准日。

2. 依据的解读

首先,《清单计价规范》没有特别要求必须由发承包双方在建设工程施工合同中对“法律法规变化”影响工程价款进行特别约定。①

其次,调整特点并未清晰表述,即没有明确如何进行工程款的具体调整。笔者认为,法律法规变动因素多,工程款如何调整在行文上无法做到统一表述。在法律法规变化下,可能涉及费率高低的适用调整、组成费用项目的增减调整或者价格变动的数据调整等。因此,工程款如何进行调整还是需要根据法律法规的指导。在法律法规变化之下,工程款中的多个环节均可能出现新的变化。工程款变化特点本身的不可预测性导致无法对这一因素的调整特点作一个比较统一的描述,故《清单计价规范》中采取较为笼统的说法。综上,工程款如何调整依赖于对法律法规的解读。

(二)物价变化

物价变化,或称为物价波动,是指因人工、材料、工程设备和施工机械台班价格波动影响工程价款时,发承包双方可以根据合同约定的调整方法对工程价款进行调整。物价变化可能产生于:省级或行业建设主管部门发布的人工费调整;由政府定价或政府指导价管理的原材料等价格的调整。因此,物价变化与法律法规变化可能存在重合之处。

1. 调整依据

《清单计价规范》第9.8条物价变化

9.8.1　合同履行期间,因人工、材料、工程设备、机械台班价格波动影响合

① 笔者所称“《清单计价规范》没有特别要求必须由发承包双方在建设工程施工合同中对‘法律法规变化’影响工程价款进行特别约定”,是相对于《清单计价规范》正文第九部分“合同价款调整”中的第9.8.1条、第9.11.3条、第9.12.1条而言的。在众多调整因素中,笔者注意到《清单计价规范》正文第9.8.1条、第9.11.3条、第9.12.1条中提到“根据合同约定”、“在合同中约定”或“按照合同约定”。其中,第9.8.1条中规定:“合同履行期间,因人工、材料、工程设备、机械台班价格波动影响合同价款时,应根据合同约定,按本规范附录A的方法之一调整合同价款。”第9.11.3条中规定:“发承包双方应在合同中约定提前竣工每日历天应补偿额度,此项费用应作为增加合同价款列入竣工结算文件中,应与结算款一并支付。”第9.12.1条中规定:“合同工程发生误期,承包人应赔偿发包人由此造成的损失,并应按照合同约定向发包人支付误期赔偿费。”其他正文部分调整因素的条文没有类似“根据合同约定”、“在合同中约定”或“按照合同约定”的文字。笔者不知道《清单计价规范》中条文如此表述是故意遗漏还是特有所指。

同价款时，应根据合同约定，按本规范附录 A 的方法之一调整合同价款。

9.8.2 承包人采购材料和工程设备的，应在合同中约定主要材料、工程设备价格变化的范围或幅度；当没有约定，且材料、工程设备单价变化超过5%时，超过部分的价格应按照本规范附录 A 的方法计算调整材料、工程设备费。

另在《清单计价规范》附录部分，有如下补充规定：

A.1 价格指数调整价格差额

A.1.1 价格调整公式。因人工、材料和工程设备、施工机械台班等价格波动影响合同价格时，根据招标人提供的本规范附录 L.3 的表 -22，并由投标人在投标函附录中的价格指数和权重表约定的数据，应按下式计算差额并调整合同价款：

$$\triangle P = P_0\left[A + \left(B_1 \times \frac{F_{t1}}{F_{01}} + B_2 \times \frac{F_{t2}}{F_{02}} + B_3 \times \frac{F_{t3}}{F_{03}} + \cdots + B_n \times \frac{F_{tn}}{F_{0n}}\right) - 1\right]$$①

A.2 造价信息调整价格差额

A.2.1 施工期内，因人工、材料和工程设备、施工机械台班价格波动影响合同价格时，人工、机械使用费按照国家或省、自治区、直辖市建设行政管理部门、行业建设管理部门或其授权的工程造价管理机构发布的人工成本信息、机械台班单价或机械使用费系数进行调整；需要进行价格调整的材料，其单价和采购数应由发包人复核，发包人确认需调整的材料单价及数量，作为调整合同价款差额的依据。

A.2.2 人工单价发生变化且符合本规范第 3.4.2 条第 2 款规定的条件时，发承包双方应按省级或行业建设主管部门或其授权的工程造价管理机构发布的人工成本文件调整合同价款。

A.2.3 材料、工程设备价格变化按照发包人提供的本规范附录 L.2 的表 -21，由发承包双方约定的风险范围按下列规定调整合同价款：

1 承包人投标报价中材料单价低于基准单价：施工期间材料单价涨幅以某准单价为基础超过合同约定的风险幅度值，或材料单价跌幅以投标报价为基础超过合同约定的风险幅度值时，其超过部分按实调整。

---

① 公式中“$\triangle P$”“P_0”“A”“B_1”“B_2”…“B_n”“F_{t1}”“F_{t2}”…“F_{tn}”“F_{01}”“F_{02}”…“F_{0n}”所代表的含义，读者可以查阅《清单计价规范》附录 A 部分的内容。

2　承包人投标报价中材料单价高于基准单价：施工期间材料单价跌幅以基准单价为基础超过合同约定的风险幅度值，或材料单价涨幅以投标报价为基础超过合同约定的风险幅度值时，其超过部分按实调整。

3　承包人投标报价中材料单价等于基准单价：施工期间材料单价涨、跌幅以基准单价为基础超过合同约定的风险幅度值时，其超过部分按实调整。

A.2.4　施工机械台班单价或施工机械使用费发生变化超过省级或行业建设主管部门或其授权的工程造价管理机构规定的范围时，按其规定调整合同价款。

根据附录部分的内容可以知道，因物价波动引起的工程价款的调整方法有两种：一种是采用价格指数调整价格差额；另一种是采用造价信息调整价格差额。价格指数调整价格差额时，不考虑人材机价格波动幅度问题。造价信息调整价格差额时，需要考虑人材机价格波动幅度问题。如果合同中没有波动幅度约定，则依据《清单计价规范》中规定的波动幅度进行调整。

同时，根据上述调整依据可知，物价变化包括四个方面的变化：人工费、材料费、工程设备费、机械台班单价或施工机械使用费。

2.依据的解读

第一，根据《清单计价规范》第9.8.1条，人工费、材料费、工程设备费、机械台班单价的调整需要根据合同约定进行调整。但这里就会产生一个疑惑，即如果建设工程施工合同中没有约定时应当如何处理？答案并不明确。从文义解释上看，似乎可以理解为合同约定是调整上述四项费用的前提。综观整个《清单计价规范》正文全文，除了第9.8.1条、第9.11.3条及第9.12.1条中提到合同约定外，其他涉及工程款调整因素的条文均没有强调以合同约定为前提。

第二，根据《清单计价规范》附录A.2部分的内容，在造价信息调整价格差额下，《清单计价规范》对人工费波动与材料费、工程设备费、机械台班单价或者施工机械使用费波动的态度不完全一样。人工费波动不强调合同约定及幅度问题，但材料费、工程设备费的波动强调依合同约定。并且，材料费、工程设备费、机械台班单价或者施工机械使用费强调超出风险幅度的问题。笔者认为，其隐含的意思是，当施工合同中没有约定人工费波动幅度范围时，出现人工费波动就应进行调整；当材料费、工程设备费、机械台班单价或者施工机械使用费没有超出约定或规定的波动幅度时，材料费、工程设备费、机械台班单价或者施工机械使用费则不进行调整。

第三,采用造价信息调整价格差额下有关幅度变化的要求,对材料费、工程设备费与机械台班单价或者施工机械使用费的态度不一样,即对材料费、工程设备费变化幅度可以自行约定“风险范围”,而对机械台班单价或者施工机械使用费变化幅度没有自行约定“风险范围”的说法。比如,若施工合同中对材料费、工程设备费变化幅度没有风险范围的约定,则变化幅度超过5%即应调整工程价款。又如,若施工合同中对材料费、工程设备费变化幅度约定风险范围为8%,则在8%的风险范围内材料费、工程设备费不作调整。而机械台班单价或者施工机械使用费变化幅度不需要发承包双方自行约定,“超过省级或行业建设主管部门或其授权的工程造价管理机构规定的范围时”即应调整工程价款。

第四,超出幅度范围的数据比较,因材料投标报价与基准单价高低关系的不同会导致比较的对象有所不同。

第五,物价变化下不涉及工程量的变化。同时,物价变化下一般不涉及综合单价的调整问题或增加新的综合单价的问题。在计算工程价款时,以前的分部分项工程费的综合单价、单价措施项目费的综合单价、总价措施项目费本身不变化,只是在计算最后的工程价款时,把物价变化的差额价格增减到工程款中计算出最后的工程价款。

(三)不可抗力

不可抗力是指双方在合同履行中出现的不能预见、不能避免并不能克服的客观情况。

1. 调整依据

《清单计价规范》第9.10条不可抗力

9.10.1 因不可抗力事件导致的人员伤亡、财产损失及其费用增加,发承包双方应按下列原则分别承担并调整合同价款和工期:

1 合同工程本身的损害、因工程损害导致第三方人员伤亡和财产损失以及运至施工场地用于施工的材料和待安装的设备的损害,应由发包人承担;

2 发包人、承包人人员伤亡应由其所在单位负责,并应承担相应费用;

3 承包人的施工机械设备损坏及停工损失,应由承包人承担;

4 停工期间,承包人应发包人要求留在施工场地的必要的管理人员及保卫人员的费用应由发包人承担;

5 工程所需清理、修复费用,应由发包人承担。

笔者认为,发生不可抗力会出现五个法律后果。其中,上述第一项、第二项、第三项均为损失自行承担原则,因此,不会发生工程款的调整问题。第四项、第五项中承包人实际发生的费用在工程款结算时应计入发包人支付给承包人的工程款中。

2. 依据的解读

第一,在不可抗力下不会发生综合单价的调整问题、措施费的调整问题,也不会产生新的综合单价问题。

第二,不可抗力作为调整因素,《清单计价规范》没有强调需要依据双方合同约定。这与物价变化调整因素、提前竣工(赶工补偿)调整因素、误期赔偿调整因素下,《清单计价规范》强调以双方合同约定为前提不一样。

第三,不可抗力导致工程款的调整不存在人材机价格幅度的变化要求。

第四,最终的工程价款是在合同约定的工程价款之外增加相关费用。

工程款 = 原工程款 + 留在施工场地的必要的管理人员及保卫人员的费用 + 工程所需清理、修复费用

二、内部因素

内部因素是指工程本身相关的导致工程款变化的调整因素。

(一)工程变更

依据《清单计价规范》第 2.0.16 条的规定,工程变更是指合同工程实施过程中由发包人提出或由承包人提出经发包人批准的合同工程任何一项工作的增、减、取消或施工工艺、顺序、时间的改变;设计图纸的修改;施工条件的改变;招标工程量清单的错、漏从而引起合同条件的改变或工程量的增减变化。此处的工程变更是指非承包人原因引起的工程变更。

1. 调整的依据

《清单计价规范》将工程变更下的工程款调整分成三部分,并分别设置调整规则。

第一部分,分部分项工程费的调整。

《清单计价规范》第 9.3 条工程变更

9.3.1　因工程变更引起已标价工程量清单项目或其工程数量发生变化

时,应按照下列规定调整:

1　已标价工程量清单中有适用于变更工程项目的,应采用该项目的单价;但当工程变更导致该清单项目的工程数量发生变化,且工程量偏差超过15%时,该项目单价应按照本规范第9.6.2条的规定调整。

2　已标价工程量清单中没有适用但有类似于变更工程项目的,可在合理范围内参照类似项目的单价。

3　已标价工程量清单中没有适用也没有类似于变更工程项目的,应由承包人根据变更工程资料、计量规则和计价办法、工程造价管理机构发布的信息价格和承包人报价浮动率提出变更工程项目的单价,并应报发包人确认后调整。承包人报价浮动率可按下列公式计算:

招标工程:

承包人报价浮动率 L =(1 - 中标价/招标控制价) ×100%　(9.3.1-1)

非招标工程:

承包人报价浮动率 L =(1 - 报价/施工图预算) ×100%　(9.3.2-2)

4　已标价工程量清单中没有适用也没有类似于变更工程项目,且工程造价管理机构发布的信息价格缺价的,应由承包人根据变更工程资料、计量规则、计价办法和通过市场调查等取得有合法依据的市场价格提出变更工程项目的单价,并应报发包人确认后调整。

注:上述公式中的中标价、招标控制价或报价、施工图预算,均不含安全文明施工费。

9.6.2　对于任一招标工程量清单项目,当因本节规定的工程量偏差和第9.3节规定的工程变更等原因导致工程量偏差超过15%时,可进行调整。当工程量增加15%以上时,增加部分的工程量的综合单价应予调低;当工程量减少15%以上时,减少后剩余部分的工程量的综合单价应予调高。

第二部分,措施项目费的调整。

《清单计价规范》第9.3条工程变更

9.3.2　工程变更引起施工方案改变并使措施项目发生变化时,承包人提出调整措施项目费的,应事先将拟实施的方案提交发包人确认,并应详细说明与原方案措施项目相比的变化情况。拟实施的方案经发承包双方确认后执行,并应按照下列规定调整措施项目费:

1　安全文明施工费应按照实际发生变化的措施项目依据本规范第3.1.5

条的规定计算。

2　采用单价计算的措施项目费，应按照实际发生变化的措施项目，按本规范第9.3.1条的规定确定单价。

3　按总价(或系数)计算的措施项目费，按照实际发生变化的措施项目调整，但应考虑承包人报价浮动因素，即调整金额按照实际调整金额乘以本规范第9.3.1条规定的承包人报价浮动率计算。

如果承包人未事先将拟实施的方案提交给发包人确认，则应视为工程变更不引起措施项目费的调整或承包人放弃调整措施项目费的权利。

第三部分，删减工程或工作的补偿。

《清单计价规范》第9.3条工程变更

9.3.3　当发包人提出的工程变更非因承包人原因删减了合同中的某项原定工作或工程，致使承包人发生的费用或(和)得到的收益不能被包括在其他已支付或应支付的项目中，也未被包含在任何替代的工作或工程中，承包人有权提出并应得到合理的费用及利润补偿。

2. 依据的解读

第一，工程变更作为调整因素，《清单计价规范》没有强调需要依据双方合同约定。

第二，在工程变更之下会有工程量的变化。

第三，调整机制分析。工程量的变化可能导致综合单价的调整或者产生新的综合单价及总价措施费的调整。在工程量变化下已有的综合单价可能调整。综合单价是否调整与工程量的变化幅度有关系，在工程量增加超出15%的情况下会有新的综合单价产生；在工程量减少超出15%的情况下原综合单价也会进行相应调整。同时，因为总价措施费的计费基础发生变化，因此，总价措施费也会发生相应的变化。而总价措施费本身不存在综合单价调整的问题。由此，这一调整因素是通过工程量的变化、总价措施费的变化，同时可能通过增加新的综合单价、对原综合单价进行调整从而带动工程价款的变化。

第四，产生工程量清单中没有新的变更工程项目时，此时依据报价浮动率计算出新的变更项目的综合单价。

(二)现场签证

依据《清单计价规范》第2.0.24条的规定，现场签证是指发包人现场代表

(或其授权的监理人、工程造价咨询人)与承包人现场代表就施工过程中涉及的责任事件所做的签认证明。

1. 调整依据

《清单计价规范》第9.14条现场签证

9.14.3 现场签证的工作如已有相应的计日工单价,现场签证中应列明完成该类项目所需的人工、材料、工程设备和施工机械台班的数量。如现场签证的工作没有相应的计日工单价,应在现场签证报告中列明完成该签证工作所需的人工、材料设备和施工机械台班的数量及单价。

2. 依据的解读

第一,现场签证作为调整因素,《清单计价规范》没有强调需要依据双方合同约定。

第二,现场签证导致的工程款调整并无固定规则。笔者认为,签证中涉及的工程价款的认定可以有序适用如下原则:如果合同中有类似项目,可以参照类似项目价款,这为首选适用的价款;如果合同中无类似项目,则依公平原则参考工程的定额价。

第三,现场签证之下不涉及综合单价的变化。

第四,最终的工程价款是在合同约定的工程价款之外增加签证费用。

工程款 = 原工程款 + 签证费用

(三)施工索赔

依据《清单计价规范》第2.0.23条的规定,索赔是指在工程合同履行过程中,合同当事人一方因非己方的原因而遭受损失,按合同约定或法律法规规定应由对方承担责任,从而向对方提出补偿的要求。

1. 调整依据

《清单计价规范》第9.13条索赔

9.13.4 承包人要求赔偿时,可以选择下列一项或几项方式获得赔偿:

1 延长工期;

2 要求发包人支付实际发生的额外费用;

3 要求发包人支付合理的预期利润;

4 要求发包人按合同的约定支付违约金。

2. 依据的解读

第一，与其他调整因素相比较，索赔作为调整因素，其涵盖的赔偿包括其他调整因素不具有的内容：延长工期、预期利润、违约金。笔者认为，违约金本身不属于工程价款范围，违约金只是影响合同价款。

第二，索赔作为调整因素，《清单计价规范》没有强调需要依据双方合同约定。

第三，施工索赔不涉及任何综合单价的调整及增加新的综合单价的问题。

第四，额外费用的发生以弥补实际损失为原则。而对于发包人是否应支付预期利润，实践中存在不同的司法判例。

第五，最终的工程价款是在合同约定的工程价款之外增加索赔费用。

工程款 = 原工程款 + 索赔费用

（四）提前竣工（赶工补偿）

依据《清单计价规范》第 2.0.25 条的规定，提前竣工（赶工）费是指承包人应发包人的要求而采取加快工程进度措施，使合同工程工期缩短，由此产生的应由发包人支付的费用。一般而言，发包人应当依据工程的工期定额合理计算工期，压缩的工期天数不得超过定额工期的 20% 至 40%。工期压缩，工程投入加大，因此工程款本身也需要调整。工期定额需要通过住房和城乡建设部颁发的工期定额等文件确定。

1. 调整依据

《清单计价规范》第 9.11 条提前竣工（赶工补偿）

9.11.1 招标人应依据相关工程的工期定额合理计算工期，压缩的工期天数不得超过定额工期的 20%，超过者，应在招标文件中明示增加赶工费用。

9.11.2 发包人要求合同工程提前竣工的，应征得承包人同意后与承包人商定采取加快工程进度的措施，并应修订合同工程进度计划。发包人应承担承包人由此增加的提前竣工（赶工补偿）费用。

9.11.3 发承包双方应在合同中约定提前竣工每日历天应补偿额度，此项费用应作为增加合同价款列入竣工结算文件中，应与结算款一并支付。

2. 依据的解读

第一，《清单计价规范》强调提前竣工（赶工）费应在合同中约定补偿额度，即以合同约定为前提。

第二,提前竣工(赶工补偿)不会导致工程本身的工程量发生变化。

第三,提前竣工(赶工补偿)既不影响工程的综合单价,也不会产生新的综合单价。

第四,最终的工程价款是在合同约定的工程价款之外增加提前竣工(赶工)费。

工程款=原工程款+提前竣工(赶工)费

(五)误期赔偿

与提前竣工(赶工)费正好相反,依据《清单计价规范》第2.0.26条的规定,误期赔偿费是指承包人未按照合同工程的计划进度施工,导致实际工期超过合同工期(包括经发包人批准的延长工期),承包人应向发包人赔偿损失的费用。

1. 调整依据

《清单计价规范》第9.12条误期赔偿

9.12.1　承包人未按照合同约定施工,导致实际进度迟于计划进度的,承包人应加快进度,实现合同工期。合同工程发生误期,承包人应赔偿发包人由此造成的损失,并应按照合同约定向发包人支付误期赔偿费。即使承包人支付误期赔偿费,也不能免除承包人按照合同约定应承担的任何责任和应履行的任何义务。

9.12.2　发承包双方应在合同中约定误期赔偿费,并应明确每日历天应赔额度。误期赔偿费应列入竣工结算文件中,并应在结算款中扣除。

9.12.3　在工程竣工之前,合同工程内的某单项(位)工程已通过了竣工验收,且该单项(位)工程接收证书中表明的竣工日期并未延误,而是合同工程的其他部分产生了工期延误时,误期赔偿费应按照已颁发工程接收证书的单项(位)工程造价占合同价款的比例幅度予以扣减。

2. 依据的解读

第一,《清单计价规范》强调误期赔偿应在合同中约定补偿额度,即以合同约定为前提。

第二,误期赔偿不会导致工程本身工程量发生变化。

第三,误期赔偿既不影响工程的综合单价,也不会产生新的综合单价。

第四,最终的工程价款是在合同约定的工程价款的基础上扣减赔偿款。

工程款＝原工程款－误期赔偿费

(六)计日工

依据《清单计价规范》第2.0.20条的规定,计日工是指在施工过程中,承包人完成发包人提出的工程合同范围以外的零星项目或工作,按合同中约定的单价计价的一种方式。

1.调整依据

《清单计价规范》第9.7条计日工

9.7.4　任一计日工项目实施结束后,承包人应按照确认的计日工现场签证报告核实该类项目的工程数量,并应根据核实的工程数量和承包人已标价工程量清单中的计日工单价计算,提出应付价款;已标价工程量清单中没有该类计日工单价的,由发承包双方按本规范第9.3节的规定商定计日工单价计算。

2.依据的解读

第一,计日工作为调整因素,《清单计价规范》没有强调需要依据双方合同约定。

第二,计日工费用应以签证的方式获得。

第三,计日工引起工程量的细微变化。

第四,计日工不会引起综合单价的调整及不产生新的综合单价。

第五,最终的工程价款是在合同约定的工程价款之外增加计日工费用。

工程款＝原工程款＋计日工费用

(七)项目特征不符

项目特征是确定分部分项工程清单项目及单价措施清单项目综合单价的前提和重要依据。项目特征用来表述分部分项工程清单项目及单价措施清单项目的实质内容。发包人应对项目特征负责,因此,当出现项目特征不符时,会产生综合单价的调整问题及增加新的综合单价的问题。

1.调整依据

《清单计价规范》第9.4条项目特征不符

9.4.1　发包人在招标工程量清单中对项目特征的描述,应被认为是准确的和全面的,并且与实际施工要求相符合。承包人应按照发包人提供的招标工程量清单,根据项目特征描述的内容及有关要求实施合同工程,直到项目被改变为止。

9.4.2 承包人应按照发包人提供的设计图纸实施合同工程,若在合同履行期间出现设计图纸(含设计变更)与招标工程量清单任一项目的特征描述不符,且该变化引起该项目工程造价增减变化的,应按照实际施工的项目特征,按本规范第9.3节相关条款的规定重新确定相应工程量清单项目的综合单价,并调整合同价款。

《清单计价规范》中的第9.3节内容已经在本节阐述工程变更时进行了引用,此处不再重复引用。

2. 依据的解读

首先,项目特征不符作为工程款调整因素,《清单计价规范》未强调以双方合同约定为前提。

其次,项目特征不符可能会引起综合单价的调整、增加新的综合单价及总价措施费的变化。

笔者认为,在清单计价的综合单价分析表中,分部分项工程清单和单价措施项目清单均须对项目特征进行描述。在项目特征不符时,分部分项工程清单和单价措施项目清单均可能产生综合单价的调整问题及增加新的综合单价问题。虽然总价措施费的计算并不依赖于综合单价得出,但总价措施费会随着计费基础的变化而变化。项目特征不符时会产生人工费或"人工费+机械费"的变化,由此引起总价措施费的变化,这种情况类似于工程变更引起工程款变动的调整机制。

(八)工程量清单缺项

工程量清单缺项产生的原因:设计变更、施工条件变化、工程量清单编制错误。招标工程量清单作为招标文件的组成部分,其准确性与完整性由招标人负责,作为投标人的承包人不应承担因工程量清单缺项、漏项以及计算错误带来的风险及损失。工程量清单缺项会产生工程款调整的问题。

1. 调整依据

《清单计价规范》第9.5条工程量清单缺项

9.5.1 合同履行期间,由于招标工程量清单中缺项,新增分部分项工程清单项目的,应按照本规范第9.3.1条的规定确定单价,并调整合同价款。

9.5.2 新增分部分项工程清单项目后,引起措施项目发生变化的,应按照本规范第9.3.2条的规定,在承包人提交的实施方案被发包人批准后调整合同价款。

2. 依据的解读

第一,与项目特征不符引起工程款调整相似,工程量清单缺项作为工程款调整因素,《清单计价规范》未强调以双方合同约定为前提。

第二,与项目特征不符引起工程款调整相似,工程量清单缺项可能会产生新的综合单价及总价措施费的变化。

第三,与项目特征不符引起工程款调整不同,工程量清单缺项只会增加工程量,而项目特征不符则可能减少工程量。

(九)工程量偏差

根据《清单计价规范》第2.0.17条的规定,工程量偏差是指承包人按照合同工程的图纸(含经发包人批准由承包人提供的图纸)实施,按照现行国家计量规范规定的工程量计算规则计算得到的完成合同工程项目应予计量的工程量与相应的招标工程量清单项目列出的工程量之间出现的量差。

1. 调整的依据

《清单计价规范》第9.6条工程量偏差

9.6.2 对于任一招标工程量清单项目,当因本节规定的工程量偏差和第9.3节规定的工程变更等原因导致工程量偏差超过15%时,可进行调整。当工程量增加15%以上时,增加部分的工程量的综合单价应予调低;当工程量减少15%以上时,减少后剩余部分的工程量的综合单价应予调高。

9.6.3 当工程量出现本规范第9.6.2条的变化,且该变化引起相关措施项目相应发生变化时,按系数或单一总价方式计价的,工程量增加的措施项目费调增,工程量减少的措施项目费调减。

2. 依据的解读

首先,与工程变更引起工程款调整相似,工程量偏差是通过工程量的变化、总价措施费的变化,同时可能通过增加新的综合单价、对原综合单价进行调整从而带动工程价款的变化。

其次,工程量偏差作为调整因素,《清单计价规范》未强调以双方合同约定为前提。

为清晰展示每个调整因素的调整原因、调整机制等特点,笔者制作出工程价款调整原因、调整机制等特点梳理表(见表11)。

表 11 《清单计价规范》中工程价款调整原因、调整机制等特点梳理

<table>
<tr><td rowspan="2">调整内容
调整因素</td><td rowspan="2">调整原因</td><td colspan="5">调整机制</td><td rowspan="2">有无强调依据合同</td><td rowspan="2">有无幅度变化要求</td><td rowspan="2">合同可否作出其他约定</td></tr>
<tr><td>有无工程量变化</td><td>分部分项工程综合单价</td><td>单价措施综合单价</td><td>总价措施费</td><td>最终的工程款</td></tr>
<tr><td>法律法规变化</td><td>在基准日后出台的法律、法规、规章、政策影响工程造价</td><td>无</td><td colspan="4">按省级或行业建设主管部门或其授权的工程造价管理机构发布的规定调整工程款</td><td>无</td><td>—</td><td>一般不涉及，可作出其他约定</td></tr>
<tr><td rowspan="5">物价变化</td><td>人工费波动</td><td rowspan="5">无</td><td rowspan="5" colspan="3">不调整</td><td>原工程款 ± 价格差额</td><td rowspan="5">有</td><td>无</td><td rowspan="5">可作出不同于《清单计价规范》其他幅度约定</td></tr>
<tr><td>材料费、工程设备费波动幅度超出 5%</td><td rowspan="2">原工程款 ± 超出波动范围的价格差额</td><td rowspan="4">有</td></tr>
<tr><td>机械费波动超出主管部门规定的范围</td></tr>
<tr><td>材料费、工程设备费波动幅度未超出 5%</td><td rowspan="2">不调整</td></tr>
<tr><td>机械费波动未超出主管部门规定的范围</td></tr>
<tr><td>不可抗力</td><td>发生不可抗力事件</td><td>无</td><td colspan="3">不调整</td><td>原工程款 + 管理人员及保卫人员的费用 + 工程所需清理、修复费用</td><td>无</td><td>—</td><td>一般不涉及，可作出其他约定</td></tr>
</table>

续表

调整内容 调整因素	调整原因	调整机制					有无强调依据合同	有无幅度变化要求	合同可否作出其他约定
		有无工程量变化	分部分项工程综合单价	单价措施综合单价	总价措施费	最终的工程款			
非承包人原因引起的工程变更、项目特征不符、工程量偏差	分部分项工程清单增减超出幅度15%	有	增加新的综合单价（增）或对原综合单价进行调整（减）	—	调整	调整	无	有	1. 可作出不同于《清单计价规范》其他幅度约定 2. 可作出综合单价不调整，以其他方法调整工程价款约定
	分部分项工程清单增减未超出幅度15%		不调整	—					
	单价措施项目增减超出幅度15%		—	增加新的综合单价(增)或对综合单价进行调(减)					
	单价措施项目增减未超出幅度15%		—	不调整					
	增加清单中未有工程项目		增加新的综合单价						—

续表

<table>
<tr><td rowspan="2">调整内容 / 调整因素</td><td rowspan="2">调整原因</td><td colspan="5">调整机制</td><td rowspan="2">有无强调依据合同</td><td rowspan="2">有无幅度变化要求</td><td rowspan="2">合同可否作出其他约定</td></tr>
<tr><td>有无工程量变化</td><td>分部分项工程综合单价</td><td>单价措施综合单价</td><td>总价措施费</td><td>最终的工程款</td></tr>
<tr><td rowspan="5">工程量清单缺项</td><td>分部分项工程清单增加超出幅度15%</td><td rowspan="5">有</td><td>增加新的综合单价</td><td>—</td><td rowspan="5">调整</td><td rowspan="5">调整</td><td rowspan="5">无</td><td rowspan="5">有</td><td rowspan="4">1. 可作出不同于《清单计价规范》其他幅度约定
2. 可作出综合单价不调整，以其他方法调整工程价款约定</td></tr>
<tr><td>分部分项工程清单增加未超出幅度15%</td><td>不调整</td><td>—</td></tr>
<tr><td>单价措施项目增加超出幅度15%</td><td>—</td><td>增加新的综合单价</td></tr>
<tr><td>单价措施项目增加未超出幅度15%</td><td>—</td><td>不调整</td></tr>
<tr><td>增加清单中未有工程项目</td><td colspan="2">产生新的综合单价</td><td>—</td></tr>
<tr><td>现场签证</td><td>出现签证事项</td><td>有</td><td rowspan="5" colspan="3">不调整</td><td>原工程款 + 签证费用</td><td rowspan="2">无</td><td rowspan="5">无</td><td rowspan="5">一般不涉及，可作出其他约定</td></tr>
<tr><td>施工索赔</td><td>出现索赔事件</td><td>无</td><td>原工程款 + 索赔费用</td></tr>
<tr><td>提前竣工</td><td>出现赶工事件</td><td>无</td><td>原工程款 + 提前竣工（赶工）费</td><td>有</td></tr>
<tr><td>计日工</td><td>出现计日工事件</td><td>有</td><td>原工程款 + 计日工费用</td><td>无</td></tr>
<tr><td>误期赔偿</td><td>出现误期事件</td><td>无</td><td>原工程款 - 误期赔偿费用</td><td>有</td></tr>
</table>

注：表中“合同可否作出其他约定”栏相对应的内容“可作出其他约定”与“可作出不同于《清单计价规范》的其他幅度约定”“可作出综合单价不调整，以其他方法调整工程价款的约定”有不同的含义。因为《清单计价规范》不允许双方作出无限风险的约定，因此在涉及价格波动幅度、工程量变化幅度时，可以存在“不同于《清单计价规范》其他幅度”的约定或可以存在“综合单价不调整，以其他方法调整工程价款的约定”的约定，这并不违反禁止无限风险的约定。对于其他调整事项，双方作出其他约定，笔者认为均无不可。

第二节　阻断因素

本章第一节“调整因素”分析了可能影响工程款的各调整因素。但出现调整因素后是不是就必须进行工程款的调整？笔者认为不一定。以下情况中即使出现调整因素，工程款也应不予调整。

一、合同约定

合同是双方意思自治的体现。在合同约定工程款不予调整的情况下工程款可以不予调整。当然，若合同中约定出现任何调整因素时工程款均不作调整，无异于发承包双方作出无限风险的约定，而《清单计价规范》禁止作出此类无限风险的约定。虽然无限风险的约定违背《清单计价规范》的要求，但是当发承包双方作出如此约定，在没有明显不公平的情况下，不少法院仍然认为双方约定有效。

在本章第一节表11中，笔者针对“物价变化”“工程变更”“项目特征不符”“工程量清单缺项”“工程量偏差”对应“合同可否作出其他约定”栏中的表述内容是“可作出不同于《清单计价规范》其他幅度约定”“可作出综合单价不调整，以其他方法调整工程价款约定”而非“可作出其他约定”。因为无限风险的约定是不符合《清单计价规范》要求的，这涉及是否遵循《清单计价规范》等政策性文件的问题。笔者不建议作出无限风险的约定，故不表述成“可作出其他约定”。

但不排除一种例外情况：双方作出不予调整约定后出现了调整因素，如果继续履行原合同对承包人明显不公平，即这时的约定会造成建设工程施工合同显失公平的局面。此时，承包人可能会通过诉裁程序要求撤销合同或者确认合同无效。在合同被撤销或被确认无效之后，诉裁机关存在以公平原则调整工程款的可能。在合同未被撤销或未被确认无效的情况下，约定事项仍然有效，仍然可以阻断调整因素发挥调整作用。

二、一方违约后发生的不利变化

一方违约后不能依据违约后的对己有利的变化主张对工程款进行调整。《清单计价规范》中有两处体现较为明显。

《清单计价规范》第9.2条法律法规变化

9.2.2 因承包人原因导致工期延误的,按本规范第9.2.1条规定的调整时间,在合同工程原定竣工时间之后,合同价款调增的不予调整,合同价款调减的予以调整。

依据上述规定,如果承包人的原因导致工期延误,在工程延误期间,国家的法律法规和相关政策发生变化引起工程价款增加时,工程价款不予调整,但造成工程款减少时,工程价款仍可予以调整。也就是说,应对违约方应获得的工程款作出不利认定。

《清单计价规范》第9.8条物价变化

9.8.3 发生合同工程工期延误的,应按照下列规定确定合同履行期的价格调整:

1 因非承包人原因导致工期延误的,计划进度日期后续工程的价格,应采用计划进度日期与实际进度日期两者的较高者。

2 因承包人原因导致工期延误的,计划进度日期后续工程的价格,应采用计划进度日期与实际进度日期两者的较低者。

依据上述规定,如果承包人原因导致延误工期物价发生涨价的变化时,工程款不作调整,但延误工期物价发生跌价的变化时,此时工程款作出对承包人不利的调整。

综上,违约方不能因违约行为而获利,这是一个既古老又被普遍尊重的法理规则。

第三节　四点认识

一、“调”与“不调”的窘境

窘境主要体现在以下三个方面。

首先,合同的意思自治与政策文件的硬性要求可能背道而驰。合同约定承包人承担无限责任风险可能成为工程款调整的阻断因素。但是,承包人承担无限责任风险的约定既不符合《清单计价规范》的要求,同时也不符合各地建设行政主管部门的政策文件要求。合同约定的无限风险的内容在法律层面虽很难否定其法律效力,但是,在政策层面其明显违背政策要求。

其次,合同约定是每个调整因素发挥调整作用的必要前提还是非必要前提难以厘清。《清单计价规范》中存在矛盾的内容或难以理解的内容。比如,《清单计价规范》第 9.1.1 条[①]明确规定发承包双方应当按照合同约定调整合同价款。该条将合同约定作为工程款调整的前提。但之后在单独论述每个具体调整因素时又多将合同撇开,唯独在物价变动、提前竣工(赶工补偿)、误期赔偿中又特别提到合同约定的问题。这样就人为设置了一个合同约定与《清单计价规范》作为调整因素谁为主导的命题,也就是说,是否需要在合同中对每一个调整因素均作出约定。条文的区别设置确实会令人产生适用的模糊性。每个调整因素均需要以合同约定为前提还是无须以合同约定为前提处于两难的理解当中,或者两可的理解中。

最后,政策文件的倡导性要求与政策文件的良好初衷存在鸿沟。比如,无限材料价格风险问题。当市场上材料价格波动幅度较大,且双方约定了不予调整或者未约定是否调整的情况下,多地建设行政主管部门要求双方应本着实事

---

① 《清单计价规范》第 9.1.1 条:“下列事项(但不限于)发生,发承包双方应当按照合同约定调整合同价款:1 法律法规变化;2 工程变更;3 项目特征不符;4 工程量清单缺项;5 工程量偏差;6 计日工;7 物价变化;8 暂估价;9 不可抗力;10 提前竣工(赶工补偿);11 误期赔偿;12 索赔;13 现场签证;14 暂列金额;15 发承包双方约定的其他调整事项。”

求是和公平的原则,协商签订主要材料价格调整的补充协议[①]。但是,这仅是建设行政主管部门的倡导性要求,并无强制执行力。如果双方未能达成补充协议,工程价款问题应当如何处理?不同的法院在理解上可能也会有不一致的地方。作为利益受损方,承包人想方设法地调整工程价款;作为既得利益方,发包人则百般拒绝调整工程价款。因此,各地政策文件的良好初衷很难实现。

二、调整因素的实现应遵循合同中的程序规定

《清单计价规范》中有众多程序上的事项,比如,《清单计价规范》中对索赔事项提出程序要求。

《清单计价规范》第9.13条索赔

9.13.2 根据合同约定,承包人认为非承包人原因发生的事件造成了承包人的损失,应按下列程序向发包人提出索赔:

1 承包人应在知道或应当知道索赔事件发生后28天内,向发包人提交索赔意向通知书,说明发生索赔事件的事由。承包人逾期未发出索赔意向通知书的,丧失索赔的权利。

2 承包人应在发出索赔意向通知书后28天内,向发包人正式提交索赔通知书。索赔通知书应详细说明索赔理由和要求,并附必要的记录和证明材料。

3 索赔事件具有连续影响的,承包人应继续提交延续索赔通知,说明连续影响的实际情况和记录。

4 在索赔事件影响结束后的28天内,承包人应向发包人提交最终索赔通知书,说明最终索赔要求,并应附必要的记录和证明材料。

---

① 比如,《上海市建筑建材业市场管理总站关于进一步加强建设工程人材机市场价格波动风险防控的指导意见》(沪建市管[2021]36号)规定:"合同对风险范围和幅度没有约定或约定不明的,由发承包双方协商合理分担风险,并签订补充协议。……合同约定采用固定价格包干,对市场价格波动不作调整的,当人工、材料、施工机械等要素价格变化构成《中华人民共和国民法典》第五百三十三条规定的情势变更时,双方根据相关规定和实际情况本着诚信、公平的原则,协商签订补充协议,合理分担风险。"又如,《湖南省住房和城乡建设厅关于加强建筑材料价格风险管控工作的通知》(湘建价函[2019]149号)规定:"合同中对主要材料范围、价格风险幅度以及调整办法未进行约定或者约定不明的,发承包双方可按照《湖南省建筑工程材料预算价格编制与管理办法》(湘建价[2018]129号)第九条协商签订补充协议。"再如,《陕西省住房和城乡建设厅关于建筑材料价格风险管控指导意见的通知》(陕建发[2021]94号)规定:"施工合同已约定不调整主要材料价格或约定承包人承担无限材料价格风险的,对合同一方有失公平,合同履行期间,当主要材料的涨跌幅度过大,发承包双方应本着实事求是和公平公正的原则,协商签订主要材料价格调整的补充协议。"

又如,《清单计价规范》中对现场签证提出程序要求。

《清单计价规范》第 9. 14 条现场签证

9. 14. 2　承包人应在收到发包人指令后的 7 天内向发包人提交现场签证报告,发包人应在收到现场签证报告后的 48 小时内对报告内容进行核实,予以确认或提出修改意见。发包人在收到承包人现场签证报告后的 48 小时内未确认也未提出修改意见的,应视为承包人提交的现场签证报告已被发包人认可。

程序上的事项如果双方没有以文字的形式体现在合同中,则对双方不发生法律效力。但如果将文字内容体现在合同中,此时对于程序上的事项则应予以特别注意。比如,索赔事件发生后,施工方超出约定时间进行索赔的,实践中已经有不少案件均体现超出时间索赔失权的价值取向。因此,对于合同中约定的程序性事项不能掉以轻心。

总之,需要谨慎对待程序性的规定,充分尊重程序规定。施工方应在双方约定时间内提交材料,比如,索赔材料、签证材料,并且留存相关证据材料,将客观事实上升为法律事实。这些法律事实将可能成为决定案件胜负的关键事实。

三、调整因素成为部分案件争执焦点

客观上讲,不能说每一个案件都会有工程款调整因素的出现,但是计价调整因素在施工合同纠纷中出现的比例又确实不小。调整因素的出现对于调整(增加)工程款具有重要作用。比如,在施工过程中出现了人工费的波动,是否应当依据变动的人工费进行工程款调整、如何调整工程款均可能成为诉裁程序中的争议焦点。又如,人材机价格发生较大幅度的变动,此时是构成情势变更还是仅为一般的商业风险的变化,双方也会产生理解上的不同。这些调整因素均会成为案件的争议焦点。

四、调整因素的调整机制不一样

本章第一节的表 11 中分析了调整因素背后的工程款调整机制。工程变更、工程量偏差、项目特征不符、工程量清单缺项相似性较多,可以归为第一类;不可抗力、索赔、误期赔偿、计日工、现场签证、提前竣工(赶工补偿)、物价波动可以归为第二类;法律法规变化可以归为第三类。

第一类调整机制,因为工程量发生变化,从而会影响分部分项工程费、单价

措施项目费。再进一步深入,当工程量发生变化超出幅度范围时或产生工程量清单中没有的工程项目时,会导致综合单价的调整或者产生新的综合单价,从而引起分部分项工程费、单价措施项目费的变化。同时,因为计费基数的变化导致总价措施费发生变化。

第二类调整机制,这部分调整因素不引起分部分项工程费、单价措施项目费及总价措施费的变化。工程款的调整相对简单,就是在原工程款的基础上增减相应款项得出最终的工程款。

第三类调整机制,法律法规变化是工程款的调整因素中较为特殊的一类。因为不能通过某个相对明确的方式表述其调整机制,而需要通过对法律法规的解读才能得出调整机制,也就是说,此类因素如何调整工程款需要依据法律法规变化本身的内容而定。

007 第七章
工程款计价体现

·导　读·

承包人与发包人之间的工程款计价，最终需要以某种形式体现出来。这种形式可以是书面的，而且多数情况下也应是书面的。实践中的书面表现形式有：结算协议、结算书、审计(核)报告、造价咨询意见书。不同的书面计价体现作为证据而言，证明效力是不一样的。书面的计价体现是否当然地就可以成为认定工程款的依据，需要结合案件的具体情况进行分析。

除了上述四种书面的计价体现之外，还有一种比较特殊的计价体现，即双方以行为达成计价合意。这种计价体现比较隐蔽。在形成诉讼或仲裁的情况下，因为一方无直接证据证明双方达成这种计价合意，所以另一方往往会否认对方主张的工程款。此时需要通过审判人员或者仲裁人员对案涉材料进行综合分析与评判，以逻辑推理的方式认定无书面计价体现时双方是否以行为达成了工程款的计价合意。这种计价体现往往需要裁判人员通过间接证据以推断的方式得出结论。

笔者总结工程款的计价体现为五种形式：结算协议、结算书、审计(核)报告、造价咨询意见书、以行为达成计价合意。本章对五种计价体现中的典型法律问题作出分析，比如审计(核)报告成为有效结算文书的条件、“逾期答复视为认可”规则、审计(核)报告与工程款鉴定报告的比较、造价咨询意见书成为有效结算文书的天然不足等问题，并从总体上对五种计价体现进行法律认识。

上述五种计价体现是在诉讼或仲裁程序开始前就已存在或者形成。工程款鉴定报告是在诉讼或仲裁程序中，由诉裁机关对外委托形成的认定工程款的材料，笔者未将工程款鉴定报告作为本章之内容。工程款鉴定报告中的法律问题，笔者在本书第十四章“工程款司法鉴定”中展开论述。

第一节 五种体现

一、结算协议

(一)法律性质

结算协议是发承包双方对工程价款多少达成的一个约定,即双方均认可施工的工程款数额。实践中,双方的协议书形式不一。比如,一张欠条,短短的两三行文字,可能就把一方对另一方所欠工程款表述清楚。在双方信任感较强、建设工程规模较小的情况下,可能采用这种简单的形式。又如,一张正式的协议书,协议书可以依据一方出具的工程款结算书而制作,可以较详细记载施工内容、施工多少、工程款总额多少、已付多少、仍欠款多少等内容。结算协议只需具备合同的形式要件基本就可以成为工程款的认定依据。

(二)成为有效结算文书的条件

结算协议具有双方议定的特点,其具有合同的全部法律特征。法律对于双方的意思自治应予以认可。笔者认为,只要不存在否定合同效力的法定事由,结算协议就可以作为认定工程款的证据予以采用。依据《民法典》总则编之规定,无效的民事行为可以分为六种情形①,可撤销的民事行为可以分为五种情形②。在双方以结算协议方式确认工程款的情况下,一般不应存在《民法典》中民事行为无效或可撤销事由。当然不排除极少数情况下,双方的结算协议损害第三人利益,此时第三人要求确认双方结算协议无效的情形。

---

① 《民法典》总则编中规定民事行为无效的法定情形分别为:无民事行为能力人实施的民事行为无效;限制民事行为能力人实施的行为未经代理人追认的无效;虚假意思表示的行为无效;违反法律、行政法规的强制性规定的行为无效;违背公序良俗的行为无效;恶意串通,损害他人合法权益的行为无效。

② 《民法典》总则编中规定民事行为可撤销的法定情形分别为:重大误解的行为可撤销;一方欺诈行为导致对方违背真实意思的情况下实施的行为可撤销;第三人欺诈行为导致一方违背真实意思的情况下实施的行为可撤销;胁迫手段下的民事行为可撤销;显失公平的行为可撤销。

二、结算书

(一)法律性质

结算协议与结算书不一样。认识结算是认识结算书的前提。结算是指建设工程的承包人依据合同约定及工程进度向发包人提出工程价款支付活动,一般包括预付款结算、中间(阶段)结算及竣工结算。实践中提到更多的是竣工结算。“竣工结算是承包企业在所承包的工程按合同规定的内容全部完工,经验收合格之后,向发包单位进行最终工程价款结算。”①

结算是施工方提出工程款数额的行为。这一行为的结果可能得到对方认可或者不被认可。结算与结清不同。结清是指合同约定的缺陷责任期限终止后,承包人已按合同规定完成全部剩余工作且质量合格的,发包人与承包人结清剩余款项的活动,即达到“互不相欠”的状态。

在对结算理解的基础之上认识结算书。如需对结算书作一准确定义,其可归纳为:结算书是承包人依据建设工程施工合同对工程量进行认定、计算得出工程价款并交与对方进行确认与审核,所载价款可能被认定为工程款及作为支付工程款依据的书面资料。如果对方认可承包人提交的结算书,则双方达成结算合意,结算书可以作为工程款的认定依据。若此时一方要否定结算书的效力,应当参照上文中提到的民事行为效力否定事由及可撤销事由进行主张。如果对方不予认可承包人提出的结算书,则双方未能达成结算合意,此时的结算书可以作为工程款认定的参考,并不必然作为工程款的认定依据。因此,结算书与结算协议不一样,结算协议是双方已经达成合意的材料,而一方提出的结算书只是双方未达成结算合意的单方资料。

(二)“逾期答复视为认可”规则

实践中,经常会碰到施工方交付结算书而另一方在合同约定时间内未予答复的情况。此种情况是否可以视为另一方认可此结算书需要作具体分析。

---

① 栗宜民编著:《清单计价——〈建设工程工程量清单计价规范〉应用指南》,机械工业出版社2006年版,第207页。

《2020 年建设工程合同解释》第二十一条①为建设工程价款的认定提供了新的思路。该条规定源于《2004 年建设工程合同解释》第二十条②。这两条就是通常所说的“逾期答复视为认可”规则,也称“拟制结算”规则或“默示条款”规则。这一规则的存在有利于敦促发包人及时履行结算审核义务,防范发包人出现迟迟不结算、怠于结算的情况,保护承包人的合法权利。关于该规则的司法适用,先看一则案例。

案 例 一

中汇公司与华寓公司诉讼案③

当 事 人

再审申请人(一审原告、二审被上诉人):中汇公司

被申请人(一审被告、二审上诉人):华寓公司

案例介绍

再审法院认为:原审判决对工程款结算的依据认定是否有误。关于工程款的结算,《2004 年建设工程合同解释》第二十条规定:“当事人约定,发包人收到竣工结算文件后,在约定期限内不予答复,视为认可竣工结算文件的,按照约定处理。承包人请求按照竣工结算文件结算工程价款的,应予支持。”最高人民法院民事审判庭《关于发包人收到承包人竣工结算文件后,在约定期限内不予答复,是否视为认可竣工结算文件的复函》([2005]民一他字第 23 号,以下简称《复函》)载明:“适用该司法解释第二十条的前提条件是当事人之间约定了发包人收到竣工结算文件后,在约定期限内不予答复,则视为认可竣工结算文件。承包人提交的竣工结算文件可以作为工程款结算的依据。建设部制定的建设工程施工合同格式文本中的通用条款第 33 条第 3 款的规定,不能简单地推论

① 《2020 年建设工程合同解释》第二十一条:“当事人约定,发包人收到竣工结算文件后,在约定期限内不予答复,视为认可竣工结算文件的,按照约定处理。承包人请求按照竣工结算文件结算工程价款的,人民法院应予支持。”

② 《2004 年建设工程合同解释》第二十条:“当事人约定,发包人收到竣工结算文件后,在约定期限内不予答复,视为认可竣工结算文件的,按照约定处理。承包人请求按照竣工结算文件结算工程价款的,应予支持。”

③ 参见最高人民法院民事裁定书,(2021)最高法民申 2760 号。

出,双方当事人具有发包人收到竣工结算文件一定期限内不予答复,则视为认可承包人提交的竣工结算文件的一致意思表示,承包人提交的竣工结算文件不能作为工程款结算的依据。”从上述解释和答复可知,在建设工程施工合同领域,为防止发包人怠于结算,损害承包人合法权益的情况发生,双方可约定如发包人逾期结算,则按承包人提交的竣工结算文件作为结算依据。若发包人没有按期结算,则承包人以竣工结算文件主张工程款应予支持。同时,因承包人提交的竣工结算文件一般系其单方制作,承包人可能存在利用发包人不具备专业知识等虚高工程款。若只要发包人在收到竣工结算文件后未予答复,一律按照承包人提交的竣工结算文件结算,势必造成不公平,损害发包人的合法权益。所以,发包人逾期结算,并不必然发生以承包人提交的竣工结算文件为结算依据的后果,仍然应以双方存在此种约定为前提。

再审法院对于一期、二期两份结算书的认定又作出具体分析。对于一期工程款结算的依据,原审判决认定《一期施工合同》中关于“工程结算价依据发包人、承包人、审计部门三方确认为准”与“发包方应于60日内决算审定完毕,逾期则视为认可”的约定相互矛盾,其后的《补充施工合同》中舍弃“发包方应于60日内决算审定完毕,逾期则视为认可”,明确以“工程结算价依据发包人、承包人、审计部门三方确认为准”并无不当。对于二期工程款结算的依据,虽然《二期施工合同》通用条款第33条第3款对竣工结算进行了约定,但如上所述,根据该格式条款,不能简单地推论出华寓公司收到竣工结算文件一定期限内不予答复,则视为认可中汇公司提交的竣工结算文件的意思表示一致,中汇公司提交的竣工结算文件不能作为工程款结算的依据。

案例评析

该案例中申请人向被申请人提交过工程一期、二期两份结算书,因二审判决未将申请人提交的两份结算书作为工程款的认定依据而提出申诉,再审法院同样未将两份结算书作为结算依据。笔者认为,第一期结算书不作为工程款的认定依据并无不当,因为《一期施工合同》中的结算约定条件矛盾,并且《补充施工合同》对先前约定已经更改;第二期结算书是否可以作为工程款的认定依据应予以重点探讨。案例中似乎存在两个疑惑。

第一个疑惑:案例中《复函》所指的通用条款具体是指建设工程施工合同哪

个版本的通用条款不清楚。从1999年到2022年,《建设工程施工合同(示范文本)》有1999年版、2013年版、2017年版。根据《复函》的发生背景,裁判文书中所称的通用条款的版本应是指《建设工程施工合同(示范文本)》(1999年版)。但该版本中通用条款第33条第3款[①]实际上并不涉及一方收到结算文件后逾期答复就视为认可结算文件的内容,而只是涉及支付拖欠利息的内容。

第二个疑惑:《二期施工合同》中的通用条款是否指《建设工程施工合同(示范文本)》(1999年版)的通用条款,裁判文书给出的信息不太清楚。案例中《二期施工合同》签订的时间是2013年,该时间与《建设工程施工合同(示范文本)》(2013年版)出现的时间非常近。《建设工程施工合同(示范文本)》(2013年版)中涉及"逾期答复视为认可"的规则出现在这一版本通用条款第14.2条第1款[②]中。从当事人提供的证据分析,裁判文书中《二期施工合同》中的通用条款仍然是指《建设工程施工合同(示范文本)》(1999年版)的通用条款。该通用条款第33条第3款是关于发包人如不按期审核结算文件应承担的违约责任的内容,即"从第29天起按承包人同期向银行贷款利率支付拖欠工程价款的利息",并未约定一方收到结算文件后逾期答复视为认可结算文件的内容,故该案情况不属于《2020年建设工程合同解释》第二十一条规定的情形。

"逾期答复视为认可"的结算规则对一方权利影响极大,一旦超出时间,异议方就将丧失对工程款进行鉴定的权利,因此,笔者认为该规则应从严适用。笔者认为,是否适用《2020年建设工程合同解释》第二十一条的规定应从以下三个方面考虑。

首先,双方要有明确约定,且约定完整,即当事人在施工合同中应明确约定发包人审核结算的期限,且明确在此期限内没有作出答复视为认可结算文件。

---

① 《建设工程施工合同(示范文本)》(1999年版)第二部分通用条款第33条第3款:"发包人收到竣工结算报告及结算资料后28天内无正当理由不支付工程竣工结算价款,从第29天起按承包人同期向银行贷款利率支付拖欠工程价款的利息,并承担违约责任。"此款后半部分文字内容的表述明显不符合逻辑习惯,应表述为:从第29天起按同期银行贷款利率向承包人支付拖欠工程价款的利息。

② 《建设工程施工合同(示范文本)》(2013年版)第二部分通用合同条款第14.2条第1款:"……发包人在收到承包人提交竣工结算申请书后第28天内未完成审批且未提出异议的,视为发包人认可承包人提交的竣工结算申请单,并自发包人收到承包人提交的竣工结算申请单后第29天起视为已签发竣工付款证书。"

只有如此约定,“逾期答复视为认可”规则才对双方具有约束力。发包人收到承包人递交的结算书是承包人提出结算书作为结算依据的基本条件;而发包人收到承包人提出的结算书后在约定期限内不予答复,是结算书作为结算依据的必要条件。若当事人约定中仅有“在限定期限内答复”而无“视为认可结算文件”,则不能适用“逾期答复视为认可”的结算规则。

其次,承包人提交结算文件的方式必须是书面的。如果承包人不能举证证明已向发包人递交了书面结算书,则不能产生单方的结算金额作为结算依据的法律后果。

最后,对于发包人答复的形式宜从宽认定。发包人在收到承包人提交的结算书后的答复既可以是对结算内容进行实质上反驳的答复,也可以只是形式上的存在异议的答复。答复的形式均不应影响答复成立。

针对结算书发包人提出的异议是否应当具有合理性,该问题在司法实践中存在争议。一种观点认为,只要发包人在约定期限内提出异议即可,即使其异议毫无理由,也可以排除“逾期答复视为认可”规则的适用。另一种观点认为,发包人应当本着诚信原则对竣工结算文件进行审核,如有异议,不但应当在约定期限内提出异议,而且其所提出的异议理由也应当具有合理性。①

笔者倾向于第一种观点。因为《2020 年建设工程合同解释》第二十一条②对于答复的形式并没有特别要求,刻意增加答复内容必须具有合理性的条件违反法律解释要求,并且第二种观点会增加诉裁程序的烦琐。首先,合理性的标准本身是不确定的、模糊的,很难有一个客观的评判尺度。其次,即使有合理性的客观评判标准,一般裁判人员也不具有这个评判能力,还是需要通过专业鉴定完成。在作出答复内容是否具有合理性的专业鉴定后,如果认定异议方的异议存在合理性,势必又要进行第二次工程款的鉴定。这种情况下,一次鉴定必不可少,甚至会多出一次鉴定。因此,要求异议方的异议理由具有合理性的观

① 参见王炜:《检视与解构:建设工程案件中“逾期答复视为认可”规则的适用——建设工程司法解释(一)第 20 条解读》,载腾讯网,https://new.qq.com/omn/20200922/20200922A06EQ800.html。

② 《2020 年建设工程合同解释》第二十一条与上一个脚注引用的文章标题中“建设工程司法解释(一)第 20 条解读”并不矛盾。引用的文章标题中“建设工程司法解释(一)”是指《2004 年建设工程合同解释》。《2020 年建设工程合同解释》第二十一条与《2004 年建设工程合同解释》第二十条内容基本一致,均为“逾期答复视为认可”规则。

点,无论从法律解释的角度,还是从程序效率的角度上讲均不具有合理性。

综上所述,对于单方作出的结算书,另一方在约定期限内未答复,如果双方未能在合同中明确约定收到结算书后另一方逾期答复视为认可时,结算书不能当然视为工程款的认定依据。笔者认为,案例中再审法院认定不适用"逾期答复视为认可"规则并无不当。

另外,此结算规则还存在一个问题,即"逾期答复视为认可"的约定应出自合同中的专用条款还是通用条款的问题。有观点认为,此结算规则应在合同的专用条款中进行专门约定。笔者认为此观点不妥。无论是合同的专用条款还是通用条款,均为当事人对于合同内容的认可。"逾期答复视为认可"规则出现在合同中的位置不应影响此约定的适用。

三、审计(核)报告

在建设工程的工程款认定中,经常会出现审计(核)报告的身影。

(一)法律性质

审计(核)存在两种情况。一种是政府审计机关的审计。依据《审计法》第二十三条①规定,此种审计主要针对政府投资和以政府投资为主的建设项目的预算执行情况和决算以及对重大公共工程项目的资金管理使用和建设运营情况,进行审计监督。另一种是社会机构,即有审计资格的审计公司接受业主委托进行的审计(核)。因此,建设工程中的审计(核)报告出具的主体应该是两类主体,不应局限于一类主体。

建设工程中的审计(核)报告可以理解为,政府部门依职权或社会机构依委托对建设工程施工活动中的资金等进行的一项专业审计活动产生的资料文件。

(二)成为有效结算文书的条件

从现有法律规定与司法实践看,除非双方明确约定以审计(核)报告作为工

---

① 《审计法》第二十三条:"审计机关对政府投资和以政府投资为主的建设项目的预算执行情况和决算,对其他关系国家利益和公共利益的重大公共工程项目的资金管理使用和建设运营情况,进行审计监督。"

程款结算依据,否则审计(核)报告不能成为工程款的认定依据。

2017年6月5日,全国人大常委会法工委在回复中国建筑业协会作出的《关于对地方性法规中以审计结果作为政府投资建设项目竣工结算依据有关规定提出的审查建议的复函》(法工备函[2017]22号)中明确:"地方性法规中直接以审计结果作为竣工结算依据和应当在招标文件中载明或者在合同中约定以审计结果作为竣工结算依据的规定,限制了民事权利,超越了地方立法权限,应当予以纠正。"

同时,《款项支付条例》第十一条规定:"机关、事业单位和国有大型企业不得强制要求以审计机关的审计结果作为结算依据,但合同另有约定或者法律、行政法规另有规定的除外。"

2020年2月26日,住房和城乡建设部办公厅下发《关于加强新冠肺炎疫情防控有序推动企业开复工工作的通知》(建办市[2020]5号)。该文件明确:"规范工程价款结算,政府和国有投资工程不得以审计机关的审计结论作为工程结算依据,建设单位不得以未完成决算审计为由,拒绝或拖延办理工程结算和工程款支付。"

最高人民法院在答复河南省高级人民法院《关于建设工程承包合同案件中双方当事人已确认的工程结算价款与审计部门审计的工程决算价款不一致时如何适用法律问题的电话答复意见》([2001]民一他字第2号函)中指出:"审计是国家对建设单位的一种行政监督,不影响建设单位与承建单位的合同效力。建设工程承包合同案件应以当事人的约定作为法院判决的依据。只有在合同明确约定以审计结论作为结算依据或者合同约定不明确、合同约定无效的情况下,才能将审计结论作为判决的依据。"该函中所述的合同约定不明确、合同约定无效的情况下,将审计结论作为判决的依据已不符合司法实践,而合同明确约定以审计结论作为结算依据时,法院依审计结论认定工程款并无不妥。

(三)审计(核)报告与工程款鉴定报告的比较

有学者从多方面论证审计报告与竣工结算的区别,认为不能将审计报告作为工程款的认定依据。[1] 不可否认,在审计机关或者审计机关委托的社会机构对建设工程项目进行审计(核)的情况之下,审计机关与被审计单位之间是一种行政监督行为,两者体现的是行政法律关系。审计机关或者接受委托的社会机构出具的建设工程项目的审计(核)报告对施工方而言似乎并无多少关系。然而,笔者认为,审计(核)报告不能作为工程款的认定依据的观点过于夸大审计(核)报告与竣工结算的差别。

如果不存在《民事诉讼证据规定》第四十条第一款中的四项应予否定的情况,工程款鉴定报告应当可以作为工程款的认定依据。将审计(核)报告与工程款鉴定报告作对比,就可考量出审计(核)报告是否可以作为工程款的认定依据。审计(核)报告的侧重点可能与鉴定报告的侧重点不同,然而,工程造价审计(核)报告与工程款鉴定报告存在较多相似处。笔者曾经看过一份某事业单位委托社会机构出具的建设工程款审计(核)报告,该审计(核)报告与工程款鉴定报告相比有太多的相同之处。

首先,审计(核)报告与工程款鉴定报告的依据是相同的。一份规范的审计(核)报告,其编制说明中往往有审计报告编制依据的描述。一般其编制依据为:建设单位提供的竣工图纸、施工合同、工程量签证单等主要资料,因此,审计(核)报告与鉴定报告依托的资料是一致的。既然资料是一致的,说明工程款的计价基础相同,不存在审计(核)报告“另起炉灶”的问题。

其次,审计(核)报告与工程款鉴定报告的出具单位及人员是同一类型的。社会机构接受委托出具的工程款审计(核)报告,作出报告的人员同样是具有造价工程师资格的人员,这与鉴定报告的出具人员是同一类别的。同时,接受委托出具审计报告的单位,一般也为具有工程造价咨询资质的造价咨询公司。因此,从出具报告的单位及专业人员看,两者具有一致性。

综上,笔者认为,不宜过分夸大审计(核)报告与工程款鉴定报告的区别。

---

① 比如,有人将项目竣工结算与竣工结算审计的区别归纳为五个方面:(1)两者依据不同。(2)两者标的不同。(3)两者从业人员不同。(4)两者法律效力不同。(5)两者目的不同。参见卫悯明:《竣工结算报告与工程审计报告不一致的法律解读、典型案例与实务操作》,载原上草网 2022 年 3 月 28 日,https://www.llysc.cn/content/57-388634.html。

（四）审计（核）报告作为结算文件的再认识

从审计（核）报告的内容上讲，审计（核）报告明确记载审减金额及审减依据，能最大限度地反映出施工方送审报告的不实之处。

一份规范的审计（核）报告会存在结算审核定案表、结算审核汇总表、工程结算审核书等内容。对于审减金额，审计人员也是通过相应的结算审核定案表、结算审核汇总表、工程结算审核书等所附文件得出的。而附件对于单位、数量、人工费、材料费、机械费、管理费、利润、价差、取费等均有翔实记载，反映工程款的增减情况。因此，审计（核）报告具有高度的依据性及可考证性。

审计（核）报告就是一份证据。如果审计（核）报告由造价咨询公司的造价工程师制作，不认可审计（核）报告的一方应合理说明其不具有可参考性，否则审计（核）报告仍应作为工程款的认定依据。比如，异议方应提出此份审计（核）报告遗漏工程项目、重复计算工程项目、工程款计算规则错误、数字引用错误、出具报告的人员不具有合法资格等实质性反驳意见。在异议方没有实质性反映审计（核）报告不具有合法性的情况下，不宜轻易否定其效力。

（五）两份审计（核）报告取舍的法律争端

实践中，以审计（核）报告作为工程款的结算依据必须双方均同意。如果出现前后不一的两份审计（核）报告，法院又应如何采信，试看以下案例。

案 例 二

长沙市政公司与醴陵市政府诉讼案①

当 事 人

上诉人（原审原告）：长沙市政公司

上诉人（原审被告）：醴陵市政府

上诉人（原审被告）：新城公司

① 参见最高人民法院民事判决书，（2019）最高法民终 1459 号。

被上诉人(原审被告):渌江集团

案例介绍

一审法院查明:醴陵市政府(甲方)与长沙市政公司(乙方)签订《框架协议》,其中约定项目验收合格之日起30个工作日内,乙方应向甲方提交工程决算书,甲方在收到乙方提交的工程决算书之日起30个工作日内,由财评中心、工程审计中心对工程造价决算进行评审。评审部门应在3个月内提交评审结果,并作为决算依据。

关于案涉工程应付款是多少,一审法院认为:新城公司在收到结算资料后,实际于2015年12月11日开始启动上述结算程序,对部分工程款进行审核。财评中心在2016年1月11日认可该部分工程已完工程造价约5600万元,此后又同样在2016年1月18日认可其余部分工程款约45,960万元。直到2017年1月19日,渌江集团作为新城公司的上级单位还在内部审批表中认可工程总价款为51,560万元,并同意在该价款下支付5000万元工程款,表明案涉工程的结算实际已于此时通过财评中心的审核确认,且新城公司和渌江集团均认可。新城公司等主张应按2018年9月22日财评中心出具的审核结论为结算依据的主张不能成立。第一,之前财评中心已审核同意总的结算金额,其重复作出结论缺乏客观真实性;第二,该审核结论严重超过了该案合同约定的结算期限,不符合双方的约定,同时根据有关部门发布的《建筑工程施工发包与承包计价管理办法》第十八条的规定,如采信2018年9月22日的评审结论与该规定不符;第三,该审核结论审核的价款总额与财评中心2016年认定的金额相差1亿余元,对于2018年9月22日这份审核结论中工程款的核减,醴陵市政府和新城公司没有充分的证据和理由。因此,该案工程总价款应当认定为51,560万元。

新城公司对该部分认定不服,二审法院认为:根据一审法院查明的事实,案涉工程于2015年11月完工,长沙市政公司于2015年11月23日提交了结算资料。新城公司于2015年12月11日和2016年1月12日各制作一份进度表,财评中心分别于2016年1月11日和2016年1月18日在两份进度表上签字盖章,认可已完工程造价约为5600万元和4.596亿元。2017年1月19日,渌江集团依企业管理职责,在其内部审批表中认可工程总价款为51,560万元,并同意在该价款下支付5000万元工程款。两份进度表系新城公司制作,并经财评中心两次确认及渌江集团认可,工程总价款前后一致,进度款相互呼应,形成完整证据链,证明力较强。而2018年9月22日财评中心出具的审核结论,一方面属重复作出,另一方面作出时也已超出合同约定的结算期限,该审核结论证明力较弱。因此,在没有证据证明长沙市政公司移交结算资料严重不全的情况下,一审法院认定案涉工程总价款为51,560万元,并无不当。

案例评析

该案例中出现两份审计报告,但是法院不认可第二份审计报告。这与实践中出现两份合同往往以第二份合同认定双方之间权利义务的情况不一样。

法院不采信第二份审计报告的理由并无不妥。笔者认为,主张应当依据第二份审计报告认定该案工程款的一方,应提供充分的理由论证第一份审计报告的不合理性或者错误,或者提供充分的理由论证第二份审计报告的合理性。在没有提供两个充分理由的情况下,第一份报告的合法性就不应被推翻。当然,该案例的出现不能代表其他类似案件中出现第二份审计报告时,法院就一定采用第一份审计报告。

四、造价咨询意见书

(一)法律性质

《造价鉴定规范》中并没有咨询意见这一名称,仅有鉴定意见(书)之称谓。咨询意见这一名称最初见于《2018年建设工程合同解释》第十三条,①《2020年建设工程合同解释》第三十条②仍然采用咨询意见这一名称。

笔者认为,造价咨询意见书是指工程造价咨询机构或者专业人员与当事人签订建设工程造价咨询合同,工程造价咨询机构或者专业人员接受当事人委托,对建设项目投资、工程造价的认定等提供咨询服务时所出具的专业意见。

---

① 《2018年建设工程合同解释》第十三条:"当事人在诉讼前共同委托有关机构、人员对建设工程造价出具咨询意见,诉讼中一方当事人不认可该咨询意见申请鉴定的,人民法院应予准许,但双方当事人明确表示受该咨询意见约束的除外。"

② 《2020年建设工程合同解释》第三十条:"当事人在诉讼前共同委托有关机构、人员对建设工程造价出具咨询意见,诉讼中一方当事人不认可该咨询意见申请鉴定的,人民法院应予准许,但双方当事人明确表示受该咨询意见约束的除外。"

工程造价咨询机构是接受他人委托，对建设项目投资、工程造价的认定等提供专业服务的社会中介机构。工程造价咨询意见书本质上是受托人按约定向作为委托人的当事人交付的工作成果，其是私法上的结果，系委托人与受托人合意的产物。

（二）“有关机构”及“人员”

《2020 年建设工程合同解释》第三十条对于“有关机构”“人员”未作明确说明，并且将“有关机构”与“人员”以并列的方式分开。笔者认为，“有关机构”应是指具有工程造价咨询资质的机构，也就是造价咨询企业。《咨询企业管理办法》第三十六条①规定未取得工程造价咨询企业资质从事工程造价咨询活动或者超越资质等级承接工程造价咨询业务的，出具的工程造价成果文件无效。因此，非造价咨询企业不得出具造价咨询意见书。

对于“人员”的范围理解，注册造价工程师当然属于“人员”之列。另外，如果当事人基于对工程造价领域特定权威专家、学者的信赖而委托其出具造价咨询意见书，此时的专家、学者可能不具有注册造价工程师身份，其出具的造价咨询意见书是否有效存在争议。有观点认为：“此时出具专业咨询意见的专家学者并非我国现行法律法规规范性文件所确定的有权从事工程造价咨询的主体，故其出具的专业咨询意见，任何一方当事人都可以不予认可并向法院申请对工程造价作司法鉴定。”②笔者认为，现行法律、法规、规章并未像否定非造价咨询企业从事造价咨询业务一样否定非注册造价工程师从事造价咨询活动。同时，有些专家、学者虽不具有注册造价工程师资格，但其专业能力未必低于注册造价工程师。比如，大学刑法学教授可能并不具有律师资格，但是，对于刑事案件，其可以发表比普通律师更专业的法律意见。因此，彻底否定非注册造价工程师出具的咨询意见书不妥当。

---

① 《咨询企业管理办法》第三十六条：“未取得工程造价咨询企业资质从事工程造价咨询活动或者超越资质等级承接工程造价咨询业务的，出具的工程造价成果文件无效，由县级以上地方人民政府住房城乡建设主管部门或者有关专业部门给予警告，责令限期改正，并处以 1 万元以上 3 万元以下的罚款。”

② 最高人民法院民事审判第一庭编著：《最高人民法院新建设工程施工合同司法解释（一）理解与适用》，人民法院出版社 2021 年版，第 308 页。

(三)成为有效结算文书的天然不足

虽然造价咨询意见书与工程款鉴定报告相比,有相同的一面,即出具文件的机构类型相同,均为造价咨询企业①,此外出具两份材料的人员类型也有相同的一面②,但造价咨询意见书不能当然成为有效结算文书,理由主要有以下三个方面。

第一,造价咨询意见书出具过程的充分性程度不能与工程款鉴定报告相比。鉴定是指诉裁活动中接受指派或委托的鉴定人,运用专业知识和技能,辅之以必要的技术手段,对诉裁案件中涉及的专门性问题进行检验、判断、鉴别和评定并提供鉴定意见的活动。在整个鉴定过程中,诉裁程序中的矛盾双方提交的材料会更加充分,鉴定机构听取双方意见也会更加充分,鉴定机构出具的鉴定意见在论证上也会更加严谨。鉴定报告可以较充分地展示鉴定结论的全面性与深刻性。在这一点上咨询意见书不具有可比性。

第二,造价咨询意见书对疑问的可补正性方面不能与工程款鉴定报告相比。在诉裁案件中,裁判人员会对鉴定报告进行全面审查,对于鉴定报告中的疑问及专业问题,其可以要求鉴定人员进行补充说明或者到庭接受询问,且鉴定人员会接受裁判人员的要求。而对于咨询意见,裁判人员不能要求出具的人员对其中的疑问进行补充说明或者到庭说明,且鉴定人员无义务接受裁判人员的要求。因此,咨询意见书明显存在短处。

第三,造价咨询意见书在证据的法定性方面不能与工程款鉴定报告相比。"鉴于鉴定意见与咨询意见最大的不同在于前者委托人是司法机关或仲裁机构,鉴定机构的鉴定行为发生在诉讼过程中,所形成的鉴定意见本身就是《民事诉讼法》规定的八种证据形式之一;而咨询意见委托人是当事人等民事主体,咨询机构的咨询行为发生在诉讼程序之外,所形成的咨询意见本身并非鉴定意

① 笔者认为,工程款鉴定报告只应由造价咨询企业出具,不应由其他企业出具。虽然实践中确实出现资产评估机构出具资产评估报告,法院以此作为工程款鉴定报告使用的个别案例,但是将资产评估报告作为工程款鉴定报告不具有合法性。笔者将在本书第十四章"工程款司法鉴定"中对该问题作出阐述。

② 笔者认为,非注册造价工程师可以出具造价咨询意见书,造价咨询意见书出具的主体具有更广泛性。

见,属于民事委托合同中委托人完成的工作成果。故不宜将该工作成果也表述为鉴定意见,也不能仅以有咨询意见为由,剥夺当事人申请鉴定的权利。”[①]虽然鉴定意见也是工作成果,但其是表现形式符合民事诉讼法证据形式的一种工作成果。而咨询意见书则无法列入《民事诉讼法》中的八种证据之一,不能表现为《民事诉讼法》中的任何一种证据种类。

综上,咨询意见书出具过程的充分性程度不够、咨询意见书存在疑问时可补正性不强、咨询意见书是非法定的证据种类之一。因此,咨询意见书作为工程款的有效结算文书具有天然不足。

(四)“表示受咨询意见约束”的识别

仔细看《2020 年建设工程合同解释》第三十条的规定,造价咨询意见书作为法院可以采信的工程款结算依据有一个前提条件,即“双方当事人明确表示受该咨询意见约束”。何为该条中的“明确表示”? 试看两则案例。

案 例 三

许某明与中关村建设公司等诉讼案[②]

当 事 人

上诉人(原审被告、反诉原告):中关村建设公司

上诉人(原审原告、反诉被告):许某明

被上诉人(原审被告):中关村建设公司新疆分公司

被上诉人(原审被告):建设管理中心

被上诉人(原审被告):建设发展公司

案例介绍

二审法院认为:《2018 年建设工程合同解释》第十三条的规定:“当事人在诉讼前共同委托有关机构、人员对建设工程造价出具咨询意见,诉讼中一方当

① 最高人民法院民事审判第一庭编著:《最高人民法院新建设工程施工合同司法解释(一)理解与适用》,人民法院出版社 2021 年版,第 303 页。

② 参见最高人民法院民事裁定书,(2019)最高法民终 956 号。

事人不认可该咨询意见申请鉴定的，人民法院应予准许，但双方当事人明确表示受该咨询意见约束的除外。”该案一审审理过程中，许某明已明确提出对工程价款、材料设备损失及停窝工损失进行司法鉴定的申请，但一审法院未予准许。一审法院依据建设管理中心单方委托新疆驰远天合工程造价咨询有限公司作出的新驰天价字[2015]361号土建工程的工程结算审查书、新驰天价字[2015]454号钢结构工程结算审查书、新驰天价字[2015]454号钢结构（签证变更部分）工程结算审查书确认已完工工程造价。上述三份工程结算审查书并未经许某明确认，许某明亦未曾表示其愿意受上述工程结算审查书的约束。一审法院以“鉴定过程中由建设管理中心、中关村建设公司与许某明共同参与审价机构的工程结算审核工作的事实”推定上述工程结算审查书体现了建设管理中心、中关村建设公司、许某明的共同意思表示，对许某明的司法鉴定申请不予准许，显然与司法解释规定不符。

一审判决违反法律规定、剥夺当事人诉讼权利导致案件事实不清，二审法院裁定如下：撤销一审判决、发回重审。

案例四

许某明与中关村建设公司等诉讼案[1]

当事人

原告（反诉被告）：许某明

被告（反诉原告）：中关村建设公司

被告：中关村建设公司新疆分公司

被告：建设管理中心

被告：建设发展公司

案例介绍

案例三纠纷案件发回重审后，一审法院审理过程中，建设管理中心于2020年12月2日向法院补充提交新疆驰远天合工程造价咨询有限公司分别于2015年12月2日、2016年1月12日、2016年1月15日作出的《土建变更（5万元以

[1] 参见新疆维吾尔自治区高级人民法院民事判决书，（2020）新民初7号。

上)》《文体中心中期结算变更 001 －010》《文体中心中期结算变更 011 －038(上册和下册)》《文体中心中期结算变更 1# －9#》,确认土建变更签证 5 万元以上合计 17,585,516.04 元,5 万元以下合计 123,921.29 元;文体中心中期结算变更 5 万元以下合计 285,319.55 元,5 万元以上合计 1,129,474.47 元,共计变更造价为 19,124,231.35 元。各方当事人均对上述驰远公司出具的工程结算审查书及变更造价结算书予以认可。

案例评析

上述两则案例由一起纠纷引起,案例四是案例三纠纷案件发回重审后的裁判文书。二审民事裁定书中将造价咨询机构出具的文件称为结算审查书,民事裁定书中引用的是《2018 年建设工程合同解释》第十三条关于咨询意见的条文,因此,审判人员是将结算审查书作为咨询意见看待。案例三显示,诉讼前一方委托咨询机构进行造价咨询,双方或多方共同参与造价咨询机构出具造价咨询意见的活动。造价咨询意见书出具后,曾经的参与方不认可造价咨询意见书,仍然申请工程款司法鉴定。一审法院、二审法院对于参与方参与造价咨询意见活动的意思表示作出两种不同的理解。一审法院的理解为,这种情况下出具的造价咨询意见是符合“双方当事人明确表示受该咨询意见约束”条件的造价咨询意见;二审法院的理解为,这种情况下出具的造价咨询意见书不是符合“双方当事人明确表示受该咨询意见约束”条件的造价咨询意见。

笔者认为,双方共同委托一个造价咨询机构出具造价咨询意见或者一方委托后另一方对于造价咨询意见书明显表示接受认可的,这两种情况当然可以认定为“双方当事人明确表示受该咨询意见约束”。但该案有特殊情况,一方委托造价咨询机构进行造价咨询,另一方只是参与到造价咨询业务活动当中。笔者认为,这种情况尚不能达到上述司法解释中“明确表示受该咨询意见约束”的程度。不过,笔者对于《2020 年建设工程合同解释》第三十条中“双方当事人明确表示受该咨询意见约束的除外”有不同的看法。

案例中当事人一方已经实际参与到咨询意见出具的业务活动当中,因此,参与方应当已向咨询机构提出对其自身有利的材料或者观点。因造价咨询意见未达到参与方的期望而否定咨询意见书对其有法律约束力,笔者认为不妥当。换句话说,如果造价咨询意见达到或超出参与方的期望,参与方还会不会申请鉴定呢？显然不会。同时，可以发现，纠纷的二审结果是发回重审。在重审后的一审判决书中，许某明并没有提出重新鉴定，许某明认可最初诉讼中新驰天价字［2015］361号土建工程的工程结算审查书、新驰天价字［2015］454号钢结构工程结算审查书、新驰天价字［2015］454号钢结构（签证变更部分）工程结算审查书。只不过，发回重审的一审案件中，建设管理中心于2020年12月2日向法院补充提交驰远公司的几份变更资料。

因此，笔者建议将《2020年建设工程合同解释》第三十条中的“明确表示”调整为“明确表示或推定表示”，这样可以避免参与方的投机心理。造价咨询意见本身也应为证据种类之一，建议将《民事诉讼法》中的证据种类增加一个类型，即咨询意见书，这样也不会影响异议方实质抗辩权。异议方可以提出实质性的抗辩让诉裁机关审查咨询意见书是否正确及决定是否同意异议方的重新鉴定申请。

笔者认为，可以将造价咨询意见书视为与鉴定结论并列的一类证据。当事人参与到造价咨询意见书的出具活动中，表明其选择通过造价咨询业务活动得出工程款的意思表示是明确的。虽然《民事诉讼证据规定》第四十条第一款[①]所列的是法院委托鉴定时出现四种情形当事人申请重新鉴定法院应予准许的情况，但是仍可以将这四种情形作为造价咨询意见书出具后，当事人申请鉴定，法院应予准许的参照标准。在异议方没有证据证明造价咨询意见书违反《民事诉讼证据规定》第四十条第一款所列的情形之前，不宜否定造价咨询意见书的结论。

五、以行为达成计价合意

除以上四种以书面形式体现双方工程价款的情形外，少数法院另辟蹊径，形成了第五种认定双方计价合意的思路。法院以事实行为认定双方达成结算工程款的意思表示。这种案件中工程款的认定难点在于没有直接证据可以证明，只能通过裁判人员对证据的深入分析得出。试看一则案例。

---

① 《民事诉讼证据规定》第四十条第一款：“当事人申请重新鉴定，存在下列情形之一的，人民法院应当准许：（一）鉴定人不具备相应资格的；（二）鉴定程序严重违法的；（三）鉴定意见明显依据不足的；（四）鉴定意见不能作为证据使用的其他情形。”

案例五

韶关二建与坪石发电厂诉讼案[①]

当事人

再审申请人(一审原告、反诉被告、二审上诉人):韶关二建

被申请人(一审被告、反诉原告、二审被上诉人):坪石电厂

案例介绍

韶关二建提起诉讼,要求判令坪石电厂支付拖欠韶关二建的工程款8959.4746万元等。坪石电厂提出反诉,请求判决韶关二建将坪石电厂三期扩建工程2×300MW循环流化床机组土建工程的有关竣工文件资料交付给坪石电厂等。

一审法院驳回韶关二建请求。韶关二建提出上诉。二审法院观点与一审法院一致。二审法院提到坪石电厂认为其已付清工程款,而且已支付的款项中还包括其出借给韶关二建的借款7480多万元及维稳款2000万元,为证明该主张,坪石电厂于2013年5月17日向一审法院提交了27份韶关二建出具的借款申请表和借款收据以及韶关二建收取工程款的收据。借款借据和收取工程款收据反映出借款与支付工程款的书写内容不同,因此,已支付的款项中包括借款和工程款,两者不能混同。因2007年至2010年5月坪石电厂已经支付了工程进度款及代韶关二建支付的材料款、水电费、税费共计215,976,264.58元,已超出应付款,故一审判决坪石电厂不需再支付该案所涉工程价款给韶关二建公司,二审予以维持。另外,在合同固定价之外,坪石电厂一共出借了9498.3万元给韶关二建公司。至于双方是构成借款关系还是其他关系,由于坪石电厂并未主张,故不在该案审理范围之内,对此二审不作审查。二审法院驳回韶关二建上诉请求。

韶关二建提出再审。原判决认定坪石电厂应支付韶关二建工程款213,563,556.75元没有合法充分的证据,应以《韶关二建工程款对账结果》确定的总承包款273,504,658.48元为准;原判决认定坪石电厂共借给韶关二建公

① 参见最高人民法院民事判决书,(2016)最高法民再135号。

司借款9498.3万元与事实不符，且没有证据支持。如坪石电厂向韶关二建公司主张返还借款，则韶关二建公司不仅未得到工程款，还要承担返还责任，显失公平；原判决认定2000万元维稳款为借款与事实不符，证据不足。该款项是政府作为第三方直接代支付给材料商和工人，是坪石电厂支付的工程款或承包款的一部分，应从与韶关二建结算的工程款中扣除；坪石电厂已支付的全部款项系涉案工程款，包括工程进度款、代付材料款、水电费、税费及出借款，全部费用均用于支付涉案工程，是工程款或总承包款的组成部分。

再审法院认为：关于案涉工程款是按固定价还是据实结算的问题。无效合同比照有效处理的前提是当事人对权利义务进行充分协商、各自意志已充分表达，只有对合同履行的利益有了全面以及合理的预期才能够接受合同条款的约束。即便韶关二建作为专业建设施工单位具有相当的施工经验和市场风险判断能力，但对于案涉大型基础建设施工工程而言，也不可能基于一份简略的《广东坪石发电厂（B厂）三期扩建工程厂区总平面布置图》就对工程量和造价做出相对准确的评估。随着陆续提供的详细施工图纸所确定的实际施工范围会逐步超出合同签订时预估的施工范围，这种以协商不足的固定价款来对应不断增加的工程量的交易方式对施工方而言是极不公平的。建设工程费为4.9亿元的概算结论能在一定程度上证明该案所涉工程实际成本的大致区间，与合同约定固定价格2.0495亿元相距悬殊更已经超出了合理的范围。《韶关建筑工程造价信息月刊》也可以证明施工过程中建筑主材发生异常涨价、涨幅高达一倍，按照未经充分协商的合同固定价继续履行主材成本大幅攀升的施工合同已缺乏可能，坪石电厂在质证时对此并不否认、仅抗辩应以合同约定固定价格结算，故上述证据可以证明案涉施工合同所约定的固定承包价缺乏事实基础并实际导致利益失衡，在该情况下双方当事人根据施工合同的实际履行情况以及市场的重大变化重新议定工程价款具有合理性，原判决关于案涉合同执行固定价而非据实结算的认定缺乏事实根据。

关于案涉9493.8万元[①]款项的性质问题。原判决主要依据《韶关二建工程款对账结果》《工程款付款证书》《工程借款申请表》《工程联系单》《收款收据》

---

① 9493.8万元与前文提到的9498.3万元两个数额不一致，这应是判决文书中的笔误。为保持与判决文书内容的一致，笔者未对这两个数额作出更改。下文中情况也是如此，不多赘述。

认定该案所涉9493.8万元款项是借款而不是工程款。上述证据中,《工程款付款证书》《工程借款申请表》《工程联系单》《收款收据》均为施工过程中针对具体单笔交易单独制作,形成时间在前,而《韶关二建工程款对账结果》是工程完工后双方当事人经对账并协商所形成的总结性结论,且形成时间在后,因此应当认定《韶关二建工程款对账结果》更能够准确反映当事人之间权利义务,是更具证明效力的优势证据。对该证据分析可知:(1)从《韶关二建工程款对账结果》的题名看,其名称系工程款对账结果,可以判断双方当事人对账目的在于确认已支付工程款的明细及数额,因此该对账单具体所列的明细款项包括案涉多笔"借款",不论何者名目或性质来源,均已视作工程款纳入其中一并予以核对;(2)该对账单所列第五项至第七项关于"5、2009年1月至4月30日止代付材料及工程款和借款24,286,076.31元;6、2009年5月至7月31日止代付材料及工程款和借款22,386,975.18元;7、2009年8月至12月31日止代付材料及工程款和借款17,410,905.00元"以及第八项关于"根据上面付韶关二建工程总承包款273,504,658.48(2+3+4+5+6+7)"所体现的各项逻辑关系,更说明双方认可将2009年整个年度所发生的多笔借款均最终归入坪石电厂已付韶关二建工程总承包款之内而非另一单独的法律关系;(3)该对账结果关于"1.三期土建合同价20,495万元……8.根据上述付韶关二建工程总承包款273,504,658.48元(2+3+4+5+6+7)"的表达方式,说明双方当事人放弃合同约定的20,495万元固定价格,改为通过对第二项至第七项实际所付款项的认可和汇总将案涉工程总承包款调整为273,504,658.48元,也进一步印证了前述坪石电厂与韶关二建在施工合同履行过程中已经形成了据实结算、对合同原约定固定价格予以变更的事实。因此,对照上述基本事实,原判决关于双方当事人仍以合同固定价格为准、案涉借款与工程款无关的认定与《韶关二建工程款对账结果》证实的当事人意思并不相符合、缺乏证据支持。

再审法院最终结论:《韶关市坪石发电厂有限公司(B厂)三期扩建工程2×300MW循环流化床机组土建工程施工合同》因违反法律效力性强制规定而无效,合同所约定的固定承包价因未经双方当事人充分协商而无约束力。合同履行中坪石电厂和韶关二建根据实际施工情况据实结算,以借款名目支付的9493.8万元款项亦属于工程承包款。原判决关于案涉工程应以合同约定固定价格2.0495亿元结算以及9493.8万元为借款可另案解决的认定缺乏事实依据且与双方对账结果不符,应予纠正。由于坪石电厂所支付的309,591,707.48元款项均为据实结算的工程款,韶关二建也不能提交证据证明尚有其他应付工程款存在,因此坪石电厂不再负有继续支付工程款的义务,韶关二建的本诉请求因无事实根据而不能成立。原判决虽然对案涉工程价款如何确定以及9493.8万元性质等问题认定欠妥,但关于驳回韶关二建诉讼请求、支持坪石电厂反诉请求的实体处理正确,可予维持。最终,再审法院维持二审民事判决。

案例评析

该则案例历经一审、二审、再审三个环节。裁判文书记载翔实,内容丰富,笔者截取裁判文书中的小部分内容。案例中原告(反诉被告)起诉发包人要求支付未付的工程款,发包人提出反诉要求原告(反诉被告)交付工程资料。一审法院认定双方签订的为固定价款合同,被告(反诉原告)已超额支付工程款,驳回原告(反诉被告)诉请。另外,一审法院将原告与被告的多项借款不作为项目的工程款认定。二审法院维持一审原判。同时,依据二审判决结果及二审法院对于原告向被告借款事实的认定,被告极可能依据二审裁判文书反向原告主张归还借款9000余万元(借款7480万元以及维稳款2000万元)。再审法院维持二审法院裁判结果,同时将承包人向发包人借支的9000余万元也作为工程款予以认定。虽然再审结果与二审结果表面一致,但是从某种意义上讲,再审法院消除了发包人可能要求承包人反付9000余万元款项的隐患。

再审法院依据关联事实,推断得出双方以事实行为改变原合同中约定的固定结算价。该则案例将工程款纠纷中施工方以借款名义收取的款项与施工方应得的工程款认定为同一法律关系。法律关系一致性的认定解决了发包人向施工方主张归还“借款”的隐患问题,也就是确认了根本不存在所谓的“借款”。案件经历一审、二审、再审,虽然未能达到原告的诉讼目的,但是一定程度上帮助原告减少了损失。同时,再审法院抽丝剥茧似的论证值得称赞。该则案例为该类案件的处理提供了一个新的思路,即在书面形式体现结算工程价款之外,存在以行为方式确认工程价款的第五类方式。笔者认为,这种计价体现的确立需要考虑以下方面。

首先,这种计价体现需要从结果的公平性上进行考察。该案虽然没有对工程实际造价进行鉴定,但是从相关事实可以看出,该案工程的实际造价应严重高于合同约定的固定价。

其次,这种计价体现需要从证据链条的完整性上进行考察。该案中,法院结合相关借支申请、对账结果、账单名目等材料进行综合分析与判断,于细微处尽显缜密性。

最后,这种计价体现需要从意思表示的真实性上进行考察。如果没有真实结算工程款,应不会有第二个法律关系“借款”的出现,尤其是大量“借款”的出现,这需要裁判人员去伪存真地分析。

以借支名义支付工程款的行为隐蔽性较强,在每一个具体案件中可能又会有不同的特点,需要裁判人员作出独立研判。

该案中,一审法院、二审法院均认为该案借款不应作为工程款处理,发包人也认为该案工程款就是固定总价合同载明的款项,而再审法院认为所涉 9000 余万元借款属于工程款的一部分。该案双方观点分歧太大。假如二审法院的裁判得以成立,原告未申请再审,此时不仅原告的诉讼请求不被支持,甚至依据二审法院裁判,原告可能还面临另行向被告返还借款 9000 余万元的风险。这是一个可怕的结果。笔者不敢妄想该案是否存在一方或双方为赢得诉讼刻意歪曲事实、隐瞒真相的行为。如果双方没有这种行为,自然应当勉之。但如果存在这种行为,笔者认为,法院应当对不诚信诉讼行为的参与人进行必要的惩戒,以体现每一个案件中诉讼参与人均应自觉履行诚信诉讼义务的价值导向,以体现每一个案件中诉讼参与人均应严格遵守诉讼秩序的价值导向。法庭不是诉讼参与人说谎的舞台。假如律师参与不诚信诉讼,或者隐瞒真相也必须予以惩戒。另外,在事实难以查明的疑难案件中,应建立并广泛适用当事人本人必须出庭制度。由于材料所限,笔者不清楚一审、二审中当事人本人是否出庭。根据再审法律文书,再审中双方当事人未出庭,均是律师出庭。当事人本人出庭制度在民事诉讼法中已经存在,只是实践中没有被很好地运用。笔者认为当事人本人出庭,通过案件当事人本人之口陈述某些事实,案件事实反而更加容易查清。如果当事人本人不出庭仅代理律师出庭,可能因律师对于案件事实的不清楚或者所谓诉讼技巧的存在,导致案件事实难以查清情况的出现。

第二节　三点认识

一、法律不禁止则皆可

法律不禁止当事人选择以何种形式体现工程款的结算，上述五种形式均可以成为认定工程款的方式。实践中，选择第一种计价体现结算协议与第二种计价体现结算书的较多；选择第三种计价体现审计（核）报告、第四种计价体现造价咨询意见书的相对较少；第五种计价体现以行为达成计价合意则最为特殊，也更少。当然，这五种计价体现各有特点。结算协议完全是双方意思自治的结果。结算书是承包人单方提供的结算资料，存在对方认可与不认可的两种情况。审计（核）报告、造价咨询意见书是通过第三方机构或专业人员对工程款的数额作出确认。以行为达成计价合意没有书面介质，存在于双方以行为表现出的客观事实当中。

二、认可度存在难易之别

一旦出现纠纷，五种计价体现存在认定工程款的难易之别。首先，结算协议及双方确认的结算书具有相当强的证明力。一方不认可结算协议或者不认可双方已确认的结算书仍要求对工程款进行鉴定时，诉裁机关一般不会允许。双方的协议书及双方已认可的结算书可直接作为工程款的认定依据。实践中，存在一方以重大误解、显失公平、存在欺诈行为等理由撤销协议书或双方已认可的结算书的个别案例。未被对方认可的施工方单方出具的结算书只能作为工程款认定的一个参照，不具有直接作为工程款认定的法律效力。

其次，审计（核）结论、造价咨询意见书不是当然的工程款的认定依据。审计（核）结论、造价咨询意见书可以被理解为是附条件的认定依据。审计（核）报告、造价咨询意见书是以第三人的视角对工程价款作出认定。审计（核）报告、造价咨询意见书作为结算依据需要以双方合同明确约定接受审计结果或明确约定接受造价咨询意见作为前提。

最后，以行为达成计价合意的隐蔽性强。这种情况下，主张成立的一方无直接证据证明某种行为就是双方计价合意的表现。这种计价体现需要通过对案件证据材料进行更缜密地分析推理才能得出。某种意义上讲,此种推理更加考验裁判人员的智慧与对案件真相探索的勇气。这种计价体现的认可度最难,最不容易。

三、纠纷的表现形式不一

无论哪种计价体现,最终都为顺利结算工程款服务。以上任何一种计价体现均可能出现分歧,如果出现法律纠纷,其法律纠纷的表现不一样。

对于结算协议或者双方确认的结算书,异议方一般会以存在重大误解、显失公平、存在欺诈行为、损害社会公共利益、损害第三方利益等理由要求认定无效或者撤销。

对于承包人一方出具的结算书,另一方能以更多理由进行否定。比如,工程量计算不对,工程款计算方法与合同约定不符等,甚至可以不需要提出理由就能要求裁判机关对工程款进行鉴定。

对于审计(核)报告,异议方会以不是双方约定的工程款的结算方式为理由提出异议;对于造价咨询意见书,异议方会以未有明确约束的意思表示为理由而否定结算效力。

对于以行为达成计价合意,异议方往往以施工合同作为依据,认为施工合同中的工程价款才是双方真实意思表示的价格,其他任何行为均没有改变合同意思表示,否定以行为达成新的计价合意。

以上计价体现多出现在建设工程施工完毕后或者出现在双方施工合同解除后,未涉及施工过程中的结算问题。2020 年 7 月 24 日,住房和城乡建设部办公厅印发《工程造价改革工作方案》(建办标[2020]38 号),这一文件要求全面推行施工过程价款结算。施工过程结算是指在工程项目施工过程中,发承包双方依据施工合同约定,对结算周期内完成的工程内容、签证、工程变更、索赔、计日工等进行工程价款计算、调整、确认的活动。推行施工过程结算,可以将发现问题的端口前移,规范施工合同管理,减少双方计价争议。

笔者认为,施工过程价款结算实为阶段性的结算。推行阶段性结算,虽然计价争议仍会存在,但是必定会减少计价分歧,缩小计价差距。阶段性结算有利于及时发现计价问题,为尽可能消除双方争议做了一个好的铺垫及尝试,效果值得期待。

008 第八章

工程款据实结算

·导　读·

计价方法,解决的是建设工程价款如何计算的专业技术问题。计价约定是将计价方法的专业技术问题转化为双方合意的契约化过程。工程款结算是发承包双方确认工程价款的活动,解决的是工程造价多少,已付多少工程款,应付多少工程款的问题。可以认为计价方法、计价约定、工程款结算三个程序一脉相承。结算犹如足球运动比赛中的临门一脚,是计价活动中的关键一环。

如果对工程款结算进行分类,根据结算依据的不同,一般可以分为:合同结算、定额结算、清单结算。这几种结算可能存在一定的重合之处。比如,如果建设工程施工合同中约定的结算为定额结算或清单结算,则依合同结算就是定额结算或清单结算。也就是说,合同结算与定额结算、清单结算可能相同,也可能不同。

建设工程施工合同中约定"据实结算"的情况并不会太多。即使约定"据实结算",更多的时候可能是指"量"的据实。据实结算既不是建设工程方面结算的专业术语,也不是法律术语,因此,对工程款据实结算的理解容易产生分歧。同时,在一些建设工程纠纷案例中,确实发现据实结算的身影。因对其研究不多,工程款是否应据实结算、如何据实结算经常成为双方争执的焦点。本章对据实结算问题进行专门探讨与研究。结合三则案例中反映出的据实结算问题,笔者就据实结算的内涵、据实结算的适用、据实结算与定额结算的关系、据实结算与清单结算的关系、据实结算与市场价的关系等提出自己的一些法律认识。

第一节 三则案例

一、“据实结算”理解不一的结算案例

案例一

金亨公司与隆丰公司诉讼案①

当事人

上诉人(原审原告):金亨公司

被上诉人(原审被告):隆丰公司

案例介绍

一审法院查明部分事实如下:

2019年,隆丰公司(发包人、甲方)与金亨公司(承包人、乙方)签订阳光海岸带景观用房建筑施工承包协议,其中结算部分内容:结算价款按图纸建筑面积计算,单价1780元/平方米(包含内容详见第三条施工范围),合同价款约456万元,以上价款仅为合同暂定价款,仅作为拨款依据;合同价款包含增值税10%专用发票。其他需调整造价的结算约定:(1)工程变更:①当发生时乙方无条件组织施工,工程实体部分结算按以下方式:建筑工程为Ⅲ类,《山东省建筑工程消耗量定额》(2016年版),2018年价目表,定额人工单价按建设工程76元/工日,装饰工程76元/工日调整价差,安装工程76元/工日,材料价格甲乙双方商定;②施工过程中发生工程变更增加的费用,在进度拨款时不予考虑。(2)工程经济签证:结算时措施费不调整;(3)甲供材结算方式:①定额用量以内部分:按供应单价×定额用量后扣除;②超出定额用量:按供应单价×1.2×超出定额用量后扣除。

一审诉讼中双方均认可涉案工程未完全完工,未验收,现已被拆除,并均申

① 参见山东省日照市中级人民法院民事判决书,(2021)鲁11民终1015号。

请对涉案工程进行鉴定。

金亨公司要求对其所干工程的工程价款进行据实结算并申请鉴定。具体认为:其所做的每个工程点的工程造价、工程设计、装修等都是不一样的,按比例分配是错误的,据实结算是对每个房屋造价的客观评价,所以据实结算的观点正确,符合实际情况。

隆丰公司认为应当按照双方签订施工承包协议的约定进行鉴定,因为涉案工程未完全完工,工程款应当采用“按比例折算”的方式确定工程款,并申请鉴定。具体诉求有:(1)分别计算出已完成工程部分和整个合同的总价款,不包括外墙保温等涉案工程签证变更部分的工程造价进行鉴定;(2)应当按照双方签订的施工承包协议的约定进行鉴定,双方在施工承包合同中约定,按照平方米造价的方式进行结算,涉案工程共计2561.92平方米,双方约定按照1780元/平方米进行结算;(3)因为涉案工程未完全完工,工程款应当采用“按比例折算”的方式确定工程款,即应该由鉴定机构在同一取费标准下计算出金亨公司已完工部分工程的工程款占整个合同图纸范围内工程的工程款(不含隆丰公司单独发包的外墙保温、室内地板砖、内墙涂料及签证变更部分)的比例来计算;(4)对于签证变更的部分,双方在施工承包合同中约定了明确具体的结算标准,按照合同约定结算就行;(5)金亨公司要求对整个工程按实结算,不符合合同的约定;双方并没有在合同中约定按实结算,更没有约定按实结算使用的定额取费标准,而是约定平米造价的结算模式,无法按实结算。

一审法院依照隆丰公司的申请依法委托天宇公司进行鉴定,天宇公司出具编号为日照天宇鉴字[2020]第012号司法鉴定书。鉴定意见中工程造价为2,792,166.74元,该金额系据实结算得出,并列明单项工程名称及金额,其中签证部分鉴定金额为237,238.97元。

金亨公司对鉴定书真实性无异议,但认为鉴定报告鉴定错误,并提交书面质证意见:(1)鉴定报告采用定额计价法鉴定,与实际工程市场价(清单式计价)存在较大偏差;桃花岛1#、2#,李家台1#、3#,任家台3#等五处工程(鉴定报告总造价表中一至五项)基本完成施工(按照施工进度状况,实际完工率在90%以上,5处工程款应为270万元以上),但按照鉴定结果(2,400,775.19元),其仅占协议价(2,932,087.20元)的81.88%,该数据说明,鉴定数据明显低于协议价,仅上述五处,工程款偏低约计30万元。(2)我方主张鉴定报告数据用于计算工程的完成率等，但需要鉴定机构按照相同鉴定方法补充鉴定“整个合同的总价款(不含外墙保温等)”，用此数据计算实际完工率。一审法院司法鉴定委托书，委托鉴定事项明确要求“分别计算出已完成工程部分和整个合同的总价款(不含外墙保温等)”，但现出具的鉴定报告仅为按照定额评估的“实际完成工程”，未出具“整个合同的总价款(不含外墙保温等)”的鉴定结果，故要求评估机构按照委托要求，结合《阳光海岸带景观用房建筑施工承包协议》，补充完成上述工程的“总价款(不含外墙保温等)”的鉴定。(3)我方主张桃花岛1#、2#，李家台1#、3#，任家台3#等(鉴定报告总造价表中一至五项)五处工程(按照施工进度状况，实际完工率在90%以上)按照完工率计算工程款。计算公式为：工程款＝建筑面积×协议价×完工率，其中完工率＝已完成工程鉴定造价÷总工程鉴定造价。(4)我方主张李家台2#、李家台4#、任家台2#、签证工程(鉴定报告总造价表中六至九项)，按照鉴定造价及偏差率计算工程款，计算公式为：工程款＝鉴定造价×(1＋偏差率)，其中偏差率＝(协议总工程款－总工程鉴定造价)÷协议总工程款，相差款项约4万元。可以看出，鉴定机构存在错误，需要鉴定机构人员出庭，并修改鉴定报告。

隆丰公司对鉴定书真实性无异议，对于鉴定过程中按实结算的鉴定方式也无异议，提出三项异议：(1)签证部分鉴定材料为复印件，其不认可，不应该作为鉴定依据，签证造价237,238.97元应该从鉴定报告总数中扣除；(2)涉案工程的税率应当按照9%计算，鉴定报告中是按照10%计算的，税率应当执行政策调整，金亨公司向隆丰公司开具的发票也是按照9%税率计算的；(3)涉案合同属于将建设工程主体非法分包，为无效合同，鉴定报告中的管理费和利润部分应予以扣除，只计取直接费用。

针对异议，鉴定人员出庭进行解释，笔者归纳主要内容如下：(1)因承包范围不清晰、施工范围不明确、合同范围不严谨，总数额无法测算。(2)鉴定机构按合同变更部分条款(2016版山东省建筑工程消耗量定额、2018年价目表，定额建筑、装饰、安装人工按照76元/工日，材料价格根据施工期日照经济信息价考虑)据实进行鉴定。(3)鉴定出的数据是据实作出的鉴定数据，与协议价无关，不能放在一起比较。(4)合同变更条款为2016版山东省建筑工程消耗量定额、2018年价目表，定额建筑、装饰、安装人工按照76元/工日，材料价格根据施工期日照经济信息价考虑，与协议单价1780元每平方米的计价基础是一致的，同一个合同范围内不可能出现两种计价方式,所以不存在鉴定机构出具的鉴定报告有错误。该工程2016版山东省建筑工程消耗量定额、2018年价目表,定额建筑、装饰、安装人工按照76元/工日,与施工同期其他结算条款相比相差不大。

后天宇公司提交鉴定补充说明,对鉴定部分内容作出如下调整:(1)已完成部分工程造价调整为2,531,701.17元,签证变更复印件部分工程造价调整为235,082.25元,小计2,766,783.42元。签证部分是否给予认定,请法院判决。(2)企业管理费、利润,鉴定机构按照协议条款2016版山东省建筑工程消耗量定额、2018年价目表,定额建筑、装饰、安装人工按照76元/工日,I工程计入。其中企业管理费+利润+企业管理利润对应规费税金为:已完成合同范围内部分为256,152.72元,签证变更复印件部分4661.37元,小计260,814.09元。

一审法院认为:金亨公司向一审法院提交鉴定申请并主张据实结算其已干部分工程款,鉴定机构按照据实结算方式鉴定出工程款,虽对整个合同的总价款主张因范围不明确等相关原因无法鉴定,但不影响其已经通过据实结算方式鉴定作出的工程价款的有效性。因涉案工程未竣工验收即被拆除,亦不应当参照合同约定支付工程价款,隆丰公司同意按照据实结算工程款进行支付,一审法院予以确认。一审法院确认金亨公司所干工程的工程价款为2,531,701.17元,并作出相应判决。

金亨公司提出上诉,上诉理由部分如下:金亨公司对工程造价鉴定报告有异议。(1)鉴定机构没有按照法院的要求完成总工程量的鉴定,鉴定机构所说的理由不能成立,有定额完全可以鉴定总工程量。(2)鉴定机构说双方之间的工程范围不明确,但是并未向双方进一步核实,鉴证机构所缺少的资料完全可以通过法院和双方的举证获得,但鉴定机构未予处理,违反鉴定规则。(3)鉴定机构适用的鉴定标准不一,对已完成部分的工程量适用2016版山东省建筑工程消耗量定额进行计算,每平方米1401元,对于总工程量却用每平方米1780元计算,明显错误。金亨公司要求鉴定机构按照统一标准对总工程量进行鉴定,完成鉴定要求,或者另行委托鉴定机构。

二审法院未予采纳金亨公司上诉观点,驳回金亨公司上诉请求。

案例评析

该则案例的意义不在于探讨鉴定机构作出的鉴定结论的正确与否,而在于探讨各方对于据实鉴定的理解问题。该案中鉴定机构人员出庭就有关当事人提出的异议进行详细回应,法院将回应记录于裁判文书中。该案对鉴定人员的回答作了众多记录,让人较充分地掌握了鉴定人员的鉴定思路。该案工程未完工、未验收,并且已被拆除。金亨公司对已做工程申请据实结算鉴定。隆丰公司要求依协议约定进行鉴定,同时认为应当采用"按比例折算"方式进行鉴定。鉴定机构认为其进行的工程款司法鉴定就是据实鉴定。金亨公司却认为鉴定机构的鉴定是定额计价法鉴定,与工程市场价存在较大偏差而不接受鉴定结论。

案例反映出的问题有如下几点。

首先,对据实结算的理解各方不一。根据各方表达的鉴定诉求及对鉴定结论本身的意见,金亨公司要求对已做工程进行据实结算,不认可鉴定机构的鉴定为据实鉴定;隆丰公司要求依协议约定,同时认为应当采用"按比例折算"方式进行鉴定;鉴定机构认为其进行的就是据实鉴定。显然,金亨公司与鉴定机构的理解不在同一维度上。起码,鉴定机构的据实鉴定与金亨公司要求的据实鉴定肯定不一样。

其次,对据实结算的要求各方模糊。整个裁判文书中,笔者并未看出金亨公司要求的据实鉴定具体指哪些造价要素的"实",其只是笼统的反映不同意"按比例折算",认为鉴定机构是定额计价法。而对于鉴定机构而言,虽然其称自己的鉴定是据实鉴定,但哪些造价要素为"实"也是不明确的。鉴定机构在对金亨公司关于鉴定报告的质疑时如此回应:"鉴定机构按合同变更部分条款(2016 版山东省建筑工程消耗量定额、2018 年价目表,定额建筑、装饰、安装人工按照 76 元/工日,材料价格根据施工期日照经济信息价考虑)据实进行鉴定。"其还回应,"鉴定出的数据是据实作出的鉴定数据,与协议价无关,不能放在一起比较","合同变更条款为 2016 版山东省建筑工程消耗量定额、2018 年价目表,定额建筑、装饰、安装人工按照 76 元/工日,材料价格根据施工期日照经济信息价考虑,与协议单价 1780 元/平方米,计价基础是一致的,同一个合同范围内不可能出现两种计价方式,所以不存在鉴定机构出具的鉴定报告有错误;该工程 2016 版山东省建筑工程消耗量定额、2018 年价目表,定额建筑、装饰、安装人工按照 76 元/工日,与施工同期其他结算条款相比相差不大"。

根据鉴定机构作出回应的相关信息可以得出一个结论:案例中原、被告双方在合同中约定的每平方米单价1780元肯定不等同于“2016版山东省建筑工程消耗量定额、2018年价目表,定额建筑、装饰、安装人工按照76元/工日,材料价格根据施工期日照经济信息价”结算得到的数据,或者两者肯定是不一致,否则不会有鉴定人员所说的“相差不大”的表述。

2018年11月29日,山东省住房和城乡建设厅发布《关于调整建设工程定额人工单价及各专业定额价目表的通知》(鲁建标字[2018]45号)。根据该文件内容①可以发现:同期山东省人工定额费用并不是建设工程76元/工日,装饰工程76元/工日,安装工程76元/工日。因此,建设工程人工费用76元/工日,装饰工程人工费用76元/工日,安装工程人工费用76元/工日是合同约定的标准。由此可见,在鉴定机构据实鉴定中,人工费不是政府相关部门制定的人工费。也就是说,鉴定机构是采纳了双方协议中的标准,起码是部分采纳了双方协议中的标准。

笔者认为,案例中鉴定人员所称的“计价基础一致”,肯定不等于计价数据相同。笔者不否认协议计价与鉴定人员鉴定出的价格采取的是相同的计价基础,但是,鉴定人员参照了双方协议中的部分条款价格进行结算,这种结算还能否称为据实结算?笔者认为值得商榷。同时,鉴定人员称:“鉴定机构按合同变更部分条款(2016版山东省建筑工程消耗量定额、2018年价目表,定额建筑、装饰、安装人工按照76元/工日,材料价格根据施工期日照经济信息价考虑)据实进行鉴定。”但其又说:“鉴定出的数据是据实作出的鉴定数据,与协议价无关,不能放在一起比较。”这似乎是一个存在矛盾的说法,鉴定机构得出的鉴定结论至少与双方的协议价格部分是有关系的。

先不论鉴定机构鉴定的价款是否合理,笔者认为,该案鉴定得出的价款起码不是完全的据实鉴定,即鉴定机构只是做到了材料价格的“实”。对于取费标准,根据案件信息,鉴定应当是采纳了当地定额中的取费标准。因此,总体而

---

① 《山东省住房和城乡建设厅关于调整建设工程定额人工单价及各专业定额价目表的通知》(鲁建标字[2018]45号)规定:“2016版建筑、安装、市政、园林绿化工程消耗量定额(鲁建标字[2016]39号文件发布)及2018版建筑、安装、市政工程概算定额(鲁建标字[2018]29号文件发布)中的人工综合工日单价调整为:建筑工程110元/工日,装饰工程120元/工日,安装工程120元/工日,市政工程103元/工日,园林绿化工程103元/工日。”《山东省建设工程施工机械台班费用编制规则》(鲁建标字[2016]39号文件发布)中的人工单价调整为113元/工日。

言,案例中的据实鉴定没有做到人工费的"实"。

综上,法院认可鉴定机构作出的鉴定为据实鉴定,这一说法的准确性就值得商榷。笔者不清楚法院依据什么得出的这一结论。前文分析鉴定机构只是在材料方面适用造价信息、取费标准方面依据工程定额、人工费方面依据双方协议价格,这种情形下何以认定为据实鉴定?

金亨公司对鉴定机构的鉴定意见提出的反驳理由中表述鉴定机构的鉴定是定额计价法鉴定,与工程市场价存在较大偏差。金亨公司不接受鉴定结论并提出了工程市场价概念。金亨公司提出的鉴定要求是据实结算,其是否将据实结算与市场价两者等同,依据裁判文书的信息,笔者很难作出判断。

二、两种结算方式下择其一结算案例

案 例 二

金某祥与银泰公司诉讼案[①]

当事人

上诉人(原审原告):金某祥

上诉人(原审被告):银泰公司

被上诉人(原审被告):东欣公司

案例介绍

2010年4月7日,银泰公司与东欣公司签订《建设工程施工合同》,约定由东欣公司承包株洲银泰财富广场工程,该合同由协议书、通用条款、专用条款三部分组成。

协议书第二条约定:工程承包范围为施工图纸范围内所有土建工程、安装工程及变更工程(但拟分包工程除外)。第五条约定:合同价款156,245,967.55元,其中包括16,245,967.55元的分包工程款(分包工程详见补充协议第四条)。第六条合同价款及支付:23.2本合同价款采用固定价格合同,除专用条款中约定可调整合同价款的因素为风险范围以外的因素外,其余因素均不属于合

① 参见最高人民法院民事判决书,(2019)最高法民终379号。

同价款所包含的风险因素。合同价款中包括的风险范围包括但不限于：a.施工期内遇市场价格（人、材、机）波动，除国家法律、政策和标准、规范强制性规定必须调整的外，不予调整，承包人在投标报价时已考虑并预测工期内可能发生的价格波动风险；b.承包人对发包人在招标时提供的工程量清单（如有），未根据招标资料及设计图纸认真计算复核，且在投标前未按招标文件要求就招标文件组成部分的工程量清单的准确性和完整性提出异议的，项目实施过程中及结算时工程量概不调整；但若承包人对工程量清单有异议，且经双方在中标前核对，确认发包人提供的工程量清单项目或数量有误，或者设计变更引起的工程项目或数量有增减，则项目的工程量应根据变更设计图纸、变更联系单并按有关工程量计算的方法计算确定工程量……f.由于施工验收规范的要求或强制性条款的要求，以及设计图纸中缺、漏、碰、错等内容，在之后的会审纪要或施工联系单明确其做法的，不作为工程量的增减计算，累计超过50万元的，不在此限。风险范围以外合同价款调整方法：a.在工程施工过程中，工程量和价款的增减，除经发包人签证并盖章认可的联系单允许调整外，其余不得变动；b.因设计变更引起的工程量增减，其项目单价仍执行合同原有的价格，综合单价及措施费不予调整；c.因非承包人原因的工程变更，造成增加新的工程项目和工程量，其对应的综合单价按下列方法确认：合同中已有适用的综合单价，按合同中已有的综合单价确定，合同中有类似的综合单价，参照类似的综合单价确定，合同中没有适用或类似的综合单价，由承包人提出综合单价，经发包人确认后执行……e.因设计变更导致工程量变更而引起的合同价款增加或减少，按整个工程计算，增加或减少的合价金额在合同约定价款的50万元（包括本数）之内的，合同价款不予调整，若增减值超过，则超过部分按实结算；f.招标文件、双方签订的协议及经双方签证的联系单明确规定的分包工程及无须由承包人施工的工程项目，不计入承包人的工程量，与此相对应的工程价款在确定合同约定价款、支付工程进度款及承包人结算工程造价时，相应扣除。第八条工程变更：29.1施工图的修改变更，必须经原设计单位同意，经监理和发包人签证后，承包人才能实施。同日，银泰公司与东欣公司签订《补充协议》。2010年4月16日，东欣公司与金某祥签订《经济责任承包合同》。2011年5月17日，银泰公司与东欣公司签订《补充协议二》。

诉讼中东欣公司、金某祥与银泰公司对工程结算计量计价方法存在争议。

根据金某祥的申请,湖南高院委托鉴定机构利安达公司采取多种方法对工程造价进行了司法鉴定。法院委托对工程造价进行鉴定时提出具体要求:(1)据实鉴定。①招标工程清单内已完工程造价,参照投标价和投标口径计价,材料价格依据《湖南省建设厅关于工程主要材料价格调整的通知》(湘建价[2008]2号)的规定调整,人工费、机械费依照相关调价文件调整后计算。②招标工程清单以外的已完工程造价,依据强制性条款的规定(漏算和少算)、设计变更等累计增减工程造价(包括措施费)50万元以外的所有工程(包括措施费),依据工程造价管理机构颁布的相关工程造价规则按实计算的工程造价。(2)按固定总价方式鉴定,即以固定总价为基数,非设计变更的部分,工程量与价均不予调整。设计变更部分(具有有效的变更签证部分)按合同约定进行造价鉴定。(3)工程招标清单与银泰公司提供的图纸间的工程量是否一致,二者之间的工程造价相差多少(量价均不调整)。(4)工程是按银泰公司提供的图纸还是金某祥提供的图纸进行实际施工。利安达公司的鉴定结论为:(1)据实鉴定。①依据充分的工程鉴定造价金额为209,497,824.57元。②双方有争议待法院裁决的待定项目金额为11,429,420.12元。(2)按固定总价方式鉴定。①依据充分的工程鉴定造价金额为155,485,436.18元。②双方有争议有待法院裁决的项目金额为1,451,259.06元。③招标清单工程量与银泰公司提供的图纸间的工程量已完部分的工程造价相差35,885,509.09元。(3)招标清单工程量与银泰公司提供的图纸工程量不一致,二者之间的工程造价相差54,800,877.12元。(4)工程是按金某祥提供的图纸进行实际施工。

鉴定过程中,湖南高院又以(2015)法技鉴字第15-1号委托书委托利安达公司补充鉴定:对原委托鉴定(1)据实鉴定部分第2项,即招标工程清单以外的已完工程造价,依据强制性条款的规定(漏算和少算)、设计变更等累计增减工程造价(包括措施费)50万元以外的所有工程(包括措施费)均依据投标价计价,材料价格依据湘建价[2008]2号文件的规定调整,人工费、机械费依照相关调价文件调整后计算。鉴定结论为:(1)依据充分的工程鉴定造价金额为203,183,250.56元。(2)双方有争议有待法院裁决的待定项目金额为11,286,557.66元。

关于招标清单工程量与银泰公司提供图纸工程量的差额35,885,509.09元。一审法院认为,银泰公司提供的工程量清单与图纸之间差额巨大,合同约定价款156,245,967.55元,工程量清单与图纸之间差距达到54,800,877.12元,已完成部分差距达35,885,509.09元,差距已经超出了工程量编制正常误差范围。如果完全按照合同约定计价,则实质上免除了发包方对工程量清单准确性和完整性负责的法定义务,也不符合诚实信用与公平原则。因此,一审法院酌情确定已完工部分差额35,885,509.09元中20%的部分属于清单工程量与图纸不符的合理误差,该部分按照合同约定由东欣公司承担责任,对于其他部分,银泰公司应向东欣公司支付工程款,即该部分工程款为28,708,407.27元(35,885,509.09元×80%)。

一审法院采信"以固定总价为基数,非设计变更的部分,工程量与价均不予调整,设计变更部分(具有有效的变更签证部分)按合同约定进行造价鉴定"的鉴定意见,并根据该案实际情况对部分争议款项进行调整。最终一审法院认定银泰公司仍应向东欣公司支付工程款79,668,229元,扣除0.5%的管理费后,即为东欣公司应向金某祥支付的工程款,款项为79,269,888元。

金某祥提出上诉,认为该案应按固定单价方式进行鉴定及市场价格(人、材、机)波动应调整工程价款等。二审法院认为:案涉工程系公开招投标工程,东欣公司根据银泰公司发放的工程量清单编制了工程量清单报价表,并以156,245,967.55元中标。其后签订的《建设工程施工合同》中亦约定"合同价款金额156,245,967.55元,其中包括16,245,967.55元的分包工程价款"。据此,可以认定案涉合同系固定总价合同,但案涉合同价款并非完全不可调整。《建设工程施工合同》第三部分专用条款第23.2条b款约定:……设计变更引起的工程项目或者数量有增减,则项目的工程量应根据变更设计图纸、变更联系单并按有关工程量计算的方法计算确定工程量。f款约定:由于施工验收规范的要求或强制性条款的要求,以及设计图纸中缺、漏、碰、错等内容,在之后的会审纪要或施工联系单明确其做法的,不作为工程量的增减计算,累计超过50万元的,不在此限。根据以上合同内容,一审法院采信"以固定总价为基数,非设计变更的部分,工程量与价均不予调整;设计变更部分(具有有效的变更签证部分)按合同约定进行造价鉴定",并根据实际情况对部分争议款项进行调整的计算方法,符合当事人合同约定,法院予以认可。

二审法院认为:市场价格(人、材、机)波动是否应当调整工程款的问题。利安达公司在按固定总价方式的鉴定中,对充分的工程鉴定造价金额

155,485,436.18 元作出说明:鉴定造价中(包括设计变更部分)未包括合同专用条款第 23.2 条 a 款施工期内遇市场价格(人、材、机)波动的工程价款。但案涉《建设施工合同》第三部分专用条款第 23.2 条 a 款约定:“施工期内遇市场价格(人、材、机)波动,除国家法律、政策和标准、规范强制性规定必须调整的外,否则,不予调整,属于承包人应承担的风险,承包人在投标报价时已考虑并预测工期内可能发生的价格波动风险。”而《湖南省建设厅关于工程主要材料价格调整的通知》(湘建价[2008]2 号)中“单项主要材料预算价格或市场价格涨降幅度超过规定时,该单项主要材料价格应按实际市场价格全部调整”的内容,主要针对建设工程招标和合同签订备案等事宜予以指导和规范,而对于已招标及已签订施工承包合同且尚未办理工程结算的工程等,并没有具体、明确应予调整的内容,仅指出应按公平协商、互惠互利的原则处理。因此,法院综合当事人约定,工程实际情况,利安达公司有关市场价格(人、材、机)波动调整价差数额的回复,当地建筑市场有关规定等多个因素,认为:在一审法院对招标清单与图纸不符的价差 35,885,509.09 元中 80% 的部分,已作对实际施工人更有利的处理后,如再行对市场价格波动进行调差,事实上无异于据实鉴定,并将使以固定总价为基础的承包结算方式名存实亡,导致发包人设定固定总价的合同目的无法实现,双方当事人利益有所失衡。因此,法院对案涉工程价款涉及市场价格(人、材、机)波动部分,不予调整。

案例评析

这是一则法院委托鉴定机构分别依据实鉴定方式及按照合同固定总价方式进行鉴定,鉴定机构分别依两种方式作出鉴定结论后,法院最终选择依合同固定总价方式认定工程款,同时法院考虑到清单工程量与图纸之间的工程量差额部分巨大,因而认定应另行计算清单工程量与图纸之间差额部分的 80% 作为工程款的案例。

该案例中,一方面,一审法院要求鉴定机构依固定总价方式进行鉴定(以固定总价为基数,非设计变更的部分,工程量与价均不予调整;设计变更部分按合同约定进行造价鉴定)。另一方面,一审法院对招标清单工程量与银泰公司提供图纸工程量的差额 28,708,407.27 元(35,885,509.09 元 ×80%)进行认定。案例中法院采信以固定总价为依据作出的鉴定结论,这并不妨碍我们从法院委托鉴定方面探寻据实结算工程款方面的法律问题。

第一,法院委托鉴定机构作出备选鉴定方案的原因探究。该案合同约定了固定总价,为什么法院还会向鉴定机构提出包括据实鉴定要求在内的委托事项?笔者认为,因为《建设工程施工合同》第三部分专用条款第23.2条第a款的约定。该款约定:施工期内遇市场价格(人、材、机)波动,除国家法律、政策和标准、规范强制性规定必须调整的外,否则,不予调整,属于承包人应承担的风险,承包人在投标报价时已考虑并预测工期内可能发生的价格波动风险。该案争议焦点之一是围绕《湖南省建设厅关于工程主要材料价格调整的通知》(湘建价[2008]2号)是否应当适用于该案情况而展开。湘建价[2008]2号文也是金某祥提出应对材料价格调整的依据。在该案是否适用这个文件并不明朗的情况下,法院委托鉴定时要求鉴定机构作出据实鉴定的结论。

第二,冠以"据实鉴定"之名是否妥当。仔细看法院对工程造价进行据实鉴定的具体要求:①招标工程清单内已完工程造价,参照投标价和投标口径计价,材料价格依据湘建价[2008]2号文件的规定调整,人工费、机械费依照相关调价文件调整后计算。②招标工程清单以外的已完工程造价,依据强制性条款的规定(漏算和少算)、设计变更等累计增减工程造价(包括措施费)50万元以外的所有工程(包括措施费),依据工程造价管理机构颁布的相关工程造价规则按实计算的工程造价。

首先,法院强调人材机价格需要与相关主管部门的文件一致,同时又要求"参照投标价和投标口径计价"。这里的"口径计价",显然是指双方之间的协议约定。此时,"口径计价"可能同于定额计价,也可能不同于定额计价。在这种情况下,参照"口径计价"的意义何在?如果需要参照"口径计价",法院说的据实鉴定中的"实"是哪个实?据实鉴定是否需要考虑合同本身,这一情况不明。

其次,双方合同中约定"累计超过50万元的,不在此限"。笔者对此理解为,合同外的工程量即使出现特定增减事项,也需要扣减50万元内的款项。也就是说,在鉴定出来总的工程价款之后还需要扣减50万元。而据实鉴定应是对包括合同内的工程量及合同外的增加部分工程量进行鉴定。如果只是在最终结算时减除50万元,这时据实结算也只能说是据合同之实进行鉴定,而不是据工程量之实进行鉴定。

第三,法院不调整材料价格的说理不充分。从法院最终采纳固定总价方式的理由“在一审法院对招标清单与图纸不符的价差35,885,509.09元80%的部分,已作对实际施工人更有利的处理后,如再行对市场价格波动进行调差,事实上无异于据实鉴定,并将使以固定总价为基础的承包结算方式名存实亡”来看,笔者认为这一理由并不充分。查看《湖南省建设厅关于工程主要材料价格调整的通知》①(湘建价[2008]2号)全文,法院说理部分显然单薄。这一文件出台的时间为2008年。根据案件信息,该案的合同签订时间为2010年,此时湘建价[2008]2号文已经发布。案例中的工程应属于文件中所称的“已招标及已签订施工承包合同且尚未办理工程结算的工程”。因此,根据该文件规定,该案工程款确实应“按实际市场价格全部调整”。

第四,案例中鉴定机构是依定额计价还是依清单计价得出据实鉴定的数额,裁判文书中没有作出说明。笔者认为,案例中据实鉴定的工程款应当是依据定额计算方法得出的。据实结算与清单计价两者之间有何关系?为什么据实结算应是依定额计价得出,而不应是依清单计价得出可作进一步探讨。

三、据实结算要求下以市场价结算案例

案 例 三

张某治、李某直与兵团六建公司诉讼案②

当事人

上诉人(原审原告):兵团六建公司

被上诉人(原审被告):张某治

被上诉人(原审被告):李某直

---

① 《湖南省建设厅关于工程主要材料价格调整的通知》(湘建价[2008]2号)规定:“根据省及各市州建设行政主管部门各时期发布的预算价格或市场价格,土建及市政工程单项主要材料预算价格或市场价格涨降幅度在±3%以内,装饰及安装工程主要材料预算价格或市场价格涨降幅度在±5%以内,招标文件、投标文件和施工承包合同中可以规定不作调整,但应同时明确风险包干系数;单项主要材料预算价格或市场价格涨降幅度超过上述规定时,该单项主要材料价格应按实际市场价格全部调整,招标人和招标代理机构在编制招标文件时应对此予以明确,招投标管理机构在审查招标文件时应对此严格把关。”

② 参见新疆维吾尔自治区高级人民法院民事判决书,(2017)新民终204号。

案例介绍

兵团六建公司提起诉讼要求张某治、李某直返还兵团六建公司超付劳务费(含周转材料款)1,100,000元等。

一审法院认定事实:2013年5月,兵团六建公司与张某治、李某直经口头约定,由张某治、李某直对兵团六建公司承包的玛纳斯县中华碧玉园中B区B6－1、B6－2、B8号三栋楼中土建、木工、外架等劳务进行施工(含周转材料和辅料)。张某治、李某直于2013年5月25日组织人员进场开始施工,于2013年11月15日停工,2013年11月22日退场,后张某治、李某直再未进场施工。

兵团六建公司申请对张某治、李某直实际完成的玛纳斯县中华碧玉园B6－1、B6－2、B8三栋楼以工程蓝图为依据,按照新疆建筑安装工程费用定额(2010年)三类工程中限取费的标准计算工程量及工程造价鉴定。一审法院委托方夏公司进行鉴定。方夏公司于2014年10月15日作出鉴定字[2014]0606－254号工程造价鉴定意见书,鉴定结论为:根据委托要求,以施工图为依据,按照新疆建筑安装工程费用定额(2010年)三类工程中限取费标准计算的张某治、李某直施工的玛纳斯县中华碧玉园B区B6－1、B6－2、B8号楼人工费和脚手架、模板计算的工程造价为3,080,254.27元。

张某治、李某直申请对其实际完成的玛纳斯县中华碧玉园B6－1、B6－2、B8三栋楼以工程蓝图为依据,按照市场价格计算工程量及工程造价鉴定。一审法院依法委托方夏公司进行鉴定。方夏公司于2015年4月29日作出鉴定字[2014]0606－259(B)号市场价鉴定意见书,鉴定结论为:根据委托要求,以施工图为依据,按照市场价格计算,张某治、李某直施工的玛纳斯县中华碧玉园B区B6－1、B6－2、B8号楼工程造价为3,315,010.85元。

2016年8月24日,一审法院向方夏公司发出补充鉴定申请书,要求"据实结算张某治、李某直的已完工程造价(直接费和人材机价差)"。2016年10月20日,一审法院发出《征询函》,要求方夏公司对该案涉及的鉴定项目的"计价选取"从专业角度作出说明。2016年10月31日,方夏公司作出回复,内容为:从该项目施工人的施工范围可以看出,施工人施工的项目既有只包含人工的,如"砌体砌筑(包括基础清土方及脚手架搭拆)、混凝土浇筑",又有包工包料的项目,如"模板安拆、脚手架、防护架等的搭设",从上述情况看既不是单纯的清包工形式,也不是包工包料的形式。对这种既有清包工又有包工包料的情况,其类似于“甲方只提供部分主要材料和项目管理人员”的形式,如套用定额,所提供的材料是否计入总价、相关的取费如何计取都无法明确,如果只计取定额内的人工、材料以及人材机价差是否又脱离了市场无法真实地反映出市场行为。在鉴定过程中鉴定机构也深入市场调查,并咨询了政府相关机构(昌吉造价站)、大型建筑公司、建筑劳务公司、清包工的个人以及其他工程造价咨询单位等。对于这样的发包方式按照市场价格结算是普遍存在的,也是符合市场行为的。

张某治、李某直实际完成工程量的总价款的计价依据双方产生争议。兵团六建公司认为应按照定额价再扣减企业管理费、利润、规费税金、组织措施费后确认,张某治、李某直认为应按照市场价格确认。一审法院认为:(1)根据《合同法》第六十一条规定:合同生效后,当事人就质量、价款或者报酬、履行地点等内容没有约定或者约定不明确的,可以协议补充;不能达成补充协议的,按照合同有关条款或者交易习惯确定。第六十二条规定:当事人就有关合同内容约定不明确,依照本法第六十一条的规定仍不能确定的,适用下列规定:……(二)价款或者报酬不明确的,按照订立合同时履行地的市场价格履行;依法应当执行政府定价或者政府指导价的,按照规定履行。因兵团六建公司不能提交证据证实双方当事人约定按照定额价确认张某治、李某直已完工程量的总价款,且该案诉争的工程也不属于执行政府定价或者政府指导价的工程,故应以合同履行地的市场价作为合同履行依据。(2)结合方夏公司的回复函可以看出,该案双方当事人形成的发包方式既有清包工又有包工包料,如果采用定额计算无法真实反映出市场行为,而采用市场价计算,一是普遍存在,二是符合市场行为。综上,一审法院认为以市场价计算的工程款更贴近市场价格,更接近建筑工程的实际造价成本,且符合《合同法》上述条款的规定,更有利于保护当事人的利益。

因此,一审法院对兵团六建公司申请以定额价为依据作出的鉴定字[2014]0606-254号工程造价鉴定意见书不予采信。对方夏公司依张某治、李某直申请以市场价为依据作出的鉴定字[2014]0606-259(B)号市场价鉴定意见书即工程造价为3,315,010.85元予以采信。

兵团六建公司提出上诉,认为一审判决采信市场价格鉴定错误,应当按照定额计算,并扣除企业规费、税金、利润、措施费。一审判决采信的鉴定报告存在严重问题,请求二审重新鉴定。

二审法院主要认为:兵团六建公司主张依据财政部、原建设部制定的《结算暂行办法》第十一条规定,双方应当按照定额价结算。《结算暂行办法》第十一条规定,工程价款结算应按合同约定办理,合同未作约定或约定不明的,发、承包双方应依照下列规定与文件协商处理:(1)国家有关法律、法规和规章制度;(2)国务院建设行政主管部门、省、自治区、直辖市或有关部门发布的工程造价计价标准、计价办法等有关规定;(3)建设项目的合同、补充协议、变更签证和现场签证,以及经发、承包人认可的其他有效文件;(4)其他可依据的材料。上述规定亦明确了在合同未对工程价款结算进行约定的情况下,首先应当依据国家有关法律、法规和规章制度的规定进行确定。而涉案工程并非政府定价工程,且建设工程定额标准系地区建设主管部门根据本地建筑市场建筑成本的平均值确定,属于政府指导价范畴,系任意性规范并非强制性规定。而该案一审鉴定时,鉴定机构进行多方调查询证,包括对政府相关机构(昌吉州造价站)、大型建筑公司、建筑劳务公司、清包工个人以及其他工程造价咨询单位,结合涉案工程的规模、结构、层高,以及施工地域、施工期等因素,综合修正后确定市场价格。该市场价更接近建筑工程的实际造价成本,对双方当事人更为公平。故一审法院适用《合同法》第六十二条第二项规定,认定涉案工程的价款依据市场价进行计算并无不当。兵团六建公司主张按照定额价计算涉案工程价款缺乏事实和法律依据,法院不予支持。

二审法院驳回兵团六建公司上诉请求。

案例评析

该案例中,双方工程款计价约定不明,法院委托鉴定机构进行据实鉴定,鉴定机构以该案施工的特殊性作为理由,最终以市场价作出鉴定,一审法院、二审法院均认可鉴定机构作出的市场价鉴定结论并予以采信。关于该案,笔者不讨论工程款约定不明时应以何种方式计算工程款的问题。

在定额计价、据实结算之外,该案又产生了一类新的鉴定——市场价鉴定。上文中鉴定机构所称该案工程施工的特殊性是指鉴定机构认为该案工程“既不是单纯的清包工形式,也不是包工包料的形式”,也就是工程“既有清包工又有包工包料的情况”。同时,法院的鉴定委托书要求“据实结算”,然而,鉴定机构回复称不能作出据实结算。对于为什么不能作出据实结算鉴定,鉴定机构给出的理由为:“如套用定额,所提供的材料是否计入总价、相关的取费如何计取都无法明确,如果只计取定额内的人工、材料以及人材机价差是否又脱离了市场无法真实地反映出市场行为。”鉴定机构又认为“对于这样的发包方式按照市场价格结算是普遍存在的,也是符合市场行为的”。

“既有清包工又有包工包料的情况”是否可以完成“据实鉴定”或者“定额鉴定”,笔者有自己的看法。“既有清包工又有包工包料的情况”,可以分为两种情形:“清包工”形式及“包工包料”形式。“包工包料”为较普遍的发承包形式,此种情况下对工程价款进行定额计价或据实结算不存在计算障碍。“清包工”是指承包人只负责人工,既不提供材料,也不采购材料。提供材料、采购材料的任务由发包人完成。对于“清包工”形式,不清楚鉴定机构为何不能作出据实鉴定结论。据笔者了解,同时期其他地区是存在以定额方法计算“清包工”形式下工程款,只是这种计算方法有一定的特殊性。比如,同时期江西地区,《江西省建筑安装工程费用定额》中就存在“包工不包料工程按定额人工费乘以 1.50 系数加上人工费用价差计算,除计取工程定额测定费和税金外不计取其他费用”①的规定,也就是说,从专业技术角度可以依据定额完成对包工不包料(“清包工”)工程价款鉴定的要求。当然由于地域差别的存在,不排除同时期案例项目所在地未有上述类似规定的出现。不过在鉴定机构看来,市场价鉴定显然不同于据实结算。

案例没有显示出鉴定机构是怎么依市场价计算工程款,略显遗憾。从一审法院出具《征询函》、鉴定机构答复、一审法院采信一审鉴定报告的理由看,依据市场价计算工程款又成为不同于据实结算的另外一种计算形式。由此,市场价是依据施工方实际支出的人材机价格代入定额中得出的定额计价,还是按照造价信息机构发布的信息价或政府调价文件规定的指导价代入定额中得出的定额计价,不得而知。案例中鉴定机构的市场价鉴定是否考虑了造价信息机构颁布的信息价及政府调价文件规定的指导价并不清楚。市场价与定额价是什么关系,有什么区别,值得探讨。根据判决文书披露的鉴定机构“深入市场”调查

① 参见江西省建设工程造价管理站编:《江西省建筑安装工程费用定额》,湖南科学技术出版社 2005 年版,第 6 页。

这一情况,似乎鉴定机构自行调查的价格成为认定该案工程市场价的一个重要因素。市场价与定额价是否完全兼容呢?

以上三则案例均显示原告、被告、鉴定机构、法院对于据实结算的理解各有不同。带着案例中的疑惑,笔者试图对据实结算的内涵、适用、据实结算与定额结算、清单结算、市场价的关系作出解读。

第二节 特点分析

一、据实结算的内涵

据实结算,有人又称为按实结算。由于其法律概念的不确定性,因此容易产生对据实结算的两种理解。一种理解是指工程款结算时,仅按实际的工程量进行结算,而人材机价格不进行调整,即结算时"量"调整,"价"不调整,据实结算中的"实"指"量"实;另一种理解是指工程款结算时,不仅对工程量进行调整,而且对人材机价格也进行调整,即"量""价"均作调整,据实结算中的"实"指"价"实与"量"实,即"价""量"同实。

笔者认为,据实结算的内涵应同时考察"两个指向"与"两个要素"。

(一)两个指向

两个指向是指"价"实与"量"实。这是据实结算这一称谓名实相符的需要。

价,是指工程项目中的人材机价格。这个价格既不是指施工方施工中实际支出的人材机个别价格,也不是指双方合同中约定的人材机价格。人材机价格会不断发生变化,有调高的可能,也有降低的可能。人材机的价格应当以信息价或政府调价文件规定的指导价为准。如果施工过程中新的信息价发布,则应适用新的信息价对工程款进行调整。如果不调整则不是据实结算。人工费由政府发布调价文件作为指导价时,此时的人工费则依政府调价文件确定。如果部分材料没有信息价,则此部分材料应以市场调查的同期价格为准。

量,是指实际完成的总工程量,包括签证、设计变更等在内,工程量不作扣减处理。如果双方约定某部分工程量不作计算并实际没有将此部分工程量计算在工程价款中,这种结算不应认定是据实结算。比如,在本章第一节案例二中,法院委托据实结算中将 50 万元以内的工程款予以排除,这仍是不完全的据实结算。"价""量"均实才是据实结算。

据实结算不应是指依合同约定的不同于实际工程量或不同于信息价或政府调价文件规定的指导价进行的结算。如果此时依据合同进行结算,把合同作为"实",则每一个依据施工合同进行结算均是据实结算,据实结算概念的出现也就没有任何意义了。

(二)两个要素

两个要素,是指人材机的消耗量及取费费率。两个要素应与定额公布的消耗量及取费费率一致。如果其中一个要素不一致,就不能认定是据实结算,或者说是不彻底、不完全的据实结算。比如,就消耗量而言,如果把施工方的个别实际消耗理解为"实",那么据实结算成为不可能,同时在法律上探讨据实结算也毫无意义。工程款司法鉴定人员不可能像一个财务审计人员一样审查认定施工方的人材机的实际支出,更不可能根据这个实际支出计算工程的价款。因此,人材机消耗量绝不是指施工方个别化的消耗。

根据上述判断标准,本章第一节案例一只对材机价格进行调整,对人工费仍以合同约定进行计算,因此,工程款的计算不是全部据实结算。本章第一节案例二只对材料价格进行调整,不清楚人机价格是否因变化而对工程款进行调整;同时 50 万元工程款不计入工程价款之中。因此本章第一节案例二即使人材机价格发生变化均进行调整,工程款的计算也不能称为据实结算。

二、据实结算的适用

(一)存在书面合同时

首先,完全适用的情况。如果合同中约定工程款为据实结算,甚至约定人材机价格适用信息价或者以政府调价文件规定的指导价进行结算、人材机消耗量依据定额计算及费率依据定额取费,工程量据实认定,则此时的据实结算与依合同结算具有完全一致性,工程款结算可以理解为据实结算,当然也可以理解为依合同进行结算。依合同结算与据实结算完全吻合。

其次,部分适用的情况。一般来说,对整个工程价款约定进行据实结算的情况非常少,但是对部分工程价款约定据实结算的可能性比较大。以下三种情况之下,可能对部分工程价款进行据实结算。

第一种情况,建设工程施工合同中约定对增加工程量的工程款进行据实结算。在这种情形下应对增加部分工程款进行据实结算。

第二种情况,因设计变更导致工程量发生变化或质量标准发生变化,双方就该部分工程款不能达成一致的,可能据实结算此部分工程款。《2020 年建设工程合同解释》第十九条中第二款①隐含表达了此种结算观点。有些地方法院则直接规定此种情况可以据实结算。比如,《江苏高院意见》中规定:"建设工程施工合同约定工程价款实行固定价结算的,因设计变更导致工程量变化或质量标准变化,当事人要求对工程量增加或减少部分按实结算的,人民法院应予支持,当事人另有约定的除外。"

第三种情况,工程未完成情况下,工程仅完成一小部分,此时不排除该小部分工程量据实结算的可能。比如,《江苏高院解答》中规定:"……但建设工程仅完成一小部分,如果合同不能履行的原因归责于发包人,因不平衡报价导致按照当事人合同约定的固定价结算将对承包人利益明显失衡的,可以参照定额标准和市场报价情况据实结算。"

最后,无法适用的情况。

多数情况下,合同中约定的结算并非据实结算,而是约定固定总价、固定单价或风险计价。固定总价、固定单价与据实结算之间不存在对等性。这两种情况下无适用据实结算的可能。风险计价是在固定总价、固定单价之下衍生的一种价格类型,并且与风险约定因素有关。这种情况下更无适用据实结算的可能。固定总价、固定单价、风险计价之下,无论合同是否有效,均不是据实结算。因为合同有效则依约定结算,合同无效则参照合同约定进行结算。

看某一结算是不是据实结算不能只看其名而不问其实。某一结算虽可能

---

① 《2020 年建设工程合同解释》第十九条第二款:"因设计变更导致建设工程的工程量或者质量标准发生变化,当事人对该部分工程价款不能协商一致的,可以参照签订建设工程施工合同时当地建设行政主管部门发布的计价方法或者计价标准结算工程价款。"

冠以据实结算之名,但是这种结算如与双方建设工程施工合同中的“量”与“价”相关联,就不应是真正的据实结算,除非合同本身约定了双方对工程款结算为“量”实及“价”实。如果合同约定了据实结算,可以说据实结算与合同有关。如果合同约定部分工程据实结算,可以说据实结算与合同部分有关。多数情况下,依合同结算与据实结算两者应是没有关系。如果工程价款及工程量受制于合同本身,这种结算应理解为依约定结算。据实结算应是独立于合同之外,依据真实的量与真实的价格(信息价及政府调价文件中规定的指导价)计算得出。合同中约定部分工程款据实结算,比如,约定签证部分据实结算,则据实结算与合同内容存在部分一致性。

(二)无书面合同存在时

在双方无书面合同存在的情况下,由于双方对于计价本身产生争议,此时确实会产生如何计算工程款的适用争议。在无书面合同存在的情况下,由于无法查清工程款的计价约定,这种情况下存在据实结算的可能。笔者梳理的本章第一节案例三就为此种情况下的据实结算(市场价鉴定)①案例。但是,多数案件仍不是对工程款进行据实结算。这里存在工程款据实结算对发包人而言是否公平的问题②。

三、据实结算与定额结算

笔者认为,据实结算与定额计价有着天然渊源,据实结算就是定额计价方法中的实物量法。

本书第三章“工程款计价方法”中已作分析,定额计价分为三种:定额单价法(工料单价法)、实物量法、价差调整法。根据实物量法计算工程款的规则,笔者认为,定额计价中的实物量法就是据实结算。

“实物量法首先仍是根据预算定额的分部分项工程量计算规则及施工图计算出分部分项工程量,然后套用相应人工、材料、机械台班的定额消耗量,再分

---

① 建设工程市场价就是据实结算。笔者会在本章本节第五部分“据实结算与市场价”中作出分析。

② 笔者在本书第十八章“约定不明时的工程款”中对于约定不明时工程款应如何结算有进一步分析。

别乘以工程所在地当时的人工、材料、机械台班的实际单价，求出单位工程的人工费、材料费和施工机械使用费，并汇总求和，进而求得直接工程费，最后按规定计取其他各项费用，汇总就可得出单位工程预算造价。”①实物量法计算工程款的情况下，形成了“量”实、“价”实、人材机消耗量、费率与定额标准的一致。因此，笔者认为据实结算和定额计价下的实物量法具有一致性。

四、据实结算与清单结算

笔者认为，据实结算与清单计价不具有兼容性，也就是说在合同中如果约定了清单计价，则不可能以清单计价的方式对合同中的工程量依据清单计价的方式进行据实结算。笔者也确实没有看到以清单计价的方式进行据实结算的案例。

首先，清单计价中的人材机价格、企业管理费、利润均由企业根据自身情况进行自主报价。为体现其竞争性，企业对人材机的报价与信息价或者政府调价文件中的指导价可能一致，也可能不一致。同时，企业管理费、利润也会存在与定额计价中不一样的情况。也就是说，即使企业对人材机的报价与信息价或者政府调价文件中的指导价一致，企业投标报价中出现的综合单价也并不一定是依据信息价或政府调价文件中的指导价及定额数据组合得出的。因此，清单计价之下难以做到人材机价格与信息价或者政府调价文件中的指导价完全吻合，也难以做到有关费用的计取与定额计价完全一致。清单计价下，综合单价的基础数据不能做到据实采用。

其次，清单计价中虽然会约定物价变化、工程量变化风险范围的承担，即一旦超出约定的风险范围，则相应地对工程款进行调整，但是这种调整不意味着据实结算。

清单计价下工程款的调整主要通过以下两条途径完成。

物价发生变化且超出风险范围之时，超出风险范围的物价变化根据《清单计价规范》规定或者合同约定进行相应调整，在风险范围之内的物价变化则并不对工程款进行调整。比如，双方合同约定价格超出5%以上的变化时进行工程款调整。即便此时发生了8%范围的物价变化，调整的也是超出5%以上部分的物价变化，在5%以内的物价变化是不进行相应工程款调整的，因此，即使

---

① 陶学明、熊伟主编：《建设工程计价基础与定额原理》，机械工业出版社2016年版，第169页。

进行物价调整也无法做到全部工程款的据实调整。

从工程量来看,无论何种原因导致工程量变化,在幅度变化范围内的综合单价不进行调整,只是工程量会据实调整,从而带来工程款的调整。此时的分部分项工程量清单计价或单价措施项目清单计价 = 变化后的工程量 × 综合单价。工程量的变化超出《清单计价规范》规定或者合同约定的幅度或者增加新的工程项目时,原来的综合单价会发生变化或产生新的综合单价。但变化后的综合单价及新的综合单价中的人材机价格既不一定是信息价或政府调价文件中的指导价,也不一定按照定额中企业管理费费率、利润费率计取。原来综合单价的调整及新的综合单价的计算,需要考虑承包人在工程量清单中填报的综合单价、发包人招标控制价相应项目的综合单价(如有)。因此,无论工程量如何与实际相符,只能得出工程量据实的结论,综合单价的基础数据难以做到据实采用。

因此,在清单计价下,对于清单内的工程价款不存在据实结算的问题。当然,不排除双方可能约定清单工程量外增加的工程量、签证部分的工程量进行据实结算。这部分工程款的据实结算应是依据定额计价方法得出的结算数据,不会采用清单计价方法进行据实结算。清单计价据实结算本身与清单计价的特点和本意相互冲突。因为这种计算背离了我国推行工程量清单计价的初衷,让工程量清单计价失去原本的意义。总之,因清单报价本身体现的竞争性,在清单计价下,不存在以清单计价方式进行据实结算的可能性。

五、据实结算与市场价

本章第一节案例三中存在建设工程市场价用语。《合同法》第六十二条第二款①中有市场价格的概念,《民法典》第五百一十一条第二款②中也有市场价格的概念。而建设工程的相关法律、法规、规章中没有出现市场价概念。此外,

---

① 《合同法》第六十二条第二款:"当事人就有关合同内容约定不明确,依据本法第六十一条的规定仍不能确定的,适用下列规定:……(二)价款或者报酬不明确的,按照订立合同时履行地的市场价格履行;依法应当执行政府定价或者政府指导价的,按照规定履行。"

② 《民法典》第五百一十一条第二款:"当事人就有关合同内容约定不明确,依据前条规定仍不能确定的,适用下列规定:……(二)价款或者报酬不明确的,按照订立合同时履行地的市场价格履行;依法应当执行政府定价或者政府指导价的,按照规定履行。"

《清单计价规范》第9.3.1条第4款①中出现市场价格概念。

针对《清单计价规范》第9.3.1条第4款中的“市场价格”,根据“市场价格”前的限制词“通过市场调查等取得合法依据”的描述,笔者认为,“市场价格”是针对材机价格而言,而不是针对建设工程本身而言。也就是说,当造价信息机构发布的材料费、机械费信息价格缺失时,以材料费、机械费市场价格替代缺失的信息价。因此,市场价并没有与工程造价产生直接联系。笔者认为,在“价”实、“量”实并且消耗量及费率与定额一致的情况下,可以将市场价概念与据实结算概念等同,即市场价应是指定额计价法中的实物量法。市场价与据实结算两者并无本质区别。试看一则案例。

案　　例

永君公司与环盾公司诉讼案②

当事人

申请再审人:永君公司

被申请人:环盾公司

案例介绍

再审法院认为:该案不应以定额价作为工程价款结算依据。一审法院委托实信造价公司进行鉴定时,先后要求实信造价公司通过定额价和市场价两种方式鉴定。2007年1月19日,实信造价公司出具的鲁实信基鉴字[2006]第006号鉴定报告载明,采用定额价结算方式认定无异议部分的工程造价为15,772,204.01元,其中直接工程费和措施费合计12,097,423.01元,有异议部分的工程造价为39,922.82元。一审、二审判决以直接工程费和措施费合计12,097,423.01元作为确定工程造价的依据;山东省高级人民法院再审判决则以无异议部分的15,772,204.01元作为工程造价。首先,建设工程定额标准是

① 《清单计价规范》第9.3.1条第4款:“已标价工程量清单中没有适用也没有类似于变更工程项目,且工程造价管理机构发布的信息价格缺价的,应由承包人根据变更工程资料、计量规则、计价方法和通过市场调查等取得有合法依据的市场价格提出变更工程项目的单价,并应报发包人确认后调整。”

② 参见贾劲松主编:《建设工程施工合同案件裁判要点与观点》,法律出版社2016年版,第155~164页。

各地建设主管部门根据本地建筑市场建筑成本的平均值确定的,是完成一定计量单位产品的人工、材料、机械和资金消费的规定额度,是政府指导价范畴,属于任意性规范而非强制性规范。在当事人之间没有作出以定额价作为工程价款的约定时,一般不宜以定额价确定工程价款。其次,以定额为基础确定工程造价没有考虑企业的技术专长、劳动生产力水平、材料采购渠道和管理能力,这种计价模式不能反映企业的施工、技术和管理水平。该案中,环盾公司假冒中国第九冶金建设公司第五工程公司的企业名称和施工资质承包涉案工程,如果采用定额取价,亦不符合公平原则。再次,定额标准往往跟不上市场价格的变化,而建设行政主管部门发布的市场价格信息,更贴近市场价格,更接近建筑工程的实际造价成本。此外,该案所涉钢结构工程与传统建筑工程相比属于较新型建设工程,工程定额与传统建筑工程定额相比还不够完备,按照钢结构工程造价鉴定的惯例,以市场价鉴定的结论更接近造价成本,更有利于保护当事人的利益。最后,根据《合同法》第六十二条第二项规定,当事人就合同价款或者报酬约定不明确,依照《合同法》第六十一条的规定仍不能确定的,按照订立合同时履行地的市场价格履行;依法应当执行政府定价或者政府指导价的,按照规定履行。该案所涉工程不属于政府定价,因此,以市场价作为合同履行的依据不仅更符合法律规定,而且对双方当事人更公平。

案例评析

该案例中,一方面,法院认为,"不应以定额价作为工程价款结算依据",另一方面,法院确认在(人材机)市场价格基础上依据定额计价方法计算得出的价款作为该案工程价款。这一工程价款也就是案例中所称的市场价。由于裁判文书给出的信息不充分,依据相关描述笔者判断,案例中的工程价款是将(人材机)市场价格代入定额基价中,然后依定额计价方法计算得出的。而案例中的(人材机)市场价格是指建设行政主管部门发布的价格,即信息价。

笔者在本书第三章"工程款计价方法"提出定额计价有定额单价法(工料单价法)、实物量法、价差调整法三种方法。案例中审判人员认为"不应以定额价作为工程价款结算依据",同时认为"定额标准往往跟不上市场价格的变化,而建设行政主管部门发布的市场价格信息,更贴近市场价格"。由此可见,审判人员所说的(人材机)市场价格也就是(人材机)信息价,并不是依据市场调查得出的(人材机)价格。

鉴定人员在鉴定报告中将定额价与(建设工程)市场价对立起来,实际上是把定额价中定额单价法与实物量法对立起来。由此造成审判人员将(建设工程)市场价不作为定额价的误解。法院最终确认(建设工程)市场价是在信息价基础上依据定额计价方法计算得出工程价格。这种计价方法就是定额计价中的实物量法。笔者认为,(建设工程)市场价概念虽能体现"价"实的特点,但对于"量"实的特点过于隐藏,不清晰,而据实结算更能反映"价"实与"量"实两方面的特点。因此,笔者建议以据实结算的工程款作为对建设工程市场价的规范用语。

六、跳出两个误区

两个误区是:将可调价合同与暂定价合同作为据实结算合同看待。

误区之一:可调价合同不等同于据实结算合同。可调价合同,一般是指双方在建设工程合同中约定,如果发生特别约定的事件就对工程价款进行调整或者对约定的工程价款中某一部分款项进行调整的合同。比如,双方可以约定工程款的风险范围,超出风险范围就对工程价款进行调整,未超出风险范围则对工程款不予调整。可调价合同之下存在是否发生特别约定事件的问题。如果未发生特别约定的事件,此时不存在据实调整的问题。如果确实发生了合同中约定的事件,则合同中一般会约定工程款调整的方法。工程款的调整也是在之前约定的工程价款的基础上进行调整。调整事件出现之后的工程款调整与据实结算并不等同,除非合同约定对工程款进行人材机价格与工程量的据实调整,并且约定适用定额中的消耗量及相关费率。

误区之二:暂定价合同不等同于据实结算合同。暂定价合同中的暂定价,是因为某种特别原因导致工程价款未能完全确定。暂定的因素不一而论。实践中较多的一种情形是工程单价确定、工程总量不确定导致无法确定工程总价的暂定价。暂定价中单价已经确定,如果此时的单价不是按照人材机信息价或者政府调价文件中的指导价确定的单价,那么依最终工程量计算出的工程款肯定也不是据实结算价款。暂定价合同一般是量的暂定,如果单价也是暂定,并且约定单价最终依据信息价或政府调价文件中的指导价计算,此时的暂定价合同也只是解决了"价"实与"量"实的问题。在"价"实与"量"实的基础上,暂定价合同中工程款的计算规则是否与定额计价运算相同及是否适用定额计价中的取费费率,均会影响暂定价合同工程款的结算是不是据实结算的认定。

总之,某一工程项目的工程款如果确实需要据实结算,这可能是对以往双方工程款计价约定的全盘否定,意味着一个旧计价规则的推倒,一个新计价规则的重建。因此,裁判人员拟作出据实结算决策时需要慎之又慎地考虑。

第三节 三点建议

一、概念需要明确

定额计价、清单计价在工程造价专业中有相应的规定。因此,法律无须对其作出专门规定。依据工程造价专业理论就可以得出定额计价、清单计价下的工程款。然而,据实结算或者市场价均不是造价方面的专业术语,并且实践中确实又不排除适用的可能,因此,宜将据实结算作为一个专门法律术语在司法解释中明确。

笔者认为,作为专业术语,据实结算应包括量、价、费率的内容,并且应强调计价方法。工程款据实结算可以作如下表述:

据实结算,是指发承包双方就已做工程按照实际施工的工程量及造价信息机构公布的人工费、材料费、机械费信息价或者政府调价文件规定的指导价,依定额规定的工程消耗量及取费标准,采用定额计价方法计算工程价款的结算方法。

二、完整表达委托事项

在司法解释还未对据实结算作出专门解释之前,申请人及诉裁机关在对其进行适用时,应清晰表达申请事项或者委托事项。也就是说,申请人申请诉裁机关进行据实结算的鉴定,或者诉裁机关委托鉴定机构进行据实鉴定时,均应完整表述申请事项及委托鉴定事项,而不应采用模糊用语,甚至矛盾用语。

比如,一方向法院申请对工程款进行据实结算鉴定,应完整表述为:依实际完成的工程量(范围)及信息价或政府调价文件规定的指导价进行工程款鉴定。

工程量的范围也应根据案件情况进行相应具体表述。如合同范围之外有签证的工程量,据实鉴定的范围如果是包括合同范围内全部工程及签证工程的,则应在委托鉴定事项中表述清楚工程量的范围。因为存在签证部分的工程款与合同范围内的工程款可能不是采取同一标准鉴定的问题。如果施工图与合同范围不完全一致,据实鉴定申请中也应表明是以实际施工内容为准等。

三、鉴定人员专业分析

裁判人员委托鉴定机构进行据实鉴定时,尤其是裁判人员拟抛开双方合同中已存在的计价约定,要求另行进行据实鉴定时,而鉴定人员认为据实鉴定不对或不可行时,建议鉴定人员以书面方式回应,提出专业意见。比如,本章第一节案例三中法院委托的事项就是据实鉴定,但是鉴定机构作出的是市场价鉴定,市场价鉴定与据实鉴定的区别在哪,鉴定机构应提交书面专业分析。实践中鉴定机构的书面专业分析运用并不多。

鉴定人员出具专业分析意见,既能帮助诉裁判机关更客观公正地处理工程款结算事宜,又能积极消除当事人的疑虑。虽然这样做会增加鉴定人员的工作量,但确实又是必要的。

009 第九章

工程款相关联方

·导　读·

追索工程款纠纷案件中，涉及请求支付工程款的一方及被请求支付工程款的另一方或者另几方。无论是请求方还是被请求方，均为工程款案件的关联方。《民法典》《建筑法》《建设工程质量管理条例》《2020年建设工程合同解释》《计价管理办法》《违法行为查处管理办法》中工程款关联方的名称呈现多样化表达。法律、法规、规章、司法解释中并没有对关联方名称进行解释或进行定义。《民法典》《2020年建设工程合同解释》中关联方名称以“人”字为后缀，比如，发包人、转包人、分包人、施工人。《建筑法》《建设工程质量管理条例》中关联方名称则以“单位”两字为后缀，比如，发包单位、施工单位、承包单位、分包单位。《违法行为查处管理办法》中关联方名称既有以“单位”两字为后缀的情况，也有以“人”字为后缀的情况，比如，承包单位、专业作业承包人。《计价管理办法》中关联方名称则以“方”字为后缀，比如，发包方、承包方。后缀上的不同不在本书讨论范围，比如，发包人、发包单位、发包方，笔者均在同一意义上使用。施工人、施工单位，笔者也均在同一意义上使用。

笔者整理出十二个关联方名称。实务中关联方名称的使用存在不规范的现象，每一名称的具体内涵上也存在不清晰之处。这种现象也体现在司法裁判文书中。这在一定程度上会影响对裁判文书的理解，同时也会影响对法律、法规、规章、司法解释的准确理解。因此，很有必要对关联方名称进行整体研究及系统梳理。

第一节 问题提出

在梳理出的十二个名称中,最为复杂的就是“实际施工人”名称。实际施工人是一个诞生较晚的名称。

笔者搜集的案例中不乏让人对实际施工人的理解产生困惑的案例。分享一则案例。

案 例

恒达机械厂与宏祥公司等诉讼案[①]

当事人

再审申请人(一审原告、二审上诉人):恒达机械厂

被申请人(一审被告、二审被上诉人):宏祥公司

一审被告、二审被上诉人:成大公司

一审被告、二审被上诉人:赵某君

一审被告、二审被上诉人:博源公司

案例介绍

恒达机械厂申请再审称:原审判决适用法律错误,二审判决不适用《2004 年建设工程合同解释》第二十六条规定的理由有两个:一是认为该条是为了有利地保护农民工利益所作的规定,二是认为恒达机械厂没有证据证明宏祥公司对转包知情。该两条理由均不能成立,理由:一是将上述司法解释第二十六条规定的实际施工人偷换成农民工,是擅自解读。实际施工人可能是自然人也可能是法人,既可能是农民工也可能是城市工。二审法院将实际施工人定格在农民工没有依据。二是二审判决认定恒达机械厂没有提供证据证明宏祥公司对转包知情,是擅自附加了第二十六条适用条件,与该条规定的条件相矛盾。该条

① 参见最高人民法院民事裁定书,(2015)民申字第 919 号。

适用条件并不是以发包人是否知晓分包和发包的事实为前提条件。如果宏祥公司对转包知情,恒达机械厂与成大公司的合同就是有效合同,就不存在违法分包的情况。据此,请求依法再审,改判宏祥公司在欠付工程价款范围内承担连带责任。

法院认为:该案争议焦点是宏祥公司应否在欠付工程价款范围内承担连带责任的问题。该案恒达机械厂与成大公司之间签订有钢梁制作安装协议书,双方存在钢梁制作安装工程的工程承包合同关系。成大公司系从博源公司处转包取得涉案工程,双方签订有工程承包合同。而博源公司与宏祥公司之间存在建设工程施工总承包合同关系,可见,恒达机械厂与宏祥公司之间并不存在任何合同关系。根据合同相对性原则,恒达机械厂应向合同相对方成大公司主张权利。原审法院根据《2004 年建设工程合同解释》第二条关于"建设工程施工合同无效,但建设工程经竣工验收合格的,承包人请求参照合同约定支付工程价款的,应予支持"之规定,判令成大公司承担偿还工程价款的责任,适用法律正确。

现恒达机械厂突破合同相对性原则向宏祥公司主张权利,其依据的是《2004 年建设工程合同解释》第二十六条第二款的规定。该款规定:"实际施工人以发包人为被告主张权利的,人民法院可以追加转包人或者违法分包人为本案当事人。发包人只在欠付工程价款范围内对实际施工人承担责任。"第一款规定"实际施工人以转包人、违法分包人为被告起诉的,人民法院应当依法受理",比较这两款规定的文意内容,可以看出,实际施工人提起索要工程款的诉讼,原则上应当适用第一款规定,以不突破合同相对性为法律适用的基本原则;第二款是突破合同相对性原则的特别规定,旨在保护农民工的合法权益。实际施工人是指因转包、违法分包、肢解合同等违法行为施工合同被认定为无效,实际从事工程建设的主体,为有别于施工人、承包人、建筑施工企业等法定施工主体的表述方式,《2004 年建设工程合同解释》使用了实际施工人概念。实际施工人可能是自然人、超资质等级施工的建筑施工企业、超资质许可施工范围从事工程基础或结构建设的劳务分包企业等。从实际施工人的人员构成看,在施工现场实际从事施工作业的人员多为农民工。实际施工人与其发包人形成了施工合同关系,实际施工人内部法律关系为劳动合同关系或劳务合同关系,农民工工资或劳务报酬在工程款中的占比很高,多为农民工的基本生活保障费用。为此,《2004 年建设工程合同解释》第二十六条第二款作出了特殊情况下准许实际施工人突破合同相对性原则向发包人主张工程欠款的规定。

该案恒达机械厂系经与成大公司之间签订的钢梁制作安装协议书而取得案涉钢梁制作安装工程,并按合同约定需提供钢梁的制作、运输、安装等作业,且包工包料,可见其提供的是专业技术安装工程并非普通劳务作业,被拖欠的工程款并非劳务分包费用,并不具备《2004 年建设工程合同解释》第二十六条第二款规定的适用条件。恒达机械厂已按合同约定完成的钢梁工程承包作业,也仅仅是宏祥公司与博源公司之间建设工程施工合同内容中的部分施工内容,属违法分包工程,并非全面履行发包人与承包人之间的合同。因此,并不符合《2004 年建设工程合同解释》第二十六条规定的情形,一审、二审判决未判定宏祥公司承担连带责任并无不当。至于宏祥公司是否对转包知情,并不影响该案判决结果。

综上,再审法院驳回大连恒达机械厂的再审申请。

案例评析

笔者未能在中国裁判文书网上查询到此纠纷的二审判决文书,故仅能根据再审裁定文书获取的相关信息对有关问题进行解读。笔者查询了一下该案例中涉及的当事企业信息。

恒达机械厂的经营范围为机械,铆焊加工;木材,钢材,五交化商品(不含危险品),建筑材料零售;货物进出口、技术进出口(法律、行政法规禁止的不得经营;法律、行政法规限制的须取得许可证后方可经营)(依法须经批准的项目,经相关部门批准后方可开展经营活动)。[①] 由此可见,恒达机械厂的经营范围不包括相关建设工程经营业务,其应无任何建设工程资质(包括劳务资质)。查询成大公司的信息,成大公司现名称为达诚公司,成大公司的经营范围为:建筑劳务分包(凭资质证经营)、家政服务;国内一般贸易。[②] 因此,成大公司的经营范围包括建筑劳务分包业务。案件发生时成大公司的劳务资质情况不清楚。

根据再审裁定书判断:宏祥公司为发包人,博源公司为总承包人,成大公司从博源公司处转包取得工程或违法分包取得工程,因此,成大公司应为转包工程承包人或违法分包工程承包人。

① 笔者通过企查查网站查询,查询的时间为 2022 年 5 月 29 日。
② 笔者通过企查查网站查询,查询的时间为 2022 年 5 月 29 日。

恒达机械厂无专业工程承包资质，其是否可以被认定为实际施工人？案例信息没有显示法院作出该项认定。笔者认为，法院未将恒达机械厂作为实际施工人。笔者分析如下：

再审申请人恒达机械厂从成大公司取得工程，提供专业技术安装业务。因此，恒达机械厂应为从转包承包人或违法分包承包人处获得分包业务的人，其应为分包业务承包人。再审法院认为恒达机械厂并不具备《2004 年建设工程司法解释》第二十六条第二款规定的适用条件。再审法院得出这一结论的直接依据为："恒达机械厂系经与成大公司之间签订的钢梁制作安装协议书而取得案涉钢梁制作安装工程，并按合同约定需提供钢梁的制作、运输、安装等作业，且包工包料，可见其提供的是专业技术安装工程并非是普通劳务作业，被拖欠的工程款并非劳务分包费用……"并且，从再审法院之前的论证逻辑来看，再审法院认为实际施工人构成应以农民工为主、实际施工人的工程款中农民工工资占工程款的比例很高。法院认定，恒达机械厂提供的是专业技术性较强的工程业务，工程款也不是劳务分包费用。据此笔者认为，再审法院未将恒达机械厂认定为实际施工人。为什么恒达机械厂不能称为实际施工人，法院的认定是否正确？这是案例给出的第一个思考。

另外，案例中法院对实际施工人的认定上似乎又存在自相矛盾的地方。一方面，法院认为实际施工人可能是自然人、超资质等级施工的建筑施工企业、超资质许可施工范围从事工程基础或结构建设的劳务分包企业等。另一方面，法院将实际施工人的认定条件与农民工紧密联系。法院从实际施工人的主体与劳务报酬在工程款中的占比方面对实际施工人的认定提出要求。"从实际施工人的人员构成看，在施工现场实际从事施工作业的人员多为农民工。实际施工人与其发包人形成了施工合同关系，实际施工人内部法律关系为劳动合同关系或劳务合同关系，农民工工资或劳务报酬在工程款中的占比很高，多为农民工的基本生活保障费用。"再审法院似乎传达了这样一个信息：恒达机械厂提供的是专业安装技术业务活动而不是普通劳务，专业技术业务活动不是由农民工为主体的人员实施，故法院没有将恒达机械厂认定为实际施工人。由此引发第二个思考：以实际施工人的构成来判断是否为法律上的实际施工人是否妥当？或者实际施工人的范围是否仅包括普通劳务作业下的施工人？实际施工人范围及外延如何界定？以上是案例带给笔者的法律思考。

案例中对于实际施工人的理解出现重大困惑。除了这则案例外,笔者也在中国裁判文书网上发现,不只个别案例的审判人员将某一自然人与某单位的法律关系已经认定为借用资质关系,随后又将两者关系表述成转包关系,在法律适用或法理分析时仍适用《2018 年建设工程合同解释》第二十四条的规定,认定三方主体适格或者发包人应对挂靠下的实际施工人承担付款责任。比如,李某初与盛源公司等诉讼案例。[①] 该案审判人员就是依据《2018 年建设工程合同解释》第二十四条认定挂靠人、被挂靠人、发包人三方主体适格。又如,何某、刘某与万和公司、东阳三建公司诉讼案[②]。该案审判人员就是依据《2018 年建设工程合同解释》第二十四条认定发包人尚欠挂靠人工程款。上述两则案例各自裁判文书中,关联方身份描述不一致是审判人员笔误所致还是审判人员就是如此认定,情况不得而知。关联方名称梳理不清,人们对于法律条文及裁判文书的理解确实会产生困惑,同时工程款的权利人也会陷入义务对象不明的被动处境。

因此,准确认定包括实际施工人在内的关联人员身份对于权利人主张工程款大有益处。

第二节 名称梳理

实际施工人、发包人、承包人、转包人、违法分包人等名称成为绝大多数建设工程类纠纷案件中出现的高频词汇,甚至是必须词汇。笔者选取十二个有代表性的名称进行解读。

---

① 李某初与盛源公司、八冶公司、八冶西宁分公司诉讼案例中,法院已认定李某初借用八冶西宁分公司施工资质,随后又表述八冶西宁分公司将工程转包给李某初,应承担支付工程款的法定义务。同时法院依据《2018 年建设工程合同解释》第二十四条的规定,认定八冶公司、八冶西宁分公司、盛源公司(发包人)均为支付欠付工程款的主体,八冶公司、八冶西宁分公司、盛源公司作为被告主体适格。参见最高人民法院民事判决书,(2020)最高法民终 898 号。

② 何某、刘某与万和公司、东阳三建公司诉讼案例中,法院已认定何某、刘某与东阳三建公司形成事实上的挂靠关系,随后又表述东阳三建公司作为转包人,并未欠付实际施工人何某、刘某的工程款。同时法院依据《2018 年建设工程合同解释》第二十四条的规定,认定何某、刘某是万和公司(发包人)尚欠工程款的支付对象。参见江西省高级人民法院民事判决书,(2020)赣民终 18 号。

一、发包人

笔者尚未看到现行法律体系中对发包人范围专门进行界定。最高人民法院在探讨《2004年建设工程合同解释》第二十六条第二款中的“发包人”范围时，对“发包人”的范围进行了认定。“第一种观点认为，第二款所指的发包人，是静态的绝对的，仅为建设工程的建设单位。第二种观点认为，发包人的动态的相对的，在层层多手转包链条中，中间链条的总承包人、转包人、违法分包人也可能是发包人，实际施工人可以依据本解释的规定向其上手以上提起诉讼。”①最高人民法院著述中认为，“第一种观点更为妥当，即本条的发包人应特指建设单位”②。即在对《2004年建设工程合同解释》第二十六条第二款规定进行理解时，最高人民法院将“发包人”理解为仅指建设单位。

笔者认为，单独的“发包人”三字应成为一个特定概念，即应特指建设工程的业主方（建设单位）或委托代建情况下的受托建设方，不应包括从业主方或受托建设方承接工程后又将工程转包、分包（合法分包、违法分包）出去的承包人。在工程存在转包、分包的情况下，转包工程的发包人、分包工程的发包人均不应作为“发包人”理解。笔者认为，应从整个法律体系上考虑“发包人”概念，而不应局限于在对《2004年建设工程合同解释》第二十六条第二款③或《2020年建设工程合同解释》第四十三条第二款④理解“发包人”时才作此认定。

单独的“发包人”三字应作为一个特定概念，不应与转包工程的发包人、分包工程的发包人产生概念的交集，笔者理由如下：

第一，建设单位拥有工程发包的权利为法律及行政法规所明确，建设工程施工的承包人并没有发包的权利，其只有分包的权利。

---

① 最高人民法院民事审判第一庭编著：《最高人民法院新建设工程施工合同司法解释（一）理解与适用》，人民法院出版社2021年版，第446页。

② 最高人民法院民事审判第一庭编著：《最高人民法院新建设工程施工合同司法解释（一）理解与适用》，人民法院出版社2021年版，第446页。

③ 《2004年建设工程合同解释》第二十六条第二款：“实际施工人以发包人为被告主张权利的，人民法院可以追加转包人或者违法分包人为本案当事人。发包人只在欠付工程价款范围内对实际施工人承担责任。”

④ 《2020年建设工程合同解释》第四十三条第二款：“实际施工人以发包人为被告主张权利的，人民法院应当追加转包人或者违法分包人为本案第三人，在查明发包人欠付转包人或者违法分包人建设工程价款的数额后，判决发包人在欠付工程价款范围内对实际施工人承担责任。”

《民法典》第七百九十一条第三款[①]中有“禁止承包人将工程分包给不具有相应资质条件的单位”的表述。《建设工程质量管理条例》第七条第一款[②]明确,建设单位应当将工程发包给具有相应资质等级的单位。《民法典》及《建设工程质量管理条例》中对于施工单位并没有“发包工程”的表述。《建设工程质量管理条例》第二十五条第三款[③]有“施工单位不得转包或者违法分包”的表述。同时,《建设工程质量管理条例》第二十七条[④]存在“总承包单位依法将建设工程分包”的表述,即施工单位有分包的权利。注意到《建筑法》第二十九条第一款[⑤]表述为“建设工程总承包单位可以将承包工程中的部分工程发包给……”,实际上该处的“发包”指“分包”的含义。《建筑法》中该条款重心在于对分包的认可,并不是确立总承包单位的发包权利。因此,可以理解为“发包”与“分包”两字在法律体系中体现的法律内涵是不一样的,并且,《建设工程质量管理条例》第七十八条第三款[⑥]中用的是“转给”的表述,并不是“发包”的表述。

第二,从体系解释上看,应将“发包人”仅理解为建设单位。

发包人可以与总承包人建立施工合同关系或与勘察人、设计人、施工人建立承包关系。《民法典》第七百九十一条第二款[⑦]规定,总承包人、勘察人、设计人、施工承包人“可以将部分工作交由第三人完成”,并没有使用“发包给第三人完成”的表述。因此,侧面印证施工单位仅有“分包”的权利,而无“发包”的权利。“分包”“发包”有不同意义的情况下,不宜将“分包工程”等同于“发

---

① 《民法典》第七百九十一条第三款:“禁止承包人将工程分包给不具备相应资质条件的单位。禁止分包单位将其承包的工程再分包。建设工程主体结构的施工必须由承包人自行完成。”

② 《建设工程质量管理条例》第七条第一款:“建设单位应当将工程发包给具有相应资质等级的单位。”

③ 《建设工程质量管理条例》第二十五条第三款:“施工单位不得转包或者违法分包工程。”

④ 《建设工程质量管理条例》第二十七条:“总承包单位依法将建设工程分包给其他单位的,分包单位应当按照分包合同的约定对其分包工程的质量向总承包单位负责,总承包单位与分包单位对分包工程的质量承担连带责任。”

⑤ 《建筑法》第二十九条第一款:“建筑工程总承包单位可以将承包工程中的部分工程发包给具有相应资质条件的分包单位;但是,除总承包合同中约定的分包外,必须经建设单位认可。施工总承包的,建筑工程主体结构的施工必须由总承包单位自行完成。”

⑥ 《建设工程质量管理条例》第七十八条第三款:“本条例所称转包,是指承包单位承包建设工程后,不履行合同约定的责任和义务,将其承包的全部建设工程转给他人或者将其承包的全部建设工程肢解以后以分包的名义分别转给其他单位承包的行为。”

⑦ 《民法典》第七百九十一条第二款:“总承包人或者勘察、设计、施工承包人经发包人同意,可以将自己承包的部分工作交由第三人完成……”

包工程”。

在法律法规层面，笔者还未见到法律条文中仅出现“发包人”三字的情况下，可以将“发包人”作为承包工程后再将工程转包或分包出去的施工单位的情况。比如，《民法典》第七百九十六条①关于“发包人与监理人订立监理合同”的规定，显然只有建设单位才有与监理人订立监理合同的情况，转包人及工程分包人是没有这种情况的。多个建设工程司法解释文件中，“发包人”均指向建设单位。比如，《2020年建设工程合同解释》第三条第一款②关于建设工程规划许可证的问题，显然只有建设单位有取得建设工程许可证的义务；又如，《2020年建设工程合同解释》第十七条③关于工程质量保证金的返还问题，显然只有建设单位才涉及返还工程质量保证金的问题。

第三，在建设工程分包出去的情况下，若将总承包合同的承包人（分包工程发包人）也称为发包人，对“转包人”的表述将产生重大障碍。转包人与分包工程发包人有本质相同，两者只是交与第三人完成的“工程量”多少上的区别。分包工程发包人只是将部分工程分包出去，转包人是将多于“部分工程”的全部工程转包出去。如果将分包工程的发包人称为发包人，那么转包人也可以称为发包人。这样会造成转包人、发包人概念的高度混同。

第四，如果仅把《2020年建设工程合同解释》第四十三条第二款中的“发包人”理解为建设单位，其他条文中的“发包人”理解为分包工程发包人、转包工程发包人，那么整个建设工程方面的法律体系是不协调的。

从以上分析来看，《建筑法》第二十九条第一款及《工程施工分包管理办

---

① 《民法典》第七百九十六条：“建设工程实行监理的，发包人应当与监理人采用书面形式订立委托监理合同。发包人与监理人的权利和义务以及法律责任，应当依照本编委托合同以及其他有关法律、行政法规的规定。”

② 《2020年建设工程合同解释》第三条第一款：“当事人以发包人未取得建设工程规划许可证等规划审批手续为由，请求确认建设工程施工合同无效的，人民法院应予支持，但发包人在起诉前取得建设工程规划许可证等规划手续的除外。”

③ 《2020年建设工程合同解释》第十七条第一款：“有下列情形之一，承包人请求发包人返还工程质量保证金的，人民法院应予支持：（一）当事人约定的工程质量保证金返还期满限届满；（二）当事人未约定工程质量保证金返还期限的，自建设工程通过竣工验收之日起满二年；（三）因发包人原因建设工程未按约定期限进行竣工验收的，自承包人提交工程竣工验收报告九十日后当事人约定的工程质量保证金返还期限届满；当事人未约定工程质量保证金返还期限的，自承包人提交工程竣工验收报告九十日后起满二年。”

法》第五条第二款[1]、第三款[2]的现有表述会增加理解上的困惑，笔者建议表述应予调整，即将其中的文字“发包”调整为“分包”。这样“发包”“分包”“转包”概念将更加清晰。总体而言，笔者认为，发包人外延不宜作扩大解释，“发包人”三字在没有加特定限制词的情况下只能认定为建设单位或受托建设方。为了与发包人相区别，其他非建设单位的发包人或者非受托建设方的发包人应在其前加上一个特定的限制词进行表述较为恰当。比如，分包工程发包人、转包工程发包人。

二、承包人

承包人是指承接建设工程勘察、设计、施工活动的人。根据《民法典》第七百九十一条[3]的规定，勘察承包人、设计承包人、施工承包人处于同一位置，均可与发包人形成发承包关系。它本身不带有对承包行为合法或者违法方面的法律评价，即只要承接工程业务，就可以称为承包人。从工程性质上分类，承包人可以分为勘察作业承包人、设计作业承包人、施工作业承包人、劳务作业承包人等；从工程复合性程度上分类，其可以分为工程总承包人、施工总承包人、专业工程承包人、劳务作业承包人等；从承接工程的层次上分类，其可以分为一级承包人、二级承包人等。

承包人承接工程后，对工程项目可能自行施工完成，也可能交由他人完成。如果发生转包行为，承包人可以成为转包人，同时又因为转包本身为法律所禁止，故转包人其实就是违法转包人。工程承包项目分包出去，承包人又可以被

---

① 《工程施工分包管理办法》第五条第二款：“本办法所称专业工程分包，是指施工总承包企业（以下简称专业分包工程发包人）将其所承包工程中的专业工程发包给具有相应资质的其他建筑企业（以下简称专业分包工程承包人）完成的活动。”

② 《工程施工分包管理办法》第五条第三款：“本办法所称劳务作业分包，是指施工总承包企业或者专业承包企业（以下简称劳务作业发包人）将其所承包工程中的劳务作业发包给劳务分包企业（以下简称劳务作业承包人）完成的活动。”

③ 《民法典》第七百九十一条：“发包人可以与总承包人订立建设工程合同，也可以分别与勘察人、设计人、施工人订立勘察、设计、施工承包合同。发包人不得将应当由一个承包人完成的建设工程支解成若干部分发包给数个承包人。总承包人或者勘察、设计、施工承包人经发包人同意，可以将自己承包的部分工作交由第三人完成。第三人就其完成的工作成果与总承包人或者勘察、设计、施工承包人向发包人承担连带责任。承包人不得将其承包的全部建设工程转包给第三人或者将其承包的全部建设工程支解以后以分包的名义分别转包给第三人。”

称为分包人。而分包工程,有些被法律或双方合同禁止。违法分包工程的场合下,承包人又可以成为违法分包人。因此,承包人具有一个动态的身份。这个身份取决于其对工程项目的施工态度。同一个主体,可能有多重身份。

三、总承包人

《民法典》中提出了总承包人的说法。笔者认为,总承包人为承包人的一种类型,其可以有两种理解:一种是工程总承包人,另一种是施工总承包人。工程总承包人应是集勘查活动、设计活动、施工活动于一体的承包人,是指建设工程总承包合同(EPC项目)中承揽工程项目的承包人。施工总承包人是指将建设工程的施工任务全部予以承揽施工的承包人,包括主体结构、地基基础等工程项目。施工总承包人可以将其承包的部分工作交由第三人完成。如果施工总承包人将全部工作交由他人完成即为转包,此时施工总承包人实为转包人。如果施工总承包人将部分工作交由他人完成即为分包,此时施工总承包人实为分包人。

总之,总承包人为承包人的一种类型,可以被承包人概念所涵盖。《2020年建设工程合同解释》是针对建设工程施工合同纠纷案件的司法解释,该司法解释中总承包人应是指施工总承包人。对于工程总承包人而言,其承包内容与施工总承包人有许多不同,因此,工程总承包人与发包人之间的工程承包纠纷不能全部适用《2020年建设工程合同解释》的相关规定。

四、转包人

根据《建设工程质量管理条例》《违法行为查处管理办法》对于转包的认定,转包人是指承包人承包建设工程后不履行合同约定的责任和义务,将其承包的全部建设工程转给他人施工,或者将其承包的全部建设工程支解以后以分包的名义分别转给他人施工的承包人。简言之,转包人是承包人将其承包的工程转包给他人施工的发包人,为转包工程发包人的简称。[1] 转包建设工程的行为本身被法律所禁止,转包行为本身即违法,故转包人又可被称为违法转包人。

① 笔者之前强调,单独的“发包人”三字具有专门含义。如果指非建设单位的发包人或指非受托建设方的发包人,则应在“发包人”三字加上前缀词,以此将发包人与其他发包人作出区分。

转包人与违法转包人没有实质区别,转包人加上“违法”二字反而容易误解为转包行为有违法与合法的区别。因此,转包人名称前一般不用“违法”两字作为前缀,“转包人”名称本身就带有对行为否定评价的法律色彩。

转包人可能从发包人处承接工程或者从其他转包人、违法分包人、合法分包人处承接工程。对上而言,转包人对应的相对人可以为发包人或者转包人、分包人;对下而言,转包人对应的相对人是转包工程承包人。

五、分包人

从汉语的用语习惯上说,分包人可以是分包工程发包人的简称,也可以是分包工程承包人的简称。《工程施工分包管理办法》第五条第四款[①]分别提到分包工程发包人、分包工程承包人。分包人作为“分包工程发包人”“分包工程承包人”汉语用语习惯的简化表达并无不可。

正因为分包人有可能是指上述两种人,因此需要从上下文及用语背景考虑其具体是指什么。

第一种情况,分包人是“分包工程发包人”的简化表达。理解分包人为分包工程发包人时,不代表笔者认为此时的分包人属于“发包人”之列。笔者前文提到,“发包人”三字应作为一个特定概念,其身份应特定,即“发包人”仅限指建设单位或者受托建设方。

有观点认为,“分包是指工程总承包方将其承包的某一部分工程或者几部分工程再发包给其他人,接受分包工程单位为分承包人,简称分包人”[②]。这种观点似乎把“分包人”固定理解为仅指接受分包工程的承包人。仔细看一下,该处文字的出处在于探讨“实务中承包人的不同表现形式”。因此,上述观点是在对承包人的形式进行罗列时提到“分包人”,这也就不难理解该观点将“分包人”理解为“接受分包工程单位为分承包人”。它并未对“分包人”的定义进行准确界定。

---

① 《工程施工分包管理办法》第五条第四款:“本办法所称分包工程发包人包括本条第二款、第三款中的专业分包工程发包人和劳务作业发包人;分包工程承包人包括本条第二款、第三款中的专业分包工程承包人和劳务作业承包人。”

② 最高人民法院民事审判第一庭编著:《最高人民法院新建设工程施工合同司法解释(一)理解与适用》,人民法院出版社 2021 年版,第 361 页。

笔者不同意将“分包人”仅作分包工程承包人的理解。理由有二:第一,因为“分包”与“转包”两词为并列词汇,并且词性一样,两者只存在工程量交由第三人施工的多少之别。转包人是指转包工程发包人,因此,分包人不可能仅指分包工程承包人。第二,违法分包人与分包人本质一样。违法分包人是指违法分包工程的发包人。因此,将分包人仅作分包工程承包人的理解不妥当,分包人可以是分包工程的发包人。

第二种情况,分包人为“分包工程承包人”的简化表达。此时,分包人是与施工总承包人、承包人、发包人相对应的概念,指与施工总承包人、承包人、发包人签订分包合同的一方,即“实施分包合同的承包人”。在分包工程承包人的语境之下,“分包人”应包括专业工程合法分包的承包人,也应包括专业工程违法分包的承包人,还包括劳务作业分包的承包人。《2020年建设工程合同解释》全文中仅第五条①出现“分包人”概念,并且该处的分包人与总承包人并列。站在与总承包人并列的角度看,该处“分包人”实际指分包工程承包人之意。然而,从“总承包人”“分包人”又可以将劳务分包出去的角度看,“总承包人”“分包人”又可成为劳务分包工程发包人。分包工程存在合法与非法问题,故分包人包括合法分包承包人、违法分包承包人。

同时,有一个特殊情况需要注意。如果建设单位或受托建设方直接指定分包人分包专业工程,此时的分包人与承包人并列,分包人可以被称为指定分包人。

六、指定分包人

《工程施工分包管理办法》第七条②中有“建设单位不得直接指定分包工程承包人”的表述,《2020年建设工程合同解释》第十三条第一款第三项③中出现“直接指定分包人分包专业工程”的表述。这两处的“指定分包”“指定分包人”

---

① 《2020年建设工程合同解释》第五条:“具有劳务作业法定资质的承包人与总承包人、分包人签订的劳务分包合同,当事人请求确认无效的,人民法院依法不予支持。”

② 《工程施工分包管理办法》第七条:“建设单位不得直接指定分包工程承包人。任何单位和个人不得对依法实施的分包活动进行干预。”

③ 《2020年建设工程合同解释》第十三条第一款第三项:“发包人具有下列情形之一,造成建设工程质量缺陷,应当承担过错责任:……(三)直接指定分包人分包专业工程。”

均是指一个行为,而不是一个名称。

作为一个名称使用,指定分包人为承包人的一种。指定分包人是指由发包人指定的实施建设工程分包合同并与发包人有分包合同关系或与承包人有分包合同关系的承包人。根据该定义可以对其作两种理解:

第一种情况,发包人指定分包后,发包人直接与指定分包人签订分包合同,此时发包人与指定分包人存在直接合同关系。

第二种情况,发包人指定分包后,由承包人和指定分包人签订分包合同,发包人与指定分包人之间并不存在直接的合同关系,承包人与指定分包人之间形成分包合同关系。实践中有时也可能采用发包人、承包人、指定分包人三方协议的方式,发包人、承包人和指定分包人根据三方协议的约定享有权利和履行义务,形成三方合同关系。

《建筑法》对指定分包并未作出禁止性规定。《施工招标投标办法》《工程施工分包管理办法》对指定分包行为持否定态度,禁止发包人指定分包人。由于上述两个文件的法律层级较低,难以决定指定分包时的法律效力的认定。《2020 年建设工程合同解释》第十三条①虽然提到指定分包造成工程质量缺陷责任承担的问题,但是该司法解释回避了指定分包行为是否合法的问题。

七、违法分包人

与分包人可以作出两种理解不同,违法分包人只能作出一种理解。违法分包人是指违法将分包工程交与他人施工的分包工程发包人,即在不合法或不符合合同约定的情况下将部分工程分包给他人施工的发包人。《建设工程质量管理条例》《违法行为查处管理办法》中对违法分包行为均有描述。《建设工程质量管理条例》第七十八条第二款②中的“违法分包”强调的是一个行为,是与转包相并列的一个行为。此时的总承包单位、承包单位、施工总承包单位、分包单

① 《2020 年建设工程合同解释》第十三条:“发包人具有下列情形之一,造成建设工程质量缺陷,应当承担过错责任:(一)提供的设计有缺陷;(二)提供或者指定购买的建筑材料、建筑构配件、设备不符合强制性标准;(三)直接指定分包人分包专业工程。承包人有过错的,也应当承担相应的过错责任。”

② 《建设工程质量管理条例》第七十八条第二款:“本条例所称违法分包,是指下列行为:(一)总承包单位将建设工程分包给不具备相应资质条件的单位的;(二)建设工程总承包合同中未有约定,又未经建设单位认可,承包单位将其承包的部分建设工程交由其他单位完成的;(三)施工总承包单位将建设工程主体结构的施工分包给其他单位的;(四)分包单位将其承包的建设工程再分包的。”

位就是一个违法转出分包业务的违法分包人。因为分包行为本身并未被法律完全禁止,故分包工程有合法分包与违法分包之区分。这与转包不同,转包不存在合法与非法的判断,转包行为均为非法。

《2020年建设工程合同解释》第四十三条第一款[①]中的“违法分包人”即指违法分包工程发包人。从条文中可以看到,“转包人”与“违法分包人”并列,此时违法分包人是实际施工人的相对人,即不合法分包合同的发包人。

从汉语用语习惯上讲,违法分包人还可以是违法分包工程承包人之简称。然而,笔者没有看到将违法分包人解读成违法分包工程承包人的文件及裁判案例。因此,违法分包人仅指违法分包工程发包人。

八、劳务作业分包人

劳务作业分包人,有时又称为劳务分包人,虽然在法律、法规、规章、司法解释中未见这一名称的身影,但是在《工程施工分包管理办法》中却可见“劳务作业分包”表述。《工程施工分包管理办法》第九条第二款[②]使用“劳务作业发包人”与“劳务作业承包人”的表述。另外,在建设工程类纠纷案件中也有不少“劳务作业分包合同”的表述或类似描述。既然存在“劳务作业分包”,那么就一定存在劳务作业分包人这一特定身份。

与分包人有两种理解相对应,劳务作业分包人也可以有两种理解,即接受劳务作业分包业务的承包人与将劳务作业分包他人施工的发包人,即劳务作业分包承包人与劳务作业分包发包人。

从劳务作业整体与拆分的角度上考虑,上述劳务作业分包人又可以作进一步分类。其中,劳务作业分包承包人可分为:接受整体劳务作业的承包人、接受拆分劳务作业的承包人;劳务作业分包发包人可分为:将劳务作业分包业务整体转包他人的分包人、将劳务作业分包业务拆分分包他人的分包人。根据

① 《2020年建设工程合同解释》第四十三条第一款:“实际施工人以转包人、违法分包人为被告起诉的,人民法院应当依法受理。”

② 《工程施工分包管理办法》第九条第二款:“劳务作业分包由劳务作业发包人与劳务作业承包人通过劳务合同约定。劳务作业承包人必须自行完成所承包的任务。”

《2020年建设工程合同解释》第五条[①]的规定,具有劳务作业法定资质的劳务分包企业接受总承包人、分包人的劳务分包业务的,此时的合同有效。但是劳务分包企业将劳务作业进行二次转包或分包是否违反法律规定,合同是否仍然有效存在一定的争议。最高人民法院著述中认为,“劳务分包承包人再分包所签订的劳务分包合同当属无效”[②]。

实践中,劳务作业承包人可能具有资质,也可能不具有资质。比如,个人也可能成为劳务作业分包承包人。有无资质不是其是否可以成为劳务作业分包承包人的判断依据,而是分包业务是否合法的判断依据。对于合法的有资质的劳务分包企业而言,承包劳务分包业务不存在非法问题;而没有资质的劳务队及个人承接劳务分包业务就存在非法问题。没有资质的劳务分包企业承接劳务分包业务可能存在非法问题,之所以讲“可能存在非法”,是因为根据国务院“放管服”改革,住房和城乡建设部2016年批准在某些省份开展建筑劳务用工制度改革试点,取消劳务资质办理和资质准入。个别省份也不再将劳务企业资质列入建筑市场监管事项。因此,现阶段而言,可能会因地域差别的存在,导致对没有资质的劳务分包企业承接劳务分包业务是否合法的认定结果的不一样。一般来说,劳务作业应由具有劳务作业法定资质的劳务企业承担,可实践中某一自然人作为包工头组织人员进行劳务作业施工的不在少数,这不应影响其为劳务作业承包人的认定。

自2015年1月1日起,住房和城乡建设部印发的《企业资质标准》正式施行,企业的劳务资质不再区分资质类别,取消了旧标准《劳务分包企业资质标准》中的木工、砌筑、抹灰、石制作、油漆、钢筋、混凝土、脚手架、模板、焊接、水暖、钣金、架线13种分类,同时对劳务分包企业也不再划分资质等级。依据新规定,取得施工劳务资质的企业可承担各类施工劳务作业。由此以后的裁判实践中,认定劳务分包是否合法应从劳务分包的作业对象上进行判断,即作业对象本身是否为施工劳务以及承包方式是否包括主材、设备、机械等方面来进行认定。实践中,以劳务作业分包为名行转包、违法分包建设工程之实的行为不

① 《2020年建设工程合同解释》第五条:“具有劳务作业法定资质的承包人与总承包人、分包人签订的劳务分包合同,当事人请求确认无效的,人民法院依法不予支持。”

② 最高人民法院民事审判第一庭编著:《最高人民法院新建设工程施工合同司法解释(一)理解与适用》,人民法院出版社2021年版,第66页。

在少数。另外,2020 年 11 月 30 日,住房和城乡建设部印发《建设工程企业资质管理制度改革方案》(建市[2020]94 号)。根据该文件,施工劳务企业资质改为专业作业资质。

还有一个需要特别讨论的问题就是将劳务作业分包出去,劳务作业分包人是否属于建设工程分包人?笔者认为可能属于。首先,根据《建筑业企业资质规定》,劳务分包企业也是建筑工程施工企业,并不是非建筑类企业。其次,劳务分包本身为规章允许,规章只是不允许劳务分包的二次分包。根据《工程施工分包管理办法》第四条①、第五条第一款②的规定,专业工程分包与劳务作业分包相并列。因此,不应人为地将劳务分包作业单独从建设工程施工业务中拆离出去。最后,如果劳务分包不作为建设工程分包的内容,《2020 年建设工程合同解释》第五条③则将无关内容纳入该司法解释当中。这是自相矛盾的做法。

劳务分包作业应是建设工程施工项目的一部分,其也应属于建设工程分包。将劳务作业分包出去的分包人可能属于建设工程分包人。注意笔者所说为"可能属于",不一定就是建设工程分包人。因为需要考虑到实践中承包人将一部分劳务作业分包出去的情况。在承包人只是将一部分劳务作业分包出去的场合下,笔者认为,双方关系更像是一份劳务合同关系或承揽合同关系。笔者坚持以单位工程中分项工程之下某一工种的发承包是否具备完整性,作为判断是建设工程施工合同还是非建设工程施工合同的分水岭。对该观点,笔者将在本书第十章"工程款相似款项"第一节"劳务款"中重点讨论。

九、挂靠人

法律、法规、规章、司法解释中并没有出现"挂靠人"与"被挂靠人"的名称。规章中出现对"挂靠"的解释,司法解释中出现"借用资质"的表述。因此,挂靠

---

① 《工程施工分包管理办法》第四条:"本办法所称施工分包,是指建筑业企业将其所承包的房屋建筑和市政基础设施工程中的专业工程或者劳务作业发包给其他建筑企业完成的活动。"

② 《工程施工分包管理办法》第五条第一款:"房屋建筑和市政基础设施工程施工分包分为专业工程分包和劳务作业分包。"

③ 《2020 年建设工程合同解释》第五条:"具有劳务作业法定资质的承包人与总承包人、分包人签订的劳务分包合同,当事人请求确认无效的,人民法院依法不予支持。"

人与被挂靠人只是一个民间表达。根据《违法行为查处管理办法》第九条第一款[①]中挂靠的定义，可以将“挂靠人”表述为借用其他单位建设工程资质进行施工的单位或个人。笔者认为，借用资质存在以下五种情形：无任何资质借用他人资质，即“无借有”、低资质借用高资质，即“低借高”、高资质借用低资质，即“高借低”、相同资质相互借用，即“相互借”、有资质借用他人特殊资质，即“有借特”，比如，某企业有房屋建筑工程施工资质，但是在进行桥梁工程施工时借用其他单位的桥梁工程施工资质。挂靠行为本身为法律所禁止，因此，这一名称之下存在法的价值判断，即否定的判断，不存在合法挂靠情形。

根据《2020 年建设工程合同解释》第一条第二款第二项[②]规定，挂靠情形下签订的施工合同无效的认定有限制条件，即将挂靠情形下签订的施工合同无效情形仅仅限制在“没有资质借用他人资质签订的施工合同”。从上述司法解释的条款意思上看，上述五种情形中，“无借有”“低借高”“有借特”可以归入“没有资质借用他人资质”的情形，此时签订的施工合同无效，这应无疑义。然而，“高借低”“相互借”无法归入“没有资质借用他人资质”的情形，此时签订的施工合同难以认定无效。笔者认为，挂靠行为的本质就是“包装”。挂靠情形下签订的施工合同的效力认定不应以挂靠人有无资质来认定，而应以其是否进行包装进行认定，即挂靠人将不符合条件的自己包装成符合条件的他人，以实现自己的经济利益。

十、被挂靠人

与“挂靠人”相对应，“被挂靠人”是指出借给其他单位或个人资质的施工单位。被挂靠人不可能是个人。被挂靠人出借资质，不参与工程的实际施工，但是有时会部分参与施工过程的管理。被挂靠人获取的费用多称为管理费，也有称为利润的情况，也有人将出借资质的被挂靠人获取的管理费认定为是出借资质的租赁费用。

---

① 《违法行为查处管理办法》第九条第一款：“本办法所称挂靠，是指单位或个人以其他有资质的施工单位的名义承揽工程的行为。”

② 《2020 年建设工程合同解释》第一条第二款第二项：“建设工程施工合同具有下列情形之一的，应当依据民法典第一百五十三条第一款的规定，认定无效：……(二)没有资质的实际施工人借用有资质的建筑施工企业名义的……”

十一、实际施工人

如何认定实际施工人,法律上争议较多。

实际施工人名称为《2004 年建设工程合同解释》首创。《2018 年建设工程合同解释》《2020 年建设工程合同解释》中均沿用这一名称。这三个司法解释均未实际施工人进行认定。

从表面上看,实际施工人是指实际完成施工工程任务的人。若仅此理解实际施工人则过于肤浅。笔者认为,应从以下三个方面对实际施工人进行考察。

(一)表象要求

首先,实际施工人与无效施工合同相关。如果与有效施工合同相关,就没有必要创设“实际施工人”概念,因为《民法典》中有“施工人”概念。虽然主流观点认为施工人是指合法施工合同下的施工人,但笔者仍认为,施工人不仅包括合法施工合同下的施工人,也包括无效施工合同下的施工人。不管怎么理解,在“施工人”之前加上“实际”两字,实际施工人所表达的意思肯定应与施工人存在不同,否则实际施工人名称的出现就变得毫无意义。因此,实际施工人应与无效施工合同相联系。有人总结出十二类建设工程施工合同无效情形。[①]笔者认为,应当在这十二类无效合同中寻找实际施工人。

其次,必须与“实际”两字相符。有“实际”两字,意味着还应存在一个名义施工人。建设工程施工过程中哪些情况下,同时存在名义施工人及其背后隐藏的施工人呢?探寻十二类无效施工合同情形,发现三种无效合同情形符合上述要求:转包工程情形下,转包人为名义施工人,转包承包人为背后隐藏的施工人;违法分包情形下,违法分包人为名义施工人,违法分包承包人为背后隐藏的施工人;挂靠情形下,挂靠人为名义施工人,被挂靠人为背后隐藏的施工人。只有存在两个法律关系的情况下才存在名义施工人与隐藏的施工人的情况。当然,合法分包情形下虽然也存在两个法律关系,不过合法分包情形不符合实际

① 十二类建设工程施工合同无效情形:恶意串通、虚假意思表示、无资质或超越资质、挂靠、应招未招或中标无效、转包、违法分包、未取得规划审批手续、低于建设成本、背离中标实质性内容、支解发包、低于强制性标准。其中,对于低于建设成本的施工合同是否有效,法律上争议较大,其他十一类施工合同无效不应存在太大争议。

施工人认定的第一个表象要求。

其他无效施工合同情形下只存在一个施工人,并不会出现名义施工人与隐藏的施工人问题。比如,在应招未招或者中标无效情形下或者在未取得规划审批手续的情形下,建设工程施工合同无效,此时只存在一个施工人。这时的施工人不是实际施工人。在只有一个施工人的情形下,无所谓名义施工人与隐藏的施工人区分问题。

最后,必须与《2020年建设工程合同解释》中规定的实际施工人相对应。《2020年建设工程合同解释》共出现三处实际施工人的表述,分别为第一条第一款第二项①、第四十三条②、第四十四条③。实际施工人均指向三类无效施工合同承包人,具体包括转包合同承包人、违法分包合同承包人、没有资质借用有资质的建筑施工企业的名义与他人签订建设工程施工合同的承包人。由此可见,实际施工人已经具有完全法律评价的指向。实际施工人所对应的相对方分别为转包人、违法分包人、被挂靠人。

同时,实际施工人应是实际实施建设工程活动的承包人。劳务作业活动本身也是建设工程施工活动的部分,因此,承包劳务作业的施工人也可能是实际施工人。而受劳务作业承包人雇佣、聘请具体干活的劳务人员及班组长不应成为实际施工人。

(二)本质要求

是否上述三类无效合同下的承包人均为实际施工人?笔者认为未必,其还需要从实体方面进行判断,即从实际施工人的本质方面进行判断。作为建设工程法律方面的重要概念,对实际施工人的理解离不开建设工程本身。建设工程

---

① 《2020年建设工程合同解释》第一条第一款第二项:“建设工程施工合同具有下列情形之一的,应当依据民法典第一百五十三条第一款的规定,认定无效:……(二)没有资质的实际施工人借用有资质的建筑施工企业名义的……”

② 《2020年建设工程合同解释》第四十三条:“实际施工人以转包人、违法分包人为被告起诉的,人民法院应当依法受理。实际施工人以发包人为被告主张权利的,人民法院应当追加转包人或者违法分包人为本案第三人,在查明发包人欠付转包人或者违法分包人建设工程价款的数额后,判决发包人在欠付建设工程价款范围内对实际施工人承担责任。”

③ 《2020年建设工程合同解释》第四十四条:“实际施工人依据民法典第五百三十五条规定,以转包人或者违法分包人怠于向发包人行使到期债权或者与该债权有关的从权利,影响其到期债权实现,提起代位权诉讼的,人民法院应予支持。”

是人材机要素的集合。因此,实际施工人概念意味着投入三个基本的东西——“人(劳动力)”“材(材料设备)”“机(机械机具)”。如果不考虑这三方面的投入,将这三方面进行割裂,则不能对实际施工人作出准确理解。如果没有“材(材料设备)”“机(机械机具)”的投入,只是一个简单的劳务投入,则只能理解为雇主与雇员的劳务关系。如果没有“人(劳动力)”的投入,则只能理解为买卖关系或租赁关系。

因此,实际施工人应当是这三个方面的统一。当然,实践中确实存在部分包工不包料的建设工程施工活动方式,即使这种情况下,机械机具仍是由承包人提供,并且材料也不会全部是由发包人提供。工程施工最基本的投入是“人(劳动力)”“材(材料设备)”“机(机械机具)”。认定实际施工人应当抓住这一本质。实际施工人既可以是自然人,也可以是企业。

在抓住这一本质的情况之下,可以将一类主体予以排除。在工程经数次转包或违法分包的情况下,实际施工人应当是最终投入资金,组织“人”“材”“机”进行施工的民事主体。多地高院对此作出明确规定。其中,北京高院的观点最为典型。《北京高院解答》中规定:“……建设工程经数次转包的,实际施工人应当是最终实际投入资金、材料和劳力进行工程施工的法人、非法人企业、个人合伙、包工头等民事主体。”

(三)实际施工人与合同相对性原则的突破

笔者认为,实际施工人概念的提出与合同相对性原则的突破,两者不能画等号。实际施工人概念更主要是为区分名义施工人与隐藏的施工人而提出。合同相对性原则的突破是为解决以往农民工讨薪无门而提出。“为了根治拖欠农民工工资问题,人民法院有必要在特定情况下、一定范围内,并在兼顾其他当事人权益的情况下,突破合同相对性原则,对弱势方当事人尤其是广大的农民工提供司法保护,打通农民工权益保护的通道,以实现实质意义上的公平。”[1]因此,实际施工人称谓的出现更主要解决身份认定问题,而并不直接解决权利救济渠道或路径问题。

---

① 最高人民法院民事审判第一庭编著:《最高人民法院新建设工程施工合同司法解释(一)理解与适用》,人民法院出版社2021年版,第442页。

十二、施工人

施工人,即施工承包人的简称,与设计人、勘察人相并列。在《2020 年建设工程合同解释》中没有“施工人”这个称谓。在《合同法》及《民法典》第七百九十一条第一款①、第八百零一条②中有“施工人”名称。《民法典》对“施工人”并没有特指。

有观点认为,“《民法典》中‘施工人’身份的认可是以施工合同合法有效为前提,相关规定并不适用基于非法转包、违法分包合同关系形成的施工人”③。该观点认为施工人为合法建设工程施工合同下的承包人。对此,笔者持不同意见。前文分析了实际施工人为三类人员,然而无效合同情形有十二类之多,除了实际施工人三类人员之外,还存在其他九类无效合同情形下的承包人。如果施工人仅为合法建设工程施工合同下的承包人,那么,其他九类承包人则无法归入实际施工人或者施工人当中。比如,未取得建设工程规划许可证签订的建设工程施工合同为无效合同,此时的承包人既不是施工人也不是实际施工人,这在逻辑上讲不通。另外,从《民法典》第八百零一条的规定看,施工人需要承担工程修复责任。如果将无效合同情形下的施工人排除于该条之外,是不是意味着无效合同情形下的承包人不需要承担工程的修复责任?显然无效合同情形下的承包人也有修复义务,因此,无效合同情形下的承包人也为施工人。

笔者认为,施工人应当包括实际施工人在内,即实际施工人被施工人涵盖。施工人与实际施工人的区别在于实际施工人为三类无效合同的承包人,施工人既包括合法施工合同的承包人,也包括各类无效施工合同的承包人。同时,施工人与承包人存在区别,承包人包括勘察承包人、设计承包人、施工承包人,施工人不包括勘察承包人、设计承包人。

---

① 《民法典》第七百九十一条第一款:“发包人可以与总承包人订立建设工程合同,也可以分别与勘察人、设计人、施工人订立勘察、设计、施工承包合同。发包人不得将应当由一个承包人完成的建设工程支解成若干部分发包给数个承包人。”

② 《民法典》第八百零一条:“因施工人的原因致使建设工程质量不符合约定的,发包人有权请求施工人在合理期限内无偿修理或者返工、改建。经过修理或者返工、改建后,造成逾期交付的,施工人应当承担违约责任。”

③ 最高人民法院民事审判第一庭编著:《最高人民法院新建设工程施工合同司法解释(一)理解与适用》,人民法院出版社 2021 年版,第 156 页。

本书标题中的“施工方”包括有效施工合同下的承包人及无效施工合同下的承包人，是施工承包人、施工人、实际施工人、施工单位等施工主体的统称。

第三节 身份考察

本章第二节中列举的十二类名称，笔者从以下方面考察其身份。

一、身份会有交织

上述十二类人员的身份不是完全隔离或者完全排斥、完全独立的，他们之间的身份存在相互交织的情况。身份交织主要体现在：包含与被包含的关系。比如，总承包人为承包人的一种类型，实际施工人为施工人的一种类型，违法分包人为分包人的一种类型。此时一方身份完全可以被另一方的身份所包含。

二、身份可以转化

同一个主体可能有多个身份。因相对方的不同，同一个主体的名称会有不同。比如，对于发包人来说，建设工程施工合同的施工方为承包人。如果承包人将承建的工程转包出去，其相对于转包工程承包人而言，又可称为转包人；如果将工程违法分包出去，其相对于分包工程承包人而言，又可称为违法分包人。又如，作为挂靠人的承包人，其相对于合同相对方被挂靠人而言为挂靠人，而相对于发包人而言，挂靠人又为实际施工人。即一个身份会存在一个动态的转化过程，这种身份转化多取决于这一主体对于工程的态度。

三、部分身份隐藏价值判断

十二个名称中，有些名称本身不含法的价值判断，如果要对其作出价值判断，则必须在名称前加上一个前缀。比如，分包人这一名称本身并无法的价值判断在内，如果需要表明某一分包人是违法将工程分包出去，则应称为违法分包人。

有些名称背后实际上隐藏着身份是否合法的价值判断，也就是说，这些身份与其是否合法直接联系。比如,转包人,转包工程本身为法律所禁止,因此,这一称呼本身就是对这一身份作出了不合法的价值判断。又如,实际施工人,这一概念本身就包含对实际施工人与他人签订的施工合同不合法的价值判断。

而对于个别名称,法律对其价值判断不明显。比如指定分包人,指定分包虽然为规章所禁止,但是法律与司法解释未明确规定不能指定分包或者将指定分包认定为无效。因此,指定分包人身上所体现的法的价值判断不明显。

四、身份识别需考虑用语习惯

十二类名称中,有的名称的理解与汉语用语习惯相关联。要理解其含义,需要从上下文作出判断。

比如,分包人。分包人与转包人词性结构一样,但是理解上却有很大不同。分包人可以作两种理解,既可能是指分包工程发包人,也可能是指分包工程承包人。对分包人进行理解时,需要通过上下文作出判断。而对于转包人而言,其仅指特定的一个意思,即转包人是转包工程发包人。转包人不会像分包人一词一样可以有两种理解。

又如,分包人与违法分包人两个名称,第二个名称在第一个名称前加上一个价值判断的词,违法分包人就与分包人存在两种理解也不一样。违法分包人就是违法分包工程的发包人。截至本书出版之日笔者未看到违法分包人以其他含义出现过。

第四节　主体辨析

一、实际施工人与农民工

农民工是指户籍地在农村,进入城区从事非农业劳动,以非农业收入为主要收入的劳动者。二十一世纪初,随着我国城市工业化的发展及城镇化战略的实施,农村掀起了对外打工潮,越来越多的农民放下农具来到城市。这些进城的农民有了专属于自己的称号——农民工。与农民工相对应的另一部分工人就是城市工人。农民工与城市工人两个称呼带有明显的地域色彩。本书中所称的农民工仅指建设工程领域中的农民工,也就是在建设工程施工活动中直接提供劳动力的农民工。

实际施工人容易被贴上农民工的标签,但农民工不符合实际施工人的实质条件,因此农民工不是实际施工人。众多地方法院的司法文件也均不将农民工作为实际施工人看待。随着《国务院关于进一步推进户籍制度改革的意见》(国发[2014]25号)的实施,我国户籍制度改革逐步推进,家庭户籍上不再区分城镇户籍、农村户籍,而以居民户籍取代。农民工与城市工人的区分已经不再强烈,甚至开始有人称呼农民工为新产业工人。因此,应当改变实际施工人是由农民群体组成的刻板印象。实际施工人背后的群体构成不应当再强调以农民工为主体。

实际施工人与其上手之间的法律关系,本质是建设工程施工合同法律关系,而农民工与其相对方之间的法律关系是劳动关系或劳务关系,实际施工人不等同于农民工。如果非要找寻实际施工人与农民工两者之间的关系,可以表述为:农民工是为实际施工人提供具体劳务活动的人员。实际施工人、农民工与其各自的相对方反映的实质法律关系不同。实际施工人的工程款往往包含农民工工资在内。

二、实际施工人与劳务班组负责人

劳务班组是民间对某一施工团体习惯用语的表达,并没有专门的法律、法规、规章、司法解释对此作出界定。要对劳务班组负责人身份进行考察,需要先对劳务班组作出界定,之后才能辨析实际施工人与劳务班组负责人两者之间的关系。

笔者认为,应以劳务班组的工作内容来定性劳务班组负责人的内涵。《工程造价术语标准》中将一个完整的建设工程依层次细分为单项工程、单位工程、分部(子分部)工程、分项工程。平常所说的劳务班组,比如泥工班组、漆工班组、木工班组等,是不可能进行整体单位工程、分部工程、分项工程的施工的。劳务班组是对分项工程之下的某一具体工种或某一具体工种中的一部分进行施工,其工作内容(工程内容)相对简单。如果需要大型机械设备才能施工的话,此时的工程施工人员不可能形成一个班组,比如,分项工程之一的桩基工程中不可能出现一个桩基班组。因此,笔者认为,劳务班组是一个人员相对固定、工作内容相对单一,层次结构较劳务分包企业而言更加简单的一个建设工程中的施工团体,或者可称为劳务队。劳务班组负责人为这个群体的召集人或管理人。一般情况下,劳务班组施工活动的内容应是分项工程之下的工程。更准确地说,劳务班组施工活动的内容是分项工程之下的工种,并且是一些相对简单的工种。因此,劳务班组负责人是施工分项工程以下工程(工种)的组织人、管理人、召集人。

从实际施工人应当是最终投入资金、提供设备材料和劳动力进行工程施工的民事主体的条件上考虑,劳务班组负责人能否成为实际施工人应作具体分析。如果劳务班组负责人仅仅作为具体工人的代表组织工人集中施工,则劳务班组负责人不能被认定为实际施工人,劳务班组负责人以自己的身份提起的相应诉讼不属于建设工程施工合同纠纷,而应属于劳务纠纷。劳务班组负责人的报酬拖欠反映的是雇主与雇员间的法律关系。劳务班组负责人应当向劳务关系相对方主张权利,而不能依据建设工程司法解释的规定,突破合同相对性原则要求与其不具有合同关系的发包人、承包人承担支付劳务款的责任。

不过,有时劳务班组负责人也会投入资金、提供设备材料和劳动力,此时劳务班组负责人具备了成为实际施工人的条件,但仍不宜对其作出是或者不是实际施工人的一刀切的认定。笔者在本书第十章"工程款相似款项"中谈到劳务款与工程款的区分问题。在此部分内容中,笔者提出一个观点,即以是否完整承接单位工程中分项工程之下的某一工种作为区分劳务款与工程款的标准。[①] 该观点借鉴到此处就是,如果劳务班组负责人承接的是单位工程中分项工程之下的某一零碎工种或局部工种,此时的劳务班组负责人不是实际施工人;反之,如果劳务班组负责人完整承接单位工程中分项工程之下的某一工种,此时劳务班组负责人则为实际施工人。

包工头是否是实际施工人,可以参考劳务班组负责人的情况作出认定,笔者不多赘述。

三、实际施工人与劳务分包企业(人)

该处的劳务分包企业(人)指接受劳务分包业务的承包企业(人)。

---

① 笔者在本书第十章"工程款类似款项"中对该观点作出详细分析。

劳务分包企业(人)能否成为实际施工人需要探讨。《深圳中院指导意见》中明确提出:“劳务分包人不属于实际施工人,劳务分包人以建设工程的发包人为被告主张劳务报酬的,不予支持。”

笔者认为,劳务分包企业(人)能否成为实际施工人需要区分不同情况:

一种情况是,如果劳务分包企业(人)在劳务分包资质范围内承接劳务分包业务,则其不可能成为实际施工人。因为此时劳务分包合同是有效的,不存在无效的情况。

另一种情况是,在劳务分包企业(人)以劳务分包为名承接超出资质范围的工程或存在挂靠情况时,其可能成为实际施工人,即以劳务分包为名从转包人或违法分包人处承包超出劳务资质范围的专业工程分包等业务,或者挂靠其他单位承包超出劳务资质范围的专业工程的劳务分包企业(人)可以成为实际施工人。因为此时的劳务分包企业(人)符合实际施工人认定的实质要件。

010 第十章

工程款类似款项

·导　读·

在司法实践中,建设工程领域中会产生与工程款类似但又不完全一样的款项。针对类似款项,在诉讼或仲裁中应会有与追索工程款不完全一样的思路。搜索中国裁判文书网,其中就存在一些由于对款项性质认识上的模糊而造成诉讼失败或者承担责任对象与原告主张的对象不一致的案例。主要存在两种类似款项:一类款项为建设工程施工人员的劳务款,另一类款项为 BT 投资协议下的工程回购款。

劳务款与工程款是两类性质不同的款项。有时劳务款与工程款的区分存在相当难度。对于有可能是工程款也可能是劳务款的模糊款项,权利人往往将其作为工程款提出诉讼,被告往往将该款项作为劳务款看待并提出抗辩。款项性质关系到权利人是否可以突破合同相对性原则主张权利的问题。笔者在本书第九章“工程款相关联方”中已对实际施工人与劳务班组负责人作出区分。在这一区分的基础上,本章中笔者将对工程款与劳务款的区分问题作出进一步探讨,希望在实践中能准确认定工程款与劳务款。如果能准确区分工程款与劳务款,就可以为权利人在主张工程款或者劳务款时提供帮助,避免因款项性质认定不对被诉裁机关驳回请求的局面。

BT 投资协议下的工程回购款与工程款本质相似,或者说工程回购款是涵盖工程款在内的特殊类型的工程款。目前,追索该款项的法律依据主要为《民法典》合同编中“建设工程合同”、《建筑法》及《2020 年建设工程合同解释》。在涉及工程回购款的建设工程施工合同被认定无效的场合,工程回购款应是在工程价款的基础上加上合理的投资回报。权利人追求过高的投资回报不可取,同时也很难获得法律支持。

第一节 劳 务 款

建设工程施工人员的劳务款,或称为劳务费,不同的裁判文书对该款项名称表述上稍微会有不同。劳务款是指在建设工程施工过程中施工人员获得的其劳动付出应得到的劳务报酬。劳务款纠纷常常体现在权利方认为该款项是建设工程施工的工程款,因而依据建设工程司法解释的规定要求发包人在欠付转包人、违法分包人工程款的范围内承担责任,要求转包人、违法分包人承担支付工程款责任;发包人则认为该款项是劳务款,不应适用建设工程司法解释中突破合同相对性原则的规定;承包人认为劳务款与己无关,该款项应依据"谁聘请谁负责"的原则处理。

区分劳务款与工程款,实际上就是区分劳务合同与建设工程施工合同。实践中,存在劳务班组负责人起诉发包人或者转包人要求其支付相关款项,然后被法院驳回诉讼请求的案例。试看以下两则案例。

一、典型案例

案 例 一

乐某平与四海公司等诉讼案①

当 事 人

再审申请人(一审原告、二审被上诉人):乐某平

被申请人(一审被告、二审上诉人):四海公司

被申请人(一审第三人、二审上诉人):淮安明发公司

被申请人(一审被告、二审被上诉人):彭某瑞

一审第三人:明发集团

---

① 参见最高人民法院民事裁定书,(2019)最高法民申 5594 号。

案例介绍

乐某平申请再审称:(1)二审判决将建设工程施工合同关系改为劳务合同关系适用法律错误。虽然乐某平以个人名义提起一审诉讼,但实际施工是乐某平及其班组进行的。乐某平与四海公司签订的《协议书》第一条也说明该款项是农民工工资。乐某平和彭某瑞之间形成建设工程施工合同关系没有疑义,更确切地说,乐某平和彭某瑞之间形成的是建设工程施工分包合同关系。(2)除违法分包外,在建设工程领域,层层分包是较普遍现象,也得到了法律的认可。除最底层的承包人和其聘用人员形成劳务关系或者劳动关系外,中间分包和第一次分包(或总承包)均在分包人和承包人之间形成建设工程分包合同关系,具体有工程总承包合同关系、专项工程分包合同关系、劳务分包合同关系等。这些法律关系体现在《建筑法》第二十九条、《建筑业企业资质规定》第五条、《企业资质标准》总则第一项等规范中。(3)乐某平及其班组不是法人,不宜作为一个诉讼主体(缺少登记和备案),故乐某平代表其班组作为原告提起诉讼是正确的;若诉讼标的只涉及乐某平一个人,则其是劳务纠纷,但该案诉讼标的涉及乐某平班组,就应是建设工程分包合同关系。(4)一审、二审判决认证的证据均证明乐某平和彭某瑞之间是建设工程施工合同关系,二审判决将该案案由定为劳务合同纠纷与事实不符,也不符合最高人民法院发布实施的《案由规定》。

再审法院认为:该案再审审查的焦点问题是淮安明发公司是否应在欠付工程款范围内对案涉债务承担付款责任。

基于该案已经查明的事实,四海公司认可彭某瑞系挂靠其进行施工,彭某瑞是淮安明发商业广场项目的实际施工人;四海公司与彭某瑞是内部承包关系,乐某平为彭某瑞承包施工的淮安明发商业广场C地块项目中的1#2#3#6#泥水班组负责人;2017年1月10日彭某瑞签署的《淮安项目人工工资支付表》中确认应付乐某平(班组)"1.2.3.6内外收尾工资"349,849.50元,"2#1-3层点工工资"10,000元,合计359,849.50元;2016年11月15日,四海公司(甲方)与乐某平(乙方)签订《协议书》,其中亦明确"鉴于彭某瑞未按照内部承包合同的约定履行相关的义务,甲方作为该项目的承建单位,现就内部承包人彭某瑞拖欠乙方劳务费用等事宜,经友好协商达成如下协议"。由此,乐某平及其班组与彭某瑞之间形成劳务法律关系的事实清楚,乐某平在该案中诉请支付的也是

"劳务费359,849.50元及利息",申请再审中也认可拖欠的款项系"农民工工资"。故二审法院认定乐某平与彭某瑞之间并非建设工程施工合同关系,将该案案由定为劳务合同纠纷,并无不当。彭某瑞拖欠乐某平(班组)劳务费359,849.50元事实清楚,四海公司作为案涉项目的承建单位,与乐某平就彭某瑞拖欠前述劳务费等事宜签订《协议书》,二审法院据此认定四海公司系以债务加入的方式自愿承担彭某瑞拖欠乐某平劳务费的偿付义务,有相应的理据。

《2004年建设工程合同解释》第二十六条规定:"实际施工人以转包人、违法分包人为被告起诉的,人民法院应当依法受理。实际施工人以发包人为被告主张权利的,人民法院可以追加转包人或者违法分包人为本案当事人。发包人只在欠付工程价款范围内对实际施工人承担责任。"鉴于乐某平与彭某瑞之间系劳务法律关系,乐某平(班组)作为受彭某瑞雇佣从事泥水劳务的人员,并非前述法律意义上的实际施工人,二审判决认定该案不具备适用《2004年建设工程合同解释》第二十六条规定的前提条件,有相应的事实依据,不属于法律适用错误。乐某平以该规定为由请求案涉工程项目发包人淮安明发公司在欠付工程款范围内承担偿付责任,缺乏相应的事实基础和法律依据,二审判决未予支持,并无不当。

案例评析

在中国裁判文书网上未能查询到这起纠纷的二审裁判文书。根据再审民事裁定书,该案例中的四方主体身份分别为:淮安明发公司为发包人、四海公司为承包人、彭某瑞为挂靠在四海公司名下的挂靠人、乐某平为彭某瑞的泥水班组负责人。泥水班组负责人把发包人、承包人、挂靠人列入诉讼主体,二审法院认为班组负责人提供的是劳务,最终认定挂靠人承担支付劳务班组负责人劳务款的责任,发包人不承担支付劳务款责任。承包人四海公司是以债的加入方式参与到承担责任中来。再审法院维持二审裁判。再审法院把泥水班组负责人作为劳务人员,而没有作为实际施工人,继而认定该案不是建设工程合同纠纷,不能适用《2004年建设工程合同解释》第二十六条的规定。据此法院认定发包人不承担责任。

案 例 二

张某友与汪某民、中天公司诉讼案[①]

当 事 人

上诉人(原审被告):中天公司

被上诉人(原审原告):张某友

原审被告:汪某民

案例介绍

2013年3月18日,中天公司景成新城E地块项目部与汪某民签订《木工分项工程承包合同》,将景成新城E地块G3、G4二幢31层、XG2、XG3、XG5、XG6四幢17层及地下室工程施工图纸范围内全部模板工程并包括所有设计、施工、业主联系变更单分包给汪某民。2012年8月张某友与汪某民达成口头协议,由张某友带领一组工人做木工,负责G3、G4、XG2、XG5等楼栋的木工施工。张某友向原审法院提出由中天公司、汪某民共同支付张某友劳务费用2,755,000.11元及利息请求。一审判决被告汪某民支付原告张某友建设工程款1,271,737.91元及相应利息;被告中天公司在其尚欠被告汪某民的工程款范围内对上述款项承担支付责任。

宣判后中天公司不服,提起上诉,上诉请求为:依法撤销原审判决并依法驳回张某友的全部诉讼请求。部分理由如下:原审法院认定张某友是该案适格主体认定错误,因其诉请涉及的是劳务班组的劳务款,不是建设工程款,因此该案应为劳务纠纷,在没有证据证明其垫付工人工资及取得其他班组成员授权的情况下,张某友不能代表班组成员起诉。

二审法院认为:关于法律关系如何确定的问题。二审中,中天公司及汪某民均认为该案系劳务分包关系,张某友则认为该案系建设工程合同法律关系。虽然张某友与汪某民之间未签署书面合同,但经审查张某友与汪某民订立的口头合同的实际履行情况,汪某民于2013年9月4日核对并书面确认了张某友就涉案工程地上部分、地下部分的工程量,同年同月16日又在《木工张某友结算单》上签字捺印确认了涉案工程地上部分、地下部分的工程单价,该行为系双方

① 参见云南省高级人民法院民事判决书,(2016)云民终163号。

对涉案工程的工程量进行结算,并非针对劳务款进行结算。故就涉案工程而言,张某友与汪某民间系建设工程分包合同法律关系,原审法院对该部分的认定无误,法院依法予以维持。上诉人中天公司及原审被告汪某民对该案法律关系系劳务分包关系的上诉理由不成立,法院依法不予采信。张某友作为自然人并不具备相应的施工资质,故其与汪某民之间达成的建设工程施工口头合同无效。

关于张某友、中天公司是否是该案适格的原告、被告的问题。上诉人中天公司及原审被告汪某民均认为张某友、中天公司不是该案适格原告、被告,理由为该案是劳务纠纷,在没有证据证明其垫付工人工资及取得其他班组成员授权的情况下,张某友不能代表班组成员起诉,中天公司不是劳务分包的主体,不是该案适格被告。被上诉人张某友则认为该案是建设工程法律关系,其作为实际施工人是该案的适格原告,中天公司是本案的总包方,是适格被告。

二审法院认为:前已认定该案系建设工程分包合同法律关系,鉴于各方当事人对张某友就涉案工程而言确有施工的事实以及中天公司系涉案工程的总包方的事实均无争议,依照《2004 年建设工程合同解释》第二十六条第一款"实际施工人以转包人、违法分包人为被告起诉的,人民法院应当依法受理"之规定,张某友、中天公司分别是该案的适格原告、被告,原审法院对该部分的认定并无不妥,法院依法予以维持。

二审庭审中,各方当事人均认可上诉人中天公司并非该案涉案工程的发包人(业主),其为涉案工程的总包人,二审法院认为原审法院依照《2004 年建设工程合同解释》第二十六条第二款之规定判令中天公司在尚欠汪某民工程款的范围内向张某友承担尚欠工程款 1,271,737.91 元及相应利息属适用法律错误,二审法院对此依法予以纠正。最终,二审法院撤销一审判决中的中天公司在尚欠被告汪某民工程款范围内支付张某友工程款及利息的判决内容。

案例评析

该案例中建设工程施工中的木工班组负责人将总承包人、分包人起诉至法院,要求支付"劳务费用",①一审法院认定该案系建设工程分包合同法律关系,

① 二审判决文书显示,在一审提出诉讼时张某友的诉讼请求中将其主张的款项称为劳务费用。

并判决分包人、总承包人承担责任,而二审法院虽同样认定该案系建设工程分包合同法律关系,但判决总承包人不承担责任。案例中各方身份如下:中天公司为总承包人,汪某民为分包人,张某友为木工班组负责人。案例二与案例一结果相似,均是判与原告(劳务班组负责人)有直接法律关系的相对人承担法律责任(在案例一中,与劳务班组负责人没有直接关系的承包人四海公司是因债的加入而判决承担责任),发包人不承担法律责任。两则案例最大的不同是原告与其相对人之间的法律关系的认定不一样。案例一中权利人起诉了发包人,案例二中权利人没有起诉发包人。虽然两则案例发包人不承担责任的结果一样,但是原因是不一样的。案例一是因为法院认定挂靠人与劳务班组负责人之间是劳务关系,劳务班组负责人与发包人之间不是建设工程施工合同关系,故发包人没有承担责任的法律理由;案例二是因为劳务班组负责人没有起诉发包人。案例二中,如果劳务班组负责人起诉了发包人,并且发包人确实欠付工程款的话,按照该则案例已经认定的建设工程分包合同法律关系,法院应会判决发包人在欠付工程款范围内承担法律责任。笔者认为,案例二中法院对于建设工程分包合同关系的认定并无不当,木工班组负责人与分包人汪某民之间确实系建设工程施工合同法律关系。

两则案例对于同一类似身份的人主张的款项性质作出两种不同认定。同为劳务班组负责人,案例一认定泥水班组负责人与他人构成劳务关系,案例二认定木工班组负责人与他人构成建设工程施工合同法律关系(建设工程分包关系)。劳务班组负责人主张的款项性质应如何认定?类似于乐某平、张某友的这样的班组负责人如何进行诉讼维权?这是两则案例带来的思考。

二、法律分析

(一)劳务款与工程款较难区分的原因

劳务款与工程款较难区分,其根源在于劳务合同与建设工程劳务分包合同[①]

① 要对劳务合同与建设工程劳务分包合同进行区分,显然不是依据合同名称进行区分,而是依据合同实质内容进行区分。劳务合同反映的是非建设工程施工法律关系,建设工程劳务分包合同反映的是建设工程法律关系。劳务合同下的款项为劳务款,非工程款,而建设工程劳务分包合同下的款项为工程款。在以后的行文中,笔者将建设工程劳务分包合同简称为劳务分包合同。

这两种合同性质的准确认定有难度。

上述两则案例中法院对款项性质的分析是基于对双方合同法律性质的判断。如何将劳务合同与劳务分包合同进行区分,两则案例没有作出深入分析。实务中有人对劳务合同与建设工程施工合同的区分提出主张。有观点认为,“1. 标的种类。建设工程施工合同的标的是建设工程。工程劳务合同标的是工程中的劳务,即仅提供劳动力。2. 报酬方式。建设工程施工合同中发包方支付的是工程款,其中包含人工工资。而劳务合同发包方支付的仅仅是人工工资。3. 签订条件。建设工程施工合同的承包人必须具备一定建筑资质,如果工程需要分包,必须经业主同意。而劳务合同承包人一般不需要建筑资质,劳务分包也不需要业主同意。4. 完成方式。建设工程施工合同中承包人必须以自己的劳动力、设备、原材料、管理等独立完成工程。而劳务合同中承包人提供劳务即劳动力”①。

然而,上述观点中四个方面中的任意一个方面均比较模糊,并不是泾渭分明的,同时也存在不妥之处。比如,观点中的第三点主张错误非常明显,不具备建筑资质的承包人也可以承包建设工程,也可以主张工程款。将建设工程的承包人仅限于具备建筑资质的单位没有依据;观点中的第四点主张也不妥当,建设工程施工合同中的承包人未必以自己的劳动力、设备、原材料、管理等独立完成工程。劳务合同承包人提供劳务的同时也可能存在自带简单设备的情况;观点中的第二点主张也存在逻辑错误,这个主张将因果关系的认定顺序颠倒。只有对合同性质作出区分后才能得出相关款项是工程款还是人工工资的结论,而不是以款项名称反向认定双方签订的合同是建设工程施工合同还是劳务合同。总体而言,上述观点难以将劳务合同与建设工程施工合同完全划分清楚。

区分劳务合同与劳务分包合同更难。因为在这两种合同下,无论是劳务人员还是建设工程劳务作业承包人,两者表面的工作内容均是劳务。劳务是分项工程下的工种,并且是相对简单的工种,在这两种合同下,可能均不需要大型机械设备进行施工。

---

① 参见《建设工程施工合同与劳务合同的区分》,载法律快车网 2021 年 11 月 2 日,https://www.lawtime.cn/minfadian/a19129.html。

(二)与劳务款认定无关的两个因素

笔者认为,要正确认定劳务款应当排除两个干扰因素:

首先,劳务款与劳务分包合同没有关系。劳务款与劳务分包合同名称上都有“劳务”两字,因此,容易将劳务款与劳务分包合同紧密联系起来,认为劳务分包合同下的款项就是劳务款。但实际上劳务款与劳务分包合同没有关系。

何为劳务分包?依据《工程施工分包管理办法》第五条第三款的规定,劳务作业分包是指施工总承包企业或者专业承包企业将其承包工程中的劳务作业发包给劳务分包企业完成的活动。该处的劳务作业分包就为劳务分包。

笔者认为,劳务分包合同实际上就是一个建设工程分包合同。根据《工程施工分包管理办法》的规定,施工分包包括专业工程分包及劳务作业分包。由此可见,劳务作业分包是与专业工程分包并列的一种工程分包形式。在《2020年建设工程合同解释》第五条①中,肯定了劳务作业承包人签订的劳务分包合同有效,从体系解释上看,其实际上也是确认劳务分包合同是建设工程施工合同的一种类型。因此,虽然劳务款与劳务分包合同的名称中均有“劳务”两字,但是劳务款与劳务分包合同完全不能相提并论。

其次,劳务款与劳务分包合同是否合法没有关系。本书第九章“工程款相关联方”第二节“名称梳理”中已述,就现阶段而言,可能会因地域差别的存在,导致对没有资质的劳务分包企业承接劳务分包业务是否合法的认定结果的不一样。另外,合法的劳务分包,分包的对象必须是施工中的劳务作业,在这一点上不存在因地域差别的存在导致认定结果的不一样。

劳务分包合同的非法,会不会造成其性质认定上由建设工程合同法律关系到非建设工程合同法律关系(劳务关系)转变呢?笔者认为,显然不可能造成这个转变。

即便认定劳务分包合同非法,也不可能因劳务分包合同的非法问题,而将建设工程合同法律关系转变成为非建设工程合同法律关系,即转变为劳务关系。因为非法问题只涉及合同的效力问题,而合同效力的改变并不涉及法律关

① 《2020年建设工程合同解释》第五条:“具有劳务作业法定资质的承包人与总承包人、分包人签订的劳务分包合同,当事人请求确认无效的,人民法院依据不予支持。”

系性质上的变化。

建设工程领域中的劳务合同纠纷与劳务分包合同纠纷也困扰着立案时案由的选择。因为两者确实有太多的重合之处。劳务分包合同纠纷应当归入建设工程分包合同纠纷还是劳务合同纠纷在审判实践中存在不同认识。

《案由规定》第一百一十五条规定的建设工程合同纠纷与第一百三十九条规定的劳务合同纠纷为同级并列的三级案由。在建设工程合同纠纷案由下,又存在建设工程施工合同纠纷、建设工程分包合同纠纷等九个案由。劳务分包合同应属于建设工程分包合同的一种,是建设工程合同纠纷案由的次级案由。而劳务合同纠纷应列入与建设工程合同纠纷案由无关的劳务合同纠纷案由当中。

三、为劳务款的认定设置客观标准

笔者认为,可以为劳务款的认定设置一个明确的认定标准,即以是否对《质量验收统一标准》单位工程中分项工程之下的单一工种完整施工作为区分界限。如果施工的是单位工程中分项工程之下的完整单一工种,则视为劳务分包合同,为建设工程分包合同范畴。此合同纠纷下的款项应被认定为工程款;如果施工的是单位工程中分项工程之下的某一零碎工种或局部工种,则视为劳务合同。此合同纠纷下的款项则应被认定为劳务款。笔者的理由如下。

首先,就普遍认知而言,将分项工程及以上工程(分部工程、单位工程、单项工程)理解为建设工程当无疑义。

根据《建设工程分类标准》第 2.0.5 至 2.0.8 条及《工程造价术语标准》第 2.1.7 至 2.1.10 条的规定,一个完整的建设工程包括单项工程、单位工程、分部工程和分项工程,其中分项工程是一个完整的建设工程所能分割的最小的施工单元。“一个建设项目由一个或几个单项工程组成,一个单项工程由一个或几个单位工程组成,一个单位工程又由若干个分部工程组成,一个分部工程又可划分为若干个分项工程。分项工程是建筑工程计量与计价的最基本部分。”[①]该观点同样把分项工程作为建设工程最基本的构成部分看待。因此,可以将建设工程中的分项工程理解为工程本身,分项工程之下的工程应理解为工种,各工种共同构成分项工程。

① 参见陶学明、熊伟主编:《建设工程计价基础与定额原理》,机械工业出版社 2016 年版,第 4 页。

其次，将单位工程中分项工程之下的完整工种作为建设工程业务活动看待，正好可以和劳务企业资质的规定产生对应关系。

依据《建筑业企业资质规定》第五条第一款的规定，建筑业企业资质分为施工总承包、专业承包和劳务分包三个序列。由此可知，劳务分包企业是建筑企业。

住房和城乡建设部取消劳务企业资质类别规定之前，《劳务分包企业资质标准》规定了十三类劳务企业资质。也就是说将十三类劳务企业的劳务作业看作建设工程施工活动。自 2015 年 1 月 1 日起，《企业资质标准》正式施行，其中劳务资质不再区分资质类别，即取消了旧标准中的木工、砌筑、抹灰、石制作、油漆、钢筋、混凝土、脚手架、模板、焊接、水暖、钣金、架线共十三种分类。

回过头来看这十三类劳务作业，其多数可以从《质量验收统一标准》构成分项工程中的工种中找到，即这十三类劳务作业多数在构成分项工程的工种中有对应的项目。比如，《劳务分包企业资质标准》中第一类木工作业可以对应《质量验收统一标准》“建筑装饰装修”中“木门窗安装”等分项工程中的工种；第二类砌筑作业可以对应《质量验收统一标准》“主体结构”中“砖砌体、混凝土小型空心砌块砌体、石砌体”等分项工程中的工种；第三类抹灰作业可以对应《质量验收统一标准》“建筑装饰装修”中“一般抹灰、装饰抹灰”等分项工程中的工种；第五类油漆作业可以对应《质量验收统一标准》“建筑装饰装修”中“水性涂料涂饰、溶剂型涂料涂饰、美术涂饰”等分项工程中的工种；第六类钢筋作业可以对应《质量验收统一标准》“主体结构”中“钢筋”等分项工程中的工种；第七类混凝土作业可以对应《质量验收统一标准》“主体结构”中的“混凝土”等分项工程中的工种；第九类模板作业可以对应《质量验收统一标准》“主体结构”中“模板”等分项工程中的工种；第十类焊接作业可以对应《质量验收统一标准》“主体结构”中“焊接”等分项工程中的工种；第十一类水暖作业可以对应《质量验收统一标准》“建筑给水排水及供暖”中“排水管道安装”等分项工程中的工种；第十三类架线作业可以对应《质量验收统一标准》“建筑电气”中“电缆敷设”等分项工程中的工种。综上，企业劳务资质下的劳务作业类别对应了分项工程中的工种。

《质量验收统一标准》中众多细分的分项工程下的各工种应具有平等性及相同对待性。《工程施工分包管理办法》中明确劳务作业分包为施工分包的一个种类。因此,在建设行政主管部门看来,劳务分包(工种分包)属于建设工程分包的一种,如此可将与上述第一类、二类、三类、五类、六类、七类、九类、十类、十一类、十三类并列的全部工程(工种)均视为劳务分包作业并无不当,即将上述劳务分包均视为建设工程分包并无不当。

最后,构成分项工程的工种如再进行拆分分包则视为劳务合同,符合实践中劳务企业一般不接受劳务拆分分包的承包特点,并且将工程(工种)拆分分包视为劳务纠纷也与普通人的观念相吻合。

实践中,劳务作业承包企业即建筑业劳务分包企业承包劳务作业工程时,一般会以一个单项工程为承包单元签订建设工程分包合同,或者至少以一个单位工程为承包单元签订建设工程分包合同。一个单位工程中分项工程之下的单一工种,一般不会进行拆分而给两个或多个劳务分包企业。考虑到实践中劳务分包企业承包工种的特点,因此,应保留至少一个单位工程中分项工程下完整单一工种的劳务作业分包活动,作为建设工程分包合同的认定门槛。如果将构成分项工程的完整单一工种进行若干拆分,拆分下的劳务作业则可多可少。将零碎化的工种或局部化的工种进行施工的业务活动,视为建设工程分包活动,这与普通人的理念相冲突。比如,砌筑作业作为工种,如果将一个单位工程下的砌筑作业整体进行劳务分包,这应理解为建设工程施工活动,这是符合劳务分包企业承接工程的特点。一个单位工程下的砌筑作业如被拆分为200平方米、500平方米甚至更小的面积等若干个施工业务,一般而言,劳务分包企业不会这样承接工程,此时的业务活动更符合雇佣活动或者承揽活动的特点,即受雇者接受雇主雇佣完成多少不一的工作任务或者承揽人接受承揽业务向定作人交付工作成果。因此,零碎化的工种或者局部化的工种的施工任务应与单位工程中分项工程之下的完整工种的施工任务作出区分。

至此,笔者认为,应将是否承接单位工程中分项工程之下的每一完整工种作为区分劳务分包合同与劳务合同的依据。也就是说,若某一分项工程之下的完整工种由一个主体施工,应视为建设工程法律关系;若某一分项工程之下的工种进行拆分,由多个主体进行施工,应视为劳务关系。

在排除是劳务分包合同后,对分项工程之下的零碎化的工种或局部化的工种进行施工是劳务合同还是承揽合同,可能还需要结合具体情况作出分析与判断。将劳务款与工程款作出区分,最大的法律意义就是权利人主张劳务款时,不能适用突破合同相对性原则向发包人提出,只能依据“谁聘请谁负责”的传统认识,向直接对其有发放劳务款的义务人提出。款项性质的不同会造成责任承担主体的不同。如果是劳务款,权利人只能向与其有直接法律关系的人主张,发包人如果与权利人没有直接关系,则不用承担劳务款支付的法律责任;如果是实际施工人的工程款,依据《2004 年建设工程合同解释》《2018 年建设工程合同解释》《2020 年建设工程合同解释》的规定,发包人在欠付工程款的范围内承担责任。

参照笔者总结的标准回到案例中。案例二中原告承担的施工范围为 G3、G4、XG2、XG5 等楼栋的木工施工。案例二中木工班组的施工范围是多个单位工程之下的分项工程中的完整工种,因此木工班组负责人与他人建立的是劳务分包合同关系,宜认定木工班组负责人主张的款项为工程款。案例一中原告承包的是商业广场 C 地块项目中的 1#2#3#6#泥水班组,泥水班组承包的范围虽为多个单位工程之下的业务活动,但是笔者注意到在《质量验收统一标准》中并没有相对应的泥水工种,不清楚案例一中的泥水班组的业务具体对应《质量验收统一标准》哪个具体工种。因此,对于泥水班组负责人主张的款项暂时难以作出一个肯定或否定的回答。如果泥水班组的业务可以对应《质量验收统一标准》中的具体工种,宜认定泥水班组负责人主张的款项为工程款;反之宜认定为劳务款。

第二节 回 购 款

回购款是 BT 项目下出现的款项。BT 是 Build(建设)和 Transfer(移交)的缩写形式。BT 是由 BOT 演变而来。BOT 是 Build-Own-Transfer(建设—拥有—转让)和 Build-Operate-Transfer(建设—经营—转让)的简称。

BT 模式是政府利用非政府资金进行项目建设的一种融资模式。在 BT 模式下项目建设及款项支付流程为:项目业主通过招标方式选择投资方,投资方负责建设资金的筹集和项目的建设,项目竣工验收合格后投资方将建设项目移交给项目业主,项目业主向投资方支付项目回购价款。

BT 项目下的回购款内容上可能包括以下名目:工程款、投资回报款、资金占用费等。

一、典型案例

案例一

银湖公司与万载县政府诉讼案[①]

当事人

上诉人(一审原告):银湖公司

被上诉人(一审被告):万载县政府

案例介绍

银湖公司请求:(1)依法确认熊猫公司与万载县政府签订的《项目合同书》合法有效;(2)依法确认万载县政府发出的《催款通知书》无效;(3)万载县政府立即向银湖公司支付项目回购款 12,176.8 万元并承担延迟支付期间的利息;(4)万载县政府立即向银湖公司支付 46.85 亩已出让土地的溢价分成款 5280 万元并承担延迟支付期间的利息;(5)万载县政府参照市场价格向银湖公司支付延迟出让的 257.58 亩土地的溢价分成款 29,029.266 万元并承担延迟支付期间的利息。

一审法院查明:万载县政府于 2011 年 5 月 9 日至 16 日发布《万载县龙湖公园及花爆燃放国际赛事中心建设项目招商公告》(以下简称《招商公告》),熊猫公司按《招商公告》要求打入了投标保证金、提供了报名必备资料。2011 年 4 月 18 日万载县政府确定熊猫公司为项目投资中标单位。2011 年 11 月 28 日,万载县政府(甲方)与熊猫公司(乙方)签订的《项目合同书》约定:(1)项目概况。此项目投资初步估算约 3.2 亿元,其实际投资在项目竣工验收后,按双方约定的结算方式确认。责任服务单位由甲方另行确定。(2)项目建设方式。①本项目由乙方全额投资建设,项目竣工验收合格后由甲方负责出资回购……(5)土地支付担保。①乙方垫资约 3.2 亿元对以上项目进行建设,并另自筹资

① 参见最高人民法院民事判决书,(2020)最高法民终 149 号。

金配套投资建设一个五星级宾馆,甲方将龙湖周边经营性土地以40万元/亩约800亩土地的他项产权抵押给乙方作为政府基础设施项目的支付担保。②由于乙方先期资金投入,龙湖建设及周边基础设施、公共服务设施建设得到完善,龙湖周边土地价格得以升值,根据利益共享原则,甲方将龙湖周边经营性土地约800亩(具体土地面积按乙方为政府实际垫资额除以40万元/亩折算),按40万元/亩挂牌出让,如超出挂牌价,超出部分甲方、乙方按3∶7的比例分成,即甲方得30%,乙方得70%……(7)工程决算办法。各项工程在竣工验收后,房屋建筑工程按《江西省2004年工程定额》全额取费后下浮6个点(6%)计取;市政、绿化工程按《江西省2006年市政工程定额》取费后下浮6个点(6%)计取。(8)工程结算及回购方式。①2011年12月前,甲方做好征地、拆迁工作,乙方做好项目前期工作,主要是筹集资金,并协助甲方授权的项目责任服务单位做好勘察、设计工作,费用计入工程价款,统一回购。②甲方征用龙湖周边土地并在基础设施基本完善后,适时、分批挂牌出让龙湖周边经营性土地约800亩,乙方的建设项目垫资可作为龙湖周边经营性土地的拍卖竞卖押金,参与土地竞买。如果中标则作为土地出让金(资金必须先入账),不中标则甲方按"4∶3∶3的比例分三年回购"的原则优先支付乙方项目建设工程款。

后熊猫公司委托银湖公司,由该公司负责对项目完成以后的工程款及土地溢价分成款等结算业务。2016年6月26日,万载县财政局、审计局、城市建设投资管理局、国土资源局联合对龙湖公园及花爆燃放国际赛事中心建设项目投入情况进行了联合审核,审定金额为41,545.47082万元,其中建设项目施工费35,282.311706万元,设计、监理、拆迁补偿等项目费用共1863.611714万元,征地补偿4399.5474万元。熊猫公司上述投入中32,000万元与土地抵押出让挂钩,超出部分即9545.47082万元由县财政直接支付。截至2019年1月8日,万载县政府已支付资金:(1)已挂牌出让542.4335亩,已结算495.5835亩,按照40万元/亩挂牌价,超出部分熊猫公司按70%分成约定,共拨付熊猫公司资金34,108.0979万元,其中支付工程款19,823.0352万元(40万元/亩基数部分)、溢价分成14,285.0627万元。未结算46.85亩,受让单位缴交土地出让金9422万元。(2)尚未挂牌土地257.5665亩。(3)按照800亩土地,每亩40万元计算,尚未结算46.85亩和尚未挂牌257.5665亩土地共差欠熊猫公司工程款12,176.9648万元(800亩×40万元/亩-19,823.0352万元),超出32,000万元部分即 9545.47082 万元,县政府已全部拨付到位。

一审法院确认该案为 BT 项目投资协议纠纷。一审法院认为,熊猫公司与万载县政府签订的《项目合同书》无效。首先,该项目没有依法实施招投标程序,违反《招标投标法》第三条、第四条、第五条的规定。其次,熊猫公司获取项目后将工程转包他人施工,违反了《建筑法》第二十八条、第二十九条的规定。《建筑法》第二十八条、第二十九条规定,禁止承包单位将其承包的全部建筑工程转包给他人,禁止承包单位将其承包的全部建筑工程肢解以后以分包的名义分别转包给他人,禁止总承包单位将工程分包给不具备相应资质条件的单位。最后,万载县政府以土地拍卖溢价分成的方式作为投资商投资回报违反了国家政策规定。根据《国务院办公厅关于规范国有土地使用权出让收支管理的通知》(国办发〔2006〕100 号)以及财政部、国土资源部、中国人民银行联合下发的《国有土地使用权出让收支管理办法》的规定,国有土地使用权出让收入是政府以出让等方式配置国有土地使用权取得的全部土地价款。土地出让收支全额纳入地方政府基金预算管理。收入全部缴入地方国库,支出一律通过地方政府基金预算从土地出让收入中予以安排。任何地区、部门和单位不得以招商引资等名义减免土地出让收入,或以土地换项目等形式变相减免土地出让收入。银湖公司请求万载县政府继续按约定兑现已挂牌出让的 46.85 亩项目工程回购款及土地溢价分成款、继续履行 257.58 亩招拍挂义务并兑现项目回购款 12,176.9648 万元及延迟支付利息以及土地溢价款 29,029.266 万元和迟延支付利息因法律上不能履行,对该项主张,一审法院不予支持。

一审法院向银湖公司的法定代表人赵某成进行了释明,告知其所涉协议无效的情况下,是否变更其诉讼请求,请求万载县政府赔偿其经济损失。赵某成明确表示坚持合同有效、继续履行的主张,不变更诉讼请求。一审判决驳回银湖公司请求。

二审法院认为:万载县政府和熊猫公司在《项目合同书》中关于"……根据利益共享原则,万载县政府将龙湖周边经营性土地约 800 亩,按 40 万元/亩挂牌出让,如超出挂牌价,超出部分万载县政府和熊猫公司按 3∶7 的比例分成,即万载县政府得 30%,熊猫公司得 70%"的约定与土地出让收入的法定使用范围显然不符,该约定与《城市房地产管理法》《土地管理法》《国有土地使用权出让收支管理办法》精神相抵触。此外,《项目合同书》中约定的挂牌出让底价和分成比例亦非通过竞争性报价机制形成，而是由双方直接协商确定，此种变相减免土地出让金、挤占挪用土地收益的行为，明显损害了国家利益和社会公共利益，不应得到法律上的支持。因此，该溢价分成条款既有违现行法律，亦有损社会公共利益，一审法院据此认定案涉《项目合同书》无效具有事实与法律依据。一审法院已向银湖公司释明并告知若合同无效是否提出赔偿损失的给付请求，在银湖公司明确表示不变更诉讼请求的情形下，对其要求评估案涉257.58亩未出让土地市场价格的申请不予准许，同时以法律上履行不能判决驳回其诉讼请求，符合法律规定，应予维持。银湖公司关于要求万载县政府依照合同约定支付项目回购款12,176.8万元及其迟延支付利息、46.85亩已出让土地溢价分成款5280万元及其迟延支付利息和257.58亩未出让土地溢价分成款29,029.266万元及其迟延支付利息的上诉主张理据不足，法院不予支持。

案例评析

这是一则BT投资协议背景下，BT协议下的权利继受人向发包人主张工程回购款及投资分红款，一审法院认定双方签订的投资协议无效，对权利继受人的一审诉讼请求不予支持，二审法院也不予支持的案例。银湖公司继受BT协议中当事人熊猫公司的权利，并依据其认为的施工项目所签协议为投资协议，向发包人主张其认为该案款项是非工程款的回购款及土地溢价款，最后法院认为双方的投资协议无效，一审法院在已作释明的情况下权利继受人仍不变更请求而驳回原告诉讼请求。案例中诉讼请求中有一项费用名称为回购款。案例中包括原告提出的第三项请求在内的全部请求均没有得到法律支持。

原告一审请求中第三项回购款12,176.8万元的由来：

(46.85亩+257.5665亩)×40万元/亩=12,176.9648万元，其中，46.85亩为已挂牌出让但款项还未结算的土地数量，257.5665亩为还未挂牌出让的土地数量，40万元/亩为协议中约定的土地最低挂牌出让价。

原告一审请求中第四项土地溢价分成款5280万元的由来：

[9422万元-(46.85亩×40万元/亩)]×70%=(9422万元-1874万元)×70%=5283.60万元，这个数字与原告第四项请求金额5280万元稍有出入。9422万元为46.85亩土地出让价格，同时9422万元是包括每亩40万元出让底价在内，因此应从土地出让款项中扣减这一底价。70%为双方约定的超出40

万元/亩挂牌价后的乙方(熊猫公司)应得的分成款。

原告一审请求中第五项土地溢价分成款29,029.266万元的由来:

112.7万元/亩×257.5665亩=29,029.266万元,其中257.5665亩为未挂牌出让的土地,112.7万元/亩为预测的土地溢价款。协议中的土地溢价分成款还需要依赖土地继续挂牌出让。

另外,依据裁判文书给出的信息,政府已拨付熊猫公司的资金总额应为34,108.0979万元,其中工程款19,823.0352万元(40万元/亩×已结算的土地495.5835亩)、溢价分成14,285.0627万元。

案例反映出民间资本对于投资回报率的过度追求。笔者认为,熊猫公司已经得到合理回报。

案例二

道隧公司与五台工业园管委会诉讼案①

当事人

上诉人(原审原告):道隧公司

被上诉人(原审被告):五台工业园管委会

案例介绍

道隧公司请求:(1)判令五台工业园管委会向道隧公司支付投资款66,647,226.16元;(2)判令五台工业园管委会向道隧公司支付投资款投资回报共计7,553,352元等。

一审法院查明:2012年6月25日,道隧公司与五台工业园管委会签订《协议书》。该《协议书》内容约定:(1)五台工业园管委会和道隧公司采取投资-建设(BT)方式实施博州五台工业园区(湖北工业园)(以下简称五台工业园区)基础设施工程项目建设。项目清单见附表,具体建设内容按施工图确定。(2)道隧公司以现金方式投资建设五台工业园区基础设施工程。工程投资额暂定为人民币2.5亿元。(3)对道隧公司出资的回报和偿还:道隧公司投入资金的投入回报,按中国人民银行公布的同期壹年期基准贷款利率上浮15%计算。从工

① 参见最高人民法院民事判决书,(2020)最高法民终475号。

程开工之日起四年内由五台工业园管委会还清。协议还约定了其他内容。一审诉讼中,双方当事人均认可 204,154,770.69 元工程造价审计结果。一审法院另查明,代付款 3,279,524.02 元。对于资金占用损失,由于五台工业园管委会在该案纠纷中为过错较多一方,根据公平原则和诚实信用原则,一审法院综合认定五台工业园管委会按照同期银行贷款利率向道隧公司支付资金占用损失。截至 2019 年 11 月 7 日,五台工业园管委会已付占用资金本金 162,273,545.53 元,已付资金占用损失 22,109,054.47 元,未付占用资金本金为 41,881,225.16 元,截至 2019 年 11 月 7 日的未付资金占用损失 2,768,095.68 元。一审作出判决:五台工业园管委会内向道遂公司支付占用资金 41,881,225.16 元;五台工业园管委会向道遂公司支付代付款 3,279,524.02 元及利息等。

道隧公司后提出上诉,二审法院驳回道隧公司上诉。

案例评析

这是一则 BT 投资协议之下投资方主张投资款及投资回报,一审法院认定投资协议无效,判决发包人给付投资占用资金及相应利息的案例。该案判决发包人支付占用资金 41,881,225.16 元的依据:项目总的工程款 204,154,770.69 元 - 发包人已付工程款 162,273,545.53 元。一审法院不考虑合同中约定的回报,也就是不考虑合同中约定的按中国人民银行公布的同期壹年期基准贷款利率上浮 15% 计算的问题。法院不考虑合同中约定的回报是合同无效产生的必然结果。该则案例中,投资方认为的工程款与双方共同确认的工程款相差过于悬殊,双方共同确认的项目工程款金额为:204,154,770.69 元,这个金额比投资方认为的工程投资额 2.5 亿元少了很多。笔者认为,施工方应当客观预估工程价款,虚估工程价款的做法不可取。

案例中把发包人已支付资金分为两部分:一部分作为归还本金的资金,另一部分作为归还利息的资金,利息按照银行同期贷款利率进行计算。已归还本金 162,273,545.53 元,已付资金占用损失 22,109,054.47 元。笔者认为,将已付款项分为两部分处理的做法较好地体现了公平原则。

案例三

晓清公司与梨树区人民政府诉讼案[1]

当事人

上诉人(一审原告):晓清公司

被上诉人(一审被告):梨树区政府

案例介绍

晓清公司请求:梨树区政府立即给付晓清公司拖欠的工程项目回购款本金、利息及违约金共计51,226,384元。一审庭审中,晓清公司基于利息和违约金的变化,将诉讼请求变更为58,649,887元。

一审法院认定事实如下:2012年12月24日,梨树区政府作为甲方,晓清公司作为乙方,双方签订《BT模式投融资建设合同》,主要内容为:"双方达成一致,将梨树区生活垃圾填埋场工程项目(以下简称'本项目'或'项目',项目对应的工程以下简称'本工程'或'工程')以'BT'(投资—建设—转让)模式实施,并授权乙方作为投资人负责完成本项目的投融资工作……第六条,工程结算总价。6.5 工程结算总价的计算方式:(1)工程结算总价=本工程施工费+工程变更造价+本合同第6.5条第2款费用(如果有)。(2)在工程施工过程中,如发生非乙方原因导致工期延误造成的停工及窝工损失费用,按本合同第6.1.1.2条约定的计价原则计算后列入工程结算总价中……第十条,项目回购。10.1 项目回购期。本项目回购期自开工日起计算,回购期为三年。10.2 项目回购价款总额构成及确认。10.2.1 本项目回购价款总额由以下内容组成,即(1)项目回购价款总额=工程回购价款+工程完工验收日后计息期间资金利息总额。(2)工程回购价款=工程结算总价×(1+10%)。10.2.2 工程结算总价按照本合同第6.5条约定的办法计算;资金利息按照本合同第10.3条约定的方式计算。10.2.3 项目回购价款总额确认。10.3 资金利息计算方式。10.3.1 资金利息。(1)资金利息年利率按照本合同签署日中国人民银行公布的一至三年中长期贷款基准利率为基数上浮二个百分点计算,如遇中国人民银行公布的一至

[1] 参见最高人民法院民事判决书,(2020)最高法民终998号。

三年中长期贷款基准利率调整的,资金利息年利率随之同步调整。"

一审法院确认案涉《BT 模式投融资建设合同》无效。该工程经审核工程结算总额为 40,385,966.99 元,案涉合同确认无效后,双方当事人约定的违约等条款已不再具有合同约束力,故对晓清公司主张按照付款期限给付违约金的诉请不予支持。但双方约定以 BT 模式施工,所计算的工程回购款应视为结算工程价款的一部分,梨树区政府应予给付,故梨树区政府应支付晓清公司工程款 44,424,563.69 元(40,385,966.99 元 ×110%)。梨树区政府欠付晓清公司工程款 19,384,563.69 元(44,424,563.69 元 -2504 万元)。一审判决如下:梨树区政府自该判决生效之日起十日内给付晓清公司工程款 19,384,563.69 元及相应利息。

一审判决后,晓清公司以合同为有效合同等理由提出上诉。二审法院驳回晓清公司上诉。

案例评析

该案例中 BT 投资协议被认定无效,法院对于原告利息主张未按合同约定标准进行判决、对原告的违约金主张也未予支持。法院在结算审核的工程款基础上依据合同约定增加 10% 作为工程回购款。

工程回购款为:40,385,966.99 元 ×110% =44,424,563.69 元。最终,法院判决原告应得的工程回购款:回购款 44,424,563.69 元 - 发包人已支付款项 2504 万元 =19,384,563.69 元。

以上三则案例均是合同被认定无效后法院作出的裁判案例。案件一法院驳回原告全部请求。案例二、案例三法院支持原告部分请求。

二、综合分析

(一)回购款的性质

回购款的性质与合同性质有关。笔者认为,BT 投资协议为建设工程施工合同,只是相比较其他施工合同而言具有特殊性。BT 投资协议包含工程建设、管理、竣工验收、工程移交、回购等内容。因此,BT 投资协议是建设工程施工合同的一个种类。故回购款为工程款的一种特殊类型。

(二)回购款的组成

由于没有专门法律对回购款的组成作出规定,合同签订者对于回购款的约定往往又不一样,因此,很难对回购款做出一个统一的界定。有人曾对回购款的组成进行过归纳①。笔者认为,不管回购款的组成如何不同,回购款都是由原工程本身价款加上投资收益款组成。投资收益款可以包括额外的融资成本、预期回报、约定的利率等款项在内,并不拘泥于一种固定的模式。只要法律不禁止,各类款项均可能成为投资收益款的组成内容。在合同有效的情形下,依据合同约定支付相应款项应没有问题。但是在合同无效的情形下,就应考虑款项设置的合法性与合理性的问题。

BT 协议下的回购款与普通类型建设工程施工合同的工程款有重合的部分,即回购款包括了普通类型建设工程施工合同下的工程价款,在此工程价款之外,回购款另附带了其他费用。

(三)无效合同情形下回购款的风险

第一,合同性质决定其必须遵守建设工程的相关法律、招标投标的相关法

① BT 项目回购总价款,学者张桂萍、申玲认为,BT 项目的合同价款就是 BT 项目的回购总价款,等于回购基价与回购期投资收益之和。其中,回购基价 = 工程建设费用 + 建设期融资费用。钟炜、王博将 BT 项目的回购价款定义为:项目建设结束后,经双方结算,项目建设单位为回购项目所应支付的工程价款,也是建设单位所应支付给投资承包商的总价款,其含义等同于通常意义上的工程造价。回购价款是回购期对项目进行回购及计算回购期的融资费用的依据,同时也是投资承包商在项目结束后可以根据回购价款计算在该项目中所能获得的回报额,即回购价款 = (建设工程费用 + 资金成本) × (1 + 投资回报率或风险系数) + 追加合同价款。葛培健、张燎认为,BT 模式下,项目的静态投资额实际上就是 BT 项目的回购基价,它由承包商自筹资金(资本金)、银行贷款、资本金利润和建设期利息四部分组成,即回购基价(BT 项目静态投资总额) = 资本金 + 银行贷款 + 资本金利润 + 建设期利息。张丽、沈杰在把 BT 运作周期分解为建造期、缓冲期、回购期的基础上,从 BT 项目回购基价的静态构成的视角将 BT 项目回购基价定义为"回购期开始阶段双方核定的、业主需支付给承包商的全部费用,包括建设工程费用、建造期融资费用及缓冲期利息费用三部分内容"。其中建设工程费用初步确定发生在项目招标期间,在项目竣工时还应考虑工程变更,最终通过工程决算确定,包括建造期间发生的建筑安装工程费用、设备与工器具购置费用以及其他约定费用,但是一般不包括动拆迁费用、设计费等。建造期融资费用在项目竣工时根据实际投资情况和合同约定而确定,包含 BT 项目承包商在建造期间为满足项目投入要求不断获取资金和投入资金而付出的财务费用,连同工程决算一起构成竣工决算的基本内容。缓冲期利息费用实质是工程决算总费用在缓冲期的利息。张富强认为目前 BT 项目回购基价的确定方式有两种:一是按照施工图预算作为 BT 项目回购基价;二是按照工程概算来确定 BT 项目回购基价。参见季璐:《浅析 BT 项目回购问题》,载《商情》2013 年第 52 期。

律。BT 投资协议实际上是一份特殊的建设工程施工合同,导致建设工程施工合同无效的事由也会导致 BT 投资协议无效。上述三则案例均因违反《招标投标法》无效。三则案例中原告均认为 BT 投资协议不受招标投标法律的约束,显然这个观点不对。

第二,合同效力严重影响到投资人的主张是否能实现。案例一中原告关于回购款、土地溢价分成款请求的实现以继续履行协议为依托。法院已经行使释明权,告知原告合同无效情形下是否变更诉讼请求,而此时原告仍不变更。因此,一审法院的判决产生了对原告完全不利的法律后果。这也告诉当事人,需要适时接受法庭的释明,否则案件将可能一输到底。案例一中法院行使释明权时,原告本应在资金利息等方面寻求是否产生损失,进而改变诉讼主张,可惜原告没有这样做。总体而言,BT 投资协议下的法律关系更复杂、程序更烦琐、风险更大,当然利润可能更多。BT 投资协议的签订还是应符合法律规定的流程,这样才能保证合同的有效。即使案例一中双方的 BT 投资协议不违反《招标投标法》,由于原告主张的土地分成款与土地管理法等法律法规冲突,投资方获得土地分成款的法律依据也明显不足。投资人应重视并规范与政府的签约细节。

第三,基于公平原则考虑,在合同无效的情形下,投资人的实际权利应是工程价款及资金的合理回报。BT 项目是政府主导的项目,然而就是在这样的背景之下,三则案例中的投资协议、项目合同居然是无效的,政府的形象由此受到损害。对投资人而言,过高的利息主张、过高投资回报率的主张不会获得法律支持。在工程款及合理回报之外,另行设置其他名目的款项以获得更多收益的做法未必可取。

第四,设置合理的追逐利益空间。合同中约定的投资回报应合理。投资方应设置一个合理的追逐利益空间,舍弃逐利的本性。案例一中,原告诉讼请求金额相加一共为:12,176.8 万元回购款 +46.85 亩已出让土地的溢价分成款 5280 万元 +257.58 亩土地的溢价分成款 29,029.266 万元 =46,486.066 万元。熊猫公司已经获得款项 34,108.0907 万元。原告主张的款项与熊猫公司已经获得的款项两者相加共为 8 亿元以上。而熊猫公司在该项目合同中约定的投资款为 32,000 万元。投资 32,000 万元却追逐 8 亿元以上的回报,笔者认为,这个利益设置明显不合理。因此,原告的主张很难获得法律支持。

011 第十一章

工程款追索对象

·导　　读·

工程款追索对象是指施工方应当向谁请求支付工程款问题,即谁有法律上的义务向施工方支付工程款。一般情形下,工程款追索对象应为合同的相对方,施工方只能向合同的相对方主张工程款。这源于合同相对性原则的坚持。在建设工程施工合同有效情形下,实践中不会产生工程款追索对象的争议问题。

然而,建设工程施工领域中,法律关系复杂。同时,最高人民法院审理建设工程合同纠纷案件相关司法解释又作出突破合同相对性原则的规定。这两个因素交织在一起,要准确认定建设工程领域承担付款责任的主体不会简单。转包及违法分包情形下工程款的追索对象在审理建设工程合同纠纷案件相关司法解释中已经明确。但是,一些特殊情形下工程款的追索对象并不明确,实践中也存在颇多争议。除转包及违法分包情形下工程款的追索对象较为明确外,笔者梳理出挂靠情形、内部承包情形、连续转包及违法分包情形、委托代建情形下工程款追索对象的争议问题。在这些特殊情形之下工程款追索对象会有哪些变化、实务观点如何,笔者将逐一分析。

涉及挂靠情形、连续转包及违法分包情形下工程款的追索对象问题时,背后的核心法律问题在于对《2020 年建设工程合同解释》第四十三条第二款突破合同相对性原则的理解。笔者将对合同相对性突破程度作出自己的解读。

第一节　转包及违法分包之追索对象

一、对象指向明确

在司法实践中，发包人及转包人、违法分包人均为实际施工人（转包承包人、违法分包承包人）工程款的追索对象。相关司法解释对于此种情形下合同相对性原则进行突破作出明确规定。《2004年建设工程合同解释》第二十六条、[①]《2018年建设工程合同解释》第二十四条、[②]《2020年建设工程合同解释》第四十三条[③]均有体现。上述司法解释中的条文成为实际施工人诉裁程序的一个指引。《2004年建设工程合同解释》第二十六条第一款与《2020年建设工程合同解释》第四十三条第一款完全一致。《2018年建设工程合同解释》第二十四条与《2020年建设工程合同解释》第四十三条第二款完全一致。

在转包及违法分包两种情形下，发包人不能被称为实际施工人的合同相对人。因为发包人与实际施工人之间本身没有合同关系，只是因为司法解释作出特殊规定，进行了某种突破，从而在发包人与实际施工人之间取得某种联系。合同相对人应指确有合同关系的当事人。一些法律人将发包人也称为实际施工人的合同相对人，笔者认为不妥当。合同相对人的概念只应存在于有合同关系的主体之间，只是这种合同关系有时会被法律予以否定评价。突破合同相对性原则的关联人已经不能被称为合同相对人。比如，甲方与乙方存在合同关系，乙方与丙方存在合同关系，甲方突破合同关系将丙方作为被告，显然不能说

---

① 《2004年建设工程合同解释》第二十六条："实际施工人以转包人、违法分包人为被告起诉的，人民法院应当依法受理。实际施工人以发包人为被告主张权利的，人民法院可以追加转包人或者违法分包人为本案当事人。发包人只在欠付工程款范围内对实际施工人承担责任。"

② 《2018年建设工程合同解释》第二十四条："实际施工人以发包人为被告主张权利的，人民法院应当追加转包人或者违法分包人为本案第三人，在查明发包人欠付转包人或者违法分包人建设工程价款的数额后，判决发包人在欠付建设工程价款范围内对实际施工人承担责任。"

③ 《2020年建设工程合同解释》第四十三条："实际施工人以转包人、违法分包人为被告起诉的，人民法院应当依法受理。实际施工人以发包人为被告主张权利的，人民法院应当追加转包人或者违法分包人为本案第三人，在查明发包人欠付转包人或者违法分包人建设工程价款的数额后，判决发包人在欠付建设工程价款范围内对实际施工人承担责任。"

丙方是甲方的合同相对人,甲方与丙方是因为司法解释的特殊规定形成债权债务关系。在发包人与实际施工人之间不宜采用合同相对人的表述。

合同相对性原则的突破,仅指合同对象上的突破,即仅体现在实际施工人可直接请求与其不存在合同关系的发包人在欠付工程款范围内承担责任。

发包人是否欠付工程款、欠付多少工程款应当根据发包人与转包人或者违法分包人之间的状况确定;转包人或者违法分包人是否欠付实际施工人工程款、欠付多少工程款应当依据转包人或者违法分包人与实际施工人之间的状况确定。两个工程款分别依据双方相互之间的状况确定。转包人或者违法分包人与实际施工人签订的转包合同、违法分包合同不能约束发包人;转包人或者违法分包人同发包人之间的施工合同亦不能约束实际施工人。两个工程款之间不应产生干扰。简言之,合同相对性原则的突破是合同对象上的突破,不是合同内容的突破。

二、择一而诉问题

转包人、违法分包人及发包人均是实际施工人主张权利的对象。实际施工人可不可以择一而诉?实际施工人依据合同关系仅向转包人、违法分包人主张权利,在法律上当无疑问。但是实际施工人如果选择发包人起诉,是不是会存在对实际施工人不利的情况?实践中出现实际施工人单独起诉发包人而不起诉转包人或者违法分包人的情况较少,但是不代表没有这种情况。

案 例 一

明境公司与观音园公司诉讼案①

当事人

原告:明境公司

被告:观音园公司

第三人:中扶公司

① 参见江苏省苏州市中级人民法院民事裁定书,(2014)苏中民字第00023号。

案例介绍

明境公司提出观音园公司支付工程款29,649,644.24元及利息等请求。明境公司未向第三人提出任何诉讼主张。

明境公司自述:2010年9月22日,观音园公司与中扶公司签订与中标通知书在实质上内容不一致的《苏州观音寺寺庙工程项目建设工程施工合同》,约定投标总价为3650万元,合同价款为3339万元,下浮率为9.2%,合同工期288天,中扶公司向观音园公司提交合同价5%的履约保证金。2010年9月30日,中扶公司与明境公司签订了关于涉案工程的《内部工程承包施工责任书》。后明镜公司入场施工。2013年,涉案工程通过竣工验收,未支付工程款,由此引发纠纷。另一审法院判决书显示:2014年1月20日,观音园公司与中扶公司苏州观音寺寺庙工程项目部达成《会议纪要》,约定后者在2014年5月1日前向前者提交"符合合同要求的经发包人认可的设计变更所牵扯到的价格变更的"结算资料。明境公司法定代表人董某平同时系中扶公司苏州观音寺寺庙工程项目部副经理,其在上述《会议纪要》上落款。

一审法院认为:根据现有证据无法证实明境公司与观音园公司之间存在直接的合同关系或收、付款关系。观音园公司与中扶公司、中扶公司与明境公司之间均未就该案所涉工程进行结算。观音园公司和中扶公司已经通过达成《会议纪要》的方式约定了结算的具体流程、方式和期限,具有结算协议的性质。董某平在《会议纪要》上签字,是其代表参与本案所涉工程实际施工的明境公司对上述结算协议的认可。明境公司在并未如约提交结算资料情况下径行起诉,并直接向观音园公司主张欠付的工程款,并主张按实鉴定的方式确定工程款总额,这既有悖于合同相对性原则,也有悖于三方结算协议关于结算方式的约定。

即使存在欠付工程款,中扶公司、观音园公司对明境公司的付款义务也存在先后顺序。因为明境公司并未对中扶公司提出任何诉讼请求,明境公司与中扶公司之间关于该案所涉工程的欠、付款问题无法明确,明境公司主张适用《2004年建设工程合同解释》第二十六条的规定向观音园公司主张直接付款的前提不能成立。一审法院裁定驳回明境公司起诉。

案 例 二

明境公司与观音园公司诉讼案①

当 事 人

上诉人(原审原告):明境公司

被上诉人(原审被告):观音园公司

原审第三人:中扶公司

案例介绍

案例一纠纷一审法院作出裁定之后,明境公司提出上诉,主要理由包括明境公司挂靠中扶公司进行投标,双方为挂靠协议,一审法院曲解《2004年建设工程合同解释》第二十六条规定等。

二审法院认为:关于涉案合同是否无效及明境公司是否为实际施工人,系案件进入实体审理后而作出的认定。该案要解决的系本案是应当进行实体审理,还是从程序上即应驳回起诉的问题。二审庭审中,上诉人已明确其系依据《2004年建设工程合同解释》第二十六条的规定,主张本案应进行实体审理。合同相对性是合同之债的基础,特定的权利义务关系产生于合同当事人之间,只有合同当事人一方能基于合同向合同对方提出请求,而不能向与其无合同关系的第三人提出请求。对《2004年建设工程合同解释》第二十六条第二款的理解,应结合该条第一款的规定一并解读,该条第一款规定:"实际施工人以转包人、违法分包人为被告起诉的,人民法院应当依法受理。"该司法解释之所以在第二款之前将该款列明,就是强调原则上不准许当事人突破合同相对性提起诉讼,应当按照合同相对性原则有序诉讼,只有在特定情形之下,实际施工人不提起以发包人为被告的诉讼就难以保障其权利实现时,才准许其提起以发包人等没有合同关系的当事人为被告的诉讼。但本案中上诉人并未主张并提供证据证明该案存在其不提起以发包人为被告的诉讼就难以保障其权利实现的特定情形。况且上诉人在原审中并未向原审第三人主张权利,未向原审第三人提出任何诉讼请求,其诉讼请求系要求被上诉人依

---

① 参见江苏省高级人民法院民事裁定书,(2015)苏民终字第00028号。

据寺庙施工合同直接向其支付工程款,而非主张被上诉人在欠付原审第三人工程款的范围内承担责任,此亦不符合《2004 年建设工程合同解释》第二十六条第二款的规定。退一步说,即便如上诉人所称涉案合同均无效,上诉人为实际施工人,但合同无效后的法律后果亦只发生于无效合同的双方当事人之间。因此,原审法院以该案不符合《民事诉讼法》第一百一十九条的受理条件,裁定不予受理并无不当,上诉人的上诉请求,本院不予支持。最终,二审法院裁定驳回上诉,维持一审裁定。

案例评析

这是一则转包工程的实际施工人明境公司[①]向发包人主张工程款,未向转包人主张工程款的案例。一审法院部分认为,实际施工人没有向转包人主张工程款,进而认定实际施工人要求发包人支付工程款的前提不能成立,即实际施工人没有向转包人主张工程款至少成为实际施工人要求发包人支付工程款不能成立的部分原因。二审法院同样认为实际施工人的起诉不符合条件,二审法院最终驳回实际施工人的上诉请求。

分析该案例中实际施工人择一而诉的原因。一审、二审法院均未对原告与第三人中扶公司的法律关系作出明确论述。因为一审、二审法院并未从实体上对案件进行审理,故从两份裁判文书中难以得到更有效的信息。但是,裁判文书中引用的法律条文是《2004 年建设工程合同解释》第二十六条。而从明境公司与观音园公司另一个诉讼案例[②]中可以清楚知道明境公司与中扶公司实为转包法律关系。案例二中明境公司在上诉理由中提出其与中扶公司的法律关系为挂靠关系。这也就不难理解明境公司为何仅将观音园公司作为被告。因为挂靠关系下实际施工人的追索对象,相关司法解释并没有明确。不过明境公司上诉理由中认为双方为挂靠关系,但是仍引用《2004 年建设工程合同解释》第二十六条的规定,这似乎又存在自相矛盾的一面。

笔者认为,一审法院、二审法院裁判结果不妥当,裁判理由值得商榷。

---

① 案例一、案例二中法院未对案件进行实体审理,裁判文书中对明境公司是否为实际施工人并未作出认定。明境公司为实际施工人是笔者依据两则案例裁判文书内容作出的判断。

② 这则案例仍是明境公司、观音园公司、中扶公司三方主体关于同一建设工程的另一诉讼案例。参见江苏省苏州市中级人民法院民事判决书,(2017)苏 05 民终字第 8019 号。

首先,《2004 年建设工程合同解释》第二十六条第一款、第二款并非要求实际施工人必须进行有序诉讼的硬性规则。案例发生时适用的司法解释为《2004 年建设工程合同解释》。法院认定《2004 年建设工程合同解释》第二十六条第一款、第二款为递进关系且有层次性,即认为应有序诉讼。笔者认为法院观点不妥当。分析该司法解释第二十六条两款条文可知,第一款为法院受理实际施工人以转包人、违法分包人为被告的起诉,法院应予受理的规定;第二款为实际施工人起诉发包人,法院可以怎么处理及发包人如何承担法律责任的规定。因此,笔者认为,这两款条文并不存在有序诉讼问题。

其次,实际施工人向发包人提出诉讼符合实质条件。最高人民法院在著述中提到,实际施工人向发包人主张权利需要具备三个条件:第一,实际施工人对转包人或者违法分包人享有债权。第二,发包人欠付转包人或者违法分包人建设工程价款。第三,实际施工人对转包人或者违法分包人享有的债权数额不超出发包人欠付转包方或者违法分包人建设工程价款。[①] 在这三个条件之外,并未附带其他条件。然而,两则案例中法院分别驳回原告起诉及上诉,因此,法院根本未能查明是否符合第二个条件及第三个条件的相关事实。

再次,法院剥夺原告的诉讼选择权。笔者认为,原告有权选择诉讼主体。另外,《2004 年建设工程合同解释》中也并没有要求实际施工人起诉发包人时,必须一并起诉转包人或违法分包人。

最后,法院没有合理行使诉释明权。二审法院提出,上诉人在原审中并未向原审第三人主张权利,未向原审第三人提出任何诉讼请求,其诉讼请求系要求被上诉人依据寺庙施工合同直接向其支付工程款,而非主张被上诉人在欠付原审第三人工程款的范围内承担责任,此亦不符合《2004 年建设工程合同解释》第二十六条第二款的规定。实际上,明境公司一审诉讼请求的两处小瑕疵不应影响案件的胜负问题。笔者认为,即使诉讼请求存在两处小瑕疵,也应由法院合理行使释明权。这个案件法院裁定驳回原告起诉后,原告可以再次提起诉讼。如此一来,法院的做法实际上是对司法资源的浪费,因为法院没有做到“案结事了”。

---

① 参见最高人民法院民事审判第一庭编著:《最高人民法院建设工程施工合同司法解释(二)理解与适用》,人民法院出版社 2019 年版,第 502 页。

《2020 年建设工程合同解释》第四十三条第二款对于实际施工人、发包人、转包人三方诉讼地位的安排与该案原告起诉所列当事人情况是完全一致的。这也说明案例中裁判结果的正当性确有不妥之处。案例提示实际施工人，无论从法律风险上讲还是从实务效果上讲，实际施工人起诉两方主体更加妥当。

第二节 挂靠之追索对象

挂靠情形下实际施工人向谁主张工程款，相关司法解释对此没有作出明确规定，又因为对司法解释条文的理解因人而异，故在这一问题上呈现不同的裁判规则。

一、典型案例

挂靠情形下挂靠人向被挂靠人或者发包人一方主张付款责任，或者向被挂靠人及发包人双方甚至多方主张付款责任时，被挂靠人、发包人等主体应如何承担责任，先看几则典型案例。

案例一

峡韶建筑公司与中铁上海集团等诉讼案①

当事人

上诉人（原审原告）：峡韶建筑公司

被上诉人（原审被告）：中铁上海集团

被上诉人（原审被告）：中信广州公司

案例简介

原告峡韶建筑公司的诉讼请求为：(1)判令被告中铁上海集团支付峡韶建筑公司工程款 19,124,082 元及逾期付款利息；(2)判令被告中信广州公司在欠

① 参见辽宁省高级人民法院民事判决书，(2020)辽民终 319 号。

付的工程价款范围内承担连带清偿责任。

一审法院根据当事人之间签订的合同及施工情况认定:峡韶建筑公司为该案的实际施工人。该案中2016-3-10合同、2016-4-25合同、2016-4-29合同均系峡韶建筑公司挂靠中铁上海集团,以中铁上海集团名义进行实际施工。一审法院认为:中信广州公司作为发包方并未给付全部工程款,故峡韶建筑公司有权向中信广州公司主张剩余工程款及利息。关于峡韶建筑公司主张中铁上海集团承担给付责任的问题,因缺乏事实及法律依据,一审法院不予支持。一审法院判决:中信广州公司给付峡韶建筑公司工程款6,834,307.2元;中信广州公司给付峡韶建筑公司3,859,307.2元的利息等。

一审法院没有判决中铁上海集团承担责任,为此峡韶建筑公司提起上诉,要求被上诉人中铁上海集团支付上诉人工程款19,124,082元(最终数额以司法鉴定结果为准)等上诉主张。峡韶建筑公司部分上诉理由认为:中铁公司作为承包人,将全部承包项目转给上诉人负责施工,是典型的转包行为。原审法院认定中铁公司不承担给付责任是错误的。

二审法院认为:关于峡韶建筑公司与中铁上海集团之间是挂靠关系还是转包关系问题。从中信广州公司、中铁上海集团和峡韶建筑公司于2016年7月26日共同签订的《新民市污水处理厂(二期工程)项目合作协议书》可以看出,三方约定峡韶建筑公司以中铁上海集团的名义施工;中铁上海集团没有真正招投标,只是配合中信广州公司完成招投标程序;所需招投标费用由中信广州公司承担,税费、规费等其他费用由峡韶建筑公司承担;中铁上海集团只收取1%管理费;中铁上海集团在收到中信广州公司的工程款,在提取1%的管理费后,其余应全额转付峡韶建筑公司,不得截留和拖延支付。由此可见,峡韶建筑公司是借用中铁上海集团的施工资质进行施工,其与中铁上海集团是挂靠关系。峡韶建筑公司关于其与中铁上海集团是转包关系,中铁上海集团应给付工程款的上诉主张,无事实依据,不能支持。二审法院最终驳回峡韶建筑公司的上诉请求。

案例评析

该案例中,原告认为自己与其上手之间存在转包关系,要求转包人、发包人承担法律责任。一审法院认定,实际施工人与原告认为的上手之间为挂靠关系,作出发包人承担责任、被挂靠人不承担责任的判决。二审法院维持一审判决结果。原告认为,中铁上海集团是转包人,自己为转包承包人,也为实际施工人,中信广州公司为发包人。而一审法院则认为,中铁上海集团是被挂靠人,原告为挂靠人。挂靠关系与转包关系如何认定,实践中容易产生争议。当然不排除少数案件中,实际施工人明知自己与被挂靠单位之间为挂靠关系,只是因挂靠关系的认定对于自己追索工程款不利,希望适用《2004 年建设工程合同解释》第二十六条的规定向发包人主张工程款,其可能采取混淆法律关系的做法,将被挂靠人故意认定为转包人或者违法分包人,从而让被挂靠人、发包人均承担责任,以此达到权利保障最大化的目的。

该案确认的裁判规则是:发包人对挂靠的实际施工人承担付款责任,被挂靠人对挂靠的实际施工人不承担责任。该案例裁判思路可以称为严格主义,即对于《2004 年建设工程合同解释》第二十六条不作任何突破适用。实际施工人向发包人、被挂靠人双方主张责任,法院判决发包人一方承担责任。同时,笔者注意到一审法院判决书中未引用发包人需要承担责任及被挂靠人不承担责任具体法律条文(法律依据)。案例中的说法论理显得较为单薄。从某个角度上说,挂靠人与发包人之间并不存在直接合同关系,法院判决没有直接合同关系的发包人承担法律责任法律依据是什么,这一核心问题在案例中似乎没有讲透。

案 例 二

黄某涛与北京建工等诉讼案①

当事人

上诉人(原审原告):黄某涛

上诉人(原审被告):北京建工

被上诉人(原审被告):明光旅游公司

被上诉人(原审被告):明光酒店公司

被上诉人(原审被告):北建海南分公司

① 参见最高人民法院民事判决书,(2018)最高法民终 611 号。

案例介绍

黄某涛请求：(1)北京建工、北建海南分公司、明光酒店公司共同向黄某涛支付工程欠款共计92,515,487.16元及至实际清偿欠款之日止的利息，利息暂计14,085,992.39元(停工前工程欠款11,843,449.62元、利息1,139,566.99元；续建工程欠款人民币80,672,037.54元、利息12,946,425.40元；利息暂计算至2017年7月6日止)。(2)明光旅游公司对明光酒店公司应向黄某涛支付的停工前工程欠款及利息承担连带清偿责任。

明光旅游公司与明光酒店公司为关联公司。一审法院以停工续建时间作为黄某涛与北京建工及北建海南分公司的法律关系变化的节点，认为停工续建前，双方法律关系为转包关系，续建开始后，双方法律关系为挂靠关系，进而依据不同的法律关系作为不同的法律责任认定。对于挂靠关系下法律责任问题，一审法院认为：北京建工及北建海南分公司与实际施工人黄某涛之间存在挂靠法律关系，发包人明光酒店公司与名义承包人北建海南分公司之间的施工合同(《续建工程总包协议》)法律关系是虚假的，明光酒店公司与实际施工人黄某涛存在真实的施工法律关系。北京建工及北建海南分公司与实际施工人黄某涛之间不存在转包或分包关系，在明光酒店公司未按有关《续建工程结算协议》的约定向北建海南分公司支付续建工程欠款情况下，实际施工人黄某涛向北京建工及其海南分公司诉请支付续建工程欠款及利息，没有事实根据和法律依据，不予支持。

针对一审认定，黄某涛提出上诉，认为原审判决认定续建工程开始后黄某涛与北京建工及北建海南分公司之间属于挂靠关系，适用法律错误，依法应当予以纠正。北京建工同样提出上诉，认为原审判决就停工前工程认定北建海南分公司与黄某涛之间属于分包法律关系是错误的。

二审法院认定北京建工及北建海南分公司与黄某涛之间，已就涉案工程构成事实上的违法转包关系。同时，二审法院在阐述挂靠关系下的法律责任时，认为：进一步讲，在挂靠关系下，挂靠人系以被挂靠人名义订立和履行合同，其与作为发包人的建设单位之间不存在合同关系。对实际完成施工的工程价款，其仅能依照挂靠关系向被挂靠人主张，而不能跨越被挂靠人直接向发包人主张工程价款。《2004年建设工程合同解释》第二十六条的规定不适用于挂靠情形，是因挂靠关系中的实际施工人不能援引该司法解释直接向发包人主张工程款，而非免除被挂靠人的付款义务。从这个意义上看，北京建工上诉主张停工前工程系黄某涛挂靠施工，故其不应承担付款责任，黄某涛应向明光酒店公司和明光旅游公司直接提出主张的意见，没有法律依据。

案例评析

该案例文字较长，笔者进行了归纳与整理。

一审法院、二审法院对于原告黄某涛与被告北京建工法律关系认定不一致，原告黄某涛与被告北京建工对于一审法院认定的停工续建前后的两种法律关系分别不服，原告黄某涛为要求被告北京建工、北建海南分公司承担责任，极力主张双方法律关系一直为转包关系。被告北京建工、北建海南分公司为规避自己责任，极力主张双方的法律关系一直为挂靠关系。简单来说，黄某涛认为该案双方关系自始至终为转包关系，北京建工认为双方关系自始至终为挂靠关系。

案例充分展示了一审法院、二审法院对于挂靠情形下责任承担问题的各自主张。虽然二审法院最终认定黄某涛与北京建工双方一直为转包关系，并据此作出裁判，但是从二审法院的分析说理部分可以看出，二审法院对于挂靠关系下各方主体应如何承担责任的思路。一审法院认定挂靠情形下发包人承担责任，被挂靠人不承担责任。二审法院则认定挂靠情形下发包人不承担责任，被挂靠人承担责任。因此，才有二审法院判决书中所述的，“北京建工上诉主张停工前工程系黄某涛挂靠施工，故其不应承担付款责任，黄某涛应向明光酒店公司和明光旅游公司直接提出主张的意见，没有法律依据”。在二审法院看来，即使认定黄某涛与北京建工挂靠关系成立，北京建工仍然应承担付款的法律责任。当然在北京建工看来，在挂靠关系下，其作为被挂靠人不用承担责任。如果二审法院和一审法院的法律观点一致，并且认定双方为挂靠关系，则北京建工不必承担法律责任。

这一案例同时告诉我们，建设工程施工中法律关系的认定可能并不如想象中那么容易。

案例三

李某军、崔某良与黄瓦台青海分公司等诉讼案①

当事人

上诉人(原审被告):黄瓦台青海分公司(南充青海分公司)

上诉人(原审被告):黄瓦台公司(南充公司)

上诉人(原审原告):李某军

上诉人(原审原告):崔某良

被上诉人(原审被告):中发源公司

被上诉人(原审第三人):中兴公司

案例介绍

李某军、崔某良请求:(1)请求判令黄瓦台青海分公司、黄瓦台公司支付工程款131,171,267.44元;(2)请求判令黄瓦台青海分公司、黄瓦台公司支付逾期付款利息;(3)请求判令中发源公司在欠付工程款范围内对李某军、崔某良承担付款责任。

一审法院认为:该案中有三份《建设工程施工合同》。按时间顺序论,前两份均由中发源公司与南充公司签订,合同的签订时间、工程内容、承包范围、双方享有的权利和应承担义务、合同生效时间、取费标准等均一致,区别之处在于合同价款和施工范围不同。该两份合同系双方真实意思表示,不违反法律强制性规定,合同有效,双方应按合同约定予以履行。2015年5月14日,南充青海分公司与中兴公司签订《建设工程施工合同》(第三份),中兴公司虽有施工资质,却将施工资质无偿出借给李某军、崔某良使用,该二人本无施工资质,借用他人资质进行施工的行为违反法律规定,为无效合同。李某军、崔某良与黄瓦台青海分公司实际形成施工关系。一审法院推定李某军、崔某良施工案涉4~12号楼的基坑支护工程、地基桩基础及抗浮锚杆工程质量合格。

一审法院又认为:依据《2018年建设工程合同解释》第二十四条“实际施工人以发包人为被告主张权利的,人民法院应当追加转包人或者违法分包人

---

① 参见最高人民法院民事判决书,(2021)最高法民终339号。

为本案第三人,在查明发包人欠付转包人或者违法分包人建设工程价款的数额后,判决发包人在欠付建设工程价款范围内对实际施工人承担责任”之规定,案涉整个工程尚未完工,黄瓦台公司与中发源公司未进行工程款结算,不具备结算条件,故中发源公司欠付黄瓦台公司的工程款数额不能确定。据此,李某军、崔某良向发包人中发源公司主张在欠付黄瓦台公司建设工程价款范围内承担给付责任的条件不成就。此外,截至该案法庭辩论终结前,中发源公司已向黄瓦台公司支付工程款347,992,811.99元,依据发包人中发源公司与承包人南充公司签订的两份《建设工程施工合同》中关于支付工程进度款的约定,即工程具备验收条件时支付总工程款的80%,即便按照合同约定的价款计算,上述347,992,811.99元也已超过两份《建设工程施工合同》约定的工程支付价款304,000,000元(3.8亿元×80%)。综上,李某军、崔某良主张发包方中发源公司在欠付工程款范围内承担给付责任的诉讼请求无事实依据,不能成立。李某军、崔某良可在发包人中发源公司与黄瓦台公司的整体工程结算后或双方以其他方式确定欠付工程款数额后另行向中发源公司主张该项权利。

一审法院判决如下:黄瓦台青海分公司、黄瓦台公司共同给付原告李某军、崔某良工程款51,339,779.45元及相应利息,驳回原告李某军、崔某良的其他诉讼请求。

黄瓦台公司、黄瓦台青海分公司提出上诉,认为黄瓦台青海分公司与中兴公司签订的《建设工程施工合同》合法有效。挂靠情形下,挂靠人不可越过被挂靠单位直接向合同相对方主张工程款。原审法院直接越过被挂靠单位中兴公司判令黄瓦台公司、黄瓦台青海分公司承担付款责任,属适用法律错误等。李某军、崔某良提出上诉,认为原审法院以中发源公司与黄瓦台公司未完成结算为由,认定该案中无法确认中发源公司欠付黄瓦台公司的款项数额,李某军、崔某良不具备向中发源公司主张权利的前提系错误的。原审法院未查明涉案工程的实际产值,仅将合同暂定价作为中发源公司是否欠付工程款的标准,并据此认定中发源公司不欠付黄瓦台公司款项属事实认定错误等。

二审法院对于合同效力的认定与一审法院一致。关于中发源公司应否承担责任的问题,李某军、崔某良主张中发源公司应在欠付工程款范围内承担责任，二审法院认为，根据《2018 年建设工程合同解释》规定，发包人向实际施工人承担责任的前提是其欠付转包人或者违法分包人工程价款。该规定是从实质公平的角度出发，实际施工人向发包人主张权利后，发包人、转包人或者违法分包人以及实际施工人之间的连环债务相应消灭，且发包人对实际施工人承担责任以其欠付的建设工程价款为限。该案中，案涉时代广场并未完工，中发源公司与黄瓦台公司亦未进行结算，仅能确定黄瓦台公司、黄瓦台青海分公司欠付李某军、崔某良工程款的事实。中发源公司是否欠付黄瓦台公司、黄瓦台青海分公司工程款，欠付工程款的数额等事实因未结算无法查清，实际施工人与发包人之间的权利义务并不明确，故李某军、崔某良向中发源公司主张其在欠付工程款范围内承担责任的条件不成就。李某军、崔某良的该项上诉理由不能成立，法院不予支持。

案例评析

这是一则实际施工人向发包人、总承包人主张工程款，未向被挂靠人主张工程款，一审法院认定实际施工人与总承包人形成实际施工关系，总承包人承担给付工程款责任，发包人因未结算不具备付款条件不承担付款责任的案例。该案例中，中兴公司为被挂靠人，中发源公司为发包人，黄瓦台公司（黄瓦台青海分公司）为总承包人，该案中黄瓦台公司（黄瓦台青海分公司）将工程进行转包。

这是一则奇怪的案例。发包人不承担责任的理由在于，法院认为，案涉整个工程尚未完工，黄瓦台公司与中发源公司未进行工程款结算，不具备结算条件，中发源公司欠付黄瓦台公司的工程款数额不能确定，据此，李某军、崔某良向发包人中发源公司主张在欠付黄瓦台公司建设工程价款范围内承担给付责任的条件不成就。依审判人员的逻辑，发包人本身是需要承担责任的，只是因“不具备付款条件”特殊情况的存在，故没有判决发包人承担责任。总承包人承担责任，是因为挂靠人与总承包人之间形成实际施工关系。法院在判决时适用的司法解释的条文为《2018 年建设工程合同解释》第二十四条：“实际施工人以发包人为被告主张权利的，人民法院应当追加转包人或者违法分包人为本案第三人，在查明发包人欠付转包人或者违法分包人建设工程价款的数额后，判决发包人在欠付建设工程价款范围内对实际施工人承担责任。”该条为追加转包人或者违法分包人及发包人欠付转包人或者违法分包人建设工程价款时应承担法律责任的相关规定。该案已经认定中兴公司为被挂靠人。对实际施工人而言,黄瓦台公司并不是转包人。对中兴公司而言,黄瓦台公司可以被称为转包人。法院依据该条规定判决总承包人黄瓦台公司对作为挂靠人的实际施工人承担责任的理由是否充分值得商榷。

案例将形成实际施工关系的主体认定为总承包人与挂靠人之间,为什么不可以认定为发包人与实际施工人之间形成实际施工关系呢?这个困惑没有解开。总承包人在该案中承担责任问题似乎未有更明确的法律依据。该案的裁判规则是挂靠情形下被挂靠人不承担责任,与被挂靠人有合同关系的总承包人(转包人)承担责任,发包人在具备结算条件下应承担责任。

案 例 四

陈某军与阜阳民生医院等诉讼案①

当 事 人

上诉人(一审原告):陈某军

被上诉人(一审被告):阜阳创伤医院

被上诉人(一审被告):阜阳民生医院

一审第三人:江西四建

案例介绍

陈某军提起诉讼,要求判令两医院共同给付工程款127,909,778.5元及利息及判令江西四建承担连带责任。

2015年5月,阜阳民生医院与江西四建签订建设工程施工合同,将阜阳民生医院项目土建工程、安装工程、初装饰工程发包给江西四建施工。上述合同签订后,陈某军与江西四建签订承包经营协议,以江西四建的名义进行实际施工。陈某军、江西四建均认可双方是挂靠关系。

安徽高院认为,陈某军没有参与合同的签订,其仅系挂靠江西四建进行案涉工程施工的实际施工人,其依据建设工程施工合同关系直接起诉发包人违背

① 参见最高人民法院民事裁定书,(2019)最高法民终1350号。

合同相对性原则。《2004年建设工程合同解释》第二十六条出于对农民工利益的保护,有限地突破合同相对性,也仅规定在转包和违反分包情形下允许实际施工人以发包人为被告主张权利,发包人只在欠付工程价款范围内对实际施工人承担责任。该条未规定包括挂靠情形。故陈某军起诉发包人没有法律依据。另查,施工过程中项目管理人员系江西四建的工作人员,施工均以江西四建的名义进行,工程进度款亦是支付至江西四建的账户,发包人对陈某军挂靠施工行为应为不知情。因此,两医院与陈某军之间亦未形成事实上的建设工程施工法律关系。故陈某军起诉两医院也没有事实依据。综上所述,陈某军不是该案的适格原告,其起诉两医院支付工程款没有事实和法律依据,其起诉应予驳回。

陈某军上诉至最高人民法院。最高人民法院认为,在处理无资质的企业或个人挂靠有资质的建筑企业承揽工程时,应进一步审查合同相对人是否善意、在签订协议时是否知道挂靠事实来作出相应认定。如果相对人不知晓挂靠事实,有理由相信承包人就是被挂靠人,则应优先保护善意相对人,双方所签订协议直接约束善意相对人和被挂靠人,此时挂靠人和被挂靠人之间可能形成违法转包关系,实际施工人可就案涉工程价款请求承包人和发包人承担相应的民事责任;如果相对人在签订协议时知道挂靠事实,即相对人与挂靠人、被挂靠人通谋作出虚假意思表示,则挂靠人和发包人之间可能直接形成事实上的合同权利义务关系,挂靠人可直接向发包人主张权利。即无论属于上述何种情形,均不能仅以存在挂靠关系而简单否定挂靠人享有的工程价款请求权。一审法院应当在受理案件后,就各方当事人之间形成何种法律关系、陈某军在本案中的法律地位究竟为何、对案涉工程款是否享有实体权利、其诉讼请求能否得到支持等焦点问题进行实体审理后作出判断并得出结论。因此,一审法院认为挂靠关系不能适用《2004年建设工程合同解释》第二十六条规定,进而认定陈某军不是该案适格原告并驳回其起诉,系适用法律错误,法院予以纠正。最高人民法院最终指令安徽高院审理该案。

案例评析

该案例为发包人对挂靠人是否承担责任的认定提供了一个新的思路,即以发包人主观上是否“知晓”或者是否“善意”作为判断标准。发包人在签订合同时不知晓挂靠事实的情况之下，发包人不对实际施工人承担责任。发包人在签订合同时知晓挂靠事实的情况之下，法院可以通谋虚假意思表示认定挂靠人与发包人之间形成事实合同关系，实际施工人可以要求发包人承担责任。

这一思路存在四大困惑，笔者将在本节第二部分“综合分析”作出详细说明。

案例五

十一冶公司与董某高等诉讼案①

当事人

上诉人（原审被告）：浩泳公司

上诉人（原审被告）：十一冶公司

被上诉人（原审原告）：董某高

案例介绍

董某高提出诉讼，要求判令浩泳公司、十一冶公司支付原告劳务费1637.497335万元及利息。

一审法院查明：浩泳公司（甲方）与董某高（乙方）签订的合作协议为出借资质的挂靠行为。十一冶公司作为案涉工程的总承包方，其对董某高借用浩泳公司资质施工的挂靠行为应当是明知的。董某高已将劳务和建筑材料物化于建设工程中，故十一冶公司应当支付董某高相应的劳务费。浩泳公司收到十一冶公司支付的工程款共计1433.0498万元。对此十一冶公司无异议。在浩泳公司扣除税金59.52万元后，浩泳公司将其余1373.5298万元全部支付给董某高。董某高承认收到浩泳公司支付的款项共计1373.5298万元，扣减十一冶公司已支付浩泳公司的工程款共计1433.0498万元，十一冶公司还应当支付董某高劳务费1000.238984万元（24,332,887.84元－1433.0498万元＝1000.238984万元）。董某高请求浩泳公司支付其劳务费无依据，该院不予支持。因双方合作协议无效，浩泳公司扣除董某高税金59.52万元亦缺乏依据，故浩泳公司应当

① 参见陕西省高级人民法院民事判决书，(2020)陕民终899号。

支付董某高59.52万元。一审法院判决:(1)十一冶公司支付董某高劳务费共计1000.238984万元及相应利息;(2)浩泳公司支付董某高59.52万元。

两个公司均提出上诉。浩泳公司提出一审判决返还税金错误等上诉主张。十一冶公司特别提出:即使董某高与浩泳公司之间是挂靠关系,浩泳公司与董某高之间的《合作协议》的性质属于合作合同或挂靠协议。《2004年建设工程合同解释》第一条第二款规定的是借用有资质的建筑施工企业名义签订的建设工程施工合同无效,而《合作协议》的性质不属于建设工程施工合同。所以,不能依据该法律条款认定《合作协议》无效。涉案的《合作协议》应属于合法有效的合同,被上诉人董某高不能突破合同相对性要求十一冶公司支付其施工合同法律关系项下的工程款。并且,按照《2004年建设工程合同解释》第二十六条的规定,只有在转包、违法分包的情况下,实际施工人才能要求发包人在欠付工程款范围内承担责任。该案不存在转包、违法分包,董某高不能突破合同的相对性要求上诉人承担支付建设工程施工合同法律关系下的款项支付责任。

二审法院认为:因案涉《建筑工程扩大劳务施工合同》无效,故因合同无效取得财产应予返还。董某高基于自己投资、自己依据合同组织施工的事实,与十一冶公司形成事实上的合同权利义务关系,董某高享有向十一冶公司主张债权的权利,故案涉款项理应由十一冶公司向董某高支付。关于浩泳公司是否应当承担支付责任的问题,该案《合作协议》虽然无效,但该工程系挂靠人董某高实际施工完成,相应的款项亦应支付给董某高,故浩泳公司从十一冶公司处收取的款项应支付给董某高。对于十一冶公司未支付部分,因董某高的建设成果直接交付给十一冶公司,由十一冶公司享有,故董某高缺乏向浩泳公司主张权利的基础。综上,十一冶公司上诉称董某高无权向其请求支付价款,应根据《合作协议》向浩泳公司请求的理由不能成立。

同时,二审法院依据浩泳公司实际缴纳税金情况,对一审判决中浩泳公司支付董某高的金额作出相应调整,支付金额中应扣除缴纳的税金。

案例六

十一冶公司与董某高等诉讼案[①]

当事人

再审申请人(一审被告、二审上诉人):十一冶公司

被申请人(一审原告、二审被上诉人):董某高

被申请人(一审被告、二审上诉人):浩泳公司

案例介绍

案例五二审判决后,十一冶公司申请再审,提出如下再审理由:(1)十一冶公司的合同相对方是浩泳公司,浩泳公司的合同相对人是董某高,十一冶公司与董某高没有任何合同关系。在挂靠施工情形下,实际施工人与发包人形成事实上的建设工程施工合同法律关系,十一冶公司不具备与实际施工人董某高形成事实上建设工程承发包关系中的发包人主体身份。(2)即使董某高与浩泳公司之间是挂靠关系,浩泳公司与董某高之间《合作协议》的性质属于合作合同或挂靠协议,董某高不能突破合同相对性与《合作协议》外的第三方构成事实上的合同关系。

再审法院认为:《合作协议》实为董某高借用浩泳公司资质承建案涉工程,二审判决由此认定董某高与十一冶公司形成事实上的合同关系并无不当。十一冶公司为案涉工程总承包方,亦为案涉《建筑工程扩大劳务施工合同》的主体,董某高作为实际施工人对案涉工程进行投资并依据合同组织施工,十一冶公司因董某高施工建设的工程获得收益,故二审法院判令由十一冶公司向董某高支付案涉劳务费并无不当。十一冶公司是否存在怠于向万邦公司主张工程款的情形与其应向董某高支付案涉劳务费无关,在董某高完成案涉工程的情形下,十一冶公司应当依据合同约定向董某高支付劳务费。

案例评析

案例五、案例六为一起纠纷事件引起。上述两则案例中挂靠人向总承包人

---

① 参见最高人民法院民事裁定书,(2021)最高法民申2306号。

十一冶公司、被挂靠人浩泳公司主张工程款，未向发包人主张工程款，法院认定总承包人承担付款责任、被挂靠人在收到款项范围内扣除其直接支出的税费向挂靠人承担付款责任。案例五、案例六与案例三有相似之处，均认定实际施工人与总承包人形成事实合同关系。案例五、案例六与案例四也有相同之处，均在是否形成事实合同关系上寻找责任承担主体的突破。案例五、案例六与案例四不同之处在于：案例五、案例六是在挂靠人与总承包人之间寻求事实合同关系的认定，案例四则是在挂靠人与发包人之间寻求事实合同关系的认定。

案例五、案例六还有一个特殊之处。挂靠人与被挂靠人在挂靠合同中约定被挂靠人收取1%的挂靠费。但是，被挂靠人在其抗辩中并没有以需要收取挂靠费作为针对挂靠人主张工程款的部分抗辩理由。案例五中一审法院判处被挂靠人向挂靠人支付59.2万元，是因为被挂靠人述称承担了税费59.2万元。59.2万元是被挂靠人浩泳公司收到总承包人工程款1433.0498万元与被挂靠人浩泳公司支付给挂靠人款项1373.5298万元的差额。一审法院认为此款不应予以扣除，故一审法院判决要求被挂靠人向挂靠人支付59.2万元。二审中，法院查实被挂靠人因开具税票实际缴纳104,854.32元税费，故二审法院调整了被挂靠人向挂靠人的支付金额。

二、综合分析

（一）裁判规则

案例一裁判规则：挂靠人同时起诉被挂靠人与发包人，二审法院认定发包人承担责任，被挂靠人不承担责任。

案例二裁判规则：挂靠人仅能依挂靠关系向被挂靠人主张工程款，而不能跨越被挂靠人直接向发包人主张工程款。

案例三裁判规则：总承包人承担责任，发包人在具备结算条件下承担责任。

案例四裁判规则：被挂靠人在发包人知晓挂靠事实的情况下可向发包人主张工程款，发包人承担工程款支付责任，被挂靠人是否承担责任不清楚。在发包人不知晓事实的情况下发包人不承担责任。被挂靠人如何承担责任不清楚。

案例五、案例六裁判规则：挂靠人向总承包人、被挂靠人主张工程款，总承包人承担支付工程款责任，被挂靠人在收到工程款扣除实际承担的税费范围内承担付款责任。

为清晰展示上述六则案例中的责任承担特点,笔者制作出一份裁判情况归纳表(见表12)。

表12 六则案例裁判情况归纳

案号	原告	被告	第三人	案件结果	备注
(2020)辽民终319号民事判决书	挂靠人	发包人、承包人(被挂靠人)	无	发包人承担责任、被挂靠人不承担责任	—
(2018)最高法民终611号民事判决书	转包承包人	发包人、转包人	无	—	该案例不是挂靠纠纷案例,与表格中其他案例有不同之处。二审法院在其论证说理部分,明确阐述挂靠人仅可以向被挂靠人主张责任,发包人不承担法律责任
(2021)最高法民终339号民事判决书	挂靠人	发包人、总承包人	转包承包人(被挂靠人)	总承包人承担责任	发包人因与总承包人不具备结算条件,法院未判决发包人承担责任。如果具备结算条件,发包人仍应承担责任
(2019)最高法民终1350号民事裁定书	挂靠人	发包人	承包人(被挂靠人)	发回重审	发包人明知挂靠关系时需承担责任,被挂靠人是否承担责任不清楚。发包人不明知挂靠关系时不承担责任,被挂靠人如何承担责任不清楚
(2020)陕民终899号民事判决书、(2021)最高法民申2306号民事裁定书	挂靠人	总承包人、分包人(被挂靠人)	无	总承包人承担责任、分包人(被挂靠人)在收到款项扣除承担的税款范围内承担责任	挂靠人未将发包人列为被告,同时法院认为发包人并非合同主体

(二)新司法解释未能一锤定音

实际施工人包括三类人员:转包情形下的施工人、违法分包情形下的施工人、挂靠情形下的施工人。这没有任何争议。但是,《2004 年建设工程合同解释》第二十六条、《2018 年建设工程合同解释》第二十四条、《2020 年建设工程合同解释》第四十三条中的实际施工人是否包括挂靠人在内则存在争议。如果对条文进行文义解读,上述三处条文中实际施工人不应包括“借用资质”的实际施工人,即不应包括挂靠的实际施工人。并且,针对《2018 年建设工程合同解释》第二十四条规定,最高人民法院在著述中已经明确,“本条规定不适用于借用资质的实际施工人”①。

上述案例中,谁应向挂靠人承担付款责任的法律争论围绕《2004 年建设工程合同解释》第二十六条第二款及《2018 年建设工程合同解释》第二十四条展开。以后争论将围绕《2020 年建设工程合同解释》第四十三条第二款展开。《2020 年建设工程合同解释》第四十三条只是对转包及违法分包情形下,诉讼程序及发包人的责任承担问题进行明确,并没有指出挂靠情形是否适用及责任承担问题。作为挂靠的实际施工人,为避免遗漏诉讼主体、选错诉讼主体导致的诉讼风险,应采取向发包人及被挂靠人一并主张付款责任的诉讼策略。

(三)新思路未必柳暗花明

案例四中法院的裁判为挂靠人追索工程款纠纷找到了新思路。但是仔细琢磨,却发现新思路也存在四大困惑:

第一个疑惑,在已认定挂靠人与被挂靠人存在“挂靠”事实的既定前提之下,又接着表明“挂靠人和被挂靠人之间可能形成违法转包关系”,逻辑上是不是存在混乱的情况?

第二个疑惑,“挂靠人和被挂靠人之间可能形成违法转包关系”,是确定性的指向还是偶然性的指向也并不清楚。根据裁判文书的观点,如果发包人“不知晓”挂靠事实,挂靠人和被挂靠人之间可能形成违法转包关系。确实,在裁判文书中使用的是“可能”两字。不清楚“可能”是确定性指向还是偶然性的指向。

如果是确定性指向,认定两者关系就是转包关系,那么这与转包关系的认

---

① 参见最高人民法院民事审判第一庭编著:《最高人民法院建设工程施工合同司法解释(二)理解与适用》,人民法院出版社 2019 年版,第 499 页。

定法理不符。转包关系与挂靠关系在部分构成要件上虽可能存在重合,但是也存在明显区别。[①] 笔者认为,在挂靠人与被挂靠人双方确为挂靠关系之下,不存在双方法律关系又被认定为转包法律关系的可能。

第三个疑惑,假如挂靠人与被挂靠人之间确实存在违法转包关系,发包人的"善意"之下,也就是发包人确实不知道挂靠人与被挂靠人的挂靠事实,此时发生了转包事实,为何转包承包人(实际施工人)就能不顾发包人的"善意",可以向发包人主张工程款,为何不优先保护此时的善意发包人?某种意义上看,转包及违法分包情形下发包人均为"善意",因为发包人确实不知道承包人会发生转包及违法分包的情况。为何区别对待发包人?

第四个疑惑,在发包人知晓挂靠人与被挂靠人的挂靠关系情形之下,即发包人不善意情形下,发包人与实际施工人之间形成事实上的合同权利义务关系,是不是就意味着被挂靠人完全超脱于与挂靠人的合同,被挂靠人可以不用承担任何责任?

笔者认为,按照案例四的论证逻辑,对于第四个疑惑中的问题确实只能作肯定回答。因为案例四的论证逻辑是揭去虚伪意思表示,还原真实意思表示。如果真是这样,那么发包人的"知晓"对于被挂靠人而言,确是一个很好的解脱。承担责任对象的唯一就会造成对被挂靠人的放纵。果如此,对于转包人、违法分包人而言,又是不公平的。转包合同、违法分包合同、挂靠合同均违反法律规定,在对实际施工人工程款的承担上为什么厚此(被挂靠人)薄彼(转包人、违法分包人)呢?发包人的不善意却会给被挂靠人极大的便利。

假如发包人知晓挂靠人与被挂靠人的挂靠事实,在施工中或者在工程施工结束后,发包人将工程款给了被挂靠人。按照案例四中论证逻辑,发包人与挂

---

① 具体区别如下:(1)二者发生的时间不同。转包行为通常发生在转包人取得承包权之后,而挂靠一般是在被挂靠人订立合同之前或同时就形成借用资质的意思表示。从本质上讲,被挂靠人的"名""实"分离才是形成挂靠的根本原因。(2)二者涉及的工程范围不同。转包既可能是将工程整体转包,也可能是肢解后另行分包,而挂靠是挂靠人以被挂靠人的名义承包整体的工程。(3)挂靠人以借用资质的行为承接到工程后,还可能发生转包等情形,而承包人将工程转包之后,却不具备再挂靠的基础。(4)在挂靠施工中,因存在借名行为,对外表现为发包人和被挂靠人之间的合同关系;而在转包行为中,转包人一般以自己的名义实施行为,对外表现为其自身与相对人的关系。(5)转包行为无效的,不影响发包人与承包人之间的合同效力,而挂靠施工的行为,通常会直接导致建设工程施工合同无效。参见最高人民法院民事审判第一庭编著:《最高人民法院新建设工程施工合同司法解释(一)理解与适用》,人民法院出版社2021年版,第26~27页。

靠人之间直接建立建设工程施工合同法律关系。如果挂靠人没有从被挂靠人处得到工程款,此时挂靠人应起诉谁?笔者认为,挂靠人会存在一个两难处境。若起诉发包人,发包人实际上已经不欠工程款。若起诉被挂靠人,一方面挂靠人与被挂靠人本身未建立建设工程施工法律关系,他们之间的合同不属于建设工程施工合同,另一方面他们之间的挂靠合同不合法,被挂靠人并无义务履行挂靠合同,即无义务依据挂靠合同将发包人给付的工程款支付给挂靠人,故挂靠人起诉被挂靠人要求支付工程款也不应得到支持。此时被挂靠人获取工程款的依据在哪?难道发包人应以不当得利为由向被挂靠人主张返还不当得利下的工程款?从发包人与被挂靠人未建立合同关系的角度上看,被挂靠人得到的工程款确实构成不当得利。似乎可行的途径是发包人要求被挂靠人返还工程款后,再向挂靠人支付工程款。这条路径过于曲折。实践中没有发现发包人依这条路径给付工程款的情况。

因此,新思路仍然存在众多问题,并非让挂靠人工程款的追索对象问题变得柳暗花明。

第三节 内部承包之追索对象

建设工程内部承包合同是指施工单位与其内部的生产职能部门、分支机构或职工之间,为实现各自的经济目的,就建设工程施工业务及相关经营管理达成的权利义务关系,是对建设工程项目实行具体管理、施工安排等的相关协议。单位内部承包为法律允许的经营模式。单位经营模式的选择应当属于单位自主决策的范围。本节仅讨论个人作为施工方内部合法承包人时的追索对象问题。因为单位下属机构或职能部门与施工方订立的内部承包合同即使有效,也无法作为一方通过诉讼、经济仲裁或劳动争议仲裁主张权利。

建设工程内部承包合同如何才有效,实践中争议不小。对多数裁判规则进行总结,以下几点成为认定个人与单位之间建设工程内部承包合同无效的普遍观点:双方劳动关系不存在时内部承包合同无效;施工单位缺乏对内部承包人的资质管理时内部承包合同无效;名为内部承包实为转包、违法分包或挂靠的内部承包合同无效。

本节的主旨是讨论作为合法承包人的自然人向谁主张工程款的问题。

案　　例

肖某安与咸阳师范学院诉讼案①

当事人

再审申请人(一审原告、二审被上诉人):肖某安

被申请人(一审被告、二审上诉人):咸阳师范学院

一审第三人:中厦建设集团

一审第三人:中厦西安分公司

案例介绍

肖某安申请再审称:其一,二审裁定认为肖某安诉讼主体不适格错误。(1)中厦建设集团在另案中认为案涉工程项目中肖某安是实际施工人、承包人,肖某安应独立承担责任,有两份生效判决是基于保护债权人利益判令肖某安与中厦建设集团连带偿还债务或由中厦建设集团偿还债务,但肖某安、中厦建设集团和案外人的关系与本案无关联性。(2)依据中厦西安分公司与肖某安签订的《内部工程施工承包协议》约定内容,肖某安对内独立对案涉项目施工,对外以中厦建设集团名义施工,咸阳师范学院知晓且认可该事实。(3)肖某安在其他案件中出于对自己权利的保护曾辩称自己是职务行为,是为了不影响其他债权人的权益,而且通过诉讼肖某安和中厦建设集团已作结算,最终承担了民事责任,故肖某安在他案中的辩称不应影响肖某安作为实际施工人与发包方的结算。在该案中,肖某安一直未作出其系职务行为的表述,自始至终认为自己是实际施工人,不属"禁止反言"的情形。肖某安与中厦西安分公司签订的《内部工程施工承包协议》、中厦建设集团《确认函》、咸阳师范学院《确认函》等证据均证明了肖某安的主体资格,肖某安代替中厦建设集团对案涉项目施工,中厦建设集团、咸阳师范学院均予以确认。浙江省绍兴市柯桥区人民法院的生效判

① 参见最高人民法院民事裁定书,(2018)最高法民申120号。

决再次确认了该事实。其二，二审裁定适用法律错误。首先，实际施工人与合同无效无因果关系，合同无效不能否定实际施工人的法律地位。其次，该案中，中厦建设集团将其与咸阳师范学院的合同关系整体转移给了肖某安，肖某安替代中厦建设集团、中厦西安分公司与咸阳师范学院建立了直接的法律关系。该案当事人均适格。其三，二审裁定无事实依据。二审裁定认为中厦建设集团实际接收了案涉项目上的一切权利，但该认定无任何一方当事人的陈述。肖某安与中厦建设集团签订的补充协议未履行，且被生效判决确认为无效协议，中厦建设集团未支付4500万元，双方亦未对债务进行结算。债务问题中厦建设集团是通过单独的诉讼解决，二审裁定认定中厦建设集团实际接收了案涉项目的一切权利无据可依。另外二审裁定对《2004年建设工程合同解释》第二十六条的理解和解释是“只有在特定情形下，实际施工人不提起以发包人为被告的诉讼就难以保障其权利实现时，才准许其提起以发包人为被告的诉讼”，但二审裁定并未审理过该案以发包人为被告的必要性问题，肖某安亦多次要求中厦建设集团结算，均被中厦建设集团拒绝。二审裁定对该事实认定无据可依。

再审法院认为：

关于肖某安作为原告的诉讼主体是否适格的问题。肖某安向咸阳师范学院主张工程款及利息，系主张合同之债，合同之债诉讼主体应以合同相对性为原则，即合同是在特定的合同当事人之间发生法律拘束力，只有合同当事人一方能基于合同向对方提出请求或提起诉讼。该案中，案涉工程的《咸阳师范学院科技大厦投资联建协议书》《咸阳师范学院科技大厦投资联建协议书补充协议》《建筑工程施工合同》《咸阳师范学院科技苑大厦施工合同补充条款》等协议缔约主体均系中厦建设集团与咸阳师范学院。肖某安提供的中厦建设集团与咸阳师范学院出具的《确认书》仅系中厦建设集团与咸阳师范学院对肖某安与中厦西安分公司签订的《内部工程施工承包协议》内容的事实确认，《确认书》中并未对投资联建协议书的合同主体进行变更，合同当事人主体仍系中厦建设集团和咸阳师范学院。肖某安现诉讼主张要求咸阳师范学院支付案涉工程公摊、公用部分工程款及利息损失，由于该部分工程款系中厦建设集团和咸阳师范学院签订的施工协议所涉工程造价的一部分，而案涉施工协议中肖某安并非合同一方缔约当事人,其对外仅系以中厦建设集团名义施工,且中厦建设集团、中厦西安分公司亦认为肖某安并非独立合同相对方,无权起诉。综上,可以认定该案中肖某安与咸阳师范学院并无直接的合同关系,二审裁定认为肖某安作为本案一审原告诉讼主体不适格,并依法裁定驳回其起诉,在认定事实和适用法律上均无不当。

关于二审裁定适用法律是否正确的问题。《2004年建设工程合同解释》第二十六条规定:"实际施工人以转包人、违法分包人为被告起诉的,人民法院应当依法受理。实际施工人以发包人为被告主张权利的,人民法院可以追加转包人或者违法分包人为本案当事人。发包人只在欠付工程价款范围内对实际施工人承担责任。"该条第一款应系原则性规定,即实际施工人应首先向合同相对方主张权利。该案中,肖某安与中厦西安分公司签订了《内部工程施工承包协议》,中厦西安分公司系肖某安的合同相对方,肖某安应首先向中厦西安分公司、中厦建设集团主张权利,在该案诉讼前肖某安亦一直向中厦建设集团、中厦西安分公司主张权利并提出诉请。该条第二款系规定的特殊情形,即只有在特定情形下,才准许实际施工人提起以发包人为被告的诉讼,且仅能主张发包人在欠付工程款范围内承担责任。肖某安在另案中多次陈述其在案涉工程项目中系代表中厦建设集团履行职务行为,并称中厦建设集团实际接收了案涉工程项目上的一切权利。在该案中,即使肖某安是案涉工程的实际施工人,其诉请主张咸阳师范学院直接向其支付工程款,而非主张咸阳师范学院在欠付中厦建设集团、中厦西安分公司工程款范围内承担责任,因此其所诉被告主体亦不适格。二审裁定适用法律并无不当。

再审法院驳回肖某安的再审申请。

案例评析

笔者没有查询到该案纠纷的二审判决书。由于该案例中法律文书给出的信息量不够充分,因此,笔者只能基于现有信息进行法律上的梳理。

肖某安或为合法的内部承包人,或为实际施工人。裁判文书中没有将肖某安作为一个合法的内部承包人进行描述,但是笔者倾向于案例中一审法院、二审法院将肖某安作为一个合法的内部承包人看待。依据信息,法院应该认可了"肖某安在另案中多次陈述其在案涉工程项目中系代表中厦建设集团履行职务行为,并称中厦建设集团实际接收了案涉工程项目上的一切权利”的说法。法院认定肖某安代表公司履行职责,故而将此作为肖某安不具有原告主体身份的原因之一。二审裁判文书应是没有将肖某安作为实际施工人看待。裁判文书信息记载“即使肖某安是案涉工程的实际施工人……”这一文字采取了退一步假设的说法。这样,整个裁判文书中的困惑也就迎刃而解,肖某安像一个实际施工人,但实际上并不是实际施工人。

案例之所以会带来肖某安身份认定上的困惑,因为二审法院适用了《2004年建设工程合同解释》第二十六条的规定进行裁判,而《2004 年建设工程合同解释》第二十六条又是关于实际施工人进行诉讼、主张权利的规定。笔者同意肖某安再审申请理由中提出的二审法院裁定适用法律错误的主张。

笔者倾向认为,该案法院是将肖某安作为单位内部承包人进行认定。不过,肖某安能否作为合法的内部承包人有值得商榷之处。因为内部承包人与单位之间存在合法的劳动关系是内部承包关系合法的基础。案例中没有反映肖某安与中厦建设集团(中厦西安分公司)存在劳动关系。

合法的内部承包合同情形下,内部承包人应向谁主张权利,义务对象是谁?笔者认为,内部承包人所在的单位才是内部承包人主张权利对象,而不是发包人。理由如下。

第一,基于合同相对性原则的坚持。单位员工进行建设工程的内部承包,前提是单位已经取得建设工程的承包权。此时实际上存在两个合同关系:(1)建设工程施工合同关系,即发包人与内部承包人所在的单位之间的法律关系。此时的建设工程施工合同可能有效,也可能无效。(2)内部承包合同关系。本节探讨设置的前提是内部承包合同有效,否则双方就是转包、违法分包、挂靠关系。实际施工人突破合同相对性原则可以起诉发包人,前提是无效合同的存在,或者转包合同无效,或者分包合同无效。在内部承包合同有效的情形下,不应存在直接起诉发包人的情况。

第二,基于事实关系的确认。内部承包合同之所以合法,是因为内部承包人与单位之间的劳动关系的存在。履行建设工程施工合同的决定性因素仍在于单位,而不在于个人。笔者认为,此时内部承包人只是一个建设工程项目组织者。依据内部承包合同,内部承包人所获得的利益,或可称为奖励款。本质上讲,内部承包人获得的利益应是所在单位对其劳动绩效考核的奖励。因此,从事实方面来看,真正建立建设工程施工合同关系的是发包人与承包人,承包人即内部承包人所在的单位。这有点像律师事务所与委托律师事务所办理案件的当事人之间的关系,具体的律师个人只是一个接受律师事务所指派处理具体案件的行为人而已。

因此,实质建立建设工程施工合同法律关系的仍然是发包人与承包人(内部承包人所在的单位),而不是发包人与单位的内部承包人。

另外一个问题是,如果内部承包人需要主张内部承包合同中约定的利益,应通过何种途径主张,笔者倾向于通过劳动仲裁主张。笔者认为,这属于内部承包人与单位之间劳动合同履行中的争议问题,应作为劳动争议范畴。是否劳动争议应考虑两个主要因素:其一,是否是平等主体间的纠纷。其二,内部承包合同性质的是劳动合同还是非劳动合同。内部承包人与单位之间不具有完全的平等性,内部承包人按照单位的指派接受任务,单位是可以撤销指派的。虽然内部承包合同中内部承包人的利益比较可观,但是终究脱不了属于员工奖励范畴。内部承包合同是一类相对特殊的体现双方劳动权利与义务关系的协议。

如果内部承包人怠于向发包人主张权利,内部承包人能不能通过代位权诉讼向发包人主张权利?笔者认为不可以,因为其不具有代位权诉讼的基础。《民法典》第五百三十五条第一款①规定了代位权诉讼。该条中的债权应是基于《民法典》的规定产生的债权。《民法典》调整的法律关系不包括劳动关系在内。劳动争议中的债权不应属于《民法典》中的债权范畴。劳动争议纠纷有其自身的权利救济程序,民事诉讼程序不能干扰劳动争议纠纷解决程序,因此,内部承包人不能提起代位权诉讼。

以上是就内部承包合同有效情形下作出的法律分析。如果内部承包合同无效,此时所谓内部承包人应依本章第一节、第二节分析的内容,按照内部承包合同本身的性质,如转包、分包、挂靠,向内部承包人的关联方主张权利。

---

① 《民法典》第五百三十五条第一款:"因债务人怠于行使其债权或者与该债权有关的从权利,影响债权人的到期债权实现的,债权人可以向人民法院请求以自己的名义代位行使债务人对相对人的权利,但是该权利专属于债务的自身的除外。"

第四节　连续转包及违法分包之追索对象

连续转包及违法分包是指在建设工程承包施工过程中,存在两层甚至两层以上的转包及违法分包工程的情形。连续转包及违法分包情形下,实际施工人从其前手处获得工程,而其前手又从前手的前手获得工程。更甚者,笔者用夸张的说法形容,连续转包及违法分包的连续性犹如汇票多次背书的连续性。最后实际完成工程的人为实际施工人。连续转包及违法分包情形下,谁才是付款义务主体,与实际施工人无直接关系的转包人、违法分包人,即中间环节人是否承担责任,如何承担责任的问题值得探讨。先看几则典型案例。

一、典型案例

案　例　一

许某斌与天恒基公司诉讼案[①]

当事人

再审申请人(一审原告、二审上诉人):许某斌

被申请人(一审被告、二审上诉人):天恒基公司

一审被告、二审被上诉人:蒋某红

一审被告、二审上诉人:汇龙天华公司

案例介绍

许某斌以二审法院未判决天恒基公司承担责任为由申请再审。

原审查明,2013年9月25日汇龙天华公司作为发包人与天恒基公司签订《建设工程施工合同》,将案涉建设项目承包给天恒基公司施工建设。之后,天恒基公司与蒋某红签订《工程内部承包合同》,将上述工程以内部承包的方式交

① 参见最高人民法院民事裁定书,(2021)最高法民申1358号。

给蒋某红施工建设,蒋某红全额垫资。2013 年 8 月 22 日,蒋某红以天恒基公司机电城项目部项目负责人的名义与许某斌签订《建设工程施工内部承包合同》,双方约定将案涉项目部分承包给许某斌施工。2015 年 7 月 6 日至 12 日,该工程竣工验收。2017 年 11 月 26 日,蒋某红与许某斌就工程进行结算,确认蒋某红尚欠许某斌工程款 4,720,874.79 元未支付。截至 2018 年汇龙天华公司尚欠天恒基公司 7,664,251.90 元工程款未支付。

再审法院认为:汇龙天华公司将案涉工程发包给天恒基公司,天恒基公司将工程转给蒋某红内部承包,蒋某红又将部分工程转给许某斌施工。依照上述法律规定,许某斌将汇龙天华公司、天恒基公司与蒋某红作为共同被告起诉,二审法院认定蒋某红作为违法分包人,汇龙天华公司作为发包人,判决承担支付工程款及利息的处理结果,亦无不妥。天恒基公司作为承包人,其与许某斌之间并没有合同关系,因此许某斌无法依照合同主张案涉工程款及利息,二审法院免除天恒基公司的民事责任,具有法律依据。

案例评析

该案例对于天恒基公司与蒋某红间的法律关系描述的信息不够充分。根据汇龙天华公司与天恒基公司先签订施工合同,天恒基公司与蒋某红后签订内部承包合同的描述,并结合法院作出《工程内部承包合同》违法的认定,笔者认为,虽然天恒基公司与蒋某红签订的合同名称为内部承包合同,这份合同应是名为内部承包合同实为转包或者违法分包合同。案例中各方法律关系为:汇龙天华公司为发包人、天恒基公司为承包人,天恒基公司又为转包人或者违法分包人,蒋某红作为转包承包人或者违法分包承包人,同时,蒋某红又将工程再次违法分包给许某斌。因此,蒋某红为二次违法分包人,许某斌则为最后的实际施工人。二审裁判最终认定与实际施工人没有直接关系的转包人(或违法分包人)天恒基公司不承担责任。二审裁判认为天恒基公司与许某斌不具有合同关系。法院将《2004 年建设工程合同解释》第二十六条中“转包人”或“违法分包人”理解为与实际施工人有直接关系的前手,不包括实际施工人前手的前手。

案例二

刘某玉、代某水与张某等诉讼案[1]

当事人

上诉人(原审原告):刘某玉

上诉人(原审原告):代某水

上诉人(原审被告):张某

上诉人(原审被告):中禹公司

被上诉人(原审被告):城市管理局

案例介绍

刘某玉、代某水提起诉讼,要求判令城市管理局、中禹公司、张某支付拖欠工程款30,829,454.43元及利息。二审法院作出判决:(1)撤销河南省濮阳市中级人民法院(2017)豫09民初103号民事判决;(2)张某于本判决生效之日起十日内向刘某玉、代某水给付工程款13,527,150元及利息;(3)中禹公司对张某上述付款义务承担补充赔偿责任;(4)城市管理局在欠付工程价款10,578,643元及利息范围内对刘某玉、代某水承担责任;(5)驳回刘某玉、代某水的其他诉讼请求。

案例三

刘某玉、代某水与张某等诉讼案[2]

当事人

再审申请人(一审被告、二审上诉人):中禹公司

被申请人(一审原告、二审上诉人):刘某玉

被申请人(一审原告、二审上诉人):代某水

一审被告、二审上诉人:张某

---

① 参见河南省高级人民法院民事判决书,(2019)豫民终769号。

② 参见最高人民法院民事裁定书,(2020)最高法民申6466号。

一审被告、二审被上诉人:城市管理局

案例介绍

案例二二审判决后,中禹公司提出再审,再审主要理由为:(1)原审判决中禹公司对张某的付款义务承担补充责任,系适用法律错误。建设工程施工合同纠纷中,实际施工人对发包人的工程款请求权系基于代位权,发包人在欠付工程款范围内承担连带责任。发包人对实际施工人因工程质量的赔偿责任请求权是基于过错,实际施工人承担连带责任。该案中,原审混淆了两种请求权的责任承担方式。中禹公司将案涉工程转包给了张某,中禹公司相当于发包人,应当在欠付张某的工程款范围内对刘某玉、代某水承担连带责任,而非原审认定的补充赔偿责任。(2)原审未查明中禹公司与张某之间的结算情况及中禹公司是否足额支付张某工程款的事实,属于认定事实不清。中禹公司在原审中主张,即使认定刘某玉、代某水是实际施工人,中禹公司亦应在欠付张某工程款范围内承担连带责任。关于中禹公司是否将已经收到的城市管理局工程款支付给张某的事实,原审法院未作为争议焦点进行审查。中禹公司有证据证明已将城市管理局工程款足额支付给张某。

再审法院认为:根据原审查明的事实,城市管理局将案涉工程发包给中禹公司,中禹公司作为承包人将案涉工程违法转包给张某,张某又将案涉工程违法转包给刘某玉、代某水,刘某玉、代某水系案涉工程的实际施工人。刘某玉、代某水因未足额收到案涉工程款,提起该案诉讼。《2004年建设工程合同解释》第四条规定:“承包人非法转包、违法分包建设工程或者没有资质的实际施工人借用有资质的建筑施工企业名义与他人签订建设工程施工合同的行为无效。人民法院可以根据《民法通则》第一百三十四条规定,收缴当事人已经取得的非法所得。”根据前述规定,中禹公司将案涉工程违法转包给张某及张某将案涉工程违法转包给刘某玉、代某水的行为,均为无效。因案涉工程被层层违法转包,造成刘某玉、代某水未收到足额案涉工程款。中禹公司、张某对此均存在过错,应当承担相应的责任。此外,中禹公司在一审、二审中主张其与张某是内部承包关系,但未提供其与张某之间工程款结算的相关证据,造成中禹公司与张某之间的工程款结算事实无法认定,故一审、二审法院结合案件具体情况判决中禹公司承担补充赔偿责任的基本事实并不缺乏证据证明。

再审法院驳回中禹公司再审申请。

案例评析

上述两则案例涉及同一起纠纷。各方当事人关系如下：城市管理局为发包人，中禹公司为承包人，同时又为转包人，张某为转包承包人，同时又是二次转包人，刘某玉、代某水为案件的实际施工人。原告作为实际施工人要求自己的前手、前手的前手、发包人三方共同承担支付工程款责任。法院判决三方承担责任，但三方主体承担责任方式存在不同。实际施工人的前手承担支付工程款责任，实际施工人前手的前手即第一次转包人承担补充责任。发包人在欠付工程款的范围内容承担责任。该案例将与实际施工人没有直接关系的转包人理解为《2004 年建设工程合同解释》第二十六条规定中的“转包人”。案例中“转包人”并不局限于仅指实际施工人的前手。

案例中出现一个补充赔偿责任问题。我国现行法律法规中没有关于补充赔偿责任的完整体系制度。一般认为，补充责任具有以下特征：补充责任人承担责任的原因是有特殊性。补充责任人是基于与主责任人的某种特定法律关系或存在与债务相关的某种过错而承担责任；补充责任人承担责任的时间具有顺位性。只有在主责任人对债务承担不能时，权利人方可要求补充责任人承担责任。如果权利人未向主责任人行使赔偿请求权，就不得直接向补充责任人行使权利。

案 例 四

吴某进等与发达公司等诉讼案①

当 事 人

再审申请人（一审被告、二审上诉人）：发达公司

被申请人（一审原告、二审上诉人）：吴某进

被申请人（一审原告、二审上诉人）：樊某群

被申请人（一审原告、二审上诉人）：周某宝

被申请人（一审原告、二审上诉人）：晏某生

① 参见最高人民法院民事裁定书，(2021)最高法民申 3670 号。

被申请人(一审原告、二审上诉人):周某祥

被申请人(一审被告、二审上诉人):张某

被申请人(一审被告、二审上诉人):张某峰

一审被告(二审被上诉人):富和公司

案例介绍

发达公司因不服二审判决承担连带责任而提出再审申请。发达公司认为,原审判决发达公司对张某、张某峰的债务承担连带责任,缺乏事实与法律依据。发达公司与吴某进等五人不存在合同关系,该案不属于突破合同相对性原则的法定情形,原审判决总承包人发达公司承担连带责任于法无据,且发达公司已向张某支付全部工程款,该案不存在拖欠农民工工资及涉民工利益情况。另外,发达公司还提出二审判决事实认定错误等理由。

吴某进等五人共同提交书面意见称,(1)张某、张某峰系借用发达公司的资质承建工程,独立核算,自负盈亏,发达公司仅负责收取高额管理费,故应对张某、张某峰的债务承担连带责任。(2)发达公司未向张某支付全部工程款,存在过错,导致吴某进等五人工程款及农民工劳务工资未能得到支付,应对张某、张某峰的债务承担连带责任。富和公司提交书面意见称,(1)富和公司对二审判决第一项无异议,且已履行完毕。(2)关于发达公司提出的再审申请及理由,请法院依法审查处理。

再审法院认为该案争议的焦点问题为:发达公司是否应对张某、张某峰的债务承担连带责任。

再审法院依据相关证据材料,认为原审法院认定发达公司未向张某支付完毕全部工程款且已结算,并无不当。

再审法院认为:《2008年建设工程合同解释》第二十四条规定:“实际施工人以发包人为被告主张权利的,人民法院应当追加转包人或者违法分包人为本案第三人,在查明发包人欠付转包人或者违法分包人建设工程价款的数额后,判决发包人在欠付建设工程价款范围内对实际施工人承担责任。”该案中,发达公司虽非案涉工程的发包人,但其作为转包人,对张某尚未支付完毕全部的工程款,原审判令其对张某欠付实际施工人的工程款承担连带责任,并未实际损害其利益。至于其与张某之间工程款支付及相关债务关系,如其能补充提供证

据,亦可通过另诉解决。

案例评析

该案纠纷的二审裁判文书未能在中国裁判文书网查询到,张某、张某峰是共同一方,他们之间是否存在转包或违法分包关系并不清楚。这并不妨碍笔者对案例中各方责任承担的解读。

根据再审裁定书信息,吴某进、樊某群、周某宝、晏某生、周某祥为案件实际施工人,富和公司为发包人,发达公司为总承包人,发达公司将工程转包给张某峰或(及)张某。张某峰、张某可能是共同一方,也可能他们之间存在转包或违法分包关系。张某其又将工程转给该案的实际施工人吴某进、樊某群、周某宝、晏某生、周某祥。再审裁定书未显示发包人在二审法律文书中是否承担责任,但对于总承包人而言,二审法院判决其对张某欠付实际施工人的工程款承担连带责任。案例四中作为中间一环的总承包人承担的是连带责任。总承包人承担连带责任与案例二、案例三中作为中间一环的总承包人承担补充责任不同。案例四中判决总承包人承担连带责任的理由为"未实际损害其利益"。

连带责任形式与补充责任形式存在区别。连带责任之下责任人对于责任承担无顺位之别。与补充责任方式比较,连带责任人的责任更重。案例四对于转包人、违法分包人的认定规则与案例二、案例三相同,即认为《2004年建设工程合同解释》第二十六条中"转包人"或"违法分包人"可以不与实际施工人有直接关系,实际施工人前手的前手也可认定为"转包人""违法分包人"。案例四与案例二、案例三的区别在于实际施工人前手的前手承担连带责任还是承担补偿责任的区别。

二、综合分析

(一)裁判规则

连续转包及违法分包情形下,哪些主体应当对实际施工人的工程款承担责任?实际施工人的直接前手承担责任无任何争议,存有争议的就是与实际施工人没有直接关系的发包人与中间环节人是否需要承担责任。四则案例给出了中间环节人承担责任与不承担责任两种裁判结果,其中判决中间环节人承担责任的三则案例中,中间环节人承担责任的方式还稍有区分。这反映出实践中不同法院对于中间环节人的责任认定有各自的主张。

为清晰展示上述四则案例中的责任承担特点，笔者制作出一份裁判情况归纳表(见表13)。

表13 四则案例裁判情况归纳

案号	原告	被诉方	二审结果	再审结果	备注
(2021)最高法民申1358号民事裁定书	实际施工人	发包人	在欠付工程款范围内承担责任	驳回要求承包人(转包人或违法分包人)承担责任申请	1. 二审判决书笔者未能查询到 2. 二审结果根据再审法律文书推定 3. 再审申请是由于实际施工人对于二审判决书承包人(转包人或违法分包人)不承担责任而提出再审申请
		承包人(转包人或违法分包人)	不承担责任		
		二次转包人	承担责任		
(2019)豫民终769号民事判决书、(2020)最高法民申6466号民事裁定书	实际施工人	发包人	在欠付工程款范围内承担责任	驳回承包人(转包人)认为不应承担责任申请	再审申请由承包人(转包人)提出
		承包人(转包人)	补充责任		
		二次转包人	承担责任		
(2021)最高法民申3670号民事裁定书	实际施工人	发包人	暂不清楚	驳回承包人(转包人)认为不应承担责任申请	1. 二审判决书笔者未能查询到 2. 二审结果根据再审法律文书推定 3. 再审申请由承包人(转包人)提出
		承包人(转包人)	连带责任		
		二次转包人	承担责任		

注：表中“承包人(转包人或违法分包人)”“承包人(转包人)”,“承包人”身份是相对于发包人而言，“转包人”“违法分包人”身份是相对于实际施工人而言。

(二)倾向性观点

连续转包及违法分包情形下，如何承担付款责任问题，涉及对《2004年建设工程合同解释》第二十六条、《2018年建设工程合同解释》第二十四条、《2020年建设工程合同解释》第四十三条中“发包人”“转包人”“违法分包人”范围的理解。

1. 发包人

如何理解“发包人”，第一种观点认为，《2004年建设工程合同解释》第二十六条第二款所指的发包人,是静态的绝对的,仅为建设工程的建设单位。第二种观点认为,发包人是动态的相对的,在层层多手转包链条中,中间链条的总承包人、转包人、违法分包人也可能是发包人。最高人民法院在著述中认为:“从本解释的立法本意及司法实践看,第一种观点更为妥当,即本条中的发包人应特指建设单位。”[①]笔者之前也论述了发包人仅指建设单位或受托建设单位,笔者同意最高人民法院的观点。

最高人民法院民一庭2021年第二十次专业法官会议纪要中指出:“可以突破合同相对性原则请求发包人在欠付工程款范围内承担责任的实际施工人不包括借用资质及多层转包和违法分包关系中的实际施工人。”即认为连续转包及违法分包情形下的实际施工人工程款的追索对象不包括发包人。笔者认为,该观点违背了利益与责任均衡原则,即一方面发包人享有实际施工人的建设成果,另一方面却不承担向实际施工人支付工程款的责任,利益与责任明显不均衡,这对实际施工人来说明显不公平。因此,将发包人排除于实际施工人工程款的追索对象不妥当。在本节提供的四则案例中,除第四则案例不清楚发包人是否承担责任外,其他三则案例发包人均在欠付工程款的范围内承担责任。

2. 转包人、违法分包人

即使解决了发包人范围认定的问题,这也仅解决了问题的一半。转包人及违法分包人范围同样需要作出理解,即转包人及违法分包人是静态的绝对的,还是动态的相对的问题。《2020年建设工程合同解释》第四十三条中“转包人及违法分包人”是仅指实际施工人之前手转包人、违法分包人,还是包括实际施工人前手的前手转包人、违法分包人这些中间环节人是迫切需要解决的问题。

中间环节人的责任承担问题,最高人民法院确定了附条件承担责任原则。比如,发包人甲与承包人乙签订建设工程施工合同。乙承包工程后并不自行施工,而是转包给丙,丙又将工程转包给丁。丁是否可以向乙主张工程款。最高人民法院在著述中提出的观点为:“如果甲已经向乙支付了全部工程款,丁无权再向甲主张权利,如果不允许丁向乙主张权利,而其权利就可能落空,保护农民工合法权益的目的也可能落空。因此,在发包人甲已经向转包人乙支付全部工

---

① 最高人民法院民事审判第一庭编著:《最高人民法院新建设工程施工合同司法解释(一)理解与适用》,人民法院出版社2021年版,第446页。

程价款的情况下，实际施工人丁有权向乙主张权利。”①最高人民法院的观点就是，收到发包人款项的中间环节人有义务向实际施工人支付工程款，未收到发包人款项的中间环节人不具有向实际施工人支付义务。

另外，我们可以看一下地方法院司法文件对该问题的观点。

比如，《江苏高院解答》中规定：“层层转包中，实际施工人要求所有转包人、违法分包人均承担责任的，如何处理？建设工程因转包、违法分包导致建设工程施工合同无效的，实际施工人要求转包人、违法分包人对工程欠款承担连带责任的，应予支持。前手转包人、违法分包人举证证明其已付清工程款的，可以相应免除其给付义务。发包人在欠付的工程款范围内承担连带责任。”

该观点确定了中间环节人付清款项不承担责任原则。这个原则与最高人民高院的观点是不一样的。江苏高院的观点是中间环节人对其后手付清款项则免除法律责任，不考虑其是否收到发包人的工程款。这个观点是将转包人、违法分包人理解为是一个动态的相对的身份。

又如，《河北高院审理指南》中规定：“实际施工人向与其没有合同关系的转包人、分包人、总承包人、发包人提起的诉讼，发包人与承包人就工程款问题尚未结算的，原则上仍应坚持合同相对性，由与实际施工人有合同关系的前手承包人给付工程款。如果发包人与承包人已就工程款进行结算或虽尚未结算，但欠款范围明确，可以确定发包人欠付承包人的工程款数额大于承包人欠付实际施工人的工程款数额，可以直接判决发包人对实际施工人在承包人欠付实际施工人的工程款数额范围内承担连带给付责任。欠付工程款范围明确是指判决中必须明确发包人承担连带责任的范围和数额，不能简单表述为发包人在欠付工程款范围内承担连带责任。”

河北高院的观点是在与发包人工程款尚未结算的情况下，中间环节人不承担责任。对于已结算情况下，中间环节人是否承担责任不清晰。依据河北高院的文件，中间环节人不作为发包人理解，同时也不作为转包人、违法分包人理解。

再如，《山东高院民一庭解答》中规定：“在多层转包或者违法分包情况下，实际施工人主张各转包人或者违法分包人均承担付款责任，如何处理？在多层

---

① 最高人民法院民事审判第一庭编著：《最高人民法院建设工程施工合同司法解释（二）理解与适用》，人民法院出版社2019年版，第504页。

转包或者违法分包情况下，实际施工人原则上仅可以要求与其有直接合同关系的转包人或者违法分包人对工程欠款承担付款责任。实际施工人向发包人主张权利的，为查明发包人欠付转包人或者违法分包人工程款的数额，人民法院可以追加与其无合同关系的转包人或者违法分包人为第三人。”

根据这一解答，山东高院的观点是中间环节人无须承担责任，只是为查明案件需要可将中间环节人列为第三人。

所列案例中裁判规则相异及上述司法观点相异源于《2020 年建设工程合同解释》第四十三条中“转包人”“违法分包人”范围描述不清晰导致。笔者认为，如果中间环节的转包人或违法分包人不承担责任，这是对中间环节人的放纵，没有体现对其违法行为的否定评价，还会导致转包人、违法分包人希望、鼓励自己后手的施工人继续将工程转包、违法分包。因此，中间环节的转包人及违法分包人应承担责任。由于连带责任对于义务人权利影响极大，为避免此时的责任过重，对于中间环节人责任承担问题，笔者建议以补充责任为宜。这样可以体现实际施工人直接前手与中间环节人两者的责任承担的区别。

第五节　委托代建之追索对象

建设工程的委托代建是指根据《民法典》、《建筑法》及相关法规，对工程建设项目的建设，包括前期筹建、设计、勘察、招标、施工全过程，由业主委托代建单位进行。委托代建合同下，一般存在三方当事人：项目业主，即委托人；代建单位，即受委托人；使用单位。如果使用单位为项目业主，则仅存在两方当事人。委托代建情形下工程建设、施工流程一般为：代建单位接受委托人（业主）委托，双方签订代建合同，然后代建单位寻找施工单位，以代建单位名义与施工单位签订施工合同。在追索工程款纠纷中，委托人应不应承担付款责任，裁判规则也不尽相同。

一、典型案例

案例一

川越公司与水利水电八局等诉讼案①

当事人

上诉人(原审原告):川越公司

上诉人(原审被告):水利水电八局

上诉人(原审被告):长江设计公司

原审被告:扶贫移民局

原审被告:昭化区政府

案例介绍

川越公司提出诉讼请求:(1)判令水利水电八局支付工程款128,051,285.52元及利息;(2)判令水利水电八局支付川越公司因主张债权而实际发生的损失费用200万元;(3)判令长江设计公司、扶贫移民局、昭化区政府在未付工程款范围内对水利水电八局的上述偿付义务承担偿付责任。

一审法院认定:昭化区政府、扶贫移民局与长江设计公司之间建立的是委托代建法律关系。长江设计公司通过依法招投标将案涉项目工程发包给水利水电八局承包建设,双方之间形成了建设工程施工合同法律关系,双方签订的《复建工程施工合同文件》系双方真实意思表示,水利水电八局具有承建案涉工程施工资质,合同内容未违反法律法规强制性规定,应属合法有效。关于川越公司与水利水电八局签订的《复建工程施工分包合同》《分包合同补充协议》《补充协议》的性质及效力的问题,一审法院认为:水利水电八局承包工程后,将从长江设计公司承包的案涉工程全部内容转包给川越公司,川越公司除投入劳务外,还提供材料及机械设备,工程价款中包含劳务费用、主要建筑材料款、周转材料款和大中型施工机械设备费用,水利水电八局只派驻人员对工程质量、进度、安全承担监管责任,收取一定比例管理费。川越公司实质是案涉项目的

① 参见最高人民法院民事判决书,(2020)最高法民终912号。

承建主体，因此，水利水电八局与川越公司之间建立的是建设工程转包法律关系。川越公司系劳务分包企业，其不具备案涉工程的承建资质，双方签订的《复建工程施工分包合同》《分包合同补充协议》《补充协议》无效。

一审法院认为：昭化区政府、扶贫移民局作为案涉工程的实际业主，其以委托代建的形式将工程交由长江设计公司代建，其与长江设计公司发生代建合同权利义务关系，与实际施工人川越公司及水利水电八局均不具有合同关系，其与长江设计公司委托代建关系成立后，其不再具备发包人的身份，因此，川越公司诉请判令扶贫移民局、昭化区政府在未付工程款范围内对水利水电八局的上述偿付义务承担偿付责任，缺乏事实与法律依据，一审不予支持。一审未判决扶贫移民局、昭化区政府承担法律责任。

一审判决后，川越公司未就委托人应承担责任提出上诉。

案例评析

该案例中实际施工人要求委托人、代建单位支付工程款，一审法院判决代建单位承担责任，委托人不承担责任。案例中各方法律关系如下：昭化区政府、扶贫移民局为委托人，长江设计公司为代建单位，水利水电八局为承包人，同时又为转包人，川越公司为实际施工人。一审法院明确委托人因与代建单位签订代建合同后委托人就不具有发包人的身份。因此，一审法院认定委托人与实际施工人之间无合同关系而不承担法律责任。这个案件虽经二审，但是上诉人未就委托人应承担法律责任而提起上诉。二审判决结果不涉及委托人承担责任的问题。

案 例 二

五冶公司与精诚公司等诉讼案①

当 事 人

上诉人（原审原告、反诉被告）：五冶公司

上诉人（原审被告、反诉原告）：精诚公司

上诉人（原审被告、反诉原告）：龙润公司

① 参见最高人民法院民事判决书，（2020）最高法民终848号。

被上诉人(原审被告):神华公司

案例介绍

五冶公司请求判令:(1)解除《建设工程施工合同》及相应补充协议;(2)精诚公司、神华公司、龙润公司支付工程款65,076,400元等。精诚公司、龙润公司向一审法院提起反诉,请求判令:五冶公司向精诚公司、龙润公司移交完整的施工资料等。

一审法院查明:神华公司与精诚公司为合作开发关系。神华公司与龙润公司为委托代建法律关系。神华公司为委托人,龙润公司为受托人。五冶公司为该案的施工方。

一审法院认为:因龙润公司与神华公司签订委托代建协议,且龙润公司在《酒店项目补充协议一》《办公楼、公寓楼项目补充协议一》中系发包方(甲方),协议均约定由龙润公司向五冶公司支付工程款,实际履行过程中亦由发包人龙润公司及业主精诚公司直接向五冶公司支付工程进度款。因此,五冶公司要求龙润公司支付工程款合法有据,但要求业主神华公司、精诚公司依据双方签订的上述合同承担付款责任无事实及法律依据,不予支持。

根据《协议书》的约定,精诚公司加入了债的履行,五冶公司要求精诚公司直接向其支付工程款,予以支持。一审判决精诚公司、龙润公司向五冶公司支付相应工程款。

五冶公司提出上诉,其认为:神华公司系案涉工程招标人、发包人,应当与精诚公司、龙润公司共同承担付款责任。精诚公司、龙润公司上诉理由为:案涉工程的建设单位和产权人系神华公司,龙润公司只是代建方,仅在收取5,000,000元代理费的情况下为案涉工程提供管理服务和技术服务,判令代理人承担代理事项的民事法律后果,对代理人显失公平。该案不能依据双方另行签订的《协议书》确定精诚公司承担付款责任,应当依据备案合同判令神华公司承担支付案涉工程款的义务。精诚公司不是案涉合同的主体,是案外业主,精诚公司和五冶公司已完成工程款结算,在该案中代龙润公司支付部分工程款项不构成加入债的履行,不应当承担责任。也就是说,五冶公司、精诚公司、龙润公司上诉均要求神华公司承担付款责任。精诚公司和龙润公司还主张精诚公司不应承担责任。

关于神华公司的付款责任，二审法院认为：神华公司与龙润公司签订委托代建协议，神华公司系委托方，龙润公司系代建方，龙润公司作为代建方，将委托人信息披露给五冶公司，按照《合同法》第四百零三条的规定，五冶公司可以选择代建方或者委托方作为相对人主张其权利。同时，该案实际履行的四份合同均约定由龙润公司向五冶公司支付工程款，实际履行中亦均由龙润公司向五冶公司支付进度款，一审亦支持了五冶公司关于龙润公司支付工程款的请求，现五冶公司要求龙润公司和神华公司共同承担付款责任，缺乏理据，不予支持。

关于精诚公司的付款责任，二审法院认为：《协议书》明确约定精诚公司、龙润公司承担支付工程款的责任，并以精诚公司酒店工程部分物业作为财产保全的标的。据此，精诚公司加入了债的履行，一审判决精诚公司承担付款义务具有事实和法律依据，法院予以维持。

案例评析

委托人与代建单位的法律责任，法院认为，施工方可以两者选择其一主张权利，即认为委托代建情形下，责任承担完全可以适用《合同法》中关于委托合同对外责任承担的规定。而且法院认为施工方只能选择其一要求承担责任。案例中，业主方为神华公司、精诚公司，委托人神华公司，受托人为龙润公司，施工方为五冶公司。因实际履行支付工程款义务的主体是龙润公司，故法院判决龙润公司承担付款责任。精诚公司系因债的加入而承担付款责任。案例发生于2020年，当时《民法典》并未生效，《合同法》仍具有法律效力。《合同法》失效后，《民法典》第九百二十六条第二款[①]亦作出与《合同法》相同的规定。

案例三

联建公司与华昱公司等诉讼案[②]

当事人

上诉人（原审被告）：华昱公司

---

① 《民法典》第九百二十六条第二款："受托人因委托人的原因对第三人不履行义务，受托人应当向第三人披露委托人，第三人因此可以选择受托人或者委托人作为相对人主张其权利，但是第三人不得变更选定的相对人。"

② 参见广东省高级人民法院民事判决书，（2014）粤高法民终字第18号。

被上诉人(原审原告):联建公司

被上诉人(原审被告):龙岗交通局

案例介绍

联建公司提出华昱公司、龙岗交通局连带支付联建公司工程款本金42,771,226元等诉讼请求。

一审法院查明的部分事实如下:2002年6月27日,龙岗交通局与华昱公司签订《深圳市龙岗区第二通道连接段特区内市政道路工程总承包建设协议书》(以下简称《总承包协议》)约定,龙岗交通局代表龙岗区人民政府作为深圳市龙岗区第二通道连接段特区内市政道路项目的建设单位,委托华昱公司实行工程总承包;后联建公司成为案涉项目的施工单位。

一审法院作出华昱公司向联建公司支付工程款42,771,226元及利息等判决,一审法院未判决龙岗交通局承担法律责任。

华昱公司不服原审判决,提起上诉,部分上诉理由为:(1)虽然龙岗交通局与华昱公司签订的是《总承包协议》,但双方并未构成总承包法律关系。涉案工程是政府投资项目,建设管理模式为代建制。龙岗交通局是委托人,华昱公司是代建人,两者之间是委托代理关系,联建公司清楚知道双方之间的关系,因此施工合同直接对龙岗交通局和联建公司产生效力,华昱公司作为代理人无须承担被代理人龙岗交通局应承担的责任。(2)华昱公司是涉案工程的代建单位,受龙岗交通局委托,在授权范围内履行施工阶段管理职责。

二审法院认为:涉案《总承包协议》虽然从名称来看是总承包协议,应将《总承包协议》的性质界定为委托代建合同。

龙岗交通局和华昱公司签订的《总承包协议》虽为委托代建合同,但与合同法规定的委托合同有重大区别。首先,国家在非经营性政府投资项目中推行代建制,目的是使代建单位作为项目建设期法人,全权负责项目建设全过程的组织管理,通过专业化项目管理形式达到有效规范政府和部门的行为,控制项目投资规模、风险。其次,涉案工程属于行政强制规定必须进行委托代建的工程,龙岗交通局作为委托人不能决定是否进行委托施工,也不能依据合同法委托合同的规定随时解除合同,该类合同带有明显的行政管理色彩。最后,根据《总承包协议》的约定,代建单位华昱公司的职责包括进行施工招标、选择施工单位、签订施工合同、负责项目全部工程质量、承担工期延误的责任等，表明其实际成为了该建设项目的项目法人，应独立对外承担法律责任。因此，华昱公司依据合同法关于委托合同的规定，认为其作为代建单位与联建公司签订的施工合同，应直接约束龙岗交通局与联建公司，华昱公司无须承担支付工程款的义务，不仅与《总承包协议》约定的华昱公司作为建设项目法人的义务不符，亦有违国家出台非经营性政府投资项目中推行代建制的目的，故法院不予采纳。

二审法院还认为：龙岗交通局和华昱公司签订《总承包协议》之后，双方并未完全按照合同约定履行义务。按照合同约定，华昱公司应作为发包人负责施工单位的招标工作，但在实际招标过程中，龙岗交通局作为招标人确定施工单位联建公司，然后授权华昱公司与中标单位联建公司签订施工合同。2004 年 8 月 20 日，联建公司、华昱公司和龙岗交通局签订《补充协议》，明确华昱公司代龙岗交通局向某甲公司支付工程款的行为视为龙岗交通局直接付款，联建公司直接向龙岗交通局开具工程款发票，其余事项继续按华昱公司与联建公司签订的合同执行。上述事实表明龙岗交通局以发包人的身份参与了涉案工程的招标，履行了华昱公司作为项目法人应承担的部分责任。因此，华昱公司上诉主张龙岗交通局应就涉案工程款承担连带责任有理，法院予以支持。

二审法院对工程款数额作出相应调整后，作出华昱公司应向联建公司支付工程款 42, 473, 845. 47 元及利息、龙岗交通局对华昱公司的上述支付义务承担连带清偿责任等判决。

案例评析

该案例的判决文书内容较复杂，笔者对文书内容作了简化处理。案例中龙岗交通局为委托人，华昱公司为代建单位，联建公司为施工方。同时，龙岗交通局部分参与了案涉工程的发包工作，这与其他的委托代建案例不同。其他案例中代建单位不参与工程发包等任何活动。该案例中施工方起诉委托人及代建单位连带支付工程款，一审法院判决代建单位承担责任，委托人不承担责任，于是代建单位提出上诉，二审法院判决委托人承担连带责任。案例中代建单位及委托人均需承担责任，委托人承担的是连带清偿责任。二审法院判决委托人承担连带责任的主要理由在于：龙岗交通局以发包人的身份参与了涉案工程的招标，履行了华昱公司作为项目法人应承担的部分责任。

笔者认为,法院判决委托人承担连带责任的法律依据不够充分,判决结果尚有值得商榷之处。

案 例 四

建安公司与兴庆宫公园、普天物业公司诉讼案[①]

当事人

原告:建安公司

被告:兴庆宫公园

第三人:普天物业公司

案例介绍

原告诉请要求被告支付拖欠的工程款 80 万元等。原告诉称:2001 年 8 月与被告签订了建设工程施工合同,合同约定由其包工包料,被告支付进度款。但在其履行合同义务的过程中,被告却不认真履行合同,拖欠工程款 80 万元。

被告辩称:同意终止原被告签订的建筑工程施工合同。工程款应由第三人向原告支付。

第三人辩称:其与被告于2000 年7 月3 日签订委托代建合同,依合同约定,被告应向其支付工程款 112.6 万元,其为此已向碑林区法院起诉。其愿向原告支付工程款,只要被告支付其工程款,其即向原告支付。

经审理查明:原被告于 2001 年 8 月 10 日签订建设工程施工合同。合同签订后,原告依约进行施工。在主体工程完成后,由于被告及第三人建设资金不到位,不能及时向原告支付工程款,致原告停工。2002 年 3 月 19 日,原告、第三人和工程监理单位陕西秦军国防工业工程建设监理所三方形成会议纪要,会议纪要载明:在工程主体完成后由于建设方资金不到位,不能及时开工,会议一致同意从 2002 年 3 月 1 日起为延误工期开始日,终止日为资金到位日。

另查明:2000 年 7 月 3 日被告与第三人签订《委托代建合同》约定,被告委托第三人办理位于本市兴庆西路 4 号规划建审及住宅楼建设等事宜。第三人遂以被告名义与原告签订了上述 2001 年 8 月 10 日的建设工程施工合同,将上

① 参见陕西省西安市碑林区人民法院民事判决书,(2004)碑民三初字第 560 号。

述住宅楼工程交原告承建。

原告曾长期与第三人有经济往来。原告共收到第三人交付的款项为1,880,903元,其中包括原告为第三人建办公楼及平房款230,903元,另有140,000元为原被告签订合同前所收。

一审法院认为:原被告签订的建设工程施工合同不违反国家的法律规定,且三方无异议,应为有效合同。第三人与被告签订代建合同后,又以被告的名义与原告签订建设工程施工合同,并将其收到被告的款项向原告支付了一部分,由于被告未履行付款义务,第三人也未能及时向原告足额付款,致原告施工资金不足,长期停工,双方也无解决与原告争议的有效措施。原告的损失不断扩大,现双方均同意解除合同,故该合同的履行已无意义,应予解除。

一审法院又认为:原被告签订的建设工程施工合同上虽有被告单位加盖的公章,但该合同的产生及履行实为第三人所为,原告收到的工程款均为第三人所付。被告与第三人签订代建合同后,其住宅楼的建设应由第三人完成,其在与原告的建设工程施工合同上加盖公章,确立双方的关系的行为,属重大误解所致。第三人以被告的名义与原告签合同并实际履行付款义务,其应对欠原告的工程款及误工费承担责任。法院在查明工程造价、停工损失、欠款数额的基础后作出判决:第三人普天物业公司给付建安公司工程款800,000元等。法院未判决被告承担付款责任。

案例评析

该案时间较为久远。案例的诉讼框架与其他案件不同。施工方将委托人列为被告,受托单位列为第三人。该案中被告(委托人)与原告确实签订了一份建设工程施工合同,尽管此份合同中被告如何盖上印章的信息不充分。根据案例信息,原告提供了一份加盖被告公章的施工合同作为证据。此时,原告与被告实际上已经形成建设工程施工合同关系。但是,法院认为被告加盖公章的行为是委托人重大误解所致。笔者发现,这个重大误解的说法出自"法院认为"部分,在被告辩称的内容中被告并没有作如此抗辩。被告的公章是如何盖到建设工程施工合同上去的,判决文书未做明确交代。是第三人拿着被告的公章盖上去的,还是被告自己盖上去的,情况不清楚。从判决文书的表述内容"被告与第三人签订代建合同后,其住宅楼的建设应由第三人完成,其在与原告的建设工程施工合同上加盖公章,确立双方的关系的行为,属重大误解所致”及“第三人以被告的名义与原告签合同并实际履行付款义务”上看,上述加盖公章的两种情况均可能发生。笔者认为,如果确实发生重大误解,被告应当行使撤销权才对。不论盖章的原因如何,在施工方与委托人确实存在建设工程施工合同关系的情况下,施工方选择委托方作为被告要求被告承担法律责任,代建单位只列为第三人的场合,案例中判决第三人承担责任,这一判决结果的合法性确实存有异议。

二、综合分析

(一)裁判规则

案例一裁判规则:在代建单位与委托人均为被告的情况下,法院认定委托人不具有发包人身份,判决代建单位承担责任。

案例二裁判规则:在代建单位与委托人均为被告的情况下,法院认定原告可以择其一选择代建单位或委托人承担责任,法院根据本案实际履行情况,判决代建单位承担责任。

案例三裁判规则:在代建单位与委托人均为被告的情况下,法院根据委托人实际参与项目的情况,判决代建单位承担还款责任,委托人承担连带责任。

案件四裁判规则:在委托人为被告,代建单位为第三人的情况下,法院认定委托人构成重大误解,判决代建单位承担责任,委托人不承担责任。

(二)倾向性观点

委托人应不应对代建单位实施的法律行为承担责任,这一困惑产生的根源在于委托代建合同与一般性的委托合同有无实质区别的理解。

有观点认为:“委托代建合同与施工合同是两个独立的法律关系,原则上在审理建设工程施工合同纠纷案件中,不宜追加委托人为本案当事人,不宜判令委托人对发包人偿还工程欠款承担责任。委托人也无权以承包人为被告向人民法院提起诉讼,主张承包人对工程质量缺陷承担责任。委托人与代建人就委托代建合同发生的纠纷,也不宜追加承包人为本案当事人。"[①]这一观点之下,建设工程施工合同的施工方不能向与其无直接合同关系的委托人提出请求。上述观点把委托代建合同与一般性的委托合同作出明显区分,也就是认定一般性委托合同的法律后果不适用于委托代建合同。最高人民法院及部分省级高院在其审判实务中明确,建设工程施工合同纠纷案件不宜追加委托人为案件当事人,也不宜判令委托人承担连带责任。

但是,上述观点并没有将委托代建合同与一般性的委托合同的本质区别指出来。为什么一般性的委托合同的法律后果不适用于委托代建合同,这个理由没有说透。因此,不宜追加委托人为案件当事人,也不宜判令委托人承担责任的观点,说服力不强,难以令人信服。

同时,能看到极个别法院在司法文件中作出代建单位与委托人均应承担责任的规定。比如,《深圳中院指导意见》中规定:"建设工程合同的发包人非建设工程项目的所有人,发包人以自己的名义实际履行合同的,建设工程的所有人与发包人共同对建设工程合同的履行承担连带责任。工程代建合同的委托人与受托人共同对建设工程合同的履行承担连带责任,但建设工程合同明确约定仅由受托人、委托人或发包人承担合同约定义务的除外。"

笔者认为,委托代建合同与一般性的委托合同属于同一性质的合同。与其他委托合同相比,委托代建合同只是委托事项的区别,两者并无本质不同。《合同法》及《民法典》第九百一十九条[②]、第九百二十六条第二款[③]法律后果的规定同样应当适用于委托代建合同之下。委托人与受托人身份及责任承担不因委托事项的特别而发生变化。

因此,在法律法规没有将委托代建合同与一般性的委托合同予以区分的情况之下,硬生生地将委托代建合同与一般性的委托合同作为两种性质的合同理

---

① 冯小光:《回顾与展望——写在〈最高人民法院关于审理建设工程施工合同纠纷案件适用法律问题的解释〉颁布实施三周年之际》,载最高人民法院民一庭编:《民事审判指导与参考》总第33集,法律出版社2008年版,第85页。

② 《民法典》第九百一十九条:"委托合同是委托人和受托人约定,由受托人处理委托人事务的合同。"

③ 《民法典》第九百二十六条第二款:"受托人因委托人的原因对第三人不履行义务,受托人应当向第三人披露委托人,第三人因此可以选择受托人或者委托人作为相对人主张其权利,但是第三人不得变更选定的相对人。"

解不妥当。现行法律构架之下,还是应当承认委托方对施工方的工程款承担责任是有法律根据的。笔者认为,案例二中的裁判规则更加妥当。

第六节 合同相对性突破程度

多样化裁判规则的出现不是一件幸事。

本章中工程款追索对象的总体印象是对象多样化、裁判规则无序化。挂靠情形、连续转包及违法分包情形下的追索对象问题,多是围绕实际施工人突破合同相对性原则的理解展开。突破合同相对性原则有两个焦点问题必须解决:一个是挂靠人有无权利突破合同相对性原则。在本章第二节中,笔者提到发包人的"知晓"与否并非使得挂靠的实际施工人向发包人主张工程款问题变得柳暗花明。另一个是连续转包及违法分包情形下,转包人、违法分包人是作为静态理解还是作为动态理解的问题。对发包人作静态理解,笔者已经有明确观点,此处不作讨论。总之,两个焦点问题的解决归结为一句话就是:合同相对性突破到何种程度才较为合适。

一、突破程度标尺的考察

司法解释既然已经对合同相对性原则作出突破,其他情况是否应列入合同相对性原则突破的范围,则应当与已经设置突破的情况进行比较,也就是将已经设置的突破标准作为尺度,其他情况与之进行比较。笔者认为,以下三个方面可以作为参考。

(一)违法性危害程度是否一致

建设工程施工过程中,有哪些行为的危害程度与转包行为,违法分包行为危害程度一致?

笔者认为,挂靠行为与转包、违法分包行为的违法性危害程度一样。三者均对建设工程质量构成安全隐患,均对建设工程市场造成破坏。因此,三者的危害程度不存在轻重之别。

连续转包及违法分包情形下,第二次转包、违法分包行为的危害程度与第一次转包、违法分包行为的危害程度完全一样,并无二致。

(二)弱化性原理是否相同

转包、违法分包情形下,实际施工人突破合同相对性背后存在一个弱化性原理。"在合同无效的情况下,合同相对性应对弱化,在程序上人民法院可以视不同情况追加发包人为第三人或者共同被告,在实体上发包人对欠付工程价款承担责任的规定有利于保护实际施工人权益。"①转包、违法分包情形下,建设工程施工合同本身为有效合同,转包合同、违法分包合同才为无效合同。

而挂靠情形下,也存在两个合同,即发包人与被挂靠人的施工合同、挂靠人与被挂靠人的挂靠合同。此时这两个合同均为无效。② 两个合同无效时合同相对性的弱化程度比转包、违法分包情形下一个合同无效时弱化程度应更强,因此,挂靠情形下,挂靠的实际施工人不能突破合同相对性没有道理。

而连续转包及违法分包情形下,存在两个甚至两个以上合同无效的情况。此时,一次转包合同、违法分包合同无效,二次转包合同、违法分包合同也是无效,弱化性原理相同。因此,连续转包及违法分包情形下,实际施工人不能突破合同相对性原则向中间环节人主张责任亦没有道理。

(三)负担是否增加

挂靠情形下,发包人本身就应支付工程款给被挂靠人。连续转包及违法分包情形下,中间的转包人、违法分包人本身就应支付工程款给其后手的承包人。因此,挂靠情形下的实际施工人、连续转包及违法分包情形下的实际施工人一次突破解决多人相互之间、相同范围内的债权债务问题,并没有增加其他债务

---

① 最高人民法院民事审判第一庭编著:《最高人民法院建设工程施工合同司法解释的理解与适用》,人民法院出版社2004年版,第230页。此处引用,原文为"合同相对性应对弱化","应对"两字疑为疏忽导致的错误,应为"合同相对性应当弱化",故正文中文字作出调整。

② 近年来,有一观点较为盛行,该观点认为,挂靠人借用被挂靠人资质进行建设工程施工行为,发包人与被挂靠人签订的施工合同是否有效,需要根据发包人对于借用资质是否知情进行判断。若发包人知情或应当知情,则所签施工合同无效,反之则施工合同有效。笔者认为,依据《2020年建设工程合同解释》第一条第一款第二项的规定,对借用资质签订的施工合同的效力认定,并不需要对发包人是否知情作出区分。因此,依严格解释要求,借用资质时签订的施工合同均应无效。

人的负担,也就是没有增加突破合同相对人后的义务对象的负担。

因此,笔者认为,挂靠人可以作为突破合同相对性原则的实际施工人。同时,转包人、违法分包人应包括实际施工人前手的前手。与实际施工人隔手的转包人、违法分包人,即中间环节人也能成为实际施工人主张权利的对象。

二、突破合同相对性条文调整

针对《2020年建设工程合同解释》第四十三条规定存在的不足,笔者认为,该条款应作如下调整与完善。

(一)增加遗漏的被挂靠人

现有的条文第一款强调转包人、违法分包人可以作为被告,有排除被挂靠人作为被告之意。同时,依据现有的条文第二款挂靠人又无法要求发包人承担责任。因此,这两款中应增加被挂靠人这一主体,让被挂靠人在条款中出现。

(二)明确转包人与违法分包人的具体范围

现有的条文第二款没有解决转包人与违法分包人的具体认定问题。连续转包、违法分包情形之下,如何认定与实际施工人没有直接关系的中间环节的转包人与违法分包人问题需要解决。因此,可以增加一款,即增加转包人、违法分包人应包括实际施工人之全部前手的规定。

(三)确定责任承担方式

将与实际施工人无直接关系的中间环节人作为工程款的追索对象,其责任承担方式以何为妥当?笔者认为,与实际施工人有直接关系的前手宜成为第一责任人员。考虑到中间环节人确实与实际施工人无直接关系,不宜要求中间环节人承担连带责任。同时,连带责任对于义务人权利影响极大,连带责任的承担应由法律法规作出规定,不宜由司法解释作出规定。为避免中间环节人的责任过重,中间环节人责任承担以补充责任为宜,以体现对实际施工人的前手与中间环节人两者的区别对待。补充责任则是基于与主责任人的某种特定法律关系或因为存在某种与债务相关的过错而承担补充清偿的民事责任,不以法律明文规定或当事人的明确约定为成立的要件。

（四）中间环节人的责任免除

中间环节人已对后手承包人支付工程款后就不应再承担责任。这与发包人承担责任的理念是一致的。发包人是在“欠付工程款范围内承担责任”。中间环节人只对其后的承包人有付款义务，但是其不能决定后手承包人是否将获取的款项支付给后手的后手。以中间环节人的后手未对实际施工人付款而要求中间环节人再次承担付款责任，对中间环节人而言也是不公平的。

中间环节人的责任免除不需要在条款文字中体现，通过法理应该可以得出上述判断。

经过上述分析与梳理，《2020 年建设工程合同解释》第四十三条应调整为三款，调整后的文字应为：

实际施工人以转包人、违法分包人、被挂靠人为被告起诉的，人民法院应当依法受理。

实际施工人以发包人为被告主张权利的，人民法院应当追加转包人或者违法分包人、被挂靠人为本案第三人，在查明发包人欠付转包人、违法分包人或者被挂靠人建设工程价款的数额后，判决发包人在欠付建设工程价款范围内对实际施工人承担责任。

转包人及违法分包人包括实际施工人前手的前手等中间环节的转包人、违法分包人。中间环节人承担补充责任。

012 第十二章

工程款支付条件

·导　读·

追索工程款纠纷案件中，施工方要求发包人或其他付款义务主体支付竣工结算款、进度款及支付（返还）工程质量保证金，付款方总会以付款条件不成就作为理由进行对抗，即付款方认为拒付工程款为合法。付款方提出的拒付理由其实就是其认为支付工程款条件不成就。付款方提出的付款条件需要进行客观分析。付款方提出的付款条件，有些合法，能有效对抗施工方追索工程款请求权。比如，建设工程施工完毕交付验收时出现质量问题，未能通过竣工验收，此时施工方要求发包人支付剩余的工程款，发包人当然可以将工程验收合格作为付款条件。而有时付款方提出的付款条件未必合法，也不符合双方合同的约定。此时所谓的不符合付款条件，也许只是付款方不想支付工程款的一个托词而已。

付款方提出的付款条件，有些是法定的，有些是合同中双方约定的。实践中付款条件类型多样。本章列出付款方经常提出的六类付款条件——“背靠背”条件、开票、工程验收、工程无质量问题、施工方已清理外债、满足“付款方式”。笔者将分别探讨六类付款条件是否成立，并对付款条件成立的因素作一个总体上的法律认识。

第一节 支付条件考察

笔者对六类付款条件是否成立逐一分析。

一、"背靠背"条件

要理解"背靠背"条件需要先了解"背靠背"条款。"背靠背"条款,通常是指合同中设置的付款方以收到第三方的相关款项作为其支付本合同相关款项前提的条款。在建设工程领域,"背靠背"条款适用相当广泛,不仅在合法分包、材料采购合同的条款中会出现,甚至在转包合同、违法分包合同、挂靠合同、机械租赁合同中均可能出现。笔者认为,"背靠背"条件是指付款方以收到发包人或其上手的工程款作为支付施工方工程款的前提条件。

"背靠背"条件是否可以有效对抗施工方的付款请求权,先看两则典型案例。

案 例 一

祺越公司与中建一局诉讼案①

当事人

上诉人(一审被告、反诉原告):中建一局

被上诉人(一审原告、反诉被告):祺越公司

一审被告:大东建设

案例介绍

祺越公司要求判令中建一局、大东建设共同向祺越公司支付拖欠的工程款90,167,457元等。

一审法院查明事实:2013年9月14日,大东建设与中建一局签订《宝马新

① 参见最高人民法院民事判决书,(2020)最高法民终106号。

工厂建设工程(施工总承包)建设工程施工合同》。中建一局将部分工程分包给祺越公司,双方签订了《宝马新工厂建设工程土方工程施工专业分包合同》,其中约定:若因建设单位(发包人)不能按时支付给承包人工程款而导致承包人未按照合同约定时间向分包人支付工程款时,不视为承包人违约,分包人必须保证工程施工的正常进行,不得以任何理由擅自停工或采取其他任何未经承包人同意的做法。至原告起诉时,大东建设向中建一局支付了48,731,493.60元工程款,中建一局向祺越公司的已付款总计为4000万元+11,530,543.02元=51,530,543.02元。

关于案涉工程是否具备支付工程款的条件问题,中建一局主张未从发包方大东建设处收到全部工程款,因而不应向祺越公司支付工程款。一审法院认为,中建一局是否存在怠于结算情形,本次一审庭审之后,中建一局提交证据证明其已于2019年6月24日向辽宁省沈阳市中级人民法院起诉,要求大东建设向其支付欠付工程款,并主张其早在祺越公司在本案中提出鉴定申请后即要求大东建设出具审计结论。一审法院认为,无论是本次庭审结束后中建一局起诉大东建设,还是按其所称于第一次审理期间(2017年)要求大东建设出具审计报告,时间均远迟于案涉工程竣工时间即2014年12月16日,中建一局该项主张并不能证明其积极向发包方行使权利。结合证人房某出庭证实中建一局当时项目直属领导指示暂不结算的证言,对于中建一局否认其存在怠于结算情形的抗辩理由,该院不予采信。中建一局虽未从发包人大东建设处收取工程款,但因其怠于向发包人主张权利,祺越公司向其主张相应的工程款,应予支持。

中建一局提出上诉,认为:双方已约定以大东建设付款为前提条件的"背靠背"条款,不违反法律规定,应为有效,在大东建设仅支付48,731,439.60元情况下,中建一局并无全额支付的义务且已超额付款65,030,543.20元。一审法院关于该"背靠背"条款的解释系曲解。

二审法院认为:"背靠背"付款条件是否已经成就,中建一局提出双方约定了在大东建设未支付工程款情况下,中建一局不负有付款义务。但是,中建一局的该项免责事由应以其正常履行协助验收、协助结算、协助催款等义务为前提,作为大东建设工程款的催收义务人,中建一局并未提供有效证据证明其在盖章确认案涉工程竣工后至本案诉讼前,已积极履行以上义务,对大东建设予以催告验收、审计、结算、收款等。相反,中建一局工作人员房某的证言证实中建一局主观怠于履行职责，拒绝祺越公司要求，始终未积极向大东建设主张权利，该情形属于《合同法》第四十五条第二款规定附条件的合同中当事人为自己的利益不正当地阻止条件成就的，视为条件已成就的情形，故中建一局关于"背靠背"条件未成就、中建一局不负有支付义务的主张，理据不足。

案例评析

这是一则总承包人以"背靠背"条款对抗施工方的工程款请求权，法院以总承包人怠于履行职责视为付款条件成就为理由作出裁判的案例。法院确认"背靠背"条款为有效条款。

"背靠背"条款就是一个民法中的附条件支付条款。"背靠背"条款的效力问题存有一定争议，实务中部分法院所持的观点是否定"背靠背"条款的效力。有人统计过与"背靠背"条款有关的二十则案例，发现有三则案例法院明确表明"背靠背"条款有效，有九则案例法院默认"背靠背"条款有效。① 笔者认为，"背靠背"条款不违反法律行政法规强制性规定，不损害社会公共利益。因此，笔者倾向于认为，在合同有效情形下该条款为有效条款。

但是，总承包人没有收到发包人的工程款，是否就可以作为拒付施工方工程款的合法理由？笔者认为不一定。根据该案例，两级法院均认为总承包人不正当的阻碍付款条件成就时可以视为付款条件成就。对此，《合同法》及《民法典》中亦有明确的相关规定。一方不正当阻碍条件成就时，可以视为条件成就的认定符合法理。这样也能促使付款方积极、主动追索其他方所欠工程款。总承包人拖延与发包人的结算或者总承包人怠于向发包人行使付款请求权的情形视为付款条件成就的观点，在地方法院的司法文件中亦有体现。

比如，《北京高院解答》中规定："分包合同中约定待总包人与发包人进行结算且发包人支付工程款后，总包人再向分包人支付工程款的，该约定有效。因总包人拖延结算或怠于行使其到期债权致使分包人不能及时取得工程款，分包人要求总包人支付欠付工程款的，应予支持。总包人对于其与发包人之间的结算情况以及发包人支付工程款的事实负有举证责任。"

---

① 参见《法院对建设工程领域"背靠背"条款处理的常见类型——基于近两年的 20 个典型案件的分析》，载好网角收藏夹网 2019 年 12 月 17 日，https://m.wang1314.com/doc/webapp/topic/21056780.html。

综上,“背对背”条款的约定虽然有效,但不一定是付款方抗辩成立的合法理由,如果付款方不正当阻止付款条件成就,此时这一条件就不能有效对抗施工方的付款请求权。

案 例 二

武某与泾渭公司等诉讼案①

当 事 人

上诉人(一审被告):泾渭公司

被上诉人(一审原告):武某

被上诉人(一审被告):鸿天房公司

原审第三人:捷师劳务公司

案例介绍

一审法院认定:《工程施工总承包合同》《建设工程施工合同》无效。泾渭公司与武某签订《项目施工委托书》,实质上是将案涉工程非法转包给武某施工。因武某系无施工资质的自然人,根据《2004 年建设工程合同解释》第一条第二项规定,该《项目施工委托书》也应依法认定为无效。武某以项目部名义与鸿天房公司于 2015 年 6 月 2 日签订的《结算协议》为当事人对双方权利义务进行清算的协议,是双方真实意思表示,且内容不违反法律、行政法规的强制性规定,因此该《结算协议》合法有效,可以作为工程结算的依据。

泾渭公司上诉理由部分如下:泾渭公司向武某支付工程款的条件不成就。根据《项目施工委托书补充条款》第三条的约定,只有在鸿天房公司将结算工程款打入泾渭公司账户,泾渭公司才与武某结算,但泾渭公司并未收到鸿天房公司任何工程款。

二审法院认为:泾渭公司以其未收到鸿天房公司任何工程款为由,认为其向武某支付工程款的条件未成就。对此,法院认为,首先,泾渭公司承包了案涉工程后与武某签订《项目施工委托书》,将案涉工程非法转包给武某,由武某进行施工。法律并未规定转包方向实际施工人支付工程款需以发包人向转包方

① 参见最高人民法院民事判决书,(2019)最高法民终 1549 号。

支付工程款为前提,武某作为实际施工人有权向转包方泾渭公司主张工程款。其次,《项目施工委托书补充条款》第三条约定"与鸿天房公司的结算均应打入泾渭公司账户,然后由泾渭公司、武某双方按照协议约定进行结算",该约定并未以鸿天房公司向泾渭公司支付工程款作为泾渭公司向武某支付工程款的条件,也无其他证据证明泾渭公司向武某支付工程款需以鸿天房公司支付工程款为条件。最后,在实际施工中,武某以泾渭公司银川分公司的名义成立天都项目部进行施工,武某已经将案涉工程交付,泾渭公司作为转包方应当支付工程款。故泾渭公司以其未收到鸿天房公司的工程款为由拒绝向武某支付工程款的理由不能成立。

案例评析

案例二与案例一的问题有所不同。案例一涉及"背靠背"条件是否成就的问题,案例二涉及合同中约定的条款是否为"背靠背"条款的理解问题。案例二中转包人认为,合同中约定的"与鸿天房公司的结算均应打入泾渭公司账户,然后由泾渭公司、武某双方按照协议约定进行结算"是一个"背靠背"条款。法院认为,该条款并非"背靠背"条款,并对转包人的抗辩理由不予采纳。

案例二中有两个问题值得考虑:

第一,文字的解释问题。实际上,案例中引用的合同内容确实可以作出两种理解。对文字的解释主导了案例二的判决走向。法院作出对总承包人不利的解释。

第一种理解是对总承包人有利的理解。可以理解为:泾渭公司(转包人)与鸿天房公司(发包人)的结算款打入泾渭公司(转包人)账户上是转包人向实际施工人进行结算、付款的前提。因为,合同约定中"然后"两字体现出先后的顺序。在发包人没有将工程款打入泾渭公司账户前,泾渭公司当然可以拒绝实际施工人的付款请求。

第二种理解是对总承包人不利的理解。合同并没有设置明显的支付条件。合同中的前半部分"与鸿天房公司的结算均应打入泾渭公司账户",只是确定结算资金进入哪个账户的问题,并不等同于发包人款项进入转包人结算账户后转包人才向实际施工人付款。

第二,合同无效情形下,"背靠背"条款的效力问题。案例二中的施工合同无效,“背靠背”条款是一个无效合同情形下的条款。法院在其裁判理由中未对无效合同情形下,“背靠背”条款是否仍然视为有效作出判断。同时,不清楚合同效力对于法院未予认可总承包人提出的“背靠背”条款的抗辩主张是否起到一定的作用。

在对案例一进行分析时,笔者曾刻意提到“合同有效的情况下此条款为有效条款”。现在需要讨论在合同无效情形之下“背靠背”条款是否可以视为有效的问题。

根据《2004 年建设工程合同解释》第二条、[①]《民法典》第七百九十三条第一款[②]的规定,合同无效时不影响“参照合同约定支付工程价款”及“参照合同关于工程价款的约定折价补偿”适用。合同无效时“参照”的范围是否包括约定的支付条件在内值得商榷。“背靠背”条款是一个支付条件的条款当无疑义。“参照”的对象主要是合同中有关工程款的计价方法和计价标准条款。单纯的“背靠背”条款是支付条件约定,并非严格意义上的价款计算问题。表面上看上述两处条文不涉及支付条件,由此,建设工程施工合同无效情形下,似乎不能依据上述规定将“背靠背”条款作为结算条款对待。但是,笔者认为,即使合同无效,“背靠背”条款仍然是《民法典》中“参照合同关于工程价款的约定折价补偿”所“参照”的对象。有关这个问题,笔者在本书第十九章“合同无效下的工程款”中进行分析与论证。

综合两则案例,“背靠背”条件涉及的法律问题主要有:“背靠背”条款法律效力问题、“背靠背”条款的解释问题、“背靠背”条件是否成就的问题。

二、开票

开票作为支付条件是指在施工方向付款方追索工程款的案件中,付款方以开具发票作为付款条件或以合同中约定了开具发票作为付款条件提出抗辩,认为施工方未履行先行开具发票的义务而有权拒绝支付工程款。

---

① 《2004 年建设工程合同解释》第二条:“建设工程施工合同无效,但建设工程经竣工验收合格,承包人请求参照合同约定支付工程价款的,应予支持。”

② 《民法典》第七百九十三条第一款:“建设工程施工合同无效,但是建设工程经验收合格的,可以参照合同关于工程价款的约定折价补偿承包人。”

案例三

瑞泰公司与宏成公司诉讼案[①]

当事人

上诉人(原审被告):瑞泰公司

被上诉人(原审原告):宏成公司

案例介绍

一审诉讼中瑞泰未提出付款条件不成就的抗辩。二审中,瑞泰公司提出抗辩,部分上诉理由如下:宏成公司未履行2018年4月25日瑞泰公司与宏成公司签订的《协议》(以下称4·25协议)约定的先履行义务,付款条件未成就。4·25协议将宏成公司开具发票作为支付工程款的前置条件,并且明确宏成公司未开票,瑞泰公司"有权拒绝支付后面的款项"。宏成公司违约在先,导致付款条件不成就的过错在于宏成公司,瑞泰公司未支付后期工程款的行为符合约定,不构成违约。

工程款支付条件是否成就问题,瑞泰公司上诉认为:4·25协议第七条约定以开具发票作为支付工程款的条件,该付款条件并未成就。该第七条约定"……宏成公司应在瑞泰公司转账付款或办理房产抵顶之前(为了尽快办理交房,本合同第一次支付793万元付款后的七天内宏成公司应把所有应开而未开给瑞泰公司的所有的发票补齐,否则瑞泰公司有权拒绝支付后面的款项)向瑞泰公司开具等额的税务部门认可的工程款专用发票……"

二审法院认为:首先,该条并未明确约定将开具全部税务发票作为支付工程款的条件。其次,从文义分析,该约定括号内所称应开而未开的发票应是指瑞泰公司已付工程款所对应的发票,并不包含未付工程款对应的发票。最后,在案涉建设工程施工合同中,开具发票是宏成公司的附随义务,支付工程款是瑞泰公司的主要义务,瑞泰公司以宏成公司未履行开具发票义务作为不支付工程款的抗辩理由,没有合同和法律依据。因此,瑞泰公司关于工程款支付条件未成就的上诉理由不能成立,法院不予支持。

---

① 参见最高人民法院民事判决书,(2020)最高法民终1310号。

案例评析

该案例中，发包人认为合同中约定开票作为支付工程款的条件，其以施工方未开具发票作为拒付工程款的理由，该抗辩观点未被法院采纳。案例中双方之间的协议为有效协议。一审法院、二审法院没有把施工方开具工程款发票作为发包人付款先决条件。法院认为，发包人所提的开票条件条款本身约定不明。

笔者认为，一审法院、二审法院对案件如何判决取决于两个方面：

第一，对于开票条件的理解。仔细看双方的协议第七条“……宏成公司应在瑞泰公司转账付款或办理房产抵顶之前（为了尽快办理交房，本合同第一次支付 793 万元付款后的七天内宏成公司应把所有应开而未开给瑞泰公司的所有的发票补齐，否则瑞泰公司有权拒绝支付后面的款项）向瑞泰公司开具等额的税务部门认可的工程款专用发票……”，这条约定似乎可以作出两种理解。

第一种理解：“应开而未开发票”仅指 793 万元的发票。只要开具了 793 万元的发票，后面的款项无拒付理由，这是对施工方有利的理解。

第二种理解：“应开而未开发票”不仅指 793 万元内的发票，也包括后面应付工程款的全部发票在内，这是对发包人有利的理解。

依据法院的认定，只要施工方已经开具了 793 万元的发票，后面的款项付款方就没有拒付理由。该则案例信息有限，笔者不清楚施工方开具了多少发票。裁判文书中未明确施工方开具了多少发票。根据法院的分析理由，“该约定括号内所称应开而未开的发票应是指瑞泰公司已付工程款所对应的发票，并不包含未付工程款对应的发票”，据此分析，施工方开具的发票金额应是多于已经收到的工程款。一审法院、二审法院对于约定的内容作出对发包人不利的理解。

第二，开票与付款之间是否具有对等性的问题。一审法院、二审法院认为开具发票为附随义务，与支付工程款之间不存在对等性。

最终法院作出对施工方有利的判断。如果双方未约定开具发票作为付款条件，付款方不能以所谓的先履行抗辩权对抗工程款请求权。

案例引申

案例引申出另一个值得思考的问题：如果施工方与付款方明确约定开票作

为付款条件的情况下，付款方是否能以未开票作为拒付工程款的理由？这个问题在实践中确实存在争议。

在环发建设公司与周某诉讼案例①中最高人民法院的裁判观点认为：支付工程款义务与开具发票义务是两种不同性质的义务，一般而言，在没有特别约定的情况下工程款给付是先履行义务，双方在合同中并未明确约定工程款的给付需以开具发票为前提，环发建设公司不能因周某未出具发票而拒付工程款。

环发建设公司与周某诉讼案例中，最高人民法院的立场似乎是，如果双方明确约定开票作为付款条件，开票就可以作为付款义务主体的抗辩理由。最高人民法院没有从正面明确表明立场。这是笔者从裁判观点的文字表述中领悟出文字隐含表达的意思。

地方法院司法文件中观点似乎更加明朗。

比如，《江苏高院解答》中规定："发包人能否以承包人未开具发票作为拒绝支付工程款的先履行抗辩的事由？发包人以承包人未开具发票为由拒绝支付工程款的，不予支持，当事人另有明确约定的除外。"

该文件明确表明当事人另有约定的则不适用"不予支持"的观点，即如果双方明确约定开票为付款条件，如果施工方未开票，法院则可以认为付款义务主体的抗辩成立。

但也存在地方法院隐含表达不应支持该抗辩事由的观点。

比如，《河北高院审理指南》中规定："支付工程款义务和开具发票义务是两种不同性质的义务，不具有对等关系。发包人以承包人违反约定未开具发票为抗辩理由拒付工程款的，人民法院不予支持。但可以明确承包人具有向发包人开具发票的义务。发包人提起反诉请求主张承包人开具发票的，人民法院应予支持。"

该文件隐含表达的观点应是双方约定以开具发票作为支付工程款条件的，发包人以此理由拒付工程款，法院应不予支持。

笔者认为，即使双方在合同中明确约定开票作为支付工程款的条件，法院也不应支持这一抗辩理由。理由如下：

合同抗辩的范围仅限于对价义务，不具有对价义务的条件违反实质公平原则。也就是说，在一方不履行对价义务时，相对方才享有抗辩权。而在工程款

---

① 参见最高人民法院民事裁定书，(2018)最高法民申1516号。

纠纷案件中,支付工程款的义务与开具发票的义务是两种不同性质的义务,前者是合同的主要义务,后者并非合同的主要义务,二者不具有对等关系,不具有对价性。因此,一旦将不符合公平原则的条件作为有效条件认定,则会起到引导公平原则丧失的不良风向作用。通过某种意思表示形式,将实质不公平演变成一种表面公平的做法并不可取。这种做法会轻易架空公平的认定条件。也就是说,将"不开票就不付款"的实质不公平演变成"只要约定了开票条件如果不开票就可以不付款"的表面公平,这不符合法的价值取向。这不是在追求真正的公平。以附随义务履行的瑕疵来免除相对方主合同义务的履行,这只是一个表面公平的结果。这不应成为法追求的价值取向。

当然,开票本身也为施工方的义务,施工方应在合理时间内开具发票给付款方。另外,有些案例中法院对约定的开票条件成立与不成立的认定采取了第三种方案。"有些法院则采取折中方案,即支持对方享有先履行抗辩权,但是如果承包人在法庭承诺给付发票或法院判决认定承包人给付发票时,就视为付款条件已经成就,自法院判令承包人给付发票或承包人承诺给付发票时起,发包人就不再享有拒付工程款的权利。"①笔者认为,这是一个相对灵活的方案。一方面,开票条件不能成为施工方请求的障碍,另一方面,施工方需要完成其合同及行政法上的义务。这样的处理方式较好地平衡了双方权利义务,是一个可取的做法。

三、工程验收

工程验收条件是指发包人或其他付款义务主体认为工程验收后才能支付工程款,工程未经验收则可以拒绝支付工程款。实践中工程未经验收的情况可以分为两种:工程已施工完毕未办理竣工验收;工程未施工完毕未办理验收。在合同有效情形下,只要已施工工程质量合格或符合约定的标准,无论施工项目施工完毕或未施工完毕,付款方不会以工程未验收作为拒绝支付工程款的理由。而在建设工程施工合同无效情形下,是否以工程验收作为工程款的支付条件容易产生分歧。

---

① 陈清波:《开具发票与支付工程款非对等义务,不能作为拒付工程款之抗辩理由》,载知乎网2021年1月8日,https://zhuanlan.zhihu.com/p/342830879。

案例四

川越公司与水利水电八局等诉讼案①

当事人

上诉人(原审原告):川越公司

上诉人(原审被告):水利水电八局

上诉人(原审被告):长江设计公司

原审被告:扶贫移民局

原审被告:昭化人民政府

案例介绍

一审法院认定:《复建工程施工分包合同》《分包合同补充协议》《补充协议》均为无效协议。川越公司实际完成了案涉工程的施工,案涉工程虽至今未经竣工验收,但已于2015年1月9日进行交工验收、完工移交并投入使用近5年,保修期从交付使用起算2年,早已届满。《2004年建设工程合同解释》第二条规定"建设工程施工合同无效,但建设工程经竣工验收合格,承包人请求参照合同约定支付工程价款的,应予支持"。川越公司作为实际施工人,有权请求支付工程价款。四被上诉人主张案涉工程尚未竣工验收,不具备价款支付条件及支付时间的理由不能成立,一审不予支持。同时,法院认为:关于付款条件是否成就的问题,长江设计公司主张案涉工程未经项目业主竣工验收,未最终结算,付款条件尚未成就。业已查明,案涉工程于2015年1月9日经检测完工移交,并已实际使用近五年。川越公司在案涉工程完工后,按照合同约定向水利水电八局递交了完工结算资料,但水利水电八局并未按照约定办理结算,责任在水利水电八局。本案诉讼中通过司法鉴定确定工程价款,应当作为工程结算依据,因此,长江设计公司关于案涉工程尚未结算,付款条件尚未成就的抗辩意见,一审不予支持。

一审作出判决后,上诉方(原审被告)未就付款条件这一问题单独提出上诉主张。

① 参见最高人民法院民事判决书,(2020)最高法民终912号。

案例评析

这是一则工程项目已施工完毕,发包人的原因导致工程未办理竣工验收,施工方要求发包人支付工程款,发包人认为工程未竣工验收、未结算,以付款条件不成就作为抗辩理由,法院未采纳发包人抗辩理由的案例。

该案例中工程未办理竣工验收是事实。但是,施工方已经移交工程也是事实,工程也被发包人实际占用使用。笔者认为,案例产生争议源于发包人对《2004 年建设工程合同解释》第二条①的机械理解。该司法解释第二条的字面意思是合同无效时只有工程竣工验收合格,承包人才能获得工程款。然而,该案工程完工后,发包人不配合等原因而未进行竣工验收,其责任不在于施工方。况且工程已移交五年,保质期也已经超出。未能竣工验收的不利法律后果显然不能由施工方承担。因此,法院判决并无不当。笔者认为,发包人不配合等原因而未进行竣工验收可视为付款条件已经具备。

案例引申

案例引申出一个问题:在建设工程施工合同无效情形下,工程未施工完毕,此时,施工方能否要求付款方支付工程款?如果施工方能要求付款方支付工程款,支付的法律依据在哪?

这个疑惑同样源于《2004 年建设工程合同解释》第二条②规定。该条规定的支付工程款的前提条件是"竣工验收合格"。而在施工未完成的情况之下,根本无法达到该司法解释规定的"竣工验收合格"硬性条件。根据此时的条款,在合同无效且工程确实未完成的情况下,即使工程可以验收合格,施工方要求付款方支付工程款仍不满足条件。极少数案例中出现过对施工方不利的判决。这种判决似乎又是审判人员的无奈之举。这种判决结果的公平性值得商榷。笔者认为,司法的价值追求应从追求形式合法转向追求实质公平。在工程质量合格的情形之下,驳回施工方要求发包人支付工程款的判决显然背离这一价值追求。

---

① 《2004 年建设工程合同解释》第二条:"建设工程施工合同无效,但建设工程经竣工验收合格,承包人请求参照合同约定支付工程价款的,应予支持。"

② 《2004 年建设工程合同解释》第二条:"建设工程施工合同无效,但建设工程经竣工验收合格,承包人请求参照合同约定支付工程价款的,应予支持。"

《民法典》则较好地消除了这一顾虑。《民法典》第七百九十三条第一款[①]作出与《2004 年建设工程合同解释》第二条不同的规定。《民法典》将《2004 年建设工程合同解释》第二条规定中“建设工程经竣工验收合格”改为“建设工程经验收合格”,删除了“竣工”二字,将主张工程款的适用前提扩大为既包括建设工程竣工验收合格的情形,也包括尚未竣工但是已完工的建设工程验收合格的情形。这样消除了工程未全部施工完毕情况下承包人迟迟无法主张工程款的风险。也就是说,在建设工程施工合同无效情形下,只要已施工的工程验收合格,即使工程项目没有竣工,施工方也可以主张工程款。笔者认为,这一价值导向是正确的。

四、工程无质量问题

工程款实际上包括预付款、进度款、竣工结算款(未竣工结算款)、质量保证金。预付款在开工前已经支付,因而不会产生纠纷。其他三部分款项与工程质量问题联系在一起,容易产生因工程质量问题导致进度款支付条件、竣工结算款(未竣工结算款)支付条件、质量保证金返还(支付)条件是否具备的工程款纠纷。

工程质量问题与工程款的支付关系紧密。如果工程施工完毕,但是验收不合格,施工方不能向发包人主张未付的工程款,这当无疑问。笔者在此主要讨论工程质量问题与未竣工结算款应否支付的关系问题。当工程出现质量问题时,发包人是否可以拒绝支付未竣工结算款。

案 例 五

九鼎公司与佳鸿宇合诉讼案[②]

当 事 人

上诉人(一审原告、反诉被告):福建九鼎

上诉人(一审被告、反诉原告):佳鸿宇合

---

① 《民法典》第七百九十三条第一款:“建设工程施工合同无效,但是建设工程经验收合格的,可以参照合同关于工程价款的约定折价补偿承包人。”

② 参见最高人民法院民事判决书,(2020)最高法民终 337 号。

案例介绍

2016年1月7日,福建九鼎完成了除三栋停工栋号外的其他13栋房屋主体封顶工作,并经监理人验收确认。

案涉项目经第三方云南和亚消防检测评价有限公司检测,确认存在明显质量问题。

经佳鸿宇合申请,一审法院依法组织双方当事人通过随机抽取方式确定必和必真为案涉工程的工程质量鉴定机构,委托必和必真对案涉工程已完工程部分防火、防腐料喷涂施工的质量进行鉴定,对不合格部分的占比及返工工程款进行司法鉴定。鉴定意见为:(1)钢结构防腐涂层不能满足设计和现行国家规范要求,质量不合格;(2)钢结构防火涂料厚度不能满足设计和现行国家规范要求,质量不合格;(3)已完成钢结构防火、防腐涂料不合格部分占已完部分工程量的100%;(4)不合格部分返工工程款金额详见由官审造价出具的《已完工的防火、防腐涂料施工不合格部分的返工工程造价鉴定意见书》:①按定额标准进行计算的鉴定意见:"质量鉴定不合格部分返工费用造价鉴定意见总金额为12,382,358.44元";②按市场价格进行计算的鉴定意见:"质量鉴定不合格部分返工费用造价鉴定意见总金额为10,199,761元"。

一审法院确认该案合同有效,符合解除合同条件。同时,进一步认为:佳鸿宇合提出因福建九鼎施工工程虽有十三栋形象进度达到主体封顶标准,但因其防火防腐涂料质量不合格,故工程款支付条件尚未成就,不应支付工程价款。一审法院认为,佳鸿宇合提出案涉项目为钢结构工程,防火防腐涂料施工质量不合格,即应确认为主体工程不合格的意见,经查阅《中华人民共和国国家标准〈建筑钢结构防火技术规范〉GB 51249－2017》第9.8.4项:"当钢结构防火保护分项工程施工质量不符合规定时,应按下列规定进行处理:1.经返工重做的检验批,应重新进行验收;通过返修或重做仍不能满足结构防火要求的钢结构防火保护分项工程,严禁验收……"由此可见,防火涂料施工质量不合格,可以通过返工重做的方式进行修复,故对于佳鸿宇合据此为由主张工程款支付条件不成就的意见,没有事实和法律依据,不予支持。

据此,一审法院扣除修复费用作出支付相应工程款的判决。佳鸿宇合提出上诉,部分理由如下:无论是进度款还是结算款,支付工程款的前提是工程合格。但案涉工程防火防腐涂料施工不合格,会影响工程主体结构安全,将导致案涉工程无法完成竣工验收,在此情况下,佳鸿宇合享有不支付工程款的抗辩权。

二审法院认为:根据《2004年建设工程合同解释》第十条第一款规定:“建设工程施工合同解除后,已经完成的建设工程质量合格的,发包人应当按照约定支付相应的工程价款;已经完成的建设工程质量不合格的,参照本解释第三条规定处理。”第三条规定:“建设工程施工合同无效,且建设工程经竣工验收不合格的,按照以下情形分别处理:(一)修复后的建设工程经竣工验收合格,发包人请求承包人承担修复费用的,应予支持……”案涉工程系未完工程,对于已经完成的工程经验收合格的,发包人应当支付相应的工程价款。已经完成的建设工程质量合格包括修复后合格的工程。该案中,就案涉工程质量问题经一审法院委托必和必真鉴定,必和必真出具《司法鉴定意见书》后,官审造价根据必和必真出具的鉴定意见就案涉防火防腐涂料分项工程修复费用出具鉴定意见。从鉴定机构的鉴定意见来看,案涉工程可以进行修复且经修复后并不影响建筑物的使用。佳鸿宇合在该案中提起反诉,主张由福建九鼎承担修复费用,并在一审中申请对工程修复方案及修复费用进行鉴定,表明佳鸿宇合也认可工程可以修复。实际上,根据建筑工程的实际情况,防火防腐涂料工程可以修复,修复工程不会对建设工程的主体结构造成影响。佳鸿宇合主张工程质量不合格、不应支付工程款,法院不予支持。

案例评析

该案中建设工程质量确实出现不合格的问题,但并不是不可修复的。这是一则发包人以工程存在质量问题为由,认为不符合支付未竣工结算款条件,法院不认可这一拒付条件,在扣减相应的修复费用后判决要求发包人向施工人支付工程款的案例。案例中施工方已经解除合同,并且施工工程未全部完成,故笔者称案例中的工程款为未竣工结算款。

一般来说,工程质量不合格与工程款拒付之间有着极大关系。但是,仔细推敲其中的法律问题,未竣工结算款的支付与工程质量不合格之间不一定有必然关系。工程质量不合格不意味着付款方就一定可以拒绝支付未竣工结算款。案例五对此作了很好的诠释。笔者认为,该案判决并无不当。

在《民法典》及相关司法解释中，笔者没有找到工程质量不合格时未竣工结算款不予支付的明确规定。《民法典》第七百九十九条第一款[①]涉及工程竣工验收合格时工程款的处理问题，与案例五中情况不一样，案例五中的工程还未竣工，因此不能参照《民法典》第七百九十九条第一款的规定处理该案。《民法典》第八百零六条第三款[②]涉及合同解除后，工程质量不合格时工程款问题及相应后续处理，但是该条款本身并没有明确工程质量不合格时发包人可以拒付全部的工程款。该条款中所参照的《民法典》第七百九十三条[③]也没有明确工程质量不合格时发包人可以拒付全部的工程款。

笔者认为，未竣工工程如果工程质量出现问题，工程结算款是否应予支付还是应从公平原则的角度考虑。竣工之前的工程均为中间成果，并不是最终成果。未竣工结算款的支付涉及中间成果，不涉及最终成果。在工程未竣工情形下中间成果虽有质量瑕疵，如果质量瑕疵明确是可以修复的，发包人可以通过第三方补救施工、修复施工的方式达到在工程最后施工完毕时工程质量合格的目的。同时，依据《2020年建设工程合同解释》第十二条[④]的规定，工程质量不符合约定时，发包人有请求减少支付工程价款的权利，并没有拒付全部工程款的权利。因此，以质量瑕疵为由对抗施工方的工程款付款请求权，法律依据不充分。

竣工后出现质量瑕疵验收不合格的工程，即使质量瑕疵可以修复，此时竣工结算款的支付问题与未竣工结算款的支付问题不同。依据建设工程施工合同，施工方的法律义务是交付合格的工作成果，这个工作成果是不能存在质量

---

① 《民法典》第七百九十九条第一款："建设工程竣工后，发包人应当根据施工图纸及说明书、国家颁布的施工验收规范和质量检验标准及时进行验收。验收合格的，发包人应当按照约定支付价款，并接收该建设工程。"

② 《民法典》第八百零六条第三款："合同解除后，已经完成的建设工程质量合格的，发包人应当按照约定支付相应的工程价款；已经完成的建设工程质量不合格的，参照本法第七百九十三条的规定处理。"

③ 《民法典》第七百九十三条："建设工程施工合同无效，但是建设工程经验收合格的，可以参照合同关于工程价款的约定折价补偿承包人。建设工程施工合同无效，且建设工程经验收不合格的，按照以下情形处理：（一）修复后的建设工程经验收合格的，发包人可以请求承包人承担修复费用；（二）修复后的建设工程经验收不合格的，承包人无权请求参照合同关于工程价款的约定折价补偿。发包人对因建设工程不合格造成的损失有过错的，应当承担相应的责任。"

④ 《2020年建设工程合同解释》第十二条："因承包人的原因造成建设工程质量不符合约定，承包人拒绝修理、返工或者改建，发包人请求减少支付工程价款的，人民法院应予支持。"

瑕疵的,即使是可以修复的质量瑕疵也不能存在。建设工程竣工后工程竣工结算款给付的条件就是工程质量合格或符合约定的质量标准。同时,依据《民法典》第七百九十九条第一款法律条款本身也能得出这个解读。该条款明确提出一个前后程序问题:“验收合格”在前,“发包人应当按照约定支付价款”在后。因此,竣工后的工程必须质量合格,否则发包人有权不予支付竣工工程款。

案例五中,鉴定机构及发包人均认可工程质量是可以修复的,这种情况下,法院判决扣除修复费用后发包人向施工方支付相应的工程款并无不当。当然,如果修复费用不明确,同时有其他足够理由,发包人可以不安抗辩权进行抗辩。《民法典》第五百二十七条①规定了不安抗辩权问题。行使不安抗辩权的证明责任在于发包人。

案例五引起的思考是工程质量不合格在多大程度上会影响到工程款的支付。案例中出现的是可以修复的工程质量问题,如果工程质量问题是不可以修复的,施工方则无权获得工程款。笔者在本书第二十五章“可诉(裁)性分析”中对于工程质量问题与工程款应否支付的关系问题有进一步的分析与梳理。

五、施工方已清理外债

施工方已清理外债条件是指在施工方向付款方主张工程款时,施工方的其他债权人,比如,材料商、施工方的劳务人员等,也向付款方主张相关款项,付款方要求施工方以清理完毕全部外债作为向施工方支付工程款的条件,如果施工方未清理外债,付款方以此拒付工程款。这种纠纷中,除了施工方向付款方提出诉讼或仲裁外,还存在其他权利人向付款方提出诉讼或仲裁的可能。

案 例 六

武某与泾渭公司诉讼案②

当 事 人

上诉人(一审被告):泾渭公司

① 《民法典》第五百二十七条:“应当先履行债务的当事人,有确切证据证明对方有下列情形之一的,可以中止履行:(一)经营状况严重恶化;(二)转移财产、抽逃资金,以逃避债务;(三)丧失商业信誉;(四)有丧失或者可能丧失履行债务能力的其他情形。”

② 参见最高人民法院民事判决书,(2019)最高法民终1549号。

被上诉人(一审原告):武某

被上诉人(一审被告):鸿天房公司

原审第三人:捷师劳务公司

案例介绍

一审法院认定相关事实:

2012年7月29日,鸿天房公司(甲方)与泾渭公司银川分公司(乙方)签订《工程施工总承包合同》。同日,泾渭公司银川分公司(A方)与武某(B方)签订《项目施工委托书》,约定A方将案涉工程委托B方代表公司履行合同。2013年1月18日,武某代表泾渭公司银川分公司项目部与捷师劳务公司签订了《劳务班组分包合同》。

2013年7月25日,鸿天房公司(甲方)与泾渭公司(乙方)签订《建设工程施工合同》,约定由泾渭公司承建中标工程,2014年3月20日,因武某不能正确处理劳务纠纷,违反其承诺事项,武某(乙方)自愿退场并与泾渭公司银川分公司(甲方)、鸿天房公司(丙方)签订《协议书》(以下称《退场协议书》)。2015年6月2日,鸿天房公司作为甲方,项目部(武某)作为乙方,双方签订《结算协议》,约定该协议为最终结算依据:其中约定:甲方先前扣除乙方的利息、保修费、税金及管理费全部退还给乙方。

泾渭公司上诉理由部分如下:武某与泾渭公司就案涉工程的对外应付债务未完全清理。案涉工程所涉的材料款、人工费、保证金等费用的相关权利人已起诉泾渭公司形成多起诉讼。泾渭公司不能既向武某支付工程款,又承担武某施工期间的对外债务。

二审法院认为:关于泾渭公司以武某未清理完案涉工程的对外债务为由认为其不应支付工程款的问题。《项目施工委托书补充条款》第四条约定"武某以天都项目部对外进行的一系列经营活动、签订的一切合同文本,均应获得泾渭公司的同意后加盖泾渭公司公章或项目经理部公章",《项目施工委托书》第三条委托方式约定"成本单列、独立核算、风险自负,并承担本项目引起的一切费用、税收(包括该项目的企业所得税、个人所得税等)、债权、债务、法律纠纷"。武某于2013年3月27日向鸿天房公司和泾渭公司出具的承诺书第七条记载"因建设该项目产生的一切债务均由我个人承担,与公司无关。公司代我偿还债务或赔偿损失,有权直接从工程款中扣除”。武某作为实际施工人,在施工过程中因工程建设以泾渭公司名义与他人形成债务,导致施工过程中的债务、合同纠纷当事人以泾渭公司为被告,引发多起诉讼。其中已确定由泾渭公司承担的债务应当从该案应付工程款中扣减;未确定的债务,应扣减金额不明确,泾渭公司可待确定后,另行主张。双方约定了债务的承担,并未以债务清理作为支付工程款的条件,因此泾渭公司以债务未清理为由拒绝支付工程款的上诉理由不能成立。

案例评析

为什么实际施工人武某的权利人会对转包人泾渭公司提出诉讼,根据该案例显示的内容及笔者的分析,可能因为实际施工人以转包方的名义对外进行施工。因此,实际施工人武某与转包人泾渭公司之间可能形成一个表见代理关系。如何形成这样的诉讼不是该案讨论的主要内容。

该则案例,转包人认为,实际施工人承诺书第七条记载的“因建设该项目产生的一切债务均由我个人承担,与公司无关。公司代我偿还债务或赔偿损失,有权直接从工程款中扣除”是一个清理外债条件。因此,转包人提出实际施工人应清理外债,并以此进行抗辩,法院并没有认可转包人的抗辩主张。

笔者认为,武某出具的承诺书中的承诺内容并没有约定将清理外债作为转包人支付工程款的条件。承诺书的内容只是明确债务承担问题和已经产生支出的费用可以从工程款中予以扣除。因此,笔者对于审判人员的审理思路比较认可。当然,站在转包人角度考虑,转包人会觉得非常委屈。如果工程款被实际施工人拿走了,此时其不向材料商等权利人支付相关款项当如何处理。笔者认为,转包人的顾虑可以理解,但是不符合法理。转包人不能以可能存在的事实作为已经发生的事实进行认定。如果实际施工人拿走了工程款但是又没有向权利人支付相关款项,转包人为此又向其他权利人支付了本应由实际施工人承担的款项,其可以另诉要求实际施工人返还工程款或者要求实际施工人赔偿。

案例引申

深入考虑另一个问题,如果案例中双方明确约定以施工方清理外债作为付款方支付工程款的条件,施工方未能清理外债时,付款方是否可以有效抗辩施工方的工程款请求权？笔者认为，这个条件也不成立。因为施工方偿还其他外债依赖于工程款的获取。施工方资金能力有限，工程款是其偿还其他外债的资金来源。这个条件明显是不公平的，这会在施工方、付款方及施工方的债权人之间形成一个无法解开的“死结”，所以即使约定未清理外债付款方可以拒付工程款，付款方也不能以此作为拒付工程款的理由。

六、满足“付款方式”

“付款方式”与支付条件本来是没有交集的两个领域，但有时两者确实会出现交叉。笔者理解的工程款的付款方式，是指工程款是以现金支付、以转账方式支付，或者以票据等方式支付的问题。但有时在建设工程施工合同中，双方约定的付款方式是指根据工程施工的形象进度支付工程款。约定根据工程的形象进度支付工程款是否是工程款支付条件呢？换句话说，未达到工程形象进度是否可以作为拒付工程款的理由呢？

试看笔者办理的一起诉讼案件中涉及的施工方与发包人对“付款方式”作出的此类约定。

案例七

创源公司与万龙公司诉讼案[①]

当事人

原告（反诉被告）：创源公司

被告（反诉原告）：万龙公司

案例介绍

发包人万龙公司（甲方）与承包人创源公司（乙方）在智能化工程承包合同中作了如下约定：

第十条付款方式：(1)无预付款，所有管线敷设完成后，经甲方审核确认后

① 参见江西省进贤县人民法院民事裁定书，(2021)赣01民终4289号。

支付合同总价的30%工程进度款。(2)所有项目设备进场,支付合同清单造价的30%(不扣减第一次支付的30%工程款)。(3)所有系统安装调试完毕,竣工验收合格后付到合同总价的95%。(4)验收合格移交甲方后办理结算手续,整个智能化系统付到结算总价的95%,留5%的质保金,质保期为一年。

案例评析

上述合同中的"付款方式"是否工程款支付的条件需要知道该案件背景:

承包人从发包人处承包一个小区十五栋楼的智能化工程施工。其中3栋楼因政府拆迁工作未完成故始终未能完成建设,何时建设后面的3栋楼还是一个未知数。因此,这3栋楼的智能化工程一直未能施工。因此,承包人只做了十二栋楼的智能化工程。按照十二栋楼的工程量计算,发包人已经支付超出60%的工程款,实际付款近75%。现在承包人要求发包人支付剩下25%的工程款。由此形成诉讼。一审诉讼时发包人未以未满足"付款方式"作为抗辩理由,也就是未提出不符合支付条件的抗辩理由。在诉讼前及诉讼中,双方均未对合同是否已经解除作出明确表示。一审法院认为,承包人要求支付剩余25%的工程款不符合合同中约定的付款条件,即不符合"所有系统安装调试完毕,竣工验收合格后付到合同总价的95%"这一条件,因而驳回承包人一审诉讼请求。承包人提出上诉,二审法院裁定该案发回重审。①

首先,合同中"第十条付款方式"条文确实有不协调之处。合同中第十条内容,与其说是付款条件,不如说是工程款付款节点的安排。

其次,付款方式条文理解为工程款支付条件不是不可以。管线敷设完成是支付工程价款30%的条件;所有设备进场是另行支付工程款30%(也就是支付至工程款60%)的条件;所有系统安装完备调试完毕、竣工验收合格是付款至95%的条件。

如果认定合同第十条内容为付款条件,在没有满足付款条件时,基于双方意思自治,发包人可以不付剩余款项。然而,该案中另外两处关键事实在于:在整个一审诉讼过程中,发包人未以未满足"付款方式"提出抗辩,一审判决书中的不符合付款条件的理由是审判人员自己的观点,不是发包人的抗辩理由。同

---

① 参见江西省南昌市中级人民法院民事裁定书,(2021)赣01民终4289号。

时，在施工方起诉时发包人付款已经达到工程款的75%，并不是工程款的60%。这种情况下，合同中约定的“付款方式”是否付款条件就值得商榷。

笔者认为，此时需要综合考虑案情。如果付款方式确实是付款条件，发包人不可能不作为抗辩理由提出。即使认定为是付款条件，在已付75%的工程款的情况下，笔者认为，双方也已经以事实行为变更原合同中设定的付款条件。

最终，二审法院将此案发回一审法院重审。笔者认为并无不当。约定不明情形之下某个约定是不是付款条件，还是需要依据案件事实进行综合考虑。

以上是笔者总结的付款方可能提出的六类工程款支付条件。实践中，付款方提出的工程款支付条件可能更加丰富。遇到具体案件时，支付条件是否成立还是应以事实为基础，结合法律作出判断。

第二节　支付条件成立因素

工程款拒付理由是否成立与双方约定的工程款支付条件密切相关。支付条件是否成立应考虑三个因素。

一、条件所涉义务应具有公平性

公平原则应贯穿民事活动的整个环节。它应作为民事审判活动中的重要指导原则。公平理念下的审判活动对社会公平价值的形成起到引领作用。

在双务合同类纠纷案件中，双方约定的支付条件所涉及的义务应具有对等性，另一方主要义务的未履行可以对抗其要求自己方履行主要义务。建设工程施工合同显然是一份双务合同。对等性是指义务人不能以对方未履行附随义务、次要义务对抗自己方应当履行的主要义务。实践中曾出现发包人与非消防施工单位签订建设工程施工合同，同时又约定工程款的支付以第三方消防施工单位施工后消防验收合格，作为本建设工程合同工程款的支付条件，笔者认为，这种约定对非消防施工单位而言极不公平。双方约定的付款条件所涉及的双方义务不具有公平性时，此种条件不能成为拒付工程款理由。

公平原则确定后，不宜以一方未及时行使撤销权为由仍然以所附条件有效,确认双方之间权利与义务关系。因为一个建设工程施工周期长,如果要求在法律规定的时间内行使撤销权,施工方基本上都会丧失撤销权。

二、条件所涉内容应具有明确性

合同中应明确约定具体的付款条件。如果条件约定不明或者约定模糊,容易作出其他认定的话,不宜将其作为付款条件看待。同时,需要结合其他事实作出该项约定是否为付款条件的结论。约定的内容不具有明确性时,诉裁机关应当综合整个事实探明双方真意。比如,本章第一节提供的案例七中,从文字上看合同"第十条付款方式"的约定具有成为支付条件的表面特征,但是从综合事实上看,该条不应作为支付条件认定,至少双方在事实上也更改了支付条件。

三、条件所涉解释应具有倾向性

条件所涉解释应具有倾向性,不是指诉裁机关对于可能为付款条件也可能不是付款条件的模糊用语进行解释时需要违背事实偏袒一方,而是指如果一旦作出某个可能似为"条件"的约定,宜朝着有利于纠纷最终解决的方向对条件进行解释。如果不作这种倾向性的解释等同于司法资源的浪费。因为,此次施工方诉请被驳回后,案件虽然暂时处理完毕,但是双方之间的纠纷没有消除,仍留下司法争议隐患,社会矛盾仍然积压。这不利于社会整体和谐与稳定。在败诉方认为付款条件成就时会再次进行诉讼。案件的暂时了结对于案件的处理没有任何帮助,纠纷的再次出现只是时间问题。比如,本章第一节提供的祺越公司与中建一局诉讼案例一、武某与泾渭公司诉讼案例二及瑞泰公司与宏成公司诉讼案例三,法院对于双方协议中可能似付款条件的模糊用语均作出不利于付款方的理解,以从根本上解决双方争议。

013 第十三章

工程款收付认定

·导　读·

发包人及其他付款方还应向施工方支付多少工程款,简单说就是工程造价减去已支付的工程款。但是一个比较有意思的现象是,在诉讼或仲裁中付款方与施工方对于已付(已收)工程款往往各执一词,数额不能达成一致。工程款的收付认定显然并不是从付款方转到施工方账户的金额相加这么简单。为什么出现数额认定的偏差?这固然与建设工程施工周期一般较长、付款次数多、双方的财务管理不规范等客观情况有关。但是,更多的时候是与双方的法律认识或者双方对某些事实的理解有关。当然,双方关系恶化时,一方可能对于某些事实会不认可,故意混淆是非,以达到逃避法律责任或获取非法利益的目的。

本章主要列举了较常见的工程款收付认定的六类难点,包括工程款与借款混同、工程款与利息交织、工程款与违约金牵连、第三方代为收取、第三方代为支付、支付瑕疵。笔者未能穷尽全部认定难点。比如,发包人以房屋抵债的方式支付工程款也容易产生工程款收付认定纠纷,此时更多涉及抵债协议的合法性及抵债协议的履行问题。又如,因票据支付产生的工程款收付认定纠纷更多涉及票据法的相关问题。这两种情况下工程款收付认定有其特殊性的一面。本章不对该特殊性的问题另作涉及,只对相对普遍的工程款收付认定难点作一个梳理。同时,笔者将对工程款收付认定的影响因素作一个总体法律认识。

第一节 收付认定难点

一、工程款与借款混同

建设工程施工合同的实际履行过程中,施工方为缓解自己资金的紧张,常常会要求付款方预支一部分工程款,或者要求付款方支付项目进度款。通常付款方会让施工方以借款的形式提出申请,付款方审核后支付部分工程款或支出借款。这在行业内属于一种常见做法。在建设工程施工结束双方顺利竣工结算时,这些借款会转化为工程款,并从施工方应得的工程款中作出扣除。然而,一旦形成诉讼或仲裁,双方关系不融洽时,借支的款项能不能作为已经支付的工程款来认定就会产生一定的争议。多数情况下,施工方会同意借支的款项从工程款中作出扣除。然而,有时施工方会认为该款项是无关人员的借支款项,借支款项与工程款无关,从而不同意付款方从工程款中扣除该款项。

案 例 一

三建公司与凯创公司、林凯公司诉讼案[①]

当 事 人

上诉人(原审原告、反诉被告):三建公司

上诉人(原审被告、反诉原告):凯创公司

原审被告:林凯公司

案例介绍

一审查明事实:2011 年 5 月 3 日,余某德以工程项目经营管理目标责任人身份就案涉工程与长城公司[②]陕西分公司签订《工程项目经营管理目标责任书》。2011 年 6 月 27 日,三建公司与余某德签订劳动合同,并从该月为余某德

---

① 参见最高人民法院民事判决书,(2020)最高法民终 483 号。

② “三建公司”系由“长城公司”变更而来。

缴纳职工基本养老保险。另查明：凯创公司应余某德的请求，自2012年11月25日至2013年2月5日通过公司账户和某个人账户向余某德个人银行账户先后转账9笔共15,000,000元，余某德向凯创公司出具借条和收条，余某德在落款处签名，同时加盖“长城公司陕西分公司陈杨新界项目部”印章。

就该15,000,000元款项能否作为已付工程款认定，一审法院认为：首先，余某德向凯创公司出具的七张借条、一张收条上均加盖有三建公司项目部印章，其中2013年1月29日的收条载明：“今收到凯创公司陈杨新界项目工程款500万元整，此款汇入余某德建行卡6217×××。”凯创公司在借条、收条后均附有《月度工程款支付分配核定表》，该核定表付款分配说明栏中备注：根据余总（余某德）要求和建议本次付款可否直接支付其个人，以减少长城公司扣除管理费和其他费用，以便能全额付给工人，杜绝工人滋事。其次，余某德2018年8月28日、9月27日在西安市公安局经侦支队六大队的询问中称，“该15,000,000元三建公司知道，用于支付农民工工资、给供货商付款及支付项目管理人员工资……因为凯创公司资金紧张，所以给农民工支付工资及工程款时就找我商量。凯创公司了解到三建公司资金使用管理规定后，就决定把工程款直接转给我，这样可以暂时少给三建公司支付3.5%的管理费，多给工人支付点工资。等回头资金周转开了，凯创公司再把这笔管理费补上，且领钱时凯创公司领导都知道，也是批准的，凯创公司相关部门及项目负责人都在资金审批单上签了字，也有说明”。双方合同约定工程款必须汇入合同指定账户，否则承包人有权作为收到工程款处理。三建公司认为，该15,000,000元借款属余某德个人行为，因案涉工程款并未按照合同约定全部打入合同约定的指定账户。基于余某德项目负责人的身份及在借条上加盖了项目部印章，使凯创公司有理由相信该15,000,000元借款即为其向三建公司支付的工程款，且余某德在公安机关的陈述亦与凯创公司提交的《月度工程款支付分配核定表》付款分配说明栏中备注的原因基本一致，余某德亦认可该15,000,000元借款为工程款并实际用于案涉施工项目。故该15,000,000元借款应计入凯创公司已付工程款。

三建公司提出上诉，认为一审判决错误认定凯创公司出借给余某德的15,000,000元为已付工程款。《月度工程款支付分配核定单》显示余某德出具借条办理的是个人借款，凯创公司与余某德之间系借款合同关系，三建公司未委托或授权余某德借款或领取工程款。双方签订的施工合同明确载明工程款必需设立专户、专款专用。上述15,000,000元既无发票,也无收据,与三建公司毫无关系,三建公司并不知情。无论余某德是否将该笔款项用于案涉工程,均不能认定为凯创公司支付的工程款,凯创公司应另行主张。

二审法院认定:三建公司与余某德构成劳动关系。二审法院认为:余某德向凯创公司收取了15,000,000元,出具了七张借条、一张收条,其上均加盖有三建公司项目部印章。收条载明:"今收到凯创公司陈杨新界项目工程款5,000,000元整,此款汇入余某德建行卡6217×××"凯创公司在借条、收条后均附《月度工程款支付分配核定表》,并备注:"根据余总(余某德)要求和建议本次付款可否直接支付其个人,以减少三建公司扣除管理费和其他费用,以便能全额付给工人,杜绝工人滋事。"余某德于2018年8月28日、9月27日在接受西安市公安局经侦支队六大队询问时,陈述三建公司知悉该15,000,000元,并用于支付农民工工资、给供货商付款及支付项目管理人员工资。法院认为,双方合同虽约定了专户,但前述事实表明余某德领取的15,000,000元已实际用于案涉工程,一审判决将该笔款项计入凯创公司已付工程款,无明显不当,法院予以维持。

案例评析

该案例中,施工方向发包人主张工程款,发包人以施工方项目经理向其借支款项为理由要求冲抵部分工程款,一审法院认定发包人理由成立,故允许将借支款项冲抵部分工程款。三建公司不同意冲抵工程款,一直强调三建公司未授权余某德收取工程款。同时,三建公司强调,双方合同中约定了工程款专户,余某德收取的150,000,000元未进入工程款专户。三建公司理由似乎较为有力,不过三建公司的理由未被法院采纳。

为什么法院作出余某德以借支名义收取的150,000,000元应冲抵工程款的认定,笔者认为,主要存在以下理由:

第一,身份考察。余某德在施工项目上的身份,判决书中未能有明确交代。不过,经分析可以得出:一审、二审判决书将余某德视为三建公司员工、项目管理人。

第二,款项用途考察。根据余某德所述,所借款项用于工程项目的其他债务。如果该款项没有用在工程项目的其他支出上,则会形成其他人向三建公司主张权利的纠纷事件。裁判文书中未提到三建公司存在对其他人的欠款纠纷事实。笔者认为余某德的说法可信。

第三,借条形式考察。余某德出具的借条或收条有项目部印章。在借条或收条上盖施工方项目部印章,该行为的性质如何认定法律上有三种观点:有权代理、表见代理下的无权代理、非表见代理下的无权代理。在借条或收条上盖施工方项目部印章的行为对施工方是否产生法律效力,法律上存在认定上的争议。但是,余某德借支款项 8 次之多,三建公司从无反对,笔者认为余某德的行为至少构成表见代理下的无权代理。

第四,发包人有无过错考察。《最高人民法院关于当前形势下审理民商事合同纠纷案件若干问题的指导意见》(法发[2009]40 号)对如何判断相对人主观上是否善意且无过失作了详细规定。该意见第十四条明确规定:“人民法院在判断合同相对人主观上是否属于善意且无过失时,应当结合合同缔结与履行过程中的各种因素综合判断合同相对人是否尽到合理注意义务,此外还要考虑合同的缔结时间、以谁的名义签字、是否盖有相关印章及印章真伪、标的物的交付方式与地点、购买的材料、租赁的器材、所借款项的用途、建筑单位是否知道项目经理的行为、是否参与合同履行等各种因素,作出综合分析判断。”根据该条内容,发包人在该案中无过错。

因此,案例中法院作出余某德的借款冲抵部分工程款的判决并无不当。这也告诉施工方,合同中约定的专款专户并不是施工方的护身符。在实际施工过程中,施工方还是需要切实加强对项目管理人的监管,不能合同一订了之。最终,该案施工方只能向余某德追索款项以挽回损失。

案 例 二

宝陵公司与聚泉公司诉讼案①

当事人

上诉人(一审原告、反诉被告):宝陵公司

上诉人(一审被告、反诉原告):聚泉公司

① 参见陕西省高级人民法院民事判决书,(2018)陕民终 972 号。

被上诉人(一审被告):王某民

案例介绍

关于宝陵公司法定代表人李某生向聚泉公司的800,000元借款,宝陵公司认为是李某生个人借款,与该案没有关联性,聚泉公司则认为,该借款虽是以个人名义借的,但李某生是宝陵公司的法定代表人,该款汇入公司账户,用于公司事务,应视为向宝陵公司支付的款项。一审法院认为,“关于李某生的800,000元借款,借款虽然打到宝陵公司账户,但是李某生的借条显示是个人借款,李某生虽系宝陵公司的法定代表人,但并非其个人行为,责任由公司承担,没有证据显示该款项用于宝陵公司事务,该款项不能计做支付给宝陵公司的已付款”。

聚泉公司提出上诉,认为:李某生的800,000元借款应当认定为上诉人已付工程款。首先,上诉人多次通过“借款”形式向被上诉人支付过工程款,该部分借款按照被上诉人委托付款指示打入其他相关单位和个人账户;其次,李某生系被上诉人公司法定代表人和案涉项目的项目经理,李某生的800,000元借款也是通过委托支付方式打入被上诉人的关联公司,且之后用于涉案工程费用的开支。上述事实足可认定李某生是代表被上诉人公司向上诉人借款,上诉人也完全有理由相信李某生是代表被上诉人向上诉人借款,故该笔借款应作为上诉人支付的工程款。

二审法院认为:一审关于已付款数额的认定是否错误的问题。聚泉公司认为,李某生的800,000元借款应当认定为聚泉公司已付工程款。李某生是代表宝陵公司向聚泉公司借款,聚泉公司也完全有理由相信李某生是代表宝陵公司向聚泉公司借款,故该笔借款应作为聚泉公司支付的工程款。法院认为,李某生的800,000元借款系李某生个人委托聚泉公司将借款转入宝陵公司的关联公司账户,且李某生的借条及转款委托书显示是其个人借款,李某生虽系宝陵公司的法定代表人,但其并未以公司的名义借款,且聚泉公司亦未举证证明该款项由宝陵公司用于涉案工程费用的开支,故李某生的行为并不构成表见代理,其借款不能认定为宝陵公司的借款,该款项不应计为支付给宝陵公司的已付工程款。

案例三

宝陵公司与聚泉公司诉讼案①

当事人

再审申请人(一审原告、反诉被告、二审上诉人):宝陵公司

再审申请人(一审被告、反诉原告、二审上诉人):聚泉公司

一审被告、二审被上诉人:王某民

案例介绍

案例二二审判决后,聚泉公司提出包括800,000元款项在内的再审申请,再审法院认为:从李某生以其个人名义向聚泉公司出具的《借条》及《委托书》记载的内容来看,原审判决认定该款项不是宝陵公司的借款,不应计入聚泉公司向宝陵公司支付的工程款,依据充分,并无不当。

案例评析

上述两则案例为一起纠纷引起。施工方向发包人要求支付工程款,发包人以施工方法定代表人向其借款为由要求将借款部分冲抵施工方主张的工程款,一审法院、二审法院均未支持发包人借款冲抵工程款的请求。案例二、案例三借款与案例一借款不同的地方在于:第一,人员性质不一样。案例二、案例三中借款方是施工方的法定代表人,虽然发包人说施工方的法定代表人同时也是项目经理,但是未有其他证据证明这一身份。案例一中出具借条或收条的人员是施工方的项目经理。第二,款项用途不一样。案例二、案例三中无证据证明所借款项是用在案件所涉的工程项目当中。案例一中有证据证明所借款项用于案件所涉的工程项目当中。第三,借款的形式不一样。案例二、案例三中未显示借款与项目部有关联,而案例一中借条及收条上有项目部印章。

笔者认为,案例二、案例三法院裁判并无不妥。施工方的法定代表人不能当然成为工程款的接受对象。案例二、案例三不得不引起对建设工程施工过程中给付工程款与出借款项进行区分问题的思考。厘清争议的关键就是查明第

① 参见最高人民法院民事裁定书,(2020)最高法民申2649号。

二个法律关系“借款关系”是否真实合理的存在。

笔者认为,可以从以下方面判断工程类纠纷中是否存在第二个法律关系:

第一,考虑建设工程施工合同主体与借款行为主体是否一致的问题。主体是否一致可以作为裁判人员分析行为性质的重要考量因素。如果借款行为的双方当事人与建设工程施工合同的双方当事人一致,则很有可能存在以借款名义支付工程款的情况。反之,两者的主体不一致,则更有可能是真实借款。当然,主体是否一致不代表主体名称上两者必须完全等同。因为在建设工程施工过程中,项目经理的行为非常可能构成表见代理,表见代理的法律后果直接归被代理人。项目经理作为施工方的代表,其行为后果会对施工方产生直接的法律约束力。表见代理人的借款也会视为施工方的借款,此情况下的借款会从付款方应支付的工程款中扣除。案例一即是如此。主体是否一致会成为借款应否从工程款中扣除的重要考虑。

第二,考虑借条内容本身及借款基本要素是否符合借款习惯的问题。真实借款的借条内容一般应当包括借款用途、借款数额、约定的利率、还款期限等。当然,也存在不具备上述全部要素的借条。如果不完全具备上述要素且不能进行合理说明,则倾向于认为该款项是以借支形式支付的工程款;如果完全具备上述要素,或者虽不具备上述全部要素但能进行合理说明,则倾向于认为该款项是借款。

第三,考虑收款对象。如果收取款项的对象是与项目有关的其他人员,比如材料商,则倾向于款项性质是工程款;如果收取款项的对象只是施工方的关联公司或与项目无关的对象,则倾向于款项性质是借款。

第四,考虑其他细节。比如资金转账时的备注信息,转账时转账方有时会对款项性质作出备注,备注信息有助于对款项性质作出判断。

从以上方面进行分析,李某生作为宝陵公司的法定代表人,不是工程的项目人员,借款主体与施工合同主体不具有一致性。借条内容显示是个人借款,并不是公司借款,款项是给了施工方的关联公司,并不是归施工方,也不是用于工程项目当中。因此,案例中审判人员将该款项认定为个人借款并无不当。案例中发包人的抗辩未能成立,因而存在发包人对宝陵公司的法定代表人提起诉讼,要求其个人归还借款的可能。

二、工程款与利息交织

这一类争议主要是因为发包人逾期支付工程款，按照发包人与施工方签订的合同或者补充协议，施工方要求发包人支付逾期利息，发包人同意支付逾期利息，然而在诉裁程序中，发包人认为所支付的款项全部是工程款而不是支付利息，由此在已付工程款的认定上产生争议。

案例四

国泰公司与开泰公司等诉讼案[①]

当事人

上诉人(一审原告):国泰公司

上诉人(一审被告):开泰公司

上诉人(一审被告):欣成公司

案例介绍

一审法院认为:关于双方争议的625万元付款系工程款本金还是利息问题，双方于2014年11月7日签订的《施工补充协议》约定，对于到期的进度款债权中未付的5000万元，开泰公司应在2015年9月25日前付清，如开泰公司在2015年3月25日前付清，从2014年9月25日起至实际付款之日止的利息按照年利率的15%支付;如开泰公司在2015年3月26日至9月25日付清，从2014年9月25日起至实际付款之日止的利息按照年利率的18%计算。利息月结，每月月底前支付当月利息。而2015年9月30日签订的《施工补充协议(二)》中，双方确认开泰公司未按期支付2014年11月7日签订的《施工补充协议》第二条第一项约定的到期债权5275万元，并确认其中结欠的工程款本金为5000万元、利息为275万元。因此，根据《施工补充协议》关于利息的约定，截至2015年9月底，开泰公司应向国泰公司支付的利息为900万元，而此时双方确认尚欠275万元利息未付，说明开泰公司前期付款中有625万元系支付的利息。同时，从2014年11月7日签订的《施工补充协议》至2015年9月30日签

① 参见最高人民法院民事判决书，(2019)最高法民终314号。

订的《施工补充协议(二)》来看,开泰公司向国泰公司付款数额、时间亦能够大致反映开泰公司存在按5000万元本金年息的15%按月支付利息的情况。综上,应当认定开泰公司2015年9月30日前付款中有625万元系支付的5000万元进度款利息,不应计入已付工程款本金。

二审法院的观点与一审法院的观点完全一致,认定开泰公司2015年9月30日前付款中有625万元系支付的5000万元进度款利息不应计入已付工程款本金具有事实依据。

案例评析

这是一则承包人向发包人主张工程款,发包人认为已支付的款项均为支付工程款,而承包人认为发包人已支付的部分款项为支付逾期利息,因而该部分款项不能作为已支付工程款认定的案例。该案例的争议点体现在发包人支付的625万元到底是作为工程款还是作为逾期利息的问题。最终法院认定625万元款项是作为利息支付,625万元不应计算在整个已付的工程款当中。

笔者认为,案例中法院的认定并无不当。

法院的认定理由:第一份施工补充协议约定了利息的标准。这一标准未超出当时银行借款利息的4倍,该利息约定有效。第二份施工补充协议确认还剩余5000万元本金及利息275万元未付。法院依据合同确定的未付工程款本金、未付款逾期时间、利率计算得出利息金额。本金:5000万元;逾期时间:2014年9月25日至2015年9月底;利息:5000万元×1年×18%=900万元,900万元-625万元=275万元。275万元正好就是第二份补充协议中的利息金额。该案例中,法院审查合同内容确认了本金及利息金额、计算得出逾期利息金额。因此,法院查明了案件的关联事实,案例中双方签订的协议为有效协议。如果双方签订的协议为无效协议,则无须遵守协议中利息18%的约定。因为利息18%的约定就是违约金的约定。合同无效时利息(违约金)的约定也应无效,不存在按照合同约定的利息(违法金)标准计算利息(违约金)的问题。

三、工程款与违约金牵连

建设工程施工合同中,发包人与施工方会约定一方违约需要承担违约金或者罚款。罚款本身应为行政机关对行政相对人违法行为的处罚。建设工程施工合同中的罚款实为违约金。施工中如出现施工方违约事件，发包人会要求其承担违约责任或者罚款，发包人会将该款项作为已支付的工程款进行总体结算。罚款时可能存在两种情况：第一，发包人单方指认施工方有违约事件，未有施工方签字认可的材料；第二，发包人在违约事件告知单或罚单中作出记录，施工方在其上签名。笔者选择施工方已经在罚单上签名的案例探讨罚款是否可以抵扣工程款的问题。

(一)典型案例

案例五

时代豪庭公司与杜班公司诉讼案①

当事人

上诉人(原审被告、反诉原告)：时代豪庭公司

被上诉人(原审原告、反诉被告)：杜班公司

案例介绍

一审查明事实：2015年2月1日，时代豪庭公司向杜班公司北方嘉园一期工程项目负责人发出《关于北方嘉园一期工程未能及时交房造成业主延误赔偿事项罚款通知》，载明交房时间从2014年11月30日至2015年4月30日共延期5个月，应向业主赔偿违约金3,039,000元，违约金由杜班公司承担。希望杜班公司积极落实工程进度，若后续工程再拖延，由杜班公司向业主继续赔偿经济损失。工程延误原因如下：人员不足，管理混乱，安全文明施工不到位。甲方拨付工程款去向不明，导致材料人工费不及时支付。乙方工程质量不达标，经常返工，导致工期延误等。杜班公司北方嘉园一期工程项目负责人在该罚款通知上签字，时代豪庭公司主张其向业主支付的延期交房违约金共计4,110,962.55元。一审法院认为：关于时代豪庭公司及监理公司对杜班公司罚款203,500元，罚款单上虽有杜班公司施工人员签字，但并未明确认可罚款数额的意思表示，故不能认定杜班公司同意时代豪庭公司的罚款数额，该203,500

---

① 参见最高人民法院民事判决书，(2020)最高法民终871号。

元不能计入已付款。

案例评析

这是一则发包人提供的罚单上虽有施工方人员签字,但法院认定发包人对施工方罚款不成立的案例。就结果而言,这是一则对施工方有利的案例。发包人提供的罚单上有施工方人员签字。违约是否需要进行罚款、如何进行罚款,法院没有作进一步的查明,法院以“罚款单上虽有杜班公司施工人员签字,但并未明确认可罚款数额的意思表示”作为理由,对发包人提出的罚款数额未作认定。

案例六

三建公司与凯创公司、林凯公司诉讼案[①]

当事人

上诉人(原审原告、反诉被告):三建公司

上诉人(原审被告、反诉原告):凯创公司

原审被告:林凯公司

案例介绍

凯创公司要求将相关单位缴纳的罚款计入工程款中。对于罚款应否计入已付工程款的问题,一审法院认为:罚款属于行政法范畴,是行政机关的一种行政处罚措施,不能由普通民事主体实施。合同专用条款第35.2条的约定名为罚款实为违约金,如承包人同意向发包人支付相应的罚款实际是承担违约责任支付的违约金。凯创公司提交的处罚通知单为林凯公司、凯创公司、监理单位林华公司对三建公司的处罚,在三建公司对此不予认可的情况下,因合同无效,合同约定的违约条款亦无效,故凯创公司要求三建公司承担罚款的主张不能成立。

案例评析

这是一则合同无效导致罚款条款无效,法院认定处罚不成立,罚款不能冲

① 参见最高人民法院民事判决书,(2020)最高法民终483号。

抵工程款的案例。就结果而言,这是一则对施工方有利的案例。如果建设工程施工合同无效,违约责任条款亦无效,实践中对此已普遍认可。因此,该案例中合同效力对于罚款是否成立的认定起到关键作用。合同无效罚款条款亦无效的认定下,法院对于是否存在违约事实也就无须查明。

案 例 七

万利公司与华程公司诉讼案①

当事人

上诉人(一审原告):万利公司

上诉人(一审被告):华程公司

案例介绍

华程公司提交处罚通知单、处罚知会函、工作联系单,称因施工不规范对万利公司罚款60,700元,其中万利公司签章11,000元,监理公司签章47,700元,监理公司、万利公司均未签章2000元。万利公司质证称,华程公司无权罚款,只认同监理公司开具的罚款。

一审法院认为:万利公司认可监理公司开具的罚款,该数额为47,700元;万利公司虽不认可华程公司有权罚款,但万利公司已在华程公司出具的共计11,000元罚款单上签章或签字,罚款单上显示的施工不规范行为应属实,该部分罚款应从应付工程款中扣除;华程公司提供的另外2000元的罚款单上既无监理公司签章,也无万利公司签字盖章,属单方出具,故不予认定为对万利公司的罚款。

案例评析

这是一则施工方在发包人出具的罚单中签名,法院认定罚单中的罚款处罚成立,并且可以冲抵工程款的案例。案例七对于证据的采信原则与案例五不一样。同样对于只有施工方签字的罚单,案例五中法院对罚款数额不予认定,而案例七中法院认定施工方在罚单上已经签字视为罚单中记载的事实应属实。

① 参见最高人民法院民事判决书,(2020)最高法民终774号。

另外,案例七中法院对于罚款数额未做进一步深入分析。笔者认为,法院应对罚款数额是否合理进行进一步考量。因为可能存在发包人利用优势地位对施工方的罚款处罚明显过重的情况。

(二)综合分析

建设工程施工合同中约定合理的违约金条款或罚款条款并无不当。这是规范施工方施工秩序一个有效手段。

案例六中合同无效导致违约责任条款不适用,这较好理解。案例五与案例七则体现出对同一类证据材料采信标准不一的问题。

笔者认为,施工方在罚单上签字只能证明出现罚单中记载的事件,但未必是施工方对罚款数额的认可。有施工方签字的罚单,则无须其他证据证明发生违约事件。未有施工方签字的罚单,除施工方自认外还应有其他证据证明发生违约事件。罚单中罚款应当体现公平原则,发包人不能以优势地位强行让他人接受过重的罚款处罚,罚款数额需要由法院作出法律审查。如果罚款数额过高则应进行适当调整,防止发包人利用其优势地位缔结明显不公平的违约责任条款,以此损害承包人的利益。笔者认为,案例五中法院的处理不妥当。既然法院已查明施工方在罚单上签字,则应依据合同约定及违约事件的违约程度进行相应的罚款认定,而不能就此了之。案例七中法院完全采信罚单中的数额,也没有继续深入查明罚款数额的合理性。因此,案例七中的判决内容也稍显瑕疵。

四、第三方代为支付

第三方代为支付争议是指与施工方无建设工程施工合同关系的第三方向施工方支付工程款,具有支付工程款义务的付款方认为该款项为第三方代付工程款,而施工方以自己与第三方存在其他债权债务的原因而否定第三方支付的款项为工程款的争议。

案例八

葛某华与海天公司诉讼案①

当事人

上诉人(原审原告):葛某华

上诉人(原审被告):海天公司

原审第三人:投资公司

案例介绍

一审法院查明部分事实如下:2012 年 7 月 28 日,瑞昌公司作为发包人、海天公司作为承包人,双方签订《施工合同》。2012 年 11 月 26 日,海天公司大唐新区项目部作为甲方,葛某华作为乙方,双方签订《经营责任书》。案涉工程于 2015 年 11 月 18 日通过竣工验收备案。2017 年 9 月 17 日,立信公司出具《情况说明》,其内容为:本公司 2013 年 7 月开始支付给葛某华的 1214 万元是代海天公司支付给葛某华在瑞昌市大唐新区三个活动中心项目中的工程款。

另查明,葛某华曾就其与立信公司的民间借贷纠纷向浙江省东阳市人民法院提起诉讼,后因未交诉讼费,浙江省东阳市人民法院于 2016 年 1 月 21 日裁定按撤诉处理。

针对有关案外人归还的 1214 万元,双方发生争执。

该案中存在第三方立信公司支付给葛某华的 1214 万元款项是否是代为支付工程款的问题,一审法院认为:葛某华认可收到该款项,但认为该款项系立信公司偿还其借款。首先,海天公司认为该款项是立信公司代付三个活动中心项目的工程款。原审法院认为,立信公司 2017 年 9 月 17 日出具的《情况说明》明确表示,该 1214 万元属于代海天公司支付葛某华的工程款。其次,该款项立信公司从 2013 年 7 月 3 日开始支付给葛某华,但从葛某华提供的相关材料看,立信公司向葛某华出具借条的时间为 2013 年 11 月 28 日,立信公司付款相当一部分是发生在葛某华主张的借款日之前,未借先还不符合常理。另外,葛某华曾就其与立信公司民间借贷纠纷向浙江省东阳市人民法院提起诉讼,后因未交诉

---

① 参见最高人民法院民事判决书,(2020)最高法民终 1165 号。

讼费于2016年1月21日被该院按撤诉处理,说明葛某华之前亦认为1214万元系立信公司代付的工程款,借款未偿还。据此,葛某华认为该款项系偿还借款的依据不足,1214万元应认定为海天公司委托立信公司支付给葛某华的工程款。如葛某华与立信公司的借贷关系成立,葛某华可另行主张。

二审法院认为:葛某华认可收到立信公司1214万元,但主张该款项系立信公司归还其950万元借款的还款。首先,根据立信公司支付上述款项的银行转账凭证,上述1214万元中有954万元由立信公司直接支付给葛某华,银行转账凭证上注明的用途均为往来款;其余260万元由立信公司分两次向瑞昌市人力资源和社会保障局支付,款项用途为"大唐人工工资"。由此,上述转账凭证不能证明立信公司支付的1214万元系归还葛某华的借款,反而能够证明部分款项为支付案涉工程的工人工资。其次,葛某华主张上述款项系立信公司归还其950万元借款的还款,但是葛某华曾就其与立信公司民间借贷纠纷向法院提起诉讼,表明葛某华认可立信公司欠款并未经由上述转账归还。再次,立信公司从2013年7月3日起向葛某华支付上述款项,而葛某华据以主张其与立信公司就上述款项系借款关系的借条的出具日期为2013年11月28日,原审判决据此认定立信公司未借先还不合常理,并无不当。葛某华虽述称其在2013年5月与立信公司形成500万元借款的口头合同,但未提交证据证明,其主张缺乏事实依据。最后,若葛某华与立信公司之间确实存在借款关系,则立信公司出具《情况说明》确认上述款项为代海天公司支付本案工程款而非归还所欠葛某华的借款,系对其不利的陈述。综合以上情形,原审判决认定上述1214万元系立信公司代海天公司向葛某华支付的工程款,并无不当。

案例评析

该案例中,海天公司为承包人,同时又将工程分包给葛某华,海天公司又为违法分包人,葛某华为实际施工人。根据案例信息,笔者认为,海天公司委托第三方支付相关款项时,应当没有告知实际施工人。而第三方与实际施工人之间又存在其他债权债务或者至少曾经存在债权债务,因此实际施工人不认可第三方支付的款项为偿还工程款。于是,1214万元款项性质的认定便出现问题。这是一则案外人立信公司代承包人向实际施工人支付工程款,实际施工人认为该款项是案外人归还自己的借款,不认可第三方支付的款项为代付工程款,法院认定第三方支付的款项为代付工程款的案例。

由第三人代付款方向施工方履行债务,法律对此许可。然而,该案例中付款方可能为追求便捷与效率或者因工作疏忽,未能履行告知义务而委托第三方支付工程款。笔者认为,施工方如果否认收取的款项为工程款,该款项是基于自己与第三方的债权债务关系获取的其他款项,应拿出充分的证据证明自己对第三方享有债权。如果施工方没有提供充分的证据进行反驳,则该款项极易被认定为是第三方代为支付的工程款。因为第三方不可能无故给付款项给其他单位。并且,从法院审理案件角度上讲,如果施工方与第三方确实存在其他债权债务关系,将该款项作为工程款认定后,也不影响施工方另行向第三方主张相应款项。为减少此类款项发生争议,笔者建议,付款方在委托第三方支付款项时应向施工方给出明确告知,并且受托方代为支付工程款时应备注款项性质。这样,可以大大降低此类争议的发生概率。

五、第三方代为收取

第三方代为收取工程款争议是指付款方将工程款支付给第三方时,发承包双方对该款项是否为支付工程款或者能否抵扣施工方的工程款的争议。发包人与承包人签订建设工程施工合同之后,发包人如果将工程款直接支付给承包人账户,该款项作为工程款认定一般不会产生争议。实践中,发包人有时将款项并不直接支付给承包人而是支付给第三方。

工程款支付对象的变化,可能存在以下三种情况:

第一种情况是承包人将其对发包人的债权进行转让。《民法典》第五百四十六条第一款[①]规定,债权转让未经通知对债务人不发生效力。作为债权人,承包人将对发包人的债权转让给第三方时需要通知发包人,发包人根据债权转让通知将款项支付给第三方。

第二种情况是承包人出于某些特定考虑,会要求发包人将款项支付给第三方账户。此时,承包人直接向发包人发送付款指令,并且承包人与第三方之间不一定就是债权转让关系,比如承包人欠材料商款,承包人直接给出材料商的

---

① 《民法典》第五百四十六条第一款:“债权人转让债权,未通知债务人的,该转让对债务人不发生效力。”

账户,并没有债权转让通知,承包人只是提供一份委托函或授权书,甚至只是一个口头告知。

第三种情况是发包人为承包人垫付农民工工资或垫付项目施工人员工伤、工亡赔偿款。此种情况与前两种情况又有所不同,这时发包人支付款项不是依据债权转让通知或付款授权,而是发包人为工程项目的正常施工被动向第三方支付款项。此类款项也需要发包人与承包人及时确认金额,否则日后容易发生争议。

债权转让下的第三方收取款项、委托付款中的第三方收取款项、发包人被动支付款项给第三方皆为第三方代为收取的情况。实践中由于操作的不规范,有时施工方并不认可第三方收取的款项是发包人支付给施工方的工程款,并且不同意将此款项作为工程款扣除。试看以下案例。

案例九

三建公司与凯创公司、林凯公司诉讼案[①]

当事人

上诉人(原审原告、反诉被告):三建公司

上诉人(原审被告、反诉原告):凯创公司

原审被告:林凯公司

案例介绍

凯创公司主张有1,423,734元为代三建公司支付的电梯、塔吊租赁费及保温材料等费用。1,423,734元由八项费用构成,其中,第八项费用为2016年1月25日向西安源腾工程机械有限公司转账支付的17,100元,摘要为“16#楼机械租赁费”。2016年1月25日西安源腾工程机械有限公司出具17,100元《收据》。结合2015年11月24日,三建公司向凯创公司出具《付款委托书》,委托凯创公司向西安源腾工程机械有限公司支付16#楼施工升降机进场费、租赁费142,100元,并注明:一旦凯创公司将上述款项支付至指定单位,即视为凯创公司已向三建公司支付了相应工程款。若实际支付金额高于指定金额,或者收款

① 参见最高人民法院民事判决书,(2020)最高法民终483号。

单位与指定单位不符,即凯创公司的付款超过委托范围的,三建公司将不承担责任。

一审法院认为,首先,因第一、二、三、六、七项费用支付均无三建公司的付款委托,在三建公司称其不欠付机械租赁费及不认可凯创公司代付行为的情况下,该五项费用不应计入凯创公司已付款,且第一项费用1,500,000元付款时三建公司并未离场,即便无三建公司的付款委托,凯创公司代付了该1,500,000元,按常理事后亦应告知三建公司其代付行为,但凯创公司未举证证明其曾告知三建公司其代付了该1,500,000元,并征得三建公司认可。其次,因2015年11月24日三建公司向凯创公司出具了《付款委托书》,凯创公司亦实际支付了相关费用,该代付费用应计入已付工程款。但因三建公司在付款委托中明确付款若超过142,100元,三建公司将不承担责任,故代付款应以142,100元为限。

案例评析

这是一则施工方出具付款授权书给发包人,发包人对第三方支付的款项超出付款委托书授权范围,导致对超出部分的款项是否可以从工程款中扣除引起争议的案例。施工方授权书许可发包人支付工程款范围为142,100元,发包人认为代为支付的款项是1,423,734元,两者相差巨大,法院最终认定,发包人向第三方支付的款项在142,100元范围内可以抵扣工程款,而超出部分不可以抵扣。

总体而言,该案例确立了超出施工方委托事项支付的款项由发包人自负责任的原则。但该判决未将第八项费用17,100元从工程款中进行抵扣,笔者对此存在疑问。该笔款项虽不在《付款委托书》记载的142,100元范围内,但第八项费用收款单位与《付款委托书》中收款对象是一致的,即实际支付对象与授权书委托收取款项的对象是一致的,并且收到该笔款项的对象也单独就该笔款项出具收据。法院没有进一步查清该笔款项的真实性及与案件的关联性,判决内容仍显遗憾。为什么没有将第八项费用17,100元认定为代为收取的款项,判决书的信息不明。笔者认为,法院应进一步查明该笔款项的情况。不排除发包人未能提供更有力的证据证明此款项与施工方的关系,因而法院没有作出相关认定的可能。

在第三方代为收取款项的场合之下,由于第三方的介入,可能会让事实变得复杂。因此,建议施工方在其债权转让通知或付款委托书中就有关事项进行完整规范描述,比如,施工方在付款委托书中应明确收取款项的第三方的准确名称、账户信息、具体授权金额。发包人应严格按照付款指示或授权范围进行操作,严守不予突破授权范围的原则,同时款项支付时进行有效备注。案例中发包人支出第一、二、三、六、七项费用时,发包人本应先进行相应核实、确认工作。如果支出之前没有进行相应核实、确认工作,发包人至少也应在支付第一笔款项后与施工方进行核实、确认。如果发包人规范操作,当第一笔款项支付不对或施工方不认可时,后面授权范围外的款项的支付也就不会发生,也就不会产生发包人所说的第三方收取 1,423,734 元款项的争议。

六、支付瑕疵

支付瑕疵是指发包人虽已支出某笔款项,但是该笔款项的支出未能完全按照发包人与承包人签订的施工合同的要求支付或者未能按照承包人的特定要求支付,比如,发包人支付工程款时未能按照承包人的要求支付至特定的收款账户。支付瑕疵会导致支出的款项是否作为工程款认定的争议。

案 例 十

省一建公司与祥和公司诉讼案[①]

当 事 人

再审申请人(一审原告、反诉被告,二审上诉人):省一建公司

被申请人(一审被告、反诉原告,二审上诉人):祥和公司

一审第三人:国岩公司

案例介绍

省一建公司再审申请提出:工程款支付第五种情况共计 105 笔中的第二类 88 笔共计 2254.928675 万元,祥和公司已经接到省一建公司的通知,必须将该款项打入指定账户,但祥和公司随意打款,以大量白条冲账,不应认定。祥和公司认为,关于芦某才收款的 88 笔共计 2254.92875 万元的款项,案涉项目是国岩

① 参见最高人民法院民事裁定书,(2020)最高法民申 2940 号。

公司芦某才、芦某春借用省一建公司的资质挂靠经营，芦某才、芦某春实际负责项目施工。2014年3月26日，芦某春与芦某才发生矛盾，芦某春以省一建公司的名义通知祥和公司工程款必须打入指定账户，但打入该账户的款项并没有用于案涉工程，祥和公司只能根据实际情况继续向芦某才支付款项。2014年11月18日，芦某春以省一建公司名义下达撤回对芦某才授权的通知，但芦某才一直担任项目经理直至竣工，监理日志记载从工程开工到结束都是芦某才签字。芦某才出具收据的88笔共计2254.928675万元款项的用途为支付消防工程款，水电安装费，购买电缆线、水泥、沙、水泵、伸缩泵，粉刷外墙，地下停车场施工，支付工人工资等。省一建公司主张该部分款项支付无效，不符合客观事实。

再审法院认为：二审查明，省一建公司授权芦某才为项目部经理负责现场施工，后尽管省一建公司撤销了对芦某才的委托并向祥和公司发出通知要求必须付款到指定账户，但其后芦某才仍多次代表省一建公司在备忘录上签字，并出具多份保证书，可见芦某才一直负责项目施工、交房、验收等工作。上述88笔共计2254.98675万元款项虽然没有打入指定账户，但因有芦某才的签字，且领取工程款的施工班组未再次要求省一建公司支付工程款，二审法院认定上述88笔共计2254.98675万元为已付工程款并无不当。

案例评析

这是一则较为特殊的案例。该案例中，承包人撤销对原项目实际负责人的授权委托并且要求发包人将工程款支付至指定账户，发包人在明确收到撤销授权后仍将款项支付到非承包人指定账户，法院最终认定进入非指定账户的款项仍为工程款。该案例确认了款项支付瑕疵不影响工程款认定原则。

笔者认为，该案裁判并无不当。审判人员依据四点作出该案裁判结论。

第一，承包人撤销对芦某才的授权后，原项目负责人芦某才仍然负责工地的管理。

第二，从芦某才处领取工程款的施工班组未再要求施工方支付工程款，也就是说，芦某才应是将收取的工程款支付给施工班组，或者至少将其中一部分款项支付给施工班组。如果施工方不认可芦某才代表省一建公司收取款项，那么，施工班组的工程款仍应由省一建公司自行支付，而不应从芦某才收取的款项中支付给施工班组，但案例中并未反映省一建公司另行支付款项给施工班组。

第三,芦某才领取了多达88笔款项。虽然裁判文书中88笔款项没有区分哪些款项是芦某才被撤销授权前收取的,哪些款项是被撤销授权后收取的,但是,88笔款项中肯定有芦某才被撤销授权后得到的款项,而且应当为多笔。芦某才在被撤销授权后仍然收取多笔款项,省一建公司并没有制止这种行为。因此,省一建公司在放任芦某才收取款项或者默许芦某才收取款项。省一建公司主观上具有过错。

第四,不清楚"撤回对芦某才授权"是指撤回其作为项目经理的职权还是指撤回其收取款项的职权。如果是指撤销芦某才作为项目经理的职权,但实际上芦某才仍在行使该职权,或者是撤销在行使判决书中所称的"负责项目施工、交房、验收等职权",这个职权与项目经理的职权几乎无二样。因此,在对芦某才撤销委托后芦某才仍然负责项目,其仍以事实行为履行项目经理职权。

案例中工程款支付稍有瑕疵,但并不会影响支出的款项作为工程款的认定。

工程款收付认定的六类争议只涉及实践中容易出现争议的一部分,未能囊括全部类型。个案中如何进行工程款的收付认定仍应结合个案具体情况,从事实与法律方面作出分析与判断。

第二节 收付认定影响因素

根据本章第一节的分析,笔者对工程款收付认定的影响因素总结以下四点法律认识。

一、合同效力影响认定

关于判定某些款项是否可以冲抵工程款,建设工程施工合同效力非常重要。合同效力是合同中关于违约金、罚款的约定应否履行的前提。如果合同无效,双方约定的违约金、罚款不能成立,进而不能适用相关抵扣原则。建设工程施工中法律关系复杂,建设工程施工合同无效不是个别现象。站在施工方立场,如果合同确实无效,以合同无效作为理由否定发包人将违约金、罚款抵扣工程款的主张是一个可行的思路。

二、身份因素影响认定

在建设工程施工中,与建设工程项目打交道的人员有很多,然而,真正能代表施工方的应当就是项目经理。

项目经理收取款项时,该款项可能会进入项目经理的个人账户,并不进入施工方账户。进入项目经理个人账户中的款项因项目经理的特定身份容易被认定为是收取工程款。同时,即使约定项目经理不具有收取款项的权利,但是其一旦收取款项仍容易形成表见代理的法律效果。表见代理的法律后果就是有权代理的法律后果。此时,容易将项目经理收取的款项认定为施工方收到工程款。

项目经理具有天然的可以向发包人要求以借款形式支付工程款的人,其他人一般不具有这个身份优势。项目经理以借支事由领取款项时,如果该款项确实用于工程项目中,该款项也容易作为工程款认定,最终将与工程款相冲抵。

身份因素会影响第三方收取工程款时的认定。在实际施工过程中,第三方收取款项一般应由施工方出具授权书给发包人。但是,在没有授权书的场合之下,第三方收取的款项也可能作为工程款认定。比如,在施工方未能及时发放农民工工资,以致对建设工程项目造成一定程度的不利影响时,发包人也可能将款项直接发放到施工方员工名下。

三、关联事实影响认定

对于某些款项能不能冲抵工程款,不应仅依一个孤立的证据草率作出相关认定。笔者认为,需要对关联事实进行查明。比如,在判断罚款是否成立的情况下,虽然已有施工方签字载明罚款数额的罚单,但此时的罚单只能证明违约事件发生,裁判人员仍需要对违约事件中发包人是否处罚过重进行查明。在第三方代为收取工程款、第三方代为支付工程款时,也应尽可能通过关联事实查明款项性质。

四、规范程度影响认定

在涉及第三方代为收取工程款与第三方代为支付工程款的情况下,需要尽量做到程序规范。在程序不规范时,双方容易产生争议。程序规范包括:

第三方代为收取工程款的情况下,作为施工方,在发包人支付工程款前,应明确要求发包人收到施工方出具的付款委托书或者债权转让通知后付款,并要求其严格遵循委托事项及支付范围进行款项支付。发包人向第三方被动付款的情况下,施工方应及时与发包人进行确认工作。

第三方代为支付工程款的情况下,发包人应履行告知程序及事后确认程序,并且让第三方代为支付款项时以转账备注的形式明确款项性质。

程序规范将有效减少此类纠纷的发生。

014 第十四章

工程款司法鉴定

·导　读·

工程款关联方之间对工程款结算不能达成一致,形成工程款结算僵局之时,就需要借助第三方机构对工程价款进行鉴定,即进行工程款司法鉴定。本章结合司法案例中发现的工程款司法鉴定的一些问题进行探讨,以期对工程款司法鉴定有一个更深层次的法律认识。

本章主要探讨五个方面的问题:

第一,《造价鉴定规范》的地位。《造价鉴定规范》是注册造价工程师进行鉴定的指导。《造价鉴定规范》的法律地位涉及工程款鉴定报告在多大程度上可以被采信的问题。

第二,工程款司法鉴定程序的启动。申请工程款司法鉴定是当事人的一项法定权利。诉裁机关是否均应准许任何司法鉴定申请?显然不是。这就需要考虑是否存在阻却鉴定启动事由。当存在阻却鉴定启动事由时可能又因例外情况使鉴定是否被准许出现再次反转的情况。

第三,鉴定资质。实践中,鉴定单位的资质多样化。个别案例中出现了不具有造价咨询资质的单位出具资产评估报告,法院以该报告作为认定工程价款依据的情况。如何看待多样化的资质,这涉及不同资质下,鉴定单位出具的工程款鉴定报告或资产评估报告作为认定工程价款的依据是否合法的问题。

第四,鉴定程序瑕疵与严重违法的甄别。如果鉴定程序存在与《造价鉴定规范》不符之处,此时鉴定结论是不是就一定不能被采信?显然不一定。这一问题涉及鉴定程序瑕疵与严重违法如何甄别的问题。

第五,"鉴"与"裁"的关系。鉴定辅助裁判,裁判依赖鉴定,鉴定与裁判需要良性互动。在此,笔者向鉴定人员与裁判人员提出自己的建议。

第一节　鉴定规范地位

2017年8月31日，住房和城乡建设部发布《造价鉴定规范》。《造价鉴定规范》于2018年3月1日实施。依据《立法法》的规定，《造价鉴定规范》不是部门规章，而应属于联合制定的规范性文件。《造价鉴定规范》实施后，诉讼、仲裁案件中涉及工程款司法鉴定时，各鉴定机构大体上都适用此规范进行鉴定操作。如何认识鉴定规范的法律地位，笔者认为应从以下几个方面进行把握。

一、《造价鉴定规范》为推荐性国家标准

《造价鉴定规范》为非强制性国家标准。《标准化法》第二条第三款规定："强制性标准必须执行。国家鼓励采用推荐性标准。"《国家标准管理办法》第三条第一款规定："国家标准分为强制性标准和推荐性标准。"《国家标准管理办法》第二十九条规定，强制性国家标准的编号为GB 50×××××，推荐性国家标准的编号为GB/T 50×××××。"GB"或"GB/T"后的数字为标准的顺序号及年号。《造价鉴定规范》编号中包含"GB/T"字样，因此《造价鉴定规范》是一个推荐性的国家标准。

二、全面取代并覆盖《造价鉴定规程》

《造价鉴定规范》颁布之前，存在另一个类似名称的鉴定文件《造价鉴定规程》。这是中国建设工程造价管理协会在中价协[2012]020号文中发布的。《造价鉴定规程》由中国建设工程造价管理协会制定，2012年开始使用。《造价鉴定规范》的制定时间晚于《造价鉴定规程》。因此，《造价鉴定规范》已全面取代并覆盖《造价鉴定规程》。笔者曾看过大唐公司与水电五局诉讼案[①]。该案例中，鉴定机构依据《造价鉴定规程》进行鉴定，二审法院认为依此作出的鉴定

---

① 参见最高人民法院民事裁定书，(2020)最高法民终852号。

结论不合法，最后二审法院将案件发回重审。

三、诉裁机关认定鉴定效力的重要依据

现阶段我国还没有在法律、法规、司法解释层面对工程造价司法鉴定进行全面规范。《造价鉴定规范》虽为部门的规范性文件，但是确能在法律、法规、司法解释处于空白期时，对规范鉴定行为起到重要作用。《造价鉴定规范》从鉴定机构资质要求、鉴定人资格要求、鉴定委托、鉴定回避、鉴定期限、鉴定依据、现场勘验、鉴定文书制作等方面对造价鉴定进行全面规范，为鉴定机构如何鉴定提出规范化的要求。此程序规定为鉴定机构进行鉴定时应遵循的操作指南。因此，在法律、法规、司法解释没有对工程造价司法鉴定进行全面规范的情况下，该份规范应成为诉裁机关认定鉴定结论效力的重要参照。《造价鉴定规范》是“重要参照”，理由如下：

首先，《造价鉴定规范》非常重要。如果无该规范，鉴定的程序操作必花样繁多。正所谓“无规矩不成方圆”，鉴定机构及鉴定人员必须遵守该规范。

其次，《造价鉴定规范》是参照文件。这就意味着该规范不是唯一标准。鉴定结论出来后，其是不是当然可以成为法庭采信的证据？当然不是。第一，鉴定结论只是证据的种类之一，鉴定结论和其他证据种类一样也应经过法庭或仲裁庭质证环节，由裁判人员确认其是否具有法律效力。鉴定结论是否具有法律效力需要结合鉴定程序及其他证据材料综合评判。第二，鉴定结论是否被采信应考虑是否存在四种情形，即《民事诉讼证据规定》第四十条第一款[①]提出鉴定结论不应被采信的四项认定标准。《民事诉讼证据规定》第四十条第一款规定的四项否定性标准中第二项“鉴定程序严重违法的”，由于缺少具体的参照标准，因而不同的人对“严重违法”的理解会出现极大分歧。笔者在本章第四节“程序瑕疵与严重违法”中会对鉴定程序是否严重违法作出分析。

综上，笔者认为，《造价鉴定规范》可以约束鉴定人员鉴定的随意性。鉴定人员应严格依据《造价鉴定规范》进行鉴定操作。遵循规范的程度是裁判人员

---

① 《民事诉讼证据规定》第四十条第一款：“当事人申请重新鉴定，存在下列情形之一的，人民法院应当准许：（一）鉴定人不具备相应资格的；（二）鉴定程序严重违法的；（三）鉴定意见明显依据不足的；（四）鉴定意见不能作为证据使用的其他情形。”

审查鉴定结论效力的一个重要评判尺度。

第二节 阻却鉴定与例外

一般来说,一方当事人对工程款申请司法鉴定,裁判人员应当允许。但是,在几种特殊情形下裁判人员不会同意一方提出的司法鉴定申请,即存在阻却鉴定事由。同时,当出现不符合司法鉴定的几种情况时又可能有例外情形的存在,此时司法鉴定申请是否被裁判人员同意存在再次反转的可能,也就是说,阻却鉴定事由中又存在例外情况。

一、达成结算协议

(一)阻却鉴定

笔者在本书第七章“工程款计价体现”中提到结算协议、结算书均为工程款的计价体现。一方出具结算书后,另一方未必认可该结算书。此时的结算书只是一方对工程款的单方结算。达成结算协议是一方对工程款结算进行报价,另一方接受并认可。结算协议是双方对工程款数额达成的一致意思表示。这种意思表示裁判人员会充分尊重。达成结算协议阻却鉴定,在《2020 年建设工程合同解释》第二十九条①中有所反映。这种阻却鉴定不以双方签订的建设工程施工合同有效为前提。因为,建设工程施工合同有无法律效力与结算协议的效力不具有必然联系,结算协议是独立于建设工程施工合同之外的协议。

(二)例外情形

达成结算协议又不完全排斥鉴定。笔者发现如下情况下裁判人员会同意工程款司法鉴定申请。

---

① 《2020 年建设工程合同解释》第二十九条:“当事人在诉讼前已经对建设工程价款结算达成协议,诉讼中一方当事人申请对工程造价进行鉴定的,人民法院不予准许。”

第一,结算协议被撤销。一般来说,结算协议独立于建设工程施工合同,裁判人员会认可结算协议的效力。但是,结算协议在被撤销之后,就存在一方申请工程款司法鉴定,裁判人员同意鉴定的可能。虽然结算协议被撤销的可能性非常小,但是,确实也存在结算协议被撤销的案例。结算协议可能因显失公平、重大误解、存在欺诈行为及胁迫手段等原因被撤销。另外,存在结算协议低于成本价的情况时,法院认定协议无效。结算协议被认定无效后应如何结算工程款问题,笔者在本书第二十章"低于成本价时的工程款"中会进行深入论述。

第二,双方当事人均要求鉴定。如果双方当事人均申请对工程款进行司法鉴定,裁判人员显然不会违背双方共同的选择。实践中曾出现过双方诉前达成结算协议,诉讼中又均申请工程款司法鉴定,鉴定结论作出后一方反对以鉴定结论作为工程款结算依据,而要求以之前的结算协议认定工程款的案例。文荣公司与立丰公司诉讼案[①]就是一则典型案例。

二、约定第三方审计

(一)阻却鉴定

发承包双方有时约定由第三方进行审计并同意以审计结论作为工程款结算依据。这种约定不违反法律、法规的禁止性规定。作出此种约定后一方当事人不可以申请工程款司法鉴定,即使申请鉴定,诉裁机关也不会同意该申请。这体现了约定优先的原则。

(二)例外情形

发承包双方约定审计的情况下,审计机构应当在合理的时间内完成审计工作。如果因第三方不遵守审计的时间约定,严重迟延审计,或无正当理由长期未出具审计结论,或者发包人怠于启动审计程序的,承包人可以申请工程款司法鉴定。因而,已约定第三方审计的情况下又不完全排除一方要求进行工程款司法鉴定。黄某忠与郴投公司诉讼案[②]就体现出这种裁判思维。

① 参见最高人民法院民事判决书,(2020)最高法民再360号。
② 参见最高人民法院民事判决书,(2020)最高法民终630号。

该则案例中,最高人民法院认为,关于采用政府审核价格还是鉴定价格的问题。一般而言,当事人约定以审计部门的审计结果作为工程款结算依据的,应当按照约定处理。但审计部门无正当理由长期未出具审计结论,经当事人申请,且符合具备进行司法鉴定条件的,人民法院可以通过司法鉴定方式确定工程价款。该案中,郴投公司于 2014 年 1 月 7 日向郴州市审计局出具《关于郴州市苏仙湖、王仙湖项目竣工结算报送审计的函》后,至黄某忠 2017 年提起本案诉讼,郴州市审计局始终未作出审计结论,原审法院根据黄某忠的申请,委托进行造价鉴定,并无不当。郴投公司主张合同已经约定以审计报告为结算依据,原审法院贸然启动司法鉴定违法,没有事实、法律依据,法院不予支持。

综上,该则案例中虽然双方约定审计,但是审计机构长时间不出具审计结论的情况下,法院依据一方的申请对工程款进行鉴定。

三、"逾期答复视为认可"规则

"逾期答复视为认可"规则,是指发承包双方在施工合同中明确约定一方收到另一方的结算书后应在约定的限期之内对结算书予以答复,如果一方未予答复则视为认可结算书。在双方具有"逾期答复视为认可"的明确意思表示之下,一方作出结算书另一方在约定期限内未予答复的,此时一方的结算书会被裁判人员认可。诉裁程序中,收到结算书未予答复的一方申请工程款司法鉴定,裁判人员一般不会同意。本书第七章"工程款计价体现"提到中汇公司与华寓公司诉讼案①。该则案例可以作为逾期答复情况下是否应适用这一规则的参考。

该规则的适用应严格把握。如果双方逾期答复视为认可的意思表示不清楚时,诉裁机关则不适用该规则。

四、完全固定总价合同

(一)阻却鉴定

完全固定总价合同下存在鉴定有无必要的判断。在完全固定总价合同下,

---

① 参见最高人民法院民事裁定书,(2021)最高法民申 2760 号。

如果合同中约定的工程量已经施工完毕，工程款就是合同中的固定总价，此情形已无任何工程款司法鉴定的必要。

（二）例外情形

例外之一：工程部分完工情形。在工程部分完工的情形下，裁判人员无法确认工程量完成多少，裁判人员也无从知晓工程款是多少，此时的工程款只能通过司法鉴定完成。

例外之二：合同之外增加工程量。如果合同之外有新增工程量，对于合同之外新增部分的工程款也需要单独进行工程款司法鉴定，只不过此时是对超出合同外的工程进行工程款司法鉴定，而不是对全部工程款进行司法鉴定。

第三节　造价鉴定资质

鉴定资质是鉴定机构进行造价鉴定的前提条件。实践中鉴定机构可能存在不同方面的资质，比如，造价评估资质、造价咨询资质、司法鉴定许可资质。先看两则典型案例。

一、典型案例

案　例　一

陶富公司与濮银公司诉讼案[①]

当事人

再审申请人（一审被告、反诉原告，二审上诉人）：陶富公司

被申请人（一审原告、反诉被告，二审被上诉人）：濮银公司

① 参见最高人民法院民事裁定书，（2020）最高法民申1913号。

案例介绍

陶富公司提出汇成公司的经营范围不具有工程司法鉴定内容,其作出的鉴定意见不具有法律效力、鉴定意见错误等再审理由。

最高人民法院经审查认为:汇成公司是法院在征得陶富公司和濮银公司同意后所委托的鉴定机构,符合鉴定法律程序要求。汇成公司就案涉工程进行的造价鉴定并非《司法鉴定管理问题的决定》第二条所规定的需要登记管理的司法鉴定业务范围,汇成公司是否具有司法鉴定许可证不影响其根据法院的委托在其资质许可范围内进行工程造价鉴定。因濮银公司就案涉工程尚未施工完毕,无法以固定包干综合单价方式计算得出陶富公司应付工程价款。通过鉴定方式确定陶富公司应付濮银公司款项的数额,是双方共同选择的结果。汇成公司根据陶富公司、濮银公司签订的《建设工程施工总承包合同》及《建设工程施工合同》中有相同约定的"执行《河南省建设工程工程量清单综合单价(2008)》及其配套的文件"就案涉工程进行造价鉴定,并未违反濮银公司及陶富公司的意思及法律法规的规定。因此,案涉《鉴定意见书》及《补充意见》可以作为法院认定案涉工程造价的依据。

再审法院驳回陶富公司再审申请。

案例评析

该则案例再审申请人认为,鉴定机构经营范围包含工程司法鉴定内容方可从事司法鉴定业务,再审法院未采纳此观点。案例中工程造价鉴定机构汇成公司未取得司法行政机关颁发的司法鉴定许可证,法院认定汇成公司作出的鉴定结论并非无效。

案 例 二

浦城万达公司与上海世方公司诉讼案[①]

当事人

再审申请人(一审被告、反诉原告,二审上诉人):浦城万达公司

① 参见最高人民法院民事裁定书,(2019)最高法民申 6461 号。

被申请人(一审原告、反诉被告,二审被上诉人):上海世方公司

案例介绍

蒲城万达公司申请再审称:工程造价司法鉴定机构应取得工程造价咨询企业资质,但该案一审法院委托的鼎力公司、天泽鉴定所均未取得工程造价咨询企业资质,且其鉴定人员并非注册于该鉴定机构的造价工程师。一审、二审采信该两家鉴定机构出具的鉴定意见,明显错误。

再审法院经审查认为:二审法院采信鼎力公司《评估报告》及天泽鉴定所《鉴定意见书》并无明显不当。蒲城万达公司一审、二审中均提出鼎力公司没有取得工程造价咨询企业资质,不具有案涉工程造价评估资格。经查,鼎力公司取得了厦门市发展和改革委员会颁发的工程造价评估资质,且并未有法律、行政法规明确规定只有取得工程造价咨询企业资质才能从事工程造价评估工作,故一、二审法院认可鼎力公司的工程造价评估资格并无不当。此外,蒲城万达公司提出在《评估报告》签字的两名鉴定人,一名不具有造价工程师资格,另一名虽然取得资格,但注册执业单位并非鼎力公司的问题。鼎力公司雇佣执业单位不是本公司的造价工程师对案涉工程价格进行鉴定确有不妥,但考虑到蒲城万达公司对该造价工程师实际参与案涉工程造价评估的事实未提出异议,且该造价工程师亦就鉴定情况出庭接受询问,也即案涉《评估报告》是具有相应资质的人员对案涉工程进行造价评估后出具的,且蒲城万达公司对评估报告具体内容并未提出明确异议,故一审、二审法院对该《评估报告》予以采信并无明显不当。

蒲城万达公司申请再审提出,天泽鉴定所不具有对延期开工和停、窝工损失进行鉴定的资格且鉴定人员并非注册于该所的造价工程师。一方面,一审、二审中,蒲城万达公司明确认可天泽鉴定所的鉴定资格。另一方面,该鉴定所具备建筑工程司法鉴定的资质,且鉴定人员资质证书明确载明执行类别为建筑工程司法鉴定,蒲城万达公司申请再审时提出,该资质仅限于对建筑技术方面的鉴定而不包括对停工损失进行鉴定的主张缺乏法律依据。故蒲城万达公司对天泽鉴定所《鉴定意见书》提出的异议不能成立,一审、二审法院对该鉴定意见予以采信并无不当。

案例评析

该案例中,再审申请人认为,两个鉴定机构不具备工程造价咨询资质,因而

鉴定结论不能作为工程款认定的依据。再审法院认为,两个鉴定机构的鉴定资格并无不当,故再审法院采信两个鉴定机构的鉴定结论。

笔者在企查查网站查询了上述两则案例中涉及三家鉴定机构的登记机关及经营范围。查询的结果如下:

鼎力公司:登记机关是厦门市思明区市场监督管理局,经营范围为:资产评估;招标代理;企业价值评估;其他未列明评估;与评估相关的咨询业务;从事价格评估业务;其他未列明商务服务业(不含需经许可审批的项目);企业总部管理;市场管理;公证业务咨询服务。①

天泽鉴定所:登记机关是福建省综合实验司法局,经营范围为:海事物证司法鉴定、建筑工程司法鉴定。②

汇成公司:登记机关是濮阳市市场监督管理局,经营范围为:编审工程预结算;业主建设造价代理及有关技术、信息服务;招标代理;建设项目评估(法律法规规定应经审批的,未获审批前不得经营)。③

上述两则案例至少出现三种资质:工程造价咨询资质、司法鉴定许可资质、遗产评估资质。这三种资质法律上有何区别?以上案例中法院的认定是否恰当,这需要对上述资质问题作出进一步思考。

二、三种资质的法律分析

(一)司法鉴定许可资质

鉴定机构进行工程款司法鉴定是否以取得司法鉴定许可资质为必要?笔者认为不需要。但是,为什么产生有司法鉴定许可资质才能进行工程款司法鉴定的认知呢?这一现象的产生确实有其现实原因。这和当前工程造价鉴定机构形成“两头管”的局面有关。

一方面,工程造价鉴定机构准入资格受建设行政主管部门管理。建设行政主管部门要求工程造价鉴定机构承接司法鉴定业务时,根据业务类别应取得由建设行政主管部门授予的相应资质。原建设部办公厅发布的《关于对工程造价

---

① 笔者通过企查查网站查询,查询的时间为2022年4月3日。

② 笔者通过企查查网站查询,查询的时间为2022年4月3日。

③ 笔者通过企查查网站查询,查询的时间为2022年4月3日。

司法鉴定有关问题的复函》(建办标函[2005]155号)中明确:"从事工程造价司法鉴定,必须取得工程造价咨询资质,并在其资质许可范围内从事工程造价咨询活动。"

另一方面,部分鉴定机构的准入资格受司法行政主管部门管理。依据《司法鉴定管理问题的决定》第二条第一款①及《鉴定机构管理办法》第三条②的规定,我国省级司法行政机关负责对从事四类司法鉴定业务的鉴定人和鉴定机构实行登记管理制度,并对符合法定条件的鉴定人和鉴定机构颁发司法鉴定人执业证、司法鉴定许可证。

工程造价鉴定显然不属于《司法鉴定管理问题决定》中第二条第一款第一项、第二项、第三项司法鉴定业务之一。此外,工程造价鉴定至今也未被纳入司法部与最高人民法院、最高人民检察院商定的上述第四项司法鉴定业务中。如果涉及《司法鉴定管理问题的决定》第二条第一款国家要求的对司法鉴定业务的鉴定人和鉴定机构实行登记管理制度的四类项目,鉴定机构需要在司法行政主管部门登记取得司法鉴定许可证。

回到问题本身,笔者认为,没有取得司法鉴定许可资质不影响其依据造价咨询企业资质开展业务活动。确定工程造价鉴定机构是否具备鉴定资格,当前不属于司法行政机关的法定职权。正如案例一中裁判文书所说:"……造价鉴定并非《司法鉴定管理问题的决定》第二条所规定的需要登记管理的司法鉴定业务范围……"因此,工程造价鉴定机构不是必须取得司法行政机关颁发的司法鉴定许可证才有资格接受法院的司法鉴定委托。

工程造价鉴定机构履行什么程序就可以成为法院对外委托的鉴定机构呢?

---

① 《司法鉴定管理问题的决定》第二条第一款:"国家对从事下列司法鉴定业务的鉴定人和鉴定机构实行登记管理制度:(一)法医类鉴定;(二)物证类鉴定;(三)声像资料类鉴定;(四)根据诉讼需要由国务院司法行政部门商最高人民法院、最高人民检察院确定的其他应当对鉴定人和鉴定机构实行登记管理的鉴定事项。"

② 《鉴定机构管理办法》第三条:"本办法所称的司法鉴定机构是指从事《全国人民代表大会常务委员会关于司法监鉴定管理问题的决定》第二条的司法鉴定业务的法人或者其他组织。司法鉴定机构是司法鉴定人的执业机构,应当具备本办法规定的条件,经省级司法行政机关审核登记,取得《司法鉴定许可证》,在登记的司法鉴定业务范围内,开展司法鉴定活动。"

根据《委托鉴定管理规定》第四条[①]、第六条[②]的规定，鉴定机构申请进入人民法院司法鉴定人名册时，需要提交专业资质证书和专业技术人员的执业资格证明等材料，并由人民法院内设机构对拟入册的鉴定人进行审查、择优选取。因此，工程造价鉴定机构如果想取得某地法院的司法鉴定资格，依法必须先向当地法院提交申请及符合要求的材料，以纳入当地法院编制的司法鉴定人名册。因此，工程造价鉴定机构只需要履行一定的程序，经法院同意即可取得司法鉴定资格。

关于案例一中汇成公司是否具备合法的鉴定资格问题，根据上述分析，只要汇成公司作为工程造价鉴定机构纳入了当地法院编制的司法鉴定人名册，汇成公司就具备接受当地法院委托鉴定的司法鉴定资格，不需要取得当地司法行政机关许可颁发的司法鉴定许可证。因此，汇成公司作出的鉴定意见并不因汇成公司无司法鉴定许可资质而无效。正是基于上述事实及法律依据，再审法院认定再审申请人陶富公司的申请理由不成立。

反过来，是否只要取得了司法鉴定许可资质，即使没有造价咨询企业资质，此类机构是否可以从事工程款司法鉴定业务？笔者认为不可以。因为此时的机构不合法。不具有工程造价咨询资质的机构不得从事工程款司法鉴定业务，笔者在后文中会有进一步论述。

（二）资产评估资质

案例二中鼎力公司有资产评估资质。笔者注意到鼎力公司出具的是一份评估报告，并不是工程款鉴定报告，或者说审判机关将评估报告作为工程款鉴定报告使用。具有资产评估资质的单位出具的评估报告是否可以作为工程款鉴定报告使用？笔者认为不可以。

工程款司法鉴定和资产评估有重大区别。最高人民法院在著述中进行了

---

① 《委托鉴定管理规定》第四条："自愿接受人民法院委托从事司法鉴定，申请进入人民法院司法鉴定人名册的社会鉴定、检测、评估机构，应当向人民法院司法鉴定机构提交申请书和以下材料：（一）企业或社团法人营业执照副本；（二）专业资质证书；（三）专业技术人员名单、执业资格和主要业绩；（四）年检文书；（五）其他必要的文件、资料。"

② 《委托鉴定管理规定》第六条："人民法院司法鉴定机构应当对提出申请的鉴定人进行全面审查，择优确定对外委托和组织司法鉴定的鉴定人候选名单。"

充分论证。[①] 另有学者也从不同角度进行了其他论述。[②] 笔者均同意上述观点。并且,笔者进一步认为,两者存在以下区别:

首先,资产评估的假设与限制条件的先行设置与工程款司法鉴定宗旨不符。翻开一份资产评估报告,通过报告内容可以发现其中的问题。在资产评估报告中会有一份“估价师声明”,“估价师声明”中将“评估假设和限制条件下成立”作为评估报告成立的前提。具体看“评估假设”,其中又包含交易假设、公开市场假设、持续使用假设、清算假设或者包含上述部分假设。这几种假设应是会计方面的专业表述。但是,无论如何进行专业表述,有一点已经非常明确,即这几项假设在得以成立的前提下才能使用资产评估报告中的结论。这与工程造价鉴定的宗旨严重不符。工程款司法鉴定不需要考虑假设条件是否成立的问题。司法鉴定的终极任务,就是鉴定机构依据建设行为发生的时间节点来认定工程造价。

其次,资产评估自带的评估方法与工程款司法鉴定方法相悖。资产评估的基本方法包括:市场法、收益法和成本法。这些方法为会计专业的表述,其意义也较为特殊。但是,无论意义如何特殊,多数情况下工程款司法鉴定依据双方合同中约定的计价方法进行工程造价鉴定,少数情况下参照建设行政主管部门发布的计价方法或者计价标准进行工程造价鉴定。比如,设计变更导致工程量或者质量标准发生变化,对此部分工程价款双方不能达成一致的,可能参照建

① 最高人民法院观点如下:“第一,两者在价格估算时点上有区别。工程造价鉴定仅以工程建设行为发生时的合同条件或其他计价条件(如政府公布的调价文件)作为依据。工程项目建造期间或工程项目完工交付后的时间持续,不影响计价对象价格。而资产评估中,财产形成或存续时间是影响其价格的重要因素,其估算必须以财产的存续时间为计价参数。随着财产存续期间的延续,其价格也随之发生变化。第二,两者在可利用状况上有区别。工程造价的鉴定,仅以建造行为发生或工程项目形成为条件,此后因自然和物理上的原因所产生的有形或无形损耗,不影响工程造价的价格估算。而资产评估中,所谓被评估对象的使用年限、折旧情况是对财产已经丧失的使用价值的会计表述。资产评估不具有工程造价鉴定活动的属性,尤其是资产评估在计价结论中必须申明所采用的评估原则和假定条件(如财产的继续使用原则、替代原则和逾期收益原则等)与工程造价鉴定性质相抵触。两者不能互相代替。”最高人民法院民事审判第一庭编著:《最高人民法院建设工程施工合同司法解释(二)理解与适用》,人民法院出版社2019年版,第305页。

② 有观点从以下方面进行论述:(1)工程造价鉴定与资产评估在价值估算对象上的区别;(2)工程造价鉴定与资产评估在价值估算目的上的区别;(3)工程造价鉴定与资产评估在估算时点上的区别;(4)工程造价鉴定与资产评估在估价对象可利用状况上的区别;(5)工程造价鉴定与资产评估在契约关系上的区别。参见《建设工程造价鉴定和资产评估的区别》,载找法网2018年7月20日,https://china.findlaw.cn/ask/baike/16517.html。

设行政主管部门发布的计价方法或者计价标准进行结算价款。因此,资产评估中广泛盛行的方法存在水土不服的问题,不存在市场法、收益法、成本法在工程款司法鉴定过程中的运用。

因此,资产评估的方法与工程款司法鉴定方法是一个面上的两根平行线,两者不会产生交叉。

笔者认为,如果某一机构仅具有评估资质不具有工程造价咨询资质,其可以对资产作出评估报告,但是该评估报告不具有作为工程款鉴定报告的条件。如果将评估报告作为工程款鉴定报告使用或者将评估报告的评估结论作为工程款鉴定报告的工程造价看待,则变相否定了鉴定机构应具备工程造价咨询资质这一法定条件。

(三)工程造价咨询资质

笔者认为,工程造价咨询资质具有两个特点:

第一,工程造价咨询资质具有法定性。根据《咨询企业管理办法》第二十条第一款[①]的规定,工程造价鉴定属于具有资质的工程造价咨询企业的业务范围。同时,原建设部办公厅发布的《关于对工程造价司法鉴定有关问题的复函》(建办标函[2005]155号)第一条规定:"从事工程造价司法鉴定,必须取得工程造价咨询资质,并在其资质许可范围内从事工程造价咨询活动。工程造价成果文件,应当由造价工程师签字,加盖执业专用章和单位公章后有效。"依据《造价鉴定规范》第2.0.5条[②]的规定,工程造价鉴定的机构是工程造价咨询企业。

因此,工程款司法鉴定的法定机构就是造价咨询企业,其他机构不具有这一权利及职能。工程造价咨询资质仅为工程造价咨询企业才享有。只有具有工程造价咨询资质的机构才能依法从事工程款司法鉴定业务。因此,工程造价

---

① 《咨询企业管理办法》第二十条第一款:"工程造价咨询业务范围包括:(一)建设项目建议书及可行性研究投资估算、项目经济评价报告的编制和审核;(二)建设项目概预算的编制与审核,并配合设计方案比选、优化设计、限额设计等工作进行工程造价分析与控制;(三)建设项目合同价款的确定(包括招标工程工程量和标底、投标报价的编制和审核);合同价款的签订与调整(包括工程变更、工程洽商和索赔费用的计算)及工程款支付,工程结算及竣工结(决)算报告的编制与审核等;(四)工程造价经济纠纷的鉴定和仲裁的咨询;(五)提供工程造价信息服务等。"

② 《造价鉴定规范》第2.0.5条:"鉴定机构 appraisal corporation 指接受委托从事工程造价鉴定的工程造价咨询企业。"

咨询资质具有法定性的特点。

第二,工程造价咨询资质具有变革性。根据《国务院关于深化“证照分离”改革进一步激发市场主体发展活力的通知》(国发[2021]7号),自2021年7月1日起,在全国范围内实施涉企经营许可事项全覆盖清单管理,通过直接取消审批、审批改为备案等方式推进审批制度改革。在全国范围内直接取消部分工程资质审批,其中包括取消工程造价等资质审批。就工程造价咨询资质而言,取消工程造价咨询企业甲级资质认定、工程造价咨询企业乙级资质认定。工程造价咨询企业不再区分甲级资质、乙级资质。工程造价咨询资质的取得由审批制改为备案制。因此,工程造价咨询资质具有变革性的特点。

案例一中未显示汇成公司的工程造价咨询资质情况。如果汇成公司具备工程造价咨询资质,其出具的工程款鉴定报告则无不可。笔者注意到汇成公司经营范围中没有“造价咨询”。仔细看《咨询企业管理办法》第二十一条第一款,工程造价咨询业务包括五项内容。也就是说,工程造价咨询业务又有具体业务分类。案例一中汇成公司经营范围包含“编审工程预结算”。笔者认为,虽然“编审工程预结算”可以理解为《咨询企业管理办法》中咨询业务范围的第二项业务“建设项目概预算的编制与审核”及第三项业务“工程结算及竣工结(决)算报告的编制与审核”,然而,《咨询企业管理办法》中咨询业务范围的第四项业务“工程造价经济纠纷的鉴定和仲裁的咨询”与第二项、第三项为不同的业务,工程类纠纷案件中工程款司法鉴定似乎更像“工程造价经济纠纷的鉴定”业务,这容易造成鉴定机构超出登记范围从事鉴定业务的印象,即鉴定机构仅有第二项、第三项鉴定业务却承担第四项鉴定业务。因此,笔者建议鉴定机构登记的造价咨询经营范围与《咨询企业管理办法》中造价咨询业务范围应尽量匹配。

第四节 程序瑕疵与严重违法

工程款司法鉴定过程中的“程序瑕疵”与“严重违法”涉及鉴定意见是否被采信及是否需要重新鉴定的后续法律程序问题。工程款司法鉴定的程序依据是《造价鉴定规范》。一份鉴定报告应否被采信,争议各方往往围绕鉴定报告是否严格遵循上述规范而展开。然而,裁判人员对于违背程序事项的严重程度的判断会出现标准不一的情况。

一、三则案例

案 例 一

川北华盛分公司与雅江县公路段诉讼案①

当 事 人

再审申请人(一审原告、二审被上诉人):川北华盛分公司

被申请人(一审被告、二审上诉人):雅江县公路段

案例介绍

川北华盛分公司申请再审称:分公司于2012年7月12日曾向法院提起诉讼,后申请撤诉,而工程造价鉴定即在该案中由鉴定机构根据双方确定的工程量作出的,雅江县公路段在一审中对鉴定意见没有异议,因此二审判决认为鉴定书程序违法是错误的。

再审法院认为:四川建业工程咨询有限公司所出具的工程造价鉴定意见,因补充鉴定意见书没有鉴定人的签字盖章,且变更了鉴定意见书的鉴定意见,违反程序,故二审判决未采信该鉴定意见并无不妥。

案例评析

笔者未在中国裁判文书网中搜索到该起纠纷的二审裁判文书。笔者关注的是补充鉴定意见书未有鉴定人员的签名,鉴定意见书是否被采信的问题。依据案例信息,二审法院认定鉴定违反程序,故二审法院对鉴定意见书不予采信。再审法院认为二审法院做法并无不当。因为笔者未能在中国裁判文书网上搜索到二审裁判文书,所以不清楚再审裁定书中记载的"违反程序"具体是指哪个程序。笔者认为,其应当是指《造价鉴定规范》中的程序。《造价鉴定规范》中

① 参见最高人民法院民事裁定书,(2014)民申字第924号。

针对鉴定人员是否应在鉴定文书中签名、如何签名均有相应规定。《造价鉴定规范》有两处提出鉴定人员应在鉴定意见书中进行签名并且加盖执业专用章。一处为《造价鉴定规范》第3.1.4条,该条规定:“鉴定人应在鉴定意见书上签名并加盖注册造价工程师执业专用章,对鉴定意见负责。”另一处为《造价鉴定规范》第6.2.1条第9款,该款规定:“落款:鉴定人应在鉴定意见书上签字并加盖执业专用章,日期上应加盖鉴定机构的印章……”显然,二审法院、再审法院的司法价值取向是鉴定人员未在鉴定文书中进行签名影响鉴定意见书的法律效力。

案例二

金海公司与慕俄格公司诉讼案①

当事人

再审申请人(一审原告):金海公司

被申请人(一审被告):慕俄格公司

案例介绍

金海公司申请再审称,《鉴定意见书》无鉴定人签字,不应被采信。

再审法院认为:关于鉴定意见是否因无鉴定人员签字而不应被采信。经审查,鉴定机构于2019年2月25日作出的《鉴定意见书》(定稿)上没有鉴定人签章。在鉴定意见定稿作出前,鉴定机构曾先后出具了五稿《鉴定意见书》,其中征求意见稿之后的第一稿,即2018年6月19日作出的《司法鉴定意见书》(第二稿)上加盖了两名注册造价工程师的印章,该鉴定意见系有资质的鉴定人作出的。从《鉴定意见书》(定稿)的作出过程及其内容看,《鉴定意见书》(定稿)是鉴定机构在2018年6月19日《司法鉴定意见书》(第二稿)的基础上,结合金海公司与慕俄格公司历次提出的修改意见进行修正后作出的。而且,原审法院曾在庭前质证和庭审中均通知鉴定人出庭,金海公司并未对鉴定人资质或者身份提出过异议。据此,《鉴定意见书》(定稿)上虽没有鉴定人签章,形式上存在瑕疵,但这并不足以影响鉴定意见的可采性。

① 参见最高人民法院民事裁定书,(2019)最高法民申6023号。

案例评析

该案例中，再审申请人以鉴定意见书未有鉴定人签字，鉴定意见书不应被采信作为其理由之一提出再审申请。上述两则案例中鉴定意见书均未有鉴定人签章，法院对两则案例中鉴定意见书认定的结果完全不同。案例二中再审法院认定鉴定意见书未有鉴定人签章仅为形式瑕疵，一审法院采信鉴定意见并无不当。

案 例 三

文荣公司与立丰公司诉讼案①

当 事 人

再审申请人（一审原告、反诉被告、二审上诉人）：文荣公司

被申请人（一审被告、反诉原告、二审被上诉人）：立丰公司

案例介绍

文荣公司再审称：该案鉴定意见不合法、不客观，鉴定意见无效。鉴定程序存在鉴定人黄某1、杨某1没有《建设工程造价鉴定规范》规定的注册造价工程师资质，杨某1没有"工程造价纠纷鉴定"执业资格，黄某1没有参加勘验鉴定活动，杨某1没有参加鉴定计算工作，鉴定漏项（"9号公馆降排水方案"没计入造价、未鉴定电气安装中的线材、穿线增加费用、应立丰公司要求对"花架"重复施工的工程量未计入造价）等情形，原审判决认定鉴定有效是错误的。

二审法院认为：根据云南省司法厅云司通[2019]59号文件规定，在2019年11月30日前，鉴定人只要具有司法鉴定人资格即可，该案鉴定在此时间之前，涉案的鉴定人具有相应的司法鉴定资质证，鉴定人杨某1在鉴定过程中资格证在换证期间，新证有效期至2023年，不存在职业资格证过期的问题，文荣公司该上诉理由不能成立。

再审法院认为：关于鉴定意见是否应被采信的问题。虽然该案三个鉴定人中，仅鉴定人黄某3具有注册造价工程师资质，其他二人均非注册造价工程师，但目前并无明确的法律法规规定司法鉴定人员数量须三人以上且全部须具备注册造价工程师资质，否则鉴定意见无效。该案是否应当重新鉴定还应根据鉴

---

① 参见最高人民法院民事判决书，(2020)最高法民再360号。

定意见是否客观真实、是否存在明显错误予以确定。该案中,文荣公司提出鉴定意见存在错漏的问题:一是未将案涉项目降排水方案计入造价,对此,鉴定机构在二审中已向法院作了回复,称系因该方案中部分工程没有详细的规格尺寸,因资料未提供完整,双方质证无果,故未将该部分计入造价;二是文荣公司提出的花架问题,鉴定机构亦在二审中向法院作了回复,称花架工程造价1,060,542元已计入造价鉴定,至于花架重复施工的问题,因鉴定部门系对文荣公司实际完成的面积进行实测所作出的鉴定意见,故不存在漏算的问题。综上,该案中的鉴定意见并无明显错误或缺陷,原审判决予以采信并无不当。

案例评析

该案例中,再审申请人以鉴定不符合人数要求(仅一名鉴定人有鉴定资格)因而鉴定结论不应被采信作为申请再审理由之一。再审法院对这一理由未予采纳,仍然认为鉴定意见有效。当然,再审法院与二审法院对于鉴定结论采信的理由不同。再审申请人提到的鉴定程序应是指《造价鉴定规范》中第3.4.3条规定的程序。《造价鉴定规范》第3.4.3条规定:“鉴定机构对同一鉴定事项,应指定两名及以上鉴定人共同进行鉴定。对争议标的较大或涉及工程专业较多的鉴定项目,应成立由三名及以上鉴定人组成的鉴定项目组。”该案中真正参与鉴定的人只有一人具有注册造价工程师资格,其他两名鉴定人员没有参与勘验或者没有执业资格。案例中的鉴定显然不符合《造价鉴定规范》中鉴定人数的要求,但是再审法院认定鉴定意见无明显错误或者缺陷。

以上三则案例,案例一、案例二中鉴定人签章与否,是否影响鉴定意见的效力依赖于对《造价鉴定规范》相应条文的理解。案例三中虽然不涉及鉴定人是否签章的问题,但是涉及鉴定人的人数是否应遵循《造价鉴定规范》规定的问题。案例三带来的思考就是参与鉴定的鉴定人数不符合《造价鉴定规范》的规定应否作为严重违法看待。为尽早统一司法裁判尺度,鉴定程序严重违法与程序瑕疵的厘清确实有必要性与紧迫性。

二、甄别尺度

《造价鉴定规范》所涉条文众多,程序甚严,笔者认为,确实不可能要求鉴定的每一个环节均无纰漏。笔者试想,有无可能在理论上将“程序瑕疵”与“严重违法”做一个区分。设置“两个环节”与尝试“横向移植”是解决两者区分问题的关键。

(一)两个环节

第一个环节,鉴定机构具备工程造价咨询资质及鉴定人员具有注册造价工程师身份,此为鉴定报告具有法律效力的底线要求。不符合这两个要求的鉴定文书不具有法律效力。正如非审判机构、非法官人员出具的法院判决书不具有法律效力一样。这两个要求在《造价鉴定规范》中有相应的规定。这两个要求作为工程款鉴定报告合法认定的底线要求当无疑问。不符合这两个要求的鉴定报告无讨论合法性的基础。

第二个环节,参照《民事诉讼法》中规定的程序严重违法来认定鉴定程序事项是否严重违法,也就是将《民事诉讼法》中规定的程序严重违法事项横向移植到鉴定程序中来。

(二)横向移植

《造价鉴定规范》中的鉴定要求可以区分为五部分内容:鉴定机构主体的合法性要求、鉴定人身份的合法性要求、鉴定的程序性要求、鉴定方法的技术性要求、鉴定文书要素的全面性要求。

第一个环节将第一部分鉴定机构主体的合法性要求、第二部分鉴定人身份的合法性要求已筛选出来。剩下的三个要求可以与《民事诉讼法》中明确规定为严重违法之处联系起来。关键是要找出民事诉讼环节中哪些违反程序性要求、违反裁判的技术性要求、违反裁判文书要素的全面性要求在《民事诉讼法》中相应被认定为严重违法。如果《民事诉讼法》认定违反程序性要求、违反裁判的技术性要求、违反裁判文书要素的全面性要求为严重违法,可以将具体认定移植到鉴定事项中作为判断鉴定程序是否严重违法的参照。

笔者认为,《民事诉讼法》中有如下地方可以寻找到这些严重违法的认定:

《民事诉讼法》第十四章"第二审程序"中第一百七十七条第一款第四项①明确提到"遗漏当事人或者违法缺席判决"为严重违反法定程序,这一违法可以

① 《民事诉讼法》第一百七十七条第一款第四项:"第二审人民法院对上诉案件,经过审理,按照下列情形,分别处理:……(四)原判决遗漏当事人或者违法缺席判决等严重违反法定程序的,裁定撤销原判决,发回原审人民法院重审。"

作为二审发回重审的依据。因此,“遗漏当事人或者违法缺席判决”可以作为民事诉讼程序中严重违法事项。“遗漏当事人或者违法缺席判决”的后果就是让一方当事人在诉讼程序中丧失发表对己有利的意见的权利。因此,可以在《造价鉴定规范》中寻找是否存在有相应后果的类似行为。笔者认为,此行为可以对应《造价鉴定规范》中鉴定机构未发出征求意见稿。如果鉴定机构不发出征求意见稿,则变相剥夺一方辩论及阐释观点的权利,因此,可以将鉴定机构不发出征求意见稿的行为视为鉴定程序中的严重违法事项,即《造价鉴定规范》第5.2.5条①中鉴定人员发出征求意见稿是鉴定人员必须遵守的行为。

《民事诉讼法》第十六章“审判监督程序”第二百零七条②是关于再审条件的认定,法院的生效判决如果违反《民事诉讼法》第二百零七条十三类情形的可以作为案件再审的法定事由,这十三类情形可称为民事诉讼程序中严重违法之处。因为要将类似行为在鉴定程序事项中进行横向移植,故需要判断民事诉讼中的类似行为在鉴定程序中是否可能出现。如果在鉴定程序中不可能出现,而将其作为鉴定程序的严重违法事项看待则没有意义。因此,要对这十三类情形进行区分。

首先,《民事诉讼法》第二百零七条分为十三项,其中第一项、第二项、第三项、第四项、第五项均涉及证据问题。民事诉讼中的证据材料在鉴定程序中称为鉴定材料。鉴定程序中鉴定人员通过审判人员移交鉴定材料,并且还应去现场勘察建设工程的具体状况。如果鉴定双方对鉴定材料存在争议,鉴定文书中一般会以争议款项列出,由法院最终决定是否采信鉴定意见中的争议款项。该

---

① 《造价鉴定规范》第5.2.5条:“鉴定机构在出具正式意见书之前,应提请委托人向各方当事人发出鉴定意见书征求意见稿和征求意见函(格式参见本规范附录M),征求意见函应明确当事人的答复期限及其不答复行为将承担的法律后果,即视为对鉴定意见书无意见。”

② 《民事诉讼法》第二百零七条:“当事人的申请符合下列情形之一的,人民法院应当再审:(一)有新的证据,足以推翻原判决、裁定的;(二)原判决、裁定认定的基本事实缺乏证据证明的;(三)原判决、裁定认定事实的主要证据是伪造的;(四)原判决、裁定认定事实的主要证据未经质证的;(五)对审理案件需要的主要证据,当事人因客观原因不能自行收集,书面申请人民法院调查收集,人民法院未调查收集的;(六)原判决、裁定适用法律确有错误的;(七)审判组织的组成不合法或者依法应当回避的审判人员没有回避的;(八)无诉讼行为能力人未经法定代理人代为诉讼或者应当参加诉讼的当事人,因不能归责于本人或者其诉讼代理人的事由,未参加诉讼的;(九)违反法律规定,剥夺当事人辩论权利的;(十)未经传票传唤,缺席判决的;(十一)原判决、裁定遗嘱或者超出诉讼请求的;(十二)据以作出原判决、裁定的法律文书被撤销或者变更的;(十三)审判人员审理该案件时有依法受贿,徇私舞弊,枉法裁判行为的。”

条第一项、第二项、第三项、第四项、第五项所列的情况在鉴定程序中一般不存在。鉴定程序中一般不会出现“有新的鉴定材料,足以推翻原鉴定意见的”“原鉴定意见认定的基本事实缺乏鉴定材料证明的”“原鉴定意见认定事实的主要鉴定材料是伪造的”“原鉴定意见认定的鉴定材料未经质证的”“对鉴定需要的主要鉴定材料,当事人因客观原因不能自行收集,书面申请鉴定机构调查收集,鉴定机构未调查收集的”五种情况。因此,可以将此五类情形排除于鉴定程序严重违法之列。

其次,《民事诉讼法》第二百零七条第十一项、第十二项在鉴定程序中也不会出现。该条第十一项是关于遗漏、超出诉讼请求的问题。鉴定程序中鉴定机构依据法院委托作出法院要求的鉴定事项的结论,不会遗漏或者超出鉴定请求。当然,实践中可能出现鉴定机构无法完成法院委托的鉴定事项。这种情况不是遗漏鉴定请求。另外,鉴定机构可能会作出多于法院要求的鉴定事项,这也是由法院在鉴定意见的多项结论中进行取舍的问题,不是鉴定机构超出鉴定事项问题。此条第十二项是原判决、裁定的法律文书撤销导致的问题。鉴定程序中不会存在此份鉴定依据其他鉴定意见作出的情况。因此,该条第十一项、第十二项两种情况也应从鉴定程序的严重违法之列排除。

这样一共排除了七类情形。在鉴定中可能出现的程序问题与《民事诉讼法》第二百零七条第六项、第七项、第八项、第九项、第十项、第十三项会有相似性。将该六类情形移植到鉴定程序中,也就是将类似行为由审判人员移植到鉴定人员身上及由审判程序移植到鉴定程序,可以有如下发现:

《民事诉讼法》第二百零七条第六项中的“原判决、裁定适用法律确有错误”,鉴定人员并无适用法律错误一说,鉴定人员的“法律”就是计价原则、计价方法。鉴定人员可能存在适用计价原则、计价方法的错误。“原判决、裁定适用法律确有错误”可以对应于鉴定人员适用计价原则、计价方法错误。这一错误应视为鉴定程序严重违法。《造价鉴定规范》第5.1.2条[①]中鉴定人员采取正确的计价原则和方法是鉴定人员必须遵守的行为。

---

① 《造价鉴定规范》第5.1.2条:“鉴定人应根据合同约定的计价原则和方法进行鉴定。如因证据所限,无法采用合同约定的计价原则和方法的,应按照与合同约定相近的原则,选择施工图算或工程量清单计价方法或概算、估算的方法进行鉴定。”

《民事诉讼法》第二百零七条第七项中的“审判组织的组成不合法”，鉴定程序中没有审判组织一说，但是存在鉴定人员组成的问题。“审判组织不合法”可以对应于鉴定人员组成的不合法。鉴定人员组成不合法应视为鉴定程序严重违法。《造价鉴定规范》第3.4.3条[①]中鉴定人员的组成必须合法是鉴定人员必须遵守的行为。

《民事诉讼法》第二百零七条第七项中的“审判人员没有回避”可以对应于鉴定人员没有回避。鉴定人员应回避而没有回避或者必须回避而没有回避应视为鉴定程序严重违法。《造价鉴定规范》第3.3.4条[②]、第3.5.3条[③]中鉴定人员应回避时必须回避是鉴定人员必须遵守的行为。

《民事诉讼法》第二百零七条第八项中的“无诉讼行为能力人未经法定代理人代为诉讼或者应当参加诉讼的当事人，因不能归责于本人或者其诉讼代理人的事由，未参加诉讼的”，第十项中的“未经传票传唤，缺席判决的”，这两项是当事人应参加诉讼而未参加诉讼的情况，视为严重违法。这两种情况可以对应于鉴定程序中如果需要现场勘验，鉴定机构应通知当事人到达现场，鉴定机构如果未通知一方到达现场应视为鉴定程序严重违法。《造价鉴定规范》第4.6.4条[④]中鉴定人员应通知当事人进行现场勘验是鉴定人员必须遵守的行为。

《民事诉讼法》第二百零七条第九项中的“剥夺当事人辩论权利的”可以对应于《造价鉴定规范》中征求意见稿的发出，不发出征求意见稿则变相剥夺一方辩论及阐释观点的权利。因此，鉴定机构不发出征求意见稿应视为鉴定程序严

---

① 《造价鉴定规范》第3.4.3条：“鉴定机构对同一鉴定事项，应指定两名及以上鉴定人员共同进行鉴定。对争议标的较大或涉及工程专业较多的鉴定项目，应成立由三名及以上鉴定人员组成的鉴定项目组。”

② 《造价鉴定规范》第3.3.4条：“有下列情形之一的，鉴定机构应当自行回避，向委托人说明，不予接受自委托：1.担任过鉴定项目咨询人的；2.与鉴定项目有利害关系的。”

③ 《造价鉴定规范》第3.5.3条：“鉴定人有下列情形之一的，应当自行提出回避，未自行回避，经当事人申请，委托人同意，通知鉴定机构决定其回避的，必须回避：1.是鉴定项目当事人、代理人近亲属的；2.与鉴定项目有利害关系的；3.与鉴定项目当事人、代理人有其他利害关系，可能影响鉴定公正的。鉴定人的辅助人员适用上述回避规定。”

④ 《造价鉴定规范》第4.6.4条：“鉴定机构按委托人要求通知当事人进行现场勘验的，应填写现场勘验通知书（格式参见本规范附录J），通知各方当事人参加，并提请委托人组织。一方当事人拒绝参加现场勘验的，不影响现场勘验的进行。”

重违法。《造价鉴定规范》第5.2.5条[①]中鉴定人员发出征求意见稿是鉴定人员必须遵守的行为。

《民事诉讼法》第二百零七条第十三项中的“审判人员审理该案件时有贪污受贿,徇私舞弊,枉法裁判行为的”有其特殊性,这是对审判人员的要求。在鉴定程序中鉴定人也可能出现类似情况,即鉴定人员受贿、徇私鉴定。鉴定人员受贿、徇私应视为鉴定程序严重违法。《造价鉴定规范》中没有与此相对应的条文,但这应是鉴定人员应遵守的基本要求,这是鉴定合法性的应有之义。

《民事诉讼法》没有将裁判文书要素的不全面视为严重违法,因此,不符合鉴定文书全面性要求的不应视为鉴定程序严重违法。

(三)结论

鉴定机构的鉴定资格、鉴定人员的身份为鉴定意见合法性的底线要求。同时,《造价鉴定规范》中的“鉴定机构未发出征求意见稿”“鉴定人员计价原则、计价方法错误”“鉴定人员的组成不合法”“鉴定人员应回避而没有回避”“现场勘验应通知当事人到达现场而未通知当事人到达现场”“鉴定人员受贿、徇私鉴定”的行为均应视为严重违法。这些严重违法情形下,鉴定意见书不应被认定为合法。

回到三则案例中。案例一中未有鉴定人员签名的鉴定意见书只是形式瑕疵,不应以此认定鉴定意见书不合法。案例二中法院的认定并无不妥。案例三中鉴定人员的组成不合法符合严重违法情形,因此,此鉴定意见书不应被采纳。

第五节 “鉴”与“裁”

笔者认为,鉴定人员与裁判人员应为互动与促进关系。鉴定人员与裁判人

---

① 《造价鉴定规范》第5.2.5条:“鉴定机构在出具正式意见书之前,应提请委托人向各方当事人发出鉴定意见书征求意见稿和征求意见函(格式参见本规范附录M),征求意见函应明确当事人的答复期限及其不答复行为将承担的法律后果,即视为对鉴定意见书无意见。”

员共同推动案件依法公正解决。如何才能做到这一点,笔者提出自己的一些看法。为了让“鉴”与“裁”两者良性循环,笔者以一名旁观者的身份,对鉴定人员与裁判人员分别提出自己的一些建议。

一、对鉴定人员的建议

(一)不自行确定计价方法

如果在计价方法的选择上,双方存在重大争议,此时鉴定机构应按照双方各自主张的计价方法分别作出造价鉴定,两份不同的造价鉴定结论如何取舍应由诉裁机关决定。

如果双方选择的计价方法确实与鉴定人员从专业角度上分析是不一致的,或者在鉴定人员看来技术层面不可行,比如,当事人或者诉裁机关认为可以作出某种鉴定,但是因为特殊原因导致此种鉴定在技术层面上的不可实施,鉴定人员需要从双方提供的计价方法之外选择第三种计价方法,此时其应作出必要与详细的分析说明,以避免双方对鉴定结论的公正性产生误解。同时,鉴定人员必要的分析与说明也有利于裁判人员准确理解此种鉴定的合理性,为裁判人员作出是否采纳某一鉴定结论提供更充分的依据。鉴定人员应避免喧宾夺主。

(二)不自行确定鉴定材料

鉴定材料的认定应由裁判人员处理。鉴定人员应避免因证据材料擅自认定而裁判人员不予认定造成的鉴定错误。鉴定的基础在于鉴定材料,而鉴定材料就是证据材料。证据的认定是裁判人员的职责。在鉴定人员作鉴定时,诉裁机关会将与鉴定有关的证据材料交与鉴定人员。不排除在鉴定过程中,鉴定人员认为还需要其他补充鉴定材料,此时补充鉴定材料也需要由当事人先交与裁判人员,再由裁判人员确认后提交给鉴定人员。这样可以避免未经裁判人员确认的证据材料作为鉴定材料的出现。如果鉴定人员对鉴定材料自行认定,就可能导致对鉴定材料的认定产生偏颇而造成鉴定结论失实的后果。

(三)不自行剥离争议款项

一般而言,鉴定意见中常常涉及争议款项的问题。争议款项的出现可能是事实本身的原因导致,比如,双方对于工程量存在争议,一方要求多计算工程量,而另一方要求剔除部分工程量,此时争议工程量下的工程款会成为争议款项。争议款项的出现还可能是计价理解的不同导致的。比如,安全文明施工费、规费为不可竞争费用,但是有时双方会约定这两项费用不予计取。此时,不予计取约定是否成立会导致争议款项的出现。鉴定机构不应擅自作主,以自己的理解单独作出确定的鉴定结论,而不将该款项列为争议款项。不予计取的约定是否成立应由裁判机关作出认定。

总之,鉴定人员在鉴定报告中应尽量将争议款项列出,而不应擅自作主将某个争议款项直接从工程款中剥离。争议款项的取舍仍应由裁判人员作出认定。鉴定人员可以对争议款项作出必要的分析与说明,而不应直接得出工程款多少的结论。这种分析与说明不是为了让鉴定人员代替裁判人员作出判断,而是让鉴定人员更好的帮助裁判人员作出取舍。

二、对裁判人员的建议

(一)适时关注事中成果及双方反馈意见

实践中,对外鉴定的委托与鉴定材料转交一般不是由裁判人员亲自完成的。鉴定过程中鉴定机构一般会出具一份鉴定意见初稿,对鉴定意见初稿,鉴定机构会要求双方作出反馈意见。裁判人员往往关注鉴定人员最终出具的鉴定报告,而对事中成果缺少应有的关注。这在程序上会造成裁判人员对鉴定的事中成果的不了解,对鉴定的事中成果不关注。这可能与裁判人员的观念有关,部分裁判人员简单认为只要鉴定结论为我所用就可以,也可能与裁判人员的工作任务繁重、无暇顾及事中成果有关。

对于鉴定意见初稿的反馈意见,是律师、工程技术人员及工程造价人员专业意见的集中体现。这些意见不应被理解为肤浅的意见。从事中成果、反馈意见到最终成果的变化可以窥见鉴定中的相关数据变化原因及双方分歧点,有利于裁判人员及时掌握双方争议实质。裁判人员对于鉴定程序的中间环节均不参与不利于对鉴定结论的理解。并且,经过对初步意见的反馈,双方的分歧点仍可能未弥合,此时这个问题还是重新回到诉裁程序中对鉴定意见的质证环节。因此,裁判人员适时关注事中成果及双方的反馈意见,能更准确、更全面地认识鉴定结论及对鉴定结论的合法性、公平性作出判断。

总之,笔者认为,裁判人员不能一托了之。

(二)充分倾听鉴定人员专业分析

工程款司法鉴定涉及造价与法律两方面问题。专业不同,分析问题的角度不同。注册造价工程师从自身专业角度出发对工程造价作出鉴定有其专业优势。鉴定机构进行造价鉴定不可能离开造价专业知识及工程方面的专业知识。这些专业知识,裁判人员可能不理解、理解错误或者理解偏差。

鉴定人员从其专业角度提出的专业意见及专业分析,可以纠正裁判人员对鉴定的某些误解或者想当然的理解。在鉴定人员专业分析中,既可能有住建部门政策解读,也可能有工程款计算及工程量计算的专业分析等,这些意见可以更好地帮助裁判人员做到政策与法律的衔接,帮助裁判人员更合理地进行鉴定数据的分析与取舍。因此,裁判人员不仅需要倾听他人的专业分析,而且应当充分倾听。

总之,司法鉴定制度是司法制度的重要组成部分。建设工程施工合同纠纷案件的诉裁程序中,司法鉴定对当事人的权利义务具有重大的影响。笔者认为,需要维护与发展以裁判人员裁审为中心,以鉴定人员专业技术相辅助的鉴审模式。这依赖于裁判人员与鉴定人员的齐力打造。鉴定不能代替裁判,裁判需要借助鉴定。这对鉴定人员及裁判人员均提出更高的要求。

"鉴"与"裁"的良性基础在于双方,不在于单独一方。各自一方应守住自己的职业纪律及专业要求,这样工程款问题的司法解决才有更加公平处理的基础与依托。

015 第十五章

工程款索赔计算

·导　读·

建设工程索赔，是指在建设工程施工合同履行过程中，对方不履行或未能正确履行合同，或非自身因素致合同一方受到经济损失或权利损害时，受损失方通过一定的程序向对方提出经济赔偿或时间补偿的要求。索赔与工程签证明显不同。它是一种未经对方确认的单方行为。在建设工程施工合同履行中，自然也会存在施工方违约造成对方经济损失或权利损害的情况。鉴于本书探讨的是施工方追索工程款问题，故本章不探讨发包人向施工方的索赔问题。并且，笔者是基于索赔成立的既定前提下探讨索赔的一些法律问题，而不涉及索赔原因是否成立的问题。本书围绕工程款问题展开，因而对于工期索赔，本章也不予涉及。

《民法典》中存在建设工程索赔损失计算的法律依据。但是这些索赔依据仍是原则性规定。因为裁判人员对索赔理解的不一样，因而造成司法层面较为混乱的裁判局面。本章选择了索赔中两个程序问题及四类索赔计算问题进行探讨。

本章名称为“工程款索赔计算”，在发包人与承包人未形成结算之前，索赔的款项不应包括在工程款范围之内。发包人与承包人形成结算的话，索赔款项往往会作为工程结算款，此时索赔款项实质由双方议定计入工程款当中从而成为工程款的一部分。考虑到结算时双方一般会把索赔款项列入工程结算款范围之内，因此，笔者仍采用“工程款索赔计算”作为本章名称。在诉讼或仲裁程序中，施工方一方单独列出的索赔款项实际上不应认定为是工程款，读者应避免将索赔款项当然理解为是工程款的错误认识。笔者特此作出说明。

第一节　两个程序问题

一、索赔能否鉴定

在索赔成立的情况下,索赔项目可能众多。停工、窝工、工期延长等均会导致人工费、机械费、材料费等多项损失。施工方难以自行确定损失数额,或者一方自行确定后对方不认可。此时,施工方能否通过损失司法鉴定的方式明确索赔金额并予以主张,不同的法院对此有不同的裁判观点。

案 例 一

华建公司与栩宽公司诉讼案[①]

当 事 人

上诉人(原审原告):华建公司

被上诉人(原审被告):栩宽公司

案例介绍

华建公司提出了经济损失鉴定申请,请求对停工期间经济损失25,225,600元,解除合同经济损失20,742,875元,现场看护、安全防护费每天2580元(自起诉之日起至工程实际移交之日止)的具体金额进行司法鉴定。

原审法院认为:(1)停工期间经济损失之中的人工工资损失,应根据现场施工人员名单及相应发放工资的证据进行计算;停工期间的水、电费,应根据交纳水、电费的凭证进行计算;塔机租赁费用和周转材料租赁费用损失应根据租赁合同约定的租赁期间和费用进行计算;上述各项均不属于司法鉴定范畴。已进场的原材料、半成品损失即已经制作但尚未安装的钢筋造价可计入工程造价,在工程造价鉴定中一并计取,故不再作为停工损失另行计算。(2)关于解除合同的经济损失,应根据华建公司举示的合同及赔偿损失的依据进行认定,不属

① 参见最高人民法院民事判决书,(2020)最高法民终132号。

于司法鉴定范畴。(3)现场看护、安全防护费是否应当计取、计取的标准以及期间应根据事实进行认定,也不属于司法鉴定范畴。综上,原审法院对于华建公司关于经济损失的鉴定申请不予准许。

案例评析

该案例中,承包人与发包人发生纠纷后停工、解除合同产生损失,承包人对停工期间的经济损失、解除合同经济损失、现场看护、安全防护费向法院申请鉴定,法院没有同意承包人提出的索赔鉴定申请,而由法院对承包人的经济损失依据证据进行综合认定。

审判人员不依据损失鉴定而通过对证据的综合认定自行查明施工方损失的行为值得赞赏。不过,审判人员认为施工方的经济损失不属于司法鉴定范畴,笔者认为该观点值得商榷。通过搜索案例可以发现,众多工程款索赔类纠纷案件中,申请损失鉴定及裁判人员同意鉴定为常态做法。当然,并不是每个案件中施工方的损失一定需要通过鉴定才能得出,不过损失鉴定至少是一个可能的途径。笔者认为,裁判人员通过自身判断认定损失并无不可。但是,在涉及索赔的专业问题时,有时确实需要借助鉴定机构的专业能力,不能一概认为不能进行索赔的损失鉴定。比如,一个建设工程,鉴定机构可能通过已施工的工程量及工程的施工进度,估算出施工现场可能的用工人数。这是裁判人员不具备的专业能力。又如,机械台班费损失问题,在施工方自行提供机械设备施工的情况下,计算台班损失如不借助鉴定人员的专业技能很难得出损失金额。因此,断然认定索赔不能鉴定不可取。同时,笔者有以下三点需要强调。

第一,鉴定不允与鉴定不能应当进行区分。当发生索赔事件时,施工方要求发包人承担损失,施工方支出的额外费用等损失可以申请进行鉴定。但是,这些损失鉴定可能因证据问题导致无法得出鉴定结论,这是鉴定不能的问题。如果鉴定客观不能,也不应在施工方提出鉴定申请时就予以否定。在施工方提出鉴定申请时就不被许可,这是鉴定不允的问题。

第二,鉴定不能与裁判人员根据证据材料自行进行损失认定不相矛盾。对某项损失不能进行鉴定或者不属于鉴定的范围,不应排除裁判人员通过证据材料进行损失的认定。比如,在施工方租赁机械设备的场合,如果此时确实发生工期延长的客观事实,施工方在延长租赁期限内的相关损失,笔者认为,这可以由裁判人员根据租赁合同及支付租金的情况进行损失判断。发生的租赁损失如果不在鉴定的范围中,法院可以在查明事实的范围内作出施工方损失多少的判断。

第三,不是与建设工程施工合同纠纷相关的任何损失均属于损失鉴定的范围。可得利益损失是否属于损失鉴定范围存在争议。另外,还有一些与建设工程施工合同纠纷有关的损失确实不能进行鉴定。比如,因施工方原因导致施工逾期,施工方迟延交房给发包人的场合,此时就存在发包人对买房人承担违约损失的问题。发包人对买房人应承担的损失与建设工程施工合同有关,这是建设工程施工合同造成的损失,这个损失可以通过法院调查进行查明,但是这种损失不属于发包人索赔鉴定的范围。这种鉴定超出造价咨询企业的经营范围。

因此,索赔中损失是否可以申请鉴定还应做具体分析,但总体而言,一概排除施工方损失鉴定的做法是不当的。

二、超出索赔时间是否失权

建设工程施工合同中,双方约定一旦发生索赔事件施工方应当在约定时间之内向发包人提出索赔要求,如果施工方未在规定时间内提出索赔要求,索赔权利是否丧失是一个值得探讨的问题。施工方超出索赔时间向发包人提出索赔申请,此时索赔结果如何,试看一则案例。

案 例 二

中铁十六局与北海美凯龙公司等诉讼案①

当 事 人

上诉人(原审原告、反诉被告):中铁十六局

上诉人(原审被告、反诉原告):北海美凯龙公司

被上诉人(原审被告):北海中翔公司

被上诉人(原审被告):泓盛公司

① 参见最高人民法院民事判决书,(2020)最高法民终 1156 号。

案例介绍

鉴定机构就中铁十六局索赔部分出具的鉴定意见，一审法院不予采信。理由如下：北海美凯龙公司与中铁十六局于2015年1月14日签订的《施工合同》为有效合同，对合同当事人具有法律约束力。该《施工合同》第二部分通用合同条款第19.1条已明确约定：(1)承包人应在知道或应当知道索赔事件发生后28天内，向监理人递交索赔意向通知书，并说明发生索赔事件的事由；承包人未在前述28天内发出索赔意向通知书的，丧失要求追加付款和(或)延长工期的权利。(2)承包人应在发出索赔意向通知书后28天内，向监理人正式递交索赔报告；索赔报告应详细说明索赔理由以及要求追加的付款金额和(或)延长的工期，并附必要的记录和证明材料……中铁十六局作为承包人，应按照《施工合同》约定的上述时间、程序及要求进行索赔，不按照《施工合同》的约定进行索赔，应承担《施工合同》约定的"丧失要求追加付款……"的法律后果。而经查实，在该案诉讼中，中铁十六局没有提供证据证实其已按照《施工合同》的约定向北海美凯龙公司提出过索赔主张，而北海美凯龙公司对中铁十六局单方提供的索赔材料均不予认可。由于鉴定机构出具的中铁十六局赔偿金额暂定为11,354,364.48元的鉴定意见，是基于中铁十六局单方提供的索赔材料并在不确定各分项索赔是否成立的情况下经计算提出的建议，因此，一审法院对鉴定机构出具的北海美凯龙公司赔偿金额暂定为11,354,364.48元的鉴定意见不予采信。据此，一审法院认为，中铁十六局诉请北海美凯龙公司赔偿经济损失11,354,364.48元的事实依据不足，一审法院不予支持。

中铁十六局就索赔不服提出上诉，理由主要有：中铁十六局与北海美凯龙公司于2015年1月14日签订《施工合同》的目的并非履行该合同，而是为了应付行政主管部门监管要求，办理备案手续及施工许可证，《施工合同》并非当事人的真实意思表示，合同条款无效。一审法院因适用无效的《施工合同》通用条款的约定，而错误认定中铁十六局因逾期索赔而丧失要求追加付款的权利。

二审法院认为：关于索赔事项问题，《施工补充协议》约定："解释顺序为：1.《施工补充协议》;2.《施工协议》;3.《施工补充合同》;4.《施工合同》""本补充协议约定内容与原协议不相符的，以本补充协议条款为准，本补充协议未作特别约定的内容，按照原协议的相关约定执行……"因案涉合同均为有效合同，

《施工补充协议》《施工协议》均未就索赔事项作出约定,而《施工合同》第二部分通用合同条款第19.1条对索赔期限和索赔程序作出了明确约定,应当按照《施工合同》关于索赔事项的约定履行。一审法院认定,中铁十六局无证据证明其已按照《施工合同》的约定向北海美凯龙公司提出过索赔主张,中铁十六局应当承担《施工合同》约定的"丧失要求追加付款"的法律后果,并无不当。鉴定机构在不确定各索赔事项是否成立的情况下,作出北海美凯龙公司赔偿金额暂定为11,354,364.48元的鉴定意见,应不予采信。

案例评析

这是一则施工方超出合同约定的索赔时间提出索赔主张,法院认定施工方索赔失权的案例。该则案例法院的裁判价值导向是合同当事人应严格遵守双方之间的程序约定。

笔者不清楚施工方为何会超出约定的时间索赔。施工方试图通过三个方面的抗辩达到没有超出索赔时间的目的。第一,认为该案双方履行的真实合同不是2015年1月14日签订的《施工合同》;第二,认为该案施工合同无效;第三,施工方在索赔时间内提出过索赔主张,并不是在索赔时间内没有提出过索赔主张。可惜这三个方面理由均未被法院采纳。实践中,在合同有效情形下,笔者也看到个别案例中审判人员认为索赔不应失权,不过这种对施工方有利的案例非常少。笔者认为,严格遵循合同中双方当事人的意思表示,超出约定时间索赔失权的认定并无不当。

案例给出的教训是深刻的。笔者曾经在本书第六章"工程款计价调整"中提出发承包双方应严格遵守双方约定的程序性规定。合同中的程序性规定意义重大,一旦违背程序规定,导致的结果可能是全局性的失败。

从另一角度考虑该案的鉴定问题,笔者认为,鉴定必要性原则在该案中未能充分贯彻。如果审判人员认为本案已超过索赔期限,应当对施工方进行鉴定必要性的释明。索赔是否失权,这是鉴定之前法院就可以查明的事实或得出的结论。按照审判人员的审案思路,索赔已经失权,鉴定已无任何必要。然而,该案当事人一方提出鉴定申请后,审判人员同意其鉴定申请,而当事人缴纳了鉴定费用作出鉴定结论后,审判人员又因索赔失权而未能采纳鉴定结论。鉴定机构进行鉴定本身没有错误,因为鉴定机构接受法院委托交付工作成果。在鉴定结论出具之后因不符合合同中的程序性规定而不采纳鉴定意见,不仅导致施工方本身的索赔主张不被支持,而且导致施工方在索赔损失之外又产生一笔鉴定费用的损失。这同样是对司法资源的浪费。

案例中的合同被法院认定为有效。假如合同被认定为无效,无效合同中约定的索赔时间是不是对双方仍然有约束力也是一个值得探讨的问题。对此,笔者在本书第十九章“无效合同下的工程款”中进行分析与探讨。

案例为施工方作出如下风险提示:对于合同中的程序性规定,施工方需要引起足够重视,否则将带来不可估量的损失。超出约定时间索赔失权已经成为司法裁判主流观点。因此,施工方应严格遵守程序性规定,索赔时间临近结束时应做出风险预警。索赔时间内提交索赔材料并保留相关证据为最稳妥的做法。

第二节　四类索赔计算

施工方向发包人进行索赔,常见的索赔原因分为:工期延长索赔、工程加速索赔、工程量增加或附加工程索赔、工程中断索赔。工程量增加或附加工程索赔类似于工程签证。工程索赔事项也包括工期索赔,工期索赔是指取得发包人对于合理延长工期的合法性的确认。由于工期索赔与本书追索工程款问题的主旨不符,故不列入本节探讨范围当中。

上述索赔中,索赔项目主要分为人工费索赔,材料费索赔,机械费索赔,利润(可得利益)损失索赔,企业(总部)管理费索赔,工地管理费索赔,贷款利息增加索赔,保险费、保函费增加索赔,工程保护费索赔,周转材料租赁损失索赔,临时设施费索赔等。材料费索赔与机械费索赔有相似性一面。贷款利息增加、保险费增加、保函费增加等索赔依据相关材料可以据实计算得出。工地管理费增加与人工费增加有一致性的地方。考虑到本节主要探讨工程款索赔计算的问题,笔者选取有代表性的四类索赔计算进行探讨,即人工费索赔计算、机械费索赔计算、利润(可得利益)索赔计算、企业(总部)管理费索赔计算。

一、人工费索赔计算

在工程中断、工期延长及发包人指令加速情形下均可能出现人工费索赔。工程中断、工期延长情形下产生的人工费索赔，是因为施工条件不足导致施工方不合理的使用劳动力，生产效率降低，产生窝工现象甚至停工现象，此时施工方产生人工费损失而提出补偿要求。比如，本来应该180日完成的工程，最终350日完成，这其中肯定存在生产效率降低的问题。作为施工方，本来只需要支付180日内的人工费，但实际上可能支付了350日的人工费，也就是多支出170日的人工费，因而会产生人工费的索赔问题。

而在指令加速的情况下，施工方需要增加劳动力投入时也可能导致生产效率降低的问题，比如，劳动作业因为人数增加而导致相互干扰作业的情况发生。虽然工程加速情况下不存在停工现象、窝工现象，但是也会造成生产效率降低并产生人工费损失。在工程加速情况下如何计算人工费损失更加复杂，因为涉及工程中关键工序的施工时间问题、是否平行施工问题及是否考虑24小时工作制问题。

无论区别在哪里，诉裁机关在认定人工费损失时规则不一样。就停工、窝工而言，各地法院对于人工费损失索赔计算的认定规则尽显不同思路。

(一)典型案例

案例一

华建公司与栩宽公司诉讼案①

当事人

上诉人(原审原告)：华建公司

被上诉人(原审被告)：栩宽公司

案例介绍

一审法院没有同意原告提出的经济损失鉴定的申请。同时，一审法院认定

① 参见最高人民法院民事判决书，(2020)最高法民终132号。

工程停工期间为2015年3月至2016年9月。

华建公司主张人员工资损失为1665.22万元。具体分为四部分:第一部分为管理人员工资:华建公司主张在2015年3月6日至5月21日产生管理人员工资1,971,949.05元,在2015年5月22日至12月31日产生管理人员工资2,754,140.03元。第二部分为保卫人员工资:2015年3月6日至5月21日产生保卫人员工资51,718.67元,2015年5月22日至12月31日产生保卫人员工资损失135,612.1元。第三部分为因与案外人签订解除协议而产生的2015年3月6日至5月21日劳务管理人员工资260.61万元、劳务保卫人员及勤杂人员工资123.08万元、土建工人工资694.54万元、水电安装管理人员工资18.48万元、水电安装工人工资55.44万元;在2015年5月22日至12月31日产生劳务管理人员工资损失130.91万元、劳务保卫人员及勤杂人员工资损失77.72万元。为此,华建公司举示了华建重庆分公司与案外人龙攻公司签订的《解除重庆佳程广场5#-7#楼及地下室土建劳务分包合同协议》,拟证明华建公司应向龙攻公司支付劳务管理人员工资、劳务保卫人员及勤杂人员工资、土建工人工资。华建公司还举示了华建重庆分公司与案外人扬建重庆分公司签订的《解除〈重庆佳程广场二标段安装工程施工分包合同〉协议》,拟证明根据该协议华建公司应向扬建重庆分公司支付水电安装管理人员工资、水电安装工人工资。第四部分为现场看护人员工资:2016年1月1日至9月30日产生现场看护人员工资21.74万元。

一审法院认为,第一部分工资依据“停工期间人员工资—管理人员工资”(2015年3月、4月)、多份“停工期间人员工资—江苏华建管理人员工资”(2015年4月至12月)与公司人员陶某银行账户活期明细认定实际损失。该部分工资为1,038,447.23元(267,874.37元+87,340元+342,409元+175,785.34元+79,637.32元+85,401.2元),该部分工资可以认定为华建公司在2015年3月至12月产生管理人员工资损失。

第二部分工资,一审法院依据“停工期间人员工资—保卫人员工资”(2015年3月至12月)与“临时工工资发放表”(3月、4月)、“临时工工资发放表”(7月、8月、9月、10月、11月、12月)相对应的内容,认定华建公司在2015年3月至12月产生保卫人员工资损失为74,520元(41,400元+33,120元)。

第三部分工资,一审法院认为,华建重庆分公司与案外人龙攻公司、扬建重庆分公司达成的解除合同协议真实性未获得栩宽公司认可,案外人未参与本案诉讼,无法确定赔偿的真实性。即使前述协议真实,华建公司并未举示该司已经向案外人龙攻公司、扬建重庆分公司支付前述人员工资的证据,不能证明损失实际发生,故不能要求栩宽公司承担损失。

第四部分工资,一审法院依据"停工期间人员工资—现场看护人员工资"(2016年1月至9月)、签名的"临时工工资发放表"及个别人员工资实际支付情况,认定2016年1月1日至9月30日华建公司产生现场看护人员工资损失为107,772元(3608元×9月+3000元×9月+2300元×3人×3月+2300元×2人×6月)。

综上,华建公司在2015年3月因为进度款的支付问题而停工后直至2016年8月解除合同期间,因案涉施工合同尚未解除,案涉工程尚由华建公司合法占有,其在2016年9月以前产生合理的管理人员工资及为看护现场而支付的人员工资应当作为停工损失由栩宽公司承担。前述工资损失共计1,220,739.23元(1,038,447.23元+74,520元+107,772元)。

华建公司对人工损失费提出上诉,认为:(1)应增加2015年3月至12月华建公司管理人员工资损失42.69万元。原审判决遗漏2015年3月和4月李某工资16,499元,少判管理人员中临时工工资200,180元;原审判决按职工实际到手的工资金额认定工资损失,少判华建公司发放工资部分税费210,209元。(2)应增加2015年3月至12月保卫人员工资损失55,280元。(3)应增加2015年3月至12月停工期间,华建公司支付给劳务公司的停工损失10,782,281元。栩宽公司违约不支付工程款,华建公司被迫停工,与华建公司签订劳务分包协议的龙攻公司也被迫停工。2016年9月12日华建公司与龙攻公司签订解除劳务分包合同协议,并协商确定赔偿龙攻公司停工损失10,782,281元,该协议无法取得栩宽公司认可,龙攻公司无法以本案当事人身份参与诉讼。华建公司的证据48证明其已向龙攻公司支付停工损失、解除合同损失1500万元。原审判决以该协议栩宽公司不认可、案外人未参与诉讼、无法确定赔偿的真实性为由,不予支持该部分损失错误。(4)应增加2016年1月至9月现场看护人员吕某的工资税费8847元。

二审法院组织庭前会议,双方在一审认定的人工损失的基础上对其他人工损失进行确认。具体包括:(1)华建公司主张的李某等工资16,499元,栩宽公司予以认可。(2)华建公司主张的2015年3月至12月管理人员工资200,180

元中,5 月工资 27,000 元、6 月工资 20,307 元因无领用人员签字,双方当事人一致同意予以扣除;其余人工工资 152,873 元(200,180 元 − 27,000 元 − 20,307 元),栩宽公司予以认可。(3)关于华建公司主张的 2015 年缴纳社保明细所涉工资税费 210,209 元,栩宽公司认可华建公司缴纳部分计 154,567.16 元,不认可个人缴纳部分计 55,641.84 元;华建公司亦同意不再主张个人缴纳部分 55,641.84 元。(4)关于 2015 年 3 月至 12 月保卫人员工资损失 55,280 元,其中,5 月、6 月工资共计 29,000 元(14,500 元 ×2 月)因无领用人员签字,双方当事人一致同意予以扣除。其余 26,280 元,栩宽公司予以认可。(5)关于华建公司主张停工损失 295,243.31 元/天的费用,华建公司明确该费用系停工期间产生的防护周转材料租赁费、现场看护人员工资。经双方当事人协商,一致同意现场防护周转材料租赁费按照每天 1745 元 ×60% 计算,起算时间为合同解除之日,截止日期为 2020 年 9 月 2 日;现场看护人员工资按照 3000 元/(人·月)、共二人的标准计算。《施工总承包合同》于 2016 年 8 月 9 日解除。故该部分费用为:现场防护周转材料租赁费:每天 1745 元 ×60% ×(365 天 ×4 年 +25 天) = 1,554,795 元,现场人员看护费:3000 元/(人·月) ×2 人 ×48 月 +3000 元/(人·月) ×2 人 ×(25 天 ÷30 天) =293,000 元;两笔费用共计 1,847,795 元。

二审法院对人工费进行部分增加,具体增加如下:李某等工资 16,499 元 + 管理人员工资 152,873 元 +2015 年缴纳社保明细所涉工资税费 154,567.16 元 + 保卫人员工资 26,280 元 + 停工期间看护人员工资及周转材料租赁费 1,847,795 元。针对华建公司提出的其支付给案外人龙攻公司停工损失 10,782,281 元,二审法院认为不应认定为案涉工程实际发生的停工损失。华建公司主张其支付给案外人龙攻公司停工损失 10,782,281 元,并举示了《解除重庆佳程广场 5# −7#楼及地下室土建劳务分包合同协议》,2017 年 1 月 25 日、26 日支付给龙攻公司 500 万元、1000 万元两笔款项的银行凭证,摘要均为工程款。但是,该协议系华建公司与案外人龙攻公司签订,与栩宽公司无关,且栩宽公司不认可其真实性;该两笔共计 1500 万元款项的转账金额、银行流水所载摘要与前述协议约定不符。原审判决对该笔费用不予认定,并无不当。

案例评析

这是一则停工期间人工费损失由法院自行认定,裁判文书详细记载认定过程和认定依据的案例。该案例中对于人工费损失的认定,没有经过司法鉴定得出而是由审判人员依据相关证据考察得出。二审法院在一审法院认定的基础之上,结合庭前会议双方对某些事实的确认认定人工费损失。一审法院总体思路是要求证据之间相互匹配,依据匹配程度进行人工费损失的认定,并且人员性质不同,证据认定的标准也有所不同。第一部分人员为管理人员,法院认定该部分人工费损失依据支付工资的银行转账记录。如果转账人数及金额与工资表格中人数及金额不一致,以实际转账人数及金额为准。第二部分人员为保卫人员,法院认定该部分人工费损失主要依据临时工工资发放表。第三部分人员为案外人公司人员,因为相关证据材料真实性无法确认,法院未予认定该部分人工费损失。第四部分人员为看护人员,法院认定该部分人工费损失主要依据看护人员签字的工资发放表,个别未签字的人员通过公司人员陶某银行账户活期反映其工资收入,确认其收入标准。总体上,案例中对人工费损失的审查采取严格主义。另外,对于支付给案外人龙攻公司的损失部分,一审法院、二审法院未能支持施工方的主张。最终,法院认定的人工费损失与华建公司主张的金额相差巨大。案例中人工费损失认定规则可以称为严格主义规则。

案 例 二

宝陵公司与聚泉公司诉讼案[①]

当事人

上诉人(一审原告、反诉被告):宝陵公司

上诉人(一审被告、反诉原告):聚泉公司

被上诉人(一审被告):王某民

案例介绍

宝陵公司提出诉讼,要求判令聚泉公司、王某民共同支付停窝工损失3,299,447元等。

一审法院查明:案涉工程在施工中1#楼、5#楼存在停窝工事实。一审法院

① 参见陕西省高级人民法院民事判决书,(2018)陕民终972号。

认为:关于宝陵公司主张的停窝工损失,1#楼存在停工情况,但是依据2007年10月9日的《承诺书》,宝陵公司已经放弃主张1#楼主体二层以下停工等各种原因造成的损失,故宝陵公司现要求计算1#楼的停工损失,该院不予支持。5#楼的停工,双方认可的停工时间为2008年1月11日至4月30日,对于是否存在窝工情况,双方存在分歧,聚泉公司否认存在窝工,并以监理日志为依据。法院认为,从监理日志的内容来看,宝陵公司确有施工,但是施工进展明显缓慢,由于涉案工程未办理手续,被相关部门要求停工,1#楼、5#楼均属同一项目,相关部门采取不同政策的可能性不大,聚泉公司也未提交相关部门的文件,故该院采信宝陵公司的主张,认定5#楼存在窝工的情况。按照1999年陕西省工程定额的规定,停窝工的计算需要人工工日和大中型机械台班数量以及建设单位指定的工地代表签证,由于没有相应的数据,无法按照定额计算,考虑到停窝工属于事实,必然对宝陵公司造成损失,法院根据已查明的案件情况,酌情认定停窝工损失为1,200,000元。

宝陵公司提出上诉,认为根据原告交付法院的"城建档案《现浇混凝土全过程施工记录》"及被告提供的监理日记,1#楼停工时间154天,按定额相关规定计算应付1#楼停窝工损失2,156,388.33元,但法院未予支持。虽有1#楼放弃损失的承诺,那也是被胁迫的违心承诺,5个多月的停工损失分文不赔,明显不公。应付5#楼停窝工损失1,355,583.36元,应付1#楼、5#楼停窝工损失合计3,511,971.69元,但法院仅按1,200,000元判决不当,应增加停窝工损失2,311,971.69元。

二审法院认为:2007年10月9日宝陵公司出具《承诺书》,放弃了主张1#楼主体二层以下停工等各种原因造成的损失的权利。宝陵公司称该承诺书系其被胁迫的违心承诺,但其未提供相应证据加以证实。故其该项陈述,法院不予采信,原审依据该《承诺书》对宝陵公司关于计算1#楼的停工损失的主张,不予支持,并无不当。至于5#楼的停窝工损失问题,当事人双方认可5#楼的停工时间为2008年1月11日至4月30日,但停窝工损失的计算,按照1999年陕西省工程定额的规定需要有人工工日和大中型机械台班数量以及建设单位指定的工地代表签证,鉴于5#楼的停窝工损失缺乏相应的数据,故无法按照定额计算。而停窝工又确属事实,必然对宝陵公司造成损失,故原审根据已查明的案件情况,酌情认定停窝工损失为1,200,000元,符合情理,并无不妥。宝陵公司关于应全部支持其停窝工损失请求的理由,依据不足,法院不予采信。聚泉公司关于一审判决酌情认定宝陵公司停窝工损失为1,200,000元没有事实依据,判令其赔偿该停窝工损失,违背《民事诉讼法》"谁主张,谁举证"的基本法律原则的理由,与事实不符,法院亦不予采信。

案 例 三

宝陵公司与聚泉公司诉讼案①

当 事 人

再审申请人(一审原告、反诉被告、二审上诉人):宝陵公司

再审申请人(一审被告、反诉原告、二审上诉人):聚泉公司

二审被上诉人(一审被告):王某民

案例介绍

案例二纠纷案件二审作出判决后,宝陵公司提出再审。再审法院认为:5#楼停工确属事实,虽然会给宝陵公司造成损失,但因缺乏相应的人工工日、大中型机械台班数量以及建设单位指定的工地代表签证等,无法按照1999年陕西省工程定额计算,在此情况下,原审判决根据5#楼的停工时间,酌情认定停窝工损失为1,200,000元,并无不当。

案例评析

上述两则案例为一起纠纷引起的。宝陵公司申请作工程造价鉴定,但是并没有申请对停工、窝工损失进行司法鉴定。案例中宝陵公司的停窝工损失由两部分组成,根据宝陵公司自述,1#楼停窝工损失为2,156,388.33元,5#楼的停窝工损失为1,355,583.36元。两者相加停窝工损失合计3,511,971.69元。而1#楼的停工损失,法院认定宝陵公司已作放弃的表示。就剩余部分的损失而言,假如宝陵公司所述5#楼停窝工损失1,355,583.36元成立,法院酌情认定损失为1,200,000元,故一审法院、二审法院基本支持宝陵公司的损失主张,支持的比例达到90%以上。根据裁判文书,二审法院认为,"按照1999年陕西省工

① 参见最高人民法院民事裁定书,(2020)最高法民申2694号。

程定额的规定,停窝工的计算需要人工工日和大中型机械台班数量以及建设单位指定的工地代表签证,由于没有相应的数据,无法按照定额计算",在宝陵公司无法计算损失的情况下,法院仍然酌定宝陵公司损失为1,200,000元。法院采取了较为宽松的方式处理。

案例二、案例三追索工程款的时间跨度之长确实少见。停工时间发生在2008年,该案二审的时间为2018年。另外,施工方主张的损失没有将人工费、机械费单独作出区分,因而笔者无法认定该案中的人工费、机械费损失分别为多少。1,200,000元是包括人工费、机械费在内的全部停窝工损失。即使人工费、机械费没有单独区分,法院对于包括人工费损失、机械费损失的认定上较为宽松,笔者称上述两案的认定规则为宽松主义规则,或者可以称为酌情主义规则。

案例四

瑞泰公司与宏成公司诉讼案①

当事人

上诉人(原审被告):瑞泰公司

被上诉人(原审原告):宏成公司

案例介绍

宏成公司提出诉讼,要求瑞泰公司赔偿宏成公司停窝工损失7,836,398元等。一审诉讼中,法院委托造价咨询公司对工程造价进行鉴定及对22#楼、26#楼自2018年6月10日至今的停窝工损失进行鉴定。鉴定意见中不确定的工程造价如下:22#楼、26#楼的停窝工损失中,施工机械停窝工损失为683,949元,周转材料停窝工损失为213,046元,未完工程安全文明施工费为1,329,943元,未完工程企业管理费为3,096,096元,未完工部分施工利润为1,675,239元。

一审法院认定停工事实存在,同时认为:瑞泰公司未按合同约定支付工程进度款,导致工程停工,其行为已构成违约。对于生产工人停窝工损失,宏成公司提交的工资发放记录均是2018年6月10日以前的记录,没有提供停工以后

① 参见最高人民法院民事判决书,(2020)最高法民终1310号。

的工资发放记录,故宏成公司请求的生产工人停窝工损失缺乏证据证明,不予支持。

一审判决后,宏成公司未就人工损失部分再提起上诉。

案例评析

案例四中法院已经认定停工事实的客观存在,但是因为证据问题,不支持施工方停工损失中人工费损失。该则案例与本节案例一有相通之处,审判人员均认为需要有工资发放记录。两则案例也存在不同之处,案例一没有作损失鉴定,是通过审判人员对证据的认定得出人工费损失数额。案例四作了损失鉴定,鉴定机构分类罗列损失项目,只是司法鉴定报告中未有人工费损失项目。

案 例 五

中生公司、中生公司阳新分公司与园晟公司诉讼案[1]

当 事 人

上诉人(原审原告):中生公司

上诉人(原审原告):中生公司阳新分公司

上诉人(原审被告):园晟公司

案例介绍

中生公司、中生公司阳新分公司提出诉讼,要求园晟公司赔偿窝工损失5,206,771.57元等。一审法院认为:关于中生公司、中生公司阳新分公司主张园晟公司应赔偿窝工人工费损失问题,因中生公司、中生公司阳新分公司未提交有效证据证明窝工损失数额,亦未对此申请鉴定,故其该项诉讼请求缺乏事实依据,一审法院不予支持。

案例评析

该案例中,法院同样没有支持施工方提出的赔偿人工费损失的主张。依据判决文书,未能支持的原因有两个:第一个原因是施工方无证据证明损失的存

① 参见最高人民法院民事判决书,(2020)最高法民终766号。

在。第二个原因是施工方未能申请鉴定。虽然法院没有支持包括人工费在内的损失,但是,对于是否可以鉴定包括人工费在内的损失,案例五与案例一中审判人员的态度不同。

(二)综合分析

不同案例显示出法院对于人工费损失索赔的不同态度。

案例一、案例四、案例五遵循证据严格主义规则。三则案例法院均要求以较严格的证据来证明施工方人工费损失的存在。同时,三则案例又有区分。案例一中人工费损失完全由法院依证据认定得出。案例四中的鉴定意见未作出人工费损失鉴定,一审法院以鉴定意见为依据,同时考虑了施工方停工之后无工资发放记录这一客观情况,因而未能认定人工费损失。案例五中施工方因未申请鉴定同时又无证据证明损失存在,故法院未支持施工方人工费索赔。案例四、案例五中审判人员的态度是可以申请损失鉴定、不排斥鉴定。案例二、案例三中虽然没有鉴定停窝工损失,但法院对于包括人工费在内的停窝工损失以酌定方式得出。

显然,不同的法院对于人工费损失的认定标准不一。笔者认为,在停窝工事实确实存在的情形下,一概不予支持人工费损失不妥当。笔者搜寻了工程造价方面的专业书籍,发现确实有专业书籍介绍停工、窝工情形下人工费索赔的计算。

有专业书籍作如下介绍:

闲置人员人工费索赔额 = 闲置工时 × 投标时人工单价 × 折扣系数(一般为 0.75)[①]

该专业书籍也介绍了正常施工期与受影响施工期比较法计算劳动生产效率降低导致额外人工费支出的索赔。“这种方法是分别计算出正常施工期内和受干扰时施工期内的平均劳动生产率,求出劳动生产率降低值,而后求出索赔额。”[②]

---

① 参见《建设工程工程量清单计价规范详解及应用指南》,哈尔滨工程大学出版社 2009 年版,第 524 页。

② 《建设工程工程量清单计价规范详解及应用指南》,哈尔滨工程大学出版社 2009 年版,第 524 页。

$$人工费索赔额 = \frac{计划工时 \times 劳动生产率降低值}{正常情况下平均劳动生产率} \times 相应人工单价$$①

笔者认为，这一公式具有相当合理性。该公式通过劳动生产率的降低值算出计划工时内未完成的工程量，未完成工程量与正常情况下平均劳动生产率相比可以得出所需时间，时间乘以人工单价就能算出实际多投入的人工费。比如，找平施工项目，计划工时为 100 日，正常情况下平均劳动生产率为 100 平方米/日，而实际劳动生产率为 60 平方米/日，人工费为每日 80 元。降低的劳动生产率为 40 平方米/日（100 平方米/日 −60 平方米/日）。

依据该公式可以计算出人工费索赔额：

$$人工费索赔额 = \frac{100\,日 \times 40\,平方米/日}{100\,平方米/日} \times 80\,元/日 = 3200\,元$$

因为劳动生产率降低了 40 平方米/日，所以计划工时 100 日共生产了 4000 平方米的工程任务。这些工程任务在正常劳动生产率情况下，需要的工作时间为 40 日，而根据每日人工单价 80 元计算，40 日共需要支出 3200 元的人工费。

案例四、案例五均认可停工事实存在，但是没有支持人工费损失索赔。这说明建设工程造价理论与法律领域确实存在现实的差距。在建设工程领域中，理论上可以计算索赔数额，而在实践中客观存在停工、窝工现象下可能不会产生人工费的赔偿问题。

二、机械费索赔计算

与人工费损失索赔一样，在工程索赔中经常出现机械费损失索赔。在停工、窝工状态之下，机械处于停滞、半停滞使用状态。如果机械为施工方自有机械，此时会产生折旧费、保养费等。如果机械是施工方租赁而来，则会产生租赁损失。在工程加速情况下，机械为不经济的使用，也会产生机械费损失。当然，与人工费损失有不一样之处，机械费损失可能产生于租赁。

笔者选取两则机械费损失索赔案例，看一下法院是如何得出损失的金额的。

---

① 《建设工程工程量清单计价规范详解及应用指南》，哈尔滨工程大学出版社 2009 年版，第 524 页。

(一)典型案例

案例六

华建公司与栩宽公司诉讼案①

当事人

上诉人(原审原告):华建公司

被上诉人(原审被告):栩宽公司

案例介绍

华建公司主张的经济损失中包括停工期间塔基费用179.31万元。一审法院根据华建重庆分公司与案外人扬建重庆分公司签订的《重庆佳程广场项目二标段项目塔机租赁合同》约定,认定华建重庆分公司为佳程广场项目二标段的施工租赁QTZ80塔机五台,QTZ160塔机二台的事实。法院进而分析:华建公司于2015年10月8日起诉栩宽公司支付工程进度款的案件审理期间,栩宽公司并未做出不再履行合同的意思表示,华建公司尚有对收取进度款后继续履行合同的心理预期,故在2016年8月9日华建公司作出解除《施工总承包合同》的决定前,根据塔机的安装拆卸十分烦琐的特质,华建公司为后续施工考虑而未拆除塔机并无不当。华建公司在2016年2月已拆除五台塔机,并于合同解除后一个月之内拆除剩余二台塔机,其拆除塔机的时间并未超过合理期限,在此期间产生的塔机租赁费179.31万元属于华建公司的损失,应当由栩宽公司承担。一审判决后,华建公司并未就该部分不服提出上诉。

案例评析

该案例中,法院考虑施工方拆除机械设备的合理性问题及时间问题,据实认定停工期间施工方租赁机械导致的损失。案例中法院未允许对损失进行鉴定。根据裁判文书提供的信息,施工方提供了机械租赁合同作为证据。但是,笔者不清楚施工方是否提供了向第三方支付机械租赁费的支付凭证作为证据。

① 参见最高人民法院民事判决书,(2020)最高法民终132号。

如果施工方提供了支付凭证,该案判决当无问题;如果施工方没有提供支付凭证,则该案判决仍有值得商榷之处。

案例七

瑞泰公司与宏成公司诉讼案①

当事人

上诉人(原审被告):瑞泰公司

被上诉人(原审原告):宏成公司

案例介绍

一审诉讼中法院委托造价咨询公司对工程造价进行鉴定及对22#楼、26#楼自2018年6月10日至今的停窝工损失进行鉴定。鉴定意见:22#楼、26#楼的停窝工损失中,施工机械停窝工损失为683,949元,周转材料停窝工损失为213,046元,未完工程安全文明施工费为1,329,943元,未完工程企业管理费为3,096,096元,未完工部分施工利润为1,675,239元。宏成公司请求瑞泰公司承担宏成公司停窝工损失7,836,398元,包括施工机械停窝工损失683,949元。

一审法院认为:22#楼、26#楼施工机械停窝工损失为683,949元。其中包括瑞泰公司主张的不应计算的第二次现场勘验补充机械停工损失81,273元。瑞泰公司主张第二次现场勘验补充机械是宏成公司从其他工地拉到案涉现场的,对第二次现场勘验记录不认可,主张对第二次现场勘验的施工机械不应计算停工损失。对此,宏成公司提供了案涉现场机械相关情况的公证书,一审法院认为公证书客观真实,故宏成公司主张的事实成立,应予确认。瑞泰公司主张现场三台电梯有两台为案涉工程使用、六台砼搅拌机还没有使用,故主张不应计算一台电梯、六台砼搅拌机的停工损失203,601元。但瑞泰公司对该事实没有提交证据证明,该部分设备客观存在,是为案涉工程准备的设备,符合常理,瑞泰公司的主张缺乏证据证明,也不符合实际情况,故宏成公司的主张成立,应予支持。

① 参见最高人民法院民事判决书,(2020)最高法民终1310号。

案例评析

与案例六不同，案例七中一审法院对施工方停工机械费损失通过司法鉴定得出。案例七中机械不是施工方租赁而来的。不过非常遗憾的是，笔者无法通过鉴定结论推算出案例七中的鉴定机构是如何计算出机械费损失的。

（二）综合分析

笔者认为，在工程停工、窝工状态之下，机械费损失为必然发生的费用。在租赁机械的情况下，依据相关证据材料直接认定相关损失并无不当。在自有机械的情况下如何认定机械费损失，存在以下两个疑问。

第一，计算机械费损失时，索赔应计算机械费构成的七项内容中的哪几项不清楚。依据建标[2013]44 号文，机械费的七项内容分别为折旧费、大修理费、经常修理费、安拆费及场外运费、人工费、燃料动力费、税费。在停工、窝工状态之下应当计算上述七项内容中的哪几项？在机械停滞状态之下，上述七项内容可以分为三类：一定发生、一定不会发生、可能会发生。其中，折旧费一定会发生，燃料动力费一定不会发生，大修理费、经常修理费、安拆费及场外运费、人工费、税费可能发生也可能不发生。在机械停滞状态之下，机械费损失是包括全部项目，还是部分项目，亦是全部项目的一定比例并不清楚。笔者无法通过案例中的鉴定意见探明鉴定结论的得出依据。

第二，窝工状态下机械台班数应如何计算不清楚。比如，某一机械设备一共窝工 100 小时，此时应计算多少台班数不可知。据笔者所知，到现在为止并未形成全国性统一计算窝工期间机械台班数的规则。是否应该存在一个相对明确的计算规则以统一司法实践中机械台班停滞损失的认定，这是案例给出的思考。

三、利润（可得利益）索赔计算

建设工程施工合同解除情况（未完工）下，会产生利润（可得利益）的索赔事项。一般而言，施工方按照合同正常施工可以获得一定的利润。然而，现在合同解除，施工没有完毕，施工方获得的利润比工程全部完工状态之下获得的利润减少，于是就产生了利润（可得利益）索赔。针对利润（可得利益）索赔，不同的法院也有不同的裁判规则。

(一)典型案例

案例八

城建公司与首开公司诉讼案①

当事人

上诉人(一审原告):城建公司

上诉人(一审被告):首开公司

案例介绍

城建公司提出判令首开公司向城建公司支付预期利润损失6,193,929元等诉讼请求。一审法院查明:案涉工程经两次冬季停工。后由于设计方案有较大调整,项目未实际施工完毕。城建公司请求依法对其已完工工程造价以及因首开公司单方停工给其造成的一切损失(包括实际损失及预期利润)进行司法鉴定。鉴定机构鉴定意见为:无争议部分为148,140,448元,有争议部分为17,092,208元,索赔部分为21,486,567元。预期利润鉴定机构采用的鉴定方法是(中标金额-现完成金额)×投标利润率。鉴定机构对城建公司的实际损失及预期利润损失两项合计,鉴定为21,486,567元。

一审法院认为:该案因首开公司单方停工,由此给城建公司造成的损失,首开公司应当给予赔偿。赔偿范围包括因停工给城建公司造成的实际损失和城建公司的预期利润损失。对预期利润鉴定机构采用的鉴定方法是(中标金额-现完成金额)×投标利润率。鉴定机构对城建公司的实际损失及预期利润损失两项合计,鉴定为21,486,567元。该索赔数额属于城建公司损失中的合理部分,考虑到城建公司同时负有采取积极措施避免损失扩大的义务,对该鉴定数额一审法院予以确认。一审法院作出判决:首开公司给付城建公司补偿款及预期利润合计21,486,567元②等。

① 参见最高人民法院民事判决书,(2020)最高法民终1042号。

② 一审法院对补偿款及预期利润未分别作出判项。

一审判决后，首开公司提出上诉，要求改判补偿金及预期利润为9,974,799元。具体认为：索赔部分预期利润为4,604,089元，一审法院援引《合同法》第一百一十三条之规定，适用法律错误等。

二审法院认为：该案系因首开公司原因，致使合同不能继续履行，首开公司应赔偿城建公司的损失。鉴定机构根据城建公司提供的证据，对其主张的损失中合理部分及预期利润损失出具鉴定意见，确定索赔部分金额为21,486,576元。预期利润属于应由违约方承担的部分，一审法院采信鉴定机构的意见，根据《合同法》第一百一十三条规定判决首开公司支付城建公司补偿款及预期利润合计21,486,567元，有事实依据和法律依据。首开公司主张上述费用不应支持，缺乏依据，法院不予支持。

案例评析

如果仅从一审判决结果看，该案例中法院判决支持施工方的预期利润是多少并不清楚。因为一审法院判决中的21,486,567元是包括预期利润与补偿款在内的两笔费用。

根据首开公司上诉理由，经笔者推测，案例中鉴定机构鉴定的预期利润数额应为4,604,089元。这是一则法院判决支持鉴定机构鉴定出的全部预期利润的案件。城建公司一审主张的预期利润为6,193,929元，两相比较，法院支持了施工方主张的70%左右预期利润。

总之，案例中法院按照鉴定机构意见全额计算利润，是一则对施工方有利的案例。

案 例 九

瑞泰公司与宏成公司诉讼案①

当事人

上诉人（原审被告）：瑞泰公司

被上诉人（原审原告）：宏成公司

① 参见最高人民法院民事判决书，（2020）最高法民终1310号。

案例介绍

一审诉讼中,法院委托造价咨询公司对工程造价进行鉴定及22#楼、26#楼自2018年6月10日至今的停窝工损失进行鉴定。

鉴定意见:22#楼、26#楼的停窝工损失中,施工机械停窝工损失为683,949元,周转材料停窝工损失为213,046元,未完工程安全文明施工费为1,329,943元,未完工程企业管理费为3,096,096元,未完工部分施工利润为1,675,239元。

一审法院认为:宏成公司主张的预期利润损失,鉴定机构计算的22#楼、26#楼未完工部分预期利润为1,675,239元。预期利润损失属于不确定的事实,受各种因素影响无法准确判定是否会产生该项损失。因此,宏成公司的主张缺乏事实根据,不予支持。就该结果,宏成公司未提出上诉。

案例评析

这是一则鉴定机构作出预期利润损失鉴定,但是法院不支持预期利润的案例。《造价鉴定规范》第5.8.5条规定:"因发包人原因,发包人删减了工程合同中的某项工作或工程项目,承包人提出应由发包人给予合理的费用及预期利润,委托人认定该事实成立的,鉴定人进行鉴定时,其费用可按相关工程企业管理费的一定比例计算,预期利润可按相关工程项目报价中的利润的一定比例或工程所在地统计部门发布的建筑企业统计年报的利润率计算。"根据这一规定,预期利润是需要计算的。该则案例反映出行业惯例与法律适用相冲突的现状。

案 例 十

保税中心与傅友公司诉讼案①

当 事 人

上诉人(原审被告、反诉原告):保税中心

被上诉人(原审原告、反诉被告):武汉傅友公司

原审被告:河南四建公司

案例介绍

武汉傅友公司起诉被告保税中心,要求赔偿原告可得利益(预期利润)(以

① 参见河南省驻马店市中级人民法院民事判决书,(2020)豫17民终3115号。

鉴定结果为准)损失。一审法院认定双方签订的建设工程施工合同为有效合同。一审法院委托驻马店市建诚工程咨询有限公司进行可得利益损失鉴定。鉴定意见书鉴定结论:驻马店公共保税中心联检大楼工程未施工部分(装修+安装)可得利益(预期利润)为759,912.29元。对上述鉴定意见,经质证,原告武汉傅友公司予以认可,被告保税中心、河南四建公司不予认可。

一审法院认为:保税中心联检大楼工程未施工部分(装修+安装)可得利益(预期利润)为759,912.29元,根据相关法律规定,当事人不履行合同义务或履行义务不符合约定,应当赔偿损失,包括合同履行后可以获得的利益,保税中心在未解除与武汉傅友签订的原合同的情况下,又与河南四建公司签订新的合同,造成原合同履行不能,给原告造成损失应予赔偿,该可得利益予以支持。一审判决后,保税中心提出上诉,认为一审法院判决其赔偿武汉傅友公司可得利益损失759,912.29元,缺乏事实和法律根据。

二审法院认为:由于保税中心在未解除与武汉傅友公司签订的原合同的情况下,又与河南四建公司签订新的合同,造成原合同履行不能,给武汉傅友公司造成可得利益损失,一审法院委托驻马店市建诚工程咨询有限公司,该公司就案涉联检大楼工程未施工部分(装修+安装)可得利益(预期利润)进行鉴定,鉴定意见为759,912.29元。《合同法》第一百零七条规定,"当事人一方不履行合同义务或者履行合同义务不符合约定的,应当承担继续履行、采取补救措施或者赔偿损失等违约责任"。一审法院认定武汉傅友公司该笔损失,并无不当。

案例评析

该案例中,建设工程施工合同解除后,施工方要求发包人支付预期利润,诉讼中经鉴定机构鉴定得出预期利润,法院采信鉴定意见,判决支持施工方要求发包人支付预期利润。案例十中的审判人员与案例九中的审判人员采取了完全不同的两个思路。

(二)综合分析

三则案例中,案例八、案例十法院均采信鉴定机构意见支持全部预期利润索赔。案例九法院未采信鉴定机构意见,未支持预期利润索赔。案例发生时适用的法律为《合同法》。根据《合同法》第一百一十三条第一款①的规定,可得利益损失是违约方应当赔偿给守约方的损失。不支持预期利润的裁判法理上讲不通。笔者不认同案例九的裁判结果。

案例八中预期利润是如何得出的?判决文书显示,鉴定机构计算预期利润的公式为:(中标金额 - 现完成金额)×投标利润率。笔者认为,这个计算公式存在不妥。因为计算公式中的中标金额、现完成金额均已包含利润金额。中标金额减去现完成金额自然已包含利润。(中标金额 - 现完成金额)×投标利润率至少多计算了利润的利润。即使按照此种逻辑计算预期利润,计算公式也应当是:[(中标金额 - 中标金额中所含利润) - (现完成金额 - 现完成金额中所含利润)]×投标利润率。无论是上述第一个公式还是第二个公式,笔者均不同意以此种方法计算预期利润,笔者会在下文中一并作出分析。

案例十中把全部预期利润计入损失并判决发包人支付,这对于发包人而言未必公平。因为该全部预期利润是在施工方履行全部合同的情况之下才可能获得的利润,这个时间可能需要三个月、六个月,甚至更长时间。在合同解除后,施工方无须继续投入人材机费用,也没有时间成本。在此情况下,施工方可以将预期利润全部占有,法律依据在哪儿?笔者认为,建设工程施工合同解除或工程未完工情形下,预期利润的计算与其他合同违约时可得利益的计算应存在区别。在建设工程施工合同解除的情况之下,施工方是有可能在一定时间内获得其他商业机会的。《合同法》中第一百一十九条第一款②应予以特别关注。将该条款与建设工程领域合同解除的情况相结合可以得出如下结论:建设工程施工合同虽然解除,但是在解除合同至合同如不解除施工方施工完毕的长时间内,施工方是存在其他商业机会的。施工方在合同解除后的合理时间内没有寻找到其他商业机会可以视为施工方损失的不当扩大。因此,笔者不赞成案例十中的裁判结果。这也是笔者不同意案例八中以投标利润率公式计算预期利润的理由。因为案例八中的计算公式也是计算了全部的预期利润(可得利益)。

---

① 《合同法》第一百一十三条第一款:"当事人一方不履行合同义务或者履行合同义务不符合约定,给对方造成损失的,损失赔偿额应当相当于因违约所造成的损失,包括合同履行后可以获得的利益,但不得超过违反合同一方订立合同时预见到或者应当预见到的因违反合同可能造成的损失。"

② 《合同法》第一百一十九条第一款:"当事人一方违约后,对方应当采取适当措施防止损失的扩大;没有采取适当措施致使损失扩大的,不得就扩大的损失要求赔偿。"

《合同法》虽已失效,但《民法典》第五百八十条及第五百九十一条第一款与《合同法》中的条文类似。利润(可得利益)索赔计算问题,法理上并未发生变化。

四、企业(总部)管理费索赔计算

现在的定额费用中只有企业管理费名称,没有总部管理费名称,但是在一些判决文书中会出现总部管理费名称,在有关工程造价类书籍中也可以见到总部管理费名称。笔者将企业管理费与总部管理费作同一概念理解。在延长工期的情形下确实会产生企业管理费的增加,因而引起企业管理费的索赔。

案例十一

瑞泰公司与宏成公司诉讼案[①]

当 事 人

上诉人(原审被告):瑞泰公司

被上诉人(原审原告):宏成公司

案例介绍

一审中法院委托造价咨询公司对工程造价及22#楼、26#楼自2018年6月10日至今的停窝工损失进行鉴定。鉴定意见为22#楼、26#楼的停窝工损失中,施工机械停窝工损失为683,949元,周转材料停窝工损失为213,046元,未完工程安全文明施工费为1,329,943元,未完工程企业管理费为3,096,096元,未完工部分施工利润为1,675,239元。

一审法院认为:关于22#楼、26#楼企业管理费损失,依据鉴定结论,22#楼、26#楼未完工部分的企业管理费因未计算工程造价,企业管理费未计算。鉴定机构建议22#楼、26#楼未完工部分的企业管理费应按3,096,096元的20%~30%计算。瑞泰公司主张宏成公司工作人员早已撤场,不应当再计算企业管理费。双方提交的工作联系函等证据证明,2018年6月10日停工后,双方对复工及结算事宜仍在协商,故企业管理的事实客观存在,结合案件实际情况,对企业管理费

① 参见最高人民法院民事判决书,(2020)最高法民终1310号。

损失按20%计算为宜,22#楼、26#楼未完工部分的企业管理费应为619,219.20元。就该结果,双方未提出上诉。

案例评析

该案例中,法院并没有依据鉴定机构鉴定得出的未完工部分的全部企业管理费作为施工方应获得的费用,而是参照鉴定人员给出的未完工部分的全部企业管理费的20%~30%建议酌情支持20%。鉴定机构计算的全部企业管理费金额为3,096,096元,法院酌定以20%计算企业管理费。20%这一数值是审判人员酌定的数值。笔者认为,全额计取企业管理费确实不当。因为这无异于施工方取得履行的全部利益。

笔者曾经看过一本造价专业书籍介绍恩特勒(Eichleay)法在工程延期索赔中如何计算公司管理费。工程延期索赔中公司管理费的计算采用的公式如下:

$$\text{延期合同应分摊的管理费(A)} = \frac{\text{延期合同额}}{\text{同时期公司所有合同额之和}} \times \text{同期公司总计划管理费}$$[1]

单位时间(日或周)管理费率(B) = A ÷ 计划合同期(日或周)[2]

管理费索赔值(C) = B × 延期时间(日或周)[3]

根据上述计算步骤,公司管理费是通过恩特勒法中上述三个公式计算得出的。仔细看这三个公式,它们的思路是先求得延期合同应分摊的管理费,再依次计算管理费率、管理费索赔值。

依据该计算公式,管理费索赔值的得出需要几个关键数据的支持。比如,延期合同额、同期公司所有合同额之和、同期公司总计划管理费。这三个数据,尤其是同期公司所有合同额之和、同期公司总计划管理费,很难考证。至今搜索的裁判案例中,笔者未发现依该公式计算企业管理费损失的案例。笔者提供的三则案例中也均未提到恩特勒法或上述计算公式。因此,恩特勒法在实践中

---

① 《建设工程工程量清单计价规范详解及应用指南》,哈尔滨工程大学出版社2009年版,第524页。

② 《建设工程工程量清单计价规范详解及应用指南》,哈尔滨工程大学出版社2009年版,第524页。此处引用,原公式中为"日式周","日式周"疑为疏忽导致的错误,应为"日或周",故正文中作出调整。

③ 《建设工程工程量清单计价规范详解及应用指南》,哈尔滨工程大学出版社2009年版,第524页。此处引用,原公式中为"日式周","日式周"疑为疏忽导致的错误,应为"日或周",故正文中作出调整。

几乎无适用可能。可是在工期延长的情形下,企业(总部)管理费损失又是确实发生与客观存在的。案例十一中采取酌定方式,依未完工部分全部企业管理费的一定比例计算企业管理费也许是一个可行及相对简单的方法。

第三节　总结与思考

本章第二节提供的案例分别涉及停工、窝工情形下人工费、机械费、企业(总部)管理费索赔计算,合同解除情形下利润(可得利益)索赔计算。

一、总结

(一)索赔标准的模糊性

在法律与建设工程造价领域,对于工期延长情形下人工费损失、机械费损失、企业管理费损失、合同解除情形下的利润损失,即使在索赔事件背景相同情形之下,似乎没有一个可以供参考的标准作为借鉴或指导。正如不同的人眼中有不同的哈姆雷特一样,不同的人眼中有不同的索赔理解。也许这个说法有些夸张。但是,不可否认的是发承包双方及鉴定人员各有主张。施工方计算出一个索赔款项、发包人抗辩提出一个索赔款项、鉴定机构鉴定出另一个索赔款项,似乎很难看到三者在一个标准模式下探讨索赔的数额,这不得不说是一个尴尬处境。

司法实践中,在停工、窝工事实明确的情形下如何计算停工、窝工机械费损失困难重重。例如,一台打桩机在工程项目上窝工 24 小时,是计算一个台班,还是计算 1.5 个台班?还是计算 3 个台班?很难找到具体的窝工计算标准。又如,设备停工闲置不产生功效的情况下,除折旧、必要的养护外,设备正常消耗基本停止,可否按正常台班价计算停工损失?如何计算停工损失?这均不明确。

(二)索赔裁判的随意性

就利润索赔而言,实践中有支持的案例,也有不支持的案例。支持的案例又存在全部支持的案例和部分支持的案例。似乎这种案件施工方只能“碰运气”,碰到理解支持的法官,施工方似乎可以宽心;碰到不予支持的法官,施工方不免眉头紧皱。

又如,在停工、窝工事实确实存在的情况下,施工方没有证据证明损失的存在,这种情况下有全部驳回施工方人工费索赔的案例,也有酌情支持的案例。

(三)索赔环节的分离性

索赔环节的分离,是指索赔数额的理论计算、索赔鉴定、案件裁判三个环节存在一定的脱节情况。

索赔数额的理论计算与鉴定环节分离。索赔数额的理论计算中损失认定方法未必在实践中可以运用。比如,前文提到的通过正常施工期与受影响施工期比较法计算人工费索赔数额、计算企业管理费损失的恩特勒法,这些理论上的计算方法确实有其可取之处,但实践中笔者确实未看到有采取此种方式进行损失鉴定的案例。也就是说,理论上可能是比较好的损失计算方法,却无法在实践中展开适用。笔者认为,应有更加符合实践需要的索赔计算方法用以直接指导司法实践。

索赔鉴定与案件裁判环节分离。比如,预期利润的索赔案件,鉴定出的结果法院不予采纳。鉴定结论是否被法院采纳,确实要区分不予采纳的原因,鉴定结论可能是因程序严重违法而不予采纳,或者鉴定结论与其他证据明显相互矛盾而不予采纳。而在鉴定出预期利润损失的案例中,鉴定结论是否会被采纳取决于审判人员对法律的不同理解。对预期利润进行鉴定,鉴定结论本身并无错误可言。有的审判人员从可得利益损失本身不确定性的角度出发,得出预期利润不属于施工方损失的结论。

正因为上述状况的出现,在发生索赔事件后施工方主张权利还是不主张权利处在两难局面。如不主张权利,施工方心有不甘;如主张权利,施工方心里又没底。

二、思考

(一)折扣系数的设置

如何解决停工、窝工情形下损失确实客观存在,但是又无法证明损失多少时的索赔计算问题？笔者认为，应在索赔与证据缺失之间寻找平衡点。

实践中，索赔计算的总体原则一般有赔偿实际损失原则、合同原则、符合工程惯例原则。这些总体性的原则不会有争议。不过，总体性的原则只能起到宏观指导效果，遇到具体索赔项目计算时，仅以这几个总体性的原则进行处理显然不够。

索赔事件发生时，如果施工方能有证据证明实际损失多少，这种损失当然会被支持，但是更多的情形下，停工、窝工的客观事实存在，施工方的损失客观存在，只是无法计算或无法得出。无法计算或无法得出损失不代表没有损失，这种损失可能是证据原因导致的。如果以没有证据证明为由不支持施工方的任何损失，对施工方不公平。但是，完全以正常施工状态来认定停工、窝工状态下施工方的客观损失，对发包人也不公平。比如，停工情形下机械费损失如何计算的问题。机械设备在闲置的情况下，除养护、折旧外，机械设备的正常消耗基本停止，与正常施工时消耗的成本显然不一样。如果按正常台班计价计算机械设备损失对发包人明显不公。故有人提出，"结合建设工程分类管理的类别，在不改变现有各类建设工程项目定额台班标准和取费依据的情况下，由各类建设工程分类管理的官方机构或部门或者行业协会，专门针对各类建设工程项目的机械设备窝工，结合机械台班定额，制定窝工机械设备费用赔偿标准，并可以结合各类建设工程项目的难度系数制定调整系数，以此作为各类建设工程项目窝工索赔的指导性标准，至于窝工人工费用可以按照实际用工地的工日单位赔偿窝工人工费用"。[①]

笔者认为，调整系数的设置可行并且比较好的平衡了双方利益。这个系数如何进行科学设置还需要更多的调研资料及实证数据上的分析。

同时，在停工、窝工情形下，人工费的索赔也可制定一个调整系数，因为此时未完全使用劳动力，施工人员的身体消耗毕竟不同于正常施工状态。造价专业书籍中提到闲置人员人工费折算系数一般为 0.75[②]。笔者认为，调整系数可以考虑设置为不低于当地最低工资标准的程度。停工与窝工是两种不同的状

① 《建设工程窝工的认定及索赔》，载原创力文档网，https://max.book118.com/html/2021/1128/8140024065004046.shtm。

② 参见《建设工程工程量清单计价规范详解及应用指南》，哈尔滨工程大学出版社 2009 年版，第 524 页。

态，一个是完全闲置状态，另一个是半闲置状态，因此，窝工状态之下人工费的调整系数可以与停工状态之下的调整系数有所区别，此时调整系数比例可以更高。

（二）酌情考虑比例原则确立

这主要是在利润索赔及企业管理费索赔中进行考虑。

本章第二节案例八、案例十中，法院支持全部预期利润。笔者不认同此种结果。因为，这种裁判结果没有考虑到施工方继续得到预期利润需要付出后续时间成本问题及在解除合同后施工方在后续时间之内是极可能获得其他的商业机会问题。如果施工方一旦获得商业机会，这部分利益就应当从预期利润中进行相应扣减。笔者认为，从公平原则上考虑，利润索赔应在预期利润的基础上酌情考虑一个比例，这样才能平衡双方利益。在施工方直接损失已经得到补偿的情形之下，可以在预期利润20%～40%的范围内考虑该部分损失。比如，在合同解除后未施工部分的预期利润总金额为100万元，可以在20%～40%的范围内，即20万～40万元的范围内酌情考虑预期利润。

同样，企业管理费的索赔案件中也可以考虑上述酌情原则。在本章第二节案例十一中，法院就是在20%的基础上考虑企业管理费的。这种酌情考虑正是以公平原则作为出发点，维护实质公平。

016 第十六章

未完工程下的工程款

·导　读·

实践中,建设工程可能因各种原因而未能完成全部施工,此时就涉及未完工程下的工程款的结算问题及计取项目、计取标准是否发生变化的问题。本章不探讨以下三方面问题:合同解除条件是否具备的问题、一方违约或双方违约时的违约责任追究问题、未完工部分可得利润的索赔问题。同时,本章探讨工程款问题设置两个前提条件:第一,工程质量合格或者工程质量符合约定的标准;第二,建设工程施工合同对于未完工程的结算未作出特别约定。本章探讨建设工程施工合同已经解除,施工方符合获取工程款的条件下,发包人应向施工方支付多少已完工程款问题。

前文已述,工程款计价约定存在六种类型。与工程款计价约定对应,有六类施工合同——固定总价合同、固定单价合同、风险计价合同、清单计价合同、定额计价合同、成本加酬金合同。风险计价合同是在固定总价合同、固定单价合同基础上衍生的一种合同类型。成本加酬金合同实践中较少,在工程未完工情形之下,施工方酬金多少仍然依赖于建设工程成本的认定,其争议不具有显著性。清单计价合同、定额计价合同实际上也会有固定总价合同及固定单价合同的某些特点。因此,笔者不单独讨论清单计价合同及定额计价合同下未完工程下的工程款问题。笔者选取固定总价合同、固定单价合同作为切入点,探讨这两种合同类型下未完工程下的工程款问题。

本章主要探讨未完工程下的工程款三个方面的问题:未完工程下的工程款结算规则问题、计取项目、计取标准是否发生变化的问题。其中,计取项目是否发生变化以安全文明施工费中的考评费、奖励费应否计取为典型,计取标准是否发生变化以工程款下浮约定是否成立为典型。

第一节 结算规则

《2020年建设工程合同解释》第十九条对于施工过程中因设计变更导致工程量变化部分的工程款结算作出原则性规定。对于合同未履行完毕、工程未完工时如何结算已完工程的工程价款,《2020年建设工程合同解释》没有作出相应规定。实践中,合同一方或者双方的原因导致施工合同解除或者中止履行的情况并不鲜见,"半拉子"工程大量存在。固定总价合同、固定单价合同中未完工程如何办理结算,在实务中相当棘手,各地高级人民法院的司法文件规定也不尽相同。固定总价合同及固定单价合同之下,法院对未完工程下的工程款结算作出多样化的裁判规则。工程没有完成,造成的最大变化是工程款结算规则的变化。笔者将未完工程下的工程款结算规则分别置于固定单价合同及固定总价合同之下进行探讨。

一、固定单价之下的结算规则

(一)"量价相乘"法

固定单价合同中,合同双方预先设定了工程固定单价,此时工程总价款 = $\sum$(工程量×固定单价)。当合同提前解除时,双方可以结合实际完成的工程量,同时参照合同中约定的既有单价计算出已完工程的工程造价。

此时未完工程下的工程款结算规则可以归纳为以下公式:

工程款 = $\sum$(已完工程量 × 固定单价)

笔者认为,这种结算规则为常用规则,为绝大多数法院及司法实践采用的结算规则。

(二)定额下浮法

定额下浮法是指在固定单价合同之下,对已完成工程的造价按照定额结算后依据一定比例予以下浮结算的方法。下浮法结算相对特殊,在实践中运用较少。

此时未完工程下的工程款结算规则可以归纳为以下公式:

工程款 = 已完工程定额价 ×(100% - 下浮比例)

在地方法院的司法文件中未见到此种结算规则,在个别案例中出现过此种结算规则。

案　例　一

汇雄公司、省安装公司诉讼案①

当事人

再审申请人(一审被告、二审被上诉人):汇雄公司

被申请人(一审原告、二审上诉人):省安装公司

案例介绍

汇雄公司称:二审法院采用参照鉴定意见计算的已完工程价款105,982,078.67元并下浮6.9%的方法,最终确定案涉工程合同内造价98,669,315.24元是错误的。案涉工程虽系未完工程,但仍应参照合同约定处理,即应按鉴定机构的鉴定意见确定的已完工程量比例来计价。施工合同及补充协议系双方自愿达成,其固定价结算的约定对双方有约束力。只要确定已完工程量比例即可。案涉工程未施工完毕是省安装公司延误工期并擅自解除合同所致,由此产生的无利润或亏本均应由其自行承担。该案中没有任何证据能够证实案涉工程的成本,且成本问题也不是审理范围。法律规定合同约定固定价排除鉴定的适用,只要通过其他方式能够确定造价也应排除鉴定的适用。

最高人民法院认为:关于案涉未完工程价款的认定,汇雄公司与省安装公司虽然在2010年11月15日签订合同约定固定单价分别为每平方米1348元、1468元;2011年11月19日签订《补充协议》增加施工范围,价款分别调整为每平方米1280元、1590元。但双方合同约定的承包单价是针对工程整体作出的,省安装公司主要完成的是结构工程,利润有限;未完成工程主要是装修、安装工

① 参见最高人民法院民事裁定书,(2019)最高法民申1438号。

程，利润较高。

双方直接按合同约定的固定单价方式结算工程价款对省安装公司有失公平。二审法院参照鉴定意见计算的已完工程价款 105,982,315.24 元，综合全案实际，酌定结算价款较定额价格下浮比例为 6.9%，据此确定案涉工程合同内已完工程价款为 98,669,315.24 元，计算方式及酌定数额不存在明显的偏颇。汇雄公司再审请求按照合同约定的固定价计算的主张不能成立。

案例评析

笔者未能在中国裁判文书网上查询到该起纠纷的二审判决文书，故再审裁定中“已完工程价款 105,982,078.67 元”是依据什么得出的，笔者无法准确作出判断。已完工程价款可能是按照定额计价方法中定额单价法计算得出，也可能是按照实物量法（市场价）计算得出，又可能是按照价差调整法计算得出。无论哪种计算方式，均不是按合同约定的单价计算方式得出的工程款。同时，二审法院认定工程款下浮“6.9%”，“6.9%”从何得出不可知。这应是审判人员酌情考虑的结果。因此，这是一则在固定单价合同下，法院未依合同中的单价结算工程款，而是按定额计价下浮一定比例结算工程款的特殊案例。

为什么法院会按照下浮方法进行工程款结算？笔者认为，原因在于法院对公平价值的追求。该案例中所涉工程是包括结构工程、装修工程、安装工程在内的整体工程。法院认为省安装公司主要完成的是结构工程，利润有限。未完成工程主要是装修、安装工程，利润较高。正是针对施工的实际情况，为维护公平，法院舍弃双方合同约定的单价结算方法。

笔者认为，案例中审判人员的处理并无不妥。在固定单价合同下，是否可以不受合同约束采取其他方式结算工程款？这个问题值得思考。

笔者还未看到固定单价合同下，未完工程下的工程款完全按照定额计价结算而不予下浮的案例出现。不过有观点提出未完工程下的工程款可以按定额标准据实结算。该观点具体分析认为：“这种处理方式也存在一定的前提条件。首先，必须是因发包人根本性违约导致合同解除。相较于非根本性违约，一方当事人的根本性违约使得另一方当事人的合同目的无法实现，受损一方有权单方解除合同。其次，直接采用合同原有计价方式进行结算不妥。例如，合同原有约定的计价方法为固定单价，该价格是基于整个工程而言的。当发包人违约导致工程未能完工时，仍以此固定单价进行结算则有失公允。此时，以定额标准结算工程价款能够更好地保护承包人利益。”①笔者称该观点为定额标准据实结算观点。

有观点反对上述定额标准据实结算观点，该观点具体分析认为：“建设工程合同虽被解除，但已履行部分独立存在从而可视为独立的合同，其与完整履行的合同确定双方给付义务的方式并无二致。在双方既有约定的情况下，应当率先遵循当事人合意。并且，工程造价是双方合意的价格，相对是封闭的、主观的，工程造价可以事先协商而改变，或者根据实现约定的计算规则予以确定，但不应由第三方评价公平、公允与否。赔偿损失才是合同履行过程价值判断的体现，才应当考虑解约事由、各方对错、责任比例等。一般情况下，当事人在缔约、履约时的投标报价最能够反映其真实意思表示，而定额仅能反映某地区、某阶段社会正常生产条件下完成一定工程量所消耗的人工、材料、机械台班数量标准，并不能体现当事人自身的施工技术水平，故不应直接以此推翻当事人固定单价的计价约定。”②这个观点反对与合同约定的固定单价结算方式不同的其他结算方式。笔者称该观点为参照合同既有单价结算观点。

笔者不反对特殊情况下工程款结算规则采取定额标准据实结算这一方式处理。但是，笔者的理由不在于发包人根本违约这一点上。上述定额标准据实结算的观点认为只在发包人根本违约情况下才适用定额标准据实结算。笔者认为这种观点将违约责任承担与工程价款认定混为一谈。在这一点上笔者与参照合同既有单价结算观点一致。但是，笔者也不同意参照合同既有单价结算观点。不考虑工程的特殊情况一律采用既有单价进行结算仍存在不当之处。笔者认为，施工方已施工部分工程并非完全独立存在，由追求法的公正价值的审判机关作为第三方进行公平、公允的价值判断适当其时。如果第三方机构认为既有单价结合实际完成的工程量结算工程款有失公平、公允价值，对工程价款作出调整并无不可。

第一，合同单价的确定以整体工程量的存在为前提。实践中，因为工程量

---

① 严玲、阳涛、张祝冬：《发包人违约致使合同解除的工程价款结算问题研究》，载《建筑经济》2017年第38期。

② 周利明：《合同解除导致的未完工工程造价确定方式研究》，载搜狐网2021年9月23日，https://www.sohu.com/a/491663313_121123817。

大,所以施工方仍然愿意承接其认为单价利润不大,但是总体利润可观的施工项目。如果不是因为工程量大,施工方可能不会承接此单价下的施工工程。另外,实践中存在不平衡报价情况。工程利润前低后高,工程总体利润仍被接受,此时施工方也愿意承接该工程。因此,已施工部分的工程不能完全脱离整体工程考虑。

第二,工程价款的整体是双方共同意思表示,不能将工程款的“割裂给付”仍然理解为双方共同意思表示,或者仍然理解为施工方的真实意思表示。工程价款是一个整体价款,现在施工方施工完成工程的一部分,发包人支付部分工程款,对于后面的工程款发包人不用给付、无须给付。这种工程款的给付就是“割裂给付”。它改变了双方最初意思表示的基础,至少改变了施工方的意思表示基础。在整体工程之下,工程价款是一个整体价款,施工方接受整体工程款才是其最真实的意思表示。因此,认为部分完工工程应按已完工程量乘以单价支付工程款,这只是在追求施工方的表面意思,并不是施工方内心的真实意思。

第三,以更为合理的价格确认施工方已完工程款,能更好地诠释工程造价是对施工方已投入到建设工程当中的人材机费用物化价值补偿的观点。

工程造价是对施工方已投入的人材机的价值补偿。既然是价值补偿,那么就应具有等价性的特点。又正因为定额计价仅能反映某地区、某阶段社会正常生产条件下完成一定工程量所消耗的人工费、材料费、机械费,并不能体现当事人自身的施工技术水平,所以施工方的实际报价可能比定额价低。因此,当已完工程存在特殊性的情况下,在已完工程定额价基础上进行相应工程款的调整并考虑一定的下浮比例,正体现出工程造价是物化价值补偿的观点。

因此,笔者认为,固定单价合同下存在特殊情形时,未完工程下的工程款的结算可以突破合同中存在的固定单价约定的束缚,以定额下浮方式对已完工程的工程款进行调整。

二、固定总价之下的结算规则

未完工程下的工程款结算规则,在固定单价合同下结算规则相对简单,在固定总价合同下结算规则更加多样化。固定总价合同下已完工程款结算规则可以分为以下六种。

(一)工程量标准比例法

1. 结算规则内涵

工程量标准比例法是指将已完工程量与全部工程总量进行对比,得出已完工程量在全部工程总量中的比例,然后以此比例乘以合同中约定的工程固定总价得出已完工程的工程造价。

此时未完工程下的工程款结算规则可以归纳为以下公式:

工程款 =(已完工程量 ÷ 全部工程总量)× 工程固定总价

此结算规则在部分地方法院司法文件中得到印证。

比如,《四川高院民一庭解答》中规定:"约定工程价款实行固定总价结算的施工合同在未全部完成施工即终止履行的工程价款如何结算?约定工程价款实行固定总价结算的建设工程施工合同在未全部完成施工即终止履行,承包人已施工的工程质量合格,承包人要求发包人支付工程价款的,由双方协商确定已施工的工程价款,协商不成的,由鉴定机构根据工程设计图纸、施工图纸、施工签证、交接记录等资料以及现场勘驻结果对已完成工程量占合同工程量比例计算系数,再用合同约定的固定价款乘以该系数确定发包人应付的工程价款。"

又如,《山东高院工作会议纪要》中规定:"(三)关于固定价格合同未履行完毕而解除的,工程价款如何结算的问题。根据建设部《建筑工程施工发包与承包计价管理办法》第 12 条规定,建设工程合同价可以采用固定价、可调价和成本加酬金三种形式。建设部、财政部联合发布的《建设工程价款结算暂行办法》第 8 条的规定,固定价格又分为固定总价和固定单价两种形式。最高人民法院《关于审理建设工程施工合同纠纷案件适用法律问题的解释》第 22 条对于固定价格合同已经完全履行完毕情形下的工程价款结算问题作了明确规定,而对固定价格合同未履行完毕情形下的工程价款结算问题未明确。对于建设工程施工合同约定按固定单价结算的,则应根据固定单价核算出已完工程的实际工程量,据实结算工程价款;如果建设工程施工合同约定按固定总价结算,则按照实际施工部分的工程量占全部的工程量的比例,再按照合同约定的固定价格计算出已完部分工程价款。"

再如,《广东高院指导意见》中规定:"建设工程施工合同约定工程款实行固定价,如建设工程尚未完工,当事人对已完工工程造价产生争议的,可将争议部分的工程造价委托鉴定,但应以建设工程施工合同约定的固定价为基础,根据已完工工程占合同约定施工范围的比例计算工程款。当事人一方主张以定额标准作为造价鉴定依据的,不予支持。"

还如,《沈阳中院解答》中规定:"固定价款合同未履行完毕而解除的,工程价款如何结算?解答:建设工程施工合同约定工程价款实行固定价结算,承包人未完成工程施工,其要求发包人支付工程款,经审查承包人已施工的工程质量合格的,可以确定所完工程的工程量占全部工程量的比例,按所完工程量的比例乘以合同约定的固定价款得出工程价款。"

上述四份地方法院司法文件的观点非常明晰,均采用工程量标准比例法得出已施工部分的工程款。

2. 规则特点分析

此种结算规则具有直观且容易被人理解的特点,表面上看是一个相对公平的结算规则。但是,此种结算规则存在的最大问题在于,已完工程的工程量占全部工程总量的比例如何准确得出。

有观点提出此种情形下工程量比例的折算为一个伪命题。[①] 笔者认为该观点有一定道理。工程施工的种类不同,就存在难以换算成可以比较的同一工程量类型的问题。根据工程结构特点,一个工程可以区分为若干个分部工程,比如,地基与基础工程、主体结构工程、建筑装饰装修工程等。而在分部工程之下,又包括若干分项工程,比如,土石方工程、桩基工程、砌筑工程、门窗工程等。

① 该观点主要理由如下:"首先,该折算方式成立的前提条件在于存在一个总的工程量,而实际上,无论是采取定额计价还是工程量清单计价,均需要根据不同的分部分项工程分别计算所对应的工程量,如土石方工程、桩基工程、砌筑工程、门窗工程等,根本没有一个所谓的总的工程量,因此该折算方式前提不成立。其次,即使有总的工程量,在固定总价合同中,实际施工部分工程量与全部工程量之比大多情况下难以测算,比如施工总承包单位在仅施工了一部分土方工程后双方就解除合同,此时已施工的工程量固定,此时拿已经施工土方工程量和所谓的总的工程量对比毫无意义。最后,实际施工部分工程量与全部工程量之比并不当然与实际施工部分造价与全部工程造价之比对应,因为单位工程量所对应的工程价款并不当然是一致的。比如在工程量清单计价中,计价分为分部分项工程费、措施项目费、其他工程费、规费、税金。而分部分项工程费又会进行细分,如钢筋混凝土分部工程,可分为捣制和预制两种分项工程;预制楼板工程,可分为乎板、空心板、槽型板等分项工程;砖墙分部工程,可分为眠墙(实心墙)、空心墙、内墙、外墙、一砖厚墙,一砖半厚墙等分项工程。而每一细分项目都有单独的工程量和对应的价格。那么此时如果施工总承包单位只完成了部分工程后双方解约,其完成部分的工程量与总的工程量之比并不会当然等于已完成部分的工程造价与总造价之比。"参见周利明:《合同解除导致的未完工工程造价确定方式研究》,载搜狐网 2021 年 9 月 23 日,https://www.sohu.com/a/491663313_121123817。

这些不同的分部工程、分项工程，施工特点完全不具有可比较性，比如，完成 10 米深的桩基工程根本不能与 1000 平方米的砌体工程进行工程量的对比，显然无法完成此种工程量换算。因为工程施工内容不同，工艺特点不同，施工材料不同，施工工具不同。理论上，在分部分项工程下的单一类型工程（工种）才有已完工程量占整个同一类型工程量的占比问题。比如，砌体工程中，完成一定量的砌体作业占整个工程砌体作业的比例可以比较准确的计算出来，而越放大到子分部工程下或分部工程下或整个单位工程下计算其占比，准确性会随着放大的程度而降低。又如，包括装饰工程在内的建设工程施工项目，如果只完成地基基础工程与主体结构工程未完成装饰工程，此时地基基础工程、主体结构工程在整个工程中的占比如何有效计算？工程量的换算不具有一个统一的基础，所以客观上会比较难。即使工程量能换算，占比的准确性也比较弱。

在工程量类型越单一、种类越相似下，此种结算规则中的比例计算才更准确，此时此种结算规则的运用才有更大空间。而对多数工程而言，施工内容不是单一的，存在多种类型的分部分项工程，并且每一分部分项工程下单一类型工程并不是平行施工，比如，一个建筑工程应先完成地基基础工程，再进行主体结构工程，再进行其他工程的施工，不会同时进行地基基础工程、主体结构工程、其他工程的施工。如果是平行施工条件，考察每类施工内容在每类分部分项工程中的比重，工程量占比的准确性相对会高一点。

因此，对于多数工程项目而言，已完工程量占全部工程总量比例的准确性值得考虑。鉴定机构以已完工程量的占比计算工程款的准确性的问题成为此种结算规则之下需要重点考察的内容。

（二）工程定额标准比例法

1. 结算规则内涵

工程定额标准比例法是指以定额作为计价方法，在这一计价方法之下，以工程所在地的建设工程定额及相关配套文件分别计算已完工程款及整个工程总价款，然后以已完工程款在整个工程总价款的占比乘以工程固定总价来确定已完工程造价。

此时未完工程下的工程款结算规则可以归纳为以下公式：

工程款 =（已完工程定额造价 ÷ 全部工程定额造价）× 工程固定总价

这一结算规则在部分地方法院司法文件中可以得到印证。

比如,《重庆高院鉴定解答》中规定:“建设工程造价鉴定中,鉴定方法如何确定?建设工程的计量应当按照合同约定的工程量计算规则、图纸及变更指示、签证单等确定。建设工程的计价,通常情况下,可以通过以下方式确定:……(6)建设工程为未完工程的,应当根据已完工程量和合同约定的计价原则来确定已完工程造价。如果合同为固定总价合同,且无法确定已完工程占整个工程的比例的,一般可以根据工程所在地的建设工程定额及相关配套文件确定已完工程占整个工程的比例,再以固定总价乘以该比例来确定已完工程造价。”

这个司法文件将工程定额标准比例法作为第二选项,工程量标准比例法为第一选项。工程定额标准比例法是在无法适用工程量标准比例法时的替代方案。

2. 规则特点分析

此种结算规则不是以两个“工程量”之间的对比取一个比例系数,而是以两个“工程款”之间的对比取一个比例系数,因此此种结算规则一定程度上克服了工程量比例不准确的弊端,因而比例系数的取得更为合理。同时,在不考虑一方不平衡报价的情况之下,此种结算规则至少在表面上符合当事人之间的合同约定,具有一定的公平性。

(三)同一标准比例法

1. 结算规则内涵

同一标准比例法是指由鉴定机构在同一取费标准下分别计算出已完工程款和整个合同工程总价款,两者对比计算出相应系数,再用此系数乘以合同约定的工程固定总价确定已完工程造价。

此时未完工程下的工程款结算规则可以归纳为以下公式:

工程款 =(已完工程造价 ÷ 以同一标准计算的工程总造价)× 工程固定总价

这一结算规则在部分地方法院司法文件中可以得到印证。

比如,《北京高院解答》中规定:“固定总价合同履行中,承包人未完成工程施工的,工程价款如何确定?建设工程施工合同约定工程价款实行固定总价结算,承包人未完成工程施工,其要求发包人支付工程款,经审查承包人已施工的工程质量合格的,可以采用‘按比例折算’的方式,即由鉴定机构在相应同一取费标准下分别计算出已完工程部分的价款和整个合同约定工程的总价款,两者对比计算出相应系数，再用合同约定的固定价乘以该系数确定发包人应付的工程款。”

又如，《江苏高院解答》中规定：“固定总价合同履行中，承包人未完成工程施工的，工程价款如何确定？建设工程施工合同约定工程价款实行固定总价结算，承包人未完成工程施工，其要求发包人支付工程款，发包人同意并主张参照合同约定支付的，可以采用‘按比例折算’的方式，即由鉴定机构在相应同一取费标准下计算出已完工程部分的价款占整个合同约定工程的总价款的比例，确定发包人应付的工程款。但建设工程仅完成一小部分，如果合同不能履行的原因归责于发包人，因不平衡报价导致按照当事人合同约定的固定价结算将对承包人利益明显失衡的，可以参照定额标准和市场报价情况据实结算。”

再如，《河北高院审理指南》中规定：“建设工程施工合同约定工程款实行固定价，如建设工程尚未完工，当事人对已完工程造价产生争议的，可将争议部分的工程造价委托鉴定，但应以合同约定的固定价为基础，根据已完工工程占合同约定施工范围的比例计算工程款。即由鉴定机构在同一取费标准下分别计算出已完工程部分的价款和整个合同约定工程的总价款，两者对比计算出相应系数，再用合同约定的固定价乘以该系数，确定工程价款。当事人一方主张以定额标准作为造价鉴定依据的，人民法院不予支持。”

2. 规则特点分析

工程定额标准比例法与同一标准比例法无本质区别。虽然此规则中所谓的“同一取费标准”本身并不明确，但这只是为保证计算出的已完工程价款与整个工程总价款具有最大限度的可比较性。取费标准不一样，两个数据比较的基础就不存在了，也就不能得出真实的比例系数。因此，工程定额标准比例法与同一标准比例法相比，两者无优劣之分。

（四）定额下浮法

1. 结算规则内涵

定额下浮法是指用定额计算已完工程款，然后以此为基础下浮一定比例得出已完工程价款。

此时未完工程下的工程款结算规则可以归纳为以下公式：

工程款 = 已完工程定额价 ×（100% − 下浮比例）

比如,《重庆高院指导意见》中规定:“固定价合同的结算。建设工程合同中当事人约定按固定价结算,或者总价包干,或者单价包干的,承包人按照合同约定范围完工后,应当严格按照合同约定的固定价结算工程款。如果承包人中途退出,工程未完工,承包人主张按定额计算工程款,而发包人要求按定额计算工程款后比照包干价下浮一定比例的,应予支持。”

2. 规则特点分析

此种结算规则优势为方法相对单一,计算简便。但是被人诟病之处主要在于改变了双方约定的计价方法。同时,下浮比例多少也是一个相当不确定的因素。此种结算规则会体现出裁判人员一定的随意性,因而让人对其公正性产生疑问。实践中此种计算规则的运用不多。《重庆高院指导意见》中的结算规则已经被《重庆高院鉴定解答》中新的结算规则取代。

(五)定额法

1. 结算规则内涵

定额法是指用定额计算已完工程款,并且不作任何下浮的处理。

此时未完工程下的工程款结算规则可以表示为:

工程款=依定额计算已完工程价款

此种结算规则在部分地方法院司法文件中有所体现。

比如,《江苏高院解答》中规定:“固定总价合同履行中,承包人未完成工程施工的,工程价款如何确定?建设工程施工合同约定工程价款实行固定总价结算,承包人未完成工程施工,其要求发包人支付工程款,发包人同意并主张参照合同约定支付的,可以采用‘按比例折算’的方式,即由鉴定机构在相应同一取费标准下计算出已完工程部分的价款占整个合同约定工程的总价款的比例,确定发包人应付的工程款。但建设工程仅完成一小部分,如果合同不能履行的原因归责于发包人,因不平衡报价导致按照当事人合同约定的固定价结算将对承包人利益明显失衡的,可以参照定额标准和市场报价情况据实结算。”

又如,《江苏高院审理指南》中规定:“在工程没有全部完工的情况下,有两种不同的方式来确认工程款,一是根据实际完成的工程量,以建设行政管理部门颁发的定额取费,核定工程价款,并参照合同约定最终确定工程价款;此时,对工程造价鉴定不涉及到甩项部分,只须鉴定其完工部分即可。二是确定所完工程的工程量占全部工程量的比例,按所完工程量的比例乘以合同约定的固定价款得出工程价款。此时,对工程造价鉴定涉及到甩项部分,即对涉案工程总造价进行鉴定。第一种方法较为经济,也是较为常用的一种方法,一般用于工程没有总体竣工验收;第二种方法鉴定费用较高,一般用于工程竣工验收合格。上述两种方式均具有一定的合理性,应尽量寻求双方当事人意见的一致,如无法取得一致时由人民法院酌情确定。"

当然也存在对这一结算规则明确表示反对的地方法院。比如,《广东高院指导意见》对此种结算规则就提出明确反对。《广东高院指导意见》中规定:"建设工程施工合同约定工程款实行固定价,如建设工程尚未完工,当事人对已完工工程造价产生争议的,可将争议部分的工程造价委托鉴定,但应以建设工程施工合同约定的固定价为基础,根据已完工工程占合同约定施工范围的比例计算工程款。当事人一方主张以定额标准作为造价鉴定依据的,不予支持。"

2. 规则特点分析

此种结算规则的最大问题与定额下浮法相同,其容易被人诟病之处在于审判机关主动否定双方对价款约定已达成合意的意思表示,违背了双方约定初衷。"有观点认为在承包人报价'前低后高'时,如发包人导致合同解除的,可以按定额或市场价结算;而如承包人或其他原因导致合同解除的,根据诚实信用原则,承包人应受其意思表示拘束;如双方过错导致合同解除的,按照过错比例,将承包人报价与市场价差额部分酌情分配。"[①]该观点从解除原因方面考察是否适用定额或市场价结算。有人对此明确提出反驳观点。[②] 笔者认为在投标人先低后高报价

---

① 周利明:《合同解除导致的未完工工程造价确定方式研究》,载搜狐网 2021 年 9 月 23 日,https://www.sohu.com/a/491663313_121123817。

② 具体理由如下:"这一观点的问题同样在于,将工程造价与损害赔偿混为一谈。如果按定额或市场价结算视为达到了在双方合意的基础上弥补了承包人遭受的损失的效果,那么得出的结论变成,定额或市场价结算的工程造价与双方约定的工程造价之间的差额即等于承包人遭受的实际损失及可得利益。然而实际上,承包人即使采用'前低后高'的报价,其可能因发包人提前解约而遭受的实际损失及可得利益也是分摊于后期工程中的主观定价。因此这种方式在不正当地豁免了承包人就实际损失的举证责任的同时,所得数额也并不符合案件实际情况,毕竟定额或市场价所反映的是建设行政主管部门根据特定地区特定时间发布的相对有参考性的数额,既落后于市场发展也往往与当事人合意相脱节。况且,在司法实践中,法院对守约方的实际损失及可得利益认定也较为慎重,此种处理方式反而陷入裁判机关动用民法原则主动填补当事人损失比当事人主张损害赔偿更为轻易的悖论中。"参见周利明:《合同解除导致的未完工工程造价确定方式研究》,载搜狐网 2021 年 9 月 23 日,https://www.sohu.com/a/491663313_121123817。

策略之下,施工方前期投入成本较多,工程款的“割裂给付”并非施工方的真实意思。如果仍然以表面的意思作为结算工程款的依据,与公正价值相违背。与本章前文固定单价合同未完工程下的工程款结算规则中提到的理由相似,施工方已履行部分并非完全独立存在,由追求法的公正价值的审判机关作为第三方进行公平、公允的价值判断适当其时。如果第三方机构认为依合同约定对工程款进行结算有失公平、公允价值,对价款结算方法作出调整并无不可。

同时,顺便说明的是,定额结算与市场价结算并不是完全对立的结算方式。市场价结算是定额计价方法中的实物量法。

笔者认为,未完工程下工程款的结算可以有条件地适用定额结算,但必须有充分的理由。总体而言,这种结算规则不应成为施工方救济权利的常态。这种结算规则的适用确实需要考虑具体工程项目施工的特殊性,在特定情况下才可以考虑适用定额法。

(六)工程量乘以投标预算书清单单价法

1. 结算规则内涵

这种工程款的结算规则是指还原合同中固定总价在投标预算书中的单价,将已完成的工程量分别乘以投标预算书中的清单项目单价得出已完工程价款。

此时未完工程下的工程款结算规则可以归纳为以下公式:

$$工程款 = \sum (已完工程量 \times 投标预算书清单项目单价)$$

2. 规则特点分析

这种结算规则未能出现在地方法院司法文件中,但在极少数案例中有此类规则的出现。

案例二

飞龙公司与豪威公司诉讼案[①]

当事人

再审申请人(一审原告、二审上诉人):飞龙公司

① 参见最高人民法院民事裁定书,(2019)最高法民申1438号。

被申请人(一审被告、二审被上诉人):豪威公司

案例介绍

飞龙公司提出再审请求,认为该案工程不应按照固定单价结算工程款,而应按照招投标的固定总价结算工程款。鉴定机构按固定单价审计显然错误,其审计结论不正确,亦不应被采信。

再审法院经审查认为,关于案涉工程款结算依据问题,案涉工程招标文件中约定所有费用按固定总价包干,不因任何原因而调整。除因经批准的涉及变更和招标人提出的改变,或者招标文件与承包合同另有说明外,不因分部分项工程的项目变化及其他原因而调整。该条款是对于工程款调整进行的规定,招标文件同时规定,投标人应按照施工图中的说明,填报工程量清单中各项单价和总价。合同综合单价为固定包干价,在任何情况下综合单价不调整。投标人应按施工图,自行清算工程量,核算报价。投标人在投标截止时间前修改投标总报价时,应同时修改涉及的各单项报价和说明、对工程量清单中各项目报价的修改办法和理由。招标文件后附案涉工程清单编制说明,对于该工程清单计价依据、取费标准作出了明确规定。因此,招投标文件及中标通知书确定的中标价格是基于工程量清单计价形成的,招标文件明确将招标文件与承包合同另有说明作为工程价款调整的因素。双方的施工合同中约定工程款结算方式为固定单价,且飞龙公司一审举示的工程扣除总价汇总认可其未按合同约定完成标内工程量,因此,鉴定单位按照其实际完成的工程量,乘以合同价款对应的投标预算书的各清单项目单价,计算出飞龙公司已完工程造价,符合双方当事人在施工合同中的约定,亦不违背双方在招投标文件中对于工程价款计算方式的规定。一审、二审法院依据鉴定结论确定飞龙公司施工工程价款并无不当。

案例评析

笔者未在中国裁判文书网上看到该起纠纷案件的二审裁判文书。根据文书信息,案例二中的合同,一方面说"固定总价包干",另一方面又说"双方在施工合同中约定工程款的结算方式为固定单价",似乎存在相互矛盾的表述。笔者认为,案例二中的合同应当约定了固定总价,同时又约定了依固定单价计算工程价款,只不过合同内容中应没有明确记载具体的单价。这样才能理顺法律文书中存在的矛盾表述。笔者仍把案例二中的合同理解为固定总价合同。

案例二中再审申请人要求以合同中固定总价结算工程款,鉴定机构以实际完成工程量乘以投标预算书工程量清单项目单价得出工程造价,法院采信鉴定机构结算规则。案例二中文书的信息量有限,根据文书所示,笔者的理解是再审申请人主张以招投标固定总价结算工程款,不考虑工程未完工的情况。而本案工程确实未完成全部施工,再审申请人要求以合同总价结算工程款显然不妥。法院认可鉴定机构依据实际完成工程量乘以投标预算书工程量清单项目单价得出的工程造价。法院认为,"招投标文件及中标通知书确定的中标价格是基于工程量清单计价形成的",故鉴定机构按照实际完成的工程量乘以合同价款对应的投标预算书的各清单项目单价计算得出已完工程造价并无不妥。

笔者认为,此种结算规则为类似案件的处理找到了另外一个可行的思路。当然,案例二中结算规则的适用有严格的条件,即合同总价正好等于工程量与投标预算书每项清单项目单价相乘的价格之和。同时,已完工程与投标预算书中工程清单又正好相对应。如果不满足这两个条件,此种规则难以适用。此案例结算规则与本章前文提到的固定单价合同下的未完工程的"量价相乘"的结算规则相近。

此种结算规则是一种能够体现当事人合同意思表示的结算方式。但是,这种结算规则的适用面较为狭窄,如不满足上述两个条件,则很难有适用空间。

三、结算规则的法律思考

(一)技术层面选择丰富

未完工程下的工程款,在固定单价合同下存有二种结算规则,而在固定总价合同下至少存在六种结算规则。更早以前,笔者甚至看到了以工期法计算未完工程价款的案例。工期法结算规则之所以未列入本章当中,是因为工期法计算实践中运用非常少。工期与工程款之间并非线性关系,以工期比例认定工程款,准确性无法得到保障。

适用何种结算规则,对于鉴定人员来说是一个鉴定技术方法的选择问题。结算规则多样意味着鉴定人员技术层面的选择丰富,意味着为实现最公正的结果可以有最优的选择。裁判人员、鉴定人员应选择最接近公正的技术进行工程款结算。同时也正因为选择丰富,每一个选择仍应结合案件的情况及工程施工的情况作出具体分析。

(二)比例法是主流结算规则

工程量标准比例法、工程定额标准比例法、同一标准比例法为笔者所称的比例法。比例法结算规则有一个共同特点就是比例系数的计取。

所有结算规则中,比例法的适用占据重大比重,并且实践中运用较多。因为比例系数的计取至少表面遵循双方当事人意思自治,可以避免其他结算规则违背双方合意的弊端。因此,在工程无特殊情况下,比例法应成为裁判人员或鉴定人员的首选方法。而在三种比例法下,工程定额标准比例法、同一标准比例法所取的比例系数更为合理,更能真实反映已完工程下的工程价款,故而笔者更为赞成。但需要指出的是,无论哪种结算规则,均是为了更加客观地还原双方在签约时对价款结算表示出的最真实意思。

(三)规则的选择需要考虑工程施工特点

这些结算规则各有适用空间,并且笔者认为,这些结算规则本身并无优劣之分。在选择非比例法进行结算时,此类案件中基本上都有较特殊的原因。比如,不平衡报价、已施工工程太少而依据合同约定结算施工方根本无利可图时有可能导致不适用比例法规则。而飞龙公司与豪威公司诉讼案中工程量乘以投标预算书清单项目单价后价格相加正好等于合同固定总价,并且施工工程量正好与清单项目相符,因此,此种结算规则的适用也有其特殊性的一面,即合同总价与投标预算书清单项目单价存在相对应的关系、施工工程量与清单项目存在相对应的关系。

笔者认为,规则的选择不仅需要在情理上讲得通,更重要的是需要体现法的更高价值,即公正的价值。裁判人员不应完全受合同形式约束。恪守合同字面上的意思表示完全遵循合同约束的机械做法并不可取,因为这可能违背法的价值追求。当然,突破合同约束计算工程款需要充分的理由,否则又将陷入裁判随意性的诟病当中。

(四)工程鉴定人员应充分释明

工程价款的得出需要由鉴定人员鉴定得出,不可能由裁判人员计算得出。

裁判人员无法完成这一技术性的操作。

鉴定技术方法对于工程款的认定起到直接作用。因此,鉴定人员的鉴定技术方法选择就非常关键。在工程款司法鉴定当中,尤其是未完工程下的工程价款鉴定当中,一般可以有两种甚至多种技术方法进行鉴定,但是,我们不清楚为什么会采用此鉴定技术方法而不采用彼鉴定技术方法。而且,就是在同一类型案件(背景条件相同)的情况下,不同的鉴定机构似乎也会选择采用不同的鉴定技术方法。这就需要仔细考虑为什么是采取这种鉴定技术方法而不是别的鉴定技术方法。鉴定随意性的局面会造成新的司法不公。

针对未完工程下的价款鉴定,可以区分两种情况:一种情况是,诉裁机关未要求鉴定机构采取某一鉴定技术方法的鉴定;另一种情况是,诉裁机关要求鉴定机构采取某一鉴定技术方法的鉴定。

针对第一种情况,工程造价鉴定人员应对以下事项作出说明:

第一项说明:需要对鉴定事项是否存在两种或两种以上的鉴定技术方法作出说明。

如果答案是肯定的,鉴定事项确实存在两种或两种以上的鉴定技术方法,则鉴定人员应作出第二项说明。

第二项说明:需要对两种或两种以上的鉴定技术方法的差异性作出说明。

作出此项说明之后,当事人应共同选择一种鉴定技术方法,鉴定机构应依选定的鉴定技术方法作出鉴定。如果当事人不能选择同一种鉴定技术方法,笔者认为,鉴定人员应分别依不同的鉴定技术方法作出鉴定。如果鉴定人员拟自主选择鉴定技术方法,则应作出第三项说明。

第三项说明:需要对拟自主选择的鉴定技术方法合理性作出说明。

如果以上说明均能清晰,或者被当事人接受与认可,就可以消除当事人对于鉴定结论公正性的怀疑。

针对第二种情况,如果鉴定人员认为,裁判人员要求的鉴定技术方法不妥当或者不可行,其应从专业角度提出建议,对裁判人员选择的鉴定技术方法作出不妥当或不可行的说明。如果鉴定人员认为,裁判人员要求的鉴定技术方法是不可行的,即客观上无法完成,其应授权鉴定人员按其自行选择的鉴定技术方法实施鉴定。如果鉴定人员认为,裁判人员要求的鉴定技术方法是不妥当的,裁判人员应考虑是否授权鉴定人员按其自行选择的鉴定技术方法实施鉴定,或者裁判人员可以要求鉴定人员同时作出两种鉴定,即依裁判人员要求的鉴定技术方法的鉴定及依鉴定人员自主选择的鉴定技术方法的两种鉴定。

总之,未完工程下的工程款的结算可以有多条路径,但是多条路径中只有一条最佳路径。

第二节　两个争议

除了本章第一节结算规则争议之外,未完工程之下还有两个具体问题也多次作为争议点出现。一个是考评费、奖励费计取项目问题,另一个是工程款下浮比例计取标准问题。

一、考评费、奖励费

该处的考评费、奖励费是指安全文明施工费下的两部分费用。该奖励费并不是优秀工程的奖励费。对于安全文明施工费,不同的地方有不同的政策。安全文明施工费是政策指导性极强的一笔费用。在工程未完工时,安全文明施工费中的考评费、奖励费是否可以收取存在不同的裁判案例。笔者选择同一地域的两则案例作比较。

(一)典型案例

案例一

星宇公司与亿祥公司诉讼案[①]

当事人

再审申请人(一审被告、并案原告、二审上诉人):星宇公司

被申请人(一审原告、并案被告、二审上诉人):亿祥公司

① 参见最高人民法院民事裁定书,(2020)最高法民申3463号。

案例介绍

再审法院认为：关于安全文明施工费、临时措施费、考评费、奖励费计费问题。经查，鉴定机构已在《听证会对上海星宇建设集团有限公司异议的回复》第三项中就星宇公司该项异议作了答复，因星宇公司中途退场，鉴定机构按星宇公司已完工程计取安全文明施工费、临时措施费并无不当。在星宇公司未提交考评系数和奖励证书的情况下，鉴定机构无法计算安全文明考评费和奖励费，星宇公司应承担相应的不利后果，星宇公司关于应当计取考评费和奖励费的申请理由不能成立。

案例评析

这是一则未完工程下，施工方要求发包人支付安全文明施工费中考评费、奖励费，鉴定机构因项目未有考评系数和奖励证书而未能鉴定出该两笔费用，法院对该两笔费用不予支持的案例。从当地住建部门的政策看，鉴定机构确实无法计算考评费、奖励费。根据《河南省建设工程安全文明施工措施费计价管理办法》①，该两项费用的计取是有条件的。考评费需要经过考评组考核合格才能获取。奖励费需要达到省、市文明工地称号才能获取。因此，在这两个条件不具备的情况下，鉴定机构无法计算考评费和奖励费。

案 例 二

中广发公司与杭建工公司诉讼案②

当 事 人

上诉人(一审被告、反诉原告)：中广发公司

被上诉人(一审原告、反诉被告)：杭建工公司

---

① 《河南省建设工程安全文明施工措施费计价管理办法》(豫建设标[2006]82号)第五条："我省安全文明施工措施费设为三部分计价：即：基本费、现场考评费、奖励费。基本费指为保障施工现场安全生产与文明施工措施必需投入的基本费用。现场考评费指需经考评组考核，工程造价管理机构按规定测算核实的安全文明施工措施增加费。奖励费指承包方创建省、市文明工地称号后，发包方应当支付承包方的奖励费用。"第六条："凡是受到建设行政主管部门(市级及市级以上)安全通报批评的工程，发生重大安全事故的工程，现场安全考评不合适的工程，不得计取现场考评费和奖励费。"

② 参见最高人民法院民事判决书，(2020)最高法民终1113号。

案例介绍

诉讼中鉴定机构出具了司法鉴定意见书及补充鉴定意见书。补充鉴定意见书明确:因提供的资料不全、合同中未明确约定或双方意见不一致,有待法院判决或双方协商解决的结果有:(1)安全文明措施费(考评费)114.494824 万元;(2)安全文明措施费(奖励费)79.762608 万元。合计价款为 194.257432 万元。

一审法院认为:关于考评费、奖励费应否计取的问题,中广发公司主张杭建工公司撤场时,案涉工程并未完工,根据河南省住房和城乡建设厅豫建设标[2012]31 号文件、安阳市住房和城乡建设局安住建[2012]418 号文件的规定,考评费、奖励费不应计取。杭建工公司主张案涉工程并未施工完毕系因中广发公司将其强行驱离,鉴定意见按比例计取考评费和奖励费正确。对此,鉴定机关经补充鉴定后认为“相关文件是对项目正常施工情况下的规定,而该鉴定项目在施工未完成之前中止合同,前期安全文明措施费已经投入,项目部临建房也未计算回收利用,未完工程仍可使用,鉴于合同中未明确约定奖励费、考评费的结算办法,建议综合考虑项目实际情况,有待法院判决或者双方协商解决”。一审法院认为,案涉工程未能施工完成,确因中广发公司欠付工程价款等违约行为,鉴定机关按杭建工公司已完工程比例计取考评费 114.494824 万元、奖励费 79.762608 万元并无不妥,中广发公司的该主张不能成立,一审法院不予支持。

中广发公司上诉认为:考评费、奖励费 194.257432 万元不应计入工程价款。《河南省建设工程工程量清单综合单价(2008)》以及该省和安阳市住房和城乡建设管理部门的文件均载明建设工程没有完工就不应当计取考评费和奖励费。杭建工公司对案涉工程并未施工完毕,一审判决以中广发公司欠付工程款构成违约为由支持杭建工公司主张的上述费用,是错误的。

二审法院认为:关于考评费、奖励费 194.257432 万元,鉴定机构作出的《补充鉴定意见书》中载明考评费、奖励费系工程正常施工过程中根据工程情况核算和计取的费用。因杭建工公司系中广发公司中止合同后撤离工地,而且《补充鉴定意见书》中也载明前期安全文明措施费已经投入,项目部临建房也未计算回收利用,未完工程仍可使用,所以,一审判决判令中广发公司承担上述考评费、奖励费并无不当。

案例评析

案例二与案例一结论正好相反。这是一则未完工程下,施工方要求计取考评费、奖励费,鉴定机构将该两项费用作为争议费用列出,一审法院、二审法院均认为该两项费用应予计取的案例。

(二)综合分析

两则案例中两个鉴定机构的做法不一样,两个法院的判断结果也不一样。安全文明施工费的政策性强,不同的地区有不同的政策,不同的地区有不同的计取条件。笔者已注意到这个地域差别的存在。因此,选取的两则案例中施工项目均是河南的施工项目,鉴定机构均是河南的鉴定机构,计价政策均是河南的计价政策,案件审理的一审法院、二审法院均是河南的法院。但是,两则案例的裁判结果确实不一样。

两则案例并没有交代在合同解除以前是什么导致未能完成考评及获得奖励证书。笔者认为,根据未能完成考评及未能获得奖励证书的原因来确定施工方应否获得考评费及奖励费更为妥当。如果因为工程施工量过少,达不到进行现场考评及申请奖励证书的程度,则应认为施工方未能完成举证义务,因而不能获得该两项费用。如果案涉工程的施工进度达到了可以申请现场考评及申请奖励证书的程度,此时因工程未完工、合同解除导致施工方未能获得现场考评及奖励证书,此时不能说是施工方举证不能。因为施工方想举证,但是此时客观条件已经无法完成举证。同时,《河南省建设工程安全文明施工措施费计价管理办法》第六条从反面规定不能获得考评费和奖励费的三种情况。如果没有发生这三种情况,则应视为施工方已具备获得该两项费用的条件,可以获取该两项费用。笔者认为,这样处理能更好地平衡双方的利益。施工方实际已投入安全文明施工费的情况下,一律不支持施工方获得该两项费用,对于施工方也是不公平的。

因此,对于未完工程,应当依据未获得考评及奖励证书的原因而确定施工方是否可以获得考评费及奖励费。同时,笔者不同意从合同解除原因上判断施工方是否应该获得该两项费用。因为合同解除原因只是涉及违约责任的问题,不能将违约责任问题与工程款问题混为一谈。案例二中法院就是从违约责任的角度上考虑违约方应当向施工方支付该两项费用,笔者认为不妥当。

二、让利下浮

让利下浮是指在建设工程施工合同中约定施工方对发包人作出一定比例或数额的让利或优惠,双方最终的工程款以让利价或优惠价结算。在完成全部工程内容后,除安全文明施工费及规费外的让利或优惠一般不存在太大争议。[①]然而,未完工程下,工程款是不是仍然需要按照约定让利或优惠,双方会产生争议。

(一)典型案例

案例三

福建九鼎公司与云南佳鸿公司诉讼案[②]

当事人

上诉人(一审原告、反诉被告):福建九鼎公司

上诉人(一审被告、反诉原告):云南佳鸿公司

案例介绍

关于工程总造价是否应当下浮5%的问题,福建九鼎公司认为其5%的让利承诺是基于固定包干价作出的,鉴定机构按实际工程量的金额得出造价,改变计价基础,不应下浮5%。二审法院认为,根据双方签订的《建设工程施工合同》约定:单栋包干价格6,279,953.08元,在此总价下浮5%后单栋价格为5,965,955.43元;五标段共计16栋,总价为100,479,249.28元,下浮后总价为95,455,286.82元。该结算条款采用包干价格,双方达成下浮合意的前提条件为"在此总价",即包干的价格基础上。该案通过司法鉴定确定工程价款,改变了下浮合意的前提条件,故对于福建九鼎公司关于工程总造价不应下浮5%的

① 安全文明施工费及规费的让利或优惠约定是否有效会产生一定的争议,笔者在本书第十七章"不予计取下的工程款"中对此作深入探讨。

② 参见最高人民法院民事判决书,(2020)最高法民终337号。

主张,法院予以支持。

案例评析

这是一则法院认为工程未完工,双方约定的计价基础已经不存在,虽然双方合同约定工程款下浮,但工程款最终没有作下浮处理的案例。也就是说,工程未完工导致计价基础已经改变,因此不再适用之前的计价约定。这是一个对施工方有利的裁判规则。

案 例 四

盛仁公司与新兴公司等诉讼案①

当 事 人

上诉人(原审原告、反诉被告):新兴公司

上诉人(原审被告、反诉原告):盛仁公司

被上诉人(原审被告):城市学院

案例介绍

一审法院认为:新兴公司完成工程的造价为77,776,707.92元,只占合同约定工程款3亿元中的25.9%,从公平原则出发,双方合同约定的工程价款让利幅度13.6%应根据工程完成比例进行确定,即让利约3.52%(13.6%×25.9%)。据此,新兴公司所完工程造价应为75,038,967.8元[77,776,707.92元×(1-3.52%)]。

二审法院亦认为:关于工程价款结算的让利系数。盛仁公司主张对于新兴公司的已完工程价款,应当按照双方约定的让利系数下浮13.6%计算。虽然盛仁公司与新兴公司签订的《建筑工程施工合同》约定工程价款按审核后下浮13.6%确定,但该让利系数适用的前提是新兴公司依约将施工范围内的工程全部施工完毕,工程款整体下浮13.6%。鉴于案涉工程为未完工程,且工程各施工阶段的施工难易程度、施工成本、所获利润等均存在较大差异,一审法院依据新兴公司的实际施工进度及本案的具体情况,按照已完工程造价与合同约定工

① 参见最高人民法院民事判决书,(2018)最高法民终305号。

程款总额的占比,酌定让利系数为3.52%,符合实际,并无不妥。

案例评析

该案例法院采取了更灵活的处理原则。根据已完工程造价在总工程造价中的比例确定相应的让利系数。案例中将让利比例与工程完成比例两者有机联系起来。

（二）综合分析

笔者认为,对于未完工程,工程款全部不予下浮对发包人而言不公平。比如,某一工程项目总工程款1000万元,双方约定让利幅度为10%,而在施工至900万元工程量时,双方合同解除,施工方退场。按照案例三中法院的思路,此时施工方就能获得900万元的工程款。而施工方完成全部工程量1000万元,也只能获得900万元的工程款。施工方做900万元工程量与做1000万元工程量就没有任何区别。因此,案例三中的处理方式不妥当。笔者认为,法院有权针对个案具体情况酌定让利系数。这是一种更公平的处理方式。案例四就较好地解决了让利系数如何变化的问题,这是一个灵活且公平的处理办法,值得称赞。

第三节　三点认识

一、争议侧重点有变化

未完工程下的工程款争议与工程全部完工下的工程款争议事项侧重点有所区别。

工程全部完工下的工程款争议往往围绕工程的施工范围、签证、人材机价格调差等问题展开。这些问题当然在未完工程之下也可能产生,但是,未完工程下工程款争议更多的是结算规则的争议。未完工程之下双方均希望按照有利于自己的结算规则对工程款作出认定。

二、新争议事项有限

除了结算规则争议之外,未完工程下的工程款争议涉及新的争议事项较为有限。考评费、奖励费容易出现争议与这两项费用计取的政策相关。不符合当地政策或计取条件的费用,诉裁机关是完全尊重当地的政策、计取条件还是考虑施工方实际投入来认定这两项费用存在难以取舍的问题。未完工程下的工程款计价基础发生改变,这一改变会导致工程款下浮系数是否调整、如何调整的问题。总体而言,未完工程下的工程款争议范围相对狭小。

三、难以做到绝对公平

实质上,未完工程下的工程款的多项结算规则均在追求法的公平。但是,无论如何结算,确实又难以做到绝对公平。在工程部分完工下,鉴定机构采取的鉴定技术方法与一方甚至双方的期望均可能存在差距,双方均可能不满意。比如,固定单价合同及固定总价合同下,施工方多有量大从优的选择与考虑。无论是固定单价还是固定总价换算成单位价格,也许单价利润并不高,但是因为工程量大,所以施工方最终获得的利润也可能比较可观或者达到自己的期望。在工程部分完工情况下,以比例法计算工程款确实表面上符合双方的结算合意。但是,施工方内心还是会觉得自己吃亏了。因为如果只是部分工程量,施工方也许就不会接受发包人当时提出的工程价款。因此,比例法结算规则虽然能达到表面公平的结果,但是可能与实质公平还有一段距离。

又如,定额下浮法结算规则下,工程款下浮到什么程度才对双方公平,这没有答案。下浮过多,对承包人不利;下浮过小,对发包人不利。最终诉裁机关选择的下浮比例也可能双方均不满意。

而一旦突破比例法结算规则,就会有人对诉裁机关改变结算规则,选择不同于合同约定的结算规则的做法提出异议。比如,有人批评未完工程以定额或信息价结算观点时,提出:“前述公报案例及此后涌现的大量案例实际并未表现出‘充分’的特殊性从而使得裁判机关得动用公平原则径行改变双方当事人既有约定,反而可能使得更多类似案件当事人主张按照定额重新计取工程造价而排除原有的真实意思表示,甚至通过追求与本案相似的案情外观以寻求更高的诉讼利益。反而不利于司法裁判规则的提炼、整理和统一。”[1]

虽然法律在不断追求公平的结果，但确实又难以做到绝对公平。法律也有令人遗憾的一面，这也是法律的固有属性之一。

① 周利明：《合同解除导致的未完工工程造价确定方式研究》，载搜狐网2021年9月23日，https://www.sohu.com/a/491663313_121123817。

017 第十七章

不予计取下的工程款

· 导　读 ·

“不予计取”,实际可以从两个方面进行理解:全部不予计取与部分不予计取。全部不予计取与部分不予计取,只是不予计取的款项下浮比例多少的问题,两者法律本质应是一样。

建设工程款有众多费用项目,出于某些考虑,发包人与承包人会对其中的某些费用项目作出全部不予计取或部分不予计取的特别约定。不予计取的特别约定是双方意思自治的体现,属于你情我愿的事,多数情况下不存在争议。但是,安全文明施工费与规费两项费用因为有特殊性,却容易产生争议。本章中所谓不予计取下的工程款即指此两项费用。本章探讨安全文明施工费与规费不予计取问题时,对全部不予计取与部分不予计取两种情形不作刻意区分。本章笔者列举的案例包括涉及全部不予计取与部分不予计取两方面的案例。

约定不予计取安全文明施工费与规费,施工方是否就一定无法主张该两项费用?对此,各地法院的裁判规则不同。对于安全文明施工费与规费不予计取的约定,在合同有效情形下可能作出这种约定,在合同无效情形下也可能作出这种约定。通过司法案例可以发现,在合同有效或合同无效情形下,法院均没有直接将合同效力作为认定安全文明施工费与规费不予计取约定是否有效的决定性因素。比如,在合同无效情形下,有认定这是双方真实意思表示,认可双方约定成立的案例。在合同有效情形下,有认定这种约定损害社会公共利益,认为不能按照双方约定履行的案例。

虽然现在部分地区不再将安全文明施工费、规费作为不可竞争费用,但是,该两项费用不予计取的约定是否有效的争议仍会继续存在。

第一节 裁判规则

依据建标[2013]44 号文的规定,安全文明施工费是指建设工程施工过程中因采取环境保护、文明施工、安全施工、搭设临时设施而产生的费用。安全文明施工费是工程造价中措施项目费的一项,是工程造价构成的一部分。虽然称之为安全文明施工费,但其实际上包括环境保护费、文明施工费、安全施工费、临时设施费四项费用,是四项费用的一个统称。

规费是指按国家法律、法规规定,由省级政府和省级有关权力部门规定必须缴纳或计取的费用。包括:(1)社会保险费,即养老保险费、失业保险费、医疗保险费、生育保险费、工伤保险费;(2)住房公积金;(3)工程排污费;(4)其他应列而未列入的规费,按实际发生计取。规费中的工程排污费计取的法律依据为《排污费管理条例》。这一条例已被《环境保护税法实施条例》废止。依据《环境保护税法》第二十七条的规定,自 2018 年 1 月 1 日起,不再征收排污费。故自 2018 年 1 月 1 日起,工程排污费变更为环境保护税。规费主要包括社会保险费、住房公积金、环境保护税。

一、否定的裁判规则

否定的裁判规则是指双方在建设工程施工合同中对于安全文明施工费、规费约定全部不予计取或者部分不予计取时,诉裁机关认定此约定不成立,仍应当按照建设行政主管部门规定的比例计取相关工程费用的裁判规则。此规则是有利于施工方的裁判规则,也就是把约定不计取的款项又从发包人处取回来。

案例一

宝陵公司与聚泉公司诉讼案①

当事人

再审申请人(一审原告、反诉被告,二审上诉人):宝陵公司

再审申请人(一审被告、反诉原告,二审上诉人):聚泉公司

二审被上诉人(一审被告):王某民

案例介绍

二审法院认为:根据《补充协议》所附的《预算几点说明》中的约定,关于贷款利息、养老统筹、四项保险费、安全文明施工费,不予计取,《补充协议》还取消了人工费调差。当事人双方的《补充协议》约定取消的虽然是备案合同第二十七条关于合同价款调整(包括人工费调差)的内容,但这意味着双方对案涉工程人工费不予调整已达成合意,属于当事人对其民事权利的处分。即使包括《补充协议》《预算几点说明》在内的案涉合同、协议均无效,原审法院基于当事人对其民事权利处分的真实意思表示而参照该约定不予计取人工费调差,与法不悖,并无不当。据此,宝陵公司关于脚手架及超高费的人工费调整的主张,法院不予支持。另外,双方《聚泉小区1#、2#、5#楼预算的几点说明》中关于间接费中贷款利息不予计取的约定,亦为当事人的真实意思表示,原判予以参照,未计取贷款利息,亦无不当。上述《预算几点说明》还约定养老保险统筹费、四项保险费、安全文明施工费,不予计取,但是,由于《预算几点说明》无效,而养老保险统筹费、四项保险费、安全文明施工费根据相关规定为不可竞争费用,且案涉工程质量合格,加之,双方约定工程造价即不计取人工费调差、贷款利息、四项保险费、安全文明施工费、养老保险统筹费,还要在总造价基础上下浮8%作为最终结算价,这对于双方之间利益关系而言,明显失衡。故对于该三项费用则不宜参照上述《预算几点说明》的相关约定,而应予计取。

双方均申请再审。再审法院认为:虽然双方当事人在《预算几点说明》中约定养老保险统筹费、四项保险费、安全文明施工费不予计取,但二审法院综合考

---

① 参见最高人民法院民事裁定书,(2020)最高法民申2649号。

虑养老保险统筹费、四项保险费、安全文明施工费系不可竞争费用，且案涉工程质量合格，双方当事人约定工程造价既不计取人工费调差、贷款利息、四项保险费、安全文明施工费、养老保险统筹费，还要在总造价基础上下浮8%作为最终结算价等多种因素，在工程造价中计入养老保险统筹费、四项保险费、安全文明施工费，并无不当。1999年陕西省工程定额规定省级安全文明施工费费率为1.6%，但陕西省建设厅陕建发[2007]232号文件《关于调整房屋建筑和市政基础设施工程工程量清单计价安全文明施工措施费及综合人工单价的通知》已明确将房屋建筑工程的安全文明施工费费率调整至2.6%，该通知自2008年1月1日起执行，此时案涉工程仍在施工过程中，原审判决根据调整后标准2.6%计算安全文明施工费，依据充分。虽然案涉工程并未进行安全文明施工情况考评，但案涉工程已竣工验收并投入使用，聚泉公司亦并未提供证据证明案涉工程施工过程中发生过安全事故或者不文明的施工行为，原审判决将属于不可竞争费用的安全文明施工费计入工程造价，并无不当。

案例评析

该案例中双方结算协议对规费(养老保险统筹费、四项保险费)、安全文明施工费约定不予计取，二审法院认定结算协议为无效文件，同时综合考虑案件情况后，认为规费、安全文明施工费仍应计取，再审法院认为二审法院的认定并无不当。案例中养老保险统筹费、四项保险费就是规费中的社会保险费。虽然该案结果是法院在综合平衡各种因素基础上作出的裁判，但是毕竟推翻了结算协议中规费、安全文明施工费不予计取的约定，认为施工方仍可计取。案例还有一处特殊性就是法院认为双方结算协议无效。实际上，结算协议是独立于施工合同之外的协议。普遍观点认为，独立于施工合同的结算协议为有效协议。案例中法院认定结算协议无效，不过仍然认定其中约定的多数内容成立，但对于养老保险统筹费、四项保险费、安全文明施工费三项单独作出约定不成立的认定，施工方仍有权计取。

案例二

广西建工二公司与福人木业公司诉讼案[①]

当事人

上诉人(原审原告):广西建工二公司

上诉人(原审被告):福人木业公司

案例介绍

一审法院认为:关于安全文明施工费、规费是否执行双方合同约定下浮比例问题。安全文明施工费是改善安全生产条件和作业环境所必需的费用,规费是行政或行业管理规定必须缴纳的应计入建筑安装工程造价的费用。相关行业规章规定:安全文明施工费、规费不容许优惠,安全文明施工费为不可竞争费用。因此,安全文明施工费、规费不能执行双方合同约定下浮比例。

福人木业公司提出上诉,认为规费等相关费用约定下浮,在双方当事人的施工合同和招投标文件中均有体现,人民法院应遵从当事人的意思自治,不应变更双方的约定。广西建工二公司答辩认为安全文明施工费、规费不能下浮。

一审、二审法院均认为合同中关于下浮的约定无效。

二审法院认为:关于安全文明施工费、规费以及劳保费的问题。因安全文明施工费、规费以及劳保费均属于关系社会公众安全和公共利益的不可竞争性费用,根据法律及相关政策规定必须强制、足额缴纳,不允许扣减。

案例评析

该案例中审判机关恪守建设行政主管部门对于安全文明施工费、规费为不可竞争费用的规定。同时,审判机关从社会公众安全和公共利益角度考虑,认为安全文明施工费、规费为必须强制缴纳的费用。审判机关的态度明确,不允许双方对安全文明施工费、规费约定扣减,即认为双方的下浮约定不成立。

上述两则案例均考虑到安全文明施工费、规费为不可竞争费用。

---

① 参见湖北省高级人民法院民事判决书,(2017)鄂民终1840号。

二、肯定的裁判规则

肯定的裁判规则是指双方约定安全文明施工费、规费不予计取的情况下，法院认为约定成立，对约定予以支持，不加干涉的裁判规则。此类裁判规则对施工方不利。

案 例 三

四建公司与汇丰祥公司等诉讼案①

当 事 人

上诉人（原审原告）：四建公司

上诉人（原审被告）：汇丰祥公司

被上诉人（原审被告）：宝丰公司

案例介绍

案件审理中四建公司申请原审法院对其完成的案涉工程造价进行司法鉴定。鉴定机构出具《工程造价鉴定意见书》，认定双方无争议部分的工程造价为145,430,098元（不含劳保基金）。后鉴定机构又出具《补充鉴定意见书2》，对无争议部分的工程从十七个方面进行增减后增加无争议部分的工程造价2,538,246元（不含劳保基金），将有争议的部分内容进行调整并增加一项内容，共计九项争议内容，由法院裁决。劳保基金未作为争议事项列出。

一审法院认定两份合同均为无效。当事人均认可实际履行的是2013年4月30日的合同。一审法院认为：关于劳保基金应否计入工程总造价的问题。案涉建设工程施工合同虽属无效，但劳保基金条款是与计算工程价款数额有关的内容，应当予以参照适用。因案涉建设工程施工合同约定"劳保基金不计取由业主代缴""劳保基金由甲方代缴政府返还给乙方，甲方按照返还乙方的相应额度从乙方的结算款中扣除，政府返还乙方劳保基金的返还手续由乙方负责出具，如乙方拒绝或在甲方指定的期限内不出具返还手续的，甲方有权从工程款或保修款中扣除"，鉴定机构参照上述合同约定内容未将劳动保险基金计入工

---

① 参见最高人民法院民事判决书，（2020）最高法民终1145号。

程总造价并无不当,汇丰祥公司的该部分抗辩理由成立,故对四建公司的该项异议不予采信,对其要求将劳保基金计入工程总造价的主张不予支持。

四建公司提出上诉,认为原审法院对劳保基金判决错误。劳保基金计入工程总造价,符合法律规定及合同约定。根据宁政发[1999]38号文第三条,宁建(办)字[2002]第18号文第三条第二、三款,宁政办发[2009]227号文第一条,《宁夏劳动保险费管理办法》第三、四、五、八、十一条,宁建(科)发[2015]27号文,宁建(建)发[2016]24号文等相关文件的规定,劳保基金属于不可竞争性费用,应全额计入工程总造价,统一按照建筑安装工程造价(税前)的3%收取,任何单位或个人不得减免、截留、挪用,同时上述文件还规定:"工程竣工结算后,建设单位应携带劳保基金预缴合同和审定的工程结算书等有关资料,到基金办办理劳保基金的结算手续,多退少补。"另外,案涉2013年4月30日签订的合同第4.2.2条约定,计费原则按照2008年宁夏回族自治区《建筑工程计价定额》计取,而该定额中亦规定了应当计取劳保基金。

二审法院认为:案涉建设工程施工合同第4.2.2条计费原则取费标准第四项约定"劳保基金不计取由业主代缴",第4.3.5条约定"劳保基金由甲方代缴政府返还给乙方,甲方按照返还乙方的相应额度从乙方的结算款中扣除,政府返还乙方劳保基金的返还手续由乙方负责出具,如乙方拒绝或在甲方指定的期限内不出具返还手续的,甲方有权从工程款或保修款中扣除",据此,鉴定机构参照上述合同约定未将劳保基金计入工程总造价并无不当,四建公司主张汇丰祥公司应向其支付劳保基金依据不足,不能成立。

案例评析

该案例中双方实际履行的无效合同约定了不予计取劳保基金,法院仍然参照无效合同中的该项约定,将劳保基金不作为工程款认定。案例中裁判规则对施工方是不利的。合同效力对该案例中劳保基金的认定没有影响。合同即使无效,法院仍然认定劳保基金不予计取的约定成立。同时,法院没有考虑前述案例一、案例二中规费为不可竞争费用的问题及规费不予计取是否损害社会公共利益的问题。

同时,笔者注意到鉴定机构列出九项争议事项,但未将劳保基金作为一个争议事项列出。鉴定机构的此种做法是否可取值得探讨。鉴定机构在鉴定意见书中的列示内容有没有影响法院对案件中工程款的认定,笔者无从知晓。

案 例 四

中冶公司与华恒公司诉讼案[①]

当 事 人

上诉人(一审原告、反诉被告):中冶公司

被上诉人(一审被告、反诉原告):华恒公司

案例介绍

一审中法院委托鉴定机构进行造价鉴定。金信工鉴字[2018]248号工程造价鉴定意见书鉴定意见为:按该次委托内容鉴定工程造价为89,739,155.64元。鉴定意见书对人工费价差金额、超高降效费作为争议款项进行列明,同时对规费等进行了说明。上述造价鉴定意见书的工程造价不包括规费。一审法院认定该案《建设工程施工合同》及《补充协议》为有效合同。一审法院未将规费计入工程造价。

一审判决后,中冶公司提出上诉,认为规费少计入涉案工程总造价。甘建价[2018]575号文的第一条和第四条关于工程规费计取作出明确规定。规费中社会保障费、住房公积金的计取不再以是否取得甘肃省建设工程费用标准证书为先决条件。规费是根据省级政府或省级有关权力部门规定必须缴纳的费用,应当按照《甘肃省建筑安装工程费用定额》规定费率计取,应当计入建筑安装工程造价,这是强制性规定,经中冶公司核算,该部分费用为3,500,000元。

二审法院认为:关于规费是否应当计取的问题。甘建价[2018]575号文虽然取消了住房公积金、社会保险费等规费的核定,但同时规定按照甘建价[2013]585号文的规定标准予以计取,甘建价[2013]585号文的第七章"其他说明"的第二条明确规定"……规费应按照各建筑企业《甘肃省建筑工程费用标准证书》中核定的标准计取"。而根据已查明的事实,中冶公司并未取得甘肃省建筑工程费用标准证书,同时案涉《建设工程施工合同》关于规费、措施费部分明确约定:"规费部分:社会保障费、住房公积金、企业可持续发展基金不予计

① 参见最高人民法院民事判决书,(2020)最高法民终355号。

取。”可见,合同双方对于是否计取规费已经达成不予计取的合意,该约定亦不存在违反法律、行政法规等无效情形,鉴定机构据此不予计取规费,并无不当。此外,案涉《建设工程施工合同》还约定了“C、其他。1. 以前颁布的造价有关政策性文件执行截止本施工合同签订日期,以后颁布的造价有关政策性文件结算时不再执行,税金调整的除外”。该约定内容表明,双方对于案涉《建设工程施工合同》签订之后颁布的政策性文件不再执行。而案涉《建设工程施工合同》签订于2014年1月6日,对于之后颁布的政策性文件等不适用本案关于造价的认定,因此,中冶公司依据2018年的相关文件主张鉴定机构未计取规费错误,没有事实和法律依据,法院依法不予采信。

案例评析

该案例中,双方在合同中约定规费(社会保障费、住房公积金、企业可持续发展基金)不予计取,鉴定机构对工程款鉴定时未将上述款项列入工程造价总额,一审法院认定双方约定并无不当。一审法院作出判决后,施工方提出上诉后又被二审法院驳回上诉请求。社会保障费、住房公积金、企业可持续发展基金没有作为工程造价的一部分,法院认为双方的约定并没有违反法律、行政法规,不存在无效情形。判决文书中,二审法院驳回施工方中冶公司要求发包人支付规费的请求,有一部分理由是认为中冶公司并未取得甘肃省建筑工程费用标准证书,也就是中冶公司没有资格取得规费。

案例中存在三处事实对施工方中冶公司不利:双方约定了规费不予计取;中冶公司未取得甘肃省建筑工程费用标准证书,不具有规费取得资格;双方约定之后颁布的政策性文件不再执行,因而导致可能存在的对施工方有利的政策性文件不适用于该案。笔者又再次注意到,鉴定机构鉴定意见中直接将规费不计入工程造价。鉴定机构将多个争议项列明,而对规费只是作出一个说明。笔者猜想,鉴定意见书出具的形式会不会造成审判人员先入为主的印象。这个做法与案例三中出现的情况相似。规费是否计入工程价款应由法院决定取舍。

案例五

林某龄与康鸿盛公司诉讼案①

当事人

再审申请人(一审原告、二审上诉人):林某龄

被申请人(一审被告、二审被上诉人):康鸿盛公司

第三人:福建闽安公司

案例介绍

林某龄申请再审,理由部分如下:原判决确认规费和安全文明施工费按照约定比例进行下浮,违背了《清单计价规范》有关规费、安全文明施工费纳入国家强制性标准管理范围,其费用标准不予竞争的规定,也与《建设工程施工内部承包合同》的约定不符。

关于规费和安全文明施工费应否下浮问题,再审法院认为,申请再审人主张依据相关强制性规定,规费和安全文明施工费不应下浮。经审查,衡阳市中级人民法院于2014年6月19日向湖南省建设工程造价管理总站就涉及本案工程结算的定额规定等进行调查,并根据该站的口头答复制作了备忘录,备忘录记载"管理费、利润分开算可优惠,国家税收、规费、安全文明费等强制性收费不优惠"。住房和城乡建设部《清单计价规范》第3.1.6条规定"规费和税金必须按国家或省级、行业建设主管部门的规定计算,不得作为竞争性费用"。由此可见,规费、安全文明费等应依法缴纳,且不能减免。根据《建设工程施工合同》第十九条关于工程价款的约定,规费、安全文明施工费等已列入了工程价款,第十九条约定"税前造价优惠9%"。该优惠应视为对全部工程价款的优惠,既然工程价款中已包括了规费、安全文明施工费,该费用就应当按约定比例下浮。合同对工程价款的约定,对双方当事人具有约束力,工程价款下浮,并不必然导致向国家缴纳相关费用的减少。且在一审审理过程中,一审法院委托鉴定机构对工程造价进行了鉴定,鉴定结论经过质证、认证,作为定案依据,现实际施工人并未提供证据推翻鉴定结论。因此,原判决在合同约定框架下,判令规费、安全

① 参见最高人民法院民事裁定书,(2015)民申字第2560号。

文明施工费下浮,并无不当。

案例评析

该则案例和之前案例不同。它是对工程价款进行整体税前造价优惠,也就是整体造价下浮。整体造价下浮意味着不仅安全文明施工费、规费两项费用下浮,同时分部分项工程费、其他措施项目费、其他项目费等费用也下浮。单独就安全文明施工费或规费进行下浮或不予计取,此时的安全文明施工费或规费如下:计取基数×安全文明施工费费率或规费费率×(1－下浮比例)(不予计取时下浮比例为100%)。而在整体造价下浮情况下,安全文明施工费或规费如下:计取基数×(1－下浮比例)×安全文明施工费费率或规费费率×(1－下浮比例)(不予计取时下浮比例为100%)。比如,约定税前造价优惠9%,相应的安全文明施工费或规费如下:计取基数×91%(计取基数下浮9%)×安全文明施工费费率或规费费率×91%(安全文明施工费费率或规费费率下浮9%)。

最高人民法院在该裁判文书中论述观点时似乎有点矛盾。一方面,其认为安全文明施工费和规费为不可竞争费用,应依法缴纳。另一方面,其认为合同中对工程价款的约定对双方有约束力,得出的结论为"工程价款下浮,并不必然导致向国家缴纳相关费用的减少"。笔者认为,虽然工程价款中包含了安全文明施工费和规费两项,但是进行整体造价优惠或单独优惠时,确会导致向国家缴纳安全文明施工费和规费的减少。比如,依据正常的标准计算,安全文明施工费或规费如下:计取基数×安全文明施工费费率或规费费率。而约定税前造价优惠9%,相应的安全文明施工费或规费如下:计取基数×91%(计取基数下浮9%)×安全文明施工费费率或规费费率×91%(安全文明施工费费率或规费费率下浮9%)。

因此,税前造价整体优惠是一种"折上折"的计算。"折上折"的计算必然导致安全文明施工费和规费减少。

三、法律思考

上述不同的案例,给我们展示出安全文明施工费、规费两项费用不予计取约定下的总体裁判思路。在约定不予计取情形下,如何计取这两项费用,裁判规则并不统一。有以下问题值得思考。

第一,应当如何理解不可竞争费用。安全文明施工费、规费均为不可竞争费用,建设行政主管部门对待两者的政策是不是完全一样,有没有区别?

第二,安全文明施工费、规费不予计取约定是否有效,审判机关仅以未违反法律、行政法规的强制性规定作为认定约定有效的依据,会不会有失偏颇?因为除违反法律、行政法规的强制性规定是认定约定无效的情形外,还有其他情形也可以认定约定无效。通过与法律规定的其他无效情形的比照,是否可以对安全文明施工费、规费不予计取约定效力作出其他不同的结论,这个问题可以作进一步深入分析。

第二节 综合分析

一、"不可竞争费用"的理解

安全文明施工费、规费之所以产生争议,主要根源在于《清单计价规范》中将其作为不可竞争费用。《清单计价规范》中有如下规定:

3.1.5 措施项目清单中的安全文明施工费应按照国家或省级、行业建设主管部门的规定计算,不得作为竞争性费用。

3.1.6 规费和税金应按国家或省级、行业建设主管部门的规定计算,不得作为竞争性费用。

然而,《清单计价规范》本身并没有解释何为不可竞争费用,建设行政主管部门也未对此作出明确规定。另外,即使建设行政主管部门对不可竞争费用作出明确规定,即明确企业投标不能以低于国家规定的安全文明施工费费率、规费费率进行报价,也会出现因为《清单计价规范》及相关建设行政主管部门的规定不属于法律、行政法规效力性的强制性规定而在司法层面不予适用的情况。

不同的人对不可竞争费用有不同的解读。笔者认为,不可竞争费用是指这两项费用的投标报价费率不得低于规定标准,更不能不予计取。这一理解之下应注意两个问题:

第一,安全文明施工费费率、规费费率本身不得下浮,不代表计取的基数不可以下浮,即计取这两项费用基数可以下浮。比如,江西地区,这两项费用计取基数为人工费或者人工费 + 机械费。人工费或者人工费 + 机械费计取基数下浮是国家相关主管部门无法左右的,这属于正常的市场行为。

第二,虽然安全文明施工费、规费两者同为不可竞争费用,但两者存在一定的不同。2005 年 6 月 7 日,原建设部办公厅印发《建筑工程安全防护、文明施工措施费用及使用管理规定》(建办[2005]89 号)。该文件规定:投标方安全防护、文明施工措施的报价,不得低于依据工程所在地工程造价管理机构测定费率计算所需费用总额的 90%。笔者发现对规费却没有作出类似的规定。

上述文件中的"90%",是指安全文明施工费费率可以下降至 90% 的程度,还是指允许基于市场报价变化导致安全文明施工费的计取基数下降到正常取费状态的 90%,安全文明施工费费率本身不作任何下浮,这值得仔细推敲。笔者认为,不能得出允许安全文明施工费费率下浮的结论,仍应坚持安全文明施工费费率不能下浮。比如,某个工程总造价(税前)为 100 万元,其中人工费为 50 万元,同时此地计价政策以人工费作为安全文明施工费的取费基数,安全文明施工费费率为 10%。正常计算该项目的安全文明施工费:50 万元 ×10% = 5 万元。现根据建办[2005]89 号文,施工方报价不得低于费用总额的 90%,也就是不得低于 5 万元 ×90% = 4.5 万元。投标人的投标报价方案可以作如下调整:将人工费以市场价 45 万元进行报价,此时,安全文明施工费费率仍为 10%,最终计算的安全文明施工费为 4.5 万元。虽然感觉安全文明施工费 4.5 万元是人工费 50 万元 ×9% 计算得出的结果,但似乎是安全文明施工费费率 10% 下浮到 9%。建办[2005]89 号文的规定确实增加了对安全文明施工费费率是否下浮理解的困惑。总体而言,笔者认为,这一文件只是说明计取基数可以调整,不能说明安全文明施工费费率可以下浮。因此,笔者仍坚持在政策层面安全文明施工费、规费费率均不能下浮。

二、下浮效力的法律分析

建设行政主管部门对安全文明施工费、规费不得下浮的强制性要求在司法层面的效力应如何认定?

《合同法》第五十二条[①]是本章所列案例发生时判断合同约定有效或无效的法律依据。上述部分案例将安全文明施工费、规费不予计取的约定视为有效,引用了《合同法》第五十二条第五项的规定。审判人员认为双方关于安全文明施工费、规费不予计取的约定不违反法律、行政法规的强制性规定。如果单从《合同法》第五十二条第五项的规定来看,肯定得不出该项约定无效的结论。因为《清单计价规范》及建设行政主管部门的文件绝不是法律、行政法规。因此,无法依据《合同法》第五十二条第五项对不予计取约定作出无效的认定。但是,不符合《合同法》第五十二条第五项不代表就不符合其他条款。不予计取约定的法律效力问题还应从是否符合《合同法》第五十二条中其他项的情形进行全面考虑。

(一)两项费用的性质

安全文明施工费主要涉及建设工程施工时因施工对环境的破坏而采取的保护环境的费用及劳动者为避免危险而采取的安全施工的费用。因此,该项费用主要与环境保护和安全施工相关。安全施工既包括自身施工工人的安全,也包括第三人的安全。安全文明施工费关系到职工安全、公众安全及共享优质环境问题。

规费主要涉及为员工缴纳社会保险的费用、缴纳住房公积金的费用、因工程施工污染排放而产生的向环境保护部门缴纳的费用。社会保险费虽是企业为其员工缴纳,但该部分资金并不进入员工个人账户,而是进入国家统筹账户。因此,社会保险金具有社会属性。现在各企业缴纳的社会保险费是其他已享有社会保险待遇的人的分配资金。工程排污费涉及环境治理问题,关系到社会群体共享优质社会环境。住房公积金是存入职工个人账户的一笔资金,在符合一定条件之后职工可以取出用于购房等支出。

(二)两项费用少计算的客观后果

安全文明施工费、规费中的各项费用可以分为两部分。一部分是施工方根

① 《合同法》第五十二条:“有下列情形之一的,合同无效:(一)一方以欺诈、胁迫的手段订立合同,损害国家利益;(二)恶意串通,损害国家、集体或者第三人利益;(三)以合法形式掩盖非法目的;(四)损害社会公共利益;(五)违反法律、行政法规的强制性规定。”

据需要实际应支出的费用,另一部分是需要向政府部门缴纳的费用。

诚然,依据不下浮的费率计取安全文明施工费、规费,施工方获得该款项后也可能不会按照相关规定将该款项如数用于实际支出或者如数向相关部门缴纳。但是,依据下浮后的费率计算出的相关费用比正常费率下计算的费用低,施工方在安全文明施工费上的实际支出大概率低于正常取费下费用支出,同时,施工方必然不会如数向相关部门缴纳正常取费下的费用。

(三)与法定无效情形的比较

《合同法》第五十二条[①]规定了合同无效的五种情形,现将需要讨论的问题与之逐一比照。

安全文明施工费、规费不予计取的约定显然不属于"一方以欺诈、胁迫的手段订立合同""恶意串通""违反法律、行政法规的强制性规定"这三种情形。

安全文明施工费、规费不予计取的约定应不属于"以合法形式掩盖非法目的"的情形。发承包双方只是以合同形式对双方工程价款作出一个约定,一方自愿以多少工程款施工,另一方同意支付该款项以获取质量合格的工程或者质量符合约定标准的工程,因而谈不上双方存在非法目的。

笔者认为,安全文明施工费、规费不予计取的约定虽不直接损害社会公共利益,但是该约定间接损害社会公共利益或者可能间接损害社会公共利益。

具体而言,安全文明施工费的不予计取,大概率会导致施工方降低实际用于安全施工、环境保护施工的支出,因此存在间接损害环境的可能及对施工人员、公众安全产生危害的可能。不过这也仅是一种可能性。可能性与现实性之间不能绝对他画等号。

规费的不予计取,则需要分别考虑三部分资金的问题。社会保险费是企业向社保部门缴纳进入社保统筹账户的资金。规费不予计取后会导致社保统筹账户资金减少。现在享受养老及符合社保领取条件的人所领到的社保资金就源于社保统筹账户。因此,统筹账户资金减少会影响国家对其他人员社保资金

---

① 《合同法》第五十二条:"有下列情形之一的,合同无效:(一)一方以欺诈、胁迫的手段订立合同,损害国家利益;(二)恶意串通,损害国家、集体或者第三人利益;(三)以合法形式掩盖非法目的;(四)损害社会公共利益;(五)违反法律、行政法规的强制性规定。"

的分配。住房公积金虽然需要向政府部门缴纳,但该部分资金仍是在每个员工自己的独立账户中,住房公积金的减少只涉及员工个人利益。环境保护税少计算会导致环保部门少收取该部分费用,因而间接影响社会环境的治理。

《合同法》第五十二条第四项规定了损害社会公共利益的合同无效。安全文明施工费的不予计取只是存在间接损害社会公共利益的可能。因此,不符合合同无效的情形。规费的不予计取产生的三个后果分别为:社会保险费缴纳的减少影响其他人员社保资金的分配,因而损害了社会公共利益;住房公积金缴纳的减少影响员工个人利益,未损害社会公共利益;环境保护税缴纳的减少损害了社会环境治理,即损害了社会公共利益。因此,笔者认为,社会保险费、环境保护税两项费用的不予计取宜纳入认定合同无效的范畴。

《民法典》实施之后,认定合同无效不再存在《合同法》第五十二条第四项“损害社会公共利益”一说。“社会公共利益”可以被涵盖在《民法典》第一百五十三条第二款“公序良俗”当中。规费费率的降低导致社会保险费、环境保护税的缴纳减少,这是违反“公序”的行为。因此,规费中社会保险费、环境保护税的不予计取应纳入《民法典》第一百五十三条第二款“违背公序良俗的民事法律行为无效”的范畴之中。

三、认定无效后的处理

认定社会保险费、环境保护税不予计取约定无效后,发包人如何给付社会保险费、环境保护税问题值得商讨。按照现在的法律法规,施工方主张正常取费费率的社会保险费、环境保护税也存在法律障碍。

《合同法》第五十八条①及《民法典》第一百五十七条②两处条文涉及合同无效或民事法律行为无效后财产的处理问题。合同无效情形下,建设工程肯定不存在返还问题。财产不能返还的,应当折价补偿。依据《民法典》第七百九十三

① 《合同法》第五十八条:“合同无效或者被撤销后,因该合同取得的财产,应当予以返还;不能返还或者没有必要返还的,应当折价补偿。有过错的一方应当赔偿对方因此所受到的损失,双方都有过错的,应当各自承担相应的责任。”

② 《民法典》第一百五十七条:“民事法律行为无效、被撤销或者确定不发生效力后,行为人因该行为取得的财产,应当予以返还;不能返还或者没有必要返还的,应当折价补偿。有过错的一方应当赔偿对方因此所受到的损失,双方都有过错的,应当各自承担相应的责任。法律另有规定的,依照其规定。”

条第一款[①]规定，折价补偿本身就是“参照合同关于工程价款的约定”进行补偿。合同中约定的工程价款是规费不予计取情形下的价款，因此，在现有法律框架下，合同无效后工程款的处理不包括施工方要求另一方提高价格支付工程款。下浮费率与正常费率之间规费的差额不是《民法典》第一百五十七条中的损失。因此，即使低于正常费率标准的约定认定无效，施工方要求发包人另行支付规费差额部分的价款仍然在法律上不可行。前述案例二广西建工二公司与福人木业公司诉讼案中审判人员没有对这个问题进行分析。

笔者认为，需要在《2020 年建设工程合同解释》中作出例外规定，即价款约定无效时工程价款的补偿不再适用依据合同约定折价补偿的规定。

四、两个后话

（一）争议仍将延续

2020 年 7 月 24 日，住房和城乡建设部办公厅印发《工程造价改革工作方案》（建办标［2020］38 号）。这一背景之下，部分地区正式取消或试行取消安全文明施工费、规费作为不可竞争费用的规定。比如，浙江省住房和城乡建设厅发布的《浙江省工程造价改革实施意见》（浙建发［2020］69 号）规定：“3. 招标控制价编制……安全文明施工费及规费由招标人依据市场实际编制……”又规定：“4. 招标投标。投标人根据本实施意见及工程量清单计价要求进行投标报价，并考虑一定的风险费用，其中安全文明施工费及规费可根据企业实际情况编制……”河南省就试行取消工程量清单计价规范中有关安全文明施工费、规费作为不可竞争费用的规定正在征求意见。

安全文明施工费、规费可根据企业实际情况编制，就意味着安全文明施工费、规费可以低于定额中的取费标准，甚至为零。笔者认为，取消安全文明施工费及规费作为不可竞争性费用，不会必然导致不予计取约定是否有效这一争议问题消失。一方面，依据《社会保险法》《公积金管理条例》《环境保护税法》等法律法规，承包人作为缴纳义务主体应当依法缴纳相应费用。另一方面，这些

① 《民法典》第七百九十三条第一款：“建设工程施工合同无效，但是建设工程经验收合格的，可以参照合同关于工程价款的约定折价补偿承包人。”

费用与公众安全及公共利益存在或多或少的关系，存在直接或间接的联系。因此，安全文明施工费、规费不予计取的争议仍会一直延续。

(二)鉴定机构的做法值得商榷

鉴定机构以鉴代审的做法一直为人诟病。在本章第一节案例三四建公司与汇丰祥公司等诉讼案、案例四中冶公司与华恒公司诉讼案中出现相同的情况，即鉴定机构在对工程造价进行鉴定时列出争议造价事项，而对于安全文明施工费、规费下浮或不予计取的价款，没有将其作为争议造价，或仅将其作为说明事项。鉴定机构的此种做法有无可能影响审判人员对工程造价的认知无从知晓。笔者认为，为避免审判人员对工程造价的先入为主而影响自身判断，鉴定人员应将此类鉴定事项作为争议事项列出。安全文明施工费、规费不予计取是否可以成立由法院作出判断更加妥当。因此，案例中鉴定机构的做法不可取。

018 第十八章

约定不明时的工程款

·导　读·

建设工程施工合同中,工程款问题是双方的核心关切。多数情况下发包人与承包人对工程款约定是明确的。双方会对工程款如何计算进行明确约定,甚至在合同中会对出现某些因素时是否调整工程款或者如何调整工程款作出明确约定。但在少部分建设工程施工合同中,发承包双方对工程款这一重要内容没有作出明确约定,或者在诉裁程序中已经没有办法查明双方所作的具体约定。

本章中所谓约定不明,可能产生于以下两种情况:

第一种情况,是指发承包双方在建设工程施工合同中对整体工程款如何结算本身约定不明,或者对工程施工中某些工程款要素发生变化后是否应予调整工程款本身约定不明,或者双方根本就没有作出约定。

第二种情况,是指发承包双方进行了工程款的明确约定,但是这一约定在诉裁程序中却难以查清。比如,双方本存在书面施工合同,施工合同却意外遗失,此时双方对工程款约定各执一词,导致无法查清双方施工合同的真实内容,或者存在多份施工合同的场合下,多份施工合同对于工程价款出现矛盾约定,此时无法查清适用哪份施工合同结算工程款。如果能以推定的方式得出双方的实际约定,则不视为约定不明。如果合同中文字内容出现不同理解,能以法律解释方法消除不明的,也不视为约定不明。

工程款约定不明种类繁多。本章选取了具有代表性的结算规则约定不明及人工费与材料费发生变化时工程款是否作调整约定不明两种情况。笔者将对约定不明时工程款结算规则作出自己的理解,并对完全固定价、相对固定价情形下,人工费、材料费发生波动时工程款应否作出调整作出归纳。

第一节 结算规则

结算规则约定不明,不仅包括建设工程施工合同有效之下约定不明,也包括建设工程施工合同无效之下约定不明。本节结算规则问题的探讨不区分合同效力问题。结算规则约定不明时诉裁机关会如何认定工程款,先看两则案例。

一、典型案例

案例一

张某治、李某直与兵团六建公司诉讼案[①]

当事人

上诉人(原审原告):兵团六建公司

被上诉人(原审被告):张某治

被上诉人(原审被告):李某直

案例介绍

一审法院认定该案双方当事人之间口头协议为无效合同。双方当事人对张某治、李某直实际完成工程量的总价款的计价依据产生争议。兵团六建公司认为应按照定额价再扣减企业管理费、利润、规费、税金、组织措施费后确认,张某治、李某直认为应按照市场价格确认。

一审法院认为:(1)《合同法》第六十一条规定:合同生效后,当事人就质量、价款或者报酬、履行地点等内容没有约定或者约定不明确的,可以协议补充;不能达成补充协议的,按照合同有关条款或者交易习惯确定。第六十二条规定:当事人就有关合同内容约定不明确,依照本法第六十条的规定仍不能确

① 参见新疆维吾尔自治区高级人民法院民事判决书,(2017)新民终204号。

定的,适用下列规定:……价款或者报酬不明确的,按照订立合同时履行地的市场价款履行;依法应当执行政府定价或者政府指导价的,按照规定履行。因兵团六建公司不能提交证据证实双方当事人约定按照定额价确认张某治、李某直已完工程量的总价款,且该案诉争的工程也不属于执行政府定价或者政府指导价的工程,故应以合同履行地的市场价作为合同履行依据。(2)结合方夏公司的回复函可以看出,该案双方当事人形成的发包方式既有清包工又有包工包料,如果采用定额计算无法真实反映出市场行为,而采用市场价计算一是普遍存在,二是符合市场行为。综上,一审法院认为以市场价计算的工程款更贴近市场价格,更接近建筑工程的实际造价成本,且符合《合同法》上述条款的规定,更有利于保护当事人的利益。一审法院对兵团六建公司申请以定额价为依据作出的鉴定字(2014)0606－254号工程造价鉴定意见书不予采信。对方夏公司依张某治、李某直申请以市场价为依据作出的鉴定字(2014)0606－259(B)号市场价鉴定意见书即工程造价为3,315,010.85元予以采信。

二审法院认为:在合同未对工程价款结算进行约定的情况下,首先应当依据国家有关法律、法规和规章制度的规定进行确定。而涉案工程并非政府定价工程,且建设工程定额标准系地区建设主管部门根据本地建筑市场建筑成本的平均值确定,属于政府指导价范畴,系任意性规范并非强制性规定。而该案一审鉴定时,鉴定机构进行多方调查询证,包括对政府相关机构(昌吉州造价站)、大型建筑公司、建筑劳务公司、清包工个人以及其他工程造价咨询单位,结合涉案工程的规模、结构、层高等因素,以及施工地域、施工期等,综合修正后确定市场价格。该市场价更接近建筑工程的实际造价成本,对双方当事人更为公平。故一审法院适用《合同法》第六十二条第二项规定,认定涉案工程的价款依据市场价进行计算并无不当。兵团六建公司主张按照定额价计算涉案工程价款缺乏事实和法律依据,法院不予支持。

案例评析

该则案例在本书第八章"工程款据实结算"中也曾出现。案例中双方对工程款的结算规则约定不明。发包人认为工程款应按定额计算并且应考虑扣减企业管理费、利润、规费、税金、组织措施费。承包人认为工程款应按市场价结算。法院经审理后同意按市场价认定工程款。

笔者认为,发包人要求的"定额计算",实质上指定额计价法中的定额单价法。兵团六建公司要求从定额计价中扣除企业管理费、利润、规费、税金、组织措施费没有依据。虽然案例中的承包人张某治、李某直不是企业,但是没有说一定是企业才能获取这几项费用。承包人张某治、李某直要求完全依据市场价进行鉴定。笔者在本书第八章"工程款据实结算"中提出过市场价。市场价是指工程中的人材机价格因素完全依据市场价格(造价信息机构公布的信息价或政府调价文件规定的指导价)确定,工程消耗量及取费费率完全按照定额规定的消耗量及费率进行计算的工程款结算方式。案例中法院完全不考虑施工方的让利情况,这对发包人是否完全公平呢?笔者认为,这对发包人不公平。因为现在的建设工程市场应属于发包人市场。发包人在建设工程发承包环节中应具有更多主动权。案例中以市场价结算,完全不考虑施工方应让利的做法值得商榷。

案 例 二

环盾公司与永君公司诉讼案[①]

当事人

申请再审人:永君公司

被申请人:环盾公司

案例介绍

环盾公司与永君公司存在三份环盾公司以"第九冶金建设公司第五分公司"名义签订的施工合同,法院认定该三份合同均为无效合同,由于该案双方当事人提供了由相同的委托代理人签订的、签署时间均为同一天、工程价款各不相同的三份合同,在三份合同中价款分配没有规律且无法辨别真伪的情况下,不能确认当事人对合同价款约定的真实意思表示,一审法院委托鉴定机构对工程款进行鉴定。鉴定机构按定额价及市场价分别出具鉴定结论。鉴定报告中,定额计价中双方无异议的工程造价为15,772,204.01元,其中工程直接费和措施费合计12,097,423.01元;而依据鉴定报告,工程的市场价为11,355,354元。

① 参见贾劲松主编:《建设工程施工合同案件裁判要点与观点》,法律出版社2016年版,第155~164页。

一审法院认为：鉴定机构按市场价结算方式出具的鉴定结论缺乏较充分的工程同期材料、人工、机械等工程造价主要构成要素的市场价格资料作依据，故对以市场价作出的鉴定结论不予采信。双方争议的工程属一类工程，环盾公司不具有承揽此类工程的施工资质，在合同签订和履行过程中环盾公司有欺诈行为，一审法院认为永君公司应将定额结算中的直接费用支付给环盾公司。

环盾公司不服提出上诉，认为：一审法院仅判令永君公司支付工程直接费用违背造价有偿原则，一审法院扣减间接费、税金和利润无法律依据。

二审法院认为：一审法院判令永君公司向环盾公司支付工程直接费用并无不当。二审法院驳回环盾公司上诉。

后环盾公司向检察机关提出申诉，检察机关提出抗诉。检察机关认为仅认定鉴定报告中无异议部分的直接费用为12,097,423.01元，而对施工过程中产生的间接费、税金、利润等部分均未予以认定，系适用法律错误。

再审法院认为：二审判决仅支持环盾公司无异议部分的直接费用为12,097,423.01元，而对间接费、税金、利润等均未支持不当。

永君公司不服，提交再审申请。

最高人民法院认为：该案不应以定额价作为工程价款结算依据。首先，建设工程定额标准是各地建设主管部门根据本地建筑市场建筑成本的平均值确定的，是完成一定计量单位产品的人工、材料、机械和资金消费的规定额度，是政府指导价范畴，属于任意性规范而非强制性规范。在当事人之间没有作出以定额价作为工程价款的约定时，一般不宜以定额价确定工程价款。其次，以定额为基础确定工程造价没有考虑企业的技术专长、劳动生产力水平、材料采购渠道和管理能力，这种计价模式不能反映企业的施工、技术和管理水平。再次，定额标准往往跟不上市场价格的变化，而建设行政主管部门发布的市场价格信息，更接近建筑工程的实际造价成本。此外，该案所涉钢结构工程与传统建筑工程相比属于较新型建设工程，工程定额与传统建筑工程定额相比还不够完备，按照钢结构工程造价鉴定的惯例，以市场价鉴定的结论更接近造价成本，更有利于保护当事人的利益。最后，根据《合同法》第六十二条第二项规定，当事人就合同价款或者报酬约定不明确，依照《合同法》第六十一条的规定仍不能确定的，按照订立合同时履行地的市场价格履行；依法应当执行政府定价或者政府指导价的，按照规定履行。该案所涉工程不属于政府定价，因此，以市场价作为合同履行的依据不仅更符合法律规定，而且对双方当事人更公平。

最高人民法院认为应以市场价作为该案的工程款结算依据，即认定该案的工程造价市场价为 11,355,354 元。鉴于永君公司已经支付工程款 11,952,835.52 元，永君公司在一审判决后没有上诉，二审维持一审判决后，永君公司亦没有提出申请再审。因此，该案的工程造价可按一审确定的 12,097,423.01 元，作为永君公司应当支付的工程款项。

案例评析

笔者之前将不同的案例进行横向比较，而该则案例可以从纵向角度进行比较，该案例中裁判结果变化复杂，反映出审判人员对工程款认定的不同态度。这是一则一案三判的案例。二审判决维持一审判决，第一次抗诉后的再审判决改变了一审、二审判决结果。第二次再审后的判决又再次进行了改判。从案例中可以发现审判人员对于约定不明时处理工程款结算问题的纠结与矛盾。

一审法院将鉴定结论定额价中的直接费认作工程款，二审法院维持这一认定。第一次再审后的改判，则将鉴定结论中的定额价认定为工程款，即直接费、间接费、利润、税金均作为工程款。该处的定额价应是指依定额计价法中的定额单价法计算得出的工程款。第二次再审后该案再次改判，将鉴定结论中的市场价认定为工程款。市场价包括直接费、间接费、利润、税金在内。案例中的市场价应是指依定额计价方法中的实物量法计算的工程价款。案例中的工程项目依据定额计算工程款为 15,772,204.01 元，其中直接费为 12,097,423.01 元，而依据市场价计算工程款为 11,355,354 元。最高人民法院依据市场价认定的工程款不仅比定额价低，甚至比一审法院、二审法院认定的定额计价中的直接费还要低。

同时应说明的是，该案例发生时间较为久远，那时工程款分为直接费、间接费、利润、税金四项。因此案例中会有直接费、间接费名称。

二、综合分析

工程款结算规则双方约定不明的情况下，笔者认为只有以公平原则处理案件。上述两则案例发生时《合同法》并未失效。《合同法》第六十一条[①]、第六十二条第二项[②]为处理此类案件适用的法律依据。

现阶段建设工程本身不属于政府定价或者政府指导价范围。政府不会对建设工程价款进行定价或发布建设工程的指导价。依据《合同法》的规定,合同价款约定不明时需要实行市场价。两则案例均以建设工程的市场价作为认定工程款的依据,这种计价处理是否妥当值得商榷。

建设工程造价中没有专门以市场价称呼工程价款的说法。在部分工程款结算报告中,笔者确实看到报告中有"市场价"这一栏目。不过,这一栏目是出现在"价差汇总表"中,是就定额价中的人工费、材料费、机械费与市场价中人工费、材料费、机械费比较价差时使用。因此,市场价只是指人工费、材料费、机械费的市场价,而不是指最终的建设工程市场价。

如果说建设工程的市场价是指依据定额中规定的工程消耗量、相关费率与人材机市场价格(造价信息机构公布的信息价或政府调价文件规定的指导价)相结合得出的结算价格,笔者不否定可以建设工程市场价来称呼这种计价下的工程价款。[③] 在本书第三章"工程款计价方法"中笔者提到定额计价法中的实物量法。在本书第八章"工程款据实结算"中笔者提出据实结算就是市场价。市场价就是定额计价中依实物量法或据实结算得出的工程款。建设工程的市场价不必然成为双方约定不明时施工方向发包人主张的工程价款,或者说不必然成为发包人向施工方应支付的工程价款。原因如下。

首先,建设工程市场价未必代表施工方的实际支出水平。

施工方是否应当取得建设工程市场价,重要衡量因素是这种计算方法中的两个准确性:一个是工程消耗量的准确性;另一个是人材机价格的准确性。

---

① 《合同法》第六十一条:"合同生效后,当事人就质量、价款或者报酬、履行地点等内容没有约定或者约定不明确的,可以协议补充;不能达成补充协议的,按照合同有关条款或者交易习惯确定。"

② 《合同法》第六十二条:"当事人就有关合同内容约定不明确,依照本法第六十一条的规定仍不能确定的,适用下列规定:……(二)价款或者报酬不明确的,按照订立合同时履行地的市场价格履行;依法应当执行政府定价或者政府指导价的,按照规定履行。"

③ 笔者勉强接受建设工程市场价概念。笔者在本书第八章"工程款据实结算"中提出建设工程市场价实为据实结算。人材机市场价与建设工程市场价应区分使用。笔者如果不作特别说明,则会造成一个误会。既然笔者认可该款项是建设工程市场价,又不接受发包人应支付建设工程市场价给承包人,这似乎是一个矛盾说法。但笔者认为,建设工程市场价不一定就是发包人应支付的或者承包人应获得的价款。

就工程消耗量而言,施工方实际的消耗量很难考证。在双方没有确认实际消耗量的情况下,依据定额计算消耗量就成为施工方实际用量最合理最有效的方法了,实际上双方也不可能确认工程中的每一施工环节的实际消耗量。定额计价中的消耗量只是一个平均水平。考虑到双方举证上客观不能,以社会平均水平确定施工方实际消耗量也无不可。以定额中的消耗量作为施工方实际支出的消耗量,笔者对此表示认可。笔者对定额中规定的消耗量的准确性不作质疑。

就人材机价格而言,两则案例中人材机价格的得出似乎还存在区别。案例一中指出“鉴定机构深入市场调查”,鉴定机构调查什么不清楚。案例一中的人材机价格是否完全通过市场调查得出无从知晓。鉴定机构调查的市场价格与信息价是否不同也不可知。案例二中的人材机价格是依据造价信息机构公布的信息价得出。无论是鉴定机构主动调查得到的市场价格,还是造价信息机构给出的信息价,在没有办法确认施工方实际投入的人材机实际市场价的情况下,套用信息价或调查得到的市场价也是一种表面看似合理有效的方法。然而,仔细推敲可知,施工方应会货比三家后确认相应价格。这种价格应总体上低于公布的信息价或调查得到的市场价。虽然笔者未有实证数据证明,但是笔者相信,信息价或调查得到的市场价存在一定的下浮空间。这是施工方选择市场的结果,也是符合建筑市场交易惯例的。公布的信息价未必是真实的交易价格。量大从优、货比三家等市场因素也会左右价格。多数情况下,施工方会选择低于社会平均价的价格。因此,笔者对人材机价格的准确性方面提出自己的质疑。笔者认为,施工方实际支出的人材机价格与信息价或调查得到的市场价之间存在一定的价格差。

其次,不能以建设工程市场价作为结算价更重要的原因是建设工程市场属于发包人市场。

对于工程造价中的利润部分,在承包人未能证实其可以获取多少比例的利润的情况下,完全按照定额计价中利润比率计算工程款对于发包人来说是不公平的。因为这完全忽略了建设工程市场仍然是发包人市场这一客观现实。在建设工程发承包环节,发包人具有主动权,承包人是被动的。既然如此,甲方或乙方均想承接某项工程时,发包人为什么一定要选择由甲方来做而不是选择由乙方来做工程呢?如果甲方不在价格上体现出优势,工程的承包人可能就是乙方。甲方不作出价格上的优惠,发包人完全可以选择其他施工方。因此,直接费、间接费按市场价计算之后,利润方面应当作一个折中处理或对定额中的利润作下浮处理,这样才更能体现公平。建标[2013]44 号文实施之后,应是在分部分项工程费、单价措施费、总价措施费、企业管理费之外,对利润作一个折中处理,这样才能更好地平衡双方利益。

综上,笔者认为,约定不明时工程款的结算应以信息价或政府指导价代入定额计价中,同时利润进行一定比例的下浮。

三、回到案例

本节两则案例处理结果最终是一样的,均以建设工程市场价认定案涉工程价款。案例二中市场价比定额价(定额单价法)还要低,说明施工时期人材机价格有下浮。

案例一中市场价比定额价(定额单价法)高,工程款以市场价结算,并没有对利润作下浮处理。这没有体现公平原则。笔者认为该案裁判结果不妥当。

案例二中工程款确认过程曲折。一审法院、二审法院将定额价(定额单价法)中的直接费作为工程款,适用定额基价表中的人材机价格,未依据市场的人材机价格计算,适用依据错误,并且将工程款中的间接费、利润与直接费分割,也存在不妥当。正如检察院抗诉中所说,对施工过程中产生的间接费、税金、利润等部分均未予以认定,系适用法律错误。第三次(第一次重审)的判决则对定额价全部予以支持,未将直接费、间接费、利润三款项分割,但是依据错误,因为适用的仍是定额基价表中的人材机价格。同时,第三次(第一次重审)的判决虽然避免了工程款分割的错误之处,将直接费、间接费、利润、税金全部予以计算,但是未对利润作合理下浮,因此又存在不当之处。第四次(第二次重审)的判决依据人材机市场价对工程款作出认定,此时人材机价格依据正确,但是同样没有对利润作下浮处理,因此仍存在不当之处。

第二节 两个争议

除工程款结算规则约定不明外,发承包双方对工程款的某些要素发生变化是否调整工程价款也可能约定不明。比如,人工费或者材料费发生变化是否对工程款作出调整就存在不少约定不明的情况。

一、人工费调整争议

案 例 一

天河公司与聚尔溢公司诉讼案①

当事人

上诉人(原审原告、反诉被告):天河公司

上诉人(原审被告、反诉原告):聚尔溢公司

案例介绍

一审法院认定部分事实:2013 年 9 月 29 日,聚尔溢公司(发包人)与天河公司签订《建设工程施工合同》。签约合同价为 44,800,149.11 元,合同价格形式为固定总价合同。2014 年 10 月 10 日,双方签订《建设工程施工合同(补充协议地下车库)》。2014 年 11 月 1 日,双方签订《建设工程施工合同(补充人防地下室)》。

聚尔溢公司提出上诉:人工费调整 506,843.05 元不应计入变更部分造价,一审判决多计算结算尾款 481,500.9 元(506,843.05 元 ×95%)。该案所涉三份合同均为固定总价或固定单价合同,根据合同约定均不应对人工费进行调整。一审判决依据鉴定意见以工程量清单计价方式对人工费进行调整不当。

二审法院认为:关于人工费调整问题,聚尔溢公司与天河公司在《建设工程施工合同》专用条款第 11 条价格调整部分仅对材料价格变动的风险承担作出约定,对人工费调整的风险承担没有作出明确约定。根据河南省住房和城乡建设厅豫建设标[2014]29 号文件的规定,人工费指导价属于政府指导价,不应列入计价风险范围。根据《清单计价规范》第 3.4.1 条和第 3.4.2 条的规定,省级或行业建设主管部门发布的人工费调整影响合同价款调整的,应由发包人承担。该案中,在双方当事人对人工费调整的风险承担没有作出明确约定的情况下,金鼎公司在鉴定时依照上述规定将 2#楼和 6#楼及地下车库工程人工费价

① 参见河南省高级人民法院民事判决书,(2018)豫民终 867 号。

差调整506,843.05元计入变更工程造价并无不当。

案例二

天河公司与聚尔溢公司诉讼案①

当事人

再审申请人(一审原告、反诉被告,二审上诉人):聚尔溢公司

再审被申请人(原审被告、反诉原告,二审上诉人):天河公司

案例介绍

案例一纠纷案件二审判决后,聚尔溢公司提出再审。

聚尔溢公司再审理由:司法鉴定意见书依据河南省豫建设标[2014]29号地方政府规范性文件调整人工费,与双方当事人合同约定内容不符。

再审法院认为:关于应否对人工费进行调整的问题,《住房和城乡建设部公告第1567号——关于发布国家标准〈建设工程工程量清单计价规范〉的公告》规定:"其中,第3.4.1条(款)为强制性条文,必须严格执行。"《清单计价规范》第3.4.1条规定:"建设工程发承包,必须在招标文件、合同中明确计价中的风险内容及其范围,不得采用无限风险、所有风险或类似语句规定计价中的风险内容及范围。"第3.4.2条规定:"由于下列因素出现,影响合同价款调整的,应由发包人承担:……(二)省级或行业建设主管部门发布的人工费调整,但承包人对人工费或人工单价的报价高于发布的除外。"由上述规定可知,在案涉《建设工程施工合同》第十一条价格调整部分未就人工费调整的风险承担作出约定情形下,并不当然按照《建设工程施工合同》约定固定合同价款中的人工费标准对案涉工程进行取费,还应当考察省级或行业建设主管部门发布的人工费调整是否影响合同价款调整。根据《河南省住房和城乡建设厅关于贯彻〈建设工程工程量清单计价规范〉(GB 50500—2013)〈建筑安装工程费用项目组成〉(建标[2013]44号)文件有关问题的通知》(豫建设标[2014]29号)关于"人工费指导价属于政府指导价,不应列入计价风险范围"的规定可知,案涉工程人工费调整应当依据施工期间政府颁发的人工费指导价进行调整,因此鉴定机构金鼎公司将2#楼和6#楼及地下车

① 参见最高人民法院民事裁定书,(2019)最高法民申5682号。

库工程人工费价差 506,843.05 元计入变更工程造价,并无不当,聚尔溢公司提出的该费用不应计入变更工程造价的申请理由不能成立,法院不予支持。

案例评析

上述两则案例为一起纠纷引起。双方在建设工程合同中约定固定总价,然而合同中对于施工期间人工费发生变化时是否调整工程款未作约定产生争议。一审法院、二审法院依据清单计价对人工费进行调整。案例中虽为总价合同,但是未明确是完全固定总价合同还是相对固定总价合同。笔者认为,案例中的合同是一个相对固定总价合同。因为合同本身并没有以“包干价”“包死价”强调工程价款的不可变更性。

固定总价合同下,人工费发生变化是否调整工程款约定不明时,工程款是否可以调整?笔者认为,该则案例法院的判决结果妥当。人工费波动是否调整工程款的困惑产生于《清单计价规范》本身,这与《清单计价规范》中的描述有关。笔者在本书第六章“工程款计价调整”曾经提出过该问题。

根据《清单计价规范》第 9.8.1 条“合同履行期间,因人工、材料、工程设备、机械台班价格波动影响合同价款时,应根据合同约定,按本规范附录 A 的方法之一调整合同价款”的表述内容,会造成包括人工、材料、工程设备、机械台班价格调整应依据合同进行调整,合同如果没有约定调整则对工程款不进行调整的初步认识,即产生合同约定是调整工程款的前提,合同没有约定则不必调整工程款的印象。

《清单计价规范》第 9.8.2 条规定:“承包人采购材料和工程设备的,应在合同中约定主要材料、工程设备价格变化的范围或幅度;当没有约定,且材料、工程设备单价变化超过 5% 时,超过部分的价格应按照本规范附录 A 的方法计算调整材料、工程设备费。”《清单计价规范》第 3.4.1 条规定:“建设工程发承包,必须在招标文件、合同中明确计价中的风险内容及其范围,不得采用无限风险、所有风险或类似语句规定计价中的风险内容及范围。”

让承包人承担人工费波动的全部风险是不被允许的。笔者发现,材料、工程设备价格没有约定风险范围时,《清单计价规范》以材料和工程设备价格变化 5% 作为风险承担责任范围,而对于人工费没有价格变化风险范围的区分,换句话说,任何人工费不能列入计价风险范围,案例中项目所在地为河南。《河南省住房和城乡建设厅关于贯彻〈建设工程工程量清单计价规范〉(GB 50500—2013)〈建筑安装工程费用项目组成〉(建标[2013]44 号)文件有关问题的通知》(豫建设标[2014]29 号)中明确:人工费指导价属于政府指导价,不应列入计价风险范围。

笔者认为,《清单计价规范》第 9.8.1 条“应根据合同约定”中的“合同约定”,应是指合同本身约定了如何调整的内容,只是调整内容与政策文件中规定内容不一致。在这种情形下才能依据合同约定调整工程款,而不是指合同中未约定调整的情形时,依据合同中未约定的情形而不调整工程款。在合同中未约定调整工程款的情形时,政策文件仍应作为调整工程款的依据。案例中双方合同并未约定工程款的不可变更性,同时政策文件的要求是人工费不列入计价风险范围,因此,案例中法院认定应进行人工费的调整并无不当。

这则案例确立了在相对固定价合同下,未明确排除人工费波动调整工程款情形时,人工费调整的政策文件应成为当然的适用文件,即人工费调整应作为默认规则,无明确排除意思则执行默认规则。

案例引申

固定总价合同与固定单价合同下,如果人工费发生波动对工程款进行调整是否导致合同名存实亡的问题值得思考。合同为固定总价合同或固定单价合同,在合同中对工程款已经作出确认,此时因人工费发生波动再对工程款进行调整,是否会导致合同名不副实?

笔者认为,工程款是否调整,应当根据合同的不同属性及人工费波动是否调整工程款的约定情况作出判断。

首先,完全固定总价合同与完全固定单价合同下,此时是否因人工费波动对工程款进行调整,是否调整工程款的约定可能存在三种情况:明确约定调整、明确约定不调整、未作约定。

完全固定总价合同与完全固定单价合同下,应不会明确约定人工费波动对工程款进行调整。因为此时如约定人工费波动对工程款进行调整,则合同内容是矛盾的、相反的。“完全固定价”是工程价款不予调整的明确表示,与人工费波动调整工程款是相互排斥的关系。如果出现这种情况,应尊重政策文件的要求对工程款进行调整。

如果明确约定人工费波动是工程款的非调整因素,此时,双方合同意思表示明确,并且人工费波动不调整工程款的意思表示与“完全固定价”的意思表示一致,笔者认为,此时不可以对工程款进行调整。此种做法虽然违反《清单计价规范》中无限风险的约定,但是政策文件不足以否定合同效力。如果人工费不调整造成履行合同显失公平,符合合同撤销条件,承包人撤销合同后要求调整工程款则是另外一个法律问题。

如果对人工费波动是否调整工程款未作约定,人工费波动调整工程款的意思表示是不明确的、模糊的,此时应遵守合同中明确的其他意思表示,“完全固定价”是工程价款不予调整明确表示,此时工程款仍不应调整,因为“完全固定价”的明确表示应优于人工费波动调整工程款的模糊表示。

其次,相对固定总价与相对固定单价合同下,此时是否因人工费波动对工程款进行调整,是否调整工程款的约定同样存在三种情况:明确约定调整、明确约定不调整、未作约定。

这三种情况下,只有在明确约定人工费波动不调整工程款的情况下才不予调整工程款,其他情况下应对工程款作出调整。“相对固定价”是工程价款需要调整的模糊表示,此时应遵守合同中明确的其他意思表示。当明确约定人工费波动不调整工程款时,此时工程款不调整的意思表示是明确的,不调整工程款的明确表示应优于调整工程款的模糊表示。

如果明确约定人工费波动调整工程款时,工程款应进行调整。“相对固定价”是工程价款不调整的模糊表示,此时同样应遵守合同中明确的其他意思表示。当明确约定人工费波动调整工程款时,此时工程款调整的意思表示是明确的,调整工程款的明确表示应优于不调整工程款的模糊表示。

如果对人工费波动是否调整工程款未作约定,人工费波动是否调整工程款的意思表示是不明确的、模糊的,此时应尊重政策文件的要求对工程款进行调整。

二、材料费调整争议

与人工费出现波动相同,在施工期内材料费也会出现波动。施工合同约定采用固定价时,通常会在合同条款中写明:“固定价已包含的风险范围包括但不限于建筑材料价格上涨、政策性调整等……”笔者认为,此时材料价格波动对工程款是否进行调整的约定是明确的。合同中明确约定了材料价格上涨情况是固定价包含的风险范围,依据该约定内容工程款应不作调整。固定价合同与材料价格波动是否对工程款进行调整之间不能画等号,是否调整工程款还是需要看固定价合同的具体内容。

刚才探讨了在完全固定价(完全固定总价、完全固定单价)合同下,人工费波动是否调整工程款约定不明时,工程款不应调整。完全固定价合同下,材料费出现波动,工程款是否应进行调整呢?可以看到部分案例中施工方以"情势变更"为由提出诉讼或仲裁要求变更工程价款,但是最终失败。不过这类案件多数因为合同中明确约定工程款为完全固定价或者明确约定材料价格波动不予调整工程款。这种情况与本节探讨的情况不一样,本节探讨材料费波动是否调整工程款约定不明时是否调整工程款问题,与"情势变更"导致的工程款调整不一样①。

(一)部门的两种政策

政策一:倡导双方协商处理。

比如,上海地区文件规定:"合同对风险范围和幅度没有约定或约定不明的,由发承包双方协商合理分担风险,并签订补充协议。"②广东地区文件规定:"……可参照《建设工程工程量清单计价规范》(GB 50500—2013)第9.8.2条原则重新协商合同价格调整方法。"③

政策二:依清单计价政策调整。

---

① 本节探讨的主旨与情势变更下工程价款的调整不同。材料价格变化分为一般商业的变化及超出一般商业风险的变化。在已被认定为"情势变更"情形下,情势变更当然会对工程款造成影响。但是,情势变更的认定不仅存在一个何为情势变更的客观认定问题,即超出一般商业风险的多少变化才是情势变更的客观认定问题,还存在主观上是否可预见性的问题。笔者不是在构成情势变更情形下探讨材料价格变化是否应予调整工程款的问题。笔者的观点是合同对材料价格波动调整价款约定不明时,材料价格波动超出一般商业风险的变化则需要对工程价款作出调整,不需要达到情势变更的程度。

② 《上海市建筑建材市场管理总站关于进一步加强建设工程人材机市场价格波动风险防控的指导意见》(沪建市管[2021]36号)规定:"合同对风险范围和幅度没有约定或约定不明的,由发承包双方协商合理分担风险,并签订补充协议。合同约定采用固定价格包干,对市场价格波动不作调整的,当人工、材料、施工机械等要素价格变化构成《中华人民共和国民法典》第五百三十三条规定的情势变更时,双方根据相关规定和实际情况,本着诚信、公平原则,协商签订补充协议,合理分担风险。"

③ 《广东省住房和城乡建设厅关于加强建筑工程材料价格风险管控的指导意见》(粤建市函[2018]2058号)规定:"涉及建设工程人工、材料、施工机具台班价格波动异常,超出发承包双方按以往经验所能预见与避免的范围和承担的风险的,可参照《建设工程工程量清单计价规范》(GB 50500—2013)第9.8.2条原则重新协商合同价格调整方法。"

比如，安徽地区文件规定："……材料和工程设备，价差在5%以内（含5%）的，由施工单位承担损失或受益，超过5%以上部分的价差，由建设单位承担损失或受益，发承包双方应按照相关规定，就材料价差调整等问题及时签订补充合同或协议。"①吉林地区文件规定："……合同中对材料和工程设备价格未明确风险范围和超出风险范围未明确调整办法的，其主要材料和工程设备，价差在5%以内（含5%）的，由施工单位承担；超过5%以上部分的价差，由建设单位承担。"②

总体而言，各地政策就是要求双方合理分担价格风险。当然这些文件不具有强制执行力，不能成为诉裁机关必须适用的依据。

（二）法院的五种观点

材料价格发生变化，工程款是否调整约定不明时，工程款是否调整，各地法院主要存在以下观点：

观点一：固定价之下材料价格发生重大变化可调整。

比如，《江苏高院意见》中规定："建设工程施工合同约定工程价款实行固定价结算的，一方当事人要求按定额结算工程价款的，人民法院不予支持，但合同履行过程中原材料价格发生重大变化的除外。"

观点二：情势变更下材料价格大幅上涨可调整。

比如，《广东高院暂行规定》中规定："建设工程合同约定对工程总价或材料价格实行包干的，如合同有效，工程款应按该约定结算。因情势变更导致建材价格大幅上涨而明显不利于承包人的，承包人可请求增加工程款。但建材涨价属正常的市场风险范畴，涨价部分应由承包人承担。"

---

① 《安徽省住房和城乡建设厅关于加强建筑工程材料价格风险控制的指导意见》（建市函［2021］507号）规定："招标人应在招标文件和施工合同中，明确约定材料价格风险范围和超出风险范围后的调整办法，招标文件和施工合同中对材料和工程设备价格未明确风险范围和超出风险范围未明确调整办法的，其材料和工程设备，价差在5%以内（含5%）的，由施工单位承担损失或受益，超过5%以上部分的价差，由建设单位承担损失或受益，发承包双方应按照相关规定，就材料价差调整等问题及时签订补充合同或协议。"

② 《吉林省住房和城乡建设厅关于调整建设工程材料价格指导性意见的通知》（吉建造［2017］13号）规定："承包人采购材料和工程设备，合同中对材料和工程设备价格未明确风险范围和超出风险范围未明确调整办法的，其主要材料和工程设备，价差在5%以内（含5%）的，由施工单位承担；超过5%以上部分的价差，由建设单位承担。"

观点三:材料价格变化超出市场风险和幅度的酌情调整。

比如,《北京高院解答》中规定:“建设工程施工合同约定工程价款实行固定价结算,在实际履行过程中,钢材、木材、水泥、混凝土等对工程造价影响较大的主要建筑材料价格发生重大变化,超出了正常市场风险的范围,合同对建材价格变动风险负担有约定的,原则上依照其约定处理;没有约定或约定不明,该当事人要求调整工程价款的,可在市场风险范围和幅度之外酌情予以支持;具体数额可以委托鉴定机构参照施工地建设行政主管部门关于处理建材差价问题的意见予以确定。因一方当事人原因导致工期延误或建筑材料供应时间延误的,在此期间的建材差价部分工程款,由过错方予以承担。”

观点四:材料价格变化致显失公平可酌情调整。

比如,《四川高院民一庭解答》中规定:“约定工程价款实行固定总价结算的施工合同履行过程中,主要建筑材料价格发生重大变化,超出了正常市场风险范围,合同对建材价格变动风险负担有约定的,依照其约定处理;没有约定或约定不明的,当事人要求调整工程价款,如不调整显失公平的,可在市场风险范围和幅度之外酌情予以支持,具体数额可以委托鉴定机构参照工程所在地建设行政主管部门关于处理建材差价问题的意见予以确定。”

观点五:依政策或行业规范调整。

比如,《安徽高院指导意见(二)》中规定:“建设工程施工合同履行过程中,人工、材料、机械费用出现波动,合同有约定的,按照约定处理;合同无约定,当事人又不能协商一致的,参照建设行政主管部门的规定或者行业规范处理。”

上述观点各有不同的侧重点:

第一个观点要求发生重大变化才可调整工程价款。何为“重大变化”并不清楚。是否可以将材料价格5%以内的变化认定为非重大变化,材料价格5%以上的变化认定为重大变化并不确定。固定价结算中“固定价”是指完全固定价还是相对固定价,或者两者均包括在内,也不确定。

第二个观点要求达到情势变更的程度才可以调整工程价款。情势变更是法律上规定的合同可变更、可解除的法定理由。情势变更本是考察材料价格变化时是否构成法律上的情势变更条件而得出的认定结果。而该观点将情势变更作为材料价格大幅上涨的原因进行认定。该观点以结果当原因,似有逻辑错误。

第三个观点要求材料价格变化超出市场风险和幅度的酌情调整。市场本身风险及幅度是多少并没有明确。市场风险和幅度是否以5%作为判断标准并不清楚。

第四个观点要求达到显失公平的程度才酌情调整。该观点如何适用依赖于对显失公平的认定。

第五个观点要求参照建设行政主管部门规定或行业规范处理约定不明时的工程款问题。该观点没有强调情势变更、显失公平、重大变化的认定问题。

上述第二个观点、第四个观点分别涉及情势变更、显失公平问题。笔者认为,即使合同明确约定工程款不予调整,但是只要符合情势变更、显失公平的条件,工程款也应作出调整。本节探讨的是约定不明并且不符合情势变更情况、不符合显失公平情况时工程款是否调整的问题。因此,第二个观点、第四个观点参考意义不大。上述第一个观点、第三个观点要求材料价格发生重大变化,这依赖于对"重大变化"的认定与理解。第五个观点不要求发生重大变化,在认定上非常纯粹,以主管部门的规定及行业规范作为自己认定的依据。

(三)倾向性观点

笔者认为,在工程款是否调整约定不明时,材料价格超出主管部门的规定或行业规范的变化幅度时可以调整工程款,不需要达到法律要求的情势变更或者显失公平的程度。笔者的理由如下。

首先,基于对行业规范的理解。《清单计价规范》第9.8.2条规定:"承包人采购材料和工程设备的,应在合同中约定主要材料、工程设备价格变化的范围或幅度;当没有约定,且材料、工程设备单价变化超过5%时,超过部分的价格应按照本规范附录A的方法计算调整材料、工程设备费。"《清单计价规范》将材料价格的变化区分为两种:一种是价格变化不超过5%,另一种是价格变化超过5%。发承包双方可以在合同中对变化幅度的范围区间作出不同于《清单计价规范》的自行约定,或者对如何调整工程价款作出约定。但是无论如何自行约定,总需要有调整的约定,这才符合《清单计价规范》中承包人不能承担无限风险的规定。

其次,基于政策导向指引的要求。虽然政策本身不是法律,但是政策可以帮助裁判人员知悉行业主管部门的行业态度。政策不一定被双方采纳,但是不妨碍其被诉裁机关采用。与其他多数行业不同,建设行政主管部门对于建设工程价款的指导性明显强于多数其他行业。建设行政主管部门对工程价款的指导及干预非常强。这一方面有建立合理价格机制的需要,另一方面也说明对建设工程价款干预的必要性。诉裁机关对建设行政主管部门行业政策的尊重是促进政策推行的有力方式。因此,建设工程领域诉裁机关处理建设工程纠纷,对于政策的依赖应明显重于其他行业。

综上,工程款调整约定不明时出现材料费波动,工程款调整原则应是:材料费的波动在正常商业风险范围之内,工程款不应进行调整。材料费的波动超出正常商业风险范围,工程款应当进行调整。

材料费的调整与人工费的调整存在不一样。材料费的调整应有幅度变化要求,超出幅度的变化才能调整工程款。在没有约定商业风险变化幅度的情况下,可以将5%以内材料价格变化及超出5%的材料价格变化作为一般商业风险及重大商业风险的区分。各地建设行政主管部门多作出一般商业风险内的变化由承包人承担损失或受益的规定,超出5%重大商业风险的价差由发包人承担损失或受益的规定。比如,材料价格变化幅度为9%,行业政策规定一般商业风险的变化幅度为5%,那么就应在超出5%范围外对4%部分的材料价格变化进行相应工程款的调整。安徽等地区文件就有如此规定。① 甚至有的地方建设行政主管部门规定即使双方合同约定了建筑材料价格发生变化也不调整,但是当材料价格变化超出5%时工程款仍应作出调整。河南地区文件即是如此规定。②

当然,一方违约后发生的材料费不利价格风险,应由违约方承担此风险。

---

① 《安徽省住房和城乡建设厅关于加强建筑工程材料价格风险控制的指导意见》(建市函[2021]507号)规定:"招标人应在招标文件和施工合同中,明确约定材料价格风险范围和超出风险范围后的调整办法,招标文件和施工合同中对材料和工程设备价格未明确风险范围和超出风险范围未明确调整办法的,其材料和工程设备,价差在5%以内(含5%)的,由施工单位承担损失或受益,超过5%以上部分的价差,由建设单位承担损失或受益,发承包双方应按照相关规定,就材料价差调整等问题及时签订补充合同或协议。"

② 《河南省住房和城乡建设厅关于加强建筑材料计价风险管控的指导意见》(豫建科[2019]282号)规定:"若合同中约定不调整建筑材料价格或对建筑材料计价风险无约定或约定无限风险时,当主要建筑材料价格涨跌幅度超过5%时,造成合同一方继续履约困难的,发承包双方应本着实事求是和公平公正原则,协商解决或按照《建设工程工程量清单计价规范》(GB 50500—2013)9.8.2条规定执行。"

第三节　调整规则思考

针对人工费波动、材料费波动是否应调整工程款的问题,笔者设想可不可能形成一个在固定价下相对统一的调整或不调整的规则。笔者试着作一个尝试,制作出一份调整规则(见表14)。

表14　人工费、材料费调整规则

序号	价格类型	人工费是否约定调整	材料费是否约定调整	调整规则	原因
1	完全固定价	约定调整		调整,不区分波动幅度	政策优先
2	完全固定价	约定不调整		不调整	约定优先
3	完全固定价	未作约定		不调整	明确表示优于模糊表示
4	完全固定价		约定调整	调整,区分波动幅度	政策优先
5	完全固定价		约定不调整	不调整	约定优先
6	完全固定价		未作约定	不调整	明确表示优于模糊表示
7	相对固定价	约定调整		调整,不区分波动幅度	明确表示优于模糊表示
8	相对固定价	约定不调整		不调整	明确表示优于模糊表示
9	相对固定价	未作约定		调整,不区分波动幅度	政策优先
10	相对固定价		约定调整	调整,区分波动幅度	明确表示优于模糊表示

续表

序号	价格类型	人工费是否约定调整	材料费是否约定调整	调整规则	原因
11	相对固定价		约定不调整	不调整	明确表示优于模糊表示
12	相对固定价		未作约定	调整,区分波动幅度	政策优先

注:1. 表格不涉及情势变更及显失公平情况下工程价款调整问题。即使约定人工费、材料费波动不调整工程款的情况下,因情势变更及显失公平的认定,也可能出现人工费波动、材料费波动而导致工程款的调整。

2. 表格中完全固定价包括完全固定总价及完全固定单价;相对固定价包括相对固定总价及相对固定单价。

3. 完全固定价与约定人工费调整、完全固定价与约定材料费调整本身为矛盾的,理论上不应出现。如果两者同时出现,应视为约定不明。

4. "不区分波动幅度"是指工程款的调整不考虑人工费变化幅度问题。

5. "区分波动幅度"是指工程款的调整需要考虑材料费变化幅度问题,在变化幅度内工程款不予调整。

一、框架设置

固定价包括固定总价与固定单价。固定总价可以分为完全固定总价、相对固定总价,固定单价可以分为完全固定单价、相对固定单价。笔者将四类价格分为完全固定价与相对固定价两大类。固定总价及固定单价与约定不明并不排斥。在本书第五章"工程款计价约定"中,笔者表明,人材机价格波动均是相对固定总价、相对固定单价的工程款的变动因素。相对固定价可以理解为是一个暂定价,并不是一个一成不变的价格。另外,完全固定价下也可能有工程款的变动因素,但是,人材机价格波动不应成为完全固定价下工程款的变动因素。

同时,人工费、材料费波动是否调整工程款的约定在合同中可能存在三种情况:约定调整、约定不调整、未作约定。三种情况与两大分类进行组合,可以作出十二组排列。其中有两种排列不太可能出现,因为属于矛盾的两个方向。两种不太可能出现的排列:完全固定价下约定人工费波动时工程款调整、完全固定价下约定材料费波动时工程款调整。如果在固定价合同中确实出现了两个相互矛盾的约定,则可以视为工程款调整约定不明。

二、规则设置

结合本章第二节“两个争议”中对案例引申问题的思考，笔者认为，可以设置如下工程款调整规则：

第一，当工程款以相对固定价出现，而明确约定人工费波动或材料费波动调整或不调整时，此时双方对于调整与不调整人工费、材料费的意思表示明确。工程款是否调整应尊重当事人的意思表示。“调整与不调整”的表示是明确表示，“相对固定价”是模糊表示。此时明确表示优于模糊表示。表14中序号7、8、10、11设置的规则即依此考虑得出。

第二，当工程款以相对固定价出现，说明工程款允许有变动空间。双方对人工费波动或材料费波动是否调整工程款未作约定时，工程款是否调整应尊重政策要求，此时政策优先。表14中序号9、12设置的规则即依此考虑得出。

第三，当工程款以完全固定价出现，同时又明确约定人工费、材料费出现波动不调整工程款，此时合同内部的意思表示是一致的。工程款是否调整应尊重双方约定，即工程款不调整。表14中序号2、5设置的规则即依此考虑得出。

第四，当工程款以完全固定价出现时，同时又约定对人工费波动或材料款波动进行调整，这种工程款调整约定本身就是矛盾的，可以视为约定不明，工程款是否调整应尊重政策要求，此时政策优先。表14中序号1、4设置的规则即依此考虑作出。

第五，当工程款以完全固定价出现时，同时又对人工费波动或材料费波动是否进行调整未作约定，此时出现人工费波动、材料费波动是否调整工程款的问题。笔者认为，完全固定价意思表示是明确的，人工费、材料费是否调整的意思表示是模糊的。此时，明确表示优于模糊表示，工程款不应调整。表14中序号3、6设置的规则即依此考虑作出。

需要特别说明的是，情势变更及显失公平的问题不在本节探讨的范围内。即使合同明确约定了人工费波动、材料费波动不调整工程款，如果符合法律上情势变更及显失公平的认定条件，工程款仍将进行调整。

019 第十九章

合同无效下的工程款

·导　读·

本章主要探讨建设工程施工合同无效时的工程款有关问题,而不探讨施工合同无效的种类、施工合同无效的原因是否成立。本章名称中所称“合同无效”是指施工合同无效,不包括结算协议无效的情形。同时,本章也不探讨施工合同无效、结算协议有效情形下工程款的给付问题。因为结算协议有效情形下工程款自然应按照结算协议履行。本章探讨施工合同无效,同时没有结算协议的情形下工程款的给付问题。

实践中,低于成本价中标时,建设工程施工合同效力问题存在争议。同时,如果认定低于成本价中标导致合同无效,此时的工程款结算问题与其他建设工程施工合同无效情形下的结算还不一样。这种结算有其特殊性的存在。笔者在本书第二十章“低于成本价时的工程款”单独讨论此情形下的工程款结算问题。

实际施工人是三种合同无效情形下的当事人,而施工合同无效情形下的当事人不一定称为实际施工人。实际施工人的工程款与合同无效情形下的工程款问题有重合的部分。实际施工人的工程款问题也有其特殊性的一面。笔者在本书第二十一章“实际施工人的工程款”中单独探讨实际施工人的工程款问题。

本章从“结算协议效力”“结算标准”“三个争议”“‘参照’范围考察”四个角度探讨合同无效情形下工程款的法律问题。其中,无效施工合同中约定的直接或间接与工程款有关的要素内容比较复杂。笔者不就每一个工程款争议要素均在本章中罗列。本章第三节“三个争议”选取的是“价款下浮约定”“取费标准约定”“奖励约定”三个问题。争议问题的背后就是合同无效情形下工程款结算“参照”约定的法律理解问题。

本章选择了“奖励约定”作为一个争议点。奖励款本身不一定属于工程款范围,除非双方明确约定将其列入工程款中或者双方结算将其议入工程款的范围内。本章欲对合同无效情形下的各种款项是否属于“参照”范围作一个总结,因此,笔者未考虑双方是否将奖励款列入工程款中或者双方结算是否将其议入工程款的范围内。特作以上说明。

第一节　结算协议效力

建设工程施工合同无效情形下的结算协议，可以分为三种情形。第一种情形是无须经过招投标程序（不存在中标合同）时的结算协议；第二种情形是经过招投标程序（存在中标合同），但并不违反中标合同时的结算协议；第三种情形是存在中标合同，但非依中标合同价格达成的结算协议。实践中第一种情形、第二种情形下的结算协议较为常见，笔者将这两种情形下的结算协议称为普遍情形下的结算协议。

一、普遍情形下的结算协议效力

（一）观点之争

少数观点认为，结算协议系依据建设工程施工合同形成的结算和清理条款。两者系主从合同关系，主合同无效，从合同相应无效。即该观点认为结算协议为无效。多数观点认为，结算协议是与施工合同相互联系但彼此独立的协议。由于结算协议具有自身的独立性，并非建设工程施工合同的结算和清理条款，其应被视为独立协议。即该观点认为建设工程施工合同是否有效并不必然影响结算协议的效力。先分享一则案例。

案　例　一

武某与泾渭公司等诉讼案[①]

当事人

上诉人（一审被告）：泾渭公司

被上诉人（一审原告）：武某

① 参见最高人民法院民事判决书，（2019）最高法民终1549号。

被上诉人(一审被告):鸿天房公司

案例介绍

一审法院认定案涉《建设工程施工合同》《工程施工总承包合同》依法应认定为无效。泾渭公司与武某签订《项目施工委托书》,实质上是将案涉工程非法转包给武某施工。因武某系无施工资质的自然人,根据《2004年建设工程合同解释》第一条第二项规定,该《项目施工委托书》也应依法认定为无效。法院认为:关于2015年6月2日《结算协议》的效力。2013年3月武某已进场实际施工,从施工过程中,武某多次给鸿天房公司和泾渭公司出具承诺,鸿天房公司对于泾渭公司将案涉工程转包给武某是明知的。武某以项目部名义与鸿天房公司于2015年6月2日所签订《结算协议》为当事人对双方权利义务进行清算的协议,是双方真实意思表示,且内容不违反法律、行政法规的强制性规定,因此该《结算协议》合法有效,可以作为工程结算的依据。一审判决后,双方未就该《结算协议》效力问题提出上诉。

(二)倾向性观点

笔者认为,结算协议是发包人与承包人依据已签订的建设工程施工合同内容对工程价款、给付方式、给付时间等内容的具体确认,是双方对建设工程施工合同权利义务履行至一定阶段之后的总结与概括。故结算协议与建设工程施工合同具有密切的联系。但是,两者毕竟不是主合同与从合同的关系。从合同法律效力附随于主合同的法律效力可以作为保证合同、担保合同等从合同法律效力的判断依据。以保证合同、担保合同效力认定规则移植于建设工程施工合同无效之后结算协议效力认定不妥当。结算协议是建设工程施工合同履行至一定阶段后双方就工程价款结算达成的意思自治,具有相当的独立性,系双方真实的意思表示。当事人对自身权利的处分如果不存在《民法典》关于民事法律行为无效的情形,法律应当尊重当事人的意思表示。

在施工合同无效的情形下,结算协议可以作为工程款认定的依据。无论法院对结算协议是否作出有无法律效力的评价,结算协议具有独立于施工合同的特点应当予以确认。结算协议的效力与施工合同的效力无关。除了上述案例,认可结算协议效力的案例相当广泛。实践中此项争议正在缩小,认识渐渐统一。案例中最高人民法院对结算协议效力所持的观点比较具有普遍性:《结算协议》为当事人对双方权利义务进行清算的协议,是双方真实意思表示,且内容不违反法律、行政法规的强制性规定。

二、非依中标合同价格达成的结算协议效力

结算协议中价格因素会不会影响结算协议效力问题值得探讨。笔者认为,施工合同无效情形下,更有意义的探讨应是结算协议并非依中标合同价格达成的情况下是否具有法律效力问题。这个问题的探讨不仅可置于施工合同无效情形下进行探讨,也可置于施工合同有效情形下进行探讨。

有观点认为,结算协议是双方就工程价款结算达成的意思自治,系双方真实的意思表示。当事人对自身权利的处分应予尊重,故不能支持非依中标合同价格达成的结算协议无效的主张。

笔者认为,结算协议非依中标合同价格达成的情形下仍认定结算协议合法有效的观点值得商榷。笔者注意到《2018 年建设工程合同解释》第一条第一款①、《2020 年建设工程合同解释》第二条②规定。上述两条款涉及另行签订与中标合同不一致的建设工程施工合同的效力认定问题。此时司法观点不支持参照另行签订的与中标合同不一致的建设工程施工合同支付工程款或者折价补偿。这样做的目的是维护建筑市场与招投标管理秩序,保护其他投标人公平竞争权益,防范规避招投标的违法行为。因此,上述司法解释所持的观点是变更“白合同”即中标合同实质性内容的“黑合同”的效力应当予以否定。而另行签订的与中标合同价格不一致的结算协议与另行签订与中标合同不一致的建设工程施工合同相比,两者没有实质性的区别。如果此时一旦认定另行签订的与中标合同价格不一致的结算协议具有法律效力,则为双方规避招投标程序设

---

① 《2018 年建设工程合同解释》第一条第一款:“招标人和中标人另行签订的建设工程施工合同约定的工程范围、建设工期、工程质量、工程价款等实质性内容,与中标合同不一致,一方当事人请求按照中标合同确定权利义务的,人民法院应予支持。”

② 《2020 年建设工程合同解释》第二条:“招标人和中标人另行签订的建设工程施工合同约定的工程范围、建设工期、工程质量、工程价款等实质性内容,与中标合同不一致,一方当事人请求按照中标合同确定权利义务的,人民法院应予支持。招标人和中标人在中标合同之外就明显高于市场价格购买承建房产、无偿建设住房配套设施、让利、向建设单位捐赠财物等另行签订合同,变相降低工程价款,一方当事人以该合同背离中标合同实质性内容为由请求确认无效的,人民法院应予支持。”

置了一个巧妙的合法路径。招投标双方不再纠结于是否签订其他的施工合同,只要双方彼此足够信任对方,只需一劳永逸的签订结算协议,这样就可以把不合法掩饰为合法,让招投标的法律规定处于摆设状态。双方顺利达到规避法律的目的。正如有人所述,“以轻而易举的行为(结算协议)更改严格法律程序行为(招标、投标、中标、签订正式合同)的既定效力的规则产生”[①]。

因此,笔者认为应对非依中标合同价格达成的结算协议效力作否定评价。

第二节 结算标准

如果建设工程施工合同无效,建设工程质量合格,同时也没有结算协议的情况下,工程价款应当如何结算会成为一个重要的法律问题。这一问题的困惑源于《民法典》第七百九十三条第一款[②]规定。该款的表述源于《2004 年建设工程合同解释》第二条[③]规定。从《2004 年建设工程合同解释》条款中的“承包人”到《民法典》条文中“承包人”的消失,这一变化解决了参照合同约定折价补偿到底是承包人的权利还是承包人、发包人均有的权利的争议问题。但是,这个变化没有解决实践中的另一争议,即“参照合同约定支付工程价款”或者“参照合同关于工程价款的约定折价补偿”,这是赋予合同双方选择参照合同约定结算的权利,还是强加于合同双方必须接受合同约定结算的义务的争议。合同无效情形下,工程价款结算是按定额标准计算,还是按约定标准计算,抑或按其他标准计算出现争议。

建设工程施工合同无效情形下,工程款结算标准问题的探讨,可以工程款的约定是否低于建设工程成本作为区分分别进行探讨。一般情形下,工程款的

---

① 肖峰、韩浩:《建设工程价款结算及其优先受偿权的若干实务问题》,载澎湃网 2021 年 8 月 15 日,https://www.thepaper.cn/newsDetail_forward_14099042。

② 《民法典》第七百九十三条第一款:“建设工程施工合同无效,但是建设工程经验收合格的,可以参照合同关于工程价款的约定折价补偿承包人。”

③ 《2004 年建设工程合同解释》第二条:“建设工程施工合同无效,且建设工程经竣工验收合格,承包人请求参照合同约定支付工程价款的,应予支持。”

约定高于或等于建设工程成本,极少数情形下,工程款的约定会低于建设工程成本。笔者对上述两种情形下的结算标准分别进行探讨。

一、一般情形下的工程款结算标准

(一)典型案例

案 例 一

黄某培与三联公司诉讼案①

当事人

上诉人(原审原告、反诉被告):黄某培

上诉人(原审被告、反诉原告):三联公司

案例介绍

针对黄某培在涉案工程实际施工内容的工程造价,一审法院委托新华远景公司进行了两次鉴定,该公司先后出具二份造价鉴定意见书:第一份是2号鉴定意见书,依据黄某培与三联公司签订的内部承包合同和三联公司与建设单位签订的《建设工程施工合同》的约定确定鉴定原则,鉴定造价:28,191,541.45元。第二份是2-1号补充鉴定意见书,依据据实结算原则鉴定造价:31,375,161.55元。(该补充鉴定意见书工程造价二审时鉴定机构变更调整为29,514,125.96元)。

黄某培主张据实结算。一审法院认为:《2004年建设工程合同解释》第二条规定,建设工程施工合同无效,但建设工程经竣工验收合格,承包人请求参照合同约定支付工程价款的,应予支持。该规定赋予承包人可以请求转包人参照合同约定支付工程价款的权利,但是并未否定承包人可以享有请求转包人据实结算的权利,这两项权利承包人可以进行选择,该案黄某培作出了要求据实结算的请求,应当予以支持。一审法院采信据实结算的鉴定请求及结论,因黄某培收到款项大于据实鉴定出的款项。因此一审法院判决黄某培返还部分工

① 参见新疆维吾尔自治区高级人民法院民事判决书,(2020)新民终125号。

程款。

双方均不服一审判决并提出上诉。黄某培部分上诉理由如下:新华远景公司2-1号补充鉴定意见书无法体现黄某培实际施工的工程量和价款,至少相差1500万元及一审法院认定黄某培的施工范围有误。三联公司提出部分理由如下:一审法院不应当以据实结算的2-1号补充鉴定意见书确定工程总造价,采取据实结算的方式计算工程造价,会造成当事人依据无效合同取得高于有效合同的利益,超出合同预期。

二审法院对于黄某培施工范围也进行了查明。同时,二审中,鉴定机构对2-1号补充鉴定意见书作出调整,调整后鉴定造价为29,514,125.96元。二审法院认为:工程结算标准应如何确定的问题,《2004年建设工程合同解释》第二条规定,建设工程施工合同无效,但建设工程经竣工验收合格,承包人请求参照合同约定支付工程价款的,应予支持。法院应依据2号鉴定意见书确定工程造价。故法院对黄某培二审中认为不应采用2-1号补充鉴定意见书的上诉意见予以采纳,但对其二审中提出的重新鉴定的申请,因该案不符合重新鉴定条件,法院不予准许。

最终二审法院采信2号鉴定意见书,即采信依据黄某培与三联公司签订的内部承包合同和三联公司与建设单位签订的《建设工程施工合同》的约定确定的鉴定原则得出的工程造价。二审法院没有采纳据实鉴定的鉴定结论,也没有同意增加鉴定范围。依合同约定作出的鉴定结论比据实鉴定的结论数额要少,二审法院对一审判决作出相应调整,黄某培退还的工程款比一审判决的更多。

案例评析

该案例中,实际施工人向一审法院申请要求据实结算工程款,一审法院委托鉴定机构分别作出据实鉴定及依据合同约定进行鉴定的两份鉴定结论,一审法院依据实鉴定得出的结论认定工程款,二审法院依合同约定作出的鉴定结论认定工程款。案例中一审法院、二审法院对合同无效情形下工程款结算标准的态度不一样。

一审中黄某培要求据实鉴定,一审法院的态度为:《2004年建设工程合同解释》第二条赋予承包人可以请求转包人参照合同约定支付工程价款的权利,但是并未否定承包人可以享有请求转包人据实结算的权利,这两项权利承包人可以进行选择,黄某培提出了要求据实结算的请求,应当予以支持。因而一审法院采纳据实鉴定得出的鉴定结论。二审时,黄某培仍然要求据实鉴定,并且要求重新认定其施工范围,二审法院不同意据实鉴定,并且没有重新认定黄某培的施工范围。在二审法院看来,《2004 年建设工程合同解释》第二条"建设工程施工合同无效,但建设工程经竣工验收合格,承包人请求参照合同约定支付工程价款的,应予支持",并没有赋予当事人选择依据何种标准鉴定的权利。

除结算标准争议外,案例中另一个争议为施工范围的争议。这个争议内容在案例介绍中没有过多涉及。需要注意,黄某培在二审中认为不应采用 2－1 号补充鉴定意见书,其本意并不是反对 2－1 号补充鉴定意见书的据实鉴定方法,而是认为鉴定意见书对其施工范围认定不对,因此,黄某培要求据实鉴定并重新认定其施工范围。二审法院对黄某培二审中认为不应采用 2－1 号补充鉴定意见书的上诉意见予以采纳,其实二审法院与黄某培并不在一个维度上。黄某培认为不应采用 2－1 号补充鉴定意见书,是因为鉴定意见书认定的施工范围不对。二审法院没有采用 2－1 号补充鉴定意见书,是因为二审法院认为鉴定意见书采用据实鉴定方法不对。二审法院既没有采用 2－1 号补充鉴定意见书,同时也没有采纳黄某培主张的施工范围。

案例充分体现出两级法院对《2004 年建设工程合同解释》第二条法律条文的不同理解。

案 例 二

潘某进与中铁十二局二公司等诉讼案[①]

当 事 人

上诉人(原审原告):潘某进

上诉人(原审被告):中铁十二局二公司

被上诉人(原审被告):中铁十二局

被上诉人(原审被告):成贵铁路公司

被上诉人(原审被告):王某锋

---

① 参见最高人民法院民事判决书,(2021)最高法民终 412 号。

原审第三人:河南忠诚公司

案例介绍

2013 年 12 月 11 日,成贵铁路公司(发包人)与中铁十二局(承包人)签订《施工总价承包合同》。2013 年 12 月 13 日,中铁十二局与中铁十二局二公司签订《劳务分包合同》。2014 年 5 月 23 日,中铁十二局二公司项目部(甲方)与河南忠诚公司(乙方)签订《劳务作业(隧道工程)承包合同》,该合同除盖有河南忠诚公司与中铁十二局二公司项目部的印章外,潘某进作为河南忠诚公司的委托代理人在该合同上签名。该合同约定河南忠诚公司承包成贵铁路××××隧道正洞 2444 米标段工程、劳务作业的项目及单价等,并约定项目主要材料、设备由甲方统一供应。劳务费用见附表一《劳务分包项目及单价一览表》,合同单价充分考虑了人工价格变动,合同单价实行一次包干,不作任何调整,没有费用的价格以双方协商价格为准。劳务分包的数量,在施工图设计工程数量范围内以甲方签认的实际完成的合格工程量为准。合同签订后潘某进实际进行了施工。2014 年 4 月 28 日,王某锋(甲方)与潘某进(乙方)签订《建设工程施工协议》。2015 年 8 月 17 日,潘某进退场,工程未完工,未验收,双方未结算。

2019 年 5 月 30 日鉴定部门向一审法院出具华昆咨询价鉴(2019)2 号鉴定意见书,鉴定结果为:(1)按《劳务作业(隧道工程)承包合同》约定的单价进行计算,潘某进施工范围内的工程造价为 4,302,375.37 元;(2)按铁路定额及施工同期相关的计价文件计算,潘某进施工范围内的工程造价为 6,315,376 元。

一审法院认为:中铁十二局二公司与河南忠诚公司签订《劳务作业(隧道工程)承包合同》,系潘某进借用河南忠诚公司的资质签订合同,故《劳务作业(隧道工程)承包合同》无效。潘某进与王某锋于 2014 年 4 月 28 日签订的《建设工程施工协议》约定工程款按《施工总价承包合同》中的《工程量清单计价表》结算,但因王某锋签订该协议并未经中铁十二局二公司的授权,事后中铁十二局二公司也未进行追认,故《建设工程施工协议》对中铁十二局二公司不产生约束力。因此,潘某进主张启动对案涉工程按《施工总价承包合同》进行工程造价司法鉴定的申请,法院不予准许,其主张工程款应参照《施工总价承包合同》约定的单价计算亦不能成立,法院不予支持。

潘某进表示如不能参照《施工总价承包合同》,应采用按铁路定额及施工同期相关的计价文件计算的工程造价6,315,376元的鉴定意见。中铁十二局二公司表示应采信按《劳务作业(隧道工程)承包合同》约定的单价进行计算的工程造价4,302,375.37元的鉴定意见。一审法院认为:虽然潘某进借用河南忠诚公司的名义与中铁十二局二公司签订的是《劳务作业(隧道工程)承包合同》,但在实际履行合同过程中,潘某进向案外人购买及租赁机械设备用于案涉工程,且从潘某进每月向中铁十二局二公司报送的人工作业已完工程数量计算表及计价数量表可以看出,潘某进提供的不仅是劳务,而且是建设工程施工合同的综合项目。中铁十二局二公司对于潘某进实际施工人的身份系明知,且双方并未按《劳务作业(隧道工程)承包合同》约定的劳务分包履行合同,而是形成事实上的建设工程分包合同关系。在双方并未结算的情况下且合同并无约定价款的情况下,就潘某进已完工程价款,法院采信华昆咨询价鉴(2019)2号鉴定意见书按铁路定额及施工同期相关的计价文件计算的工程造价6,315,376元的鉴定意见,更符合该案客观实际,对潘某进的该项主张,法院予以支持。一审法院在扣除相关款项后作出判决。

原告、被告均提出上诉。潘某进提出上诉,认为案涉工程应当以《施工总价承包合同》约定的工程量计价表计价。

二审法院认为:中铁十二局二公司是将成贵铁路CGZQSG－11坪上隧道正洞2444米标段工程交由潘某进承接,并非仅将前述工程中的劳务作业部分交由潘某进完成。潘某进作为无效合同的相对人有权请求中铁十二局二公司参照双方合同的约定支付工程价款。二审法院进而认为:鉴于潘某进与中铁十二局二公司之间形成的是事实上的建设工程分包合同,参照双方约定计算工程价款的基础不存在,且双方当事人无法达成补充协议。根据《合同法》第六十二条第二项的规定,“价款或者报酬不明确的,按照订立合同时履行地的市场价格履行;依法应当执行政府定价或者政府指导价的,按照规定履行”。法院认为,铁路部门发布的预算定额属于政府指导价,参照铁路定额及施工同期相关的计价文件计算潘某进已完工程的工程价款,符合前述规定,也能够反映潘某进在工程中的实际投入,与双方当事人预期的价款较为接近。故一审法院采信华昆咨询价鉴(2019)2号鉴定意见书按铁路定额及施工同期相关的计价文件计算的工程价款并无不当,应当予以确认。

案例评析

该案例中实际施工人与分包人签订的合同名为劳务作业承包合同,实际为专业工程分包合同。一审法院、二审法院均依据定额计算工程款,然后扣除已支付的工程款作出判决。初看案例,似乎认为合同无效情形下,法院可以在约定标准结算与定额标准结算之间自由选择工程款结算标准。但是,案例中法院选择非约定的标准结算工程款,而以定额标准结算工程款是有重大原因的。法院认为,潘某进借用忠诚公司的名义与中铁十二局二公司签订的是《劳务作业(隧道工程)承包合同》,真正的施工范围并不是承包合同中的劳务作业,而是包括专业工程在内的建设工程。因此,才存在二审法院所说的"双方约定计算工程价款的基础不存在"。如果实际施工范围与合同约定的施工范围一致,法院会如何选择结算规则?根据二审法院的观点,"有权请求中铁十二局二公司参照双方合同的约定支付工程价款",答案非常明显。在施工范围一致的情况下,工程款的结算标准仍应是"参照双方合同的约定"。

进一步推敲案例中工程款的结算问题,笔者认为,完全以定额标准结算工程款存在不妥当之处。案例中工程款的结算应分为两部分。一部分为劳务作业承包合同中约定的劳务作业下的工程款;另一部分非劳务作业下的工程款。劳务作业下的工程款应参照双方合同约定进行结算,非劳务作业下的工程款应依其他标准结算得出。笔者认为,这才是对合同无效参照合同约定折价补偿观点的坚守。

(二)综合分析

案例一裁判规则:法院依据合同约定标准结算工程款。

案例二裁判规则:实际施工内容与施工合同内容不同发生重大变化,以非合同约定的定额计价方式结算工程款。结算规则的改变是因为工程施工内容发生了实质性的变化。

回到《民法典》中,"参照合同关于工程价款的约定折价补偿承包人"为合同无效情形下的工程价款的结算指出了一个确定的方向。"合同约定"成为认定工程款的首选依据。在没有特殊事由的情形下,就没有改变"合同约定"这一首选的基础。"参照合同约定支付价款是指,在通常情况下,应当依照合同约定来支付工程款。但是,根据案件的具体情况,按照合同约定无法计算工程款,或者工程大规模改变设计的情况下,也不排除根据案件的具体情况通过委托评估的办法来认定工程款的数额。"①笔者同意该观点中提到的工程内容发生重大变化时,突破合同约定认定工程款的主张。笔者认为,要有充分的特殊性使裁判机关改变双方工程款结算的既有约定变得合理。在不具备充分性的前提下,动辄以维护当事人最大权益为由要求按非合同约定的其他结算标准进行工程价款结算,只会让施工方浪费更多的司法成本及增添施工方不切实际的幻想。擅自改变对工程款结算的既有约定是不明智的。

二、低于成本价时工程款结算标准

建设工程施工合同无效情形时,如果合同中约定的工程款低于建设工程的成本价②,此时是否仍然应适用《民法典》第七百九十三条第一款关于无效合同折价补偿的规定？这个问题值得探讨。

从《民法典》条款的文字内容上理解"参照合同关于工程价款的约定折价补偿",表面上看合同中的"工程价款"是不考虑高于成本价还是低于成本价的问题。但是,低于成本价时依合同中的工程价款进行折价补偿与民法中民事行为无效的法律后果是否相互冲突？笔者认为,确实产生冲突。

《民法典》第一百五十七条③规定了民事法律行为无效的后果。无效行为产生的后果是"行为人因该行为取得的财产,应当予以返还;不能返还或者没有必要返还的,应当折价补偿"。笔者认为,"不能返还或者没有必要返还"财产的"折价补偿"应是指具有对价性质的折价补偿,而不是指"不能返还或者没有必要返还"财产的"打折补偿"。《民法典》第七百九十三条第一款④中的"合同"

---

① 中国审判理论研究会民事审判理论专业委员会编著:《民法典合同编条文理解与司法适用》,法律出版社2020年版,第530页。

② 该处的"成本价"是指企业个别成本还是社会平均成本暂不作探讨。笔者在本书第二十章"低于成本价时的工程款"中就"成本价"问题作出分析。

③ 《民法典》第一百五十七条:"民事法律行为无效、被撤销或者确定不发生效力后,行为人因该行为取得的财产,应当予以返还;不能返还或者没有必要返还的,应当折价补偿。有过错的一方应当赔偿对方由此所受到的损失;各方都有过错的,应当各自承担相应的责任。法律另有规定的,依据其规定。"

④ 《民法典》第七百九十三条第一款:"建设工程施工合同无效,但是建设工程经验收合格的,可以参照合同关于工程价款的约定折价补偿承包人。"

应是一个公平至少是相对公平的合同,而不应是基于一个明显不公平的合同来谈工程价款的折价补偿问题。

一般来说,双方合同中约定的工程款应会比定额价低,价款偏低可以理解为三个原因导致:第一,施工方在人材机直接工程费之外对企业管理费、利润等作出一定的让利。第二,因为量大从优、货比三家、熟人关系等原因,施工方实际支出的人材机费用比信息价或市场价偏低。第三,在施工方强化管理之下,工程的实际消耗量可能比定额中规定的消耗量少。因此,双方合同中约定的工程款比定额价低一点实属正常。但是工程款过低,甚至低于施工的成本价就不正常①。

笔者认为,在建设工程施工合同无效情形下,因为施工方的人材机费用已经物化到建设工程当中,此时的折价补偿应是至少包括施工方实际投入的人材机费用在内的成本的补偿。当施工合同无效工程款明显偏低时,应考虑合同无效本身带来的法律后果这一法定因素,故应允许适度对工程款进行调整,这样才能更好地与合同无效的法律后果相契合。如果此时不调整工程款,无疑鼓动施工方以劣质材料进行施工,工程质量将毫无保障。虽然施工方需要对工程质量负责,但是面对公众安全问题,一旦施工方质量安全的防线失守,后果将不堪设想。对工程款的适度干预,可在一定程度上减少发包人利用其优势地位将工程款压得太低,以至于施工方无利可图甚至亏本施工的情形。从长远来看,适度调整工程款对于工程质量起到一个间接保障作用。

对工程款的调整,法律干预到什么程度比较合适?笔者认为,合同无效情形时工程款低于成本价,工程款应恢复到成本价较为合适。工程款应恢复到依据定额中规定的消耗量、取费标准及依据信息价或政府调价文件确定的指导价计算的成本价。这迎合了《民法典》第七百九十三条第一款规定的参照合同关于工程价款的约定折价补偿承包人的法理要求,也符合公平原则。笔者在本书第二十章“低于成本价时的工程款”中也会提到工程款的调整问题。

---

① 此时的“不正常”未必是显失公平。笔者在本书第二十三章“公平原则的适用”中会探讨显失公平的认定标准问题。

第三节 三个争议

一、价款下浮约定

本书第十六章“未完工程下的工程款”中曾涉及工程款的下浮约定问题。在合同无效情形下,工程款的下浮约定有效吗?[1]

(一)典型案例

案例一

宏成公司与广厦公司诉讼案[2]

当事人

上诉人(一审原告):宏成公司

上诉人(一审被告):广厦公司

案例介绍

一审审理中宏成公司与广厦公司经协商确定,招投标文件确定的合同内施工范围工程价格33,986.28万元,无须鉴定。因此,鉴定机构对备案合同外变更部分造价进行鉴定。2019年11月29日,鉴定机构出具了鉴定意见:由宏成公司施工完成的,备案合同外变更部分及对应造价为13,592,324.07元,其中争议造价为1,316,392.17元,未考虑5%的优惠。

一审法院认为:5%的优惠问题,鉴定机构认为其只针对变更造价作出说明,总承包价下浮,不属于鉴定范围。根据公平原则及工程市场实际情况,法院不再考虑该优惠问题。

---

① 对于安全文明施工费、规费的下浮问题,笔者已在本书第十七章“不予计取下的工程款”中单独进行了探讨。安全文明施工费、规费的下浮约定是否有效的问题有其特殊性。因此,在探讨本章的下浮约定时未考虑安全文明施工费、规费的下浮问题。

② 参见最高人民法院民事判决书,(2020)最高法民终849号。

二审法院纠正一审法院对于该案合同效力的认定，认为：该案双方当事人在招投标之前已签订了承包协议、补充协议及《关于东方明珠建筑工程施工承包协议书的更改补充》三份协议，在招投标后又签订仅用于备案的施工合同，明招暗定，虚假招标，违反了法律行政法规的强制性规定，均属无效合同。承包协议系无效合同，其中关于工程总价下浮5%的约定亦归于无效。一审判决根据公平原则及案涉工程的实际情况，对工程总价未予下浮，处理亦无不当。

案例评析

该案例中对于工程价款的认定分为两部分。备案合同内的工程款尊重当事人意愿。备案合同外工程款依据鉴定得出。而备案合同内的工程款，虽然为双方意思自治，价款有无考虑下浮问题，根据案例信息尚不清楚。备案合同外工程款的得出明确不考虑下浮问题，即鉴定机构未按照下浮约定进行鉴定。

案例中鉴定机构对备案合同外变更部分的工程款进行鉴定，未考虑合同约定的5%的优惠（下浮）而作出鉴定。一审法院、二审法院对案涉承包协议、补充协议及《关于东方明珠建筑工程施工承包协议书的更改补充》法律效力认定不一致。一审法院认定上述协议有效，但是其作出不予下浮认定的理由是“根据公平原则及工程市场实际情况，故不再考虑该优惠问题”。笔者认为，一审法院在认定承包协议有效情形下，反而作出工程款不予下浮的处理值得商榷。二审法院认定上述协议无效。二审法院认定工程款不予下浮的理由在于承包协议无效，其中关于工程总价下浮5%的约定亦归于无效。二审法院基于合同无效的认定作出不予下浮的处理。虽然一审法院、二审法院均采信鉴定机构作出的工程款不予下浮的鉴定意见，但是法理基础各不相同。

案例二

万利公司与商丘华程公司诉讼案①

当事人

上诉人（一审原告）：万利公司

上诉人（一审被告）：商丘华程公司

① 参见最高人民法院民事判决书，（2020）最高法民终774号。

案例介绍

鉴定公司作出豫远建鉴(2019)第020号司法鉴定意见书,该意见书载明:无争议部分工程造价:63,297,739.92元;争议部分工程造价:2,639,050.52元。社会保障费、住房公积金、工伤保险已计入工程造价。工程造价已参照《施工总承包框架协议》约定对税前总造价下浮5%。

二审法院认为:关于对税前工程总造价下浮5%的问题,根据《2004年建设工程合同解释》第二条的规定,建设施工合同被认定无效,但工程经验收合格,适用折价补偿原则的具体做法是参照合同约定的结算条款支付工程价款。该案中,双方均认可实际履行的合同是2016年12月23日双方签订的《施工总承包框架协议》,该合同约定了"双方议定按《河南省建设工程工程量清单综合单价》计算的税前总造价下浮5%进行工程结算",在无证据证明已完工程存在质量问题的情况下,对工程总造价下浮5%并不违反法律规定,且当事人不能因履行无效合同而获得比履行有效合同更多的利益。因此,万利公司上诉称协议已经认定无效但仍按照协议约定对税前总造价下浮5%,一审判决前后矛盾的上诉理由不能成立。

案例评析

该案例中双方在合同中约定工程总价下浮,施工合同被法院认定无效后,一审法院、二审法院均按照下浮约定认定该案工程款。鉴定机构作出的鉴定价格为下浮后的工程价款,与上一则案例中鉴定机构未考虑优惠的做法不一致。案例在《民法典》还未颁布实施时就将《2004年建设工程合同解释》第二条中的"参照合同约定支付工程价款"理解为"折价补偿"。这种理解与《民法典》的规定相契合。同时,依据二审法院"适用折价补偿原则的具体做法是参照合同约定的结算条款支付工程价款"的观点,二审法院把下浮约定作为一个结算条款看待。

(二)综合分析

案例一裁判规则:无效合同情形下,工程款下浮约定不适用。

案例二裁判规则:无效合同情形下,工程款下浮约定仍然可以适用。

上述两则案例均出自最高人民法院,并且两则案例的时间均为2020年。

两则案例中的裁判人员态度明确,裁判结果完全不同。案例一基于承包协议为无效合同,下浮约定亦无效的考虑对案件作出裁判。案例二基于约定为双方真实意思表示,法律不禁止的角度对案件作出裁判。裁判规则的不同,是因为法律、法规、司法解释对于无效合同中的下浮条款是否属于"参照"约定的范围不明确。笔者认为,案例二中已经点出破题的关键,那就是下浮约定是不是结算条款的问题。如果下浮约定是结算条款,则应当遵守;如果下浮约定不是结算条款,则不应当遵守。

其实,合同无效情形下,合同中的结算条款本来是没有适用空间的,即合同无效,合同中的结算条款也是无效的,不存在合同无效而结算条款有效的问题。依据《合同法》第五十七条的规定[①],合同无效情形下,只有合同中解决争议方法的条款有效。《民法典》第五百六十七条[②]涉及合同中结算与清理条款问题。《民法典》第五百六十七条设置于《民法典》第三编"合同"之第一分编"通则"的第七章"合同的权利义务终止"中。第七章的内容不涉及合同无效。《民法典》第一百五十七条[③]关于民事法律行为无效后果中也不涉及合同的结算与清理问题。因此,结算条款是在合同有效情形下才适用。结算条款是有效合同权利义务终止后产生的法律适用条款。

然而,根据《民法典》第七百九十三条第一款及《2004 年建设工程合同解释》第二条的规定,建设工程合同无效情形下,工程款的给付是"参照合同关于工程价款的约定折价补偿""参照合同约定支付工程价款"。这就导致存在"合同无效结算有效"的认知。司法实务中建设工程施工合同虽然被认定无效,工程款的结算条款却仍作为合同无效后应予适用的条款。因此,下浮条款是否为结算条款就成为解疑的关键。在建设工程施工合同中,与工程款有联系的条款其实远不止下浮条款这一项,其他众多条款实际上也面临这个问题,即是否应

---

① 《合同法》第五十七条:"合同无效、被撤销或者终止的,不影响合同中独立存在的有关解决争议方法的条款的效力。"

② 《民法典》第五百六十七条:"合同的权利义务关系终止,不影响合同中结算和清理条款的效力。"

③ 《民法典》第一百五十七条:"民事法律行为无效、被撤销或者确定不发生效力后,行为人因该行为取得的财产,应当予以返还;不能返还或者没有必要返还的,应当折价补偿。有过错的一方应当赔偿对方由此所受到的损失;各方都有过错的,应当各自承担相应的责任。法律另有规定的,依照其规定。"

作为结算条款看待的问题。这就是《民法典》中“参照”的范围如何界定的问题。笔者认为，下浮条款就是工程款的结算条款。案例二中法院的处理在法律上并无不当。有关这部分的分析，笔者在本章第四节“‘参照’范围考察”中作一个总体归纳。

二、取费标准约定

取费标准是指建设工程施工合同中约定按工程类别、施工企业类别计取定额费用。一般来说，取费标准越高，工程价款就越高。施工合同中有时双方约定不按实际的工程类别或实际的施工企业类别计取费用。有时施工方同意按工程类别较低、企业类别较低的标准进行取费。从某种角度上讲，这种取费标准的约定是施工方放弃部分利益。在合同无效情形下，该约定是否仍然有效，试看以下案例。

案例三

四建公司与汇丰祥公司、宝丰公司、宝丰地产公司诉讼案①

当事人

上诉人（原审原告）：四建公司

上诉人（原审被告）：汇丰祥公司

被上诉人（原审被告）：宝丰公司

被上诉人（原审被告）：宝丰地产公司

案例介绍

2013年4月30日，汇丰祥公司作为发包人与承包人四建公司在宁夏银川市兴庆区签订一份《中国穆斯林国际商贸城批发市场二期1#至3#公寓楼工程施工合同》，约定取费标准按照二类企业二类工程综合费率执行；之后汇丰祥公司向四建公司发出投标邀请书，经过招投标程序后，2013年8月13日，四建公司中标。2013年8月19日，汇丰祥公司与四建公司签订一份《建设工程施工合同》，约定取费标准按照一类企业一类工程综合费率执行。2013年8月19日，

① 参见最高人民法院民事判决书，（2020）最高法民终1145号。

汇丰祥公司与四建公司签订一份《备忘录》,约定该次投标单价每平方米1291.33元仅作为双方招投标走外围流程所用,不作为双方结算的依据,最终按照2013年4月30日签订的施工合同(合同号:HFX-813)据实结算。诉讼中,鉴定机构作出造价鉴定意见书。原告、被告就鉴定意见书提出自己的相关异议。

一审法院认为:双方的行为实际上是通过“明招暗定”的形式规避《招标投标法》等法律、行政法规的规定,汇丰祥公司与四建公司签订的案涉两份建设工程施工合同,违反了上述法律、司法解释的规定,依法应当认定为无效。关于未按一类工程一类企业类别取费的问题,因双方实际履行的施工合同中约定按照二类工程二类企业类别进行取费,故对四建公司的该项异议不予采信。

四建公司提出上诉,认为案涉工程应按一类工程一级企业类别计取。根据2008年宁夏回族自治区《建设工程费用定额》划分标准,案涉工程为一类工程,四建公司为一级企业。同时中标通知书、竣工验收备案表亦载明是一类工程一级企业,且结合工程竣工图纸等实际情况,案涉工程应按照一级企业一类工程进行取费。

二审法院认为:关于取费标准的问题,四建公司上诉称,案涉工程应按照一级企业一类工程进行取费。《2018年建设工程合同解释》第十一条第一款规定,“当事人就同一建设工程订立的数份建设工程施工合同均无效,但建设工程质量合格,一方当事人请求参照实际履行的合同结算建设工程价款的,人民法院应予支持”。该案中,案涉两份建设工程施工合同以及《备忘录》,因违反法律的强制性规定,应认定无效,当事人均同意按照或参照2013年4月30日所签合同结算工程款,该合同约定按照二类工程二类企业类别进行取费,故四建公司该项主张依据不足,不能成立。

案例评析

建设工程类别、企业类别会影响建设工程费用计取标准。根据工程的施工面积核算,该案例中工程项目确实是一个一类工程。根据上诉人上诉请求中的信息,施工企业应是一个一级企业。双方在两份合同中约定不同的取费标准,一份合同约定按二类工程二类企业类别进行取费,另一份合同约定按一类工程一类企业类别进行取费。最终,审判人员依据双方实际履行的合同中约定的二类工程二类企业标准取费计算工程款,而不是按照工程实际类别、企业实际类别取费计算工程款。显然,案例中审判人员将取费标准视为结算条款。

三、奖励约定

奖励约定是指在建设工程施工合同中约定如果建设工程项目获得优质工程奖,则发包人给予承包人一定奖励。笔者之前说过,工程款具有"议定性"的特点,在未将奖励款作为工程价款约定时,奖励款本身不应属于工程款的范畴。鉴于本章第四节"'参照'范围考察"是对合同无效情形下的各种款项是否属于"参照"范围进行的整体解读,因此,笔者将"奖励约定"争议放入本节讨论。

案 例 四

长沙市政公司与醴陵市政府诉讼案①

当事人

上诉人(原审原告):长沙市政公司

上诉人(原审被告):醴陵市政府

上诉人(原审被告):新城公司

被上诉人(原审被告):醴陵渌江公司

案例介绍

长沙市政公司起诉请求醴陵市政府、新城公司共同向长沙市政公司支付省级优质工程奖励款257.8万元(按工程总造价的0.5%计算)。

一审法院认为:关于长沙市政公司是否应当获得合同约定的省级优质工程奖励的问题,长沙市政公司请求按《框架协议》中关于省级优质工程奖励的约定判令被告支付工程总造价0.5%的奖励,因合同无效,该部分又不属于工程结算的内容,故该约定不能作为长沙市政公司主张该奖励的依据,长沙市政公司主张支付该奖励的诉讼请求不予支持。二审法院亦认为双方协议无效,同时认为:因案涉合同属无效合同,而当事人关于逾期付款违约金、优质工程奖励款的约定不属于有关解决争议方法的条款,故亦属无效;因此,一审法院没有支持长沙市政公司关于新城公司、醴陵市政府支付逾期违约金、优质工程奖励款的请

① 参见最高人民法院民事判决书,(2019)最高法民终1459号。

求,事实根据和法律依据充分,法院予以支持。

案例评析

该案例中奖励费不是安全文明施工费中的奖励费。一审法院、二审法院对于合同无效情形下奖励费的态度非常明确,奖励约定不是结算条款。法院认为,施工方不能依无效合同获取奖励费。

案 例 五

华西公司与铭欣公司诉讼案[①]

当 事 人

上诉人(原审原告):华西公司

上诉人(原审被告):铭欣公司

案例介绍

诉讼中双方申请鉴定。其中对于奖励费用,鉴定意见:关于施工方主张按照《建设工程施工合同》第九条第一项规定获得市优质工程奖,主张奖励费为82万元。因施工方只提供了5#楼、6#楼获优良结构工程奖,并非合同约定的市优质工程奖,故该次鉴定未计算工程奖励费。如果5#楼、6#楼计算奖励费,奖励费为66,917元。

一审法院认为:该案所涉《协议书》《补充协议书》《建设工程施工合同》均无效。该案签订的《协议书》约定:如果单位工程获得市优工程,发包人按获得市优工程的单位工程价款奖励承包人综合费率1%。显然,该约定对于是工程整体获奖还是单项获奖,以及对获得市优工程奖项名称均不够明确。在该情况下,华西公司提供了5#楼、6#楼获优良结构工程奖并主张奖励费,一审法院认为应按照5#楼、6#楼工程款的比例计算奖励费66,917元并计入工程造价,由铭欣公司支付。一审判决后,铭欣公司提出上诉,关于奖励费用,《协议书》第九条第二项约定,如果单位工程获得市优工程,发包人按获得市优工程的单位工程价款奖励给承包人综合费率1%。该工程项目未获得“市优良单位工程”,“单栋结构工程”与

① 参见最高人民法院民事判决书,(2020)最高法民终8号。

“项目单位优良工程”不是同一概念,不能混为一谈,不具备合同约定的奖励条件。

二审法院认为:《协议书》仅表述为单位工程获得市优工程,并未就“市优工程”作出明确具体的奖项所指,华西公司施工建设的5#楼、6#楼获赣州市优良结构工程奖,与合同约定的奖励条件并不相悖,亦实现了约定奖励费用以鼓励承包人提升建设质量的初衷。因此,一审法院按照5#楼、6#楼工程款的比例计算奖励费66,917元,有相应事实依据亦符合建筑工程行业内对单位工程的通常理解,法院予以维持。

案例评析

该案例中,一审、二审法院均认为建设工程施工合同无效,但是施工方可以依据合同中奖励条款获得奖励费。案例中的另一争议是合同中奖励标准约定不明产生的争议。发包人认为,“市优良结构工程奖”与“市优工程”不是同一含义,施工方不具备获得奖励费的条件。案例中法院仍然认定施工方符合获取奖励条件并可以获得奖励费。

案例四中法院明确提出奖励约定不是一个结算条款。实际上,案例一、案例二中也涉及下浮约定是不是结算条款的理解问题。可以说建设工程合同无效情形下,工程款诸多问题矛盾点就在于结算条款的理解,或者说“参照”的范围是什么。笔者在本章第四节“‘参照’范围考察”中将对“参照”进行解读。

第四节 “参照”范围考察

一、“参照”的范围困惑

前文已述,施工合同无效,此时的工程款本来与合同中的结算条款没有多少联系,因为结算条款本是合同有效前提下才产生的法律适用问题,合同无效的法律后果只是适用合同中关于解决争议方法的条款。但是,《2004年建设工程合同解释》及之后《民法典》“参照”约定的出现,就将工程款与合同中的结算条款联系起来。建设工程领域“参照”的范围问题,就是施工合同为无效合同之下工程款结算条款的认定问题。

在合同无效情形下，工程款的折价补偿或支付问题，诉裁机关在裁判文书中屡次适用“参照”条款，但是并没有统一的司法尺度，造成裁判规则的多元化。建设工程施工合同中涉及“价款”约定内容非常多。这里不仅需要考察工程价款与合同价款的区别。同时，即使认定为与“工程价款”有关的条款，还需要考察与“工程价款”有关的条款是否属于“参照”的范围。因为以“工程价款”作为限制词，后面可能引申出不同的尾词，这些词哪些可以被认定为“参照”的范围，哪些是有关“工程价款”的约定就值得探讨。比如，以工程价款作为限制词，后面可以有“数额”“计算方法”“工程量计算规则”等。这些前后搭配的词汇或直接涉及工程价款，或涉及工程款计算方法，或涉及工程量计算，或涉及工程款支付时间、工程款支付条件、工程款支付程序，或涉及工程款支付的违约责任等。上述约定会影响施工方获取价款的多少、获取价款的时间等。笔者需要在“合同价款”中找出“工程价款”，在“工程价款”中又要找出《民法典》中的“参照”范围。

建设工程施工合同中涉及“工程价款”的约定可能有如下几种：

(1)工程款的数额约定。

(2)工程款的计价方法或计价标准约定，施工方通过该条款可以计算得出相应工程款数额。

(3)工程款的下浮约定。

(4)工程款的放弃约定。

(5)与工程款有关的工程量计算规则约定，通过工程量的多少影响施工方的工程款数额。

(6)工程款的取费标准约定，通过取费标准的高低影响施工方的工程款数额。

(7)工程款的付款时间、付款条件约定，条件的约定会影响施工方的工程款是否可以顺利得到。

(8)工程款中质量保证金的返还(支付)时间、返还(支付)条件约定。

(9)非工程计价构成项目的其他款项约定，比如，奖励款、提前竣工奖等。

(10)工程款、进度款的支付时间约定。

(11)索赔事件发生时产生的人工费、材料费、机械费等损失补偿约定。

(12)施工方原因产生的违约事件违约金约定或罚款约定,违约金约定或罚款约定可能涉及工程款抵扣问题,间接影响施工方获得的工程款数额。

(13)发包人不及时支付工程款产生的违约金约定,违约金会影响施工方最终获得利益的多少。

(14)签证时间、索赔时间约定,通过是否超出签证时间、索赔时间来认定签证、索赔是否成立,从而影响施工方是否应获得签证、索赔款项。

(15)结算书逾期答复视为认可约定,通过发包人逾期答复与否来认定工程款的结算数额。

(16)人材机价格波动产生的工程调差款约定。

二、"参照"的范围解析

如何理解"参照"的范围,部分地方法院在司法文件中已表达其观点。

比如,《山东高院民一庭解答》中规定:"施工合同无效,当事人主张参照合同约定结算工程价款,如何处理?施工合同无效,建设工程经竣工验收合格的,可以将合同中关于工程价款、付款时间、工程款支付进度、下浮率、质保金等约定条款作为折价补偿的依据。"对"参照"的范围解析,笔者认为,可以考虑如下原则或要求:

首先,需要符合文义解释要求。工程价款与合同价款是有区别的。工程价款的范围显然比合同价款的范围窄。《民法典》第七百九十三条是就"工程价款的约定进行折价补偿"作出规定,解决的是施工方对建设工程作出投入后返还不能的补偿问题。因此,对工程价款的理解需要进行严格限制,不宜作扩大解释。无效合同条款中有一些表面上与工程价款有一些联系,客观上会对施工方最终获得多少款项产生影响的条款,而这些款项本身不是真正的工程价款,因此,这些款项应当排除于"参照"范围内。比如,合同中约定的"提前竣工奖""奖励费",上述款项本身不属于建设行政主管部门规定的工程价款范围,因而不属于建设工程价款的组成部分。因此,不宜将该部分款项作为工程价款看待。

因人、材、机价格波动导致的调差款,本质上仍为人材机投入的费用,为建设工程造价的组成部分。因此,调差款应作为"参照"的范围。

迟延支付工程款的违约金约定,这一约定与施工方获得款项的多少虽有关系,但是违约金本身不是工程款。因此,违约金约定不属于“参照”的范围。这也是司法实践中已经普遍认可的观点。

笔者认为,与工程价款直接相关的,或者直接联系的约定可以归纳为:工程款的数额约定、工程款的计价方法约定、工程款计价标准约定。计价方法、计价标准就是得出工程款的直接依据。工程款下浮约定、工程款放弃约定、工程款取费标准约定可以理解为工程计价的一种特殊方法。涉及工程款的工程量计算规则约定是工程款计算的又一基础,因此,工程款计算规则约定应理解为属于“参照”的范围。

其次,需要符合法律体系解释要求。《2020年建设工程合同解释》第六条①是关于参照合同约定赔偿损失的条文。这个条文把工程款付款时间作为损失大小的衡量因素。笔者认为,该处既然把工程款付款时间作为损失大小的衡量因素参照适用,那么工程款付款时间的约定应被认定为成立。而从整个法律体系的解释上看,不应作出付款时间此处成立彼处不成立的矛盾认定。因此,无效合同中约定的付款时间属于“参照”的范围。

最后,应符合平行认定规则要求。在上述已经明确某约定作为“参照”的范围后,再将其他约定与其作横向比较,如果约定性质类似,则应当适用与其相比较的约定的处理规则。

合同无效情形下,对施工方违约金约定或罚款约定与发包人迟延支付工程款违约金条款处于类似地位,均是对一方违约行为的处理。因此,两者可以作同一对待,合同无效情形下,对施工方违约金约定或罚款约定应不作为无效合同下的“参照”范围。

工程款付款时间约定涉及施工方获得工程款的时间早晚问题,是一个应遵循的程序性事项。而付款条件的约定,逾期答复认可规则约定,签证时间、索赔时间约定也均涉及程序性事项,因此可以比照付款时间的认定规则,将其作为“参照”范围。

较为特殊的是质量保证金返还(支付)时间、返还(支付)条件的约定是否

---

① 《2020年建设工程合同解释》第六条:“建设工程施工合同无效,一方当事人请求对方赔偿损失的,应当就对方过错、损失大小、过错与损失之间的因果关系承担举证责任。损失大小无法确定,一方当事人请求参照合同约定约定的质量标准、建设工期、工程价款支付时间等内容确定损失大小的,人民法院可以结合双方过错程度、过错与损失之间的因果关系等因素作出裁判。”

作为“参照”条款问题。在合同无效情形下,质量保证金应否按照约定时间返还(支付)观点不一。[①] 笔者认为,质量保证金返还(支付)时间、返还(支付)条件也应属于“参照”范围。质量保证金本质上属于工程款的一部分,只是具有特殊担保性质。根据上文工程款给付时间约定、工程款支付条件约定宜作为结算条款看待的观点,质量保证金返还(支付)时间约定、返还(支付)条件约定应当遵守。质量保证金的返还(支付)时间、返还(支付)条件一旦作出约定,不能因为合同无效而要求发包人随时(提前)返还。

对于索赔损失补偿约定,笔者认为,该约定不能作为“参照”范围。索赔损失补偿约定本质上仍是违约责任条款,因此不宜将损失补偿款作为工程款认定。虽不将工程索赔损失补偿作为“参照”的范围,因索赔事件产生的实际损失,施工方可以缔约过失责任为由追究发包人的损失赔偿责任,或依据本书第十五章“工程款索赔计算”第三节“总结与思考”中折扣系数与酌情考虑比例原则计算损失。

综上,建设工程施工合同中约定与“工程价款”有关的约定,可以根据与工程款联系的紧密程度,分为三个不同的层次。

第一层为核心层,具体包括以下几项:工程款数额、计价方法、计价标准、计量规则、取费标准、工程款下浮、工程款放弃约定、工程调差款。

第二层为紧密层,具体包括以下几项:付款时间、支付程序、支付条件、工程质量保证金返还(支付)时间及返还(支付)条件、逾期答复视为认可规则、签证时间、索赔时间。

---

① 有人总结出有以下三种观点:第一种观点认为,工程质量保证金是对工程质量保修期内工程质量的担保,是一种法定义务,不应以合同效力为认定前提,且质量保证金的约定属于结算条款范畴,应当予以相应扣留。第二种观点认为,发包人从工程款中扣留工程质量保证金的依据是建设工程施工合同的约定。如前所述,在施工合同无效情形下,关于工程价款的支付时间、支付进度、下浮率等与工程价款有关的条款均应当参照适用,由于工程质量保证金属于承包人工程款的一部分,对于该工程质量保证金的返还问题仍应参照合同约定执行。而且,如支持承包人关于工程质量保证金返还的诉讼请求,则承包人可在原合同约定的质保期届满前主张包括工程质量保证金在内的全部工程款,产生的法律后果是承包人取得了比合同有效时更多的利益,尤其是在因承包人原因导致合同无效的的情形下,承包人却因违法行为而获利,变相鼓励了承包人追求合同无效的法律后果,显然有违公平。第三种观点认为,施工合同无效,质量保证金条款并非合同的结算和清理条款,不应认定为有效,发包人应当予以返还。如建设工程在质保期间出现质量维修问题,发包人可依法另行主张权利。参见肖峰、韩浩:《建设工程价款结算及其优先受偿权的若干实务问题》,载澎湃网 2021 年 8 月 15 日,https://www.thepaper.cn/newsDetail_forward_14099042。

第三层为关联层，具体包括以下几项：违约金、罚款、非工程款构成项目的款项、停工、窝工等索赔损失补偿。

上述三个层次中，第一层、第二层内容均应属“参照”范围内的事项。当然，笔者罗列的事项可能不全。如果出现新的事项可以参考上述认定方法及上述层次作出是否为“参照”范围的认定。回到《山东高院民一庭解答》中的观点，笔者认为，该解答中所罗列的约定事项属于“参照”范围的认定并无不当。

020 第二十章

低于成本价时的工程款

·导　读·

以是否经招投标程序进行区分,建设工程领域低于成本价签订的施工合同可分为两种情形。一种情形为招投标情形下的低于成本价合同;另一种情形为非招投标情形下的低于成本价合同。两种情形下合同(价格条款)的效力问题值得研究,尤其是招投标情形下合同(价格条款)的效力问题。非招投标情形下合同(价格条款)的效力问题相对简单。因为此情形下不用特别考虑招标投标法的相关问题。两种情形下合同(价格条款)效力问题的研究有共性因素的一面。研究招投标情形下合同(价格条款)的效力问题已经涵盖了研究非招投标情形下合同(价格条款)的效力问题。因此,本章主要研究招投标情形下低于成本价合同(价格条款)的效力问题,兼顾对非招投标情形下低于成本价合同(价格条款)的效力作出判断。

笔者倾向于对两者的效力作出区分认定,即招投标情形下低于成本价合同(价格条款)无效,非招投标情形下低于成本价合同(价格条款)有效。即使认定非招投标情形下签订的低于成本价合同(价格条款)有效,此时的施工合同也可能存在重大误解、显失公平而被撤销的情形。本书第二十三章“公平原则的适用”中,笔者会分析公平原则适用情形下合同撤销问题,不在本章中探讨低于成本价时的建设工程施工合同是否可撤销问题。

对合同(价格条款)效力作出判断后,就应考虑如何结算工程款的问题。能不能机械适用《民法典》中合同无效参照约定折价补偿的原则?笔者倾向性的观点是不能。由于法律对此规定不完善,法律应作出适当调整。

笔者在本书第十九章“合同无效下的工程款”中探讨过在合同无效情形下,如果合同中约定的工程款低于成本价,此时工程价款如何结算的问题。本章涉及的是如果合同中约定的工程款低于成本价,此时合同(价格条款)是否有效的问题。这两个问题的侧重点是不一样的。如果笔者得出的结论是合同中约定的工程款低于成本价时合同(价格条款)无效,那么随之就会涉及工程款如何结算的问题。

第一节 三则案例

一、典型案例

案例一

杭萧钢构公司与香利资产公司等诉讼案①

当事人

再审申请人(一审原告、二审上诉人):杭萧钢构公司

被申请人(一审被告、二审上诉人):香利资产公司

被申请人(一审被告、二审上诉人):中联三星公司

案例介绍

杭萧钢构公司申请再审称:根据《建筑法》第十八条第一款,《招标投标法》第三条第一款、第三十三条、第四十一条第二项以及《工程建设项目招标范围和规模标准规定》第三条第五款的规定,投标价或中标价低于成本价,则投标无效。而根据中汇公司出具的《工程造价咨询报告书》认定标的工程的社会实际成本为391,713,722元,也就是说该案的合同结算价(276,537,393元)仅为成本价的70%,结算价明显低于成本价,故该价格条款应当无效,且该价格条款已失去了参照付款的价值,香利资产公司和中联三星公司要求继续参照合同约定的价格来支付工程款的主张不应得到支持,而应该按照标的工程的实际成本来支付款项。

再审法院认为:首先,《招标投标法》第三十三条所称的“低于成本”,是指低于投标人的为完成投标项目所需支出的个别成本。每个投标人的管理水平、技术能力与条件不同,即使完成同样的招标项目,其个别成本也不可能完全相同,个别成本与行业平均成本存在差异,这是市场经济环境下的正常

① 参见最高人民法院民事裁定书,(2014)民申字第848号。

现象。该案中，杭萧钢构公司主张合同约定价格低于其成本价的依据是中汇公司出具的《工程造价咨询报告书》中载明的社会平均成本，该社会平均成本不能等同于杭萧钢构公司的个别成本，因其申请再审未提交证明其自身成本的其他相关证据，故杭萧钢构公司主张合同约定的价格低于其自身成本，没有事实依据。

其次，建设工程施工合同无效后，根据《2004年建设工程合同解释》第二条的规定，可以参照合同约定结算工程价款。该条规定体现的精神是尊重合同各方当事人的真实意思，也就是说，虽然合同被认定无效，但工程已经竣工验收合格，如不参照合同约定来结算支付工程价款，有违诚实信用的民法基本原则。

最后，再审法院驳回杭萧钢构公司再审申请。

案例评析

该案例虽然信息量有限，但是从申请人提出的无效理由及案件涉及工程款的金额来看，案例中所涉工程应当是经过招投标程序的。同时，根据对申请人再审理由的分析，案例中涉及的价格条款，二审法院应当认定为有效。这是一则施工方通过投标获得建设工程的承包权，因施工实际成本远大于投标价，施工方要求认定投标无效，提出再审申请，再审法院驳回再审申请的案例。再审法院驳回再审申请的主要理由有两个。第一，申请人不能提供证据证明其投标价低于企业自身成本。投标价低于社会平均成本在认定投标是否有效时不具有可参考性。第二，即使合同无效，也不妨碍法院参照无效合同中的约定认定工程款。笔者不清楚再审法院提及的《招标投标法》第三十三条，法院是将其作为管理性规范还是效力性规范进行认定。案例中，法院设定了一个几乎不可能完成的证明内容，即让企业证明其投标价低于企业自身成本。退一步讲，即使申请人可以证明其投标价低于企业自身成本，法院可以认定合同无效，但是按照再审法院的逻辑，其仍会坚持工程款不作变更的认定，即法院不会对工程款结算作出不同于合同约定的变化。

另外，在百盛市政公司与东太湖公司诉讼案①中，再审法院观点与上述观点一致。

① 参见最高人民法院民事裁定书，(2015)民申字第884号。

案 例 二

郑豫置业与管城建筑诉讼案①

当事人

再审申请人(一审被告、二审上诉人):郑豫置业

被申请人(一审原告②、二审上诉人):管城建筑

案例介绍

郑豫置业申请再审称:双方当事人签订的《建设工程施工合同》有效,约定的“一次性包死价”具有约束力,原审判决按照工程造价司法鉴定对已完工的工程造价据实结算并折中计算,违背了合同约定。(1)双方当事人于2007年10月25日签订《补充协议》约定了郑豫置业一次性补材料价差30万元,管城建筑不得以任何理由提出其他请求。(2)就工程设计变更和项目增项,应按照合同第二十九、三十、三十一条的约定确定工程价款,其他未变更部分仍应按照一次性包死价结算,原审对案涉工程所作的两种鉴定结论进行折中,系认定事实错误。该案合同约定了一次性包死价,双方应当以该约定结算工程价款,工程变更部分的结算价款应当根据《2004年建设工程合同解释》第十六条的规定,按照当地建设行政主管部门发布的计价方法或者计价标准结算。原审法院将整个合同价款都按照上述标准计算,适用法律错误。

管城建筑称:即使合同无效,郑豫置业也应按照成本价支付工程款,原审法院委托鉴定机构认定工程成本价为2502万元,中标价低于成本价36%,显失公平。

再审法院认为:关于案涉工程的计算依据问题,首先,从一审法院委托鉴定机构根据“执行合同”和“按实结算”两个标准计算的工程款数额来看,相差1000万元左右,相对于合同的中标价1838万元而言显然较大,这说明案涉合同的中标价明显偏低。其次,案涉工程施工过程中,因市场价格材料变化及多项

① 参见最高人民法院民事裁定书,(2014)民申字第786号。

② 最高人民法院(2014)民申字第786号民事裁定书中列当事人身份信息时将管城建筑列为一审被告,笔者认为这应是一个笔误,管城建筑一审诉讼时的身份应为原告。否则,这个案件一审诉讼时就没有原告,这是不可能出现的情况。

变更等诸多因素导致案涉工程款按照原中标价计算，将显失公平。一审、二审法院综合考虑案涉合同解除的方式、该案纠纷形成的原因以及发包方和承包方的利益平衡，根据公平原则，酌定将鉴定机构依据前述两个标准作出的工程造价的平均值作为案涉工程款的计算依据，并无不当。郑豫置业以此为理由申请再审，不能支持。

案例评析

从裁判文书有限的信息不能完全得出案例中二审法院及再审法院对于合同效力或结算条款效力认定为有效的结论。根据文书中记载的"综合考虑案涉合同解除的方式"，二审法院及再审法院似乎将合同视为有效，因为若合同无效则不存在合同解除一说。

这是一则经过招投标程序，中标价远低于成本价，法院对案涉工程款以折中价进行认定的案例。二审法院既未按合同标准结算工程款，也未据实结算，而是取合同价与据实结算价的中间值结算工程款。发包人对二审法院按折中价结算工程款不服申请再审，要求按照合同价格进行认定，再审法院对再审请求未予支持。法院裁判文书中，管城建筑有一处计算错误，案例中工程的成本价为2502万元，施工方的中标价为1838万元，中标价低于成本价26.5%，并不是管城建筑所称的36%，裁判文书中计载的"中标价低于成本价36%"应为计算错误。该案是运用公平原则对工程款予以调整的案例。

案 例 三

宜昌监狱与金垦公司诉讼案①

当 事 人

上诉人（原审被告、反诉原告）：宜昌监狱

被上诉人（原审原告、反诉被告）：金垦公司

案例介绍

一审法院认为：《招标投标法》第三十三条规定"投标人不得以低于成本的

① 参见湖北省高级人民法院民事判决书，(2016)鄂民终173号。

报价竞标,也不得以他人名义投标或者以其他方式弄虚作假,骗取中标”。金垦公司的投标报价金额远远低于工程实际成本价11,636,395.69元[依鄂中衡信造咨字(2015)0701号《宜昌监狱第六标段(习艺钢球)车间厂房工程造价的鉴定报告》,宜昌监狱第六标段(习艺钢球)车间厂房的成本造价(直接费+间接费)为13,503,284.01元(含合同外新增工程的工程款1,864,888.32元)],也低于宜昌监狱招投标前审核确定的预算价款(9,263,714.30元)。金垦公司以明显低于成本的报价竞标并最终中标的行为因违反了《招标投标法》第三十三条规定而应认定为无效,其依据该中标结果与宜昌监狱签订的《建设工程施工合同》亦应认定为无效合同。从双方在招投标过程中就该案所涉工程所编制的预算价格来看,宜昌监狱与金垦公司双方对金垦公司低于成本报价均属明知,对合同无效均有过错。

一审法院进而认为:鉴于该案金垦公司投标价格和合同约定的价格明显低于工程的实际成本价格,若依合同约定价格结算对金垦公司明显不公,会导致双方利益严重失衡,故该案所涉合同被确认无效后,宜昌监狱应支付给金垦公司的工程价款以鉴定确定的成本价格(11,636,395.69元)为宜。

宜昌监狱不服一审判决提出上诉,主要理由如下:(1)宜昌监狱依照招投标程序确定金垦公司中标并无过错,金垦公司应当受其投标报价约束。①金垦公司投标价格820万元并非该工程投标的最低报价。该工程共有五个投标人参与竞标,报价在769万元至824万元,其中金垦公司报价820万元属于中等偏上。②该报价达到招标工程预算价格926万元的88%并未显著偏低。(2)一审判决认定该案《建设工程施工合同》无效,属于适用法律错误。《招标投标法》第三十三条对投标人不得以低于成本价竞标的规定,属于对投标人单方报价行为的管理性强制性规范,而非合同效力性强制规范。《招标投标法》并未将该行为确定为无效行为。一审判决据此认定该合同无效,适用法律错误。(3)一审判决以鉴定价格确定工程结算价格,于法不符。即使合同无效,依照《2004年建设工程合同解释》第二条的规定,也应按合同约定价格结算。

二审法院认为:宜昌监狱虽就涉案工程依法进行了公开招标,但其在招标过程中就工程价款向招标人设置拦标价,将投标价格上限限定在8,241,600元。宜昌监狱设置拦标价的行为,以及金垦公司在宜昌监狱设置拦标价的情况下,故意以低于成本的报价竞标并中标的行为,均违反了招标投标活动应当遵循的公开、公平、公正和诚实信用原则，侵害了其他投标人的合法权益，扰乱了我国建筑施工的正常招投标秩序，法院认定金垦公司中标行为及双方签订的《建设工程施工合同》无效，具有事实和法律依据。

关于涉案工程结算问题，湖北华建建设工程设计审查事务有限公司湖北华建图审字第[2014]第3070号《图纸审查鉴定意见书》确认涉案图纸变更设计存在重大变更，故金垦公司请求参照合同约定的结算条款，即"若本合同签订后发包人更换施工图纸，则承包人有权要求对该项目的工程造价重新进行核算，据实结算"，申请对涉案工程造价进行鉴定，具有事实依据。宜昌监狱虽在二审过程中向法院提交宜昌监狱迁建工程第Ⅵ标段钢球车间项目施工图纸会审记录，主张金垦公司同意进行图纸设计变更，但并没有向法院提交证据证实金垦公司同意放弃合同中关于"更换施工图纸，则承包人有权要求对该项目的工程造价重新进行核算，据实结算"的权利，故宜昌监狱上诉主张一审依照金垦公司申请对全部工程据实结算不当，缺乏事实依据，依法不予支持。

案例评析

这是一则施工方知道招标方设置的拦标价明显低于工程总价款，甚至低于成本价的情形下，仍以低于成本价的竞价投标并中标，然后施工方以投标价低于成本价为由主张合同无效并要求增加工程款的案例。一审法院、二审法院均认为低于成本价的中标合同无效，应以成本价确认工程价款。一审法院、二审法院的主要依据在于《招标投标法》第三十三条"投标人不得以低于成本的报价竞标，也不得以他人名义投标或者以其他方式弄虚作假，骗取中标"的规定。案例中审判人员将《招标投标法》第三十三条作为效力性的强制性规范看待。

一审法院、二审法院均确认双方施工合同无效，但对于发包人应如何给付工程款，二者的理由不尽相同，一审法院以利益严重失衡为由要求发包人向施工方支付成本价，二审法院以合同约定为由维持一审判决。但是，二审法院对工程款的认定实际上并不完全符合双方合同约定的情况。因为双方合同中约定的是"若本合同签订后发包人更换施工图纸，则承包人有权要求对该项目的工程造价重新进行核算，据实结算"，而该案的最终结果是以成本价结算。"宜昌监狱上诉主张一审依照金垦公司申请对全部工程据实结算不当"，实际上这是宜昌监狱的误解。因为一审法院采纳的也是鉴定机构鉴定意见中的成本价

(直接费+间接费),这并不能被视为据实结算。假如这则案例中施工设计没有发生重大变更,二审法院是否仍会依据成本价认定工程款尚且未知。

二、法律思考

案例一对低于成本价的中标合同作有效认定,工程价款不发生变化。

案例二对低于成本价的中标合同效力未作明确认定,工程价款在合同价与据实结算价之间作折中处理。

案例三对低于成本价的中标合同作无效认定,工程价款以成本价结算,二审法院给出的理由与双方合同约定有关。

以上案例凸显的法律问题是,低于成本价的中标合同是否有效及如果中标合同被认定为无效,或者在未被认定为无效的情况下工程价款应当如何结算。其中涉及的一个关键问题是《招标投标法》第三十三条应当如何认定的问题。

第二节 合同效力

一、观点之争

法律界对低于成本价中标的施工合同的效力一直有截然不同的两种观点。

(一)合同无效

低于成本价中标的施工合同是无效的,理由主要有以下方面:

第一,投标人低于成本价投标无效源于法律的直接规定。该观点主要认为,低于成本价投标报价为《招标投标法》所明确禁止。明确禁止具体体现在《招标投标法》第三十三条①及第四十一条第二项②中。不得低于成本价竞标是现行法律法规的强制性规定,让低于成本价中标的施工合同有效化违反了《招

① 《招标投标法》第三十三条:"投标人不得以低于成本的报价竞标,也不得以他人名义投标或者以其他方式弄虚作假,骗取中标。"

② 《招标投标法》第四十一条第二项:"中标人的投标应当符合下列条件之一:……(二)能够满足招标文件的实质性要求,并且经评审的投标价格最低;但是投标价格低于成本的除外。"

标投标法》的规定。

第二,投标人低于成本价投标并中标损害社会公共利益。该观点主要认为,低于成本价中标的施工合同的存在给施工合同的履行造成安全隐患。低于成本价施工,施工企业势必会缺少部分必要投入,这会带来建设工程施工质量的隐患与安全事故的发生。让低于成本价中标的施工合同有效化损害了社会公共利益。

(二)合同有效

低于成本价中标的施工合同是有效的,归纳其理由主要有以下方面:

第一,法律及司法解释没有明确规定低于成本价中标的施工合同无效。仔细梳理相关法律及司法解释,笔者发现情况确实如此。《招标投标法》第五十条[①]、第五十二条[②]、第五十三条[③]、第五十四条[④]、第五十五条[⑤]、第五十七条[⑥]规定的六种中标无效的情形及《招标投标法实施条例》第六十七条[⑦]、第六十八条[⑧]、第八十一条[⑨]三种中标无效的情形并不包括低于成本价投标的情形。

① 《招标投标法》第五十条:“招标代理机构违反本法规定,泄露应当保密的与招标投标活动有关的情况和资料的,或者与招标人、投标人串通损害国家利益、社会公共利益或者他人合法权益的,处五万元以上二十五万元以下的罚款……前款所列行为影响中标结果的,中标无效。”

② 《招标投标法》第五十二条:“依法必须进行招标的项目的招标人向他透露已获取招标文件的潜在投标人的名称、数量或者可能影响公平竞争的有关招标投标的其他情况的,或者泄露标底的,给予警告……前款所列行为影响中标结果的,中标无效。”

③ 《招标投标法》第五十三条:“投标人相互串通投标或者与招标人串通投标的,投标人以向招标人或者评标委员会成员行贿的手段谋取中标的,中标无效……”

④ 《招标投标法》第五十四条:“投标以人他人名义投标或者以其他方式弄虚作假,骗取中标的,中标无效……”

⑤ 《招标投标法》第五十五条:“依法必须进行招标的项目,招标人违反本法规定,与投标人就投标价格、投标方案等实质性内容进行谈判的,给予警告……前款所列行为影响中标结果的,中标无效。”

⑥ 《招标投标法》第五十七条:“招标人在评标委员会依法推荐的中标候选人以外确定中标人的,依法必须进行招标的项目在所有投标被评标委员会否决后自行确定中标人的,中标无效……”

⑦ 《招标投标法实施条例》第六十七条:“投标人相互串通投标或者与招标人串通投标的,投标人向招标人或者评标委员会成员行贿谋取中标的,中标无效……”

⑧ 《招标投标法实施条例》第六十八条:“投标人以他人名义投标或者以其他方式弄虚作假骗取中标的,中标无效……”

⑨ 《招标投标法实施条例》第八十一条:“依法必须进行招标的项目的招标投标活动违反招标投标法和本条例的规定,对中标结果造成实质性影响,且不能采取补救措施予以纠正的,招标、投标、中标无效,应当依法重新招标或者评标。”

《2020年建设工程合同解释》第一条第一款①规定的三种无效情形没有包含低于成本价的中标合同。

第二,《招标投标法》中的相应规定是管理性的强制性规定。《招标投标法》第三十三条“投标人不得以低于成本的报价竞标”属管理性的强制性规定,违反该规定并不必然导致合同无效。

第三,《招标投标法》中所谓“不得以低于成本的报价竞标”中的“成本”应理解为企业个别成本,而不是指社会行业平均成本,在施工方无证据证明投标价低于企业个别成本的情况下,不具备将施工合同认定为无效的条件。

第四,从交易稳定性及安全性角度考虑,应予维持合同效力。该观点认为,认定低于成本价中标的施工合同无效,违反了商事合同交易稳定与安全的价值取向,违反了任何人不得从其自身的错误中获益的原则。②

以上争议点是就招投标情形下的施工合同的效力而言。非招标投标情形下的合同,不涉及对“成本”的理解及对招标投标法相关规定是否为效力性强制性规定的理解。对“成本”的理解及对招标投标法相关规定是否为效力性强制性规定的理解,是招标投标情形下判断合同是否具有法律效力时才独有。非招标投标情形下,施工合同效力的争议点更加简单,主要是社会公共利益的认定问题及是否考虑交易的稳定性及安全性问题。

如果低于成本价的施工合同未被认定为无效,还可能存在重大误解及显失公平等原因导致合同被撤销的情况。合同一旦被撤销就自始不发生法律效力,与合同无效时的法律状态一致。但合同无效与合同被撤销本身还是两个不同

① 《2020年建设工程合同解释》第一条第一款:“建设工程施工合同具有下列情形之一的,应当依据民法典第一百五十三条第一款的规定,认定无效:(一)承包人未取得建筑业企业资质或者超越资质等级的;(二)没有资质的实际施工人借用有资质的建筑施工企业名义的;(三)建设工程必须进行招标而未招标或者中标无效的。”

② 该观点具体认为,如果法律认定低于成本价中标的施工合同无效,势必会有某些施工企业恶意利用该条法律规定来攫取不正当利益,即施工企业会在投标时蓄意压低价格以期中标,在中标后的合同履行过程中却以低于成本价中标无效为由主张合同无效,要求建设单位进行合同价款调整,否则以不履行合同为要挟,迫使建设单位就范。即便合同无效依旧参照原先的施工合同的结算约定进行结算,但在合同无效情况下,施工企业可以随时不履行合同,可以享受经济损失不再扩大的好处。此行为违反了任何人不得从其自身的错误中获益的基本原则,会严重扰乱我国招投标市场,同时会使我国本来就未被有力执行的招标投标制度沦为一纸空文。参见史鹏舟:《以商事合同视角审查低于成本价中标施工合同的效力》,载百度文库网2022年4月29日,https://wenku.baidu.com/view/509778c10a75f46527d3240c844769eae009a361.html。

层面的法律问题。

二、效力分析

招投标情形下,低于成本价的中标合同的法律效力,笔者认为,此时的合同应作无效认定。针对认为合同有效的观点,笔者作如下反驳:

首先,《招标投标法》中“投标人不得以低于成本的报价竞标”的“成本”是指社会行业平均成本,而不应指企业个别成本。具体作以下分析。

第一,如果《招标投标法》中的“成本”指企业的个别成本,那么建设行政主管部门自己也将陷入无法证明的窘境。在本章第一节案例一中,法院认为“申请再审未提交证明其自身成本的其他相关证据”,笔者认为,再审申请人不是不提交相关证据,而是难以提交相关证据。同样,让建设行政主管部门来证明企业的个别成本是多少,显然会更难。建设行政主管部门只有并且只能通过社会行业平均成本来证明投标人的报价是否低于成本。

第二,如果“成本”是企业的个别成本,那就意味着这一成本是动态的、不断变化的。投标人彼项目成本与此项目成本应是不同的。假如设定建设行政主管部门可以计算出某企业在某个项目中的个别成本,那也是在项目施工过程中,甚至施工完毕之后才可能得出的数据。在投标开始时,项目还没有进入施工阶段,施工方一切投入还没有开始,此时的准确成本连投标人自己也无法确定,评标委员会更不可能知道此时项目的个别成本。即使两个项目的施工内容、施工条件完全相同,评标委员会也不可能以投标人另一项目的成本来核算此项目的成本,因为两个项目的自身成本难以完全一样。“投标人不得以低于成本的报价竞标”,是在投标环节就要禁止的,评标委员会在确定中标人之前就必须确定投标人的报价是否低于成本价。因此,评标委员会只能以社会行业平均成本衡量投标人是否以低于成本的报价竞标,以企业个别成本衡量投标人是否以低于成本的报价竞标无适用的任何可能。

第三,设定“成本”是指企业的个别成本,同时设定投标人投标价高于社会行业平均成本价中标。如果在施工过程中,施工方因管理不善,成本增加,导致该项目的个别成本价反而大于中标的合同价,那么“投标人不得以低于成本的报价竞标”就等同于投标人最初以高于社会行业平均成本价的报价也是错误的。因为这时的中标价也是低于企业个别成本价的,这将得出投标人投标价高于社会行业平均成本价中标也是违反招标投标法的结论。因此，将“成本”理解为企业的个别成本，从逻辑上讲显然是荒唐的。

因此，《招标投标法》第三十三条中的“成本”只能被理解为社会行业平均成本。《湖南省房屋建筑和市政基础设施工程施工投标报价成本评审办法》第八条[①]提出：“投标总报价小于基准价 92% 的，视为以低于成本报价竞争……”这个文件实际上对于投标人报价是否低于成本价就是以社会行业平均成本价（基准价的 92%）为衡量标准的。

另外，实践中只存在依据社会行业平均成本价对工程款进行司法鉴定，不存在依据企业个别成本对工程款进行司法鉴定。要求企业证明投标价低于其个别成本，法律上无路径可循。法律不至于如此强人所难。

其次，《招标投标法》中的“投标人不得以低于成本的报价竞标”应理解为效力性的强制性规定。最高人民法院的相关文件为如何理解管理性规定、效力性规定指明了方向。

2019 年 9 月，最高人民法院在《全国法院民商事审判工作会议纪要》（《九民会议纪要》，法［2019］254 号）中规定：“人民法院在审理合同纠纷案件时，要依据《民法总则》第 153 条第 1 款和合同法司法解释（二）第 14 条的规定慎重判断‘强制性规定’的性质，特别是要在考量强制性规定所保护的法益类型、违法行为的法律后果以及交易安全保护等因素的基础上认定其性质，并在裁判文书中充分说明理由。下列强制性规定，应当认定为‘效力性强制性规定’：强制性规定涉及金融安全、市场秩序、国家宏观政策等公序良俗的；交易标的禁止买卖的，如禁止人体器官、毒品、枪支等买卖；违反特许经营规定的，如场外配资合同；交易方式严重违法的，如违反招投标等竞争性缔约方式订立的合同；交易场所违法的，如在批准的交易场所之外进行期货交易。关于经营范围、交易时间、交易数量等行政管理性质的强制性规定，一般应当认定为‘管理性强制性规定’。”

法律不允许投标人低于成本价进行投标，一方面是为了避免投标人低于成

---

① 《湖南省房屋建筑和市政基础设施工程施工投标报价成本评审办法》（湘建监督［2021］233 号）第八条：“采用综合评估法评标的，投标总报价小于基准价 92% 的，视为以低于成本报价竞争，该投标人报价为无效报价，应当否决其投标。”

本价中标后,再以偷工减料、以次充好等违法手段降低成本,挽回低价中标的损失,给工程质量造成隐患;另一方面是为了维护正常的招投标秩序,防止低价投标人进行不正当竞争,损害其他合法投标人的利益。从招投标过程及结果来看,"投标人以低于成本的报价竞标"不仅破坏了建筑市场秩序,还破坏了招投标管理秩序。"投标人以低于成本的报价竞标"行为涉及市场秩序,故应将《招标投标法》第三十三条理解为效力性的强制性规定。

最后,交易稳定及交易安全的考虑不应成为肯定合同效力的因素。交易稳定及交易安全与公众安全相比,两者地位孰轻孰重?答案不言而喻。过于强调交易稳定与交易安全,为舍本逐末之举。任何人不得从其自身的错误中获益的原则不能适用于建设工程合同无效的情形。认为合同无效导致承包人获益,违反任何人不得从其自身的错误中获益的原则的观点不当。如果不确认合同无效即肯定合同有效,则是肯定了发包人可以从其自身的错误中获益。投标开始前,发包人对工程的成本价心知肚明。发包人明确知道承包人以低于成本价投标并让其中标、签订中标合同,此时的发包人亦是过错方。肯定合同有效即肯定了发包人可以从其自身的错误中获益。

当然,为了控制施工方动辄以低于成本价为由极度抬高工程款,可以对其应获得的工程款进行必要限制。

综上,笔者认为,对低于成本价中标的合同效力应作否定评价。

对于低于成本价中标的合同无效的观点的理由,笔者也不完全赞成。无效观点的理由之一是此种行为损害社会公共利益。笔者认为,低于成本价中标的行为并未直接损害社会公共利益,而是存在间接损害社会公共利益的可能或者说会造成损害社会公共利益的隐患。低于成本价中标的行为会对建设工程质量带来威胁,但不宜将此行为直接认定为损害了社会公共利益。法律未将可能间接损害社会公共利益的行为或者造成某一隐患的行为纳入损害社会公共利益或公序的范畴。因此,不宜将此作为否定合同效力的理由。

2011年10月,最高人民法院在《全国民事审判工作会议纪要》(法办[2011]442号[①])中明确:"对按照'最低价中标'等违规招标形式,以低于工程

① 经查,法办[2011]442号文有两个版本出现。一个版本为69条版本,另一个为9部分版本。经微信公众号等渠道核验,笔者仍无法确认哪一版本为真实版本。笔者暂采用69条版本的会议纪要内容。

建设成本的工程项目标底订立的施工合同，应当依据招标投标法第四十一条第(二)项的规定认定无效。”最高人民法院虽未在正式司法解释中确认上述观点，但该观点可作为参考使用。

低于成本价的中标合同为无效合同的观点在部分地方法院的司法文件中得到印证。比如，《江苏高院意见》中规定：“具有下列情形之一，当事人要求确认建设工程施工合同无效的，人民法院应予支持：……(五)中标合同约定的工程价款低于成本价的。”《江苏高院审理指南》中规定：“当事人就同一建设工程另行订立的建设工程施工合同与经过备案的中标合同实质性内容不一致的，应当以备案的中标合同作为结算工程价款的根据。中标合同约定的工程价款低于成本价的，建设工程施工合同无效。”《广东高院工作会议纪要》中规定：“(二)关于合同的效力问题　17.要依法维护通过招投标方式所签订的中标合同的法律效力。对以低于工程建设成本的工程项目标底订立的施工合同，应当依据《招标投标法》第四十一条第(二)项的规定认定无效……”《深圳中院指导意见》中规定：“按照《招标投标法》第三条规定必须进行招标的工程，经过招投标而签订的施工合同，承包人有证据证明工程价款低于成本价，主张合同无效的，应予支持。”《沈阳中院解答》中规定：“导致建设工程施工合同无效的情形主要有哪些……(五)中标合同约定的工程价款低于成本价的。”

另外，部分法院对于低于成本价的中标合同效力持肯定态度。比如，《福建高院解答》中规定：“问：建设工程施工合同约定的价款明显低于工程定额标准，已经超出一定合理范围的，当事人能否以合同约定价款明显违反定额为由，主张价款之约定无效，或者以显失公平为由，主张撤销或变更合同？答：工程造价定额标准不属于法律、法规的强制性规定，因此，建设工程施工合同约定的价款低于工程定额标准，不导致该约定无效。当事人以合同约定的价款过低从而显失公平为由，主张撤销或变更合同的，依《合同法》的相关规定处理。”又如，《山东高院座谈会纪要》中规定：“关于建设工程施工合同纠纷案件的处理问题……如果双方约定的工程款价格明显低于建设工程的成本价格，则违反了有关规章的强制性规定，可以根据当事人的请求变更或者撤销。”

综上，若投标时投标价低于成本价并且中标，施工方希望挽回经济损失时，首选方案应是要求确认合同无效，在确认合同无效之后追求高于中标价的工程价款。若合同无效的主张难以成立，则考虑是否符合法律规定的合同撤销条件。撤销条件得以成立时,也可以达到变更工程价款的目的。

第三节　价款结算

一般情况下,建设工程施工合同无效不影响依据合同约定进行工程款结算。《2004 年建设工程合同解释》中“参照合同约定支付工程价款”及《民法典》中“参照合同关于工程价款的约定折价补偿”对此作出明确规定。但是,低于成本价中标的情况下,建设工程施工合同被认定无效,工程款的结算规则应否发生变化,这个问题值得思考。

一、现有观点

低于成本价的中标合同如何进行工程款结算,最高人民法院没有就此单独出具过指导文件。根据《民法典》第七百九十三条的规定,工程款的结算似乎仍应按照无效合同中约定的工程价款进行结算,因为上述条文中对于参照的合同并没有作出无效合同类型的区分。

在为数不多的地方法院的司法文件中,针对中标价格低于成本价的合同如何结算工程款的问题,出现过一些指导观点。

比如,《江苏高院意见》中规定:“经过招标投标订立的建设工程施工合同,工程虽经验收合格,但因合同约定的工程价款低于成本价而导致合同无效,发包人要求参照合同约定的价款结算的,人民法院应予支持。”

又如,《宣城中院指导意见》中规定:“经过招、投标订立的建设工程施工合同,工程虽经验收合格,但因合同约定的工程价款低于成本价而导致合同无效,发包人要求参照合同约定的价款结算的,人民法院应予支持。”

上述两份文件规定低于成本价中标导致合同无效时,工程款的结算仍是参照合同约定的价款进行结算。

另外,《江苏高院座谈会纪要》中规定:“建设工程施工合同无效,但建设工程经竣工验收合格,承包人请求参照合同约定支付工程价款的,或者能够举证证明合同约定的价款低于施工成本并请求按实结算的,应予支持。”

根据这份文件不能得出低于成本价的施工合同应按实结算的结论，因为这个观点的适用前提是“建设工程施工合同无效”，而该文件并没有将低于成本价的中标合同归入无效合同之列。

二、倾向性观点

笔者认为，中标价格低于成本价的合同被认定无效后，若不调整工程款会出现两个不合理之处。

首先，价格因素导致合同无效，价格成为否定合同效力的原因，而仍依合同中约定的工程款结算，此时无效的理由反倒又成为合同无效后需要接受的法律后果，这是一个不合理之处。

其次，若坚持工程款不作调整，会导致建设工程施工合同无效与建设工程施工合同被撤销两者结果上的不平衡。建设工程施工合同无效与建设工程施工合同被撤销后，法律状态是完全一致的，即合同自始没有法律效力。然而，建设工程施工合同被撤销后工程价款是可以作出调整的。如果合同被确认无效后，工程价款不作调整，那么两种情况下合同自始无效的法律状态一样，但是事实上的结果不一样。如果工程款不调整，会出现无效合同情形下工程款约定的约束力比合同被撤销情形下工程款约定的约束力更强的违背逻辑的情况，这是另一个不合理之处。中标价格低于成本价的合同被认定无效后，工程款不调整仍依合同约定结算工程款，完全等同于施工方以价格显失公平为由要求撤销合同，法院认定撤销权成立，却仍以显失公平的价格结算工程款。

笔者认为，此时工程款的结算不能完全依据合同约定来进行，而应与其他合同无效情形时的结算有所区别。此时工程款的结算应当考虑三个原则。

第一，公平原则。首先，低于成本价结算工程款对投标方来说是不公平的。投标方丧失极大的利益，招标方获得极大的利益。其次，这种公平应体现在低于成本价投标的中标人与不低于成本价的投标人之间。此时工程款结算不能按照定额结算，因为如果这样结算，低于成本价投标并中标的违法行为人还将获得超出界于成本价与定额价之间进行投标的投标人的利益。这对于守法的其他投标人而言又是不公平的。

第二，防止承包人投机行为原则。确实要考虑中标人以低于成本价投标并中标之后，又动辄以此为由请求确认合同无效而要求以定额价调整合同价款,攫取不正当利益的情况。如果给施工方的利益过高,施工方一方面以低价投标为手段排挤竞争对手;另一方面达到排挤竞争对手的目的后,又进而主张不菲的经济利益,这无疑是对施工方低价投标违法行为的变相鼓励。因此,总体而言,应对工程款作有限的调整,不能起到变相鼓励投标人低价投标的作用。

第三,过错分摊原则。低于成本价中标时,发包人、承包人双方均有过错。此时的实际中标价(低于成本价的投标报价)与本应正常投标的投标报价(高于成本价的投标报价)之间的款项,可以看作某种损失(对投标人而言)或某种利益(对招标人而言)。这种损失应由过错方进行分摊。笔者认为,低于成本价中标时,过错更大的一方是投标人,因为投标人是投标价的提供者。可以考虑将成本价作为中标价与正常投标报价(高于成本价的投标报价)之间责任承担的分水岭。成本价与正常招标报价(高于成本价的投标价)之间的损失由施工方承担。中标价(低于成本价的中标价)与成本价之间的损失由发包人承担。

综上,笔者认为,中标价格低于成本价的合同被认定无效后,工程款以成本价结算较为妥当。

第四节　三点建议

针对《民法典》及《2020 年建设工程合同解释》中的不足之处,笔者建议作如下增加与调整。

一、增加无效认定的情形

《2020 年建设工程合同解释》第一条将三种情形列为建设工程施工合同无效的情形,笔者建议在此基础上增加一项无效情形作为第四项,即增加以下条文作为第四项,"……(四)建设工程以低于成本价中标的"。

这一条款的出现可以解决低于成本价的中标合同效力认定的困惑。

二、完善折价补偿的规定

如果价格问题导致中标无效，却仍然以合同约定的价款进行补偿，合同无效的原因成为无效认定后接受的法律后果，这在逻辑上讲不通。因此，《民法典》中折价补偿的规定应作出相应的完善。笔者建议，针对《民法典》第七百九十条"合同无效参照合同关于工程价款的约定折价补偿"的规定，在司法解释中增加一处条文，同时对补偿数额作出规定。这个补偿数额应为建设工程的成本价。因此，《2020 年建设工程合同解释》应增加如下条文："建设工程以低于成本价中标，工程经验收合格的，参照建设工程的成本价折价补偿承包人。"

三、对工程成本作出解释

本章第二节围绕"成本"两字是指社会行业平均成本还是指企业个别成本进行了讨论。在确定了"成本"是社会行业平均成本的情况下，还需要对"成本"的内容进行进一步确定。"成本"的确定在理论上可以有两种方式：

一种方式是依照湖南的情况，参照《湖南省房屋建筑和市政基础设施工程施工投标报价成本评审办法》的规定，对基准价取一个比例作为认定成本价的方法。

另一种方式是就构成工程款的项目本身而言，划分出哪些属于成本价的项目，哪些不属于成本价的项目。比如，以江西地区为例，在定额计价方法下，存在以下费用项目：分部分项工程费、单价措施费、其他项目费、总价措施费、企业管理费、利润、人材机价差、规费、税金。上述 9 项内容，可以直接确定为成本的有：分部分项工程费、单价措施费、其他项目费、总价措施费、人材机价差。这 5 项费用为投标人直接投入工程的人材机成本，将上述 5 项作为成本理解当无疑义。完全可以排除作为成本理解的一项是利润，其他几项是否作为成本看待还需要明确，否则又将跳入另一个难以认定的泥潭中。

笔者认为，企业管理费为间接费，虽然在施工过程中企业会产生该项费用，但该项费用毕竟不是直接投入建设工程中。企业管理费是企业的额外开支，不应作为建设工程的成本。

规费为不可竞争费用，为间接费，其是企业为员工缴纳社会保险、住房公积金的开支及缴纳环境保护税的支出，不直接体现在工程的价值当中，也不宜纳入建设工程成本。

税金虽为不可竞争费用，但其没有体现在人材机费用构成中，也不宜作为建设工程的成本看待。

因此，笔者认为，定额计价方法下的成本应包括的项目为分部分项工程费、单价措施费、其他项目费、总价措施费、人材机价差。

021 第二十一章

实际施工人的工程款

· 导　读 ·

本章内容与本书第十九章“合同无效下的工程款”的内容存在一定关联,因为实际施工人本身为无效合同的一方当事人。因此,在“合同无效下的工程款”章节中探讨的有关问题也适用于本章中的实际施工人。本章进一步探讨与实际施工人的工程款有特定关联的法律问题。

笔者选择了与实际施工人关系紧密、争议较多的四个方面内容:

第一方面内容,实际施工人向发包人主张工程款,发包人是否一定需要向实际施工人承担付款责任?答案是未必。这里涉及发包人欠付转包人、违法分包人工程款中“欠付”的理解问题。如果发包人不“欠付”工程款,则发包人无义务向实际施工人支付工程款。这为本章第一节标题中所称的“一个不利因素”。

第二方面内容,自然人实际施工人应否获得企业管理费与规费。实际施工人包括自然人实际施工人和单位实际施工人。自然人身份的存在导致了作为自然人的实际施工人因不具有取费资格而不能获得企业管理费与规费的争议观点的产生。

第三方面内容,实际施工人应否向转包人、违法分包人及挂靠人支付管理费。实务中,对于实际施工人应否支付管理费的争议,裁判机关呈现支持、不支持、酌情支持的多样化裁判观点。

第四方面内容,实际施工人应否享有建设工程价款优先受偿权。最高人民法院在著述中已肯定实际施工人不享有建设工程价款优先受偿权,但实践中的一锤定音不代表理论上不会产生适用争议。

上述四个方面的问题在实际施工人工程款问题中非常具有典型意义,是实际施工人工程款法律争议问题的浓缩。

第一节 一个不利因素

根据《2020年建设工程合同解释》第四十三条第二款[①]的规定，发包人是否"欠付"转包人、违法分包人工程款对实际施工人是否可以向发包人成功主张工程款产生实质影响。先看一则案例。

案例一

瑞翊公司与中铁公司等诉讼案[②]

当事人

上诉人（原审被告）：中铁公司

被上诉人（原审原告）：瑞翊公司

原审被告：寻全公司

案例介绍

瑞翊公司请求中铁公司、寻全公司支付瑞翊公司工程款15,767,064.68元等。

一审法院查明部分事实如下：寻全公司通过招投标的形式将寻乌（赣闽界）至全南高速公路寻乌至信丰段土建工程B7合同段工程发包给中铁公司，双方于2012年8月17日签订了一份《合同协议书》。2012年11月8日，中铁公司与瑞翊公司签订一份《工程施工承包合同》。截至该案一审法庭辩论终结前，中铁公司已支付给瑞翊公司的款项总金额为55,648,612元。寻全公司与中铁公司尚未完成最终结算，截至2018年11月30日，寻全公司已支付给中铁公司的款项总金额为316,886,843.33元。关于寻全公司应否承担付款责任的问题，

① 《2020年建设工程合同解释》第四十三条第二款："实际施工人以发包人为被告主张权利的，人民法院应当追加转包人或者违法分包人为本案第三人，在查明发包人欠付转包人或者违法分包人建设工程价款的数额后，判决发包人在欠付建设工程价款范围内对实际施工人承担责任。"

② 参见江西省高级人民法院民事判决书，（2020）赣民终637号。

《2018年建设工程合同解释》第二十四条规定:"实际施工人以发包人为被告主张权利的,人民法院应当追加转包人或者违法分包人为本案第三人,在查明发包人欠付转包人或者违法分包人建设工程价款的数额后,判决发包人在欠付建设工程价款范围内对实际施工人承担责任。"该案中,瑞翊公司主张寻全公司应在欠付中铁公司工程款的范围内承担该案的付款责任。中铁公司与寻全公司签订的《合同协议书》并非固定总价合同,虽然截至2018年11月30日,双方可以明确寻全公司支付给中铁公司的款项,但寻全公司与中铁公司未进行最终结算,无法判断寻全公司是否仍欠付中铁公司的工程款以及欠付工程款的具体数额,故瑞翊公司在该案中要求寻全公司在欠付范围内承担付款责任的理据不充分,其该项诉请应予驳回。

一审判决后,瑞翊公司未就寻全公司需要承担责任提出上诉要求。

案例评析

该案中实际施工人向违法分包人、发包人主张工程款,一审法院以违法分包人与发包人之间未结算工程款为由,对实际施工人要求发包人在欠付工程款范围内承担责任的主张不予支持。法院审理案件的法律依据是《2018年建设工程合同解释》第二十四条:"实际施工人以发包人为被告主张权利的,人民法院应当追加转包人或者违法分包人为本案第三人,在查明发包人欠付转包人或者违法分包人建设工程价款的数额后,判决发包人在欠付建设工程价款范围内对实际施工人承担责任。"笔者未能发现寻全公司与中铁公司未进行最终结算的原因,是不符合双方合同约定的结算时间的规定、合同约定的结算条件的规定还是其他原因导致双方未进行结算,这些情况并不清楚。

案例会让人对司法解释中的"欠付"产生思考。"欠付"是指发包人对转包人、违法分包人实际欠款并于实际施工人起诉时发包人应付工程款的情况,还是指虽实际欠款但实际施工人起诉时发包人还不应支付工程款的情况?这需要进行探究。

笔者认为,"欠付"是发包人对转包人、违法分包人实际欠款并在实际施工人起诉时应付工程款。比如,发包人与转包人、违法分包人之间的合同中约定的工程款支付时间已到,并且发包人不具备不付款的实质抗辩理由时,这应为发包人实际欠款并应付,即"欠付"。如果发包人与转包人、违法分包人之间合同约定的付款时间未到,此时发包人虽有实际欠款但此时还不应支付工程款,不能视为"欠付"。同时,笔者认为,是否"欠付"不以发包人与转包人、违法分包人是否结算为必要条件。主要理由如下。

首先,审理建设工程施工合同的司法解释中合同相对性原则的突破是诉讼对象的突破,而不是合同内容的突破,即实际施工人可以突破与自己有合同关系的转包人、违法分包人,向不具有合同关系的发包人主张权利,但是不能突破发包人与转包人、违法分包人之间施工合同内容的约定。

其次,在实际施工人突破合同相对性原则向发包人主张权利时,发包人与转包人、违法分包人之间的合同仍为有效合同。既然为有效合同,那么应对发包人有约束力。这种约束既是一种义务,也是一种权利。实际施工人突破合同相对性原则不能损害发包人对有效合同的既有期待权利。

最后,如果能够随意更改发包人与转包人、违法分包人约定的合同内容对发包人不公平。比如,在建设工程施工合同中约定了付款时间节点的情况下,发包人可以有条不紊地按时归拢资金,然而,此时实际施工人突然要求发包人提前支付工程款,这不利于发包人对其工程项目的整体运筹安排与资金运用。从根本上说,这对工程项目最终顺利实施不利,因为这破坏了发包人的预期计划及部署。

因此,"实际欠款并应付"应是依据发包人与转包人、违法分包人签订的建设工程施工合同中的约定来认定。当然,应当支付的时间应在合理期限范围内。如果支付时间不合理,发包人与转包人、违法分包人为规避实际施工人主张工程款,故意延长付款期限,则这种行为对实际施工人不具有约束力。这种行为实际上是在阻碍支付条件的成就,阻碍支付条件成就的行为应依据《民法典》第一百五十四条①的规定被认定为无效。

该则案例给出的启示是:当实际施工人同时向发包方、转包人或违法分包人主张工程款时,应对发包人是否实际欠付承包人的工程款的法律事实予以关注。如果发包人不具有拖欠承包人工程款的事实,则实际施工人向发包人主张工程款的请求会面临被驳回的极大风险,这是实际施工人向发包人追索工程款

① 《民法典》第一百五十四条:"行为人与相对人恶意串通,损害他人合法权益的民事法律行为无效。"

的一个不利因素。

回到案例中,法院应当查明发包人与违法分包人未结算原因,如果发包人与违法分包人未结算符合双方合同约定,则应视为发包人的付款条件不具备。如果发包人与违法分包人应结算而未结算,法院需要查明发包人欠付款项的情况,进而判决发包人在欠付款项范围内承担责任。如果发包人动辄以双方未结算为由就能达到抗辩实际施工人工程款的主张,则容易让突破合同相对性原则的制度设计目的落空。发包人与承包人之间的结算与不结算不应影响对发包人是否欠付的认定。部分地方法院的司法文件中就表达出如上观点。

比如,《河北高院审理指南》中规定:“实际施工人向与其没有合同关系的转包人、分包人、总承包人、发包人提起的诉讼,发包人与承包人就工程款问题尚未结算的,原则上仍应坚持合同相对性,由与实际施工人有合同关系的前手承包人给付工程款。如果发包人与承包人已就工程款进行结算或虽尚未结算,但欠款范围明确,可以确定发包人欠付承包人的工程款数额大于承包人欠付实际施工人的工程款数额,可以直接判决发包人对实际施工人在承包人欠付实际施工人的工程款数额范围内承担连带给付责任。”

第二节　企业管理费、规费

作为单位的实际施工人取得企业管理费、规费没有疑问,而作为自然人的实际施工人(下文统称自然人实际施工人)是否有权取得企业管理费、规费,确因自然人不具备取费资格而出现争议。

一、典型案例

案 例 一

潘某进与中铁十二局二公司等诉讼案[①]

当 事 人

上诉人(原审原告):潘某进

上诉人(原审被告):中铁十二局二公司

被上诉人(原审被告):中铁十二局

被上诉人(原审被告):成贵铁路公司

被上诉人(原审被告):王某锋

原审第三人:隧道公司

案例介绍

中铁十二局二公司上诉认为:一审判决中铁十二局二公司支付工程款及利息,缺乏事实和法律依据。管理费、规费和利润等间接费用868,820元,营业税218,898元应在工程价款中予以扣除。

二审法院认为:华昆咨询价鉴(2019)2号鉴定意见书载明,间接费868,820元包括企业管理费、规费和利润。因企业管理费与实际施工人的资质无关,且潘某进在建设施工过程中进行了具体的工程管理,故管理费不应从潘某进应得工程价款中扣除。而规费作为政府和有关权力部门规定必须缴纳的费用,包括为职工缴纳的五险一金以及按规定缴纳的施工现场工程排污费等费用,因案涉工程由潘某进组织的工人施工,所涉及的五险一金等应由潘某进承担,故规费不应从潘某进应得工程价款中扣除。

二审法院驳回中铁十二局二公司的上诉。

案例评析

这是一则挂靠实际施工人向被挂靠人、发包人主张包括企业管理费、规费

① 参见最高人民法院民事判决书,(2021)最高法民终412号。

在内的工程款，一审法院判决支持被挂靠人、发包人支付包括企业管理费、规费在内的工程款，二审法院支持一审判决的案例。该案例中施工合同内容发生了变化，法院同意对实际施工人的工程款进行鉴定。鉴定机构鉴定出的工程款包括企业管理费、规费两项费用在内。案例明确自然人实际施工人有权获得企业管理费、规费。

案 例 二

马某英与甘肃建投公司等诉讼案①

当 事 人

上诉人(原审被告)：甘肃建投公司

上诉人(原审被告)：华尊立达公司

上诉人(原审被告)：润森公司

被上诉人(原审原告)：马某英

原审被告：王某森

案例介绍

一审法院认为：关于企业管理费、规费、施工利润、税金、总包服务费、质保金是否应当计入应付马某英工程款的问题，各一审被告均主张马某英没有施工资质，亦没有办理施工企业取费类别资质证书，不应当计取施工利润、间接费及总包服务费，但马某英与润森公司并未签订合同对上述内容进行约定，且润森公司在将涉案工程承包给马某英时对马某英是否有施工资质是明知的，故对各一审被告的上述主张，一审法院不予采纳。

甘肃建投公司提出上诉，认为原审判决向没有施工资质的马某英支付规费、企业管理费、施工利润等违反相关规范，也不符合最高人民法院与宁夏回族自治区高级人民法院的判例。根据《宁夏建设工程类别确认管理办法》第九条、《宁夏回族自治区建设工程造价管理条例》第十四条的规定，结算时取费，必须由施工企业申请办理施工企业取费类别资质证书，否则不应当计取间接费。马某英作为没有施工资质的个人，未办理施工企业取费类别资质证书，不应当计

① 参见宁夏回族自治区高级人民法院民事判决书，(2019)宁民终298号。

取间接费。鉴定人员在一审庭审中也明确说明造价鉴定应当遵守上述规定。故原审法院给马某英计取间接费违反上述规定,向马某英支付的工程款总额中应扣除规费1,421,594.55元、企业管理费2,105,524.95元。

二审法院认为:关于规费、企业管理费是否应支付给马某英的问题,马某英与润森公司并未签订书面合同约定工程价款支付范围。按照住房和城乡建设部、财政部联合下发的建标[2013]44号一文的规定,规费是指按国家法律、法规规定,由省级政府和省级有关权力部门规定必须缴纳或计取的费用,包括社会保险费(养老、失业、医疗、生育、工伤保险)、住房公积金、工程排污费等。企业管理费是指建筑安装企业组织施工生产和经营管理所需要的费用,包括管理人员工资、办公费、差旅交通费、固定资产使用费、工具用具使用费、劳动保险和职工福利费、劳动保护费、检验试验费、工会经费、职业教育经费、财产保险费、财务费、税金和其他费用。宁夏营建工程造价咨询有限公司按照《建筑工程施工合同》、补充条款所作鉴定意见书对该两部分费用在每项施工内容造价中均予以单列,并注明是否计取由法院裁决,马某英完成工程中规费共计1,421,594.55元、企业管理费共计2,105,524.95元。法院认为,从规费与企业管理费的构成来看,缴纳义务人是企业,而不是自然人,马某英系无施工资质和取费资格的个人,也未提交证据证明其实际产生了规费与企业管理费,故规费与企业管理费不应支付给马某英,润森公司及甘肃建投公司该上诉理由成立。

案例三

马某英与甘肃建投公司等诉讼案①

当事人

再审申请人(一审原告、二审被上诉人):马某英

被申请人(一审被告、二审上诉人):甘肃建投公司

被申请人(一审被告、二审上诉人):华尊立达公司

① 参见最高人民法院民事裁定书,(2019)最高法民申5453号。

被申请人(一审被告、二审上诉人):润森公司

一审被告:王某森

案例介绍

案例二纠纷案件作出二审判决后,马某英申请再审,主要理由有:案涉工程系马某英自筹资金,自行组织施工人员进行施工,甘肃建投公司并未承担为马某英的施工人员缴纳社会保险费、住房公积金、工程排污费等费用的责任,原审判决由甘肃建投公司占有规费没有合理依据。

再审法院认为:马某英与润森公司并未签订书面合同约定工程价款的支付范围,亦未提交证据证明规费、企业管理费实际产生。原审判决根据建标[2013]44号文的规定,认定规费、企业管理费缴纳义务人是企业而非自然人,马某英没有施工资质和取费资格,不应支付规费与企业管理费给马某英并无不当。

案例评析

案例二、案例三由同一起纠纷引起。案例二中所称间接费是指规费与企业管理费。上述两则案例中转包承包人作为实际施工人向转包人、转包人的前手转包人及发包人主张工程款,一审法院支持实际施工人可以获得规费、企业管理费,二审法院认定实际施工人不应获得规费、企业管理费。再审法院支持二审法院判决。二审法院的理由在于自然人实际施工人无取费资格,并且自然人实际施工人未证明该两项损失存在。案例二、案例三与案例一裁判思路迥异。

二、综合分析

(一)裁判规则

案例一裁判规则:自然人实际施工人可以获得包括企业管理费、规费在内的工程款。

案例二、案例三裁判规则:自然人实际施工人不可以获得企业管理费、规费两项费用。

(二)倾向性观点

取费资格与企业管理费、规费之间有决定性的必然关系吗?笔者认为,自然人实际施工人是否取得这两项费用与身份没有直接关系,自然人实际施工人有权获得这两项费用。

首先,法律、法规、司法解释没有规定无资质的实际施工人不应取得企业管理费、规费两项费用。因而发包人、转包人、违法分包人在工程款中要求扣减这两项费用依据不足。

其次,如果扣除这两项费用,这两项费用实质上就支付给了具有更大过错的一方,这于情不合。笔者认为,转包及违法分包关系中,双方签订的建设工程施工合同无效,需要探讨其中的过错方问题。不可否认实际施工人存有过错,但转包人、违法分包人作为主导方更具有过错,原因在于工程转包或不转包、违法分包或不违法分包,行为主动权在于转包人及违法分包人,不在于转包承包人、违法分包承包人。如果认定实际施工人无权获得企业管理费、规费两项费用,则相当于将这一利益转移给转包人、违法分包人,这无疑是鼓励转包人、违法分包人进行转包、违法分包。

再次,实际施工人与转包人、违法分包人签订的转包合同与违法分包合同无效时,法律对合同效力作出否定评价的理由不在于实际施工人不具有资质,也不在于实际施工人无单位主体身份,而在于转包行为及违法分包行为本身的不合法性。实际施工人的单位身份或自然人身份不是转包合同及违法分包合同效力的考虑因素。换句话说,单位也可以成为实际施工人,也会是转包合同、违法分包合同的一方。

最后,如果认定自然人实际施工人不能获取这两项费用,将造成自然人实际施工人与单位实际施工人之间的不公平。

从更深层次上讲,自然人实际施工人背后是广大的农民工群体。因此,任何一部分工程款漏给自然人实际施工人,均可能间接损害自然人实际施工人背后的农民工的利益。当然,工程款不漏给实际施工人,虽然也不能保证实际施工人拿到工程款后会顺利将部分款项(农民工工资)给付其背后的农民工,但是起码此时实际施工人没有不给付农民工工资的理由。在这样的背景之下,不宜对自然人实际施工人的工程款进行人为分割,即不宜将企业管理费、规费从工程款中扣除。

从提供的成果分析，自然人实际施工人最终可以向发包人主张工程款，这是源于工程质量合格或工程质量符合约定标准。自然人实际施工人提供的成果与非实际施工人的施工方提供的工作成果是一样的，没有任何区分。自然人实际施工人与其他合法承包人都是将人材机费用物化到建设工程当中，建设工程凝聚的价值是一样的。对于自然人实际施工人来说，将工程款予以分割，这是不公平的。因此，从提供成果的角度分析，也不宜对自然人实际施工人的工程款进行分割，不宜将企业管理费、规费从工程款中予以扣除。

综上，笔者认为，自然人实际施工人有权获得包括企业管理费、规费在内的工程款。

第三节　管　理　费

此节的管理费是指实际施工人与转包人、违法分包人、被挂靠人分别签订转包合同、分包合同、挂靠合同，合同中约定的支付给转包人、违法分包人、被挂靠人一定比例的费用。首先，明确此节管理费不是建设工程价款构成要素中的企业管理费，而是转包人、违法分包人、被挂靠人在有实际管理或无实际管理情形下依据合同向实际施工人收取的费用。其次，并没有专门的规定对管理费进行解释，管理费只是一个约定俗成的概念。该项费用在合同中往往以管理费相称，有时也称为“利润”。转包人、违法分包人、被挂靠人可能进行了工程的部分管理，也可能没有进行任何管理。有人认为，挂靠情形下的管理费是被挂靠人出借资质的租赁费用，或者是实际施工人的让利费用。

实际施工人向转包人、违法分包人、被挂靠人主张工程款时，其是否可以不向转包人、违法分包人、被挂靠人支付管理费，或者说转包人、违法分包人、被挂靠人是否有权收取管理费，不同的案例给出了不一样的答案。

一、典型案例

案 例 一

李某初与青海盛源公司等诉讼案[1]

当事人

上诉人(原审被告、反诉原告):青海盛源公司

上诉人(原审被告、反诉被告):八冶公司

上诉人(原审被告、反诉被告):八冶西宁分公司

被上诉人(原审原告、反诉被告):李某初

案例介绍

一审法院判决后,青海盛源公司、八冶公司、八冶西宁分公司提出上诉,认为一审判决未予扣除八冶西宁分公司的管理费120万元错误。

关于管理费,二审法院认为,八冶公司、八冶西宁分公司为专业建筑施工企业,其将案涉工程转包给无相应建筑施工资质的个人,存在明显过错,八冶西宁分公司与李某初签订的《协议》为无效合同,其也不能举证证明实际参与了工程建设的相关管理,且未提交证据证明材料发票与该案的关联性,其该项上诉请求缺乏依据,不予支持。

案例评析

这是一则实际施工人不用支付管理费给转包人的案例。法院认为,转包人在不能证明实际参与了管理的情况下不能取得管理费。换句话说,转包人实际参与了管理的,可以向实际施工人收取管理费。

① 参见最高人民法院民事判决书,(2020)最高法民终898号。

案例二

葛某华与海天公司诉讼案[①]

当事人

上诉人(原审原告):葛某华

上诉人(原审被告):海天公司

原审第三人:瑞昌公司

案例介绍

一审法院查明部分事实如下:2012年7月28日,瑞昌公司作为发包人、海天公司作为承包人,双方签订《施工合同》。2012年11月26日,海天公司大唐新区项目部作为甲方,葛某华作为乙方,双方签订《经营责任书》,其中第四条第二款约定:经营负责人(乙方)应上交公司的利润为工程总造价的5.1%(3.6% + 1.5%),建筑营业税费及有关部门行业规费由甲方代扣代交,其他相关费用由乙方自行承担并交纳。

一审法院认定:葛某华与海天公司大唐新区项目部之间的《经营责任书》违反法律、行政法规的强制性规定,应属无效合同。关于葛某华应上交海天公司利润的问题,根据《经营责任书》第四条第二款的约定,经营负责人应上交公司利润为工程总造价的5.1%(3.6% +1.5%)。据此,葛某华应向海天公司交纳的利润金额为117,435,748.5元×5.1%≈5,989,223.17元。

二审法院认为:关于葛某华应否向海天公司支付按工程总造价5.1%计算的利润问题,葛某华与海天公司签订的《经营责任书》因违反法律的强制性规定而无效,合同中有关利润的约定亦无效。海天公司依据无效合同主张葛某华应向其支付利润不符合法律规定,原审判决认定葛某华应按《经营责任书》的约定向海天公司支付利润不当,法院予以纠正。鉴于案涉工程施工过程中,海天公司金华分公司向葛某华支付了工程进度款并代扣代缴了工程税金,工程竣工后,亦办理了工程资料的交接等,法院酌定葛某华向海天公司支付300万元实际劳务成本。

---

① 参见最高人民法院民事判决书,(2020)最高法民终1165号。

案例评析

该案例中将管理费称为利润，案例为违法分包案例。违法分包人与实际施工人约定的管理费为工程总造价的5.1%，一审法院支持违法分包人将全部管理费抵扣工程款，二审法院支持违法分包人收取部分管理费。二审法院认定，实际施工人应支付利润（管理费）300万元。依据这个数额，可以反算，管理费占整个工程款的比例为：3,000,000元÷117,435,748.5元≈2.55%。也就是说，二审法院在认定违法分包人部分参与管理的情况下，工程款的2.55%可以作为管理费。

案 例 三

何某、刘某与东阳三建公司诉讼案[①]

当 事 人

上诉人（原审原告）：何某

上诉人（原审原告）：刘某

上诉人（原审第三人）：东阳三建公司

被上诉人（原审被告）：鹰潭万和公司

案例介绍

对东阳三建公司关于刘某、何某应向其支付管理费，且该管理费应抵扣工程款的主张，一审法院认为，从该案各方提交的证据分析，东阳三建公司对案涉工程的项目质量、安全、工期、资金等进行了一定管理。虽然东阳三建公司与何某、刘某签订的内部承包合同无效，但鉴于东阳三建公司确实履行了一定的管理职能，所以东阳三建公司收取管理费并无不当。依据东阳三建公司与何某、刘某签订的合同约定，以及东阳三建公司的实际管理情况，该管理费确定为工程总造价的3.5%，即7,689,500元（219,700,000元×3.5%）。

一审法院作出相应判决后，双方对管理费的认定均不服并提出上诉。何某、刘某提出：一审判决认定何某、刘某应向东阳三建公司给付工程总造

① 参见江西省高级人民法院民事判决书，（2020）赣民终18号。

价的3.5%即7,689,500元的管理费,从而据此相应扣减了东阳三建公司应支付的工程款,该给付系不法原因给付。东阳三建公司的上诉理由:一审判决按工程总造价的3.5%计算管理费,与合同约定不符,少计算管理费3,158,370元。

二审法院确认何某、刘某与东阳三建公司形成事实上的挂靠关系。关于案涉工程管理费的认定与处理问题,二审法院认为:何某、刘某进场施工后,东阳三建公司根据双方所签合同的约定,履行了相应的管理职能。一审法院参照东阳三建公司与何某、刘某所签合同的约定,结合东阳三建公司的实际管理情况,将案涉工程管理费确定为工程总造价的3.5%即7,689,500元,较为客观合理。一审判决将该7,689,500元管理费从东阳三建公司应当支付给何某、刘某的工程款中予以扣除,处理得当。何某、刘某以及东阳三建公司对此所提上诉请求均不能成立,法院不予支持。

案例四

何某、刘某与东阳三建公司诉讼案①

当事人

再审申请人(一审第三人、二审上诉人):东阳三建公司

被申请人(一审被告、二审被上诉人):鹰潭万和公司

被申请人(一审原告、二审上诉人):何某

被申请人(一审原告、二审上诉人):刘某

案例介绍

案例三纠纷二审判决后,东阳三建公司向最高人民法院申请再审,东阳三建公司的再审理由:二审判决少认定管理费3,158,370元,属于认定事实错误。案涉《工程项目责任承包合同》约定管理费为4.55%,二审法院按3.5%计算管理费不仅与约定不符,也少于东阳三建公司实际管理应获得的对价。

最高人民法院认为:关于管理费,一审、二审判决已按照工程总造价3.5%计算了东阳三建公司的管理费。东阳三建公司与何某、刘某之间系挂靠施工关

① 参见最高人民法院民事裁定书,(2020)最高法民申6228号。

系，何某、刘某并不具有相应的建设工程施工资质，双方签订的《工程项目责任承包合同》因违反法律强制性规定而无效，故东阳三建公司依据该无效合同主张剩余管理费等费用，其诉请显然不能支持。

案例评析

上述两则案例由同一起纠纷引起。案例中实际施工人与被挂靠人约定工程款的4.55%作为管理费，一审法院认定东阳三建公司履行了一定的管理职能，将工程总价款的3.5%作为管理费并从被挂靠人应支付给实际施工人的工程款中扣除，二审法院认定双方系挂靠关系，依据被挂靠人参与实际管理情况确认工程总造价的3.5%系管理费。对被挂靠人要求实际施工人支付工程款的4.55%与3.5%差额部分的管理费的主张，再审法院未予支持。两则案例确认，被挂靠人参与实际管理的，可以得到部分管理费。

案 例 五

中铁公司与瑞翃公司诉讼案[①]

当 事 人

上诉人(原审被告)：中铁公司

被上诉人(原审原告)：瑞翃公司

原审被告：寻全公司

案例介绍

一审法院认定《工程施工承包合同》为违法分包合同。关于项目管理费，一审法院认为：虽然根据双方合同第25.8.1条的约定，项目管理费以中铁公司对瑞翃公司验工计价总额为基数，按照2.5%及另加20万元计算，但案涉合同系无效合同，中铁公司在该案中要求扣除项目管理费的主张无法律依据，故该项目管理费不应作为应扣款项。

一审判决后，中铁公司针对管理费问题提出上诉：首先，根据《2004年建设工程合同解释》第二条的规定，法律支持在建设工程施工合同无效，但建设工程

① 参见江西省高级人民法院民事判决书，(2020)赣民终637号。

经竣工验收合格的情况下，参照合同约定支付工程价款。而管理费作为发包人进行项目管理所发生的必要费用，依法应当在合同价款结算中体现，且中铁公司与瑞翃公司的承包合同第25.8.1条对管理费的扣除依据和比例均进行了明确约定，并明确了管理费是当然扣款项。其次，法律并未禁止发包人参照合同约定向承包人收取管理费；相反，根据最高人民法院的司法判例[如(2014)民申字第1277、1635、1078号民事裁定]以及《2004年建设工程合同解释》的立法精神，处理管理费问题时应当遵循公平原则，而不是将无效合同作为免除实际施工人缴纳管理费的“挡箭牌”和实际施工人规避管理费的“保护伞”。从该案的各项证据材料均可看出，中铁公司在瑞翃公司施工过程中自始至终都在参与整个项目的管理(如收方结算、现场安全、代发工资等)，收取2.5%管理费符合公平原则，法院应依法予以支持。因此，原审判决以合同无效为由，不予支持扣除管理费，明显违背公平原则，无任何事实及法律依据。

二审法院认为：关于项目管理费，该案所签合同无效，中铁公司要求按案涉施工合同第25.8.1条约定扣除项目管理费无法律依据，一审法院认定该项目管理费不作为应扣款项并无不当。

案例六

中铁公司与瑞翃公司诉讼案[①]

当事人

再审申请人(一审被告、二审上诉人)：中铁公司

被申请人(一审原告、二审被上诉人：瑞翃公司

一审被告：寻全公司

案例介绍

案例五纠纷二审判决后，中铁公司提出再审申请。最高人民法院认为：案涉《工程施工承包合同》无效，原审判决未支持项目管理费，并无不当。最高人民法院驳回中铁公司的再审申请。

① 参见最高人民法院民事裁定书，(2020)最高法民申6096号。

案例评析

上述两则案例由同一起纠纷引起。实际施工人与违法分包人约定工程款的2.5%另加20万元作为管理费，在实际施工人向违法分包人主张工程款时，违法分包人要求将工程款的2.5%作为管理费，并从应向实际施工人支付的工程款中扣除，一审法院认定管理费不应从向实际施工人支付的款项中扣除，二审法院认定违法分包人要求扣除管理费的主张无法律依据，一审法院判决正确。法院裁判的依据是实际施工人与违法分包人签订的合同无效，违法分包人取得管理费无法律依据。两则案例中，法院并不考察违法分包人是否进行了实际管理。两则案例确认违法分包人不能得到任何管理费。这是对实际施工人有利的裁判案例。

案 例 七

煜塬公司与西北公司诉讼案①

当 事 人

再审申请人(一审原告、二审上诉人)：煜塬公司

被申请人(一审被告、二审上诉人)：西北公司

案例介绍

煜塬公司再审申请的部分理由：《劳务分包协议》无效，西北公司亦未提供管理服务，其收取管理费无法律依据。原审判决在西北公司未主张及抗辩的情况下，扣除5%的管理费，违反了不告不理原则。

再审法院认为：关于管理费，《劳务分包协议》约定，西北公司按照每次收到建设单位支付工程款的95%向煜塬公司支付劳务费。该条内容属于双方关于工程价款的约定内容之一，如前所述，可以参照适用。原审中，煜塬公司认可西北公司在施工过程中有代付工人工资、支付塔吊费、打桩费，参与工程结算等行为，这证明西北公司参与了工程管理。原审判决参照双方合同约定，扣除5%的管理费，按照世纪城投资公司支付给西北公司工程款的95%

---

① 参见最高人民法院民事裁定书，(2020)最高法民申2954号。

计算西北公司应付煜塬公司的工程款,并无不当,且不存在超出诉讼请求的情形。

案例评析

笔者未能查询到该起纠纷的二审判决书,无法确认再审申请人与被申请人之间的实际法律关系,但这不影响笔者对该案例焦点问题的解读。最高人民法院认为,参照实际施工人(再审申请人)与被申请人之间签订的无效合同中关于工程款的5%作为管理费的约定,被申请人参与了工程管理,二审法院判决从应向实际施工人支付的工程款中扣除工程款的5%作为管理费,并无不当。这是一则对实际施工人不利的案例。

案 例 八

川越公司与水利水电八局诉讼案[①]

当 事 人

上诉人(原审原告):川越公司

上诉人(原审被告):水利水电八局

上诉人(原审被告):长江勘测公司

原审被告:广元市扶贫和移民工作局

原审被告:广元市昭化区人民政府

案例介绍

对于管理费,一审法院认为:案涉工程价款117,864,873.57元,水利水电八局应收取3%的管理费3,535,946.21元(117,864,873.57元×3%)。一审法院依此作出判决后,川越公司提出上诉,部分理由为:一审按照诉讼后的实体工程量和损失索赔额的总额依据合同提取3%的管理费是错误的,诉前结算金额提取管理费,川越公司没有异议。但因为水利水电八局未履行管理职责,迫使川越公司通过借款诉讼追讨欠款,所以不应再收取诉讼中增加金额部分的管理费。

① 参见最高人民法院民事判决书,(2020)最高法民终912号。

二审法院认为,按照《复建工程施工分包合同》的约定,每月结算款中要扣除业主结算工程款3%的管理费,双方在2015年5月20日的《对账备忘录》中也明确应当扣除管理费,川越公司主张不应计取管理费的理由不能成立。

案例评析

这是一则实际施工人与转包人约定管理费,一审法院将转包人应收取的管理费与转包人应支付给实际施工人的工程款相互抵扣后作出判决的案例。二审法院亦认为,按照《复建工程施工分包合同》的约定,转包人扣除管理费亦无不当。该案例中,法院认为转包人可以收取工程款3%的管理费,而对于是否要求转包人履行管理职责,法院未作出判断。并且,案例中审判人员不对诉前结算的工程款及诉讼中增加追索的工程款作出区分,即诉讼中增加追索的工程款计入应扣除的管理费的基数当中。这是一则对转包人有利的案例。

二、综合分析

(一)裁判规则

案例一裁判规则:转包情形下,转包人未提供实际管理,不能获取管理费。

案例二裁判规则:违法分包情形下,违法分包人部分参与管理,酌情支持工程款的2.55%作为管理费。

案例三、案例四裁判规则:挂靠情形下,被挂靠人部分参与管理,酌情支持工程款的3.5%作为管理费。

案例五、案例六裁判规则:违法分包情形下,违法分包人不能获取管理费。案例信息不能显示违法分包人是否参与管理。

案例七裁判规则:在参与管理的情况下约定5%的管理费,实际施工人的相对人可以收取工程款的5%作为管理费。

案例八裁判规则:转包情形下,双方约定3%的管理费,转包人可以收取工程款的3%作为管理费。同时,案例信息不能显示转包人有无实际管理。

为更清晰地表现上述案例裁判情况,笔者制作出一份裁判情况归纳表(见表15)。

表 15　八则案例裁判情况归纳

案例	违法类型	有无实际管理	合同约定的管理费情况	法院判决管理费情况
案例一	转包	未实际管理	120 万元	不支持
案例二	违法分包	部分管理	5.1%	2.55%
案例三	挂靠	部分管理	4.55%	3.5%
案例四				
案例五	违法分包	不清楚	2.5% +20 万元	不支持
案例六				
案例七	不清楚具体违法关系类型	参与管理	5%	5%
案例八	转包	不清楚	3%	3%

注:表中比例计取基数为合同中约定的工程款数额。

这些案例给我们展示了不一样的裁判规则。转包人、违法分包人、挂靠人是否应收取管理费本身法理内容并不丰富,却是仁者见仁、智者见智的问题,法院似乎总是在支持、不支持、支持多少之间徘徊。顺便提一下,《民法典》实施前,法院是可以将管理费作为违法所得收缴的,实践中确实出现过收缴管理费的案例。《2004 年建设工程合同解释》第四条规定:"……人民法院可以根据《民法通则》第一百三十四条规定,收缴当事人已经取得的非法所得。"但是,《民法典》对无效合同的处理不再保留收缴非法所得的规定,《2020 年建设工程合同解释》也未作出收缴非法所得的规定。因此,法院不再将管理费作为违法所得收缴。笔者认为,这也让法庭审理回归本位,即回到民事诉讼处理民事纠纷的法律本质上来。

(二)倾向性观点

笔者对应否支持收取管理费及支持收取多少管理费两个问题分别作出回答。

第一个问题,应否支持转包人、违法分包人、被挂靠人收取管理费的问题。

笔者认为,可以将三类实际施工人下的管理费分为两类:转包、违法分包情形下的管理费;挂靠情形下的管理费。

针对转包、违法分包情形下的管理费,有观点认为:“在转包、违法分包情形下,转包人、违法分包人通过‘倒卖’工程赚取工程差价,故这种情形下约定的管理费实质为转包或违法分包中工程价款的下浮或让利条款,属于建设工程施工合同中的工程价款条款,不宜再认定为管理费性质,可以按照上述折价补偿条款予以处理。”①该观点把管理费作为实际施工人向转包人、违法分包人的让利。依此思维,转包人、违法分包人得到管理费没有任何障碍,依据合同收取管理费成为理所当然,因为这是实际施工人的自愿让利。也就是说,不管转包人、违法分包人是否参与管理,其均可以获得该笔款项。笔者不同意将管理费作为让利的观点,因为这样做实际上是鼓励转包人、违法分包人从事此类违法行为,为转包人、违法分包人对工程放任不管并取得管理费大开方便之门。

对于挂靠情形下的管理费,有观点认为:“在借用有资质的建筑施工企业名义承揽工程情形下,允许他人以本企业的名义承揽工程的一方通常会以内部承包费、管理费等名义收取另一方相应费用。该行为类似于施工资质违法租赁法律关系,所谓的管理费即施工资质或其他特许资格的违法租金,而非一般意义上的合法管理费。”②笔者认为,如果被挂靠人只收不管,管理费确实可以被称为租金。但是,不能否认实践中也存在被挂靠人对工程进行部分管理的情况,即存在又收又管的情形。这种情况下将挂靠情形下收取的管理费只认定为租赁资质而产生的租金,有失偏颇。

上述观点均没有探讨转包人、违法分包人、被挂靠人在实际参与管理的情况下应否收取管理费的问题。在实际参与管理的情况下,转包人、违法分包人、被挂靠人确实会投入一定的人力、财力,确实会产生部分费用。笔者认为,应树立实际施工人的相对人在只有实际参与管理的情况下才有资格获取管理费的理念。虽然这种管理与转包人、违法分包人、被挂靠人自己施工时的管理程度、力度、水平不一样,但是管理总比不管好。这样可以纠正实践中转包人、违法分包人、被挂靠人只收不管、放任工程管理的问题,也可以引导

---

① 肖峰、韩浩:《建设工程价款结算及其优先受偿权的若干实务问题》,载澎湃网2021年8月15日,https://www.thepaper.cn/newsDetail_forward_14099042。

② 肖峰、韩浩:《建设工程价款结算及其优先受偿权的若干实务问题》,载澎湃网2021年8月15日,https://www.thepaper.cn/newsDetail_forward_14099042。

转包人、违法分包人、被挂靠人对实际施工人的工程建设进行管理。转包、违法分包、挂靠行为虽是违法行为,但在这些违法事实已出现的情况下,让转包人、违法分包人、挂靠人履行部分管理职责,也不失为一个违法事实发生后的补救方法。

第二个问题,转包人、违法分包人、被挂靠人收取多少管理费的问题。

收取多少管理费应从参与管理的程度上进行考虑。可以从以下方面考察参与管理的程度:转包人、违法分包人、被挂靠人实际派出管理人员的人数,派出人员的时间长短,资料整理内容多少等方面。若转包人、违法分包人、被挂靠人确实参与了管理,则管理费是对其实际付出的回报。在参与了管理的情形下,即使合同无效也不能否定转包人、违法分包人、被挂靠人因管理在人力、财力上的付出,因此,法院可以酌情支持一部分管理费。同时,为防止转包人、违法分包人、被挂靠人刻意追求此部分利益,故意转包、违法分包、允许他人挂靠,管理费比例不宜过高,其应在工程价款3%的范围内考虑。

总之,笔者认为,转包人、违法分包人、被挂靠人只有参与实际管理才有权获得管理费。同时,诉裁机关对管理费应进行适度干预、酌情考虑。

第四节　优先受偿权

工程款优先受偿权是指承包人就建设工程折价或者拍卖的价款享有优先于抵押权及其他债权受偿的法定权利。

一、观点之争

关于实际施工人的工程款是否享有优先受偿权,有不同的观点。

有观点认为,实际施工人是建设工程人材机的实际投入者,应赋予实际施工人建设工程价款优先受偿权。沃某华与新秀公司、水北公司诉讼案中就表达了该种观点。

案 例 一

沃某华与新秀公司、水北公司诉讼案[1]

当事人

上诉人(原审原告):沃某华

上诉人(原审被告):新秀公司

被上诉人(原审被告):水北公司

被上诉人(原审被告):山和公司

被上诉人(原审被告):刘某

案例介绍

一审法院认为,《2004年建设工程合同解释》第二十六条第二款的规定实际上突破了合同相对性原则,在发包人欠付承包人工程款时赋予实际施工人直接向发包人主张工程款的权利。既然实际施工人可以向发包人主张工程款,作为担保债务履行方式之一的工程价款优先受偿权,当然可以对实际施工人适用,只要实际施工人所主张的工程款不超过发包人拖欠承包人的工程款数额。如果不允许实际施工人行使优先受偿权,则在发包人拖欠工程款、承包人无力支付工程款但又怠于行使优先受偿权时,由于优先受偿权并非债权,实际施工人也无法通过代位权行使该项权利,这将最终导致实际施工人的工程款无法实现,这显然与建设工程价款优先受偿权的立法初衷相违背。该案中,沃某华作为涉案工程的实际施工人(实际承包人),已将其付出的资金及劳务物化为该案的建设工程,新秀公司拖欠水北公司的工程款数额超过了水北公司欠付沃某华的工程款数额,而水北公司作为被挂靠人(名义上的承包人)又不向新秀公司主张工程价款优先受偿权,这将导致拖欠沃某华的工程款可能无法清偿,且沃某华承建的一期工程通过竣工验收,新秀公司对沃某华已完成的二期工程未提出质量问题,故沃某华对其建设的该案工程享有工程价款优先受偿权。

另一种观点认为,实际施工人都涉及违法施工,故从价值层面应对其作否定评价,对其的权利保护不应与合法承包人等同。该观点否定实际施工人享有

[1] 参见江苏省高级人民法院民事判决书,(2017)苏民终234号。

工程款优先受偿权。

上述两种观点在部分地方法院司法文件中也有反映,多地高级人民法院对此问题存在较大分歧,这种分歧反映的是《民法典》实施之前的状况。

比如,《江苏高院解答》中规定:“实际施工人是否享有建设工程价款优先受偿权?实际施工人在总承包人或者转包人不主张或者怠于行使工程价款优先受偿权时,就其承建的工程在发包人欠付工程价款范围内可以主张优先受偿权。”

又如,《浙江高院解答》中规定:“建设工程施工合同无效,但工程经竣工验收合格,承包人可以主张工程价款优先受偿权。分包人或实际施工人完成了合同约定的施工义务但工程质量合格,在总承包人或转包人怠于行使工程价款优先受偿权时,就其承建的工程在发包人欠付工程价款范围内可以主张工程价款优先受偿权。”

再如,《安徽高院指导意见》中规定:“17. 建设工程施工合同无效,但工程经竣工验收合格的,承包人主张工程价款优先受偿权,可予支持。18. 分包人或实际施工人完成了合同约定的施工义务但工程质量合格的,在总包人或非法转包人怠于主张工程价款优先受偿权时,就其承建的工程在发包人欠付的工程款范围内主张工程价款优先受偿权,可予支持。”

以上均是支持实际施工人享有工程款优先受偿权的观点。

另外,部分地方法院持反对的立场。

比如,《广东高院优先权指导意见》中规定:“在建设工程承包合同无效的情形下,承包人主张建设工程价款优先受偿权的,人民法院不予支持。”

又如,《江苏高院审理指南》中规定:“建设工程合同无效,承包人或实际施工人主张建设工程价款优先受偿权的,人民法院不应支持。”

还有一种观点较为模糊,比如,《天津高院审判纪要》针对工程价款优先受偿权作出规定:“优先受偿权的认定依据建设工程司法解释(二)第 17 条规定,享有建设工程价款优先受偿权的主体是与发包人订立施工合同的承包人。实际施工人向发包人主张建设工程价款优先受偿权的,应在查明实际施工人与发包人之间是否存在直接合同关系的基础上,依法认定。”哪种关系为“直接合同关系”,并不清楚。比如,挂靠的实际施工人有无可能与发包人形成直接合同关系,无法作出判断。

二、一锤定音

上述观点均是在《民法典》实施之前的观点,而在《2020 年建设工程合同解释》出台之后,在实践层面实际施工人是否享有优先受偿权的争议暂时告一段落。

最高人民法院在著述中认为,实际施工人不应享有工程价款优先受偿权。具体理由如下:“如果赋予实际施工人工程价款优先受偿权,会导致对其违法行为客观上予以鼓励的现象。”①又认为:“在肢解转包或者违法分包的情形下,实际施工人因折价所得的款项只占全部工程价值的一部分,其请求拍卖工程不具有合理性。即使全部转包,由于转包人即承包人形式上仍维持与发包人之间的承包关系,实际施工人难以履行行使优先受偿权应有的催告、协商等程序。”②

在这之后,部分法院在其微信公众号上转载最高人民法院民事审判第一庭对该问题的意见,明确实际施工人不享有建设工程价款优先受偿权。比如,微信公众号“江西民事审判”对最高人民法院民事审判第一庭 2021 年第 21 次专业法官会议纪要观点进行如下转载:

实际施工人是否享有建设工程价款优先受偿权?

建设工程价款优先受偿权是指在发包人经承包人催告支付工程款后的合理期限内仍未支付工程款的情况下,承包人享有的与发包人协议将该工程折价或者请求人民法院将该工程依法拍卖,并就该工程折价或者拍卖的价款优先受偿的权利。《中华人民共和国民法典》第八百零七条规定:“发包人未按照约定支付价款的,承包人可以催告发包人在合理期限内支付价款。发包人逾期不支付的,除根据建设工程的性质不宜折价、拍卖外,承包人可以与发包人协议将该工程折价,也可以请求人民法院将该工程依法拍卖。建设工程的价款就该工程折价或者拍卖的价款优先受偿。”《最高人民法院关于审理建设工程施工合同纠纷案件适用法律问题的解释(一)》第三十五条规定:“与发包人订立建设工程施工合同的承包人,依据民法典第八百零七条的规定请求其承建工程的价款就

---

① 最高人民法院民事审判第一庭编著:《最高人民法院新建设工程施工合同司法解释(一)理解与适用》,人民法院出版社 2021 年版,第 364 页。

② 最高人民法院民事审判第一庭编著:《最高人民法院新建设工程施工合同司法解释(一)理解与适用》,人民法院出版社 2021 年版,第 364 页。

工程折价或者拍卖的价款优先受偿的，人民法院应予支持。”依据上述规定，只有与发包人订立建设工程施工合同的承包人才享有建设工程价款优先受偿权。实际施工人不属于“与发包人订立建设工程施工合同的承包人”，不享有建设工程价款优先受偿权。[①]

因此，在实践层面，实际施工人不享有建设工程价款优先受偿权不应产生争议。

当然，理论层面仍会存在一定争议。比如，建设工程价款优先受偿权是立法对承包人应得工程价款的优先保护，是对物化到建设工程中的人材机费用的优先保护，属于承包人的法定权利。承包合同被认定为无效，实际施工人投入的人材机价值就因合同无效而丧失这一保护手段是否妥当值得考虑。另外，催告、协商程序不是行使建设工程价款优先受偿权的法定必须程序，以实际施工人履行优先受偿权的难度否定实际施工人享有优先受偿权的依据是否充分等还有进一步商榷的空间。

因此，理论上的争议仍将继续。但实务上的主流观点已经将实际施工人不享有工程款优先受偿权与合法承包人享有工程款优先受偿权作出区分，这是一个不争的事实。

---

① 《建设工程施工合同纠纷的 8 个最新意见》，载微信公众号“江西民事审判”2022 年 4 月 23 日，https://mp.weixin.qq.com/s/s1NG3aXoF1lpBrQtFC72Kw。

022 第二十二章

代位追索工程款

·导　读·

《2020年建设工程合同解释》第四十三条第二款与第四十四条分别为突破合同相对性原则及代位权诉讼规则。两处法条基本沿袭了《2018年建设工程合同解释》第二十四条与第二十五条的规定。实际施工人代债务人向债务人的债务人（次债务人）或发包人提起诉讼的权利为代位权，而非代位求偿权。代位求偿权的称呼不适用于建设工程领域。代位求偿权是保险法基本原则之一。在建设工程领域，承包人的代位权与保险领域中先垫付赔偿款再请求第三者赔偿完全不同，前者是因债务人的怠于行为，承包人直接以自己的名义代表债务人向债务人的债务人（次债务人）或发包人要求支付工程款。为避免和代位求偿权混淆，建设工程领域中实际施工人代债务人之位追索工程款的权利可以被称为代位权或代位追索权。

本章选取代位权中五个方面的争议问题，分别涉及代位权诉讼应由何处法院管辖的问题、行使代位权的权利主体是谁的问题、代位权的诉讼对象是谁的问题、次债权金额确定与否与代位权主张能否成立的关系问题、代位权诉讼中实际施工人是否享有建设工程价款优先受偿权的问题。

要理解建设工程中的代位权规定，必须尊重《民法典》对代位权的总体规定，不能脱离总体规定而分裂开来进行讨论。同时，实际施工人代位追索的途径，在现行法律框架下只有诉讼单一方式。当发包人与转包人、违法分包人存在仲裁约定时，这单一方式对实际施工人而言，有时会造成诉讼与仲裁两难管的局面。为解决程序争议，增设代位仲裁制度有现实必要。

第一节 管辖问题

代位权为代位权诉讼的同义语。现行制度下还没有代位仲裁制度,因此,实际施工人的代位权仅指实际施工人以自己的名义代表债务人向次债务人或发包人以提起诉讼的方式要求其支付工程款的权利。

一、一般管辖

在代位权诉讼中,实际施工人为原告,发包人为被告,转包人及违法分包人为第三人。依据《民事诉讼法》中一般管辖的规定,因合同纠纷提起诉讼,被告住所地及合同履行地法院均可以成为诉讼管辖法院。虽然《合同法》已失效,但这不影响《合同法解释一》中关于代位权诉讼管辖规定的参照适用。根据《合同法解释一》第十四条①的规定,债权人提起代位权诉讼的,由被告住所地人民法院管辖。进一步梳理,依据《民事诉讼法解释》第二十八条第二款②的规定,建设工程施工合同纠纷按照不动产纠纷确定管辖。建设工程施工合同纠纷管辖属于专属管辖。

代位权诉讼管辖与建设工程合同纠纷专属管辖存在一个协调的问题。实际施工人提起代位权诉讼主张工程款时,是否应由被告住所地人民法院管辖?笔者认为,管辖问题应当区分情况。被告住所地法院是否有管辖权,应当依据发包人与转包人、违法分包人之间的基础法律关系作出判断。也就是说,如果实际施工人通过代位权诉讼主张工程款,起诉的次债务人(发包人)与转包人、违法分包人存在建设工程施工合同关系,并且次债务人(发包人)与转包人、违法分包人的债权债务也是基于建设工程施工合同关系而产生的,笔者认为,此时诉讼管辖应为专属管辖,即由建设工程所在地人民法院管辖。如果实际施工

---

① 《合同法解释一》第十四条:"债权人依照合同法第七十三条的规定提起代位权诉讼的,由被告住所地人民法院管辖。"

② 《民事诉讼法解释》第二十八条第二款:"农村土地承包经营合同纠纷、房屋租赁合同纠纷、建设工程施工合同纠纷、政策性房屋买卖合同纠纷,按照不动产纠纷确定管辖。"

人通过代位权诉讼主张工程款,起诉的次债务人不是建设工程施工合同的当事人,或者虽然是建设工程施工合同的当事人,但次债务人(发包人)与转包人、违法分包人之间的欠款不是基于建设工程施工合同而产生的,债务人与次债务人间的欠款属性发生了变化。笔者认为,此种情形可以依据《合同法解释一》第十四条的规定由被告所在地人民法院管辖。

这一观点得到了最高人民法院肯定。最高人民法院在著述中认为:“实际施工人对发包人提起的代位权诉讼涉及建设工程价款债权的,应由建设工程所在地人民法院管辖,不涉及建设工程价款争议的,应由发包人住所地人民法院管辖。”①

二、有仲裁约定时的管辖

代位权纠纷下,存在三方当事人、两个法律关系。三方当事人之间可能存在一个或两个仲裁管辖约定。一个或两个仲裁管辖约定具体是指:实际施工人与转包人、违法分包人之间的仲裁管辖约定,另一个是发包人与转包人、违法分包人之间的仲裁管辖约定。第一个约定的存在不会影响代位权诉讼的管辖,但是第二个约定的存在是否影响代位权诉讼的管辖,各方存在不同观点。

(一)实际施工人与转包人、违法分包人间存在仲裁约定

此时,转包人、违法分包人并不是案件的被告,其是代位权诉讼案件中的第三人。因此,这种情况下的仲裁约定不应影响代位权诉讼管辖,即按照上述讨论的一般管辖规定的情况,仍应由被告住所地或建设工程所在地法院进行管辖。

(二)发包人与转包人、违法分包人间存在仲裁约定

发包人与转包人、违法分包人之间存在仲裁约定的情况不是少数。此时,实际施工人直接向法院提出对发包人的诉讼,是否影响发包人的程序抗辩权问题,各方对此理解不一。试看两则案例。

---

① 最高人民法院民事审判第一庭编著:《最高人民法院新建设工程施工合同司法解释(一)理解与适用》,人民法院出版社 2021 年版,第 460 页。

1. 典型案例

案 例 一

哈电公司与顺发公司诉讼案①

当 事 人

上诉人(原审被告):哈电公司

被上诉人(原审原告):顺发公司

原审第三人:湘电公司

案例介绍

次债务人哈电公司对人民法院受理该案债权人代位诉讼提出管辖异议,认为该案应当进行仲裁。

二审法院认为:债权人顺发公司与债务人湘电公司之间、债务人湘电公司与次债务人哈电公司之间签订的合同中均约定了由湘潭仲裁委员会解决履行合同争议的仲裁条款,但债权人顺发公司与次债务人哈电公司之间没有合同关系,两者之间不存在仲裁协议,双方之间的争议不属于仲裁的范围。本案系顺发公司基于法律赋予债权人的权利以次债务人哈电公司为被告提起的债权人代位权纠纷,而非基于其与债务人湘电公司之间的合同以湘电公司为被告提起的合同纠纷,故该案纠纷也不受其与湘电公司的合同仲裁条款的约束。该案被告哈电风能有限公司住所地位于湘潭市岳塘区,一审法院对该案依法享有管辖权。上诉人提出的上诉理由不成立,法院不予采纳。

案例评析

该案系债务人湘电公司怠于行使其对次债务人哈电公司的到期债权对顺发公司造成损害,顺发公司以自己的名义代位行使湘电公司对哈电公司的债权而引起的诉讼。该案不是建设工程合同纠纷案件。案例中存在三方当事人之间的两份仲裁协议。法院认定仲裁协议不能排斥该案的代位权诉讼管辖,即一审法院认定法院对案件有管辖权。

① 参见湖南省湘潭市中级人民法院民事裁定书,(2021)湘03民辖终122号。

案 例 二

林某晖与中铁十五局第二公司等诉讼案①

当事人

上诉人(原审被告):中铁十五局第二公司

被上诉人(原审原告):林某晖

原审被告:中铁十五局第二公司昆明分公司

原审第三人:罗某演

案例介绍

上诉人认为在代位权诉讼中,次债务人对债务人的抗辩,可以向债权人主张。上海市高级人民法院在(2017)沪民辖终29号二审裁定书中表明,在债权人代位权诉讼中,债权人实质是代债务人向次债务人主张到期债权,基于保护次债务人管辖利益的立场,代位权人应当受债务人与次债务人之间仲裁条款的约束。该案原审被告中铁十五局第二公司昆明分公司与原审第三人之间的合同中约定合同争议向焦作市仲裁委员会申请仲裁,故上诉人请求撤销原裁定,驳回被上诉人的起诉。

法院经审查认为:《合同法解释一》第十四条规定,债权人依照《合同法》第七十三条的规定提起代位权诉讼的,由被告住所地人民法院管辖。从最高人民法院的规定来看,代位权诉讼的管辖只能由次债务人所在地法院管辖,这是规定代位权诉讼适用一般地域管辖,排除了其他法院的管辖,也排除了上述债权人与债务人之间、债务人与次债务人之间的管辖协议和仲裁协议。该案中,原审被告中铁十五局第二公司的住所地位于上海市青浦区朱家角镇沪青平公路×××号,该地属于原审法院辖区,故原审法院对该案具有管辖权,其受理该案并无不当。原审法院裁定驳回上诉人管辖权异议,法院应予维持。

案例评析

案例二与案例一的裁判规则相同,但是案例二中上诉人上诉理由中引用的

① 参见上海市第二中级人民法院民事裁定书,(2018)沪02民辖终617号。

裁判文书值得关注。笔者在中国裁判文书网上未见上述裁判文书中所提及的上海市高级人民法院(2017)沪民辖终29号二审裁定书。但是,在另一篇网络文章中出现上海市高级人民法院(2017)沪民辖终29号二审裁定书部分内容。该文章指出:"上海高院在(2017)沪民辖终29号代位权纠纷案中认为'上诉人与原审第三人之间排除了法院的管辖。本案系涉外债权人代位权纠纷,我国《合同法》司法解释规定,次债务人对债务人的抗辩,可以向债权人主张。这种抗辩既包括实体上的抗辩,也包括程序上的抗辩。被上诉人在本案中提起的债权人代位权诉讼,其实质是代债务人向次债务人主张到期债权,基于保护次债务人管辖利益立场,代位权人应当受该仲裁条款的约束。'"①也就是说,在(2017)沪民辖终29号代位权纠纷案例中,法院认定债务人与次债务人之间仲裁协议中的仲裁管辖约定排斥法院管辖。

2.综合分析

有人提出如下调和观点:"适当的做法是,在次债务人提出仲裁管辖抗辩时,人民法院应当中止审理,等待次债务人与债务人通过仲裁程序确定其与债务人之间的权利义务后,再恢复案件的审理。对于仲裁条款形成于诉讼过程中的,应视为其为规避诉讼的恶意串通行为,应不予支持。对于仲裁条款形成于诉讼前的,应尊重当事人的约定。对于次债务人虽提出仲裁抗辩,但拒不提起仲裁申请,可能导致无限中止的问题,应通过法律解释等方法逐步解决统一规则的问题,对次债务人的恶意抗辩予以规制,如可采用法院释明要求次债务人在适当期间提起仲裁申请等予以解决。"②

上述调和观点提出仲裁前置的程序问题。笔者认为,让次债务人提出与债务人的仲裁申请对次债务人而言不公平。

无视债务人与次债务人之间的仲裁管辖约定,不符合次债务人的预期。法律赋予债权人取得突破相对性的特别权利,这就是对原告权利的倾斜,但是此种倾斜不能冲击次债务人对管辖权的合理期待。要求次债务人提出仲裁在逻辑上说不通,次债务人提出管辖异议是一个正常程序抗辩。债权人提出诉讼主

① 《建设工程领域代位权诉讼相关问题探讨》,载百度文库网2022年4月20日,https://wenku.baidu.com/view/ec8f762551ea551810a6f524ccbff121dd36c5ed.html。

② 《建设工程领域代位权诉讼相关问题探讨》,载百度文库网2022年4月20日,https://wenku.baidu.com/view/ec8f762551ea551810a6f524ccbff121dd36c5ed.html。

张权利，却反要求次债务人提出与债务人纠纷的仲裁申请，这对次债务人而言是一个新的义务负担。换句话说，债权人行使权利的程序反而由次债务人帮助债权人完成。强行要求次债务人提出仲裁申请没有任何法律依据，笔者也未看到实践中形成过此类仲裁案件。

实际上，原告向法院提出诉讼并不是原告刻意追求的结果。在债权人（实际施工人）与次债务人没有仲裁特别约定的情况下，依据仲裁规则，各地仲裁委员会难以受理债权人向次债务人提出的仲裁案件。然而，实际施工人在向法院提起诉讼时，其又必须考虑程序风险问题。法院受理代位权纠纷案件后，次债务人可能提出与转包人、违法分包人存在仲裁约定的程序抗辩，如果审判人员接受次债务人提出的程序抗辩观点，那么实际施工人的起诉将被法院驳回。这是对司法资源的极大浪费。但是，实际施工人向法院提起诉讼也是无奈之举，因为即使实际施工人试图选择仲裁程序，也无路径可寻。基于此，笔者建议增设代位仲裁制度，这样就能从根本上解决管辖分歧。实际施工人以债务人与次债务人的仲裁管辖约定行使代位仲裁权，这样既可以避免对次债务人程序权利的损害，对实际施工人而言，追索程序又能顺序进行，以达到及时平息此类纠纷的程序争议的目的。另外，代位仲裁制度也能帮助法院解决案件多、员额法官少、工作压力大的问题，一部分案件从法院分流出来，法院的压力也得到减轻。因此，代位仲裁制度是一个三方共赢制度，值得尝试与期待。

第二节 权利主体

代位权权利主体问题即代位权案件中谁可以成为原告的问题。

一、关于权利主体的困惑

《2004年建设工程合同解释》设计出允许实际施工人突破合同相对性原则主张权利的制度，这一制度设计与代位权确实有几分相似。同时，突破合同相对性原则理论上的不清晰，导致容易将突破合同相对性原则理解为代位权的一种表现。《2018年建设工程合同解释》第二十四条与第二十五条对突破合同相对性原则及代位权诉讼规则分别作出规定。《2020年建设工程合同解释》第四十三条与第四十四条亦是如此。在《2018年建设工程合同解释》出台后，实务界确认该司法解释第二十四条与第二十五条为实际施工人主张权利的两条途径，而非相同的路径。“本条规定是将实际施工人对发包人的请求权引入到代位权诉讼的法律框架内，而《建设工程司法解释(二)》第24条是关于实际施工人权利保护的特殊规定。”①

不过，随之又产生新的困惑，就是代位权的权利主体是谁的问题。

比较《2020年建设工程合同解释》第四十三条与第四十四条两处法律条文，不得让人产生该司法解释第四十四条规定的代位权权利主体与该司法解释第四十三条第二款规定的权利主体一样，仅限于转包承包人、违法分包承包人两类实际施工人的理解。因为《2020年建设工程合同解释》第四十三条的实际施工人范围，最高人民法院的观点相当明确。如果将第四十四条的实际施工人与第四十三条的实际施工人完全等同，那么结论就是非转包承包人、违法分包承包人的实际施工人及其他承包人不能行使代位权。

转包承包人、违法分包承包人作为实际施工人，成为代位权权利主体没有任何问题，而其他三类主体是否可以成为建设工程合同纠纷中代位权的权利主体，值得探讨。

二、探讨三类主体

(一)挂靠人

最高人民法院的相关著述中似乎有意回避探讨挂靠人是否有权提出代位权诉讼的问题。最高人民法院没有明确挂靠人是否可以提出代位权诉讼，不像在探讨《2020年建设工程合同解释》第四十三条第二款挂靠人是否可以突破合同相对性原则时旗帜鲜明。不过，最高人民法院对《2018年建设工程合同解释》第二十五条②征求意见稿的态度值得关注。“本条规定删除了关于实际施

① 最高人民法院民事审判第一庭编著:《最高人民法院建设工程施工合同司法解释(二)理解与适用》,人民法院出版社2019年版,第511页。

② 《2018年建设工程合同解释》第二十五条:“实际施工人根据合同法第七十三条规定,以转包人或者违法分包人怠于向发包人行使到期债权,对其造成损害为由,提起代位权诉讼的,人民法院应予支持。”

工人可代位出借资质的单位向发包人主张债权的规定。”[①]从这一立场上看，似乎能够感受到最高人民法院的态度，草案本来规定挂靠人可以提出代位权诉讼，但是最终又删除了该规定。

代位权规定不是由《2018 年建设工程合同解释》首创的，而是来自《合同法》。《合同法》虽然已失效，但《民法典》第五百三十五条第一款[②]再次确认代位权法律制度。根据民法的理论，提出代位权诉讼的四个条件：(1)债权人对债务人的债权合法；(2)债务人怠于行使其到期债权，对债权人造成损害；(3)债务人的债权已到期；(4)债务人的债权不是专属于债务人自身的债权。前述有关代位权的规定并未对债权人的身份作出特殊限制。从字面意思来看，债权人只要符合《民法典》规定的行使代位权的条件，无论其与债务人系基于何种法律关系形成债权，均可以提起代位权诉讼，并不受其主体身份的限制。因此，代位权的权利主体并无身份特别限制。挂靠人的情况可以完全符合上述条件，所以，将挂靠人排除于行使代位权的身份之列无充分的法理根据。

(二)内部承包人

内部承包人是指与施工单位建立劳动关系并代表施工单位对工程项目进行管理、施工的承包人。笔者认为，内部承包人不能成为代位权权利主体。

内部承包人的权利行使受制于内部承包人与单位之间特殊关系。内部承包人与单位之间是劳动关系，因劳动关系产生的债权应由劳动法这一部门法进行调整。因此，不能将劳动关系产生的债权与《民法典》中的债权相混同。劳动关系产生的债权债务纠纷的解决应遵守劳动争议纠纷解决程序。

(三)合法承包人

为与上文中的内部承包人相区别，此处的合法承包人是指除内部承包人之外的合法承包人。笔者认为，合法承包人可以作为代位权权利主体。

---

① 最高人民法院民事审判第一庭编著：《最高人民法院建设工程施工合同司法解释(二)理解与适用》，人民法院出版社 2019 年版，第 512 页。

② 《民法典》第五百三十五条第一款：“因债务人怠于行使其债权或者与该债权有关的从权利，影响债权人的到期债权实现的，债权人可以向人民法院请求以自己的名义代位行使债务人对相对人的权利，但是该权利专属于债务人自身的除外。”

首先，合法承包人的身份及债权、次债权的情况可以完全符合代位权诉讼的实质条件。

其次，如果法律赋予无效合同关系下的承包人可以行使代位权，更不应该排除合法承包人享有此项权利，否则是对合法承包人的歧视。没有任何理由让合法承包人享有的权利低于违法承包人享有的权利。

三、一个合理解释

确实《2020 年建设工程合同解释》第四十四条的出现太过突兀，因此需要解释为什么该条会出现在此，并且只规定两类实际施工人（转包承包人、违法分包承包人）享有代位权。如果不能进行合理解释，本节中所说的挂靠人、合法承包人成为代位权的权利人的分析就不充分。

实际上，可以作出如下理解，《2020 年建设工程合同解释》第四十三条提到的是实际施工人突破合同相对性原则问题，因此，从行文上讲，对实际施工人另外的代位权问题需要作出一个提示。《2020 年建设工程合同解释》第四十四条实际上就是一个注意规定，而不是一个特别规定，这个理念类似于刑法学中的法律拟制与注意规定的区分。[①]《2020 年建设工程合同解释》第四十四条为注意规定，本意是对司法人员的特别提醒，但客观上造成了其他人员不具有这一权利的模糊误解。

《2020 年建设工程合同解释》第四十四条就是一个针对第四十三条中实际施工人（转包承包人、违法分包承包人）有代位权的一个提示，这一条并不排除其他人享有代位权。也就是说，即使没有该司法解释第四十四条的规定，实际施工人（转包承包人、违法分包承包人）也不丧失代位权。综上，在没有其他明确排除规定的情况下，应将挂靠人、合法承包人纳入代位权的权利主体范围内。

---

① 法律拟制（或法定拟制），是将原本不符合某种规定的行为也按照该规定处理。据此，即使某种行为原本不符合刑法的相关规定，但在刑法明文规定的特殊条件下也必须按相关规定论处。注意规定是在刑法已作规定的前提下，提示司法人员注意、以免司法人员忽略的规定。它有两个基本特征：其一，注意规定的设置，并不改变相关规定的内容，只是对相关规定内容的重申；即使不设置注意规定，也存在相应的法律适用根据（按相关规定处理）。其二，注意规定只具有提示性，其表述的内容与相关规定的内容完全相同，因而不会导致将原本不符合相关规定的行为也按相关规定论处。出自 2022 年 6 月 9 日百度百科。

第三节 诉讼对象

代位权的诉讼对象是谁的问题，并不是建设工程合同纠纷中的特有问题，而是代位权诉讼中的普遍问题。

一、关于诉讼对象的困惑

(一)困惑之一

次债务人的债务人是否可以成为代位权诉讼的被告?

比如，A作为债权人，B为A的债务人，C为B的债务人，D为C的债务人，代位权诉讼中A作为原告，可将C列为被告，B列为第三人，这一诉讼框架没有问题。但是，如果A作为原告，是否可以提出诉讼要求D偿还债务，将B与C列为案件第三人，也就是有多个层级的次债务人的情况下，次债务人的债务人是否可以成为诉讼的对象，这个问题值得探讨。

《民法典》未明确债权人能否直接起诉次债务人的债务人，债权人能否依据《民法典》关于代位权的规定无休止地追索下去，这一困惑因而产生。

(二)困惑之二

发包人是否一定成为代位权诉讼的被告?

在探讨《2020年建设工程合同解释》第四十四条的问题时，离不开对《2020年建设工程合同解释》第四十三条的理解。根据最高人民法院的观点，该司法解释第四十三条下的发包人仅指建设单位。在该司法解释第四十三条条文下，发包人当然成为实际施工人的被告，也就是突破合同相对性原则之后，发包人成为当然的诉讼对象。最高人民法院相关著述中对于转包人、违法分包人的范围没有特别提出观点。似乎该司法解释第四十三条隐含表达的观点是，实际施工人上手的上手(非发包人)不能作为突破合同相对性原则的被告，即中间环节人不能作为突破合同相对性原则的被告。

根据文义解释的方法，似乎可以将《2020 年建设工程合同解释》第四十四条理解为无论经过多少次转包及违法分包，发包人必须且当然成为代位权诉讼的被告。这是一个表面成立的结论，因为该司法解释第四十三条的发包人与第四十四条的发包人不可能作出两种理解。然而，连续转包及违法分包情形下，发包人并不是实际施工人的债务人的债务人，因此，发包人必须且当然成为代位权诉讼的被告，这一结论是否正确需要作进一步的探讨。

二、围绕诉讼对象的分析

针对上述两个困惑一并作如下分析。

(一)实践的考察

实践中未出现次债务人的债务人成为代位权诉讼被告的案例。笔者未查询到相关支持债权人(实际施工人)可在连续转包及违法分包情形下追究次债务人的债务人相关责任的案例，这说明司法实务不支持此类多重突破追索债务的模式。

(二)法理的考察

虽然《2020 年建设工程合同解释》第四十三条、第四十四条为实际施工人追索工程款的两条途径，在对《2020 年建设工程合同解释》第四十四条理解时又需要参照该司法解释第四十三条，不可能前后文形成不同内涵的两处文字，但是突破合同相对性原则的诉讼与代位权诉讼的法理基础是不同的。在突破合同相对性原则下，连续转包及违法分包情形不影响发包人在欠款范围内对实际施工人承担付款责任，这是基于对实际施工人权利保护的特别设计。在发包人对建筑工程最终享有所有权时，发包人已经获得了实际施工人物化到建设工程的人材机费用。发包人在欠付工程款的范围内承担责任为必要，并且这不增加发包人的负担，因此，无论经多少次转包及违法分包，发包人均应在欠付工程款范围内承担责任。

代位权诉讼的法理基础与突破合同相对性原则的法理基础是不一样的。既然《2020 年建设工程合同解释》第四十四条是关于代位权的规定，就当然要遵守代位权的法理。笔者认为，代位权诉讼中《民法典》第五百三十五条中的

"债权人""债务人""相对人"均是一个静态的概念，并且指向应当特定。债务人仅指与债权人本人形成债权债务关系的人，相对人仅指债务人本身的关系人。如果代位权诉讼对象可以是第二个层级的次级债务人，条文应作如此表述：因债务人或债务人的债务人怠于行使其债权或者与该债权有关的从权利，影响债权人的到期债权实现的，债权人可以向人民法院请求以自己的名义代位行使债务人对相对人的权利或代位行使次债务人对相对人的权利，但是该权利专属于债务人或次债务人自身的除外。但《民法典》中条文并非如此表述。

（三）社会效果的考察

支持无限追索将严重破坏交易秩序的稳定性，对现有的诉讼秩序形成巨大冲击。代位权诉讼让无任何合同关系的人之间建立起法律关系，这本身就是一个例外，而在例外之下，将多层级下的债务人无限作为被告，是例外之例外。债权人与次债务人的债务人之间本无任何关系，而此时双方可能因某个因素而具有千丝万缕的关系，这种状态下的社会关系会非常复杂且凌乱。它会让非直接关系的人之间感觉自己随时处于被告的处境，因而无限追索的代位权应尽可能限制及缩小，不应无限放大。无限追索是例外情形中的例外，无限追索的代位权如成立需要法律对此作出明示。

因此，笔者认为，在连续转包及违法分包情形下，发包人不能成为代位权诉讼的被告。非发包人身份的次债务人可以成为代位权诉讼的被告。在马某艳与戴某的诉讼案①中法院就持上述观点。

三、一个合理解释

《2020年建设工程合同解释》第四十四条关于代位权的规定是基于一次转包或一次违法分包情形设定的诉讼框架，不是对连续转包及违法分包情形作出的考虑。一次转包或违法分包之时，实际施工人为原告，发包人为被告，转包人、违法分包人为第三人的代位权诉讼架构没有任何问题。只有这样理解，才能将代位权诉讼的普通法理与建设工程施工合同纠纷下实际施工人代位权诉讼的对象两者进行很好的衔接。

---

① 参见山东省东营市中级人民法院民事判决书，（2022）鲁05民终661号。

第四节　次债权金额

代位权诉讼中有两个债权，第一个债权是实际施工人与转包人、违法分包人之间的债权；第二个债权是转包人、违法分包人与发包人之间的债权，[①]笔者将第二个债权称为次债权。依据《2020年建设工程合同解释》的规定，代位权诉讼条件之一就是转包人、违法分包人怠于行使到期债权。到期债权即指第二个债权。部分判决中将次债权金额确定与否与债权人的主张能否成立直接联系起来，即次债权金额不能确定时驳回债权人的主张。试看两则案例。

一、典型案例

案　例　一

广永公司与点都德海珠分公司等诉讼案[②]

当 事 人

上诉人（原审原告）：广永公司

被上诉人（原审被告）：点都德海珠公司

被上诉人（原审被告）：点都德公司

原审第三人：证券公司

原审第三人：证券营业部

原审第三人：童某雄

案例介绍

一审法院认为：广永公司以其对宏丰公司享有合法的借款债权，且宏丰公

① 笔者是在《2020年建设工程合同解释》第四十四条的基础上作出“第二个债权是转包人、违法分包人与发包人之间的债权”的结论，笔者仍然沿用该司法解释条文中三方主体身份的说法。实际上，连续转包及违法分包情形下，发包人不是代位权诉讼的被告，也就不存在“转包人、违法分包人与发包人之间的债权”，而应是“转包人、违法分包人与其上手之间的债权”。

② 参见广东省广州市中级人民法院民事裁定书，（2021）粤01民终9617号。

司怠于行使对点都德海珠公司的到期债权损害其合法债权为由,请求点都德公司及点都德海珠公司直接向广永公司履行本应向宏丰公司履行的到期债务。依据规定,广永公司作为债权人提起代位权诉讼,应以主债权和次债权的成立为条件,而债权成立不仅指债权的内容不违反法律、法规的规定,而且要求债权的数额应当确定。债权数额的确定既可以表现为债务人、次债务人对债权的认可,也可以经人民法院判决或仲裁机构加以确认。该案中,广永公司与宏丰公司之间的债权合法成立,且债权金额确定,但宏丰公司与点都德海珠公司是否存在租赁关系、租金标准、金额等均存在争议,点都德海珠公司对宏丰公司涉案债权的存在以及内容均有异议,因此宏丰公司与点都德海珠公司的债权债务并不明确,次债权金额也不确定。且宏丰公司于2017年12月22日在我国香港特区已告解散,宏丰公司法人资格消灭;自宏丰公司解散之日,其对点都德海珠公司怠于行使到期债权的状态也消灭。综上,广永公司提起代位权诉讼不符合法律及司法解释的规定,应裁定驳回广永公司的起诉。

二审法院认为:代位权诉讼的前提为债权人与债务人之间债权债务关系的确定性,而非债务人与次债务人之间债权债务关系的确定性,后者是代位权诉讼中理应解决的问题。债权人提起代位权诉讼,要求债权成立不仅指债权的内容不违反法律、法规的规定,而且要求债权的数额应当确定。债权数额的确定既可以表现为债务人、次债务人对债权的认可,也可以经人民法院判决或者仲裁机构裁决加以确认。其审查标准在于,债务人是否对其与债权人之间的债权存在异议,以及该异议是否成立。如果债务人对债权人的债权没有异议,或者虽然债务人在代位权诉讼中对债权人的债权提出异议,但该异议经审查不成立的,则可以认定该债权是确定的,并应继续审理代位权诉讼。代位权本身能否成立,即债务人对次债务人的债权是否成立、如何确定是案件实体审理中亟待解决的问题。

综上所述,该案各方对于广永公司对宏丰公司的到期债权并无争议,而广永公司亦符合该司法解释规定的提起代位权之诉的主体资格,宏丰公司是否丧失法人主体资格均不构成对债权债务关系之影响,该案应继续审理代位权诉讼。因此,被上诉人的抗辩不能成立,一审法院以宏丰公司与点都德海珠公司债权债务不明确,次债权金额不确定、宏丰公司法人资格消灭为由驳回广永公司的起诉,显属不当。一审法院应在代位权诉讼的实体审理中,审查债务人宏丰公司对点都德海珠公司是否享有到期债权及具体数额。

综上,上诉人的上诉请求成立,一审裁定有误,应予纠正。二审法院裁定撤销一审民事裁定,指令一审法院审理。

案例评析

该案例中,一审法院以债务人与次债务人债权债务法律关系存在争议、次债权金额存在争议为由未能支持代位权诉讼原告的主张。一审法院未能实质审查次债权状况,二审法院认为查明次债权的事实本身为法院需要审查的内容,于是将案件发回一审法院重新审理。

案 例 二

姚某鹏与康超公司诉讼案①

当 事 人

再审申请人(一审原告、二审上诉人):姚某鹏

被申请人(一审被告、二审被上诉人):康超公司

一审第三人:姚某坤

案例介绍

法院认为:该案再审审查的争议在于姚某鹏是否能对康超公司行使代位权。根据《合同法解释一》第十一条的规定,债权人依照《合同法》第七十三条的规定提起代位权诉讼,应当符合下列条件:(1)债权人对债务人的债权合法;(2)债务人怠于行使其到期债权,对债权人造成损害;(3)债务人的债权已到期;(4)债务人的债权不是专属于债务人自身的债权。故债权人提起代位权诉讼,应以主债权和次债权的成立为条件,而债权成立不仅指债权的内容不违反法律、法规的规定,而且要求债权的数额应当确定。债权数额的确定既可以表现为债务人、次债务人对债权的认可,也可以经人民法院判决或者仲裁机构裁决加以确认。具体到该案中,姚某鹏主张依据姚某坤与康超公司签订的协议,

① 参见浙江省高级人民法院民事裁定书,(2016)浙民申 3343 号。

康超公司应返还姚某鹏[①]预付款500万元，但该债权数额并未得到次债务人姚某坤的认可，也未经人民法院判决或者仲裁机构裁决加以确认，且康超公司在原审中也提供了其与姚某坤之间尚存在其他经济纠纷的证据，在此情形下，不宜在该案审理中直接认定次债权的成立。另外，因姚某鹏主张的该案次债权系康超公司与姚某坤之间因买卖合同纠纷而发生，尽管协议中约定了返还500万元预付款的内容，但双方并未约定该款项的返还时间，且在康超公司不主张解除协议的情况下，该500万元是否应予返还尚存争议，据此亦不能认定该案次债权已到期及债务人怠于行使其到期债权的情形存在。故姚某鹏对康超公司提起的代位权主张不能成立。因姚某鹏对康超公司提起的代位权主张不能成立，原审相应实体处理并无不当，姚某鹏申请再审提供的证据材料亦不属于《民事诉讼法》第二百条第一项规定的新的证据，其相应申请再审理由不能成立。

案例评析

案例二裁判思路与案例一中二审裁判思路不同。案例一中债权人是幸运的，案例二中债权人是不幸运的。案例一二审法院将案件发回重审，要求一审法院查清次债权金额，而案例二已为申诉案件并且再审法院最终认定债权人的申诉理由不成立，这是一则对债权人不利的案例。

二、综合分析

除了上述案例，笔者也看到部分代位权诉讼案件中法院查明次债权金额后作出相应判决。次债权金额是否确定会影响案件裁判的走向。次债权金额的不确定性可能来自两种情况：第一种情况为无法确定；第二种情况为可以确定而不作确定。法院对这两种情形下的次债权金额的不确定会作出自己的理解。笔者认为，法院不作实质审查而仅作形式审查认定次债权金额不能确定，并以此驳回代位权诉讼中原告的主张不妥当。理由如下：

首先，如果动辄以次债权金额存在异议为由驳回原告起诉，将使代位权诉讼的设计目的落空，在建设工程施工领域的代位权纠纷案件中更会如此。

次债权金额是代位权诉讼中需要查明的事实。如果以次债权多有争议为

---

① 笔者认为，此处裁判文书出现笔误，“姚某鹏”应为“姚某坤”，否则难以梳理清楚裁判文书中的三方法律关系。

法院在代位权诉讼案件中裁判结果的标准,多数代位权纠纷案件中的原告诉请将得不到支持。次债权金额不确定是建设工程纠纷中的常态现象,在双方未形成有效结算之前,次债权金额很难确定。一旦发生纠纷,更难形成有效结算。建设工程施工的长期性、资金来往的频繁性、增减工程的普遍性均会造成金额的难以确定。因此,以次债权金额是否确定作为原告请求是否成立的衡量标准之一,将使代位权诉讼的设计目的落空。

其次,查明次债权金额是审判本身的一个职能,不努力查明次债权金额的事实与法庭审判职能相悖。

审判的职能之一在于查明案件事实,次债权金额能否成立及金额多少本身也是案件事实的重要组成部分。法院审理案件不可能将案件事实割裂开来,并且查明事实的过程本身并不影响发包人的抗辩权利。在代位权诉讼中,发包人(次债务人)可以提出对于债务人(转包人、违法分包人)债务的合理抗辩,法院应一并予以审查,发包人合法的权利同样得到保护。一个案件审理查明两起关联事实也在一定程度上节省了司法资源。

最后,将"次债权到期"等于"次债权确定并到期"违反法律解释要求。

代位权诉讼的条件之一是次债权到期,要求债权确定并到期,则是在这一条件之外不当添加额外条件。代位权诉讼中并不是所有的次债权金额在诉讼前均能确定且无争议。次债权金额是否确定可以通过审判查明,次债权是否到期也可以进行查明。退一步说,在债务人向次债务人单独起诉的案件中,次债务人也可能提出多个抗辩理由,法院均应作实质审查。如果将形式审查得出的结论作为代位权诉讼中法院驳回原告请求的标准,那么将在案件审查中出现不同的认定标准。法院审理案件不能出现查明事实标准不一的情况,即债务人向次债务人单独起诉的案件中,对次债务人提出的抗辩进行实质审查,而在代位权诉讼中,对次债务人提出的抗辩就不需要进行实质审查。

当然,如果经过法庭调查,确实无法查明次债权是否成立及次债权金额,法院驳回原告对次债务人的起诉并无不可。总之,笔者认为,法院应对次债权金额作实质审查,而不仅是形式审查。

第五节 优先受偿权

一、典型案例

实际施工人突破合同相对性原则主张工程款时,不能主张建设工程价款优先受偿权,这已经是实务中的主流观点。然而,代位权诉讼中,实际施工人是否可以享有建设工程价款优先受偿权的问题值得探讨。先看两则案例。

案 例 一

章某涛与华信公司诉讼案①

当事人

上诉人(原审被告):华信公司

被上诉人(原审原告):章某涛

原审第三人:广东五建公司

案例介绍

一审法院认为:关于章某涛能否代位行使建设工程价款优先受偿权的问题。《合同法》第二百八十六条规定:"发包人未按照约定支付价款的,承包人可以催告发包人在合理期限内支付价款。发包人逾期不支付的,除按照建设工程的性质不宜折价、拍卖的以外,承包人可以与发包人协议将该工程折价,也可以申请人民法院将该工程依法拍卖。建设工程的价款就该工程折价或者拍卖的价款优先受偿。"《2018年建设工程合同解释》第十七条规定:"与发包人订立建设工程施工合同的承包人,根据合同法第二百八十六条规定请求其承建工程的价款就工程折价或者拍卖的价款优先受偿的,人民法院应予支持。"《2018年建设工程合同解释》第二十二条规定:"承包人行使建设工程价款优先受偿权的期限为六个月,自发包人应当给付建设工程价款之日起算。"

① 参见湖南省高级人民法院民事判决书,(2020)湘民终1196号。

广东五建公司作为案涉工程的承包人,其有权在其承建工程价款范围内就案涉工程折价或拍卖的价款行使优先受偿权,而案件以债权人行使代位权为基础,章某涛代广东五建公司行使的权利范围包括该优先受偿权。因华信公司与广东五建公司均认可案涉项目至今未结算,故华信公司给付工程价款的时间并不确定,章某涛起诉主张优先受偿权亦未超期。章某涛的该项诉求符合法律规定,应予以支持。

二审法院认为:广东五建公司诉华信公司案与该案虽基于同一事实,但属不同的法律关系,系两个独立的诉,该案属《2018 年建设工程合同解释》第二十六条规定的 2019 年 2 月 1 日该解释施行后尚未审结的一审、二审案件,应适用该解释。该条第四款还规定,最高人民法院以前发布的司法解释与该解释不一致的,不再适用,故该案不应再适用 2002 年 6 月 20 日最高人民法院公布的《优先受偿权问题的批复》的相关规定。《2018 年建设工程合同解释》第二十二条规定:“承包人行使建设工程价款优先受偿权的期限为六个月,自发包人应当给付建设工程价款之日起算。”该案中各方当事人之间均未就涉案项目进行结算,华信公司给付工程价款的时间并不确定,该案优先受偿权并未超期。据此,华信公司该主张不能成立,因广东五建公司对华信公司可以主张的权利范围包括优先受偿权,故原审法院认定章某涛在应付工程价款范围内就涉案项目折价或拍卖的价款享有优先受偿权并无不妥,法院予以维持。

案例评析

这是一则借用资质的挂靠人提起代位权诉讼,并主张建设工程价款优先受偿权,一审法院、二审法院均认为代位权成立,并且支持实际施工人对建设工程价款享有优先受偿权的案例。该案判决文书中提到一个核心观点为:债务人享有工程价款优先受偿权,而实际施工人代债务人行使权利,实际施工人的权利理应包括债务人本身具有的权利。也就是说,建设工程价款优先受偿权不能因实际施工人提起代位权诉讼而被剥夺。

案 例 二

李某奎与洪泰公司诉讼案①

当 事 人

再审申请人(一审原告、二审被上诉人):李某奎

被申请人(一审被告、二审上诉人):洪泰公司

第三人(原审第三人):开宇公司

案例介绍

二审法院认为:关于李某奎能否享有案涉工程价款优先受偿权的问题。《2018 年建设工程合同解释》第十七条规定:“与发包人订立建设工程施工合同的承包人,根据合同法第二百八十六条规定请求其承建工程的价款就工程价款或者拍卖的价款优先受偿的,人民法院应予支持。”即优先受偿权的权利主体只能是与发包人存在建设工程施工合同关系的承包人。该案中《建设工程施工合同》的签订主体为开宇公司与洪泰公司,李某奎与开宇公司签订挂靠协议书后以开宇公司名义施工,洪泰公司向开宇公司支付工程进度款,开宇公司出具收据,李某奎未能举证证实其与洪泰公司之间存在直接合同关系,其仅以其投资、实际施工行为应当受到保护为由主张对工程价款优先受偿,缺乏法律依据。虽然开宇公司认可李某奎就案涉工程价款享有优先受偿权,但工程价款优先受偿权作为专属权利,不属于《合同法》规定的可以代位行使的债权,李某奎该项申请理由亦不成立。

案例评析

该则案例与案例一裁判思路迥异。案例二秉持只有与发包人直接建立建设工程施工合同关系的承包人才享有建设工程价款优先受偿权的观点。法院认为,再审申请人以被挂靠单位名义施工,其与发包人未产生直接合同关系,因此,法院未能作出实际施工人享有建设工程价款优先受偿权的认定。

---

① 参见河南省高级人民法院民事裁定书,(2019)豫民申 8839 号。

二、综合分析

最高人民法院观点鲜明，认为“实际施工人无权代位行使优先受偿权”[①]。“有观点认为‘转包人或者违法分包人怠于向发包人行使到期债权或者与债权有关的从权利’中的从权利应当包括建设工程价款优先受偿权。我们认为这一观点并不准确。”[②]也就是说，最高人民法院没有把建设工程价款优先受偿权作为从权利看待。似乎只有在《2020年建设工程合同解释》第四十四条行文上加上“建设工程价款优先受偿权”文字后，实际施工人在代位权诉讼中才享有建设工程价款优先受偿权。

笔者认为，代位权诉讼中，实际施工人不享有建设工程价款优先受偿权的观点仍值得商榷。

首先，实际施工人不享有优先受偿权的观点与代位权的法理不符。根据《民法典》第八百零七条[③]承包人享有建设工程价款优先受偿权的规定，转包人、违法分包人属于“承包人”。转包人、违法分包人与发包人产生直接合同关系，在没有丧失优先受偿权的情况下，转包人、违法分包人享有建设工程价款优先受偿权，这当无疑问。代位权是在转包人、违法分包人不行使权利时，实际施工人代其行使的权利。代位权诉讼理论并没有说代位权是债权人代债务人行使部分权利。如果实际施工人只是代为行使部分权利，会造成转包人、违法分包人权利的分割状态。正是因为实际施工人的权利为承受所得，所以实际施工人应当获得与转包人、违法分包人亲自诉讼相同的权利。实际施工人的优先受偿权不因提起代位权诉讼而丧失。

其次，《2020年建设工程合同解释》第四十四条中“到期债权与从权利”的表述并无排除优先受偿权的意思。在代位权中，“到期债权与从权利”是否明确

---

① 最高人民法院民事审判第一庭编著：《最高人民法院新建设工程施工合同司法解释(一)理解与适用》，人民法院出版社2021年版，第456页。

② 最高人民法院民事审判第一庭编著：《最高人民法院新建设工程施工合同司法解释(一)理解与适用》，人民法院出版社2021年版，第456页。

③ 《民法典》第八百零七条：“发包人未按照约定支付价款的，承包人可以催告发包人在合理期限内支付价款。发包人逾期不支付的，除根据建设工程的性质不宜折价、拍卖外，承包人可以与发包人协议将该工程折价，也可以请求人民法院将该工程依法拍卖。建设工程的价款就该工程折价或者拍卖的价款优先受偿。”

排除建设工程价款优先受偿权？笔者认为没有排除。代位权制度虽然带有实体权利色彩，但实际上更兼程序性质。“到期债权与从权利”是一个泛称，“怠于向发包人行使到期债权或者与该债权有关的从权利”只是表达债务人不行使主权利及相应附随权利，也就是表达债务人不行使应有的权利的泛称。建设工程价款优先受偿权并不一定非要划入“到期债权”或“从权利”两者之一。实际上可以把“建设工程价款优先受偿权”理解为“到期债权与从权利”概念下的应有之义。

《2020年建设工程合同解释》第四十四条表述上的模糊性确实容易引起理解上的模糊性。“到期债权与从权利”不是对实际施工人主张具体内容的强调，而是对权利人应行使而不行使权利的一个概括表述。金钱债权等债权及相关的一切从权利、附随权利均应包括在“到期债权与从权利”之中。

因此，笔者认为，代位权诉讼中实际施工人可以行使建设工程价款优先受偿权。但是，这一权利也存在丧失的可能性。以下情况下实际施工人均应丧失建设工程价款优先受偿权。

第一，超出行使时间。根据《2020年建设工程合同解释》第四十一条①的规定，优先权行使时间为十八个月，超出这个时间承包人优先权丧失。一旦转包人、违法分包人丧失优先受偿权，代位权人则也无该项权利。如果承包人怠于行使建设工程价款优先受偿权导致该权利丧失的，发包人可以此作为抗辩。此时，代位权诉讼中实际施工人要求享有优先受偿权的请求应不予支持。

第二，承包人已有效放弃优先受偿权。优先受偿权为法定权利，该权利能不能主动放弃，实践中有不同观点。比如，《广东高院优先权指导意见》中规定：“承、发包双方当事人在建设工程承包合同中约定承包人不能行使建设工程价款优先权，事后承包人以建设工程价款优先权是法定权利为由向人民法院主张合同约定无效并要求行使建设工程价款优先权的，人民法院不予支持。”部分司法案例中，法院认定放弃工程价款优先受偿权有效。然而，根据

① 《2020年建设工程合同解释》第四十一条：“承包人应当在合理期限内行使建设工程价款优先受偿权，但最长不得超过十八个月，自发包人应当给付建设工程价款之日起算。”

《2020年建设工程合同解释》第四十二条[1]的规定，当放弃建设工程价款优先受偿权损害建筑工人利益时，放弃建设工程价款优先受偿权的约定无效。

笔者认为，建设工程价款优先受偿权既然作为一项权利存在，当然就存在放弃的可能。在公平协商原则这一前提下，承包人放弃优先受偿权并无不可。但是，确实又存在另一个矛盾的问题，这种放弃是否会损害实际施工人的利益？《民法典》第一百五十四条规定了双方恶意串通损害他人合法权益的民事法律行为无效。一般而言，放弃的承诺与实际施工人代位要求行使优先受偿权应有合理的时间间隔。如果在实际施工人要求行使建设工程价款优先受偿权时或者转包人、违法分包人已经拖欠实际施工人工程款时作出放弃许诺，这种行为显然不具有法律效力。如果转包人、违法分包人与发包人基于公平协商，转包人、违法分包人在放弃建设工程价款优先受偿权时可以获得其他利益时，这种放弃可能并不无效。因此，转包人、违法分包人放弃建设工程价款优先受偿权时，实际施工人是否仍享有该权利，应考虑转包人、违法分包人放弃的原因。裁判人员需要对放弃的原因及时间的正当性进行考察，以防止转包人、违法分包人故意放弃建设工程价款优先受偿权及发包人利用优势地位强迫承包人放弃建设工程价款优先受偿权，从而避免实际施工人的权利落空。

第三，对违章建筑不能享有优先受偿权。这不是代位权下的特殊问题，而是工程款纠纷案件中的普遍问题。即使建设工程施工合同有效，承包人对违章建筑也不能享有优先受偿权。违章建筑本身不受法律保护，其可以被认定为在“建设工程的性质不宜折价、拍卖”的范畴内。

最高人民法院民事审判第一庭2021年第21次专业法官会议纪要中关于“承包人对违章建筑是否享有建设工程价款优先受偿权”的观点如下：“建设工程价款优先受偿权制度系以建设工程的交换价值优先清偿承包人享有的建设工程价款债权。承包人享有建设工程价款优先受偿权的前提是其建设完成的建设工程依法可以流转。对此，《民法典》第八百零七条规定：‘发包人未按照约定支付价款的，承包人可以催告发包人在合理期限内支付价款。发包人逾期不

---

① 《2020年建设工程合同解释》第四十二条：“发包人与承包人约定放弃或者限制建设工程价款优先受偿权，损害建筑工人利益，发包人根据该约定主张承包人不享有建设工程价款优先受偿权的，人民法院不予支持。”

支付的,除根据建设工程的性质不宜折价、拍卖外,承包人可以与发包人协议将该工程折价,也可以请求人民法院将该工程依法拍卖。建设工程的价款就该工程折价或者拍卖的价款优先受偿。'根据该条规定,承包人享有建设工程价款优先受偿权的条件是建设工程宜折价、拍卖。违章建筑不宜折价、拍卖,故承包人对违章建筑不享有建设工程价款优先受偿权。"①

综上,代位权诉讼中,关于实际施工人是否享有建设工程价款优先受偿权,需要新的考虑。

① 《建设工程施工合同纠纷的8个最新意见》,载微信公众号"江西民事审判"2022年4月23日,https://mp.weixin.qq.com/s/s1NG3aXoF1lpBrQtFC72Kw。

023 第二十三章

公平原则的适用

· 导　读 ·

公平原则是我国《民法典》中确立的一大基本原则。笔者曾经在上文部分章节中提到适用公平原则处理案件，包括工程款支付条件的约定应具有公平性、工程款结算约定不明时及低于成本价的中标合同无效时对工程款的认定应适用公平原则。

适用公平原则可以弥补法律规定的不足，帮助裁判人员进行司法裁判。然而，公平原则本身具有模糊性、不确定性的特点，且容易因身份、角色、立场不同而在理解上出现不一致，因而公平原则在适用上会表现出一定的随意性，这种随意性被人多有诟病。另外，适用公平原则意味着对既定规则、条文、约定的某种突破，因此，适用公平原则似乎总有逾法之嫌。为避免逾法之嫌，实践中裁判人员对公平原则的适用就会不充分。

建设工程施工合同纠纷中公平原则仍有大量适用空间。为了克服因为公平原则的抽象而带来适用的随意性，让其不成为一个仁者见仁、智者见智的问题，公平原则本身仍需要有一个清晰的规则可供人遵循。对公平原则本身的适用应作出指导性的约束，否则适用公平原则会误入另一极端，即以公平之名行背离法律之实。

价款约定不公是工程领域中最典型的不公平。在工程价款约定不公平下，虽然这种“不公平”可能只是由对己方不利的人单方作出的判断，但其自然会要求对工程价款进行调整。多数情况下这种调整是要求据实结算。因而本章在案例的选择上与本书第八章“工程款据实结算”在案例的选择上有重叠之处，然而，以公平之名要求据实结算，这是否真的公平？

本章探讨两个核心问题：如何认定显失公平、认定显失公平后工程款应当如何结算。为避免公平原则适用的随意性，笔者尝试提出一个客观化的显失公平的认定标准及工程款的调整标准。

第一节 两则案例

一、典型案例

案例一

金某祥与银泰公司等诉讼案[①]

当事人

上诉人(原审原告):金某祥

上诉人(原审被告):银泰公司

被上诉人(原审被告):东欣公司

案例介绍

2010年4月7日,银泰公司与东欣公司签订《建设工程施工合同》,约定由东欣公司承包株洲银泰财富广场工程,该合同由协议书、通用条款、专用条款三部分组成。

协议书第二条约定:工程承包范围为施工图纸范围内所有土建工程、安装工程及变更工程(但拟分包工程除外)。第五条约定:合同价款156,245,967.55元,其中包括16,245,967.55元的分包工程款(分包工程详见补充协议第四条)。第六条约定:本合同价款采用固定价格合同,除专用条款中约定可调整合同价款的因素为风险范围以外的因素外,其余因素均不属于合同价款所包含的风险因素。

诉讼中,东欣公司、金某祥与银泰公司对工程结算计量计价方法存在争议。根据金某祥的申请,湖南省高级人民法院委托鉴定机构利安达公司采取多种方法对工程造价进行司法鉴定。法院委托鉴定机构对工程造价进行鉴定提出了据实鉴定、按固定总价的方式鉴定等具体要求。

① 参见最高人民法院民事判决书,(2019)最高法民终379号。

利安达公司的鉴定结论:(1)据实鉴定。①依据充分的工程鉴定造价金额为203,183,250.56元。②双方有争议有待法院裁决的待定项目金额为11,286,557.66元。(2)按固定总价的方式鉴定。①依据充分的工程鉴定造价金额为155,485,436.18元。②双方有争议有待法院裁决的待定项目1,451,259.06元。③招标清单工程量与银泰公司提供的图纸间的工程量已完工部分的工程造价相差35,885,509.09元。(3)招标清单工程量与银泰公司提供的图纸工程量不一致,二者之间的工程造价相差54,800,877.12元。(4)工程是按金某祥提供的图纸进行实际施工。

关于招标清单工程量与银泰公司提供图纸工程量的差额为35,885,509.09元的问题,一审法院认为,根据鉴定,银泰公司提供的工程量清单与图纸之间差额巨大,合同约定价款156,245,967.55元,工程量清单与图纸之间差距达到54,800,877.12元,已完成部分差额达35,885,509.09元,差距已经超出了工程量编制正常误差范围。如果完全按照合同约定计价,则实质上免除了发包方对工程量清单准确性和完整性负责的法定义务,这也不符合诚实信用与公平原则。因此,酌情确定已完工部分差额35,885,509.09元中20%的部分属于清单工程量与图纸不符的合理误差,该部分按照合同约定由东欣公司承担责任,对于其他部分,银泰公司应向东欣公司支付工程款,即该部分工程款为28,708,407.27元(35,885,509.09元×80%)。

一审法院采信以固定总价为基数,非设计变更的部分工程量与价均不予调整,设计变更部分(具有有效的变更签证部分)按合同约定进行造价鉴定的鉴定意见。

一审法院作出相关判决后,金某祥提出上诉。金某祥提出本案应按固定单价方式进行鉴定及应计取人材机价格波动调整费用等上诉理由。

二审法院认为:案涉工程系公开招投标工程,东欣公司根据银泰公司发放的工程量清单编制了工程量清单报价表,并以156,245,967.55元中标。其后签订的《建设工程施工合同》中亦约定“合同价款金额156,245,967.55元,其中包括16,245,967.55元的分包工程价款”。据此,可以认定案涉合同系固定总价合同,但案涉合同价款并非完全不可调整。《建设工程施工合同》第三部分专用条款23.2.b款约定:……设计变更引起的工程项目或者数量有增减,则项目的工程量应根据变更设计图纸、变更联系单并按有关工程量计算的方法计算确定工程量。f款约定:由于施工验收规范的要求或强制性条款的要求,以及设计图纸中缺、漏、碰、错等内容,在之后的会审纪要或施工联系单明确其做法的,不作为工程量的增减计算,累计超过50万元的,不在此限。根据以上合同内容,一审法院采信“以固定总价为基数,非设计变更的部分,工程量与价均不予调整;设计变更部分(具有有效的变更签证部分)按合同约定进行造价鉴定”,并根据实际情况对部分争议款项进行调整的计算方法,符合当事人合同约定,法院予以认可。

同时,二审法院认为:关于市场价格(人、材、机)波动是否应当调整的问题,利安达公司在按固定总价方式鉴定中,对充分的工程鉴定造价金额155,485,436.18元作出说明:鉴定造价中(包括设计变更部分)未包括合同专用条款23.2.a款施工期内遇市场价格(人、材、机)波动的工程价款。但案涉《建设施工合同》第三部分专用条款23.2.a款约定:“施工期内遇市场价格(人、材、机)波动,除国家法律、政策和标准、规范强制性规定必须调整的外,否则,不予调整,属于承包人应承担的风险,承包人在投标报价时已考虑并预测工期内可能发生的价格波动风险。”而《湖南省建设厅关于工程主要材料价格调整的通知》(湘建价[2008]2号)中“单项主要材料预算价格或市场价格涨降幅度超过规定时,该单项主要材料价格应按实际市场价格全部调整”的规定,主要针对建设工程招标和合同签订备案等事宜予以指导和规范,而对于已招标及已签订施工承包合同且尚未办理工程结算的工程等,没有具体、明确应予调整的内容,其仅指出应按公平协商、互惠互利的原则处理。因此,法院综合当事人约定、工程实际情况、利安达公司有关市场价格(人、材、机)波动调整价差数额的回复、当地建筑市场有关规定等多个因素,认为:在一审法院对招标清单与图纸不符的价差35,885,509.09元80%的部分已作对实际施工人更有利的处理后,如再行对市场价格波动进行调差,事实上无异于据实鉴定,这将使以固定总价为基础的承包结算方式名存实亡,导致发包人设定固定总价的合同目的无法实现,双方当事人利益有所失衡。因此,法院对案涉工程价款涉及市场价格(人、材、机)波动部分,不予调整。

案例评析

研究该案的典型意义:法院对于固定总价合同下的工程款认定规则如何作

出突破。

这是一则法院委托鉴定机构分别按照据实鉴定方式及按照合同约定的固定总价方式对工程款进行鉴定，鉴定机构依两种方案作出鉴定后，法院最终选择采信鉴定机构依据合同约定固定总价方式鉴定得出工程款的案例。同时，法院将清单工程量与图纸之间工程款差额80%的部分作为工程款计算。

法院认为，该案合同是一份固定总价合同，故一审法院没有采信据实鉴定（依人材机价格波动因素对工程款进行调整作出的鉴定）结论。同时，法院考虑到该案的清单工程量与图纸之间工程款确实存在巨大差额，对于差额部分的80%，法院认为，仍应将其认定为工程款，并由发包人支付。

除双方有争议的待定项目款项及清单工程量外的工程款，依据鉴定机构的鉴定结论，如果按照固定总价结算，工程款为155,485,436.18元；如果据实鉴定，工程款为203,183,250.56元；两者相差47,687,814.38元。在工程量方面，案例中清单工程量与图纸之间存在巨大差距。银泰公司提供的工程量清单与图纸之间差额巨大，合同中约定工程款为156,245,967.55元，工程量清单与图纸之间工程款差额达到54,800,877.12元。工程量清单与图纸之间的差额部分，金某祥已完成施工的工程款达35,885,509.09元。如果完全固守固定总价的既有结算模式，则将造成双方利益上巨大的不平衡。因此，法院在坚持合同为固定总价性质的基础上，作出创新，对超出工程量清单的工程价款进行区分，以20%作为分界。工程量清单以外的工程款20%的部分属于清单工程量与图纸不符的合理误差，这部分款项由施工方自行承担，其余超出工程量清单以外的工程款80%的部分28,708,407.272元（35,885,509.09元×80%）仍为发包人应支付的工程款。法院以此平衡双方利益，主动适用公平原则介入案件审理。

如果该案恪守固定总价合同计取价款思维定式，则没有清单工程量外计算工程价款的可能。合同中虽然约定了价款的调整因素，但法院认定合同中约定的调整因素并未出现。这意味着施工方的实际损失76,396,221.652元（据实鉴定价格203,183,250.56元与依合同约定固定总价进行鉴定价格155,485,436.18元差额47,687,814.38元+清单工程量之外按80%计算工程价款28,708,407.272元）得不到任何补偿。二审法院判决后金某祥又提出再审申请，认为二审法院生效判决对自己仍然不公平，但笔者认为，法院已经较好地平衡了双方利益。

该案是一则突破合同固定总价认定规则，适用公平原则处理纠纷的典型案例。

案例二

周某贵与永阳公司等诉讼案①

当事人

上诉人（原审原告）：周某贵

被上诉人（原审被告）：永阳公司

被上诉人（原审被告）：捷达公司

被上诉人（原审被告）：涟水县人民政府

案例介绍

周某贵、贾某军②起诉要求：（1）撤销2013年4月11日周某贵、贾某军与永阳公司所签订的协议书；（2）永阳公司向周某贵、贾某军支付工程款10,933,618.66元等。一审法院认为：周某贵、贾某军于2013年4月11日与永阳公司签订的结算协议为无效协议。周某贵、贾某军要求撤销2013年4月11日的周某贵、贾某军与永阳公司的结算协议的请求已超出一年除斥期间。一审认定工程总价款为760万元，永阳公司已全部付清，一审法院驳回原告请求。原告提出上诉。

二审法院认为：结算协议为有效协议，撤销协议没有超过除斥期间，并就原告是否可撤销协议认为：关于显失公平问题，《最高人民法院关于贯彻执行〈中华人民共和国民法通则〉若干问题的意见（试行）》（已失效）第七十二条规定，一方当事人利用优势或者利用对方没有经验，致使双方的权利义务明显违反公平、等价有偿原则的，可以认定为显失公平。该案中，涟水县人民政府与捷达公司约定按市政工程2004年定额下浮2.2%结算，捷达公司与永阳公司约定单价按审定的市政工程分项工程量清单与计价表中细目单价的

① 参见江苏省高级人民法院民事判决书，（2016）苏民终625号。

② 裁判文书显示该案是周某贵、贾某军提起诉讼，但是中国裁判文书网上裁判文书中当事人信息未能显示贾某军的诉讼身份，不知何故。

82%执行，显然各自约定的结算方式不同。周某贵与永阳公司签订的分包协议，约定价格按捷达公司给永阳公司的价格执行，具体按2004年市政定额下浮20%包括税费在内。因此，周某贵与永阳公司的结算应参照捷达公司与永阳公司的结算，而不能直接以涟水县人民政府与捷达公司之间结算所采用的工程审定价为依据。按照周某贵与永阳公司分包合同的约定，并结合捷达公司与永阳公司之间的仲裁裁决结果①，周某贵应得工程款为15,804,479.12元，计算依据：(19,542,275元② - 李某成管井降水3,012,080元③) ÷ 82%④ = 20,158,774.39元，20,158,774.39元 × (1 - 20%) × (1 - 2%) = 15,804,479.12元。

依据上述计算可以看出，周某贵所施工的已完工程按合同约定应得工程款为15,804,479.12元，而依据2013年4月11日结算协议，永阳公司与周某贵仅以760万元结算。从结算结果而言，明显失衡，即使考虑永阳公司及捷达公司所称的后期质量维修以及提早结算工程款节省资金成本的因素，以760万元结算仍显失公平。考虑到双方于2013年4月11日签订结算协议时，工程处于停工状态，工程审计尚未进行，且760万元的结算方式亦与合同约定的计价方式不同，所结算的金额与周某贵应得工程价款显著失衡，故周某贵以显失公平为由申请撤销2013年4月11日结算协议，应予支持。

由于上述计算工程款时已按约扣减了工程总价的2%管理费，故永阳公司欠付周某贵的工程款应为15,804,479.12元 + 20万元⑤ - 760万元 = 8,404,479.12元，二审法院予以相应改判。

案例评析

这是一则二审法院对显失公平的认定作出突破的案例。

该案例中，实际施工人周某贵要求撤销与违法分包人永阳公司之间的结算协议，一审法院认定建设工程施工合同无效，结算协议无效，但仍应参照协议约

---

① 捷达公司与永阳公司就案例中涉及的工程项目的工程款纠纷经淮安市仲裁委员会仲裁。

② 19,542,275元应是淮安市仲裁委员会仲裁裁决认定的捷达公司与永阳公司工程款数额。

③ 李某成为永阳公司违法分包业务的另一实际施工人，故应减去李某成的工程款。

④ “82%”是捷达公司与永阳公司协议约定的“单价按审定的市政工程分项工程量清单与计价表中细目单价的82%执行”中的“82%”。

⑤ 20万元是指周某贵2011年12月21日与永阳公司签订分包协议当日付给永阳公司的管理费。法院查明，2011年12月21日，周某贵已向永阳公司法定代表人汇入20万元管理费。而在永阳公司之后支付给周某贵工程款中又按照2%扣减了管理费。

定结算工程款,同时一审法院以超出一年除斥期间为由认定实际施工人撤销权不能成立。二审法院认定实际施工人撤销权未过除斥期间,结算协议有效且符合显失公平的认定条件,因而撤销实际施工人与违法分包人的结算协议,判决违法分包人向实际施工人支付工程款。

实际施工人与违法分包人签订的施工合同未明确约定工程款数额,只约定了工程款计算方法。双方结算协议确定工程款为760万元,而实际施工的工程款为15,804,479.12元(依据实际施工人与违法分包人签订的合同计算得出的款项)。两者相差数额为15,804,479.12元-7,600,000元=8,204,479.12元。也就是说,实际施工人结算协议所得工程款约为依据合同计算工程款的比例为7,600,000元÷15,804,479.12元≈48.08%。一审法院驳回周某贵的诉讼请求,二审法院认为,违法分包人仍应给付周某贵工程款8,404,479.12元。

周某贵提出撤销结算协议的三个事由分别为:重大误解、乘人之危、显失公平。案例纠纷发生时适用的法律是《合同法》。仔细看《合同法》中重大误解、乘人之危与显失公平的条款,发现该案不构成重大误解与乘人之危,对此笔者不多论述。重点探讨该案是否符合显失公平的认定条件。根据学术界的通说,要认定合同显失公平,主观要件必须符合一方故意利用自己的优势或利用了另一方的无经验等。严格意义上说,该案不符合这个要件。因为依据案例反映,一审法院向周某贵提问:你做工程多少年?周某贵回答:大概三四年,此前也做过类似的工程,也是捷达公司的,做过一条路。既然周某贵做过类似工程,也就不存在被对方利用无经验的问题。因此,该案二审法院在显失公平的认定上作出突破。

当然,该案的最终结果是否妥当需要另行考虑。案例中,周某贵应得工程款为15,804,479.12元,通过以下计算得出:(19,542,275元-李某成管井降水3,012,080元)÷82%=20,158,774.39元,20,158,774.39元×(1-20%)×(1-2%)=15,804,479.12元。笔者已经提到"82%",这是因为捷达公司与永阳公司之间约定的单价按审定的市政工程分项工程量清单与计价表中细目单价的82%执行,故需要除以82%将工程款恢复到"市政工程分项工程量清单与计价表中细目单价"价格。"20,158,774.39元"是将工程款恢复到"市政工程分项工程量清单与计价表中细目单价"的价格。材料显示,"20,158,774.39元"又是在定额基础上进行了2.2%的下浮。"20%"是实际施工人与违法分包人合同中约定的下浮比例,"2%"为实际施工人与违法分包人约定给付的管理费。周某贵所得工程款与定额价相比,比例为 80% ×98% ×(1 -2.2%)≈76.68%,即案例中周某贵最后得到的工程款为工程定额价的 76.68%。

案例引申

案例中还有一个问题值得探讨。一审法院认为,双方结算协议无效,二审法院认定双方结算协议有效,如果该案结算协议在二审诉讼中同样被认定无效,案件的走向也值得从其他角度进行思考。因为撤销协议的前提是协议有效。如果协议无效,则撤销协议的基础已经不存在了。在结算协议无效的情形下,应适用《民法典》第七百九十三条第一款[①]的规定。司法实践及理论上已认定这一条不意味着承包人具有选择权,发包人也有权利要求参照合同约定支付工程款。依据该条法理,结算协议无效参照协议支付工程款,结算协议的价款约定是 760 万元,这样违法分包人只应给付工程款 760 万元。

笔者认为,如果《民法典》第七百九十三条第一款不考虑任何无效合同类型,工程款作"一刀切"处理,存在合同有效情形下撤销权成立,施工方获得的利益比合同无效情形下施工方获得的利益更多的情况。也就是说,在结算协议无效的情形下,施工方只能接受协议的约定,依据协议约定要求对方支付工程款,不能要求对方多支付工程款。而在结算协议有效的情形下,却存在施工方撤销结算协议要求对方支付更多工程款的可能。笔者认为,无效协议中工程款约定的约束力应和被撤销协议中工程款约定的约束力等同,但是就结果而言,却得出无效协议中工程款约定的约束力比被撤销协议中工程款约定的约束力更强的结论,即协议无效情形下,施工方只能参照协议中的价款要求对方支付工程款,而有效协议被撤销后,施工方却可以要求对方增加支付工程款。因此,秉持无效协议中工程款约定的约束力和被撤销协议中工程款约定的约束力等同的观点,如果价格因素导致合同无效,此时工程款的结算不宜再以合同约定的工程款进行结算。

笔者在本书第二十章"低于成本价时的工程款"中提到在招投标情形下,中标合同约定的工程款低于成本价,合同应为无效的观点。此时,工程款的结算

---

① 《民法典》第七百九十三条第一款:"建设工程施工合同无效,但是建设工程经验收合格的,可以参照合同关于工程价款的约定折价补偿承包人。"

也不应机械固守合同无效结算有效的做法,应当对工程款进行调整,以成本价进行结算。

二、法律思考

从某种角度看,上述两则案例均对一定的规则进行了一定程度的突破。案例一突破的是固定总价合同的工程款结算规则。案例二突破的是显失公平的认定条件。笔者认为,两则案例中公平原则均起到推动作用,彰显的是公平原则理念在司法中的适用。如何认定显失公平及认定显失公平后工程款的调整标准,就是一个需要解决的问题。

第二节 适用必要

工程款纠纷的部分裁判案例中,公平原则在背后起到或多或少的推动作用。公平原则与现代我国社会倡导的公平价值观完全契合。但是,笔者认为,公平原则的适用应更加深入、更加广泛,公平原则应更深、更广地干预案件审理。

一、建设工程产品的特殊性决定

建设工程施工,其最终产品体现为一栋栋建筑物等有形的实体物质。这些物质是关系社会公众安全的产品,一旦施工中发生工程质量安全事故或者在竣工后发生安全事故,后果不堪设想。在一个个建设工程产品之下,任何人均可能成为质量事故的受害人。一旦出现质量事故,后果也是灾难性的。

在施工价格明显偏低的情况下,尤其是在工程价款达不到成本价的情况下,施工方更有可能、更有理由以次充好,用不合格产品充当合格产品,忽视工程质量,当然,施工方的任何理由均是不合法的。在建设工程价款高的情况下,施工方未必不会以次充好,用不合格产品充当合格产品。但是,在施工投入根本不能达到产出的情况下,施工方铤而走险的可能性更高。

对明显不公平的价款进行干预,增强施工方对自己权利救济信心,会让施工方更多考虑工程的质量与安全。在工程价款不明显失衡的情况下,相信施工方会更多地从工程质量上考虑施工技术及材料。对明显不公平的工程价款进行干预是建设工程产品质量的一道保障。公平原则虽不能杜绝质量事故的发生,但确实可以减少质量事故和质量安全隐患。

二、实际施工群体的弱势性决定

现阶段建设工程领域中的施工方背后的群体更多的还是农民,这部分群体从客观上说还是相对弱势的。他们因土地被征收或因改善生活的需要而进入建筑行业,成为新的城市阶层或产业工人。随着国家实施城镇化战略,建筑领域又是劳动力密集型产业,因此,进入这一领域的农民工人数庞大。

合同相对性原则的突破,就是对实际施工人背后弱势群体的特别保护。在工程款给付领域,农民工的收入状况很大程度上依赖于施工方工程款的获取情况。在施工方工程款获取不足的情况下,农民工收入必将减少或者不能顺利从施工方获取劳务报酬。

农民工对工程款的依赖性更强,这部分人对公平的感受最直观,最敏感。在工程款显失公平之下,隐藏的受害群体是广大的农民工。这部分群体干着最累的活,拿着不高的工资。如果不能公平对待此部分人,则公平原则的底线已经失守。

公平原则不是可有可无的隐性原则,不是只于细微之处的法外施恩,不是零碎问题的修修补补,而是民事行为及审判活动应有的价值原则。公平原则应成为统领诉裁活动的硬性要求、刚性尺度。诉裁活动中的公平能对社会公平观念的塑造起到引导、引领作用。

正因为上述两个因素的存在,笔者认为,建设工程施工合同纠纷的处理更需要公平原则的强势介入与干预。

第三节　框架构建

显失公平的合同属于可撤销合同,从法律上确认显失公平的合同可撤销,对保证交易的公正性,防止一方当事人损害对方的利益有重要的意义。

一、依客观要件定失衡

(一)学说考察

如何认定显失公平,学术界一直存有争议,主要有客观说和主客观统一说两种学说。

客观说又有两种观点:一种观点认为,判断一份合同是否显失公平,应单纯地看合同的结果是否导致双方当事人利益严重失衡。另一种观点认为,除存在合同结果使双方利益严重失衡外,还应存在一方处于明显优势或另一方无经验、轻率等客观事实。

主客观统一说则认为,除以上两种客观要件存在外,还需要主观要件的认定,即要看合同一方是否故意利用了另一方的无经验或自己的优势,或者一方是否故意利用另一方处于危困状态、缺乏判断能力等情形,使另一方在违背真实意思的情况下订立合同。主客观统一说为主流学说。

“我国的司法实践一般认为,显失公平制度具有以下构成要件:第一,客观要件,即在客观上当事人之间利益不平衡。根据显失公平的合同,一方当事人将承担更多的义务而享受极少的权利或者在经济利益上遭受重大损失,而另一方则以较少的代价获得了极大的利益。这种不平衡违反了等价公平原则,也违反了当事人自主自愿原则。第二,主观要件,即一方当事人故意利用其优势或者另一方当事人的草率、无经验等订立了合同。因此,在考察是否构成显失公平时,就必须把主观要件和客观要件结合起来考虑。”①与主客观统一说相一致,我国《民法总则》第一百五十一条②、《民法典》第一百五十一条③中均明确了显失公平的成立条件。

① 中国审判理论研究会民事审判理论专业委员会编著:《民法典总则编条文理解与司法适用》,法律出版社2020年版,第265页。

② 《民法总则》第一百五十一条:“一方利用对方处于危困状态、缺乏判断能力等情形,致使民事法律行为成立时显失公平的,受损害方有权请求人民法院或者仲裁机构予以撤销。”

③ 《民法典》第一百五十一条:“一方利用对方处于危困状态、缺乏判断能力等情形,致使民事法律行为成立时显失公平的,受损害方有权请求人民法院或者仲裁机构予以撤销。”

（二）倾向性观点

笔者认为，上述两种学说实际上可以区分为三种，客观说可以拆分为单纯客观说与综合客观说两种，这样就可以比较三者的区别。

单纯客观说仅考虑结果严重失衡这一客观因素。

综合客观说除考虑结果严重失衡的这一客观因素外，还考虑得利一方存在的自身状态客观因素（一方处于明显优势状态）或（及）失利一方存在的自身状态客观因素（一方处于无经验、轻率等状态）。它是得利一方的自身状态客观因素（失利一方的自身状态客观因素）+结果严重失衡客观因素两者叠加的效果。

主客观相统一说除考虑结果严重失衡客观因素、得利一方的自身状态客观因素（失利一方的自身状态客观因素）外，还要考虑得利一方主观因素（一方利用对方无经验、利用自己的优势、利用对方危困状态、缺乏判断能力等）。它是得利一方主观因素+得利一方的自身状态客观因素（失利一方的自身状态客观因素）+结果严重失衡客观因素三者结合。

笔者不同意主客观统一说。笔者建议以客观说作为认定显失公平的标准，并且采取单纯客观说。为与现行主流观点的显失公平的法律内涵相区分，笔者认为的显失公平就是结果严重失衡。现行主流观点下的显失公平的认定，有如下不可取之处：

首先，在结果严重失衡这一客观因素之外附加其他因素，尤其附加得利一方主观因素作为认定显失公平的条件，最终使显失公平的认定难上加难。公平本身是一个抽象的东西，它根植于每个人内心与价值判断中，过于强调得利一方的主观因素，将导致大量事实上显失公平却因无证据证明的显失公平的事件得不到真正公平的处理，这也使社会主义核心价值观所追求的公平价值的效果大打折扣。

其次，以极少数显失公平纠纷案件可以达到的证明标准去要求多数显失公平纠纷案件也要达到这一证明标准，本身也是不公平的。

如果一方确实处于危困、缺乏判断能力等状态，如何证明是被另一方利用是一个难题。笔者认为，几乎无法证明，即使可以证明，也只是在极少数案件中可能做到。在白纸黑字的合同之下，弱势方已经处于有口难辩的不利状态，因为合同中的表露意思应推定为缔约双方的真实意思。依据现行法律要求，要证明显失公平,弱势方除需要证明双方自身状态的客观事实外,还需要进一步证明对方利用了这一状态的主观事实。此种证明标准在个例中存在并且可以完成,而在多数情况下不能完成。因此,这个证明标准的提出不具有普及性及推广性。

最后,剔除得利一方主观因素及双方的自身状态客观因素作为认定显失公平的条件,单纯以结果严重平衡认定显失公平,才会真正减少显失公平的发生。

单纯以结果严重平衡认定显失公平时,得利一方没有护身的东西,比如,以前得利一方可以自己未利用双方自身状态为托词推脱法律责任的理由已不成立了。因而,试图得利一方反而会客观认定并评估工程价值,而不至于将工程价款压得太低。因为此时法的价值告知,法律允许发包人适当得利,但是如果得利太多导致结果严重失衡,这个超出利益是拿不到的。试图得利一方的主观想法会相对保守与谨慎。

正因如此,笔者才希望以客观因素中结果是否明显失衡作为显失公平的认定条件,而不论得利一方的主观因素及双方自身状态的客观因素。

也许有人担心,单以结果考察是否显失公平大大拓宽了显失公平认定尺度,会导致没有被他人利用其处于危困状态、缺乏判断能力的丧失利益之人反而利用诉裁程序攫取非法利益案件的大量呈现。笔者认为,对此不应太过担心。在一方不存在被人利用其危困状态、缺乏判断能力等状态自愿接受某一严重失衡的结果时,其出现反悔的概率不大。笔者相信守信之人仍是社会群体中的多数。此外,可以从失利一方可能获取的利益上进行制度设计,抑制其通过诉裁程序获得更多不法利益的动机。当然,这个问题与显失公平认定后的工程款的调整标准有关。总体而言,就是限制不利一方的利益驱动力,对其利益获取不宜给予太大空间。

二、失衡程度标准设定

无认定标准则无操作可行性。权利与义务失衡究竟达到何种程度才应当认定为显失公平呢?这需要从保持交易的稳定、合同的自由与维护合同正义和社会公正之间寻求一种平衡。

(一)梯度设置与界线划分

首先,公平与不公平应作出梯度区分。公平可以包括绝对公平、相对公平,而不公平又可以分为相对不公平、明显不公平(显失公平)。因此,从理论上讲,从绝对公平到明显不公平(显失公平),中间至少还存在相对公平、相对不公平两个区域。

其次,每个梯度之间应有明显的界限划分。哪个数值才是绝对公平?笔者认为,这个数值应是一个静态的点。定额价是以国家定额为基础,按社会平均水平确定的工程价款,比较好的体现出工程的价值。因此,可以将建设工程定额价理解为绝对公平状态,作为这个梯度设计模型的起始点考虑。

相对公平、相对不公平应是一个区间数值,它不应是一个静态数值。比如,低于定额价3%被认定为相对公平,低于5%也应被认定为相对公平。"相对"两字的出现,本身也代表一个区域幅度。

再次,明显不公平(显失公平)应设置恰当的数值。笔者认为,既然是明显不公平,就应与绝对公平有一个较大差距,如果只是低于定额价3%或5%这样的数值就不足以体现不公平,尤其不足以体现明显不公平(显失公平)。

笔者注意到《合同法解释二》第十九条第二款①出现过一处"70%"的描述。该条是对"明显不合理的低价"的认定。"转让价格达不到交易时交易地的指导价或者市场交易价百分之七十",这一描述正好抛开了行为人的主观因素,与笔者认为的以结果明显失衡作为认定显失公平标准正好有契合之处。而且,低于指导价或者市场交易价70%的设定有合理性。建设工程的成本价与定额价之间是一个什么比例关系没有统一的数据,但是一旦到了定额价70%的程度,这个数值应该低于工程的成本价了,施工方处于亏本施工的处境。"70%"数值的设定符合公众心理预期,低于定额价30%的幅度也与"明显"两字吻合。因此,笔者认为,以不超出定额价的70%的价格作为显失公平认定的标准比较恰当。可以理解为,此时显失公平的认定原则就是70%比例原则。

---

① 《合同法解释二》第十九条第二款:"转让价格达不到交易时交易地的指导价或者市场交易价百分之七十的,一般可以视为明显不合理的低价;对转让价格高于当地指导价或者市场交易价百分之三十的,一般可以视为明显不合理的高价。"

最后，为撤销合同后工程款如何调整的考虑，需要在相对公平与相对不公平之间设置一条界线。笔者认为，绝对公平与显失公平中间存在相对公平、相对不公平两个梯度。绝对公平至显失公平之间作一个平均划分，可将相对公平、相对不公平分开，也就是在定额价的100%到70%作平均划分。这样可以得出相对公平、相对不公平分界线位于定额价的85%。于是，四个层次就可以完整被勾勒出来：100%的定额价为绝对公平、99%到85%的定额价为相对公平，84%到71%的定额价为相对不公平，等于或低于70%的定额价为明显不公平（显失公平）。

以上是仅就对施工方不利而言探讨显失公平问题。如果发生了对发包人不利的情况，此时的显失公平可以对等处理。超出定额价1%至15%为相对公平，超出定额价16%至29%为相对不公平，超出定额价30%及以上的为明显不公平（显失公平）。可以理解为，此时显失公平的认定原则就是130%比例原则。

（二）显失公平认定标准的排除建议

笔者不建议将双方合同约定的工程款与建设工程成本价的比较结果作为衡量是否显失公平的标准，即笔者不赞成合同约定的工程款与成本价相比低就认为对施工方构成显失公平的认定规则。

首先，建设工程价款构成中具体哪些构成项目作为成本理解，法律上本身没有一个确定的说法。虽然在本书第二十章“低于成本价时的工程款”中，笔者提出过哪些费用项目属于成本的问题，但是法律上对此并没有明确。

其次，有时建设工程的成本价与定额价相比并不是非常悬殊，两者比较接近，在此种情况下，低于成本价就认定为显失公平，这与普通人的观念不符。

最后，如果以合同约定的工程款与成本价比较的高低作为认定对施工方是否构成显失公平的标准，那么合同约定的工程款高于定额价时，对发包人是否构成显失公平就无法作出认定。

因此，笔者认为，不宜直接以和成本价比较的高低来论证合同是否显失公平。

(三)合同可撤销与合同无效的协调问题

如果合同被认定为显失公平,则合同为可撤销合同。同时,笔者在本书第二十章“低于成本价时的工程款”中已作分析,工程价款低于成本价时,合同是否有效的问题应区分招标与非招标情形,两种情形下合同效力会有不同认定。这就存在合同可撤销与合同无效的协调问题。

以工程价款为定额价的70%的合同为例,如果工程价款低于成本价,那么,此时的合同是作可撤销的合同认定,还是作无效的合同认定?

非招标情形下,如果工程价款为定额价的70%,即使低于建设工程的成本价,此时的合同并不符合无效条件。因此,合同属于显失公平的情形,属于可撤销的合同,不属于无效合同。

招标情形下,如果工程价款为定额价的70%,低于建设工程的成本价,合同符合无效条件。此时,合同既无效,又符合显失公平的情况。认定合同显失公平的前提是合同有效。无效合同与显失公平的合同不是同一性质的合同。合同既为无效,又符合显失公平的情况,逻辑上似乎存在矛盾。笔者认为,此时合同性质的选择权可以给予施工方,施工方可以选择主张撤销合同,或者选择主张合同无效,并可以要求调整工程款。

一旦确立了70%的认定原则,就可以为客观认定合同是否构成显失公平提供条件。将以上考察标准运用到本章第一节的案例中,看一下合同中约定的工程款、结算的工程款与定额价的比例。

案例一合同约定的工程款为156,245,967.55元,金某祥实际完成工程的定额价为203,183,250.56元(招标工程量清单范围内据实鉴定价格)+35,885,509.09元(金某祥已施工的工程量清单与图纸之间的差额价格)+3,935,986.01元(法院认定的待定项目造价)=243,004,745.1元,约定的工程款与定额价相比,比例为156,245,967.55元÷243,004,745.1元≈64.29%。这一比例低于70%,符合显失公平的认定标准。

案例二结算的工程款为7,600,000元,工程的定额价为20,158,774.39元÷97.8%=20,612,243.75元,结算价占定额价比例为7,600,000元÷20,612,243.75元≈36.87%。这一比例符合显失公平的认定标准。

三、两种公平并重考察

两种公平是指价款公平与条件公平。本章中虽然所列举案例为价款方面显失公平的案例,但是笔者在本书第十二章"工程款支付条件"中也列举出工程款支付条件方面的案例。有时,合同中约定的付款条件对施工方而言相当苛刻,这是另一种形式的不公平,甚至更甚于价款失衡,明显不公的付款条件危害性不低于价款明显失衡。比如,曾有案例将消防验收作为非消防工程施工方获得工程款的条件,此时工程已施工完毕多年甚至被业主方使用多年,而非消防工程的施工方仍未获得工程款,这种付款条件明显不公平。笔者认为,需要对价款公平与支付条件公平两方面并重考察,不可偏废。

四、价款调整标准设定

笔者认为,合同约定的工程款低于定额价70%时,工程款调整到定额价85%较为合适,达到相对公平的程度就可以,不能超出相对公平的程度甚至达到绝对公平的程度。

首先,显失公平被认定后,工程款调整如果可以达到超出相对公平的程度甚至达到绝对公平的程度,这对处于相对公平层次的那部分人而言就是不公平的。

其次,显失公平被认定后,工程款调整到相对公平的程度符合法的价值追求。如果调整的程度仅是达到相对不公平层次,此时法律适用结果仍然是一个不公平的结果,只是这个结果比显失公平结果相对较轻,这仍不符合法的价值追求。

最后,显失公平被认定后,工程款调整到定额价的85%,也是基于防范违背诚信的人动辄利用显失公平条款,攫取高额经济利益的考虑。前文所述,笔者所倡导的显失公平只依据客观结果认定失衡,放宽了显失公平的认定尺度。为了抑制违背诚信的人动辄提出诉裁请求试图攫取高额经济利益的出现,需要对此部分人的经济预期作一个限制。显失公平认定后弥补的利益调整到定额价的85%,此种利益损失有无必要通过诉裁程序追索,施工方也会作出衡量与考虑。对一部分违背诚信义务的人而言,这种经济利益的诱惑力未必足够。

回到两则案例中看一下最终法院判决工程款调整到何种程度。

案例一法院认定金某祥的工程款为155,485,436.18元(依合同约定的固定总价方式鉴定的合同范围内的工程款)+28,708,407.272元(金某祥已施工的工程量清单与图纸之间差额价格35,885,509.09元×80%)+3,935,986.01元(法院认定的待定项目造价)=188,129,829.46元,整个工程的定额价为203,183,250.56元(招标工程量清单范围内据实鉴定价格)+35,885,509.09元(金某祥已施工的工程量清单与图纸之间的差额价格)+3,935,986.01元(法院认定的待定项目造价)=243,004,745.1元。工程款调整后,金某祥所得工程款与定额价比例为188,129,829.46元÷243,004,745.1元≈77.42%。

案例二法院认定周某贵的工程款为15,804,479.12元,工程的定额价为20,612,243.75元,工程款调整后,周某贵所得工程款与定额价比例为15,804,479.12元÷20,612,243.75元≈76.67%。

两则案例中工程款调整程度比笔者设想的工程款应调整到定额价85%的程度略低。

而对发包人不利的显失公平,此时工程价款则应调低,应调低到定额价115%的程度。

工程款调整到何种程度最为恰当,需要司法实践不断探索,积累经验。法律上需要将显失公平的认定标准量化,逐步形成裁判人员普遍认可的标准,避免裁判人员自由裁量权的随意性,这也是同案同判规则的需要。

024 第二十四章

工程款追索时效

· 导　读 ·

工程款纠纷领域出现时效问题的案件并不多，但是施工方确实需要重视时效问题。因为一旦诉裁机关认定施工方主张工程款时已超出诉讼时效，则施工方就会面临被诉裁机关直接驳回请求的重大法律风险。

时效问题，说简单也简单，说复杂也复杂。简单源于诉讼时效制度是一个较普遍的法律制度，三年时效成为大家脱口而出的法律常识。诉讼时效起算时间的规定也是明确的，即自权利人知道或者应当知道权利受到损害以及义务人之日起计算。但是，建设工程领域工程款纠纷时效问题比较复杂。笔者总结出以下几点原因：

第一，合同无效情形下，时效问题及除斥期间问题本身复杂。合同无效情形下，债权请求权是否适用诉讼时效，如何适用诉讼时效的问题均没有很好地解决。如果债权请求权适用诉讼时效，这一请求与确认合同无效之诉有无关系也不清楚。如果债权请求权不适用诉讼时效，如何适用除斥期间的问题也没有很好地解决。

第二，建设工程施工合同无效情形下，约定的付款时间的处理比较棘手。是否因合同无效导致付款时间约定无效而不能参照付款时间起算时效问题，存在巨大争议。对付款时间的理解不同会产生完全不同的诉讼时效起算思路。

第三，对施工环节争议点的认识不同。比如，如何认识结算条件。如果不具备结算条件，当然不能计算诉讼时效。但是问题在于结算条件本身是一个模糊的概念，哪种情形下才视为不具备结算条件，理解不一。除了结算条件认识不一外，还存在应结算而未结算、是否具备验收条件的认识不一等情况。这些问题均会成为搅局因素，增加时效问题的复杂性。

第四，诉讼时效制度理解上的偏差。笔者总感觉相关著述在探讨无效合同诉讼时效问题时，刻意回避合同无效情形下债权请求权的时效问题，让人无所适从。

第五，缺乏系统性文件。

本章在探讨这些问题时，希望能够对建设工程领域工程款追索时效问题进行整体设计构思，让时效问题的起算具有简易性与辨识性。

第一节 现状考察

建设工程领域工程款追索请求权分为合同有效情形下工程款追索请求权及合同无效情形下工程款追索请求权。建设工程施工合同无效情形下的时效问题更为复杂,可以涵盖建设工程施工合同有效情形下的时效问题。因此,笔者选择对建设工程施工合同无效情形下工程款追索诉讼时效问题进行探讨。

一、从一篇网络文章谈起

(一)六种认定规则

有法律研究者从三十个案例中总结出建设工程施工合同无效情形下工程款诉讼时效实务规则,并将研究成果发表于网络。该文章总结出施工合同无效情形下工程款时效起算的六种认定规则。[①] 六种认定规则分别如下:

司法裁判观点一:施工合同约定了付款期限,施工合同无效,但诉讼时效仍应从无效施工合同约定付款期限届满之日起算(三个案例)。

司法裁判观点二:施工合同无效,约定的付款期限也无效或者施工合同未约定付款期限,但工程款已经结算的,工程款诉讼时效从实际结算之日起算(一个案例)。

司法裁判观点三:施工合同无效,约定的付款期限也无效或者施工合同未约定付款期限,但工程款未结算的,诉讼时效从结算条件具备之日起算(三个案例)。

司法裁判观点四:施工合同无效,约定的付款期限也无效或者施工合同未约定付款期限,但工程款未结算的,诉讼时效未起算(四个案例)。

司法裁判观点五:施工合同无效,约定的付款期限也无效或者施工合同未

① 参见宋仲春、于智涔:《无效施工合同法院确定工程款诉讼时效起算规则——基于30例最高院及高院判例的法律分析》,载个人图书馆网2020年11月18日,http://www.360doc.com/content/20/1118/12/72475118_946493117.shtml。

约定付款期限,但工程款未结算的,工程款诉讼时效从合同被确认无效之日起算(两个案例)。

司法裁判观点六:施工合同无效,约定的付款期限也无效或者施工合同未约定付款期限,虽未进行结算,但工程款可以确定的,工程款诉讼时效从竣工验收之日起算(两个案例)。

(二)分歧点的归纳

笔者分析上述观点,并且将其所引用案例在网上进行搜索,可以梳理出上述六种观点在工程款追索诉讼时效问题上的分歧点。

分歧点一:无效的建设工程施工合同中付款期限的约定能否视为有效,观点分为两派,司法裁判观点一单独成一派,司法裁判观点二至六为另一派。司法裁判观点一认为,付款期限约定为有效,付款期限可以作为时效起算时间考虑。司法裁判观点二至六认为合同无效,付款期限约定也无效,付款期限的约定不作为时效起算时间考虑。

分歧点二:在视为付款期限约定无效或者建设工程施工合同本身未约定付款期限的情况下,时效起算时间分两种情况进行探讨,即已经结算与未经结算。

其中,司法裁判观点二为已经结算情形下的观点,司法裁判观点三、四、五、六为未经结算情形下的观点。因此,司法裁判观点二与司法裁判观点三、四、五、六实际上并不矛盾,而真正产生分歧的应是司法裁判观点三、四、五、六。司法裁判观点三、四、五、六关于诉讼时效起算时间各异。

司法裁判观点三、四、五、六均是付款期限约定无效或者未约定付款期限,未结算情形下的观点。司法裁判观点三较为特殊,该观点提出结算条件问题。结算条件是一个相当不明确的概念。研究司法裁判观点三所附的三则案例,看看该作者引用的三则案例中结算条件是怎么一回事。司法裁判观点三中提到的三则案例结算条件分别为:

第一则案例为转包人起诉发包人要求支付工程款的案件。案例中确认第三方(转包承包人)提出对转包人的诉讼确认转包人与第三方(转包承包人)之间的工程款时,转包人才具备结算条件,转包人向发包人主张权利的诉讼时效才开始起算。①

第二则案例为实际施工人起诉转包人、发包人要求支付工程款的案件。案例中确认发包人或审计部门审定结算时，实际施工人才具备结算条件，实际施工人向转包人、发包人主张权利的诉讼时效才开始起算。②

第三则案例为实际施工人起诉转包人要求支付工程款利息的案件。案例中确认发包人与承包人（转包人）结算时，实际施工人才具备结算条件，实际施工人向转包人主张权利的诉讼时效才开始起算。③

司法裁判观点四、五、六对于诉讼时效起算时间相对明确。

（三）观点逐一分析

对于司法裁判观点一，笔者认为，合同无效，将无效合同中约定的付款期限作为诉讼时效的起算时间，与诉讼时效制度的立法目的相吻合。合同中约定的付款时间已到，但付款方应付却未付工程款，这时双方的争议开始产生，以此起算时效符合诉讼时效制度的设计目的。付款时间作为时效起算时间的观点并

---

① 这是一则转包人起诉发包人的案例。案例中转包人将土建及安装工程分别转包给他人。法院认为：该案中转包人将工程转包，转包的承包人承建的安装工程于2013年7月5日作出终审判决、转包的承包人的土建工程于2014年3月7日作出终审判决。转包人相应的工程造价也是通过终审判决才确定下来的。土建及安装工程在实施施工过程中发生了变更，导致总承包协议不具备结算条件。转包人于2015年7月2日向法院提起诉讼未超过诉讼时效。该案应当以转包承包人与转包人之间工程款处理为依据。在转包承包人与转包人之间纠纷终审前该案不具备结算条件。参见四川省高级人民法院民事判决书，(2017)川民终242号。

② 这是一则实际施工人起诉发包人及转包人的案例。二审法院的主要理由如下：《项目管理责任书》第五条第一款第三项约定双方以发包人（恒宝公司）或审计部门最终的审定结算为基础办理该项目结算。发包人（恒宝公司）于2014年2月28日完成汀州首府工程的总造价审核，此时饶某添（该案的实际施工人）才能明白自己应得的工程款的总金额。只有总工程款审核确定后，饶某添才能知道自己是否有被拖欠工程款以及被拖欠的金额，自此开始起算诉讼时效。参见福建省高级人民法院民事判决书，(2015)闽民终字第2033号。

③ 这是一则实际施工人起诉转包人的案例。法院主要观点如下：业主与万通公司于2011年8月11日进行结算，确认万通公司施工案涉工程的工程价款，虽然该案双方未对工程款进行结算，但因案涉工程系万通公司与业主签订《合同协议书》。之后，万通公司将上述工程转包给韦某实际施工。业主与万通公司于2011年8月11日结算后，万通公司应支付给韦某的案涉工程款即可以确定。韦某因案涉工程款本金另行向柳州市城中区人民法院起诉万通公司(2013)城中民一初字第477号民事判决书的事实表明，韦某对业主与万通公司前述结算是知情并认可的，因此，双方之间未结算或者双方对工程款具体金额存在争议，不会造成韦某不知道或不应当知道万通公司向其支付案涉工程款问题，该案双方之间的工程款自2011年8月11日就可以结算确定，该案的诉讼时效应从2011年8月11日起算。参见广西壮族自治区高级人民法院民事裁定书，(2016)桂民申2091号。

无不当。在这一观点之下，当然需要进一步考虑付款时间与竣工时间的关系。如果竣工时间晚于付款时间，显然就不能以约定的付款时间作为时效起算时间。也就是说，合同中约定的付款时间应在工程竣工时间早于约定的付款时间的情况下才适用，否则合同中约定的付款时间不能适用。

司法裁判观点二至六共同的问题是将无效合同中约定的付款期限视为无效，笔者认为，这些观点背离了诉讼时效制度设置的核心初衷。同时，依据《民法典》的规定，建设工程施工合同无效，工程验收合格可以参照合同约定进行折价补偿。在本书第十九章"合同无效下的工程款"中，笔者已经分析了"参照"的范围，付款期限应当作为参照对象予以适用。除了司法裁判观点二至六共性的问题之外，再具体分析每个观点。

司法裁判观点二主张工程款已经结算的，工程款诉讼时效从实际结算之日起算。笔者认为，此时双方已经结算，双方无付款时间的特别约定时，结算之日应视为工程款付款之日。因此，该观点并无不妥。就如买卖合同一样，双方对货款进行结算之时也应视为购买方付款之日。结算时间之次日应开始起算时效。

司法裁判观点三中提出结算条件。结算条件本身不是一个明确的概念。笔者对三则案例中的结算条件并不认同。第一则、第二则、第三则案例均将合同相对方之外的第三方因素作为是否具备结算条件进行考虑。三则案例均是转包或违法分包案例，将第三方因素作为自己诉讼时效起算时间考虑，变相认可了违法行为人可以获得更多的时效利益。

比如，依三则案例的逻辑推演，可以分别得出以下结论：第一则案例的推演结论：如果转包人与实际施工人没有确认工程款，转包人向发包人主张工程款永远不会超过诉讼时效；第二则案例的逻辑推演结论：如果发包人与转包人未能确认工程款，实际施工人主张工程款永远不会超过诉讼时效；第三则案例的逻辑推演结论：如果发包人与转包人未能确认工程款，实际施工人向转包人主张工程款永远不超过时效。而且，在发包人、转包人（违法分包人）、实际施工人三方关系中，哪两方应先行确定工程款会成为难题。比如，第一则案例中法院要求转包人与实际施工人先确认工程款，以此认定转包人与发包人具备结算条件。第三则案例中法院要求发包人与转包人先确认工程款，以此认定实际施工人与转包人具备结算条件。这两个结算条件的认定顺序是相反的。

再看第二则案例。该则案例以转包人与发包人的结算作为实际施工人具备结算条件起算时效。如果发包人不审核结算是不是就一直视为实际施工人不具备结算条件？或者说，实际施工人提交审核报告后，如果转包人明确拒绝审核，此时实际施工人也一直不具备结算条件吗？这显然不妥当。实际施工人向转包人提交结算之后，转包人在合理时间内不出具审核结果，此时实际施工人与转包人之间产生实质争议。业主不出具审核结果不代表实际施工人没有自己的工程款结算数额。因此，笔者不认同三则案例中结算条件的说法，时效起算时间还是应以双方产生实质争议的时间来认定。

在涉及发包人、转包人（违法分包人）、实际施工人三方关系的诉讼中，转包人（违法分包人）向发包人提起诉讼、实际施工人向转包人（违法分包人）提起诉讼并不完全依赖第三方。在实际施工人起诉转包人（违法分包人）案件中，实际施工人自己可以有结算书或申请工程款鉴定，并不依赖于发包人与转包人（违法分包人）之间的结算。在转包人（违法分包人）起诉发包人案件中，可能确实存在施工过程中实际施工人施工的工程量发生变化的情况，这也是转包人（违法分包人）转包（违法分包）本身带来的法律风险。而且即便如此，转包人（违法分包人）也可以对已经确定的工程款提起诉讼，并不依赖于实际施工人与自己的结算。如果确实存在实际施工人工程量发生变化，对于发生变化不知情部分的工程量未计算在此次起诉金额范围内，转包人（违法分包人）可以另案提起诉讼。总体而言，违法行为人不应以第三方的原因反而增加时效利益。

对于司法裁判观点四，工程款未结算情形下诉讼时效一直未起算，笔者认为，该观点不妥当。一方要求结算而另一方不结算本身就是一个争议事实。久拖不结也是对施工方权利的直接侵害。工程款应结算而未结算时施工方不主张权利，本身也是对自身权利的放任。如果司法裁判观点四成立，则等同于双方不结算情况下施工方可以不受时效约束，认可了在权利放任状态之下一直可以得到时效利益，这与时效制度的设计目的相违背。

对于司法裁判观点五，工程款未结算的，工程款诉讼时效从合同被确认无效时起算，笔者认为，该观点不妥当。确认合同无效之诉不适用诉讼时效制度为实务中的主流观点。确认合同无效请求权应否受除斥期间限制有不同观点。[①] 关键问题是,在建设工程施工合同纠纷中,不仅是确认合同效力问题,还必定涉及工程款的给付问题。也就是说,建设工程施工合同无效情形下存在两个可能的请求权,一个是形成权之诉,另一个是债权请求权之诉。如果债权请求权时效依托于合同被确认无效时起算,那么合同无效情形下,无效合同中的施工方获得了更多的时效利益。也就是说,法律上无过错的合同当事人比有过错的当事人得到的法律保护更弱。并且,债权请求权时效依托于合同被确认无效时起算,是将无效合同情形下的债权请求权的时效问题剥离出整个诉讼时效的法律制度框架范围。在诉讼时效制度的法律框架下,只要是债权请求权就应受《诉讼时效规定》的约束,除非《诉讼时效规定》作出明确的特别规定。在《诉讼时效规定》未明确规定的场合,为什么无效合同情形下的债权请求权时效从合同被确认无效时起算,而不是从"知道或者应当知道权利受到损害以及义务人之日起计算"?合同确认无效时起算债权请求权时效,法律依据存在明显不足。这种观点与《民法典》《诉讼时效规定》相违背。

对于司法裁判观点六,虽未进行结算但工程款可以确定的,诉讼时效从竣工验收之日起算,笔者认为,该观点也有不妥之处。实践中,工程款的确定时间与竣工验收时间不是同一个时间。因此,将验收时间与应收工程款的时间等同,缩小了权利人的时效利益。笔者认为,从工程验收合格至工程款支付存在两个环节,一个环节是施工方提交竣工结算申请,另一个环节是发包人的结算审核。这两个环节均需要一定的时间。《建设工程施工合同(示范文本)》(2017 年版)中提出了"28 日[②] +28 日[③]"模式,即验收合格 28 日内施工方应提

---

① 第一种观点认为,不应设定除斥期间对其进行限制。第二种观点认为,应适用除斥期间的规定。参见最高人民法院民事审判第二庭编著:《最高人民法院关于民事案件诉讼时效司法解释理解与适用》,人民法院出版社 2008 年版,第 153~157 页。

② 《建设工程施工合同(示范文本)》(2017 年版)第二部分通用合同条款第 14.1 条:"竣工结算申请 除专用合同条款另有约定外,承包人应在工程竣工验收合格后 28 天内向发包人和监理人提交竣工结算申请单,并提交完整的结算资料,有关竣工结算申请单的资料清单和份数等要求由合同当事人在专用合同条款中约定……"

③ 《建设工程施工合同(示范文本)》(2017 年版)第二部分通用合同条款第 14.2 条:"竣工结算审核(1)除专用合同条款另有约定外,监理人应在收到竣工结算申请单后 14 天内完成核查并报送发包人。发包人应在收到监理人提交的经审核的竣工结算申请单后 14 天内完成审批,并由监理人向承包人签发经发包人签认的竣工付款证书。监理人或发包人对竣工结算申请单有异议的,有权要求承包人进行修正和提供补充资料,承包人应提交修正后的竣工结算申请单……"

出竣工结算申请,发包人在收到竣工结算申请28日内完成审核,签发竣工付款证书。笔者认为,这两个时间的设置较为妥当。验收合格时间另加56日届满时间作为工程款追索时效的起算时间较为合理,除非双方在合同中明确作出其他付款时间的约定。

二、原因探寻

为什么在建设工程领域会出现多样化的诉讼时效起算时间裁判规则,笔者认为,主要有以下几种原因:

(一)合同无效情形下,时效问题及除斥期间问题本身复杂

合同无效情形下,如何适用诉讼时效及如何适用除斥期间,法律上一直存在争议。虽如前所述,确认合同无效之诉不受诉讼时效限制是实务中的主流观点,但是最高人民法院在其同一本著作中的观点似乎又是冲突的。“确认之诉不受时效的限制已经形成了通说,无论是有效合同还是无效合同的确认之诉,因为不涉及到财产的给付内容,所以不受到诉讼时效的限制。对于无效合同的诉讼时效没有履行的按照合同签订的日期或者约定的生效日期来确认时效期间是适当的,而对于已经履行或者部分履行的合同确定其时效期间以及起算点应当参照有效合同的确定方式加以确定。”①上述观点先肯定确认之诉不受时效限制,但是后面又提出“确认时效期间是适当的”“参照有效合同的确定方式加以确定”。既然确认之诉不受时效限制,也就不存在确认时效期间的问题。最高人民法院的观点是矛盾的,至少是模糊的。另外,确认合同无效之诉如何适用除斥期间也不明确。无效合同情形下,时效问题及除斥期间问题没有从根本上得到解决。

上述争议观点本身还没有涉及债权请求权问题。施工方要求支付工程款是债权请求权,这一请求权是否完全依托于合同被确认无效还是独立于合同效力的确认,没有看到权威观点对此进行论述。这也导致建设工程合同无效情形下,工程款追索如何适用时效问题的乱上加乱。

---

① 吴庆宝主编:《最高人民法院专家法官阐释民商裁判疑难问题》(上篇),人民法院出版社2007年版,第208~209页。

（二）建设工程施工合同无效情形下，约定的付款时间的处理比较棘手

建设工程施工合同无效，对其中付款时间的约定如何看待，不同的法院有不同的观点。付款时间是否应参照的认定不同，会让时效问题走向两个不同的方向，上述司法裁判观点一至六就明确反映出这个问题。认定付款时间约定有效的，则此付款时间会成为时效起算时间考虑，时效问题相对简单。认定付款时间约定无效的，时效问题就会复杂。

（三）对施工环节争议点的认识不同导致时效问题不简单

比如，结算条件是否具备的问题。笔者同意如果不具备结算条件，诉讼时效不应起算。但是，如何理解结算条件，不同的人又有不同的认识。司法裁判观点三中出现对结算条件理解的三则案例，笔者已作分析，对三则案例中所述结算条件并不认可。

又如，在工程款未结算情形下，竣工时间应否作为付款时间理解的问题。司法裁判观点六就是主张工程款未结算情形下，诉讼时效从竣工验收之日起算。这个时效的起算时间未能考虑实践中的一个普遍做法是结算时间与竣工验收时间相比有一个滞后的问题。

在工程款未结算情形下，如何确认争议点的出现是需要解决的问题。笔者认为，未结算的原因需要探明。司法裁判观点三、四、五均不考虑未结算原因均不妥当。工程款未结算的情形下，争议点在于发包人或转包人、违法分包人应结算而不结算。双方约定结算时间而未结算，此时就应考虑时效起算问题。如果合同明确约定结算时间，那么出现争议的时间就应依合同内容确定。如果合同中未约定结算时间，那么出现争议的时间应是竣工时间后的合理时间。

（四）诉讼时效制度理解上的偏差

设计诉讼时效制度的目的是什么？笔者认为，目的是解决发生债权请求权争议时权利人及时行使权利问题。

在探讨合同无效情形下诉讼时效或除斥期间问题时，最高人民法院的相关著述似乎刻意回避了一个问题，也就是合同无效情形下债权请求权的时效问题。最高人民法院在相关著述中一直探讨确认合同无效之诉的形成权的时效

问题或除斥期间问题,而对于合同无效情形下更重要的债权请求权的时效问题不作探讨。

这种刻意回避不清楚是什么原因造成的。这里就会产生两种解读。第一种解读,债权请求权之诉与确认合同无效之诉无关,债权请求权之诉本身就受《诉讼时效规定》的制约而不需要刻意释明。第二种解读,债权请求权问题依托于合同无效请求权问题的处理,在确认合同无效之诉得到确认后,债权请求权之诉才开始起算时效。

回到建设工程合同纠纷追索工程款案件中,无论合同有效或无效情形,施工方的最终的目的不是确认合同效力,而是解决工程款的给付问题。诉讼时效制度是针对债权请求权设计的,施工方要求给付工程款就是一个债权请求权。司法裁判观点四、五、六分别认为工程款未结算时效未起算、从确认合同无效之日开始起算时效、从竣工验收之日开始起算时效,笔者认为,上述观点均违背时效制度的设计目的。

将合同无效情形下债权请求权问题捆绑于合同无效之诉得到确认更是法律依据不足。在诉讼时效制度的法律框架之下,只要是债权请求权就应受《诉讼时效规定》的约束,除非《诉讼时效规定》作出明确的特别规定。施工方追索工程款与确认合同无效之间应没有联系。考虑到诉讼时效制度的设计目的,合同无效情形下付款时间约定、工程款应结算而未结算均不影响双方争议时间点的出现,此时均应开始起算时效。

(五)缺乏系统性文件

《诉讼时效规定》解决不了建设工程领域工程款纠纷的时效适用问题。《诉讼时效规定》对合同无效情形下如何适用诉讼时效规定不明。这种不明肯定会带来建设工程领域中时效起算时间的适用不明。同时,合同无效结算有效是建设工程施工合同中特有的情况。因此,建设工程领域中时效问题更加多样与复杂。

最高人民法院及地方法院司法文件均未能从整个体系上出台建设工程施工合同有效与无效情形、工程款结算与未结算情形下的时效起算的文件。最高人民法院只是在个案中提出针对个案情况的时效起算时间的法律观点。地方法院文件针对时效起算时间作出一对一的解答。这也就造成"头疼医头,脚痛医脚”的问题。

比如，江西省高级人民法院在其微信公众号上刊载如下观点：

Q2.工程款尚未结算，承包人提起诉讼的诉讼时效起算时间如何确定？

在工程款尚未结算的情况下，往往难以确定工程款应支付的确切时间，承包人难以知晓权利被侵犯的确切时间，故一般不计算诉讼时效，但如有证据证明一方知道或应当知道对方拒绝结算的，从其知道权利受损害之日计算。①

暂不探讨文件中观点是否成立，江西省高级人民法院只是针对工程款尚未结算情形下的时效问题作出回答。合同无效情形下工程款已作结算、工程完工不验收、工程未竣工等情况下的时效起算问题均未作涉及。

又如，《福建高院解答》中规定：“问：当事人对付款时间没有约定或者约定不明的，《最高人民法院关于审理建设工程施工合同纠纷案件适用法律问题的解释》第十八条规定的应付款时间是否可以作为承包人主张工程款的诉讼时效起算时间？答：当事人对付款时间没有约定或约定不明，承包人请求发包人支付工程款的，诉讼时效从建设工程交付之日起算。”

这个解答只是针对付款时间没有约定或约定不明的情况，作出一个诉讼时效如何起算的解答。然而，对其他众多情况下的时效起算问题没有作完整规定。

总体而言，这些解答相对单一，全面性不够，并没有从根本上解决追索工程款纠纷中诉讼时效如何统一适用的问题。

第二节　制度设计

一、考虑因素

追索工程款案件的诉讼时效问题，应从以下方面进行整体考虑。

第一，尽可能统一合同有效与合同无效情形下的诉讼时效规则，不应出

① 《民法典实施后建设工程合同纠纷50问》，载微信公众号“江西民事审判”2021年12月23日，https://mp.weixin.qq.com/s/s1NG3aXoF1lpBrQtFC72Kw。

现两种不同的规则。笔者认为,只要将无效合同中的付款时间、结算时间视为有效,就可以做到合同有效与合同无效情形下的诉讼时效规则的统一。而且依据笔者在本书第十九章“合同无效下的工程款”中的分析,付款时间的约定应当作为“参照”的范围。与付款时间类似,结算时间也应作为“参照”的范围。

第二,回到诉讼时效法律问题本身,以实质争议的出现时间作为时效起算时间符合这一制度的设计目的。诉讼时效制度为解决争议设置了一个主张权利的时间段。诉讼时效期间自权利人知道或者应当知道权利受到损害以及义务人之日起计算。在合同无效情形下,如果确定了付款时间,应付款而未付款则双方产生争议。此类争议与合同有效情形下双方产生争议无本质区分。合同中的付款时间只是提醒当事人,争议的时间点已经出现。所以付款时间、结算时间等时间仍应作为时效起算时间考虑。工程款已经结算的,不影响合同中付款时间的认定;工程款还未结算的,不影响合同中约定的结算时间的认定。

第三,建立诉讼时效起算时间表可以从反向角度考虑。合同无效情形下,除了付款时间为重要时间节点外,还有三个时间节点比较关键:结算时间、竣工验收时间、停工验收时间。四者可以形成一个递进关系。在付款时间未达到时,应考虑结算时间;在结算时间未达到时,应考虑竣工验收时间;在竣工验收时间未达到时,应考虑停工验收时间。这样的话,一个递进式的诉讼时效设计框架就可以构建起来。

第四,需要考虑到重要时间节点之下会出现不同情况的可能,因此,重要时间节点下又可以细分为若干子项、分项。比如,结算可能产生以下子项,具备结算条件与不具备结算条件。具备结算条件时,可能出现四个分项:第一,约定结算时间,另一方不配合结算;第二,未约定结算时间,另一方不配合结算;第三,双方结算明确付款时间;第四,双方结算未明确付款时间。四个分项之下,时效起算时间应有区分:第一种情况下,约定结算时间,另一方不配合结算,此时的时效应从约定的结算时间届满之日起算,因为结算时间内应结算而未结算,次日即形成争议时间。第二种情况下,未约定结算时间,另一方不配合结算,此时应设置一个争议形成的合理时间,笔者认为,以验收合格时间 +28 日 +28 日届满之日比较妥当。如果以明确拒绝之时才起算时间,造成不结算则时效永远不过的不合理状态。第三种情况下,双方结算明确付款时间,此时诉讼时效应从付款时间届满之日起算。第四种情况下,双方结算未明确付款时间,此时诉讼时效应从结算时间届满之次日起算,因为结算之日作为付款之日较为合理。

当然还需要考虑不具备结算条件时的时效问题,此时的时效应从具备结算条件时起算,但是对结算条件的认定应严格掌握,不应随意扩大。

如果还未到结算时间,则考虑竣工验收时间。竣工验收时间可能产生三个子项:竣工不验收、竣工并验收、部分分包工程不具备验收条件。此时应有不同的时效起算时间。如果工程还未完工就已停工,可能产生不验收、验收两个子项。此时也应有不同的时效起算时间。总体而言,以争议实质形成之时作为时效的起算时间。

第五,合理考虑重要时间节点出现后是否应有一个合理时间问题。比如,验收(竣工验收及停工验收)与给付工程款之间的合理时间问题。如果将验收时间等同于工程款给付时间,则会让施工方丧失部分时效利益。笔者认为,两者之间应有一个合理时间差。一般而言,工程验收之后才会产生双方结算工程款的问题。工程款结算资料复杂,核对也有一个过程。在无特殊的情况下以"验收合格时间 +28 日 +28 日"作为应付工程款的时间较为妥当。如果出现发包人需要施工方提供补充资料的情况,则以" +28 日 +28 日"作为增加的循环周期。循环周期结束后的时间作为时效的起算时间,即" +28 日 +28 日"届满之日起算时效。

第六,考虑不具备结算条件与不具备验收条件两种特殊情况。笔者不同意将司法裁判观点三所列案例提到的情况作为结算条件。但是实践中确实又可能存在是否具备结算条件的问题。结算应是验收后的事情,在工程未验收时,不具备结算条件。不具备结算条件的情况应是指不具备验收条件的情况,应对结算条件作严格限制。

而在什么情况下会出现不具备验收条件的情况呢?笔者认为,比如,分包工程虽已完工,但是分包工程的验收需要依托于工程的整体验收,此时的分包工程可能不具备验收条件。分包工程不具备验收条件时,施工方追索工程款的诉讼时效应从具备验收条件时起算。

二、整体设计

依本章第一节内容及上文中作出的分析，笔者设计出一份工程款追索诉讼时效起算表格（见表16）。笔者认为，表16的架构符合诉讼时效制度的设置理念，脉络清晰，具有简易性与辨识性。这是一个系统性解决工程款追索时效起算时间的总体设计，希望可以改变实践中对时效问题的处理杂而无序的局面。

表16 工程款追索诉讼时效起算

时效参考因素	参考因素可能产生的子项	可能产生的分项	诉讼时效起算时间	备注
付款时间	合同对付款时间作出约定	竣工时间早于约定付款时间	约定的付款时间届满之日	合同虽然无效，但付款时间约定仍成立
		竣工时间晚于约定付款时间	验收合格时间+合理时间（建议56日）[1]届满之日	实践中，竣工时间与结算时间并不一致，结算时间有一定的滞后性
	合同对付款时间未作约定	—	依据结算情况而定	—
竣工后结算	具备结算条件	约定结算时间，另一方明确不配合结算	约定的结算时间届满之日	—
		未约定结算时间，另一方明确不配合结算	验收合格时间+合理时间（建议56日）届满之日	—
		结算后约定付款时间	约定的付款时间届满之日	—
		结算后未约定付款时间	实际结算时间届满之日	—
	不具备结算条件	未竣工验收	验收合格时间+合理时间（建议56日）届满之日	严格限制不具备结算条件的认定[2]

续表

时效参考因素	参考因素可能产生的子项	可能产生的分项	诉讼时效起算时间	备注
竣工验收	竣工不验收	工程竣工时间早于或等于合同约定竣工时间却不验收	合同约定的竣工时间届满之日	—
		工程竣工时间晚于合同约定竣工时间却不验收	实际竣工时间届满之日	
	竣工并验收	工程完工验收并约定结算时间	约定结算时间届满之日	—
		工程完工验收并未约定结算时间	验收合格时间 + 合理时间(建议 56 日)届满之日	—
	分包工程不具备验收条件	—	具备验收条件时	严格限制不具备验收条件的认定[3]
停工验收	不验收	—	停工时	—
	验收	约定结算时间	约定的结算时间届满之日	—
		未约定结算时间	验收合格时间 + 合理时间(建议 56 日)届满之日	—

注:1. 该表中时效起算总体上遵循从上而下的递进关系设计。有前面情况出现,则将前面情况作为诉讼时效起算时间。如没有前面情况,则依序将后面情况作为诉讼时效起算时间。

2. 该表未考虑进度款支付、工程质量保证金返还(支付)的诉讼时效问题。

〔1〕合理时间(建议 56 日)由“28 日 +28 日”计算得出。如果发包人需要施工方提供补充资料,则增加“28 日 +28 日”作为循环周期,循环周期结束后的时间起算诉讼时效,即“28 日 +28 日”届满之日起算时效。表中其他四处合理时间问题均作此理解。

〔2〕不具备结算条件的情况:分包工程的承包人施工的工程,如果需要在工程整体竣工验收时才能进行验收,分包工程未进行验收时可以视为不具备结算条件,分包工程不验收便无从谈结算。

〔3〕不具备验收条件的情况:分包工程的承包人施工的工程,如果需要在工程整体竣工验收时才能进行验收,此种情况可以视为不具备验收条件。

025 第二十五章

可诉（裁）性分析

·导　读·

工程款欠付从产生争议到形成诉讼(仲裁)有一个过程。争议是否可能形成诉讼(仲裁)应综合考虑以下两个方面:必要性与风险性。

必要性分析,着重考虑争议是否到了非诉(裁)不可的地步。将建设工程争议推向诉讼(仲裁)不在于求快,而在于求稳。施工方的目的不在于制造纠纷,而在于解决纠纷。因此需要进行必要性分析。必要性分析所考虑的是诉讼(仲裁)路径是不是优先路径的问题。如果双方有协商的可能,发包人主观上并不是有意不支付工程款,此种情况下双方纠纷仍应通过充分协商的方式解决。

风险性分析,着重考虑工程质量问题带来工程款的拒付风险及证据充分与否、裁判规则不统一造成法律结果上的胜负风险。这两个风险有一定的交叉,但侧重点不同。提起诉讼(仲裁)前,施工方对自己施工的工程质量必须有正确的预估。如果没有正确的预估,在诉讼(仲裁)中经鉴定出现工程质量问题,诉讼(仲裁)局面可能相当被动。基于施工方原因导致出现工程质量问题的前提下,笔者尝试作一份清晰的表格,用以归纳工程质量问题与工程款应否支付之间的对应关系。案件胜负风险是诉讼(仲裁)案件中出现的普遍情况,并不是工程款纠纷案件所独有的。在追索工程款案件中,需要更加全面与细致地考虑诉讼(仲裁)案件中的证据问题与裁判规则问题。证据的不充分或者裁判规则不统一均可能造成案件最终结果与预期结果之间的较大落差。

第一节　必要性分析

一、客观不能与主观不为

客观不能与主观不为,是区分追索工程款纠纷产生的原因问题,即主观因素还是客观因素导致纠纷产生。

客观不能是指付款方因暂时的经济能力不足而无法支付施工方的工程款。在市场经济条件之下,付款方因资金出现暂时周转问题而产生支付困难是一个相对普遍的情况。此时,施工方还是应给付款方一个相对合理的归拢资金的时间。尤其在付款方已经在积极想办法筹措资金、加速资金流动的情况下,施工方应有耐心,采取保守与谨慎姿态。

主观不为是指付款方本身具备支付工程款的能力,并且施工方要求支付工程款客观上符合付款条件,但是此时付款方主观上不想给,抱着想拖就拖、能不给就不给的心态,故意以各种理由进行推脱。这种情况下,付款方的主观意愿就是拒绝付款,此时只有以法律的力量强制其支付工程款。

客观不能情形下导致的工程款未能支付,施工方可以不用太急,施工方也多能理解付款方的处境。主观不为情形下付款方则完全违背商业诚信。

客观不能时,诉讼(仲裁)宜缓,施工方暂无必要提起诉讼(仲裁);主观不为时,诉讼(仲裁)可行,施工方确有必要启动司法程序。

二、认识偏差与协商空间

认识偏差是指在有些工程款争议案件中,双方对是否应当支付工程款或应当支付多少工程款认识不同。比如,工程量的计算,双方可能因计算方法不一致而产生偏差。工程款的计算,双方也可能因认识不一而产生数额计算不一致的情况。

协商空间是指在出现双方认识偏差的情况下,有无可能缩小偏差、纠正偏差,双方有无可能通过协商解决纠纷。出现认识偏差的情况下,一般会存在协商的空间。因为付款方主观上并不是不想支付工程款,只是没有接受施工方单方认为的工程量、工程款等。在出现认识偏差之后,需要客观分析偏差的原因,进而协商处理。以有理、有利的法律依据及事实纠正另一方的偏差,这样可以推动纠纷较快处理。

存在认识偏差及协商空间时,建议找工程技术人员、法律专业人员、造价专业人员参与其中,帮助双方分析与处理。在双方协商中,可能会发现自己的理解不对或者自己对事实的认知是片面的。当然,协商无果的情况也经常发生,纠纷可能最终还是进入诉讼(仲裁)程序,但是协商的过程是没有白费的。因为经历了这个过程,施工方可以充分认识双方的争议点,找到诉讼(仲裁)突破的方向,这实际上也有利于后期诉讼(仲裁)的推进。

诉讼(仲裁)不是最佳选择,其只能作为维权的最后一步,协商解决为最佳解决途径。施工方不用过于急躁。受理施工方法律咨询的律师不宜挟收取律师代理费的私心而鼓动施工方轻易提起诉讼或仲裁。

只要协商空间存在,就为非诉(裁)处理提供了可能,这时暂时无必要提起诉讼(仲裁)。如果临近诉讼时效超出,为避免时效超出带来的不利法律后果,施工方应注意保留双方协商的证据,切勿让对方在此钻了法律空子。

如果双方产生认识偏差,存在协商空间,诉讼(仲裁)宜缓。如果认识偏差无法消除,协商空间没有,施工方可以选择提起诉讼(仲裁)。

第二节　风险性分析

一、工程质量风险

工程质量问题会成为建设工程施工合同纠纷诉讼(仲裁)中的一关键"胜负手"。如果因施工方导致出现工程质量问题,施工方不仅难以获得工程款,甚至存在被反诉的可能,发包人可以向施工方提出索赔事项。因此,在诉讼(仲裁)前施工方需要确认已施工工程是否存在质量问题。施工方原因导致出现工程质量问题时,工程质量问题与工程款应否支付之间有无规律可循?为清晰表明施工方是否可以顺利主张工程款,笔者将不同的要素分别作为纵向因素及横向因素,结合法律依据制作出工程质量问题与工程款应否支付对照表(见表17)。

表 17　工程质量问题与工程款应否支付对照

序号	质量状况	是否可以修复	进度款	未竣工结算款	竣工结算款	质量保证金	备注
1	质量符合约定标准	—	应予支付	应予支付	应予支付	应予支付	约定的质量标准高于强制性国家标准
2	质量不符合约定标准	可以修复	不影响进度款的支付,如发包人有合理根据,可以行使不安抗辩权	在扣除修复费用后,发包人仍应支付结算款,如发包人有合理根据,可以行使不安抗辩权	发包人可以行使先履行抗辩权,拒绝支付结算款;工程经修复验收合格,发包人应支付结算款	扣除修复费用及鉴定费后应予支付,如双方合同明确约定施工方不修复工程时发包人可以不支付的,则不予支付	
		不可以修复	可以拒绝支付	可以拒绝支付	可以拒绝支付	可以拒绝支付	
3	质量合格	—	应予支付	应予支付	应予支付	应予支付	对质量标准未作特别约定
4	质量不合格	可以修复	不影响进度款的支付,如发包人有合理根据,可以行使不安抗辩权	在扣除修复费用后,发包人仍应支付结算款,如发包人有合理根据,可以行使不安抗辩权	发包人可以行使先履行抗辩权,拒绝支付结算款;工程经修复验收合格,发包人应支付结算款	扣除修复费及鉴定费后应予支付,如双方合同明确约定施工方不修复工程时发包人可以不支付的,则不予支付	
		不可以修复	可以拒绝支付	可以拒绝支付	可以拒绝支付	可以拒绝支付	

注:1. 该表是基于施工方责任作出的分析,不包括发包人原因导致的工程质量问题。

2. 该表中“扣除修复费、鉴定费”是指发包人承担修复费、鉴定费时的情况。

3. 该表中不包括未经竣工验收,发包人擅自使用又以工程质量为由提出的抗辩情形。此情况下,施工方仅对地基基础工程与主体结构质量负责。

(一)纵向因素

《民法典》第七百九十三条第一款、第二款[①]、第七百九十九条第一款[②]、第八百零一条[③]、第八百零六条第三款[④]中,对工程质量存在以下表述:"验收合格""质量合格""质量不合格""质量不符合约定"。

《2020年建设工程合同解释》第十二条[⑤]、第十三条第一款[⑥]、第十九条第三款[⑦]中,对工程质量问题存在"质量缺陷""质量合格""验收不合格"的表述。

根据《建筑工程保修办法》第三条第二款[⑧]的规定,工程质量缺陷包括两个方面:不符合合同约定标准的质量缺陷及不符合强制性标准的质量缺陷。合同约定的质量标准当然会高于强制性的国家标准。质量缺陷是质量不符合标准的总称,本身不区分严重程度问题。

综上,可以将工程质量分为四个维度:质量符合约定、质量合格、质量不符合约定、质量不合格。同时,可以把工程质量缺陷分为可以修复的工程质量缺陷、不可以修复的工程质量缺陷。在质量不符合约定、质量不合格的情况下均

---

① 《民法典》第七百九十三条第一款、第二款:"建设工程施工合同无效,但是建设工程经验收合格的,可以参照合同关于工程价款的约定折价补偿承包人。建设工程施工合同无效,且建设工程经验收不合格的,按照以下情形处理:(一)修复后的建设工程经验收合格的,发包人可以请求承包人承担修复费用;(二)修复后的建设工程经验收不合格的,承包人无权请求参照合同关于参照合同关于工程价款的约定折价补偿。"

② 《民法典》第七百九十九条第一款:"建设工程竣工后,发包人应当根据施工图纸及说明书、国家颁发的施工验收规范和质量检验标准及时进行验收。验收合格的,发包人应当按照约定支付价款,并接收该建设工程。"

③ 《民法典》第八百零一条:"因施工人的原因致使建设工程质量不符合约定的,发包人有权请求施工人在合理期限内无偿修理或者返工、改建。经过修理或者返工、改建后,造成逾期交付的,施工人应当承担违约责任。"

④ 《民法典》第八百零六条第三款:"合同解除后,已经完成的建设工程质量合格的,发包人应当按照约定支付相应的工程款;已经完成的建设工程质量不合格的,参照本法第七百九十三条的规定处理。"

⑤ 《2020年建设工程合同解释》第十二条:"因承包人的原因造成建设工程质量不符合约定,承包人拒绝修理、返工或者改建,发包人请求减少支付工程价款的,人民法院应予支持。"

⑥ 《2020年建设工程合同解释》第十三条第一款:"发包人具有下列情形之一,造成建设工程质量缺陷的,应当承担过错责任:(一)提供的设计有缺陷;(二)提供或者指定购买的建筑材料、建筑构配件、设备不符合强制性标准;(三)直接指定分包人分包专业工程。"

⑦ 《2020年建设工程合同解释》第十九条第三款:"建设工程施工合同有效,但建设工程经竣工验收不合格的,依照民法典第五百七十七条规定处理。"

⑧ 《建筑工程保修办法》第三条第二款:"本办法所称质量缺陷,是指房屋建筑工程的质量不符合工程建设强制性标准以及合同的约定。"

存在可以修复的工程质量缺陷、不可以修复的工程质量缺陷。

因此,纵向因素中可以列出四个因素:质量符合约定、质量合格、质量不符合约定、质量不合格。工程质量不合格或者未达到约定标准的情况下又可以分别列出两个子因素:可以修复的工程质量缺陷、不可以修复的工程质量缺陷。

(二)横向因素

工程款应分为:预付款、进度款、竣工结算款(非竣工结算款)、工程质量保证金。预付款在工程开工之前已经支付,因此,预付款的支付与工程质量问题没有直接联系,笔者无须讨论预付款的支付问题。除预付款外,其他三笔款项应否支付与工程质量有关,这三笔款项的支付特点不完全一样,同时结算款中的竣工结算款与非竣工结算款同工程质量问题的关系也需要分开进行考虑。因此,可将进度款、非竣工结算款、竣工结算款、工程质量保证金分别作为横向因素。

(三)相交结论

纵向因素与横向因素相交作出的法律判断,即为结论。

进度款的支付。笔者认为,如果未产生不可以修复的工程质量问题,发包人不应以此拒绝支付进度款。同时,进度款的支付不影响施工方承担维修及返工责任。虽然《民法典》第七百九十九条第一款①作出工程竣工验收合格发包人应支付工程款的规定,该处的工程款指向工程竣工后的竣工结算款,不应包括进度款在内。对于进度款的支付,不应要求工程质量必须合格或者符合约定标准。在工程质量缺陷可以修复的情况下,拒绝支付进度款没有法律上的根据。如果工程质量缺陷不可以修复,说明无法实现合同目的,施工方构成根本违约,发包人可以拒绝支付进度款。

竣工结算款的支付。该款项与进度款有不同特点。依据《民法典》第七百九十九条第一款的规定,验收合格是发包人支付已竣工工程结算款的前提。因

① 《民法典》第七百九十九条第一款:"建设工程竣工后,发包人应当根据施工图纸及说明书、国家颁发的施工验收规范和质量检验标准及时进行验收。验收合格的,发包人应当按照约定支付价款,并接收该建设工程。"

此，竣工结算款的支付应以竣工验收合格为条件。如果质量不合格或不符合约定标准，无论工程质量是否可以修复，发包人均可以不支付工程款。这与工程质量缺陷可以修复的情况下进度款应予支付的情况不同，此时竣工结算款不用支付，且不考虑扣减修复费用的问题。

未竣工结算款的支付。笔者在本书第十二章“工程款支付条件”中对出现工程质量问题时，未竣工结算款应否支付进行过分析。《民法典》及相关司法解释中对该款项的支付并未作出明确规定。《2020 年建设工程合同解释》第十二条[①]规定了质量不符合约定时发包人有何权利的问题，其中特别提到发包人可以请求减少支付工程款，并没有直接提到发包人可以拒绝支付工程款。基于公平原则考虑，在出现可以修复的工程质量问题时，未竣工结算款应予支付，但应扣除相应的修复费用。在出现无法修复的工程质量问题时，说明无法实现合同目的，施工方构成根本违约，发包人可以拒绝支付工程款。

工程质量保证金的返还（支付）。《2020 年建设工程合同解释》第十七条[②]规定了质量保证金的返还时间问题，但不涉及工程质量出现问题后工程质量保证金是否返还的问题。在工程质量合格或符合约定标准时，过了缺陷责任期，工程质量保证金的返还（支付）应不存在争议。而在工程不可修复的情况下，不应返还（支付）工程质量保证金也不存在争议。在工程质量不合格或不符合约定标准时，工程质量又可以修复的情况下，是否应予返还（支付）工程质量保证金确实存在争议。笔者认为，工程质量保证金的设置目的是保证施工方在缺陷责任期对建设工程承担维修责任。在工程质量出现缺陷时，如果能明确修复费，此时施工方不承担维修责任，发包人应扣除修复费及鉴定费（发包人支付鉴定费的场合），剩余部分的质量保证金予以返还（支付）。因为这样处理对发包人的权利同时予以了维护，其可以用扣留的费用请第三方修复达到工程质量修

---

① 《2020 年建设工程合同解释》第十二条：“因承包人的原因造成建设工程质量不符合约定，承包人拒绝修理、返工或者改建，发包人请求减少支付工程价款的，人民法院应予支持。”

② 《2020 年建设工程合同解释》第十七条：“有下列情形之一，承包人请求发包人返还工程质量保证金的，人民法院应予支持：（一）当事人约定的工程质量保证金返还期限届满；（二）当事人未约定工程质量保证金返还期限的，自建设工程通过竣工验收之日起满二年；（三）因发包人原因建设工程未按约定期限进行竣工验收的，自承包人提交工程竣工验收报告九十日后当事人约定的工程质量保证金返还期限届满；当事人未约定工程质量保证金返还期限的，自承包人提交工程竣工验收报告九十日后起满二年。发包人返还工程质量保证金后，不影响承包人根据合同约定或者法律规定履行工程保修义务。”

复的效果。如果双方在施工合同中明确约定施工方不承担维修责任,可以拒绝返还(支付)工程质量保证金,则另当别论。

(四)抗辩权的合理行使

在施工过程中,发包人可以对施工方的工程款请求权进行合理抗辩,抗辩权包括先履行抗辩权及不安抗辩权。《民法典》第五百二十六条[①]为先履行抗辩权的规定,《民法典》第五百二十七条第一款[②]为不安抗辩权的规定,两个抗辩权有不一样的特点。对于工程进度款、非竣工结算款而言,在建设工程质量可以修复时,虽然发包人不能拒绝支付工程进度款、非竣工结算款,但是发包人仍可以行使不安抗辩权。在证明存在四种不安情况时,发包人可以中止履行,也就是发包人可以暂时不支付工程款。主张符合不安抗辩权时,需要由发包人完成证明责任。而对于竣工结算款而言,在工程质量出现问题时,即使工程质量可以修复,发包人正是行使先履行抗辩权对抗施工方的工程款请求权。这也与《民法典》第七百九十九条第一款的内容意思一致。

(五)规律性认识

总体而言,施工方原因导致出现工程质量问题,工程款的支付问题应存在以下规律性认识:

第一,工程进度款。如果工程质量可以修复,发包人不得以工程质量问题为由拒付进度款。进度款的支付并不免除施工方修复的法律责任。如果符合不安抗辩的条件,施工方确有不能履行合同义务之虞的,发包人可以此提出抗辩,符合不安抗辩条件的举证证明义务在发包人。如果工程质量是不可以修复的,发包人可以拒绝支付进度款。

第二,未竣工结算款。工程质量不合格或未达到约定标准,并且工程质量

① 《民法典》第五百二十六条:"当事人互负债务,有先后履行顺序,应当先履行债务一方未履行的,后履行一方有权拒绝其履行请求。先履行一方履行债务不符合约定的,后履行一方有权拒绝其相应的履行请求。"

② 《民法典》第五百二十七条第一款:"应当先履行债务的当事人,有确切证据证明对方有下列情形之一的,可以中止履行:(一)经营状况严重恶化;(二)转移财产、抽逃资金,以逃避债务;(三)丧失商业信誉;(四)有丧失或者可能丧失履行债务能力的其他情形。"

不可以修复,发包人可以拒绝支付工程款。如果工程质量可以修复,在扣除修复费后,发包人仍应支付工程款。在工程质量可以修复的情况下,如果不安抗辩权成立,发包人可以不安抗辩权对抗施工方的付款请求权。

第三,竣工结算款。工程经验收合格,如果工程存在质量瑕疵,工程质量问题不能成为发包人拒付工程款的理由,发包人仍应支付工程款。所涉工程质量问题,发承包双方应按工程质量保修的法律关系进行处理。工程经验收不合格,发包人可行使先履行抗辩权拒付工程款。此时工程应由施工方进行修复。修复后的建设工程经验收合格,发包人应按合同约定支付工程款,修复费应由施工方承担。修复后的建设工程经验收仍不合格,发包人仍可行使先履行抗辩权拒付工程款。

第四,工程质量保证金。工程质量出现缺陷可以修复的情况下,工程质量保证金在扣除修复费、鉴定费后如有剩余应予返还(支付),除非合同明确约定施工方未予修复不予返还(支付)工程质量保证金。工程质量不可以修复的情况下,发包人可不予返还(支付)工程质量保证金。

第五,建设工程未经竣工验收,发包人擅自使用,工程质量问题不能成为发包人拒付工程款的理由,发包人应按合同约定支付工程款。但是施工方应当在建设工程的合理使用寿命内对地基基础工程和主体结构质量承担民事责任。

综上,笔者制作出一份工程质量问题与工程款应否支付对照表(见表17)。

二、案件胜负风险

(一)证据风险

证据风险是指证据充分与否带来的法律风险。

证据是案件事实的证明材料。如果证据材料不完整,则可能无法认定施工方主张的法律事实。由此,案件存在驳回施工方全部请求或仅支持施工方一部分请求的可能。案件能否胜诉很大程度上取决于证据材料的呈现。比如,少数案例中双方没有签订书面施工合同,如何认定施工方实际施工范围就会存在相当的不确定性。又如,合同外的工程量是否存在有效签证,对于合同外工程款的计算至关重要,部分签证材料的不足或者签证的不规范均可能导致该部分工程款的主张难以成立。

证据材料缺失是证据材料不充分的一种体现。除此之外,证据材料是否充分又和对证据的理解或者举证责任的分配有关。比如,在诉讼中,施工方提供了一份证据,施工方认为此份证据可以达到其证据目的,但是裁判人员可能不这么认为。又如,施工方认为应由对方举证证明的事项不应由自己来证明,裁判人员也可能不这么认为,而强行将此证明责任分配给施工方。此种情形下,施工方如果不能提供补充证据或者不能完成证明责任,也会造成诉裁程序中的被动局面。对于证据材料证明某一事实的充分程度需要持相对保守的态度,同时,需要加强对民事诉讼证据规则问题的研究。

总之,证据材料的充分程度与案件结果休戚相关。

(二)裁判规则风险

裁判规则风险是指裁判规则不统一带来的法律风险。在相同事实背景及相类似的证据条件下,案件的裁判结果未必一致。对法律条文的解读不同,对法律关系的理解不一,均是造成裁判规则不统一的原因。适用彼案的裁判规则未必适用于此案。本书中笔者针对同一个法律问题尽可能提供多样化的案例。比如,挂靠情形下工程款的追索对象是谁、承担责任主体是谁,笔者列出一张裁判情况归纳表(见表12)。又如,固定总价合同下的未完工程如何结算工程款,笔者列出六种结算规则。

笔者列举案例素材越丰富,意味着针对同一个法律问题的裁判规则越多样。面对裁判规则不统一的现实困局,一方面需要从法理上进行更深的论证;另一方面需要提供更具指导力更具权威性的裁判案例,两者的结合在一定程度上可以减少此类困局的发生。

证据风险及裁判规则风险不是追索工程款案件独有的,而是各类案件中皆存在的情况,只不过在追索工程款案件中上述特点表现得更加明显。

026 第二十六章

诉裁中细节处理

·导　　读·

在建设工程诉讼、仲裁案件中,法律的专业性与工程造价的专业性交互交织。因而,此类案件比一般的诉讼案件、仲裁案件更为复杂。施工方法律专业能力相对欠缺,在追索工程款纠纷案件中,多见律师参与其中。律师在诉裁程序开始之前对法律事实的了解、法律风险的分析与思考,更多是宏观层面的把握。而一旦进入诉讼或仲裁环节,施工方或者接受施工方委托的律师需要对案件的细节进行把握。

归纳起来,诉裁程序中有五处细节,分别涉及申请文书、证据材料、法律论证、庭审环节、类案研究。

拟好申请文书。诉状或仲裁申请书是裁判人员对案件整体了解的第一手材料。此份文书是对案件事实的浓缩及焦点问题的呈现,能体现出施工方及律师对案件的整体思路。

完善证据材料。证据材料是施工方诉讼主张成立的基石,是认定相关事实的支撑材料、重要材料。证据材料的归拢、整理体现出施工方及律师对诉讼、仲裁准备的充分程度。

加强法律论证。一份完整的书面意见或律师代理意见应集法理性、逻辑性、赏析性为一体。书面意见或律师代理意见浓缩了施工方或者律师的思考精华。

重视庭审环节。庭审环节是直接展示施工方及律师能力的舞台,是与对方律师、对方当事人观点交锋的舞台。同时,妥善把握庭审提问环节在一定程度上可以弥补证据材料缺失的漏洞。

重视类案研究。重视类案研究是对受施工方委托的律师提出的要求。研究同类案例是律师的锦上添花之举。律师通过对同类案例进行研究,加强与裁判人员思想碰撞,这是施工方赢得有利诉裁结果的一条捷径。

第一节 申请文书

申请文书是指施工方在民事诉讼中提交的起诉状及申请经济仲裁时提交的仲裁申请书。

一、诉裁请求

(一)请求金额准确

追索工程款时请求金额应尽量准确,应避免金额的随意更改,更应避免多次更改。

追索工程款案件往往涉及的工程款金额较大,同时双方资金来往频繁,工程款与借款、第三方款项也会发生交织,所欠工程款数额容易发生计算错误,容易出现少算、漏算、重算等情况。诉裁程序启动前,施工方及律师应仔细确认付款方所欠工程款金额。请求金额的计算错误,尤其是较大错误会造成施工方及律师不熟悉案情的负面印象。

(二)责任承担表述准确

共同被告(被申请人)的责任承担方式有共同承担责任、连带责任、按份责任、补充责任之分,这些责任方式的内涵明显不同,因此,在表述被告(被申请人)承担责任方式时应注意区分。另外,个别法官对于原告要求被告承担责任的具体表述要求极高。比如,实际施工人以发包人为被告主张权利的案件中,要求发包人的责任承担方式的准确表述为:判决发包人在欠付工程款的范围内承担责任。曾出现审判人员将原告诉讼请求表述不当作为原因之一驳回原告起诉的极个别案例。

(三)违约数额客观公平

建设工程纠纷类的案件如果出现对方违约,在合同中又约定了违约金的计算标准,此时,守约方往往依据合同标准主张违约金。但是,实务中诉裁机关对违约金标准的认定持相对保守与谨慎态度。因此,施工方及律师应避免过于追求违约金的思维。施工方及律师应客观认定与分析对方可能承担的违约金数额,防止不切实际的过高期待,同时,过于追求违约金会造成施工方诉讼费或仲裁费的额外支出。

二、内容描述

(一)描述客观

施工方及律师往往会夸张、放大对己方有利的事实、情节,隐藏或淡化对己方不利的事实、情节。笔者认为,施工方及律师应尽量客观描述事实、情节,真实还原案件本来面目。对事实、情节的描述失去客观性的做法不利于案件纠纷的化解,并容易激化双方矛盾。同时,笔者认为,失去客观性的陈述明显违背诚信诉讼义务,这一做法不可取。客观描述案件事实、情节,是律师应有的自律要求。

(二)详略得当

一方面,申请文书不应过于简单。律师行业中似乎存在一种说法:言多误事。文书简单化似乎成为一部分律师刻意追求的效果。《民事诉讼证据规定》第三条①规定,在起诉状中当事人明确承认于己不利的事实的,另一方当事人无须举证。在部分律师看来,申请文书简单可为之后事实的调整及法律观点的调整留下一定余地。笔者认为,申请文书太简单不利于裁判人员对案件全貌进行了解,不利于裁判人员对案件的争议焦点问题进行掌握,刻意追求文书内容简单化的做法并不可取。

另一方面,申请文书不应过于复杂。申请文书叙事太全面,过于细节化又会分散裁判人员对争议焦点的注意。而且,过于细节化的申请文书会挤压之后施工方及律师对相关事实及观点的调整空间。

---

① 《民事诉讼证据规定》第三条:"在诉讼过程中,一方当事人陈述的于己不利的事实,或者对于己不利的事实明确表示承认的,另一方当事人无需举证证明。在证据交换、询问、调查过程中,或者在起诉状、答辩状、代理词等书面材料中,当事人明确承认于己不利的事实的,适用前款规定。"

因此，把握申请文书的详略分寸就很有必要。

三、合理罗列被告

在一份起诉书中，将需要承担责任的主体列为案件的被告是一件很自然的事情。但是争议主体及无关主体是否应列为被告，需要作一番考虑。仲裁案件中不存在争议主体及无关主体是否应列作被申请人的问题，因为仲裁案件中另一方、另几方是否列为被申请人依据的是当事人之间的仲裁协议。而在诉讼中确实需要考虑合理罗列被告的问题。

（一）争议主体可以列入

争议主体包括两种。

一种是案件事实未完全清晰时可能承担责任的被告。此时可能的被告是否承担责任不清楚，可能的被告可能会承担责任，也可能不承担责任。比如，转包人与发包人是否具备结算条件并不清楚，如果遗漏主体，对实际施工人的保障不利，因此，在无法确认转包人与发包人是否具备结算条件时，还是宜将转包人、发包人列为共同被告。又如，实际施工人从自然人甲处承包工程，而自然人甲与乙可能是合伙关系，也可能自然人甲从乙处承包工程，此时实际施工人对于甲、乙的关系无法查证，这种情况下可以将乙也列为被告。如果甲与乙确实为合伙关系，乙存在向施工方承担法律责任的可能。总体而言，判决承担的责任主体越多，原告权利的实现可能性越大。

另一种是案件事实清晰，但裁判规则不清晰时可能承担责任的被告。在同一事实背景下和法律关系背景下，裁判规则本来应统一，但现实不是这样。此案裁判规则中承担责任的主体在另案裁判规则中不承担责任的情况并不少见。比如，多层转包情形下，中间环节的转包人是否承担责任的裁判规则并不清晰。中间环节人是否承担责任的争议很大，另外，断开其中一环可能导致案件事实不清，这种情况下可以将可能承担责任的主体列为被告。

（二）无关主体不应列入

在民事纠纷诉讼过程中，似乎也存在一种倾向，起诉书中所列被告越多越好。在部分人看来，这样可以实现大海捞针的效果，所列被告中总有主体需要对案件承担责任。在这种倾向的影响下,施工方有时会将无关的主体也列作被告。比如,代表发包人在合同上签字的人或代表发包人在施工过程中履行职务行为的人可能被列为被告,签字人或履行职务行为的人本身不应承担责任,不应将其列为被告。笔者认为,将确定无关的主体列为被告也是对他人权益的侵犯,他人为应对诉讼需要付出时间或者财力。为一己之利而肆意扩大追索对象,造成他人不必要的烦恼与担心,与诉讼的价值追求相违背。

笔者认为,如果不是出于所列主体责任承担的考虑,不宜将无关人员列为被告。总体上,起诉书中被告的范围不宜作扩大化罗列。为查明案件事实的需要,将签字人或履行职务行为的人列入第三人的做法则另当别论。

第二节　证据材料

一、证据目录规范

一份完整的证据目录应当包括证据序号、证据名称、证据来源、证明内容、证据页码。笔者不是说在其他诉裁案件中就不需要制作这样的证据目录,只是因为在建设工程类纠纷案件中证据材料更加复杂、多样,因此制作规范的证据目录就显得更加必要。制作规范的证据目录可以使程序效率提高。通过规范的证据目录,裁判人员能迅速了解案件的整体情况。规范的证据目录可以起到纲举目张的作用。裁判人员也希望看到规范的证据目录及负责的施工方及律师。

二、证据完整清晰

首先,证据应当完整。证据完整是指在一个建设工程纠纷案件中,施工方应将能证明案件法律关系、己方已履行合同义务、对方欠付工程款、存在违约事实等方面的证据材料尽可能完整提供。追索工程款的案件中,一般情况下应有如下证据材料:

(1)合同类材料,证明双方建设工程施工法律关系存在的事实。

(2)施工类材料,证明施工方履行了施工义务,施工方为工程款的实际权利人的事实。

(3)结算类材料,证明工程价款经双方最终确认,工程款不存在结算争议。

(4)付款类材料,证明发包人的实际付款情况。

(5)竣工类材料,证明案涉工程已依据合同施工完毕,施工方履行了合同义务,交付了工作成果。

(6)违约类材料,证明另一方违约、工程应合理延期等,以减少或免除自身法律责任,计算对方违约责任。

(7)签证类材料,证明在合同外增加了工程量,施工方超出合同履行义务,付款方应超出合同约定的价款支付工程款。

(8)鉴定类材料,包括施工图、竣工图等材料。鉴定类材料以第三方角度证明双方实际施工的工程款,该款项减去已付款项得出欠付款项。

上述材料是作为一个整体的归纳,每个案件情况不一样,材料的侧重点也不一样。但是无论如何,每个具体诉裁案件中证据应完整。每个诉裁案件有其特殊性,施工方应根据每个案件的特殊性对证据材料作出灵活的调整。

同时,证据材料不应缺页、少页,尤其涉及银行转账票据、合同类的证据材料时不应缺页、少页。笔者曾办理一起工程款纠纷案件,施工合同纸张有200多张,其中主文字号为五号,清单计价表中的字号为六号。案件审理中施工合同内容多数用不上。即使如此,提交材料时笔者还是提供了完整的施工合同。施工方及律师不应图省事,对证据材料掐头去尾、只取部分。这不是施工方及律师提供证据应有的态度。

其次,证据应当清晰。证据清晰是指证据材料卷面整洁,内部字体清楚。证据材料应让裁判人员、对方当事人及对方律师对内容一目了然,而不是让人看不清楚或者需要让人猜测其中的文字。为保证证据材料的清晰,应尽量做到:

(1)提交作为证据使用的书面材料复印件时应尽量使用原件复制;

(2)避免书面证据材料尤其是证据原件被雨水淋湿或浸泡;

(3)避免对书面证据材料原件反复搓、揉、叠;

(4)避免对书面证据材料原件进行涂、划、改。

三、重点、要点标示

建设工程纠纷案件的材料多,所以难免杂而无序。施工方及律师应尽可能让裁判人员在比较有限的时间掌握自己材料的重点,因而,施工方及律师需要对材料重点、要点进行标示。需要标示的内容应与案件的审理有关。比如,涉及追究违约责任的,需要标示出违约认定条款、违约金计算条款;涉及工程款计算的,需要标示出工程量计算或认定条款、价格条款或单价条款等。律师不应让裁判人员在庞杂的堆砌的材料中进行搜索。重点、要点标示就是希望能够较迅速找到所需的材料,能够较迅速找到材料中的关键文字。当然,要做到这点需要施工方及律师对案件熟悉。

第三节 法律论证

一、及时提交书面(代理)意见

首先,书面(代理)意见很重要。部分律师没有在庭后提交书面代理意见的习惯。少数律师认为,法庭、仲裁庭已经将自己发表的意见记录在卷,因此提交书面代理意见无必要。其实,各种原因的存在导致部分案件的庭审时间不充分。在庭审时间不充分时,律师表达的内容也许只是蜻蜓点水、浅尝辄止,未有全面性及深度性。同时,记录人员速录水平也存在高低之分。受庭审时间及记录人员速录水平的影响,法庭或仲裁庭的庭审记录多有不完整的情况。当然,有时可能是律师本身表达能力不强导致记录内容难以完整。庭审时双方观点进行交锋,施工方及律师长时间处于思维紧绷状态,因而有可能发生观点遗漏的情况,想表达的观点而忘记表达。

因此,庭审中发表的口头(代理)意见明显存在以下不足:论证深度不够、全面性不强、表述会有遗漏、记录会有遗漏、记录会不完整。施工方独自参与诉裁程序时,上述问题可能会更加明显,而书面(代理)意见的提交可以弥补上述缺陷。

总之,庭审之后依能力写一篇融法理性、逻辑性、赏析性为一体的书面(代理)意见很有必要。

其次,提交书面(代理)意见应及时。提交时间过迟,裁判文书可能都已制作完毕,只是还没有送达施工方及律师,或者裁判文书文稿已经形成,只是在等待审批或者加盖印章。此时无论书面(代理)意见如何说理明晰,论证翔实,都难以改变既定裁判事实。提交书面(代理)意见太迟,多半意味着施工方及律师写书面(代理)意见的时间较开庭时间间隔较长。时间间隔越长,施工方及律师对于案件庭审过程的记忆会出现模糊,包括案件事实、法律适用、对方陈述等均可能淡忘,甚至施工方及律师在庭审结束时认为需要捕捉的案件关键点也会随着时间的推迟而被遗忘。这种情况下写出的书面(代理)意见的效果必将大打折扣。

因此,庭审结束后三至五日内提交书面(代理)意见比较妥当。

二、争议焦点应重点回应

争议焦点由裁判人员归纳,诉裁双方可以补充。争议焦点是裁判人员通过庭前阅卷及庭审环节分析得出的对于案件裁判走向的关键问题的集中呈现。在争议焦点问题上,谁事实与理由更胜一筹,案件裁判的天平就倾向谁。因此,施工方及律师应围绕争议焦点厘清思路并重点回应。争议焦点会涉及事实争议及法律适用争议,事实争议应以有力的证据为支撑。法律适用争议应以深厚的法理、明晰的条文进行论证。施工方及律师如回避焦点问题,就会给人以理亏的印象。

第四节 庭审环节

庭审环节的处理更多是对接受施工方委托的律师提出的要求。

一、预设缜密提问

为什么需要有提问?因为对方的回答也是民事诉讼法中的证据种类之一,有时可以为己所用,所以重要。

为什么需要向对方提问？因为自己现有的证据材料可能不够充分，经过提问可以弥补证据材料的漏洞。提问环节是一个没有预设答案的庭审过程。对方的答辩状、对证据材料的质证观点、代理词均可以提前写好，在庭审时只需要再读一遍。但是，对于庭审中的临时提问，对方不能做到按部就班，对方的回答容易出现破绽。

为什么需要缜密的提问？缜密的提问迫使对方对事实只能作出真实的客观陈述，否则就容易出现自相矛盾的局面。面对突然提问，如果对方要作出不符合客观事实的回答时，可能只能顾前不能顾后，只能顾左不能顾右。不符合客观事实的回答容易产生纰漏、前后矛盾。缜密的提问可以弥补证据材料上的不足。

对方对于提问的回答，裁判人员会考虑：回答是否具有合理性；回答与现有证据间是否存在矛盾；回答是否存在前后反复及刻意回避的情况。这三个方面会让明察秋毫的裁判人员捕捉到案件真实的信息。缜密的提问可以让裁判人员在聆听回答时对一方是否作出不实陈述作出判断。

二、倾听对方观点

施工方及受委托的律师需要承认坐在自己对面的付款方委托的律师也是一个优秀的律师。对方及对方律师对于事实的描述及法律观点可能不是无理取闹。对于法律观点，有交锋是正常的，各方的角度不一样，结论就会不一样。施工方及律师应当养成庭审中速记对方观点的习惯，这样才能在对方及对方律师发表意见后，自己有条理地作出一一回应。

倾听对方观点，是对别人的尊重。每一次的来回辩论均可能是一次思维的撞击，由此会对案件事实与法律适用产生更深层次的领悟。

三、认真审阅笔录

庭审笔录是记录当事人在法庭、仲裁庭陈述内容的一份材料。庭审笔录可能出现的问题有：

一是笔录内容可能不完整、会有遗漏。由于记录人员速录水平的高低不一及各方当事人、受委托的律师表达能力参差不齐，记录人员记录的内容可能不完整、会有遗漏，甚至记录错误。

二是笔录内容可能被更改。在庭审结束后,当事人需要签字确认笔录内容。少数情况下,当事人觉得已发表的内容对已不利时会发生试图更改笔录的情况。

对记录错误的笔录进行纠正,这一要求合理。对记录正确的笔录要求更改则应予制止。如果一方强制更改,另一方及律师应及时制止或者在笔录中特别注明。对笔录内容进行核实的机会只有一次,不可能事后再进行补正或修改。笔者建议,参与诉裁程序的各方当事人及受委托律师应在各方人员均签字完毕后离开庭审现场。

第五节 类案研究

类案研究主要应由施工方的律师完成。

一、同案同判突显案例作用

2021 年 12 月 1 日,《统一法律适用实施办法》正式实施。这一文件要求进一步规范法官裁量权的行使,促进法律正确统一适用,同案同判即为这种要求的民间表达。这一文件要求 9 类案件[①]审判人员应进行类案检索。律师应当尽可能寻找与纠纷案件类似,并且裁判结果有利于己方的最高人民法院发布的案例。另外,律师可以根据具体案件情况,扩大检索范围,可以检索区域性的案例,甚至检索同一个法院的案例,以达到同案同判之效。

① 《统一法律适用实施办法》第六条第一款:"办理案件具有下列情形之一的,承办法官应当进行类案检索:(一)拟提交审委会、专业法官会议讨论的;(二)缺乏明确裁判规则或者尚未形成统一裁判规则的;(三)重大、疑难、复杂、敏感的;(四)涉及群体性纠纷或者引发社会广泛关注,可能影响社会稳定的;(五)与最高人民法院的类案裁判可能发生冲突的;(六)有关单位或者个人反映法官有违法审判行为的;(七)最高人民检察院抗诉的;(八)审理过程中公诉机关、当事人及其辩护人、诉讼代理人提交指导性案例或者最高人民法院生效类裁判支持其主张的;(九)院庭长根据审判监督管理权限要求进行类案检索的。"

二、案例帮助达到内心确信

同类案例的寻找主要针对疑难、复杂案件而言。在时间上,律师应在接受委托前或接受委托后诉裁机关立案前进行。如果主流的裁判观点恰好对当事人有利,律师固然可以节省时间、精力。同类案例的存在既可以帮助律师达到一定的内心确信,也可以帮助裁判人员达到内心确信。

但是,当既有案例的主流裁判观点对委托人不利时,律师又应当怎么办?笔者认为,律师应为自己寻找理论依据,换一个角度提出自己的新见解。同时,律师仍应尽力寻找对己有利的裁判案例,如果发现确有个别有利案例存在,那么至少说明,非主流的裁判观点是有一定道理的。

律师与裁判人员各自角色不一样,两者法律思维会存在不同。不过在追求案件真实及结果公正方面,律师与裁判人员殊途同归。同类案例的存在可以帮助裁判人员丰富其思维内容,裁判人员不会因为之前没有这样的判例而乍然拒绝、抵触律师的观点。正所谓兼听则明,偏听则暗。

可以说,同类案例是另一裁判人员将其对案件裁判思维、论证逻辑对本案裁判人员的讲述。同类案例是天平中加入的一颗砝码,这颗砝码可能改变天平两端的平衡。欲说服法官,必先说服自己。同类案例正是说服自己的一把钥匙。

结　语

久违的心愿

十年前萌发的心愿离实现近在咫尺。

七百余日弹指已过。回顾此番历程，发现笔耕之路确实不易。偶然想起曹雪芹先生在《红楼梦》开篇所云："都云作者痴，谁解其中味。"曹雪芹先生对《红楼梦》的"痴"，以前不曾有过体会，现在似能感受一二。

痴心若在，历经七百个繁华落寞之夜，身体倦怠已极仍愿与一盏孤灯相伴；

执念犹存，纵览十数卷通俗晦涩之作，心智领悟虽难却盼被半室书香萦绕。

此时此刻，笔者既有欣慰之情，又有忐忑之心。欣慰在于书已成，笔者没有辜负时光。经过努力，纸稿由薄至厚，内容由贫瘠至丰富，终于成了一本书。无论本书质量如何，总是自己的心血之作。本书算是对自己辛勤付出的一份褒奖。忐忑在于自己的专业水平不高而被指责、观点错误被人诟病、观点不当让人生厌。不过，笔者的欣慰之情远胜忐忑之心。

本书水平的高低取决于两个因素：收集素材的全面程度、分析问题的理论深度。

本书案例多源于中国裁判文书网，个别案例为其他法律书籍中介绍的案例。有些案例由法律人士在其发表于网络的文章中首先引用，笔者阅读网络文章后发现该案例较有研究价值，于是会在中国裁判文书网上搜索该案例以确认案例是否为真实案例。当确认案例为真实案例并且具有典型意义时，笔者就将该案例作为本书的案例素材。

笔者选取案例的要求：尽量选取审判层级高的案例；尽量选取裁判文书内

容翔实的案例;尽量选取论理充分的案例;尽量选取时间近的案例。

笔者对案例文字处理的要求:突出重点,对于与拟讨论问题无关内容尽量不涉及;为不影响整体阅读效果,对裁判文书中格式、文字内容作出小的调整;案例全貌描述与观点摘抄区别适用。

分析问题时,笔者主要引用《最高人民法院新建设工程施工合同司法解释(一)理解与适用》《最高人民法院建设工程施工合同司法解释(二)理解与适用》中的观点。另外,笔者借鉴部分律师及相关专业人士在网络上发表的见解,同时参阅地方法院的司法文件观点。对于这些观点,笔者或赞同或反对,或者提出自己的新主张。笔者深知自己的能力有限,尤其对于跨专业领域的工程造价知识掌握有限,书中不乏谬误之处,也请读者予以包容。

本书的写作模式为选择争议案例,概览实务观点,梳理裁判规则。案例选择可能不经典,反映问题可能不全面,案例总结可能不到位,案例推演可能有错误。笔者试图克服上述缺点。笔者对案例裁判文书的引用尽可能引用原文内容,同时,对少数案例的事实与裁判观点作出一定归纳。本书中可能存在对裁判文书理解不透彻、不准确及归纳不完整的情况,可能存在呈现的案例与真实案例有一定偏差的情况。为尽可能完整理解原裁判法律文书,读者可以在中国裁判文书网上搜索笔者引用的案例以阅览案例全貌。

案例的编排上,笔者一般分为“当事人”“案例介绍”“案例评析”“案例引申”等部分。“当事人”的身份以案例文书记载的身份为准,同时当事人的名称使用案例文书中的简称。“案例介绍”主要是对法律文书的内容引用与移植。多数案例引用原文,部分案例考虑到阅读习惯,同时为突出重点,笔者对部分文字作出一定的归纳、整理、重排。“案例评析”主要是笔者对“案例介绍”内容作一个中心意思的归纳,并就案例中涉及的法理问题作一个深入探讨。“案例引申”是对选取的案例延伸出的另一相关法律问题的更深层次的思考。

本书案例的时间跨度较长。较长跨度的时间内,法律领域发生了巨大变化。2021 年,《合同法》失效,《民法典》生效。2004 年至 2021 年,《2004 年建设工程合同解释》颁布、《2018 年建设工程合同解释》颁布,后又失效。《2020 年建设工程合同解释》颁布。案例发生的时间背景之下,裁判文书只能适用当时生效的法律及解释。因此,读者在阅览相关裁判文书及笔者的法律论证时应结合这些变化进行理解。同时,这个时间跨度内,建设行政主管部门对认定建设工程费用构成的主要文件进行了调整。2017 年,原建设部制订的《建筑安装工程费用项目组成》(建标[2003]206 号)被住房和城乡建设部、财政部制订的《建筑安装工程费用项目组成》(建标[2013]44 号)取代。新文件中建筑工程费用的专业术语及构成内容均发生了一些变化。对案例的理解需要结合这些因素进行解读。

书成之时,笔者发现也有遗憾:

遗憾之一,笔者未有注册造价工程师资格。写作之时,笔者向建设工程领域造价专业人士请教,但是仍不能保证全部正确领会工程造价专业知识。书中可能存在对工程造价专业知识的误解。

遗憾之二,案例探索能力有限。笔者不可能对中国裁判文书网中涉及的建设工程施工合同追索工程款的案例全部进行浏览,遗漏更为经典的案例在所难免。这可能会让笔者产生以偏概全之误。

行文至此,衷心感谢对此书有过帮助的人。

首先,感谢网络文章的提供者。网络文章的作者提出的一些观点对笔者深有启发,也提供了部分案例线索。

其次,感谢殷璐女士。本书在写作过程中,笔者向殷璐女士多次请教工程造价专业知识,殷璐女士给予耐心的指导、细致的解答,笔者受益良多。

最后,感谢江西锦成律师事务所黎文娟(实习)律师。黎文娟(实习)律师在工作之余帮助笔者收集资料、核对材料,付出了许多辛勤的汗水。

笔者深知读者的时间十分宝贵。时光易逝,我们没有理由停下追赶时间的脚步。希望您阅读此书后能有所收获,愿此书不辜负您的期望。

偶成此书,让自己了却了一份久违的心愿。

梅 俊

2023 年 5 月 28 日